Selma Lagerlöf
Gesammelte Werke

Selma Lagerlöf

Gesammelte Werke

Aus dem Schwedischen von Marie Franzos
und Pauline Klaiber-Gottschau

Anaconda

Penguin Random House Verlagsgruppe FSC® N001967

Die Deutsche Nationalbibliothek verzeichnet diese Publikation in der Deutschen Nationalbibliografie; detaillierte bibliografische Daten sind im Internet unter http://dnb.d-nb.de abrufbar.

Umschlagmotiv: Portrait of Selma Lagerlöf (photograph),
© Iberfoto / Bridgeman Images
Umschlaggestaltung: Druckfrei. Dagmar Herrmann, Bad Honnef
Satz und Layout: InterMedia – Lemke e. K., Heiligenhaus
Druck und Bindung: GGP Media GmbH, Pößneck
Printed in Germany
ISBN 978-3-7306-1311-5
www.anacondaverlag.de

Inhalt

Der Luftballon

Vater und die Knaben sitzen an einem regnerischen Oktoberabend in einem Coupé dritter Klasse, auf der Fahrt nach Stockholm. Vater ist auf seiner Bank allein. Die Knaben sitzen ihm gegenüber, eng aneinander geschmiegt, und lesen einen Roman von Jules Verne, der den Titel führt: Sechs Wochen im Luftballon. Das Buch ist sehr abgegriffen. Die Knaben können es fast auswendig und haben endlose Diskussionen darüber geführt, aber sie lesen es immer wieder mit demselben Vergnügen, sie haben alles vergessen, um den kühnen Luftschiffern quer über Afrika zu folgen, und sie erheben nur selten den Blick vom Buche, um die schwedischen Landschaften zu betrachten, die sie durchfahren.

Die Knaben sehen einander sehr ähnlich. Sie sind von gleicher Größe, gleich gekleidet – in graue Überröcke und blaue Schulmützen –, sie haben alle beide große träumerische Augen und kleine Stumpfnasen. Sie sind immer gut Freund, gehen immer miteinander, kümmern sich nicht um andre Kinder und sprechen immer von Erfindungen und Entdeckungsfahrten. Der Begabung nach sind sie recht verschieden geartet. Lennart, der ältere, der dreizehn Jahre zählt, kommt in der Schule schwer vorwärts, und er kann kaum in irgendeinem Gegenstande mit seiner Klasse Schritt halten. Dafür ist er aber sehr geschickt und unternehmungslustig. Er will Erfinder werden und beschäftigt sich beständig damit, eine Flugmaschine zu konstruieren. Hugo ist ein Jahr jünger als Lennart, aber er begreift leichter und ist schon in derselben Klasse wie der Bruder. Auch er interessiert sich nicht besonders für das Lernen, hingegen ist er ein großer Sportsmann: Skiläufer, Radfahrer und Eisläufer. Wenn er erwachsen ist, will er auf Entdeckungsreisen gehen. Sobald Lennarts Flugmaschine fertig ist, wird Hugo damit ausfliegen, um zu entdecken, was von der Welt noch zu entdecken übrig ist.

Vater ist ein großgewachsener Mann mit eingesunkner Brust, fahlem Gesicht und schmalen, schönen Händen. Er ist nachlässig gekleidet. Seine Hemdbrust ist zerknittert, der Rockaufhänger guckt am Halse hervor, die Weste ist schief geknöpft, und die Strümpfe sind herabgerutscht. Er trägt das Haar so lang, dass es auf den Rockkragen hängt, dies jedoch nicht aus Nachlässigkeit, sondern aus Geschmack und Gewohnheit.

Vater stammt aus einem alten Spielmannsgeschlecht, weit her aus dem Bauernland, und er hat als sein besondres Erbteil zwei starke Anlagen mitbekommen. Die eine Anlage ist eine große musikalische Begabung, und sie trat als Erstes zutage. Er besuchte die Akademie in Stockholm, studierte dann ein paar Jahre im Ausland und machte in diesen Studienjahren so glänzende Fortschritte, dass er selbst und seine Lehrer erwarteten, es würde ein großer, weltberühmter Violinspieler aus ihm werden. Er hätte sicherlich Talent genug gehabt, dieses Ziel zu erreichen, aber es fehlte ihm an Kraft und Ausdauer. Er konnte sich draußen in der Welt keine Stellung erkämpfen, sondern kam gar bald heim und nahm einen Organistenposten in einer Provinzstadt an. Anfangs schämte er sich wohl, dass er allen den in ihn gesetzten Erwartungen nicht entsprochen hatte; aber er empfand es auch angenehm, einen sichern Lebensunterhalt zu haben und nicht mehr die Barmherzigkeit fremder Leute in Anspruch nehmen zu müssen.

Kurz nachdem er die Stelle bekommen hatte, heiratete er; und einige Jahre lang war er mit seinem Lose ganz zufrieden. Er hatte ein schönes kleines Heim, eine frohe und glückliche Frau und zwei kleine Jungen, und er war der Liebling der ganzen Stadt, überall gesucht und gefeiert. Aber dann war eine Zeit gekommen, wo dies alles ihn nicht mehr zu befriedigen schien. Er sehnte sich danach, noch einmal in die Welt hinauszuziehen und sein Glück zu versuchen, doch fühlte er sich verpflichtet, daheim zu bleiben, weil er nun Weib und Kind hatte.

Vor allem war es die Frau, die ihn überredet hatte, von dieser Reise abzustehen. Sie glaubte, dass es ihm nicht besser glücken werde als das erste Mal. Sie meinte, sie seien so glücklich, dass er nichts andres zu erstreben brauche. Damit beging sie sicher einen Fehler, aber sie musste ihn auch schwer genug büßen; denn von der Zeit an kam der zweite Familienzug bei dem Manne zum Vorschein. Da er seine Sehnsucht nach Ruhm und Erfolg nicht stillen konnte, suchte er sich mit dem Trinken zu trösten.

Und es ging ihm nun so, wie es den Menschen aus seiner Familie zu gehen pflegte: Er trank ohne Besinnung und ohne Maß und kam binnen Kurzem ganz herunter. Er wurde allmählich ein ganz andrer Mensch als zuvor. Er war nicht mehr liebenswürdig und einnehmend, sondern böse und hart. Und das größte Unglück war, dass er einen furchtbaren Hass gegen seine Frau fasste und sie in jeder möglichen Weise quälte, wenn er betrunken war – und auch sonst.

Die Knaben hatten also kein gutes Heim gehabt, und ihre Kindheit wäre sehr unglücklich gewesen, hätten sie sich nicht eine kleine Welt für sich selbst geschaffen, voll von Maschinenmodellen, Entdeckungsplänen und Abenteuerbüchern. Die Einzige, die zuweilen einen Blick in diese Welt werfen durfte, war Mutter. Vater hatte nicht einmal eine Ahnung, dass sie existierte; und auch jetzt vermag er mit den Knaben über nichts zu sprechen, was sie interessiert. Er stört sie einmal ums andre, wenn er fragt; er fragt, ob es nicht schön wäre, Stockholm kennenzulernen, und ob sie sich nicht freuten, mit Vater zu reisen, und dergleichen mehr. Sie antworten sehr kurz, um sich augenblicklich wieder in das Buch zu vertiefen. Vater jedoch fragt weiter. Er glaubt, dass die Knaben von seiner Liebenswürdigkeit sehr entzückt sein müssten und nur zu schüchtern wären, es zu zeigen.

»Die haben zu lange an Mutters Schürzenband gehangen«, denkt er. »Sie sind ängstlich und zimperlich geworden. Das wird jetzt anders werden, wenn sie in meine Hand kommen.«

Aber Vater täuscht sich. Dass die Knaben ihm so kurze Antworten geben, kommt nicht von der Schüchternheit, sondern bedeutet nur, dass sie wohlerzogen sind und ihn nicht verletzen wollen. Wenn es nicht so wäre, würden sie ganz anderes antworten. »Warum sollten wir es schön finden, mit Vater zu reisen?«, würden sie dann sagen. »Vater glaubt freilich, etwas ganz Besondres zu sein, aber wir sehen ja, dass er nur ein verkommner Schwächling ist. Und warum sollten wir uns darauf freuen, Stockholm kennenzulernen? Wir wissen sehr gut, dass Vater uns nicht mitgenommen hat, um uns eine Freude zu machen, sondern nur, um Mutter zu kränken.«

Es wäre klüger, wenn Vater die Knaben lesen ließe, ohne sie zu stören. Sie sind niedergeschlagen und ängstlich, und es reizt sie, dass er so guter Laune ist. »Nur weil er weiß, dass Mutter daheim sitzt und weint, ist er heute so vergnügt«, flüstern sie einander zu.

Vaters Fragen bringen es schließlich dahin, dass die Knaben nicht mehr lesen, obgleich sie noch immer über das Buch gebeugt dasitzen. Anstatt dessen beginnen ihre Gedanken mit großer Bitterkeit um alles zu kreisen, was sie um Vaters willen haben leiden müssen.

Sie erinnern sich, wie sich Vater einmal am helllichten Tage betrunken hatte und über die Straße getorkelt kam, von einer Menge Schuljungen verfolgt, die ihn ausspotteten. Sie rufen sich zurück, wie die andern Jungen sie gehänselt und ihnen Spitznamen gegeben haben, weil sie einen Vater hatten, der trank. Sie haben sich für Vater schämen müssen, sie mussten seinetwegen in beständiger Angst leben; und sowie sie irgendeinen Spaß hatten, ist er dazwischen gekommen und hat ihnen das Vergnügen verdorben. Es ist kein kleines Sündenregister, das sie aufstellen. Die Knaben sind sehr sanftmütig und geduldig, aber sie fühlen einen Groll in sich aufsteigen, der stärker und stärker wird. Er hätte doch begreifen müssen, dass sie ihm die große Enttäuschung nicht verzeihen konnten, die er ihnen gestern bereitet hatte. Das war doch das Ärgste, was er ihnen noch angetan hatte.

Die Sache war nämlich die, dass die Mutter der Knaben sich im vorigen Frühling entschlossen hatte, sich von deren Vater zu trennen. Mehrere Jahre lang hatte der Mann sie auf jede erdenkliche Art verfolgt und gepeinigt, doch sie hatte sich nicht von ihm trennen wollen, sondern war bei ihm geblieben, damit er nicht völlig verkomme. Aber jetzt endlich wollte sie es um der Knaben willen tun. Sie hatte beobachtet, dass der Vater sie unglücklich machte; und sie meinte, sie müsse sie diesem Elend entziehen und ihnen ein gutes, friedliches Heim schaffen.

Als das Frühlingssemester zu Ende war, hatte sie die Knaben aufs Land zu ihren Eltern geschickt und war selbst ins Ausland gereist, um so aufs Einfachste die Scheidung zu erlangen. Es war ihr freilich nicht recht gewesen, dass es dadurch den Anschein gewann, als ob die Ehe durch ihr Verschulden gelöst würde; aber dem hatte sie sich unterwerfen müssen. Noch weniger zufrieden war sie damit, dass die Knaben vom Gerichte dem Vater zugesprochen wurden, weil sie eine entlaufne Ehefrau wäre. Sie tröstete sich freilich damit, dass er unmöglich die Absicht haben könnte, die Kinder zu behalten; aber sie hatte doch keine rechte Ruhe mehr.

Sobald die Scheidung durchgeführt war, war sie zurückgekommen und hatte eine Wohnung gemietet, in der sie mit den Knaben leben wollte. Erst vor zwei Tagen hatte sie alles fertig gehabt, sodass die Knaben zu ihr übersiedeln konnten. Es war der glücklichste Tag, den die Kinder noch erlebt hatten. Die ganze Wohnung bestand aus einem großen Zimmer und einer großen Küche, aber alles war neu und fein, und Mutter hatte es so außerordentlich behaglich eingerichtet.

Das Zimmer sollte Mutter und ihnen tagsüber als Arbeitsraum dienen, und nachts sollten die Knaben da schlafen. Die Küche war sehr niedlich und hell. Da würden sie essen. Und in einem kleinen Verschlag hinter der Küche hatte Mutter ihr Bett.

Mutter hatte ihnen gesagt, dass sie sehr arm sein würden. Sie hatte eine Stelle als Gesanglehrerin an der Mädchenschule bekommen; aber dies war auch alles: Davon mussten sie leben. Sie waren nicht in der Lage, sich ein Dienstmädchen zu halten, sondern mussten sich allein behelfen. Die Knaben waren über das Ganze in hellstem Entzücken; vor allem darüber, dass sie mit angreifen durften. Sie erboten sich, Holz und Wasser zu tragen. Sie wollten die Schuhe putzen und die Betten machen. Es war ein rechter Spaß, sich das alles auszudenken.

Eine Kammer war da, wo Lennart alle seine Maschinen aufheben konnte. Er selbst sollte den Schlüssel dazu haben, und kein andrer als Hugo und er sollten sie je betreten dürfen.

Aber nur einen einzigen Tag durften die Knaben bei Mutter glücklich sein. Dann hatte ihnen Vater die Freude verdorben, wie er es stets getan hatte, solange sie sich zurückerinnern konnten. Mutter hatte ihnen erzählt, sie habe gehört, dass Vater eine Erbschaft von einigen tausend Kronen gemacht hätte; er habe seine Stellung gekündigt und wolle nun nach Stockholm ziehen. Mutter und sie hatten sich sehr darüber gefreut, dass er die Stadt verließ, sodass sie ihm nicht mehr auf der Straße zu begegnen brauchten. Aber dann war einer von Vaters Freunden mit der Botschaft zu Mutter gekommen, dass Vater die Knaben nach Stockholm mitnehmen wolle.

Mutter hatte geweint und gefleht, ihre Knaben behalten zu dürfen, aber Vaters Abgesandter hatte geantwortet, dass Vater fest entschlossen sei, die Knaben in seine Obhut zu nehmen. Wenn sie nicht gutwillig kämen, würde er sie durch die Polizei holen lassen. Er sagte, Mutter solle doch das Scheidungsurteil durchlesen, da stünde es ja deutlich, dass die Knaben dem Vater gehörten. Und das wusste Mutter ja auch. Das ließ sich nicht leugnen.

Vaters Freund hatte viele schöne Dinge gesagt: Vater liebe seine Jungen und wolle sie deshalb für sich haben. Aber die Knaben wussten, dass Vater sie einzig und allein fortschleppte, um Mutter zu quälen. Er hatte sich das ausgedacht, damit Mutter an der Trennung von ihm keine Freude hätte. Das Ganze war nur Rache und Bosheit.

Aber Vater hatte seinen Willen durchgesetzt, und hier waren sie nun auf dem Wege nach Stockholm. Und ihnen gegenüber saß Vater und freute sich, dass er Mutter unglücklich gemacht hatte. Mit jedem Augenblick, der verging, wurde ihnen der Gedanke, dass sie bei Vater bleiben und mit ihm leben müssten, immer widerwärtiger. Waren sie denn völlig in seiner Gewalt? Gab es keine Rettung?

Vater hat sich in seine Ecke zurückgelehnt, und nach einem Weilchen schlummert er ein. Sogleich beginnen die Knaben sehr lebhaft miteinander zu flüstern. Es wird ihnen nicht schwer, einen Entschluss zu fassen. Den ganzen Tag haben sie, jeder für sich, nur daran gedacht, durchzubrennen.

Sie verabredeten, sich auf die Plattform zu schleichen und aus dem Zuge zu springen, wenn er gerade durch einen großen Wald führe. Dann würden sie sich an einem versteckten Plätzchen im Wald eine Hütte bauen und dort allein leben, ohne sich irgendeinem Menschen zu zeigen.

Während die Knaben diese Pläne schmieden, bleibt der Zug an einer Station stehen, und eine Bäuerin, die ein kleines Kind an der Hand führt, steigt in das Coupé. Sie ist schwarz gekleidet, trägt ein Kopftuch und sieht gut und freundlich aus. Sie zieht dem Kleinen das Oberröckchen aus, das vom Regen nass geworden ist, und wickelt ihn in einen Schal. Dann zieht sie ihm die Schuhe ab, trocknet die kalten Füßchen, sucht aus einem Bündel Strümpfe und Schuhe hervor und legt sie ihm an. Schließlich steckt sie ihm ein Bonbon zu und legt ihn auf die Bank, den Kopf auf ihrem Schoße, damit er einschlafe.

Bald wirft der eine, bald der andre Knabe einen Blick auf die Bäuerin, die sich mit ihrem Kinde beschäftigt. Diese Blicke werden immer häufiger, und plötzlich haben die Knaben, beide zugleich, Tränen in den Augen. Nun sehen sie nicht mehr auf, sondern halten die Augen hartnäckig niedergeschlagen.

Es ist, als wäre zugleich mit der Bäuerin noch jemand anders, der für alle, außer für die Knaben, unsichtbar und unmerkbar ist, in den Wagen gekommen. Und dieser andre ist – Mutter. Die Knaben haben das Gefühl, dass sie gekommen sei und sich zwischen sie gesetzt und ihre Hände ergriffen habe, wie sie es noch gestern Abend tat, als es sich entschied, dass sie reisen müssten; und sie spricht ebenso zu ihnen wie damals: »Ihr müsst mir versprechen, dass ihr Vater meinetwegen nicht gram sein werdet. Vater hat es mir nie verzeihen können, dass ich ihn gehindert habe, fortzureisen. Er meint, dass es meine Schuld sei, wenn nichts aus ihm geworden ist, und wenn er trinkt. Er kann mich nie genug strafen. Aber ihr dürft ihm deshalb nicht böse sein. Da ihr jetzt mit Vater leben sollt, müsst ihr mir versprechen, gut gegen ihn zu sein. Ihr dürft ihn nicht reizen, ihr müsst auf ihn achten, so gut ihr könnt. Das müsst ihr mir versprechen; sonst weiß ich gar nicht, wie ich euch ziehen lassen soll.«

Und die Knaben hatten es versprochen.

»Ihr dürft euch nicht von Vater fortschleichen! Versprecht mir das!«, hatte Mutter gesagt.

Das hatten sie auch versprochen.

Die Knaben sind zuverlässig, und in demselben Augenblick, wo sie daran dachten, dass sie Mutter dieses Versprechen gegeben haben, lassen sie alle Fluchtgedanken fahren. Vater schläft noch immer, aber sie bleiben geduldig auf ihren Plätzen sitzen. Mit verdoppeltem Eifer fangen sie wieder zu lesen an, und ihr Freund, der gute Jules Verne, führt sie bald aus ihren Sorgen in die Wunderwelt Afrikas.

Weit draußen in der Södervorstadt hatte Vater zwei Zimmer zu ebner Erde gemietet, mit der Aussicht in einen engen Hof. Die Wohnung ist schon lange in Gebrauch, sie ist von einer Familie auf die andre übergegangen, ohne je instand gesetzt zu werden. Die Tapeten haben eine Unmenge Risse und Flecken, die Decken sind verrußt, ein paar Fensterscheiben sind zerbrochen, und der Küchenboden ist so ausgetreten, dass er ganz holperig geworden ist. Ein paar Dienstmänner haben die Möbel vom Bahnhof geholt, sie in die Zimmer getragen und sie da kunterbunt stehen lassen. Vater und Knaben sind jetzt dabei, auszupacken. Vater steht mit hocherhobener Axt da, um eine Kiste zu öffnen. Die Knaben packen aus einer andern Kiste Glas und Porzellan und stellen es in den Wandschrank. Sie sind geschickt und arbeiten eifrig, aber Vater hört nicht auf, sie zur Vorsicht zu mahnen, und verbietet ihnen, mehr als ein Glas oder einen Teller auf einmal zu tragen. Inzwischen geht es mit Vaters eigner Arbeit nicht recht vorwärts. Seine Hände sind zittrig und kraftlos, und er ist schon ganz schweißbedeckt, ohne den Deckel von der Kiste losbekommen zu können. Er legt die Axt nieder, geht um die Kiste herum und fragt sich, ob sie vielleicht verkehrt stehe. Da nimmt einer der Knaben die Axt und fängt an, sie anzustemmen, doch Vater stößt ihn fort. Lennart werde doch nicht glauben, dass er den Deckel aufbringen könne, wenn Vater selbst es nicht zustande bringe? »Nur ein geübter Arbeiter kann diese Kiste öffnen«, sagt Vater und nimmt Hut und Rock, um den Hausknecht zu holen.

Kaum ist Vater zur Türe hinaus, als ihm etwas einfällt. Er begreift plötzlich, warum er keine Kraft in den Händen hat. Es ist noch früh am Vormittag, und er hat nichts zu sich genommen, was das Blut in Umlauf bringt. Wenn er in ein Café ginge und einen Kognak tränke, dann würde er seine Kraft wiederfinden und könnte sich ohne fremde Unterstützung behelfen. Das ist viel besser, als den Hausknecht zu holen.

Vater geht also auf die Straße, um ein Café zu suchen. Als er in die kleine Hofwohnung zurückkehrt, ist es acht Uhr abends.

In Vaters Jugend, als er noch auf die Akademie ging, hatte er in der Södervorstadt gewohnt. Er war damals Mitglied eines Doppelquartetts gewesen, das hauptsächlich aus Kontoristen und kleinen Kaufleuten bestand und in einem Keller in der Nähe von Mosebacke seine Zusammenkünfte abzuhalten pflegte. Vater hatte nun Lust bekommen, nachzusehen, ob dieser kleine Keller noch existiere. Er war wirklich noch da, und Vater hatte das Glück gehabt, ein paar von den alten Freunden zu treffen, die da saßen und frühstückten. Sie hatten ihn mit größter Freude begrüßt, ihn zum Frühstück eingeladen und seine Ankunft in Stockholm auf die herzlichste Weise gefeiert. Als die Mahlzeit schließlich beendet war, hatte Vater heimgehen wollen, um seine Möbel auszupacken; doch die Freunde hatten ihn überredet, zu bleiben und mit ihnen zu Mittag zu essen. Und dies hatte sich so lange hinausgezogen, dass Vater nicht vor acht Uhr nach Hause gekommen war. Und es hatte ihn keine geringe Überwindung gekostet, sich zu so früher Stunde von der lustigen Gesellschaft loszureißen.

Als Vater heimkommt, sitzen die Knaben in der Dunkelheit, denn sie haben kein Zündholz. Vater hat ein Zündholzschächtelchen in der Tasche, und als er ein kleines Kerzenstümpfchen angezündet hat, das glücklicherweise mitgekommen ist, sieht er, dass die Knaben erhitzt und verstaubt sind, aber munter und vergnügt und augenscheinlich sehr zufrieden mit ihrem Tag. In dem Stübchen stehen die Möbel geordnet, die Kisten sind fortgeräumt, Stroh und Papierschnitzel fortgekehrt. Hugo macht gerade im ersten Zimmer die Betten für die Knaben. Das zweite Zimmer soll Vaters Schlafstube sein, und da steht sein Bett, mit so viel Sorgfalt gemacht, wie er sich's nur wünschen kann. Jetzt geht mit Vater ein eigentümlicher Umschwung vor. Als er heimkam, war er mit sich selbst unzufrieden gewesen, weil er sich von der Arbeit davongemacht und die Knaben ohne Speise und Trank zurückgelassen hatte. Aber jetzt, wo er sieht, dass sie guter Laune sind, und dass ihnen nichts abzugehen scheint, bereut er es, dass er ihrethalben seine Freunde verlassen hat; er wird reizbar und streitsüchtig.

Er sieht wohl, dass die Knaben stolz auf alle die Arbeit sind, die sie geleistet haben, und dass sie erwarten, von ihm gelobt zu werden; aber dazu ist er gar nicht geneigt. Er fragt vielmehr, wer dagewesen sei und ihnen geholfen habe, und bittet sie, sich gefälligst zu merken, dass man in Stockholm nichts geschenkt bekomme und der Hausknecht für alles, was er täte, bezahlt werden müsse. Die Knaben antworten, dass sie keine Hilfe in Anspruch genommen, sondern alles allein gemacht hätten, aber er hört nicht auf, zu zanken. Es sei unrecht von ihnen gewesen, die große Kiste zu öffnen. Sie hätten sich dabei etwas zuleide tun können. Er hätte ihnen doch verboten, sie zu öffnen. Sie hätten jetzt ihm zu gehorchen. Er sei für sie verantwortlich.

Er nimmt die Kerze, geht in die Küche und leuchtet in die Schränke. Der kleine Vorrat an Glas und Porzellan ist in guter Ordnung auf den Brettern aufgestellt. Er prüft alles haargenau, um Anlass zu weiterem Tadel zu finden.

Plötzlich erblickt Vater ein paar Überreste des Abendbrots der Knaben und beginnt sogleich zu zanken, weil sie Huhn gegessen haben. Woher sie sich das verschafft hätten? Ob sie wie die Prinzen zu leben gedächten? Ob sie sein Geld hinauswürfen, um Hühner zu essen? Dann fällt ihm ein, dass er ihnen ja kein Geld zurückgelassen hat. Er fragt, ob sie das Huhn gestohlen hätten, und gerät ganz außer sich.

Er spricht und ermahnt, zankt und tobt, aber jetzt bekommt er von den Knaben keine Antwort. Sie wollen ihm nicht sagen, woher sie das Huhn haben, sondern lassen ihn austoben. Und er hält ganze Reden, ganze Predigten, er erschöpft seine letzten Kräfte. Schließlich bittet und bettelt er.

»Ich beschwöre euch, sagt mir die Wahrheit! Ich will euch alles verzeihen, was ihr begangen haben mögt, wenn ihr mir nur die Wahrheit sagt.«

Jetzt können es die Knaben nicht länger aushalten. Vater hört einen prustenden Laut. Sie werfen die Decken ab und setzen sich auf, und er merkt, dass sie vor unterdrücktem Lachen ganz rot im Gesicht sind. Und während sie jetzt ungezügelt herauslachen, sagt Lennart, von beständigem Kichern unterbrochen: »Mutter hat uns doch ein Hühnchen in den Esskorb gelegt, den sie uns auf die Reise mitgegeben hat.« Vater richtet sich auf, sieht die Knaben an, will sprechen, findet aber keine passenden Worte. Er richtet sich noch majestätischer empor, sieht sie mit tiefster Verachtung an und geht ohne Weitres auf sein Zimmer.

*

Vater hat jetzt herausgebracht, wie geschickt die Knaben sind, und er benützt dies, um ein Dienstmädchen zu ersparen. Morgens schickt er Lennart in die Küche und lässt ihn Kaffee kochen, während Hugo den Frühstückstisch deckt und Brot vom Bäcker holt. Nach dem Frühstück setzt Vater sich auf einen Stuhl und sieht zu, wie die Knaben die Betten machen, die Zimmer kehren und die Öfen heizen. Er gibt unaufhörlich Befehle und kommandiert sie von einer Arbeit zur andern, nur um seine Macht zu zeigen. Wenn das Morgenaufräumen vorüber ist, geht er aus und bleibt den ganzen Vormittag weg. Das Mittagessen lässt er aus einer benachbarten Kochschule holen. Dann lässt Vater die Knaben für den Abend allein und verlangt von ihnen nichts andres, als dass sein Bett gemacht sei, wenn er heimkommt.

Die Knaben sind so fast den ganzen Tag allein und können sich beschäftigen, womit sie wollen.

Eine ihrer wichtigsten Arbeiten besteht darin, an Mutter zu schreiben. Sie bekommen von ihr jeden Tag einen Brief, und sie schickt ihnen Papier und Marken, damit sie ihr antworten können.

Mutters Briefe enthalten hauptsächlich Ermahnungen, artig gegen Vater zu sein. Sie schreibt immer, wie liebenswert Vater gewesen sei, als sie ihn kennenlernte, und sie erzählt ihnen, wie hochstrebend und arbeitsam er im Anfang seiner Laufbahn gewesen sei. Sie sollten zärtlich und liebevoll gegen ihn sein. Sie dürften nie vergessen, wie unglücklich er wäre. »Wenn Ihr so recht gut gegen Vater seid, dann hat er vielleicht Mitleid mit Euch und lässt Euch wieder nach Hause zu mir kommen«, schreibt Mutter.

Mutter erzählt, dass sie beim Pfarrer und beim Bürgermeister gewesen sei, um zu fragen, ob es nicht möglich wäre, die Knaben wiederzubekommen. Aber alle beide hätten ihr gesagt, dass es keinen Ausweg gebe. Die Knaben müssten bei ihrem Vater bleiben. Mutter wolle gern nach Stockholm übersiedeln, um ihre Jungen wenigstens ab und zu sehen zu können, aber alle Menschen rieten ihr, sich zu gedulden und noch zu warten. Sie glaubten, dass Vater die Knaben bald satt bekommen und sie wieder heimschicken werde. Mutter wisse nicht recht, was sie tun solle. Einerseits finde sie es schrecklich, dass ihre Knaben in Stockholm ohne irgendjemand lebten, der sich ihrer annehme; und andrerseits wisse sie: Wenn sie ihr Heim verließe und ihre Anstellung aufgäbe, könnte sie sie nicht bei sich aufnehmen und versorgen, falls sie frei würden. Aber zu Weihnachten werde Mutter auf jeden Fall nach Stockholm kommen und nach ihnen sehen.

Die Knaben schreiben und erzählen, was sie den ganzen Tag tun, Stunde für Stunde. Sie lassen Mutter wissen, dass sie Vater das Essen holen und ihm das Bett machen. Sie begreift, dass sie sich bemühen, ihr zuliebe gut gegen ihn zu sein, aber sie merkt, dass sie ihn nicht besser leiden können als früher.

Ihre kleinen Jungen scheinen immer einsam zu sein. Sie wohnen in einer großen Stadt, wo es von Menschen wimmelt, aber niemand fragt nach ihnen, niemand beachtet sie. Und vielleicht ist es noch am besten so. Wer weiß, in was sie hineingeraten könnten, wenn sie irgendwelche Bekanntschaften machten!

Sie bitten sie immer, sich ihrethalben keine Sorgen zu machen. Sie würden sich schon durchschlagen. Sie erzählen, dass sie sich die Strümpfe stopfen und die Knöpfe annähen. Sie deuten auch an, dass Lennart mit seiner Erfindung sehr weit gekommen sei, und sagen, dass alles gut sein werde, sowie die fertig wäre. Aber Mutter lebt in beständiger Angst. Tag und Nacht sind ihre Gedanken bei den Knaben. Tag und Nacht betet sie zu Gott, er möge über ihre kleinen Söhne wachen, die einsam in einer großen Stadt leben, ohne irgendjemand, der ihre Augen gegen die Lockungen der Verderbnis schützt und ihre jungen Herzen vor der Lust zum Bösen bewahrt.

*

Vater und die Knaben sitzen eines Vormittags in der Oper. Einer von Vaters früheren Kollegen, der der Hofkapelle angehört, hat ihn eingeladen, der Probe zu einem Symphoniekonzert beizuwohnen, und Vater hat die Knaben mitgenommen. Als das Orchester einsetzt und das Haus von den Tonwellen erfüllt wird, gerät Vater in so heftige Bewegung, dass er sich nicht beherrschen kann, sondern zu weinen anfängt. Er schluchzt, schnäuzt sich geräuschvoll und stöhnt einmal um das andre auf. Er legt sich gar keinen Zwang mehr an, sondern wird so laut, dass die Spielenden gestört werden. Ein Diener kommt und winkt ihm ab, darauf nimmt Vater die Knaben bei der Hand und schleicht sich ohne ein Wort des Widerspruchs hinaus, und den ganzen Heimweg hören seine Tränen nicht auf zu fließen.

Vater hat die Hände der Knaben in den seinen behalten und geht mit einem Jungen an jeder Seite einher. Plötzlich fangen auch die Knaben zu weinen an. Sie verstehen nun zum ersten Male, wie Vater seine Kunst geliebt hat. Es war entsetzlich für ihn gewesen, versoffen und verkommen dazusitzen und andre spielen zu hören. Es war ein Jammer, dass er nicht das geworden war, was er hätte werden sollen. Es war für Vater so, wie es für Lennart wäre, wenn er seine Flugmaschine nie fertigbrächte, oder für Hugo, wenn er keine Entdeckungsreise machen dürfte. Zu denken, dass sie einmal als untaugliche Greise dasitzen und sich zu Häupten prächtige Luftschiffe dahinbrausen sehen sollten, die sie weder erfunden hätten noch lenken dürften!

*

Die Jungen sitzen eines Vormittags daheim und haben ihre Bücher vor sich. Vater hat eine Notenrolle unter den Arm genommen und ist ausgegangen. Er hat etwas davon gemurmelt, dass er eine Musiklektion zu geben hätte, aber die Knaben haben sich keinen Augenblick einreden lassen, dass dies die Wahrheit sei.

Vater ist schlechter Laune, wie er so über die Straße geht. Er hat den Blick bemerkt, den die Knaben wechselten, als er sagte, dass er zu einer Musiklektion ginge. »Sie werfen sich zum Richter auf über ihren Vater«, denkt er.

»Ich bin zu nachsichtig gegen sie. Ich hätte jedem eine Ohrfeige geben sollen. Sicherlich hetzt ihre Mutter sie gegen mich auf.«

»Wie wäre es, wenn ich mich ein wenig nach den Herrchen umsähe?«, fährt er fort. »Es könnte gewiss nichts schaden, sich zu überzeugen, wie sie ihren Studien obliegen.«

Er kehrte um, geht rasch durch den Hof, öffnet ganz leise die Türe und steht in dem Zimmer der Knaben, ohne dass einer von ihnen ihn hätte kommen hören. Und richtig: Die Knaben fahren mit ganz roten Köpfen auf, und Lennart reißt ängstlich ein Bündel Papiere an sich, das er in die Schreibtischlade wirft.

Als die Knaben ein paar Tage in Stockholm waren, da hatten sie gefragt, in welche Schule sie gehen würden, und Vater hatte geantwortet, mit ihrem Schulbesuch sei es jetzt aus. Er würde versuchen, einen Meister zu finden, der sie in die Lehre nehmen wollte. Dies hatte er jedoch nie ins Werk gesetzt, und die Knaben hatten auch nicht weiter von ihrem Schulbesuch gesprochen. Doch nach kaum einer Woche hing in dem Zimmer der Knaben ein Stundenplan an der Wand. Schulbücher wurden hervorgesucht, und jeden Vormittag saßen die Knaben an einem alten Schreibtisch und machten Aufgaben. Es war offenbar: Sie hatten einen Brief von Mutter bekommen, der sie ermahnte, auf eigne Faust zu arbeiten, um nicht alles zu vergessen, was sie gelernt hätten.

Als Vater jetzt so unerwartet zu ihnen hereinkommt, geht er zuerst hin und studiert den Stundenplan. Er zieht seine Uhr heraus und vergleicht. Mittwoch von zehn bis elf: Geografie. Dann kommt er an den Tisch heran. »Hättet ihr in dieser Stunde nicht eigentlich Geografie?«, fragt er. – »Ja«, antworten die Knaben, flammend rot im Gesicht. – »Aber wo habt ihr das Geografiebuch und den Atlas?« – Die Knaben werfen einen Blick auf das Bücherbrett und sehen tödlich verlegen aus. »Wir haben noch nicht angefangen«, sagt Lennart. – »So, so«, sagt Vater. »Ihr habt wohl etwas andres vor.« Und er richtet sich ganz vergnügt auf. Er hat jetzt die Oberhand, und die will er behalten, bis er die Knaben gründlich an die Wand gedrückt hat.

Die beiden Knaben schweigen. Seit dem Tage, da sie mit Vater in die Oper gingen, haben sie Mitleid mit ihm, und es hat ihnen nicht so viel Überwindung gekostet wie früher, artig gegen ihn zu sein. Aber natürlich haben sie keinen Augenblick daran gedacht, Vater ins Vertrauen zu ziehen. Er ist in ihrem Ansehen nicht gestiegen, wenn er ihnen auch leid tut.

»Habt ihr einen Brief geschrieben?«, fragt Vater mit seiner strengsten Stimme. – »Nein«, rufen die beiden Knaben wie aus einem Munde. – »Was habt ihr denn getan?« – »Wir haben nur geplaudert.« – »Das ist nicht wahr! Ich habe gesehen, wie Lennart etwas in die Schreibtischlade gesteckt hat.« – Jetzt schweigen die beiden Knaben wieder. – »Nehmt es heraus!«, ruft Vater, rot vor Zorn. Er glaubt, dass die Söhne an seine Frau geschrieben hätten; und da sie ihm den Brief nicht zeigen wollten, stünde natürlich etwas Hässliches über ihn darin. Die Knaben rührten sich nicht, und Vater hebt die Hand, um nach Lennart zu schlagen, der vor der Schublade sitzt. – »Rühr ihn nicht an!«, ruft Hugo. »Wir haben nur über etwas gesprochen, was Lennart sich ausgedacht hat.«

Hugo schiebt Lennart weg, reißt die Lade auf und zieht einen Bogen Papier hervor, der mit Luftschiffen in den wunderlichsten Formen vollgekleckst ist. »Lennart hat sich heute Nacht ein neues Segel für sein Luftschiff ausgedacht. Und darüber haben wir gesprochen.« Vater will ihm nicht glauben. Er beugt sich hinunter, durchsucht die Lade, findet aber nichts andres als Bogen Papier, bedeckt mit Zeichnungen, die Luftballons, Fallschirme, Flugmaschinen und alles andre vorstellen, was zur Luftschifffahrt gehört.

Zum größten Staunen der Knaben schleudert Vater dies alles nicht gleich fort, er lacht auch nicht über ihre Versuche, sondern er betrachtet Blatt für Blatt genau. Vater hat nämlich auch ein wenig Anlage zur Mechanik; und er hat sich einstmals, als sein Hirn noch zu etwas taugte, für solche Dinge interessiert. Bald beginnt er Fragen nach dem Zweck von diesem und jenem zu stellen; und da seine Worte verraten, dass er großen Anteil nimmt und das, was er sieht, versteht, bekämpft Lennart seine Verlegenheit und antwortet ihm zuerst zögernd, doch allmählich mit immer größerer Bereitwilligkeit.

Bald sind Vater und die Knaben in eine tiefsinnige Diskussion über Luftschiffe und Flugmaschinen vertieft.

Nachdem sie so recht in Zug gekommen sind, plaudern die Knaben unbefangen und teilen Vater alle ihre Pläne und Träume mit. Und wenn Vater auch begreift, dass die Knaben mit den Luftschiffen, die sie jetzt konstruieren, nicht weit fliegen können, imponiert ihm die ganze Sache doch. Seine kleinen Söhne sprechen von Aluminiummotoren, Aeroplanen und Gleichgewichtslagen wie von den selbstverständlichsten Dingen. Er hat sie für rechte Dummköpfe gehalten, weil sie in der Schule nicht gut vorwärts kamen. Jetzt scheint es ihm mit einem Male, dass sie ein paar kleine Gelehrte seien.

Und hochfliegende Gedanken und Hoffnungen –, das versteht Vater besser als irgendjemand. Er erkennt es wieder: Er hat selbst so geträumt und hat durchaus keine Lust, über solche Träume zu lachen.

An diesem Vormittag geht Vater nicht mehr aus, sondern bleibt sitzen und plaudert mit seinen Knaben, bis es Zeit ist, das Mittagessen zu holen und den Tisch zu decken. Und da sind Vater und die Knaben zu ihrer großen Überraschung richtig gute Freunde.

*

Es ist elf Uhr abends, und Vater taumelt durch die Straßen. Die kleinen Jungen gehen neben ihm. Sie haben ihn im Wirtshaus gesucht und haben sich dicht an die Tür gestellt, ohne ein Wort zu sagen. Vater saß allein an einem Tisch, einen großen dunklen Toddy vor sich, und hörte einer Damenkapelle zu, die am andern Ende des Zimmers spielte. Nach einem Weilchen war er unwillig aufgestanden und zu den Knaben hingegangen. »Was soll das heißen?«, hatte er gefragt. »Warum kommt ihr hierher?« – »Du solltest doch nach Hause kommen, Vater«, sagten die Knaben. »Es ist doch der fünfte Dezember. Du hast ja versprochen – – –«

Da hat sich Vater erinnert, dass Lennart ihm anvertraut hatte, heute sei Hugos Geburtstag, und dass er versprochen hätte, beizeiten nach Hause zu kommen. Aber das hatte er ganz vergessen. Hugo erwartete sich wohl ein Geburtstagsgeschenk von ihm, aber er hatte nicht daran gedacht, eins zu besorgen.

Auf jeden Fall ist er mit den Knaben gegangen, und nun wandert er, unzufrieden mit ihnen und mit sich selbst, die Straße entlang. Als er heimkommt, steht der Geburtstagstisch gedeckt. Die Knaben haben es festlich machen wollen. Lennart hat Kuchen gebacken, die jetzt ein paar Stunden alt sind und wie Lappen aussehen. Sie haben von Mutter ein bisschen Geld bekommen, und dafür haben sie Nüsse, Mandeln und eine Flasche Himbeersaft gekauft.

Alle diese Herrlichkeiten haben sie nicht allein genießen wollen, sondern haben gewartet, dass Vater heimkomme. Nachdem sie sich nun mit Vater befreundet haben, können sie ein so großes Fest nicht ohne ihn feiern. Vater versteht das schon. Es schmeichelt ihm, dass sie sich nach ihm gesehnt haben, und in leidlich guter Laune lässt er sich an dem Tisch nieder. Aber halb betrunken, wie er ist, strauchelt er, als er Platz nehmen will, er hält sich an der Tischdecke fest, fällt zu Boden und zieht alle Herrlichkeiten mit. Als er wieder aufsteht, sieht er, wie der Himbeersaft über den Boden strömt und Backwerk und Konfekt zwischen Scherben und Porzellan und Glas verstreut liegen.

Vater wirft einen Blick auf die langen Gesichter der Knaben, läuft zur Türe hinaus und kommt nicht vor den Morgengrauen heim.

*

An einem Vormittag im Februar gehen die Knaben mit Schlittschuhen über der Schulter durch die Straße. Sie sind nicht recht dieselben. Sie sind mager und blass geworden und sehen ungepflegt und nachlässig aus. Ihr Haar ist nicht geschnitten, sie sind nicht ordentlich gewaschen, und Strümpfe und Schuhe zeigen Löcher. Wenn sie miteinander sprechen, brauchen sie eine Menge Gassenjungenausdrücke, und es kommt auch vor, dass ein Fluch über ihre Lippen gleitet.

Es ist ein Umschwung bei den Knaben eingetreten, und dies schreibt sich von dem Abend her, an dem Vater vergaß, heimzukommen und Hugos Geburtstag zu feiern. Es war, als hätte sie bis dahin doch die Hoffnung aufrecht erhalten, dass eine baldige Änderung in ihrem Schicksal eintreten würde. In der ersten Zeit hatten sie darauf gerechnet, dass Vater ihrer bald müde werden und sie wieder heimschicken würde. Dann hatten sie sich eingebildet, Vater würde sie lieb gewinnen und um ihretwillen zu trinken aufhören. Ja, sie hatten sich gedacht, dass Mutter und er sich versöhnen könnten, und dass sie alle glücklich sein würden. Aber an jenem Abend wurde es ihnen klar, dass dies alles unmöglich war. Vater konnte nichts andres lieben als das Saufen. Wenn er auch ab und zu einmal gut gegen sie war, so machte er sich doch eigentlich nichts aus ihnen.

Und eine schwere Hoffnungslosigkeit bemächtigte sich der Knaben. Nichts könnte je anders werden. Sie würden nie von Vater loskommen. Sie hatten das Gefühl, als wären sie verurteilt, ihr ganzes Leben lang in einem dunklen Gefängnis eingeschlossen zu sitzen.

Nicht einmal ihre großen Pläne konnten sie trösten. Festgekettet, wie sie hier saßen, könnten sie die ja nie zur Ausführung bringen. Da sie doch nicht einmal etwas lernen durften ...! Sie kannten die Geschichte der großen Männer gut genug, um zu wissen, dass jeder, der etwas Bedeutendes leisten will, vor allem Kenntnisse braucht.

Der härteste Schlag aber war gewesen, dass Mutter zu Weihnachten nicht zu ihnen gekommen war. Zu Anfang des Dezembers war sie auf der Treppe gefallen und hatte sich ein Bein gebrochen, sodass sie während der Weihnachtsferien im Krankenhaus liegen musste und nicht nach Stockholm reisen konnte. Jetzt war Mutter wohl auf, aber jetzt hatte auch ihre Schule wieder begonnen. Überdies hatte sie kein Geld zur Reise. Alles, was sie zusammengespart hatte, war während ihrer Krankheit draufgegangen.

Die Knaben fühlten sich von der ganzen Welt verlassen. Es war ganz klar, dass es ihnen nie besser gehen würde, wie sehr sie sich auch anstrengten; und darum hatten sie so allmählich aufgehört, sich mit dem zu plagen, was ihnen langweilig schien. Sie konnten ja ebenso gut etwas tun, was ihnen Spaß machte.

Manchmal betteten sie ihre Betten tagelang nicht auf, und sie hörten ganz auf, die Zimmer zu kehren. Es kam ja auf eins heraus. Es besuchte sie ja doch niemand, um nachzusehen, wie es ihnen ginge.

Vater kam immer tiefer herunter. Er versuchte manchmal, sich aufzurütteln und die Knaben zur Ordnung anzuhalten, aber es waren nur ohnmächtige Anläufe. Er vergaß seine Befehle ebenso rasch, wie er sie gegeben hatte.

Die Knaben hatten auch angefangen, die Vormittagsarbeit zu vernachlässigen. Niemand hörte ihnen die Aufgaben ab; und da hatte es ja keinen Zweck, dass sie lernten. Es war jetzt seit ein paar Tagen gutes Eis; so machten sie sich lieber Ferien und liefen Schlittschuh, solang es Tag war. Auf dem Eise gab es auch immer eine Menge andre Jungen, und sie hatten mit mehreren Bekanntschaft gemacht, die auch lieber Schlittschuh liefen als daheim saßen und lernten.

Heute nun ist ein so wunderschöner Tag, dass sie unmöglich im Zimmer bleiben können. Es sind nur ein paar Grad Kälte –, stille, hohe Luft und klarer Sonnenschein. Es ist so herrliches Wetter, dass die Schulen Eislaufferien gegeben haben. Die ganze Straße ist voll von Kindern, die daheim waren, um ihre Schlittschuhe zu holen, und jetzt dem Eise zueilen.

Wie die Knaben so unter den andern Kindern einhergehen, sehen sie sehr ernst und schwermütig aus. Kein Lächeln huscht über ihr Gesicht. Ihr Unglück ist so groß, dass sie es keinen Augenblick vergessen können. Als sie aufs Eis kommen, herrscht dort Leben und Bewegung. Das Ufer ist von einer dichten Menschenmenge umsäumt, weiter draußen schwirren die Schlittschuhläufer durcheinander wie Ameisen, deren Haufen gestört worden ist; noch weiter weg sieht man einzelne schwarze Punkte, die in blitzschneller Fahrt dahingleiten.

Die Knaben schnallen die Schlittschuhe an und mischen sich unterer die übrigen Läufer. Sie laufen sehr gut; und wie sie so in voller Fahrt über das Eis schießen, bekommen ihre Wangen Farbe und die Augen Glanz, doch nicht eine Minute sehen sie froh und sorglos aus wie andre Kinder.

Auf einmal, als sie gerade eine Wendung zum Ufer machen, erblicken sie etwas sehr Schönes. Ein großer Luftballon kommt aus der Richtung von Stockholm und treibt zur Ostsee hin. Er ist rot und gelb gestreift; und als die Sonne darauf fällt, leuchtet er wie eine Feuerkugel. Die Gondel ist mit einer Menge bunter Fähnchen geschmückt, und da der Ballon nicht sehr hoch fliegt, ist das lebhafte Farbenspiel sehr gut zu sehen.

Als die Knaben den Ballon erblicken, stoßen sie einen Freudenschrei aus. Es ist das erste Mal in ihrem Leben, dass sie einen großen Ballon durch die Luft segeln sehen. Er ist viel schöner, als sie ihn sich vorgestellt haben. Alle die Träume und Pläne, die in so vielen schweren Tagen ihr Trost und ihre Freude waren, tauchen wieder auf, da sie ihn erblicken. Sie bleiben stehen, um zu sehen, wie die

Stricke und Leinen befestigt sind, sie bemerken den Anker und die Sandsäcke an der Gondelkante.

Der Ballon streicht mit scharfer Geschwindigkeit über die vereiste Bucht. Alle Schlittschuhläufer, groß und klein durcheinander, stürzen ihm lachend und rufend entgegen, als er sich zeigt, und eilen ihm dann nach. Sie folgen ihm in einer langen, geschwungenen Linie wie ein ungeheures Schlepptau. Und die Luftschiffer vergnügen sich damit, eine Menge Papierchen in verschiedenen Farben auszuwerfen, die langsam durch die blaue Luft flattern.

Die Knaben sind die vordersten in der langen Reihe, die dem Ballon nachjagt. Sie eilen voran, den Kopf zurückgeworfen, den Blick nach oben gerichtet. Zum ersten Male, seit sie von ihrer Mutter getrennt sind, strahlen ihre Augen voll Glück. Sie sind ganz außer sich vor Entzücken über das Luftschiff und denken an nichts andres, als ihm so lange zu folgen wie nur möglich.

Doch der Ballon treibt rasch dahin, und man muss schon ein guter Läufer sein, um nicht zurückzubleiben. Die Schar, die ihm nachjagt, lichtet sich, aber an der Spitze derer, die die Verfolgung fortsetzen, sind die kleinen Knaben. Sie sind so eifrig, dass man auf sie aufmerksam wird. Später sagten die Leute, es sei etwas Eignes über ihnen gewesen. Sie lachten nicht, sie riefen nicht; aber es ruhte ein Glanz der Hingerissenheit auf ihren emporgewandten Gesichtern, als sahen sie eine Vision.

Der Ballon wirkt auf die Kleinen auch fast so wie ein himmlischer Wegweiser, der käme, sie auf den rechten Pfad zurückzuführen und sie zu lehren, ihn mit frischem Mut zu gehen. Wie die Knaben ihn erblicken, schwellen ihre Herzen vor Sehnsucht danach, wieder an der großen Erfindung zu arbeiten. Sie sind wieder gewiss, dass es ihnen gelingen wird. Wenn sie nur ausharren, werden sie sich schon zum Siege durchringen. Und der Tag wird kommen, da sie ihr eignes Luftschiff besteigen und in den Raum hinaufschweben werden. Ja, eines Tages werden sie dort oben hoch über den Menschen fliegen. Und ihr Luftschiff wird weit vollkommener sein als dieses, das sie jetzt sehen. Es wird sich lenken und drehen, senken und heben lassen, wird gegen den Wind und ohne Wind gehen.

Es wird sie durch Tage und Nächte tragen, wohin sie nur wollen. Sie werden sich auf den höchsten Berggipfeln niederlassen, die ödesten Wüsten durchfahren, die am schwersten zugänglichen Gegenden erforschen. Sie werden alle Herrlichkeit der Welt sehen.

»Wir dürfen es nicht aufgeben, Hugo«, sagt Lennart. »Es wird prächtig sein, wenn wir nur fertig werden.« Vater und sein Unglück –, das ist etwas, was sie gar nichts mehr angeht. Wer ein so großes Ziel hat wie sie, kann sich wohl nicht von etwas Erbärmlichem hindern lassen.

Je weiter der Ballon kommt, desto größer wird seine Geschwindigkeit. Die Schlittschuhläufer haben nun aufgehört, ihn zu verfolgen. Die Einzigen, die die Jagd fortsetzen, sind die kleinen Knaben. Sie eilen so rasch und leicht dahin, als hätten sie Flügel an den Füßen.

Plötzlich entringt sich den Menschen, die auf dem Lande stehen und weit über die Bucht schauen können, ein Schrei des Entsetzens und der Angst. Sie sehen, wie der Ballon, noch immer von den zwei Kindern verfolgt, dem offnen Fahrwasser zugleitet.

»Draußen ist offnes Wasser! Offnes Wasser!« So rufen die Menschen.

Die Schlittschuhläufer unten auf dem Eise hören die Rufe und wenden ihre Blicke der Mündung der Bucht zu. Sie sehen, dass weit draußen ein Streifen Wasser in der Sonne glitzert. Sie sehen auch, dass zwei kleine Knaben gerade auf diesen Streifen zulaufen, den sie nicht bemerken, weil sie die Augen auf den Ballon geheftet haben, ohne sich auch nur einen Moment zur Erde zu wenden.

Man ruft mit aller Macht, man stampft auf das Eis, Schnellläufer eilen dahin, sie aufzuhalten. Aber die Kleinen merken nichts von alledem, wie sie so dem Luftschiff nachjagen. Sie wissen nicht, dass sie die Einzigen sind, die es verfolgen: Sie hören keine Rufe hinter sich, sie vernehmen nicht das Wogen und Brausen des offnen Wassers vor sich. Sie sehen nur den Ballon, der sie gleichsam mitzieht. Schon fühlt Lennart, wie sein eignes Luftschiff sich unter ihm erhebt, und Hugo schwebt über den geheimnisvollen Gegenden des Nordpols dahin.

Die Leute auf dem Eise und am Strande sehen, wie rasch sich die Knaben dem offnen Wasser nähern. Ein paar Augenblicke herrscht eine so atemlose Spannung, dass sie weder rufen noch ein Glied rühren können. Es liegt wie eine Verzauberung über den beiden Kindern, die in ihrem wilden Dahinstürmen nichts merken, die dem Tode zueilen, einer strahlenden Himmelserscheinung nach.

Die Luftschiffer oben im Ballon haben nun auch die kleinen Knaben bemerkt. Sie sehen, dass sie in Gefahr sind, sie schreien ihnen zu und machen warnende Gebärden, aber die Knaben verstehen sie nicht. Als sie sehen, dass die Luftschiffer ihnen Zeichen machen, glauben sie, jene wollten sie in die Gondel hinaufnehmen. Sie strecken die Arme zu ihnen empor, überglücklich in der Hoffnung, ihnen durch den strahlenden Raum folgen zu dürfen.

In diesem Augenblick haben die Knaben den Wasserrand erreicht, mit emporgewendeten, freudestrahlenden Gesichtern und aufgehobenen Armen gleiten sie ins Meer und verschwinden ohne einen Hilferuf. Die Schlittschuhläufer, die versucht haben, sie einzuholen, stehen ein paar Sekunden später an der Eiskante, aber die Strömung hat die Körper unter das Eis gezogen, und keine helfende Hand kann sie erreichen.

Reors Geschichte

War da ein Mann, der hieß Reor. Er war aus Fuglekärr im Kirchspiel Svarteborg und galt für den besten Schützen der Gegend. Er wurde getauft, als König Olof die alte Lehre in Viken ausrottete, und war fortab ein eifriger Christ. Er war von freier Geburt, aber arm, schön, aber nicht hochgewachsen, stark, aber sanft. Er zähmte junge Fohlen mit Blick und Wort allein, und er konnte mit einem einzigen Zuruf die kleinen Vöglein an sich locken. Er hielt sich fast immer im Walde auf, und die Natur hatte große Macht über ihn. Das Wachstum der Pflanzen und das Knospen der Bäume, das Spiel der Hasen in den Waldlichtungen und der Sprung des Barsches in dem abendstillen See, der Kampf der Jahreszeiten und der Wechsel der Witterung, dies waren die Hauptgeschehnisse in seinem Leben. Schmerz und Freude bereitete ihm derlei, und nicht das, was sich unter den Menschen zutrug.

Eines Tages tat der geschickte Jäger einen guten Fang. Er traf im tiefen Waldesdickicht einen alten Bären und erlegte ihn mit einem einzigen Schuss. Die scharfe Spitze des grünen Pfeiles drang in das Herz des Gewaltigen, und er sank dem Jäger tot zu Füßen. Es war Sommer, und der Pelz des Bären war weder dicht noch glatt, dennoch zog der Schütze ihn ab, rollte ihn zu einem harten Bündel zusammen und ging mit dem Bärenfell auf dem Rücken weiter.

Er war noch nicht lange gewandert, als er einen überaus starken Honigduft verspürte. Der kam von den kleinen, blühenden Pflanzen, die den Boden bedeckten. Sie wuchsen auf dünnen Stielen, hatten lichtgrüne, glatte Blätter, die sehr schön geädert waren, und auf der Spitze des Stängels ein kleines Büschelchen, das dicht mit weißen Blüten besetzt war. Die kleinen Kronen waren nach winzigem Maßstabe geraten, doch aus ihnen ragte eine kleine Bürste von Stempeln auf, deren blütenstaubgefüllte Knöpfchen auf weißen Saiten zitterten. Reor dachte, während er so unter ihnen einherging, dass diese Blumen, die einsam und unbemerkt im Waldesdunkel standen, Botschaft um Botschaft, Ruf um Ruf aussandten. Der starke honigsüße Duft war ihr Ruf, der verbreitete die Kunde ihres Daseins weit unter die Bäume und hoch hinauf in die Wolken. Aber es lag etwas Beängstigendes in dem schweren Duft. Die Blumen hatten ihre Becher gefüllt und ihre Tischlein gedeckt, der geflügelten Gäste harrend, aber niemand kam. Sie sehnten sich zu Tode in ihrer trüben Einsamkeit in dem dunklen, windstillen Waldesdickicht. Sie schienen schreien und jammern zu wollen, weil die schönen Schmetterlinge nicht kamen, um bei ihnen zu Gaste zu sein. Da, wo die Blumen am dichtesten beisammen standen, deuchte es ihn, als sängen sie zusammen ein eintöniges Lied: »Kommt, ihr schönen Gäste, kommt heute, denn morgen sind wir tot. Morgen liegen wir auf dem trocknen Laub.«

Doch es sollte Reor vergönnt sein, das frohe Ende des Blumenmärchens zu sehen. Er vernahm hinter sich ein Flattern wie das allerleiseste Lüftchen und sah einen weißen Schmetterling im Dunkel zwischen den dicken Stämmen umherirren. Unruhig suchend flog er hin und wieder, als wüsste er den Weg nicht. Er war nicht allein, ein Schmetterling nach dem andern tauchte im Dunkel auf, bis endlich ein ganzes Heer der weißbeschwingten Honigsucher versammelt war. Aber der erste war der Anführer, und er fand, vom Dufte geleitet, die Blumen. Nach ihm kam das ganze Schmetterlingsheer herangestürmt. Es stürzte sich auf die sehnsüchtigen Blumen, wie der Sieger sich auf die Beute stürzt. Wie ein Schneefall von weißen Flügeln senkten sie sich auf sie herab. Und nun gab es ein Fest- und Trinkgelage um jede Blume. Der Wald war voll von stillem Jubel.

Reor ging weiter. Doch nun war es, als folgte ihm der honigsüße Duft auf dem Fuße, wohin er auch ging. Und er empfand, dass sich drinnen im Walde eine Sehnsucht verbarg, stärker als die der Blumen. Dass da etwas war, was ihn zu sich zog, so wie die Blumen die Schmetterlinge angelockt hatten. Er ging mit einer stillen Freude im Herzen einher, so, als harrte er eines großen unbekannten Glückes. Das Einzige, was ihn ängstigte, war, ob er auch den Weg zu diesem finden konnte, was sich nach ihm sehnte.

Vor ihm auf dem schmalen Pfade kroch eine weiße Schlange. Er bückte sich, um das Glück bringende Tier aufzuheben, aber die Schlange glitt ihm aus den Händen und eilte rasch den Pfad hinauf. Da rollte sie sich zusammen und lag still, doch als der Schütze wieder nach ihr griff, glitt sie so glatt wie Eis zwischen seinen Fingern durch. Nun war Reor ganz und gar darauf erpicht, das klügste Tier zu besitzen. Er lief der Schlange nach, konnte sie aber nicht erreichen, und sie lockte ihn von dem Pfade fort auf den ungebahnten Waldboden.

Dieser war mit Föhren bestanden, und in einem Föhrenwalde findet man selten Rasen. Aber jetzt verschwand plötzlich das trockne Moos und die braunen Nadeln, Farrenkräuter und Preißelbeerbüsche zogen sich zurück, und Reor fühlte seidenweiches Gras unter seinen Füßen. Über der grünen Matte zitterten federleichte Blumenrispen auf sanft geneigten Stängeln, und zwischen den langen schmalen Blättern zeigten sich die kleinen, halb erblühten Blumen der Steinnelke. Es war nur eine ganz kleine Stelle, und darüber breiteten die hochstämmigen Föhren ihre knorrigen, braunen Äste mit dichten Nadelbüscheln. Doch zwischen diesen konnten die Sonnenstrahlen viele Wege zur Erde finden, und es war erstickend heiß.

Aber gerade vor dieser kleinen Wiese erhob sich eine Felswand lotrecht aus dem Boden. Sie lag im hellen Sonnenschein, und man sah deutlich die moosigen Steinflächen, die frischen Brüche, da wo der Winterfrost zuletzt gewaltige Blöcke gelöst hatte, die großen Stauden Steinwurz, die die braunen Wurzeln in erdgefüllte Spalten drängten, und die zollbreiten Absätze, wo die Säulenflechte ihre rot gestreiften Pokale aufrichtete und eine grasgrüne Moosart auf nadelfeinen Stiftchen die kleinen grauen Mützen erhob, die ihre Befruchtungsorgane enthielten.

Diese Felswand schien in allen Stücken jeder andern Felswand zu gleichen, aber Reor bemerkte sogleich, dass er gerade vor die Giebelwand einer Riesenbehausung gekommen war, und er entdeckte unter Moos und Flechten die großen Angeln, auf denen das Steintor des Berges sich drehte.

Er glaubte jetzt, dass die Schlange sich in das Gras verkrochen habe, um sich da zu verbergen, bis sie unbemerkt in den Felsen schlüpfen konnte, und er gab die Hoffnung auf, sie zu fangen. Er spürte jetzt wieder den honigsüßen Duft der sehnsüchtigen Blumen und merkte, dass hier oben unter der Bergwand eine erstickende Hitze herrschte. Es war auch seltsam still: Kein Vogel rührte sich, keine Nadel spielte im Winde, es war, als hielte alles den Atem an, um in unbeschreiblicher Spannung zu warten und zu lauschen. Reor war gleichsam in ein Gemach gekommen, wo er nicht allein war, obgleich er niemanden sah. Er hatte das Gefühl, als ob jemand ihn beobachtete, es war ihm, als würde er erwartet. Er empfand keine Angst, nur ein wohliger Schauer durchrieselte ihn, so, als sollte er bald etwas überaus Schönes zu sehen bekommen.

In diesem Augenblick gewahrte er wieder die Schlange. Sie hatte sich nicht versteckt, sie war vielmehr auf einen der Blöcke gekrochen, die der Frost von der Felswand abgesprengt hatte. Und dicht unter der weißen Schlange sah er den lichten Leib eines Mädchens, das im weichen Grase lag und schlief. Sie lag ohne andre Decke, als ein paar spinnwebdünne Schleier, gerade als hätte sie sich dort hingeworfen, nachdem sie die Nacht hindurch im Elfenreigen getanzt, aber die langen Grashalme und die zitternden, federleichten Blumenrispen erhoben sich hoch über der Schlafenden, sodass Reor nur undeutlich die weichen Linien ihres Körpers gewahren konnte. Er trat auch nicht näher, um besser zu sehen, aber sein gutes Messer zog er aus der Scheide und warf es zwischen das Mädchen und die Felswand, damit die den Stahl fürchtende Riesentochter nicht in den Berg fliehen konnte, wenn sie erwachte.

Dann blieb er in tiefe Gedanken versunken stehen. Eines wusste er sogleich, das Mägdlein, das hier schlief, wollte er besitzen; aber noch war er nicht recht einig mit sich selbst, wie er gegen sie handeln sollte.

Doch da lauschte er, der die Sprache der Natur besser kannte als die der Menschen, dem großen ernsten Walde und dem strengen Berge. »Sieh«, sagten sie, »dir, der du die Wildnis liebst, geben wir unsre schöne Tochter. Besser ziemt sie dir als die Töchter der Ebene. Reor, bist du der edelsten Gabe würdig?«

Da dankte er in seinem Herzen der großen wohltätigen Natur und beschloss, das Mädchen zu seiner Frau zu machen und nicht nur zu seiner Magd. Und da er dachte, dass sie, wenn sie das Christentum und Menschensitte angenommen hatte, sich bei dem Gedanken, dass sie so unverhüllt dagelegen habe, schämen würde, löste er die Bärenhaut von seinem Rücken, entrollte das steife Fell und warf den grauen, zottigen Pelz des alten Bären über sie.

Doch als er dies tat, erdröhnte hinter der Felswand ein Lachen, von dem die Erde erzitterte. Es klang nicht wie Hohn, nur so, als hätte jemand in großer Angst gewartet, der lachen musste, als er ganz plötzlich davon befreit wurde. Die furchtbare Stille und die drückende Hitze hatten nun auch ein Ende. Über das Gras schwebte ein erquickender Wind, und die Nadeln begannen ihren rauschenden Gesang. Der glückliche Jäger fühlte, dass der ganze Wald den Atem angehalten hatte, in Unruhe, wie die Tochter der Wildnis von dem Menschensohn behandelt werden würde.

Die Schlange schlüpfte jetzt in das hohe Gras; aber die Schlummernde lag in Zauberschlaf versunken und regte sich nicht. Da rollte Reor sie in die grobe Bärenhaut, sodass nur ihr Kopf aus dem zottigen Fell hervorguckte. Obgleich sie sicherlich eine Tochter des alten Riesen im Berge war, war sie doch zart und fein gebaut, und der starke Schütze hob sie in seine Arme und trug sie fort durch den Wald.

Nach einem Weilchen fühlte er, wie jemand seinen breitrandigen Hut abhob. Da sah er auf und merkte, dass die Riesentochter erwacht war. Sie saß ganz ruhig in seinem Arm, aber nun wollte sie sehen, wie der Mann aussah, der sie trug. Er ließ sie gewähren, er machte größre Schritte, aber sagte nichts.

Da musste sie wohl gemerkt haben, wie heiß ihm die Sonne auf den Kopf brannte, nachdem sie ihm den Hut abgenommen hatte. Sie hielt ihn darum über seinen Kopf wie einen Sonnenschirm, aber sie setzte ihn ihm nicht auf, sondern hielt ihn so, dass sie immerzu in sein Gesicht sehen konnte. Da deuchte es ihn, dass er nichts zu fragen, nichts zu sagen brauchte. Stumm trug er sie hinab zu seiner Mutter Hütte. Doch sein ganzes Wesen durchbebte Glückseligkeit, und als er auf der Schwelle seines Heims stand, da sah er, wie die weiße Schlange, die Glück ins Haus bringt, unter die Grundmauer schlüpfte.

Das Mädchen vom Moorhof

I

Es ist in einem Thingsaal, weit draußen auf dem Lande. Am Richtertisch, hoch oben im Saal, sitzt der Richter, ein großer, stark gebauter Mann mit breitem, grobgeschnittenem Gesicht. Schon mehrere Stunden lang hat er einen Fall nach dem andern entschieden, und schließlich ist etwas wie Überdruss und Düsterkeit über ihn gekommen. Es ist schwer zu sagen, ob es die Hitze und Schwüle im Gerichtssaal ist, die ihn bedrückt, oder die Schuld an dieser schlechten Laune die Beschäftigung mit allen diesen kleinlichen Zwistigkeiten trägt, die aus keinem andern Grunde entstanden zu sein scheinen, als um die Händelsucht und Unbarmherzigkeit und Geldgier der Menschen an den Tag zu bringen.

Er hat gerade mit einer der letzten Verhandlungen begonnen, die heute durchgeführt werden sollen. Es handelt sich um die Forderung eines Erziehungsbeitrages.

Dieser Fall ist schon am vorigen Gerichtstag verhandelt worden, und das Protokoll des früheren Prozesses wird eben verlesen. Daraus erfährt man fürs Erste, dass die Klägerin eine arme Dienstmagd ist und der Beklagte ein verheirateter Mann.

Weiter geht aus dem Protokoll hervor, dass der Beklagte erklärt hat, die Klägerin habe ihn zu Unrecht und nur aus Gewinnsucht hierher laden lassen. Er gibt zu, dass die Klägerin eine Zeit lang auf seinem Hof in Dienst gestanden hat; er aber habe sich während dieser Zeit in keinerlei Liebeshändel mit ihr eingelassen, und sie habe kein Recht, irgendwelche Unterstützung von ihm zu begehren.

Die Klägerin jedoch hat an ihrer Behauptung festgehalten; und nachdem einige Zeugen vernommen waren, ist dem Beklagten auferlegt worden, einen Eid zu leisten, wenn er nicht verurteilt werden wolle, der Klägerin die verlangte Unterstützung zu zahlen.

Beide Parteien haben sich eingefunden und stehen nebeneinander vor dem Gerichtstisch. Die Klägerin ist sehr jung und sieht ganz verschüchtert aus. Sie weint vor Scham und trocknet mühsam ihre Tränen mit einem zusammengeknüllten Taschentuch; es scheint, als könne sie es nicht auseinanderfalten. Sie trägt schwarze Kleider, die ziemlich neu und ungetragen aussehen, aber sie sitzen so schlecht, dass man versucht ist, zu glauben, sie habe sie sich ausgeliehen, um anständig vor Gericht erscheinen zu können.

Was den Beklagten anlangt, so sieht man ihm gleich an, dass er ein wohlgestellter Mann ist. Er mag etwa vierzig Jahre alt sein und hat ein zuversichtliches und frisches Aussehen. Wie er da vor dem Richterstuhl steht, zeigt er eine sehr gute Haltung. Es sieht ja nicht aus, als fände er ein besonderes Vergnügen daran, da zu stehen, aber er macht auch durchaus keinen befangnen Eindruck.

Als das Protokoll verlesen ist, wendet sich der Richter an den Beklagten und fragt ihn, ob er an seinem Leugnen festhalte, und ob er bereit sei, den Eid zu schwören. Auf diese Frage antwortet der Beklagte sogleich mit einem raschen Ja. Er fängt an, in seiner Westentasche zu suchen, und holt ein Zeugnis des Pfarrers darüber hervor, dass er die Wichtigkeit und Bedeutung des Eides kenne und kein Hinderungsgrund für ihn vorliege, ihn zu schwören.

Während dieser ganzen Zeit hat die Klägerin nicht aufgehört zu weinen. Sie scheint unüberwindlich scheu zu sein und hält die Augen hartnäckig zu Boden geschlagen. Sie hat den Blick noch nicht so weit erhoben, dass sie dem Beklagten ins Gesicht sehen könnte.

Als er nun sein Ja gesagt hat, zuckt sie zusammen. Sie tritt ein paar Schritte näher an den Richterstuhl heran, als hätte sie etwas einzuwenden; aber dann bleibt sie stehen. Es sei wohl nicht möglich, scheint sie zu sich selbst zu sagen, er könne nicht ja gesagt haben. – Ich habe nicht recht gehört …

Indessen nimmt der Richter das Zeugnis in die Hand und gibt zugleich dem Gerichtsdiener einen Wink. Der Gerichtsdiener tritt an den Tisch heran, um die Bibel zu nehmen und sie vor den Beklagten hinzulegen.

Die Klägerin hört, dass jemand an ihr vorbeigeht, und wird unruhig. Sie zwingt sich, den Blick so weit zu heben, dass sie über den Tisch hinsehen kann, und da bemerkt sie, dass der Gerichtsdiener die Bibel zurechtlegt.

Noch einmal sieht es aus, als wollte sie Einspruch erheben. Aber sie hält sich wieder zurück. – Es ist ja nicht möglich, dass er den Eid ablegt. Der Richter muss ihn doch daran hindern.

Der Richter war ein so kluger Mann, und er wusste gar wohl, was die Leute in seiner Heimat dachten und fühlten. Er müsste doch wissen, wie streng alle diese Menschen sind, sobald es sich um etwas handelt, was die Ehe betrifft. Sie kannten keine ärgere Sünde als die, die sie begangen hatte. Würde sie je so etwas aus sich selbst eingestanden haben, wenn es nicht wahr gewesen wäre? Der Richter könnte wohl wissen, welche furchtbare Verachtung sie sich zugezogen hatte. Und nicht nur Verachtung allein, sondern auch alles mögliche Elend. Niemand wollte sie in Dienst nehmen. Niemand wollte ihre Arbeit haben. Ihre eignen Eltern duldeten sie kaum in ihrer Hütte, sondern sprachen jeden Tag davon, sie hinauszuwerfen. Nein, der Richter müsste wohl begreifen, dass sie keine Unterstützung von einem verheirateten Mann verlangt hätte, wenn ihr kein Recht darauf zustünde.

Der Richter könnte doch nicht glauben, dass sie in einer solchen Sache lüge, dass sie so furchtbares Unglück auf sich heraufbeschworen hätte, wenn sie einen andern hätte anklagen können, als einen verheirateten Mann. Und wenn er dies wüsste, müsste er den Eid doch verhindern.

Sie sieht, dass der Richter dasitzt und das Zeugnis des Pfarrers ein paarmal durchliest. Darum fängt sie zu glauben an, dass er eingreifen werde.

Es ist auch richtig, dass der Richter nachdenklich aussieht. Er heftet seine Blicke ein paarmal auf die Klägerin, aber dabei wird der Ausdruck des Ekels und des Überdrusses, der auf seinem Gesicht ruht, immer deutlicher. Es sieht aus, als wäre er ungünstig gegen sie gestimmt. Selbst wenn die Klägerin die Wahrheit spricht –, sie ist ja doch eine schlechte Person, und der Richter kann keine Teilnahme für sie empfinden.

Es kommt manchmal vor, dass der Richter in einen Prozess eingreift als ein guter und kluger Ratgeber, der die Parteien davor behütet, sich ganz und gar zugrunde zu richten. Aber diesmal ist er müde und unlustig, und er denkt an nichts andres, als dem gesetzlichen Verfahren seinen Lauf zu lassen.

Er legt das Zeugnis hin und sagt dem Beklagten mit ein paar Worten, er hoffe, dass dieser die verhängnisvollen Folgen eines falschen Schwurs genau bedacht habe. Der Beklagte hört ihn mit derselben Ruhe an, die er die ganze Zeit über an den Tag gelegt hat, und antwortet ehrerbietig und nicht ohne Würde.

Die Klägerin hört dies mit dem äußersten Schrecken. Sie macht ein paar heftige Bewegungen und presst die Hände zusammen. Nun will sie vor dem Richterstuhl sprechen. Sie kämpft einen furchtbaren Kampf mit ihrer Scheu und mit dem Schluchzen, das ihr die Kehle zusammenschnürt. Das Ende ist doch, dass sie kein hörbares Wort hervorbringen kann.

Der Eid soll also geleistet werden. Er wird ihn ablegen. Niemand wird ihn hindern, seine Seele zu verschwören.

Bis dahin hat sie nicht glauben können, dass es geschehen würde. Aber jetzt packt sie die Gewissheit, dass es unmittelbar bevorsteht, dass es im nächsten Augenblick geschehen wird. Ein Schrecken, der viel überwältigender ist als alles, was sie bisher gekannt hat, bemächtigt sich ihrer. Sie steht wie versteinert, sie weint nicht einmal mehr. Die Augen erstarren ihr im Kopfe.

Es ist also seine Absicht, sich um seines Weibes willen freizuschwören. Aber wenn er auch einen schweren Stand mit ihr haben sollte –, deshalb darf er doch nicht seiner Seele Seligkeit preisgeben.

Es gibt nichts Furchtbareres als einen Meineid. Es ist etwas Geheimnisvolles und Grässliches um diese Sünde. Es gibt keine Gnade, keine Vergebung für sie. Die Tore des Abgrundes öffnen sich von selbst, wenn der Name des Meineidigen genannt wird.

Wenn sie jetzt die Blicke zu seinem Gesicht erhoben hätte –, sie hätte gefürchtet, es schon mit irgendeinem Zeichen der Verdammnis gebrandmarkt zu sehen, ihm aufgeprägt von Gottes Zorn.

Während sie so dasteht und immer größere Angst sich ihrer bemächtigt, hat der Richter dem Beklagten gezeigt, wie er die Finger auf die Bibel zu legen hat. Dann schlägt der Richter im Gesetzbuch nach, um die Eidesformel zu finden.

Als sie ihn die Finger auf das Buch legen sieht, macht sie noch einen Schritt zum Richterstuhl hin; und es sieht aus, als wollte sie sich über den Tisch beugen und seine Hand fortziehen.

Aber noch wird sie von einer letzten Hoffnung zurückgehalten. Sie glaubt, dass er jetzt im letzten Augenblick noch vom Schwur abstehen werde.

Der Richter hat die Seite im Gesetzbuch gefunden, nach der er gesucht hat; und jetzt beginnt er, den Eid laut und deutlich vorzusagen. Dann macht er eine Pause, damit der Beklagte seine Worte nachsprechen könne. Und der Beklagte fängt wirklich an, sie nachzusprechen; aber er macht einen kleinen Fehler, sodass der Richter von vorn anfangen muss.

Jetzt kann sie keinen Schimmer von Hoffnung mehr haben. Jetzt weiß sie, dass er falsch schwören, dass er Gottes Zorn für das zukünftige Leben auf sich herabschwören will.

Sie steht da und ringt in ihrer Hilflosigkeit die Hände. Und es ist alles ihre Schuld, weil sie ihn verklagt hat. Aber sie war ja ohne Arbeit, sie hatte gehungert und gefroren. Das Kind lag im Sterben. An wen sonst hätte sie sich um Hilfe wenden sollen?

Nie hätte sie auch geglaubt, dass er eine so schreckliche Sünde begehen könnte.

Jetzt hat der Richter den Eid noch einmal vorgesprochen. In wenigen Augenblicken wird die Tat vollbracht sein. Jene Tat, von der es keine Umkehr gibt, die niemals gutgemacht, niemals ausgelöscht werden kann.

Gerade als der Beklagte anfängt, den Eid nachzusprechen, stürzt sie vor, schleudert seine ausgestreckte Hand beiseite und reißt die Bibel an sich.

Ein furchtbares Entsetzen hat ihr endlich Mut gegeben. Er darf seine Seele nicht verschwören. Er darf nicht.

Der Gerichtsdiener eilt sogleich herbei, sie zur Ordnung zu rufen und ihr die Bibel abzunehmen. Sie hat ungeheure Angst vor allem, was mit dem Gericht zusammenhängt, und sie glaubt, dass, was sie jetzt getan hat, sie auf die Festung bringen werde. Aber sie gibt die Bibel nicht her. Was es auch kosten möge, er darf den Eid nicht ablegen. Auch er, der schwören will, läuft herbei, um das Buch zu ergreifen; aber sie leistet auch ihm Widerstand.

»Du darfst den Eid nicht schwören!«, ruft sie. »Du darfst nicht!«

Was jetzt vorgeht, erweckt natürlich das größte Staunen. Die Versammelten drängen zum Richtertisch, die Geschworenen erheben sich, der Protokollführer springt auf, das Tintenfass in der Hand, damit es nicht umgestürzt werde.

Da ruft der Richter mit lauter, zorniger Stimme:

»Ruhe!«, und alle die Menschen bleiben regungslos stehen.

»Was fällt dir ein? Was hast du mit der Bibel zu schaffen?«, fragt der Richter die Klägerin mit harter und strenger Stimme.

Nachdem sie ihrer Angst in einer Tat der Verzweiflung Luft gemacht hat, ist ihre Beklommenheit gewichen, sodass sie antworten kann: »Er darf den Eid nicht ablegen!«

»Sei still und gib das Buch zurück!«, ruft der Richter. Aber sie gehorcht nicht, sondern umklammert das Buch mit beiden Händen.

»Er darf den Eid nicht ablegen!«, ruft sie mit ungezügelter Heftigkeit.

»Ist es dir so sehr darum zu tun, den Prozess zu gewinnen?«, fragt der Richter in immer schärferem Ton.

»Ich will die Klage zurückziehen!«, ruft sie mit lauter, schneidender Stimme. »Ich will ihn nicht zwingen, zu schwören!«

»Was schreist du da?«, fragt der Richter. »Hast du den Verstand verloren?«

Sie ringt heftig nach Atem und versucht sich zu beruhigen. Sie hört selbst, wie sie schreit. Der Richter muss wohl glauben, dass sie toll geworden sei, weil sie, was sie will, nicht in ruhigen Worten sagen kann. Noch einmal kämpft sie mit sich selbst, um Macht über ihre Stimme zu erlangen, und diesmal gelingt es ihr. Sie sagt langsam, ernst, laut, während sie dem Richter gerade ins Gesicht sieht:

»Ich will die Klage zurückziehen. Er ist der Vater des Kindes. Aber ich hab' ihn noch lieb. Ich will nicht, dass er falsch schwört!«

Sie steht aufrecht und entschlossen vor dem Richtertisch und sieht dem Richter gerade in sein strenges Gesicht. Er sitzt da, beide Hände auf den Tisch gestützt; und lange, lange wendet er den Blick nicht von ihr. Während der Richter sie betrachtet, geht eine große Veränderung mit ihm vor. Alle Schlaffheit und Missvergnügtheit, die in seinen Zügen gelegen hat, schwindet, und das große, grobe Gesicht wird durch die Rührung geradezu schön. Sieh da, denkt der Richter, sieh da, so ist mein Volk. Ich will mich nicht darüber beklagen, wo doch bei einer der Geringsten so viel Liebe und Gottesfurcht zu finden ist.

Plötzlich aber spürt der Richter, dass seine Augen sich mit Tränen füllen, und da zuckt er beinahe beschämt zusammen und wirft einen raschen Blick um sich. Da sieht er, dass die Schreiber und die Gerichtsdiener und die ganze lange Reihe der Beisitzer sich vorgebeugt haben, um das Mädchen anzusehen, das vor dem Richtertisch steht, die Bibel an die Brust gepresst. Und er sieht einen Schimmer auf ihren Gesichtern, als hätten sie etwas richtig Schönes gesehen, das sie bis in das tiefste Herz erfreut hat.

Hierauf sieht der Richter auch über das versammelte Volk hin, und ihm ist, als säßen alle diese Menschen stumm und atemlos da, als hätten sie gerade jetzt das gehört, wonach sie sich am meisten sehnten.

Zu allerletzt sieht der Richter den Beklagten an. Jetzt ist er es, der mit gesenktem Kopf dasteht und zu Boden blickt.

Der Richter wendet sich abermals an das arme Mädchen. »Es soll so sein, wie du es willst«, sagt er. »Die Klage wird zurückgezogen«, diktiert er dem Protokollführer.

Der Beklagte macht eine Bewegung, als wolle er einen Einwand vorbringen. »Was denn? Was denn?«, schreit ihn der Richter an. »Hast du vielleicht etwas dagegen?«

Der Beklagte lässt den Kopf noch tiefer sinken und sagt dann kaum hörbar: »Ach nein, es ist wohl am besten so.«

Der Richter sitzt noch einen Augenblick still, dann schiebt er den schweren Stuhl zurück, erhebt sich und geht um den Tisch herum zur Klägerin hin.

»Ich danke dir«, sagt er und reicht ihr die Hand.

Sie hat die Bibel jetzt fortgelegt und steht da und weint und trocknet die Tränen mit dem zusammengerollten Taschentuch.

»Ich danke dir«, sagt der Richter noch einmal und ergreift ihre Hand so leicht und behutsam, als wäre sie etwas gar Feines und Kostbares.

2

Niemand darf glauben, dass das Mädchen, das eine so schwere Stunde vor dem Gerichtstisch durchgemacht hatte, selbst meinte, sie habe etwas Rühmenswertes getan. Sie meinte im Gegenteil, dass sie vor der ganzen Gemeinde beschämt sei. Sie begriff nicht die Ehre, die darin lag, dass der Richter auf sie zugekommen war und ihr die Hand geschüttelt hatte. Sie glaubte, dies bedeutete nur, dass die Verhandlung zu Ende sei, und sie ihrer Wege gehen könne.

Sie sah auch nicht, dass die Leute ihr freundliche Blicke zuwarfen, und dass ihr mehrere die Hand drücken wollten. Sie schlich sich nur davon und wollte fort. Aber unten an der Tür herrschte ein großes Gedränge. Das Thing war zu Ende, und viele wollten wieder ins Freie. Sie drückte sich an die Wand und war wohl die letzte, die den Thingsaal verließ. Sie meinte, dass alle andern vor ihr hinausgehen müssten.

Als sie endlich ins Freie kam, stand Gudmund Erlandssons Wägelchen angespannt vor der Freitreppe. Gudmund saß darin, die Zügel in der Hand, und schien auf jemand zu warten. Sowie er ihrer unter allem Volk, das aus dem Thingsaal strömte, ansichtig wurde, rief er ihr zu: »Komm her, Helga! Du kannst mit mir fahren, wir haben denselben Weg.«

Aber obgleich sie ihren Namen hörte –, sie konnte nicht glauben, dass er sie rief. Es war nicht möglich, dass Gudmund Erlandsson sie kutschieren wollte. Er war der schmuckste Bursche im ganzen Kirchspiel, jung und schön und aus gutem Hause und in Gunst bei allen Leuten. Sie konnte nicht glauben, dass er etwas mit ihr zu tun haben wolle.

Sie ging, das Kopftuch tief in die Stirn geschoben, und eilte an ihm vorbei, ohne aufzusehen oder zu antworten.

»Hörst du nicht, Helga, dass du mit mir fahren kannst?«, fragte Gudmund, und es lag ein so recht freundlicher Ton in der Stimme. Aber sie konnte es nicht in ihren Kopf hineinbringen, dass Gudmund es gut mit ihr meine. Sie glaubte, er wolle sie in der einen oder andern Weise verspotten und wartete nur darauf, die Umstehenden in Kichern und Lachen ausbrechen zu hören. Sie warf ihm einen erschrocknen und zornigen Blick zu und lief vom Thingplatz fort, um außer Hörweite zu sein, wenn das Lachen begänne.

Gudmund war damals noch unverheiratet und wohnte bei seinen Eltern. Der Vater war ein kleiner Bauer. Er hatte keinen großen Hof und war nicht vermögend, aber er konnte sorgenfrei leben. Der Sohn war zum Thing gefahren, um einige Urkunden für seinen Vater zu holen, aber da er noch eine andre Absicht mit seiner Fahrt verfolgte, hatte er sich sehr fein hergerichtet. Er hatte das neue Wägelchen genommen, dessen Lackierung keine Schramme aufwies; das Pferd hatte er gestriegelt, bis es wie Seide glänzte, und das Sattelzeug fein geputzt. Er hatte eine schmucke, rote Decke neben sich auf den Sitz gelegt, und sich selbst hatte er mit einem kurzen Jagdrock, einem kleinen grauen Filzhut und hohen Stiefeln geputzt, in die die Hosen hineingesteckt waren. Es war wohl kein Feiertagsgewand, aber er wusste, dass er männlich und stattlich darin aussah.

Als Gudmund am Morgen von daheim fortfuhr, hatte er allein im Wagen gesessen, aber er war in angenehme Gedanken versunken, und die Zeit war ihm nicht lang erschienen. Als er ungefähr auf halbem Wege war, fuhr er an einem armen Mädchen vorbei, das sehr langsam ging und aussah, als könnte es vor Müdigkeit kaum einen Fuß vor den andern setzen. Es war Herbst, der Weg war vom Regen aufgeweicht, und Gudmund sah, wie sie bei jedem Schritt tief in den Schmutz einsank. Er hielt an und fragte, wohin sie gehe, und als er erfuhr, dass sie zum Thing wolle, bot er ihr an, mitzufahren. Sie dankte und stieg rückwärts auf den Wagen, auf das schmale Brett, an dem der Heusack festgebunden war, ganz so, als wagte sie es nicht, die rote Decke neben Gudmund zu berühren. Es war auch nicht seine Absicht gewesen, dass sie sich neben ihn setze. Er wusste nicht, wer sie wäre, aber er vermutete, dass sie die Tochter irgendeines armen Kleinhäuslers wäre und fand, es sei wohl genug Ehre für sie, wenn sie rückwärts aufsitzen dürfte.

Als sie an einen Hügel kamen und das Pferd den Schritt verlangsamte, begann Gudmund zu plaudern. Er wollte wissen, wie sie heiße und wo sie daheim sei. Als er hörte, dass sie Helga hieß und von einem Waldgütchen stammte, das man den Moorhof nannte, begann er unruhig zu werden. »Bist du immer daheim gewesen oder warst du im Dienst?«, fragte er. Das letzte Jahr wäre sie daheim gewesen, früher hätte sie einen Dienstplatz gehabt. »Bei wem denn?«, fragte Gudmund sehr hastig. Und es schien ihm, als daure es lange, bis die Antwort kam. »Im Sternhof, bei Per Martensson«, sagte sie endlich und senkte die Stimme, als wollte sie am liebsten nicht gehört werden. Aber Gudmund verstand sie doch. »Ja so, du bist also die«, sagte er, sprach aber den Satz nicht zu Ende. Er wendete sich ab, richtete sich gerade auf und sprach kein Wort mehr zu ihr.

Gudmund versetzte dem Pferde einen Hieb nach dem andern, fluchte laut über den schlechten Weg und schien recht schlechter Laune zu sein. Ein Weilchen verhielt sich das Mädchen still, aber bald fühlte Gudmund seine Hand auf seinem Arm. »Was willst du?«, fragte er, ohne den Kopf zu wenden. Ja, er solle halten, damit sie abspringen könne. »Ach, warum denn?«, sagte Gudmund in verächtlichem Tone. »Fährst du nicht gut?« – »Ja, danke, aber ich gehe doch lieber.« Gudmund kämpfte ein wenig mit sich selbst. Es war ärgerlich, dass er gerade an diesem Tage eine solche wie Helga aufgefordert hatte, mitzufahren. Aber er fand doch, dass er sie, nun er sie einmal in den Wagen genommen hatte, nicht wieder vertreiben könnte.

»Halte, Gudmund«, sagte das Mädchen noch einmal. Sie sprach sehr bestimmt, und Gudmund zog die Zügel an. – »Wenn sie durchaus aussteigen will«, dachte er, »brauche ich sie doch nicht zu zwingen, gegen ihren Willen zu fahren.« Sie war schon unten auf der Straße, bevor noch das Pferd ganz stehen geblieben war. – »Ich glaubte, du wusstest, wer ich bin, als du mir sagtest, ich kann mitfahren«, sprach sie, »sonst wäre ich gar nicht eingestiegen.« Gudmund sagte kurz: »Behüt Gott!« und fuhr weiter. Sie hatte wohl Grund gehabt, zu glauben, dass er sie kenne. Er hatte ja das Dirnlein vom Moorhof oftmals als Kind gesehen; aber sie hatte sich verändert, seit sie herangewachsen war. Zuerst war er sehr froh, die Reisekameradin los zu sein, aber allmählich begann er mit sich selbst unzufrieden zu werden. Er hätte kaum anders handeln können, aber er war nicht gern grausam gegen irgendjemand.

Ein kleines Weilchen, nachdem Gudmund sich von Helga getrennt hatte, bog er von der Straße ab, fuhr ein enges Gässchen hinauf und kam zu einem prächtigen großen Bauernhof. Als Gudmund vor dem Hause anhielt, öffnete sich die Eingangstür, und eine der Töchter zeigte sich auf der Schwelle. Gudmund zog den Hut und grüßte, und dabei huschte eine leichte Röte über sein Gesicht. »Ich möchte wohl wissen, ob der Herr Amtmann daheim ist«, sagte er. – »Nein, Vater ist zum Thing gefahren«, antwortete die Tochter. – »So, so, ist er schon fort?«, sagte Gudmund. »Ich bin hergekommen, um zu fragen, ob der Herr Amtmann nicht mit mir fahren möchte. Ich will auch zum Thing.« – »Ach, Vater ist immer so überpünktlich«, klagte die Tochter. – »Es ist ja weiter kein Schade geschehen«, sagte Gudmund. – »Vater wäre gewiss gern mit einem so prächtigen Pferd und in einem so schmucken Wagen gefahren«, sagte das Mädchen freundlich. Gudmund lächelte ein wenig, als er das Lob hörte. – »Ja, da muss ich also wieder abziehen«, sagte er. – »Du willst nicht hereinkommen, Gudmund?« – »Danke schön, Hildur, aber ich muss ja zum Thing. Ich darf nicht zu spät kommen.«

Gudmund fuhr nun geradeswegs zum Thinghause. Er war sehr vergnügt und dachte nicht mehr an seine Begegnung mit Helga. Es war doch schön, dass gerade Hildur herausgekommen war, und dass sie den Wagen und die Decke und das Pferd und das Sattelzeug gesehen hatte. Sie hatte wohl alles bemerkt.

Es war das erste Mal, dass Gudmund auf einem Thing war. Er fand, dass es da sehr viel zu hören und zu erfahren gäbe, und blieb den ganzen Tag dort. Er saß im Thingsaal, als Helgas Sache geführt wurde, und sah, wie sie die Bibel an sich riss und Gerichtsdienern und Richter standhielt. Als alles zu Ende war und der Richter Helga die Hand gedrückt hatte, stand Gudmund hastig auf und verließ den Saal. Rasch spannte er das Pferd vor den Wagen und fuhr zur Treppe hin. Er fand, dass Helga sehr tapfer gewesen war, und nun wollte er sie ehren. Aber sie war so verschüchtert, dass sie seine Absicht nicht verstand, sondern sich vor der Ehre, die ihr zugedacht war, flüchtete.

An demselben Tag kam Gudmund spät abends zum Moorhof. Das war ein kleines Gehöft auf dem Abhang des bewaldeten Hügels, der das Kirchspiel abschloss. Der Weg, der hinführte, war nur im Winter bei Schlittenbahn fahrbar, und Gudmund hatte zu Fuß gehen müssen. Es war ihm recht sauer geworden, vorwärts zu kommen. Fast hätte er sich an Stock und Stein die Beine gebrochen, auch hatte er Bäche durchwaten müssen, die den Pfad an mehreren Stellen durchschnitten. Wäre nicht Vollmond gewesen, so hätte er überhaupt nicht hinfinden können; und er dachte, dass das ein beschwerlicher Weg wäre, den Helga an diesem Tag hatte gehen müssen.

Der Moorhof lag an einer ausgerodeten Stelle, etwa auf halber Höhe des Hügels. Gudmund war noch nie dort gewesen, aber er hatte den Ort oftmals unten vom Tale aus gesehen und kannte ihn genügend, um zu wissen, dass er richtig gegangen war.

Rings um die ausgerodete Stelle zog sich ein Reisigzaun, der sehr dicht und sehr schwer zu übersteigen war. Er sollte wohl gleichsam eine Wehr und ein Hort gegen die Wildnis sein, die das Gehöft umgab. Die Hütte selbst stand am oberen Rand der Einzäunung.

Davor breitete sich ein abschüssiger Hof aus, mit kurzem, grünem Gras bewachsen, und unterhalb des Hofes lagen ein paar graue Schuppen und ein Keller mit grünem Torfdach. Es war ein geringes und ärmliches Anwesen, aber es ließ sich nicht leugnen, dass es dort oben schön war. Das Moor, nach dem das Gütchen seinen Namen hatte, lag irgendwo in der Nähe und sandte Nebel empor, die sich im Mondschein prachtvoll und silberglänzend heranwälzten und einen Kranz um den Hügel bildeten. Der höchste Gipfel ragte noch aus dem Nebel empor. Und der Kamm, der zackig von Tannen war, zeichnete sich scharf gegen den Himmel ab. Unten über dem Tal lag der Mondschein so hell, dass man die Felder und Gehöfte und einen geschlängelten Bach unterscheiden konnte, über dem der Nebel wie der leichteste Duft schwebte. Es war nicht weit dort hinunter, aber das Seltsame war, dass das Tal wie eine fremde Welt dalag, mit der das, was dem Wald angehörte, nichts gemein hatte. Es war, als wenn die Menschen, die hier auf dem Waldgut hausten, immer unter diesen Bäumen gehen müssten. Sie konnten unten im Tale ebenso wenig fortkommen wie Auerhähne und Bergeulen und Luchse und Heidelbeerkraut.

Gudmund ging über die Wiese auf die Hütte zu. Durch das Fenster drang Feuerschein, die Scheiben waren nicht verhangen; er warf einen Blick hinein, um zu sehen, ob Helga in der Hütte wäre. Auf einem Tisch am Fenster brannte ein kleines Lämpchen, und davor saß der Hausvater und flickte alte Schuhe. Im Hintergrunde des Zimmers neben dem Herd, auf dem ein schwaches Feuer brannte, saß die Hausmutter. Sie hatte den Spinnrocken vor sich, aber sie hatte zu arbeiten aufgehört, um mit einem kleinen Kinde zu spielen. Sie hatte es aus der Wiege genommen, und man hörte es bis zu Gudmund hinaus, wie sie mit ihm lachte und scherzte. Ihr Gesicht war von vielen Runzeln durchfurcht, und sie sah strenge aus; aber wie sie sich so über das Kind beugte, bekam ihr Gesicht einen sanften Ausdruck, und sie lächelte dem Kleinen ebenso zärtlich zu wie nur seine eigene Mutter.

Gudmund spähte nach Helga aus, konnte sie aber in keinem Winkel der Hütte entdecken. Da schien es ihm am besten, draußen zu bleiben, bis sie käme. Er wunderte sich, dass sie noch nicht zu Hause war. Vielleicht wäre sie auf dem Heimweg bei Bekannten eingekehrt, sich auszuruhen und einen Imbiss zu nehmen? Aber bald müsste sie auf jeden Fall kommen, wenn sie vor Einbruch der Nacht unter Dach sein wollte.

Gudmund blieb eine Weile mitten im Hof stehen und horchte nach Schritten aus. Es war ganz ruhig. Kein Lüftchen regte sich. Es kam ihm vor, als ob ihn nie vorher eine solche Stille umgeben hätte. Es war, als hielte der ganze Wald den Atem an und stünde da und wartete auf etwas Merkwürdiges.

Niemand ging durch den Wald. Kein Zweiglein wurde geknickt, und kein Stein rollte. Helga war wohl noch lange nicht zu erwarten. »Ich möchte wohl wissen, was sie sagen wird, wenn sie sieht, dass ich hier bin«, dachte Gudmund. »Sie wird vielleicht schreien und in den Wald laufen und sich die ganze Nacht nicht heim wagen.«

Dabei fiel ihm ein, es sei doch sonderbar, dass er auf einmal so viel mit der Häuslerdirne zu schaffen hatte. Als er vom Thing heim kam, war er wie gewöhnlich zu seiner Mutter hineingegangen, ihr alles zu erzählen, was er während des Tages erlebt hatte. Gudmunds Mutter war klug und hochsinnig und hatte es immer verstanden, gegen den Sohn so zu sein, dass er noch ebenso viel Vertrauen zu ihr hatte wie einst als Kind. Seit mehreren Jahren war sie krank und konnte nicht gehen, sondern saß den ganzen Tag still in ihrem Lehnstuhl. Es war immer eine gute Stunde für sie, wenn Gudmund von einer Reise heim kam und ihr Neuigkeiten brachte.

Als Gudmund nun von Helga vom Moorhof erzählte, sah er, dass die Mutter gedankenvoll wurde. Lange saß sie stumm da und sah gerade vor sich hin. »Es scheint doch ein guter Kern in diesem Mädchen zu stecken«, sagte sie dann. »Man darf keinen verwerfen, weil er einmal ins Unglück gekommen ist. Es kann wohl sein, dass sie sich dem, der ihr jetzt beistünde, dankbar erweisen würde.«

Gudmund begriff sogleich, woran die Mutter dachte. Sie konnte sich nicht mehr selbst helfen, sondern musste beständig jemand um sich haben, der ihr zu Diensten stand. Aber es war immer schwer, jemand zu finden, der auf diesem Platz bleiben wollte. Die Mutter war anspruchsvoll und nicht leicht zu befriedigen, und außerdem wollten alle jungen Mägde lieber eine andere Arbeit haben, bei der sie mehr Freiheit genossen. Nun war es sicherlich der Mutter eingefallen, dass sie die Helga vom Moorhof in Dienst nehmen könnte, und Gudmund fand, dass dies ein guter Vorschlag sei. Helga würde der Mutter sicherlich sehr ergeben sein. Es wäre wohl möglich, dass ihr auf diese Weise für lange geholfen wäre.

»Am schwersten wird es mit dem Kinde sein«, sagte die Mutter nach einer Weile, und Gudmund begriff, dass sie ernsthaft an die Sache dachte. – »Das muss wohl bei den Großeltern bleiben«, sagte Gudmund. – »Es ist nicht ausgemacht, dass sie sich von ihm trennen will.« – »Sie wird es sich abgewöhnen müssen, daran zu denken, was sie will und nicht will. Ich finde, dass sie förmlich verhungert aussieht. Dort oben auf dem Moorhofe ist wohl Schmalhans Küchenmeister.«

Darauf antwortete die Mutter nichts, sondern begann von etwas anderm zu sprechen. Man merkte, dass ihr neue Bedenklichkeiten aufstiegen, die sie verhinderten, einen Entschluss zu fassen.

Gudmund begann nun zu erzählen, wie er den Amtmann auf Älvåkra aufgesucht und Hildur getroffen hatte. Er berichtete, was sie über das Pferd und den Wagen gesagt hatte, und es war leicht zu merken, dass er sich der Begegnung freute. Auch die Mutter schien sehr vergnügt. Wie sie so unbeweglich in ihrem Lehnstuhl saß, war es ihre stete Beschäftigung, Pläne für die Zukunft des Sohnes auszuspinnen; und sie war zuerst auf den Gedanken verfallen, dass er es versuchen solle, um die schöne Amtmannstochter zu werben. Das war die prächtigste Heirat, die er machen konnte. Der Amtmann war ein richtiger Großbauer. Er hatte den größten Hof im Kirchspiel und viel Macht und viel Geld. Es war eigentlich töricht, zu hoffen, dass er sich mit einem Eidam begnügen würde, der kein größeres Vermögen hatte als Gudmund, aber es war immerhin möglich, dass er sich nach dem richtete, was seine Tochter wollte. Und dass Gudmund Hildur gewinnen könnte, wenn er es nur wollte, davon war die Mutter fest überzeugt.

Dies war das erste Mal, dass Gudmund die Mutter merken ließ, wie der Gedanke bei ihm Wurzel geschlagen hatte, und sie sprachen nun ein Langes und Breites von Hildur und von allen den Reichtümern und Vorteilen, die dem zufallen würden, der sie einmal bekäme. Aber bald stockte das Gespräch wieder, weil die Mutter von Neuem in ihre Grübeleien versunken war. »Könntest du diese Helga nicht holen lassen? Ich möchte sie doch sehen, bevor ich sie in meine Dienste nehme«, sagte sie schließlich. – »Das ist schön, dass du dich ihrer annehmen willst, Mutter«, entgegnete Gudmund und dachte bei sich: Wenn die Mutter eine Pflegerin bekäme, mit der sie zufrieden wäre, würde seine Gattin hier daheim ein behaglicheres Leben führen. »Du wirst sehen, dass du mit dem Mädchen zufrieden sein wirst«, fuhr er fort. – »Es ist ja auch ein gutes Werk, sich ihrer anzunehmen«, sagte die Mutter.

Als es zu dämmern begann, begab sich die Kranke zu Bett, und Gudmund ging in den Stall, um die Pferde zu striegeln. Es war schönes Wetter, die Luft war klar, und der ganze Hof lag vom Mondschein übergossen da. Da fiel es ihm ein, dass er schon heute in den Moorhof gehen und die Botschaft der Mutter bestellen könne. Wäre morgen schönes Wetter, dann würde man es so eilig haben, den Hafer einzubringen, dass weder er noch irgendein andrer Zeit hätte, hinzugehen.

Als jetzt Gudmund vor dem Moorhof stand und horchte, hörte er zwar keine Schritte; doch andre Laute durchschnitten in kurzen Abständen die Stille. Es war ein stilles Klagen, ein sehr leises und ersticktes Jammern und dann hie und da ein Aufschluchzen. Gudmund glaubte zu merken, dass die Laute von dem Schuppen herkämen, und ging auf diesen zu. Als er sich näherte, hörte das Schluchzen auf; aber es war offenbar, dass sich drinnen jemand in der Holzkammer regte. Mit einem Male begriff Gudmund, wer dort drinnen war. »Bist du es, Helga, die da drinnen sitzt und weint?«, rief er und stellte sich in die Türöffnung, damit das Mädchen nicht entwischen könnte, ehe er mit ihm gesprochen hätte.

Wieder wurde es ganz still. Gudmund hatte wohl recht geraten: Es war Helga, die da saß und weinte; aber sie versuchte das Schluchzen zu unterdrücken, damit Gudmund glaubte, er habe sich verhört, und seiner Wege ginge. Es war stockfinster in dem Schuppen, und sie wusste, dass er sie nicht sehen konnte.

Aber Helga war an diesem Abend in solcher Verzweiflung, dass es ihr nicht leicht fiel, die Tränen zurückzudrängen. Sie war noch nicht in der Hütte gewesen und hatte die Eltern noch nicht begrüßt. Sie hatte nicht den Mut dazu gehabt. Als sie in der Dämmerung den steilen Hügel hinaufstieg und daran dachte, dass sie den Eltern jetzt sagen müsste, sie habe keinen Erziehungsbeitrag von Per Martensson zu erwarten, da hatte sie solche Angst vor den harten und grausamen Worten bekommen, die sie ihr sagen würden, dass sie es nicht wagte, hineinzugehen. Sie gedachte draußen zu bleiben, bis sie sich zu Bett gelegt hätten; dann brauchte sie vielleicht nicht vor dem nächsten Tage von der unglückseligen Sache zu sprechen. Und so hatte sie sich in dem Holzschuppen versteckt. Aber während sie so dasaß und fror und hungerte, kam es ihr erst recht zum Bewusstsein, wie unglücklich und ausgestoßen sie war. Alle Schmach und Angst, die sie hatte erleiden müssen, und alle Schmach und Angst, die ihrer noch harrten, stand vor ihr und drückte sie mit Bleischwere zu Boden. Sie weinte über sich selbst, darüber, dass sie so elend war, und dass niemand etwas von ihr wissen wollte. Sie erinnerte sich, wie sie einmal als Kind in einen Morast gefallen und gleich untergesunken war. Je mehr sie sich gemüht hatte, in die Höhe zu kommen, desto tiefer war sie gesunken. Alle Büsche und Sträucher, nach denen sie gegriffen, hatten nachgegeben. So war es auch jetzt. Alles, wonach sie zu greifen versuchte, um sich aufrecht zu erhalten, ließ sie im Stich. Niemand wollte ihr helfen. Damals, als sie ins Moor versinken wollte, war schließlich ein Hirtenbub gekommen und hatte sie herausgezogen; jetzt aber kam niemand, sie zu retten. Jetzt war es gewiss ihre Bestimmung, zugrunde zu gehen.

Als Helga das Moor in den Sinn kam, wurde es ihr mit einem Male klar: das Beste, was sie tun konnte, war, dorthin zu gehen, in den Schlamm hinauszuwandern und sich einsinken und begraben zu lassen. Wenn eine so elend wäre, dass kein Mensch etwas mit ihr zu tun haben wollte, dann könnte sie wohl gar nichts Besseres tun als sterben. Es wäre auch für das Kind das Beste, wenn sie fortginge; denn Helgas Mutter hatte es gern, obgleich sie es nicht zeigen wollte, wenn Helga daheim war. Aber wenn Helga einmal für immer aus dem Wege wäre, dann würde sich die Großmutter des Kindes wohl so annehmen, als wäre es ihr eigenes.

Sie begriff nicht, dass sie mitten in ihrem größten Elend etwas getan hatte, wodurch den Leuten eine bessere Meinung über sie gegeben würde. Ihr wurde mit jedem Augenblick gewisser, dass das Moor der einzige Zufluchtsort für sie sei. Und je klarer sie dies einsah, desto mehr weinte sie.

Es war darum nicht so leicht für sie, die Tränen zu unterdrücken. Es dauerte nicht lange, so begann sie von Neuem zu schluchzen.

Gudmund war nichts verhasster, als wenn Weibsleute weinten. Er hatte die größte Lust, auf und davon zu laufen; aber er sagte sich, wenn er sich nun einmal die Mühe gemacht hätte, zur Hütte hinaufzuklettern, müsste er seinen Auftrag auch ausführen.

»Was ist dir denn?«, sagte er in barschem Ton zu Helga. »Warum gehst du nicht ins Haus?« – »Ach, ich getraue mich nicht«, antwortete Helga, und ihre Zähne schlugen aufeinander. »Ich getraue mich nicht.«

»Wovor hast du denn Angst? Du hast dich doch heute Morgen gegen Gerichtsdiener und Richter tapfer gehalten. Da kannst du wohl nicht vor deinen leiblichen Eltern Angst haben.« – »O ja, o ja, die sind viel schlimmer als alle andern.« – »Warum sollten sie denn gerade heute so böse sein?« – »Ich bekomme ja kein Geld.« – »Na, du bist doch ein so tüchtiges Mädel, dass du für dich und dein Kind das Brot verdienen kannst.« – »Ja, aber mich will doch niemand nehmen.«

Plötzlich fiel es Helga ein, dass die Eltern ihre Stimmen hören und herauskommen und fragen könnten, wer da spräche. Und dann wäre sie gezwungen, ihnen alles zu erzählen. Dann könnte sie sich nicht in das Moor retten. Und in ihrem Schrecken sprang sie auf und wollte an Gudmund vorbeieilen. Aber er kam ihr zuvor. Er packte sie am Arm und hielt sie fest. – »Nein! Du kommst nicht davon, bis ich nicht mit dir gesprochen habe.« – »Lass mich gehen«, rief sie und blickte ihn wild an. – »Du siehst aus, als wenn du ins Wasser gehen wolltest«, sagte er; denn jetzt stand sie draußen im Mondschein, und er konnte ihr Gesicht sehen. – »Ja, das würde wohl auch niemand etwas angehen, wenn ich das täte«, sagte Helga und warf dabei den Kopf zurück und sah ihm gerade in die Augen. »Heute Morgen wolltest du mich nicht einmal rückwärts auf deinem Wagen mitfahren lassen. Niemand will etwas mit mir zu tun haben. Da musst du doch selbst einsehen, dass es für solch ein armes Wurm wie mich am besten ist, wenn ich ein Ende mache.«

Gudmund wusste nicht, was er beginnen sollte. Er wünschte sich weit weg, aber er fühlte auch, dass er einen Menschen in solcher Verzweiflung nicht verlassen konnte. »Hör mich jetzt an! Versprich mir, dass du anhörst, was ich dir zu sagen habe. Dann kannst du gehen, wohin du willst.« – Ja, das versprach sie. – »Kann man hier nirgends sitzen?«

»Drüben steht doch der Hackblock.« »Also geh hin und setze dich und sei still!« Sie ging ganz gehorsam hin und setzte sich. – »Weine jetzt nicht mehr!«, sagte er; denn es war ihm, als finge er an, Macht über sie zu gewinnen. Aber das hätte er nicht sagen sollen, denn sie ließ sogleich den Kopf in die Hände sinken und weinte heftiger denn je.

»Weine nicht!«, sagte er und war nahe daran, mit dem Fuß auf die Erde zu stampfen. »Es gibt genug Leute, denen es schlechter geht als dir.« – »Nein, keinem kann es schlechter gehen.« – »Du bist jung und gesund, du solltest nur wissen, wie es meiner Mutter geht. Sie ist von Schmerzen so geplagt, dass sie sich nicht rühren kann, aber sie klagt nie.« – »Sie ist nicht so verlassen von allen wie ich.« – »Du bist auch nicht verlassen. Ich habe mit Mutter über dich gesprochen, und Mutter hat mich zu dir geschickt.« Das Schluchzen hörte auf. Man vernahm gleichsam das große Schweigen des Waldes, als ob der den Atem anhielte und auf etwas Wunderbares wartete. »Ich soll dir bestellen, dass du morgen zu Mutter kommst, damit sie dich sieht. Mutter gedenkt dich zu fragen, ob du zu uns in Dienst gehen willst.« – »Das will sie mich fragen?« – »Ja, aber zuerst will sie dich sehen.« – »Weiß sie, dass ...?« – »Sie weiß ebenso viel von dir wie alle andern.« Mit einem Schrei des Staunens und der Freude sprang das Mädchen auf, und im nächsten Augenblick fühlte Gudmund ein paar Arme um seinen Hals. Er erschrak förmlich, und sein erster Gedanke war, sich loszureißen, aber dann fasste er sich und blieb stehen. Er begriff, dass das Mädchen so außer sich vor Freude war, dass sie nicht wusste, was sie tat; in diesem Augenblick hätte sie sich dem ärgsten Schurken an den Hals werfen können, nur um in dem großen Glück, das über sie gekommen war, ein klein wenig Mitgefühl zu finden.

»Wenn sie mich bei sich aufnehmen will, dann kann ich ja am Leben bleiben!«, sagte sie und legte den Kopf an Gudmunds Brust und weinte wieder, aber nicht so heftig wie zuvor. »Ich kann dir jetzt sagen, dass es mir damit Ernst war, ins Moor zu gehen«, sagte sie. »Ich danke dir, dass du gekommen bist! Du hast mir das Leben gerettet.« Gudmund hatte bisher unbeweglich dagestanden, jetzt aber fühlte er, wie sich etwas warm und zärtlich in ihm zu regen begann. Er hob die Hand und strich ihr übers Haar. Da zuckte sie zusammen, als hätte er sie aus einem Traum geweckt, und stellte sich kerzengerade vor ihn hin. »Ich danke dir, dass du gekommen bist!«, sagte sie noch einmal. Sie war flammend rot im Gesicht geworden, und er errötete auch.

»Ja, so kommst du also morgen zu uns«, sagte er und streckte die Hand aus, um ihr Lebewohl zu sagen. – »Ich werde nie vergessen, dass du heute Abend zu mir gekommen bist«, sagte Helga, und die große Dankbarkeit bekam die Oberhand über ihre Befangenheit. »Ach ja, es ist vielleicht ganz gut, dass ich da war«, sagte er ruhig, fühlte sich aber doch recht zufrieden mit sich selbst. – »Jetzt gehst du doch ins Haus?«, sagte er. – »Ja, jetzt werde ich wohl hineingehen.«

Gudmund hatte plötzlich eine solche Freude an Helga, wie man sie an einem hat, dem man hat helfen können. Er stand da und zauderte und wollte nicht gehen. »Ich möchte dich gern unter Dach und Fach sehen, bevor ich gehe.« – »Ich dachte, sie sollten sich lieber erst niederlegen, bevor ich hineingehe.« – »Nein, du musst gleich gehen, damit du etwas zu essen kriegst und unter Dach kommst«, sagte er und fand es recht vergnüglich, so für sie zu sorgen.

Sie ging sogleich auf die Hütte zu, und er kam mit, ganz zufrieden und stolz, dass sie ihm gehorchte. Als sie auf der Schwelle stand, sagten sie sich noch einmal Lebewohl. Aber kaum hatte er ein paar Schritte gemacht, als sie ihm nachkam. »Bleib hier draußen stehen, bis ich drinnen bin! Es geht leichter, wenn ich weiß, dass du draußen bist!« – »Ja«, sagte er, »ich werde hier bleiben, bis du das Ärgste überstanden hast.

Nun öffnete Helga die Hüttentür, und Gudmund, merkte, dass sie sie leicht angelehnt ließ. Gleichsam, damit sie sich nicht allzu abgetrennt von dem Helfer fühle, der dort draußen stand. Er machte sich auch kein Gewissen daraus, alles zu hören und zu sehen, was drinnen in der Hütte geschah.

Die Alten nickten Helga, als sie eintrat, freundlich zu. Die Mutter legte sogleich das Kind in die Wiege, ging dann zum Schrank und holte einen Laib Brot und eine Schale Milch und stellte sie auf den Tisch.

»Bist du da? Setz dich jetzt und iss«, sagte sie. Dann ging sie zum Herd und legte ein Stück Holz nach. »Ich habe das Feuer nicht ausgehen lassen, damit du dir die Kleider trocknen und dich erwärmen kannst, wenn du kommst. Aber iss jetzt zuerst! Das hast du wohl am nötigsten.«

Helga war die ganze Zeit an der Tür stehen geblieben. »Ihr sollt mich nicht so gut aufnehmen, Mutter«, sagte sie mit leiser Stimme. »Ich bekomme kein Geld von Per. Ich habe auf die Unterstützung verzichtet.«

»Es ist heute Abend schon jemand dagewesen, der bei dem Thing war und gehört hat, wie es dir ergangen ist«, sagte die Mutter. »Wir wissen alles.«

Helga blieb an der Tür stehen und machte, als wüsste sie weder aus noch ein.

Da legte der Vater die Arbeit nieder, schob die Brille auf die Stirn und räusperte sich, um eine Rede zu halten, die er den ganzen Abend überdacht hatte. »Es ist nämlich so, Helga«, sagte er: »Mutter und ich, wir wollten immer anständige und ehrliche Leute sein. Aber dann ist es uns vorgekommen, als ob du Unehre über uns gebracht hättest. Es war so, als hätten wir dich nicht gelehrt, zwischen Gut und Böse zu unterscheiden. Aber als wir nun hörten, was du heute getan hast, da sagten wir uns, Mutter und ich, dass die Leute jetzt doch sehen können, dass du eine ordentliche Erziehung genossen hast, und wir denken, dass wir vielleicht auch noch Freude an dir erleben können. Und Mutter wollte nicht, dass wir uns niederlegen, ehe du da bist, damit du doch eine ordentliche Heimkehr hast.«

3

Helga vom Moorhof kam jetzt nach Närlunda, und da ging alles gut. Sie war willig und anstellig und dankbar für jedes freundliche Wort, das man ihr sagte. Sie fühlte sich immer als die Geringste und wollte sich nie vordrängen. Es dauerte nicht lange, so hatten Herrschaft und Gesinde sie lieb gewonnen.

In den ersten Tagen sah es aus, als fürchte sich Gudmund, mit Helga zu sprechen. Er hatte Angst, dass das Mädchen sich etwas einbilde, weil er ihr zu Hilfe gekommen war. Aber dies war eine unnötige Sorge. Helga hielt ihn für viel zu herrlich und hoch, als dass sie gewagt hätte, ihre Blicke zu ihm zu erheben. Und Gudmund merkte auch bald, dass er sie nicht fernzuhalten brauchte. Sie war vor ihm scheuer als vor irgendjemand.

In demselben Herbst, da Helga nach Närlunda kam, machte Gudmund viele Besuche bei der Familie des Amtmanns auf Älvåkra, und es wurde viel darüber gesprochen, dass er alle Aussicht hätte, dort im Hause Schwiegersohn zu werden. Volle Gewissheit, dass seine Werbung Erfolg hatte, erhielten die Leute jedoch erst zu Weihnachten. Da kam der Amtmann mit Frau und Tochter von Närlunda, und es war ganz klar, dass sie nur hierher gefahren waren, um zu sehen, wie es Hildur gehen würde, wenn sie sich mit Gudmund verheiratete.

Das war das erste Mal, dass Helga das Mädchen, welches Gudmund heimführen wollte, aus der Nähe sah. Hildur Erikstochter war noch nicht zwanzig Jahre, aber das Merkwürdigste an ihr war, dass niemand sie ansehen konnte, ohne zu denken, welche stattliche und prächtige Hausmutter einmal aus ihr werden würde. Sie war hochgewachsen, stark gebaut, blond und schön, und sah aus, als wenn sie gerne für viele um sich zu sorgen hätte. Sie war nie scheu oder verschüchtert, sondern sprach viel und schien alles besser zu wissen als der, mit dem sie sprach. Sie war ein paar Jahre in der Stadt zur Schule gegangen und trug die schönsten Kleider, die Helga je gesehen hatte, aber sie machte keinen eitlen oder prunkliebenden Eindruck. Reich und schön, wie sie war, hätte sie wohl jeden Tag einen Mann von Stand heiraten können, aber sie sagte immer, sie wolle keine feine Dame werden und mit den Händen im Schoß dasitzen. Sie wollte einen Bauern heiraten und ihr Haus selbst versehen wie eine richtige Bäuerin.

Hildur erschien Helga als ein wahres Wunder. Nie hatte sie jemand gesehen, der so prächtig aufgetreten wäre. Sie hätte nicht geglaubt, dass ein Mensch in allen Stücken so vollkommen sein könnte. Und es deuchte sie ein großes Glück, einer solchen Frau zu dienen.

Bei dem Besuch der Amtmannsfamilie war alles gut abgelaufen; aber wenn Helga an den Tag zurückdachte, empfand sie eine gewisse Unruhe. Als die Fremden gekommen waren, war sie herumgegangen und hatte den Kaffee gereicht. Wie sie nun mit den Kannen hereinkam, hatte die Frau des Amtmanns sich zu ihrer Herrin vorgebeugt und sie gefragt, ob das nicht das Mädchen vom Moorhof sei. Sie hatte die Stimme nicht sehr gesenkt, sodass Helga die Frage deutlich hörte. Mutter Ingeborg hatte ja gesagt, und da hatte die andre etwas geantwortet, was Helga nicht hören konnte. Aber es war so etwas gewesen, als ob sie es wunderlich fände, dass sie eine solche Person im Hause dulde. Dies bereitete Helga sehr viel Kummer, aber sie suchte sich damit zu trösten, dass es die Mutter und nicht Hildur war, die diese Worte gesprochen hatte.

An einem Sonntag im Vorfrühling fügte es sich, dass Helga und Gudmund zusammen aus der Kirche kamen. Als sie über den

Kirchenhügel wanderten, waren sie inmitten einer großen Schar von andern Kirchenbesuchern gegangen; aber bald bog einer nach dem andern ab, und schließlich waren Helga und Gudmund allein.

Da fiel es Gudmund ein, dass er seit jenem Abend auf dem Moorhof nicht mehr mit Helga allein gewesen war, und die Erinnerung daran kam nun in voller Stärke wieder. Recht oft während des Winters hatte er an ihre erste Begegnung gedacht und dabei immer gefühlt, wie etwas Süßes und Wohliges seinen Sinn durchbebte. Wenn er allein bei der Arbeit war, pflegte er sich die ganze schöne Nacht wieder zurückzurufen: den weißen Nebel, den starken Mondschein, die schwarze Waldeshöhe, das lichte Tal und dann das Mädchen, das die Arme um seinen Hals geschlungen und vor Freude geweint hatte. Je öfter er sich den Vorfall zurückrief, desto schöner wurde er. Aber wenn Gudmund Helga daheim unter den andern in Arbeit und Plage umhergehen sah, dann konnte er sich nur schwer vorstellen, dass sie mit dabei gewesen war. Jetzt aber, wo er allein mit ihr den Kirchenweg entlang ging, konnte er es nicht lassen, sich zu wünschen, dass sie für ein Weilchen dieselbe wäre wie an jenem Abend.

Helga begann sogleich von Hildur zu sprechen. Sie rühmte sie sehr, sagte, dass sie das schönste und klügste Mädchen in der ganzen Umgegend sei, und beglückwünschte Gudmund dazu, dass er eine so ausgezeichnete Frau bekäme. »Du musst ihr sagen, dass sie mich immer auf Närlunda bleiben lässt«, sagte sie. »Es wird so schön sein, unter einer solchen Frau zu dienen.«

Gudmund lächelte über ihren Eifer, gab ihr jedoch nur einsilbige Antworten, als wären seine Gedanken nicht recht dabei. Aber es war ja recht, dass ihr Hildur so gut gefiel, und dass sie sich über seine Heirat so freute.

»Du bist diesen Winter doch gern bei uns gewesen?«, fragte er. – »Ja gewiss. Ich kann gar nicht sagen, wie gut Mutter Ingeborg und ihr alle gegen mich wart.« – »Hast du dich nach dem Walde gesehnt?« – »Ach ja, anfangs wohl, aber jetzt nicht mehr.« – »Ich glaubte, wer im Wald daheim ist, kann es nicht lassen, sich hinzusehnen.«

Helga wendete sich halb um und sah ihn an, der auf der andern Seite des Weges ging. Gudmund war ihr in letzter Zeit ganz fremd geworden, aber jetzt lag etwas in seinem Tonfall und seinem Lächeln, das sie wiedererkannte. Ja, er war doch derselbe, der in ihrer höchsten Not gekommen war und sie gerettet hatte. Obgleich er sich mit einer andern verheiraten wollte, war sie dessen gewiss, dass er ihr ein guter Freund und getreuer Helfer bleiben würde.

Es wurde ihr so leicht ums Herz; sie fühlte, dass sie Vertrauen zu ihm haben könnte, wie zu keinem andern, und es war ihr, als müsste sie ihm alles erzählen, was ihr geschehen war, seit sie zuletzt miteinander gesprochen hatten. »Ich will dir sagen, dass ich in den ersten Wochen auf Närlunda eine recht schwere Zeit hatte«, begann sie. »Aber du darfst es Mutter Ingeborg nicht wiedererzählen.« – »Wenn du willst, dass ich schweigen soll, so schweige ich.« – »Denk dir nur, dass ich anfangs so furchtbares Heimweh hatte! Ich war drauf und dran, wieder in den Wald hinaufzulaufen.« – »Du hattest Heimweh? Ich glaubte, du wärst froh, bei uns zu sein«. – »Ich konnte nichts dafür«, sagte sie entschuldigend. »Ich sah wohl ein, welches Glück es für mich war, hier sein zu dürfen. Ihr wart alle so freundlich gegen mich, und die Arbeit war nicht zu schwer; aber ich sehnte mich doch. Irgendetwas zog und lockte und wollte mich in den Wald zurückführen. Es war mir, als verriete ich einen, der ein Recht auf mich hatte, wenn ich unten im Tale blieb.« »Das war vielleicht …«, begann Gudmund, aber er hielt mitten im Satz inne. – »Nein, es war nicht der Kleine, nach dem ich mich sehnte. Ich wusste ja, dass es ihm gut ging, und dass Mutter freundlich zu ihm war. Es war nichts Bestimmtes. Ich hatte das Gefühl, als wäre ich ein wilder Vogel, den man in einen Käfig gesperrt hat, und ich glaubte, ich müsste sterben, wenn man mich nicht losließ.«

»Nein, dass es dir so schlecht ging!«, sagte Gudmund, und dabei lächelte er; denn jetzt kam es ihm mit einem Male vor, als ob er sie erst wiedererkennte. Jetzt war es, als läge nichts zwischen ihnen, sondern als hätten sie sich erst am vorigen Abend oben auf dem Moorhof voneinander getrennt. Helga lächelte wieder, sie fuhr jedoch fort, von ihrer Qual zu sprechen. »Keine Nacht schlief ich«, sagte sie; »kaum hatte ich mich niedergelegt, so begannen die Tränen zu fließen, und wenn ich am Morgen aufstand, war das Kopfkissen ganz nass. Am Tag, wenn ich unter euch andern herumging, konnte ich das Weinen unterdrücken; aber sowie ich allein war, schossen mir die Tränen in die Augen.«

»Du hast schon viel geweint in deinem Leben«, sagte Gudmund, aber er sah gar nicht mitleidig aus, als er diese Bemerkung machte. Helga war es, als ob er die ganze Zeit mit einem unterdrückten Lachen einherginge. – »Du kannst dir gar nicht denken, wie schlecht es mir ging«, sagte sie und sprach immer lebhafter, in dem Bestreben, sich ihm verständlich zu machen. »Es kam eine Sehnsucht über mich, die mich von mir selbst forttrug. Keinen Augenblick konnte ich mich glücklich fühlen. Nichts war schön, nichts war vergnüglich, keinen Menschen konnte ich lieb gewinnen. Ihr wart mir alle ebenso fremd wie an dem Tag, als ich zum ersten Male in die Stube trat.«

»Aber«, verwunderte sich Gudmund, »sagtest du nicht eben, dass du bei uns bleiben willst?« – »Ja, gewiss sagte ich das.« – »Du sehnst dich also jetzt nicht mehr?«

»Nein, es ist vorübergegangen. Ich bin geheilt. Warte nur, du wirst schon hören!«

Als sie dies sagte, kreuzte Gudmund quer über den Weg und ging an ihrer Seite weiter. Die ganze Zeit lächelte er. Es schien ihm Freude zu machen, sie reden zu hören; aber er legte dem, was sie erzählte, wohl nicht viel Gewicht bei. So allmählich kam Helga in dieselbe Stimmung. Es schien ihr, als ob alles leicht und hell würde. Der Weg von der Kirche war lang und beschwerlich zu gehen; aber an diesem Tage wurde sie nicht müde. Irgendetwas schien sie zu tragen. Sie fuhr fort zu erzählen, weil sie einmal begonnen hatte; aber es war nicht mehr so wichtig für sie, sich auszusprechen. Sie hätte ebenso vergnügt sein können, wenn sie stumm neben ihm einhergegangen wäre.

»Als ich am allerunglücklichsten war, bat ich Mutter Ingeborg eines Samstagabends, mir zu erlauben, nach Hause zu gehen und über den Sonntag daheim zu bleiben. Und als ich an diesem Abend die Hügel zum Moor hinaufwanderte, glaubte ich felsenfest, dass ich nie mehr nach Närlunda zurückkommen würde. Aber daheim waren Vater und Mutter so froh, dass ich eine Stelle in einem so angesehenen Hause hatte, dass ich es nicht übers Herz brachte, ihnen zu sagen, ich hielte es nicht aus, bei euch zu bleiben. Sobald ich in den Wald hinaufkam, war auch alle Angst und Qual rein verschwunden. Und es schien mir, als ob das Ganze nur eine Einbildung gewesen wäre. Und dann war es so schwer mit dem Kind. Mutter hatte sich seiner angenommen und es zu dem ihren gemacht. Es gehörte mir nicht mehr. Und es war so gut, dass es so war; aber es fiel mir doch schwer, mich daran zu gewöhnen.«

»Vielleicht fingst du nun gar an, dich zu uns hinunter zu sehnen?«, warf Gudmund hin. – »Ach, nein. Als ich am Montagmorgen erwachte und daran dachte, dass ich jetzt gehen müsste, kam die Sehnsucht wieder über mich. Ich lag da und weinte und ängstigte mich, denn das einzige Rechte und Richtige war doch, dass ich im Dienste blieb; aber ich hatte das Gefühl, als müsste ich krank werden oder den Verstand verlieren, wenn ich zurückkehrte. Aber da fiel mir plötzlich ein, was ich einmal gehört hatte: Wenn man ein wenig Asche aus dem Herd in seinem Hause nimmt und sie dann auf den Herd im fremden Hause streut, dann wird man von seiner Sehnsucht befreit.« – »Na, das ist ein Heilmittel, das leicht anzuwenden ist«, sagte Gudmund. – »Ja, wenn es damit nur nicht die Bewandtnis hätte, dass man sich nachher nirgendwo anders heimisch fühlen kann. Geht man von dem Hause weg, in das man die Asche getragen hat, dann sehnt man sich ebenso sehr dorthin zurück, als man sich früher von dort weggesehnt hat.« – »Kann man die Asche nicht wieder dorthin mitnehmen, wohin man geht?« – »Nein, das kann man nur einmal im Leben tun. Dann gibt es keine Umkehr. Und darum ist es ja sehr gefährlich, so etwas zu versuchen.«

»Ich hätte nie so etwas gewagt«, sagte Gudmund, und sie hörte sehr wohl, dass er sie nur neckte. – »Ich hab' es doch gewagt«, sagte Helga. »Es war besser, als vor Mutter Ingeborg und dir, die mir helfen wollten, als undankbar dazustehen. Ich nahm ein klein wenig Asche von daheim mit, und wie ich nach Närlunda zurückkam, benützte ich einen Augenblick, wo niemand in der Stube war, und streute sie auf die Herdplatte.«

»Und jetzt glaubst du, dass die Asche dir geholfen hat?« – »Warte, du wirst schon hören, wie es kam! Ich ging gleich an meine Arbeit und dachte den ganzen Tag nicht mehr an die Asche. Ich sehnte mich ebenso heftig wie früher, und alles war mir ebenso zuwider wie immer. Es war an diesem Tage sehr viel drinnen und draußen zu tun; und als ich am Abend im Stalle fertig war und ins Haus ging, war auf dem Herd schon das Feuer angezündet.«

»Jetzt bin ich aber wirklich begierig, zu hören, wie es kam«, sagte Gudmund. – »Ja, denke nur, schon als ich über den Hof ging, kam es mir vor, als ob im Feuerschein etwas Wohlbekanntes wäre, und als ich die Tür öffnete, da hatte ich das Gefühl, dass ich in unsre eigene Stube kam, und dass Vater und Mutter am Feuer saßen. Ja, dies flog nur an mir vorbei wie ein Traum. Aber als ich wirklich hineinkam, da war ich ganz erstaunt, wie schön und traulich es in der Stube war. Nie hatten Mutter Ingeborg und ihr andern so freundlich ausgesehen wie an diesem Abend, als ihr da im Feuerschein saßet. Es war ein köstliches Gefühl, hereinzukommen, und das war sonst nie so gewesen. Ich war so erstaunt, dass ich fast laut aufgeschrien und in die Hände geklatscht hätte. Es schien mir, als ob ihr wie verwandelt wäret. Ihr wart mir nicht mehr fremd, sondern ich konnte mit euch über alles reden. Du kannst dir denken, dass ich mich freute; aber dabei musste ich mich doch immer wieder wundern. Ich fragte mich, ob ich denn verhext wäre, und sieh, da fiel mir plötzlich die Asche ein, die ich auf die Herdplatte gestreut hatte.«

»Ja, das ist seltsam«, sagte Gudmund. Er glaubte nicht im Geringsten an Zauber und Hexerei; aber es missfiel ihm nicht, Helga von solchen Dingen sprechen zu hören. »Jetzt ist doch die tolle Walddirne wieder zum Vorschein gekommen«, dachte er. »Kann man begreifen, dass jemand, der so viel durchgemacht hat wie sie, noch so kindisch ist?«

»Ja, gewiss war es seltsam«, sagte Helga. »Und dasselbe hat sich den ganzen Winter hindurch wiederholt. Sowie das Feuer im

Herd brannte, war es mir ebenso behaglich, als wenn ich daheim gewesen wäre. Aber es ist auch etwas Seltsames mit dem Feuer. Nicht mit anderm Feuer vielleicht, aber mit Feuer, das auf einem Herde brennt, und um das sich alle Hausgenossen Abend für Abend versammeln. Das wird, möcht' man sagen, so vertraut mit einem. Es spielt und tanzt vor einem und prasselt, und manchmal ist es mürrisch und schlechter Laune. Es ist, als läge es in seiner Macht, Traulichkeit oder Unbehagen zu verbreiten. Und nun war es mir, als wäre das Feuer von daheim zu mir gekommen, und als gäbe es allem hier denselben traulichen Schein wie daheim.«

»Aber wenn du nun gezwungen wärest, aus Närlunda fortzugehen?«, sagte Gudmund. – »Dann muss ich mich all mein Lebtag danach sehnen«, erwiderte sie, und man hörte an ihrer Stimme, dass sie dies im tiefsten Ernst sagte. – »Ja, ich werde gewiss nicht der sein, der dich vertreibt«, sagte Gudmund; und obgleich er lachte, lag etwas Warmes in seinem Ton. – Dann begannen sie kein neues Gespräch, sondern wanderten stumm bis zum Bauernhofe. Gudmund wendete zuweilen den Kopf und sah sie an, die neben ihm ging. Sie schien sich von der schweren Zeit, die sie im vorigen Jahr durchgemacht hatte, erholt zu haben. Jetzt hatte sie etwas Frisches und Rosiges. Die Züge waren klein und rein, das Haar umgab den Kopf wie ein Heiligenschein, und aus den Augen konnte man nicht recht klug werden. Sie ging flink und leicht. Wenn sie sprach, kamen die Worte rasch hervor, aber dennoch scheu. Sie hatte immer Angst, verlacht zu werden, doch musste sie heraussagen, was sie auf dem Herzen hatte.

Gudmund fragte sich, ob er sich wünsche, dass Hildur so wäre; aber das wollte er doch nicht. Diese Helga war nichts zum Heiraten. –

Ein paar Wochen später erfuhr Helga, dass sie im April von Närlunda fort müsse, weil Hildur Erikstochter nicht mit ihr unter einem Dache hausen wollte. Ihre Herrschaft sagte ihr das nicht gerade heraus. Aber Mutter Ingeborg begann davon zu sprechen, sie würden an ihrer neuen Schwiegertochter so viel Hilfe haben, dass sie sich nicht so viele Dienstleute zu halten brauchten. Ein andermal sagte sie wieder, sie habe von einer guten Stelle gehört, wo es Helga viel besser gehen würde als bei ihnen.

Helga brauchte nicht mehr zu hören: Sie verstand, dass sie fort müsse, und erklärte sogleich, dass sie gehen wolle; aber eine andre Stelle wolle sie nicht annehmen, sondern sie kehre nach Hause zurück.

Man merkte wohl, dass sie auf Närlunda Helga nicht aus freiem Willen kündigten.

Am Abschiedstage war so viel Essen aufgetischt, dass es ein förmlicher Schmaus war, und Mutter Ingeborg steckte ihr eine solche Menge Kleider und Schuhe zu, dass sie, die nur mit einem Bündel unter dem Arm gekommen war, ihre Besitztümer jetzt kaum in einer Kiste unterbringen konnte.

»Ich bekomme nie wieder eine so gute Magd wie dich in mein Haus«, sagte Mutter Ingeborg. »Und denke nun nicht zu schlecht von mir, weil ich dich ziehen lasse! Du weißt wohl, dass es nicht mit meinem Willen geschieht. Ich werde dich nicht vergessen. Solange ich noch Macht habe, wirst du keine Not leiden müssen.«

Sie machte mit Helga ab, dass sie ihr Laken und Handtücher weben solle. Und sie gab ihr Arbeit für mindestens ein halbes Jahr.

Am Abschiedstage stand Gudmund im Schuppen und hackte Holz. Er kam nicht herein, ihr Lebewohl zu sagen, obgleich das Pferd schon vor der Tür stand. Er schien so vertieft zu sein in seine Arbeit, dass er gar nicht merkte, was vorging. Sie musste hinausgehen, um ihm Lebewohl zu sagen.

Er legte die Axt hin, gab Helga die Hand, sagte etwas hastig: »Ich danke dir für all die Zeit!« und begann dann wieder zu arbeiten. Helga hatte sagen wollen, sie sähe ein, dass es unmöglich für ihn sei, sie zu behalten, und dass alles ihre eigne Schuld sei. Sie selbst hätte es so für sich eingerichtet. Aber Gudmund schlug zu, dass die Späne rings um ihn flogen, und da konnte sie sich nicht entschließen, etwas zu sagen.

Aber das Merkwürdigste an der ganzen Sache war, dass der Bauer selbst, der alte Erland Erlandsson, Helga zum Moorhof hinauffuhr.

Gudmunds Vater war ein kleines, trocknes Männchen mit kahlem Scheitel und schönen, klugen Augen. Er war so verschlossen und schweigsam, dass er zuweilen den ganzen Tag kein Wort sprach. Solange alles ging, wie es gehen sollte, bemerkte man ihn gar nicht. Aber wenn etwas nicht klappte, dann kam er immer und sagte und tat, was gesagt und getan werden musste, um alles wieder in Ordnung zu bringen. Er war sehr geschickt im Rechnungführen und genoss unter den Männern des Kirchspiels großes Vertrauen. Er bekam auch alle möglichen kommunalen Aufträge und war angesehener als so mancher, der einen schönen Hof und großen Reichtum besaß.

Erland Erlandsson also fuhr Helga auf dem schlechten Wege heim und ließ nicht zu, dass sie bei irgendeiner steilen Stelle ausstieg. Als sie auf dem Moorhof angelangt waren, saß er lange in der Hütte und sprach mit Helgas Eltern und erzählte ihnen, wie zufrieden er und Mutter Ingeborg mit ihr gewesen waren. Nur weil sie jetzt nicht mehr so viele Dienstleute brauchten, müssten sie sie nach Hause schicken. Sie hätte gehen müssen, weil sie die Jüngste wäre. Sie hätten es unrecht gefunden, jemand fortzuschicken, der schon lange bei ihnen diente.

Erland Erlandssons Rede machte einen guten Eindruck, und die Eltern bereiteten Helga einen freundlichen Empfang. Als sie dazu noch hörten, sie hätte so große Bestellungen erhalten, dass sie sich mit ihrer Weberei das Brot verdienen könne, waren sie es recht zufrieden, dass sie nun daheim blieb.

4

Gudmund kam es vor, als ob er Hildur Erikstochter bis zu dem Tage geliebt hätte, an dem sie ihm das Versprechen abgezwungen, dass Helga aus Närlunda fort sollte. Wenigstens hatte es bis dahin niemand gegeben, den er mehr bewundert und geachtet hätte. Kein junges Mädchen schien ihm Hildur an die Seite gestellt werden zu können, und er war sehr stolz darauf gewesen, dass er sie gewonnen hatte. Es war ihm auch ein lieber Gedanke, sich die Zukunft mit ihr zusammen vorzustellen. Sie würden reich und angesehen sein, und er hatte das sichere Gefühl, dass es sich in dem Heim, wo Hildur das Regiment führte, gut leben lassen müsste. Er dachte auch gern daran, dass er viel Geld haben würde, wenn er mit ihr verheiratet wäre. Er könnte seine Wirtschaft verbessern, könnte alle verfallnen Hütten wieder aufbauen und den Hof erweitern, sodass er ein richtiger Großbauer würde.

An demselben Sonntag, da er mit Helga von der Kirche heimging, war er abends nach Älvåkra gefahren. Da hatte Hildur angefangen von Helga zu sprechen und hatte gesagt, dass sie nicht nach Närlunda kommen wolle, ehe die Dirne von dort fort sei. Gudmund versuchte zuerst, das Ganze als einen Scherz fortzulachen. Aber es zeigte sich bald, dass es Hildur ernst war. Gudmund führte Helgas Sache sehr beredt; er sagte, sie sei noch so jung gewesen, als sie in den Dienst geschickt wurde, da sei es nicht zu verwundern, dass sie ins Unglück gekommen wäre, wo sie an einen so schlechten Menschen geraten war wie Per Martensson. Aber seit seine Mutter sich ihrer angenommen, hätte sie sich immer gut betragen. »Es kann nicht recht sein, sie wieder hinauszustoßen«, sagte er. »Da könnte sie ja wieder ins Elend kommen.«

Aber Hildur hatte nicht nachgeben wollen. »Wenn das Mädel auf Närlunda bleibt, so komme ich nie hin«, sagte sie. »Ich kann eine solche Person in meinem Hause nicht dulden.« – »Du weißt nicht, was du tust«, sagte Gudmund. »Niemand hat Mutter noch so gut gepflegt wie Helga. Wir sind alle froh, dass sie zu uns gekommen ist; früher war Mutter oft verdrießlich und schlechter Laune.« – »Ich zwinge dich ja nicht, sie fortzuschicken«, sagte Hildur, aber man merkte: Sie war, wenn Gudmund ihr in dieser Sache nicht den Willen täte, entschlossen, die Heirat aufzugeben. – »Nein, es soll so sein, wie du willst«, sagte Gudmund schließlich. Er fand, dass er Helgas wegen doch nicht seine ganze Zukunft aufs Spiel setzen könnte. Aber er sah sehr blass aus, als er so nachgab, und war den ganzen Abend schweigsam und verstimmt.

Diese Sache nun ließ Gudmund befürchten, dass Hildur vielleicht nicht ganz so sei, wie er sie sich vorgestellt hatte. Es gefiel ihm nicht, dass sie ihren Willen über den seinen gesetzt hatte; aber das Schlimmste war: Er konnte sich nicht verhehlen, dass sie im Unrecht war. Er sagte sich, dass er ihr gern nachgegeben hätte, wenn sie sich großherzig gezeigt haben würde; aber nun schien es ihm, dass sie nur kleinlich und herzlos gewesen wäre.

Jedes Mal von da an, wenn Gudmund Hildur traf, saß er und suchte und spähte, ob das, was er in ihr zu finden geglaubt hatte, sich wieder zeigen würde. Nun sein Misstrauen einmal geweckt war, dauerte es nicht lange, und er fand manches, was nicht so war, wie er es sich gewünscht hätte. »Sie ist wohl so eine, die zu allererst an sich selbst denkt«, murmelte er jedes Mal, wenn er sich von ihr trennte, und er fragte sich, wie lange wohl ihre Liebe zu ihm standhalten würde, wenn man sie auf die Probe stellte. Er suchte sich damit zu trösten, dass alle Menschen zuerst an sich selbst dächten; aber sogleich fiel ihm Helga ein. Er sah sie vor sich, wie sie im Thingsaal gestanden und die Bibel an sich gerissen hatte, er hörte, wie sie rief: »Ich will die Klage zurückziehen. Ich hab' ihn noch lieb. Ich will nicht, dass er falsch schwört.« So hätte er sich Hildur gewünscht. Helga war ihm ein Maß geworden, nach dem er die Menschen beurteilte –, wahrlich, es gab nicht viele, die ein so liebevolles Herz hatten.

Von Tag zu Tag gefiel ihm Hildur weniger; aber er kam nie auf den Gedanken, dass er von der Heirat abstehen könnte. Er suchte sich einzureden, dass sein Missmut nichts andres sei als leere Grillen. Vor einigen Wochen erst hatte er sie ja für die Beste gehalten, die es gäbe.

Wäre er noch am Anfang seiner Werbung gewesen, dann hätte er sich vielleicht zurückgezogen. Aber jetzt waren sie schon aufgeboten, der Hochzeitstag war bestimmt, und bei ihm daheim hatten sie bereits große Ausbesserungen in Angriff genommen. Er wollte auch den Reichtum und die gute Stellung, die ihn erwarteten, nicht preisgeben. Und welchen Grund hätte er für einen Bruch anzuführen vermocht? Was er gegen Hildur einzuwenden hatte, war so unbedeutend, dass es sich auf seinen Lippen in Luft verwandeln würde, wenn er versuchen wollte, es auszusprechen.

Aber das Herz war ihm oft schwer, und jedes Mal, wenn er im Kirchdorf oder in der Stadt etwas zu besorgen hatte, ließ er sich Bier oder Wein geben, um sich eine gute Laune anzutrinken. Wenn er ein paar Flaschen geleert hatt, war er wieder stolz auf die Heirat und zufrieden mit Hildur. Dann begriff er gar nicht, was ihn eigentlich quäle.

Gudmund dachte oft an Helga und empfand Sehnsucht, sie zu treffen. Aber er glaubte, dass Helga ihn für einen schlechten Kerl halte, weil er dem Versprechen, das er ihr freiwillig gegeben hatte, untreu geworden war und sie hatte ziehen lassen. Er konnte es ihr weder erklären noch sich rechtfertigen, und darum vermied er es, mit ihr zusammenzutreffen.

Doch eines Morgens, als Gudmund gerade über die Straße ging, begegnete er Helga, die im Tal gewesen war, Milch zu kaufen. Gudmund kehrte um und schloss sich ihr an. Sie schien über seine Gesellschaft nicht gerade erfreut zu sein, sondern schritt rasch aus, als wolle sie von ihm fortkommen, und sagte kein Wort. Auch Gudmund schwieg, weil er nicht recht wusste, wie er ein Gespräch einleiten solle.

Da kam vom andern Ende der Straße ein Gefährt heran. Gudmund ging in Gedanken versunken und bemerkte es nicht, aber Helga hatte es gesehen und wendete sich nun plötzlich zu ihm. »Es hat keinen Zweck, dass du mit mir weitergehst, Gudmund; denn wenn ich recht sehe, kommen da Amtmanns aus Älvåkra gefahren.« Gudmund sah rasch auf, erkannte Pferd und Wagen und machte eine Bewegung, als ob er umkehren wolle. Im nächsten Augenblick jedoch richtete er sich auf und ging ruhig an Helgas Seite weiter wie zuvor; und sie trennten sich, ohne dass er ihr ein Wort gesagt hatte. Aber an diesem ganzen Tage war er zufriedener mit sich selbst, als er seit Langem gewesen war.

5

Es war bestimmt, dass Gudmund und Hildurs Hochzeit am zweiten Pfingstfeiertag auf Älvåkra gefeiert werden sollte. Am Freitag vor Pfingsten fuhr Gudmund in die Stadt, einige Einkäufe für einen Begrüßungsschmaus zu machen, der am Tage nach der Hochzeit auf Närlunda stattfinden sollte. In der Stadt traf er mit einigen andern jungen Burschen aus seinem Kirchspiel zusammen. Sie wussten, dass dies Gudmunds letzter Stadtbesuch vor der Hochzeit war, und nahmen dies zum Anlass, ein großes Trinkgelage zu veranstalten. Alle legten es darauf an, dass Gudmund trinke, und es gelang ihnen schließlich, ihn ganz bewusstlos zu machen.

Am Samstagmorgen kam er so spät nach Hause, dass sein Vater und der Knecht schon zu ihrer Arbeit gegangen waren, und er schlief bis tief in den Nachmittag. Als er aufstand und sich anziehen wollte, sah er, dass sein Rock an mehreren Stellen zerrissen war. »Das sieht ja aus, als wenn ich heute Nacht eine Schlägerei gehabt hätte«, sagte er und versuchte, sich zu besinnen, was geschehen wäre, erinnerte sich jedoch nur, dass er gegen elf Uhr in Gesellschaft der andern aus dem Wirtshaus gegangen war, aber wohin sie sich dann begeben hätten, das konnte er sich nicht zurückrufen. Es war, als versuchte er, in eine große Dunkelheit hineinzustarren. Er wusste nicht, ob sie sich nur auf den Straßen herumgetrieben hätten, oder ob sie noch irgendwo eingekehrt wären. Er konnte sich auch nicht erinnern, ob er selbst oder irgendein andrer sein Pferd eingespannt hätte, und er hatte gar keine Erinnerung an die Heimfahrt.

Als er in die Wohnstube trat, war sie der Feiertage wegen gescheuert und gefegt. Alle Arbeit war beendigt, und das Hausgesinde trank Kaffee. Niemand sagte etwas über Gudmunds Ausbleiben. Es schien ein stillschweigendes Übereinkommen zu sein, dass er in diesen letzten Wochen die Freiheit haben solle, so zu leben, wie es ihm behagte.

Gudmund setzte sich an den Tisch und bekam seinen Kaffee wie die andern. Während er so dasaß und ihn aus der Schale in die Untertasse und dann wieder in die Schale goss, um ihn abkühlen zulassen, wurde Mutter Ingeborg mit dem ihren fertig; sie nahm die Zeitung zur Hand, die eben gekommen war, und begann zu lesen. Sie las Spalte für Spalte vor, und Gudmund, der Vater und die andern saßen da und hörten zu.

Unter anderm las sie einen Bericht vor über eine Schlägerei, die in der vorhergehenden Nacht auf dem großen Marktplatz zwischen einer Schar betrunkener Bauern und einigen Arbeitern stattgefunden hatte. Sobald die Polizei sich zeigte, waren die Streitenden entflohen; nur einer von ihnen hatte leblos auf dem Marktplatz gelegen. Man trug den Gefallenen auf die Polizeistation, und da man keine äußere Verletzung an ihm entdecken konnte, begann man Belebungsversuche zu machen. Alle Bemühungen waren jedoch vergebens, und schließlich entdeckte man, dass eine Messerklinge in seinem Kopfe stak. Es war die Klinge eines ungewöhnlich großen Taschenmessers, die durch die Hirnschale ins Gehirn eingedrungen und dicht am Kopfe abgebrochen war. Der Mörder war mit dem Messerschaft entflohen, aber da die Polizei die Leute, die an der Schlägerei beteiligt waren, genau kannte, bestand die Hoffnung, man würde ihn bald finden.

Während Mutter Ingeborg dies las, stellte Gudmund die Kaffeetasse hin, fuhr mit der Hand in die Tasche, zog sein Messer hervor und warf einen gleichgültigen Blick darauf. Aber mit einem Male zuckte er zusammen, drehte das Messer um und steckte es dann so hastig in die Tasche, als hätte er sich daran verbrannt.

Er rührte den Kaffee nicht mehr an, sondern blieb lange ganz still mit einem nachdenklichen Ausdruck sitzen. Seine Stirn legte sich in tiefe Falten. Es war deutlich zu sehen, dass er mit aller Macht versuchte, sich über etwas klar zu werden.

Endlich stand er auf, streckte sich, gähnte und ging langsam auf die Tür zu. »Ich muss mir ein bisschen Bewegung machen. Ich bin den ganzen Tag nicht aus dem Hause gewesen«, sagte er und verließ das Zimmer. Ungefähr gleichzeitig erhob sich auch Erland Erlandsson. Er hatte seine Pfeife ausgeraucht und ging nun in die Kammer, sich neuen Tabak zu holen. Als er da drinnen stand und die Pfeife stopfte, sah er Gudmund vorübergehen. Die

Fenster der Kammer gingen nicht auf den Hof, wie die der Wohnstube, sondern auf ein kleines Gärtchen, in dem ein paar hohe Apfelbäume standen. Unterhalb des Gärtchens lag ein Sumpfland, wo um die Frühlingszeit große Wasserpfützen waren, die aber im Sommer fast ganz austrockneten. Dahin pflegte selten jemand zu gehen. Erland Erlandsson fragte sich, was Gudmund da wohl zu suchen habe, und folgte ihm mit den Blicken. Da sah er, wie der Sohn die Hand in die Tasche steckte, einen Gegenstand herauszog und ihn in den Morast warf. Dann ging er durch das kleine Gärtchen, sprang über einen Zaun und entfernte sich in der Richtung nach der Straße.

Sowie der Sohn außer Sehweite war, verließ Erland ebenfalls das Haus und begab sich an den Morast. Hier watete er in den Schlamm hinaus, beugte sich zu Boden und hob etwas auf, woran er mit dem Fuß gestoßen war. Es war ein großes Taschenmesser, dessen größte Klinge abgebrochen war. Er drehte es nach allen Seiten und besah es genau, während er noch immer im Wasser stand. Dann steckte er es in die Tasche, zog es aber noch ein paarmal heraus und betrachtete es prüfend, ehe er wieder ins Haus zurückging.

Gudmund kam erst heim, als sich alle schon niedergelegt hatten. Er ging zu Bett, ohne das Abendbrot zu berühren, das in der Wohnstube aufgetischt stand. Erland Erlandsson und sein Weib schliefen in der Kammer. Um das Morgengrauen glaubte Erland Schritte vor dem Fenster zu hören. Er stand auf, zog die Gardinen zurück und sah, dass Gudmund zum Morast hinunterging. Dort legte er Strümpfe und Schuhe ab, ging ins Wasser hinaus und wanderte hin und her, wie einer, der etwas sucht. Das tat er lange, dann ging er wieder an das Ufer, als wollte er seiner Wege gehen, kehrte aber bald um und suchte weiter. Eine ganze Stunde stand der Vater da und sah ihm zu, dann begab sich Gudmund ins Haus und legte sich wieder schlafen.

Am Pfingsttag sollte Gudmund zur Kirche fahren. Als er das Pferd einzuspannen begann, kam der Vater über den Hof. »Du hast vergessen, das Geschirr zu putzen«, sagte er, als er vorbeiging. Denn Geschirr und Wagen waren schmutzig und ungescheuert. – »Ich hab' an andre Dinge zu denken gehabt«, sagte Gudmund mürrisch und fuhr davon, ohne etwas dergleichen zu tun.

Nach dem Gottesdienst begleitete Gudmund seine Braut nach Älvåkra und blieb den ganzen Tag dort. Es kam eine Menge jungen Volkes zusammen, um Hildurs letzten Jungfernabend zu feiern, und man tanzte bis tief in die Nacht hinein. Es gab auch viel zu trinken, aber Gudmund rührte nichts an. Den ganzen Abend sprach er kaum ein Wort zu irgendjemand, aber er tanzte wild und lachte zuweilen laut und schrill auf, ohne dass jemand wusste, worüber.

Gudmund kam nicht vor zwei Uhr nach Hause, und sobald er das Pferd in den Stall geführt hatte, ging er zu dem Sumpf hinter dem Hause. Er streifte die Schuhe ab, krempelte die Hosen hinauf und watete ins Wasser. Es war eine helle Sommernacht, und der Vater stand in dem Kämmerchen hinter der Gardine und sah dem Sohne zu. Er sah, wie er tief über das Wasser gebeugt einherging und suchte wie in der Nacht zuvor. Von Zeit zu Zeit ging er wieder an das Ufer, so als verzweifelte er, etwas zu finden, aber nach einer Weile watete er wieder in das Wasser hinaus. Einmal ging er in den Stall und holte einen Eimer und begann Wasser aus den kleinen Pfützen zu schöpfen, als wollte er sie trockenlegen, aber fand es sicherlich zwecklos und stellte den Eimer wieder weg. Er versuchte es auch mit einem Sieb. Er durchsuchte den ganzen Sumpf damit, schien aber nichts andres heraufzubekommen als Schlamm. Erst um die Morgenstunde kam er herein, als die Leute im Hause sich schon zu rühren begannen. Da war er so müde und übernächtig, dass er im Gehen schwankte, und warf sich aufs Bett, ohne die Kleider abzulegen.

Als die Uhr acht schlug, kam der Vater und weckte ihn. Gudmund lag auf dem Bett, die Kleider voll Schlamm und Lehm; aber der Vater fragte nicht, was er angestellt habe, sondern sagte nur, es sei jetzt Zeit aufzustehen, und schloss die Tür. Nach einer Weile kam Gudmund in die Wohnstube herunter, mit den feinen Hochzeitskleidern angetan. Er war bleich, und die Augen brannten in unruhigem Glanz, aber niemand hatte ihn je so schön gesehen. Die Züge waren wie von einem inneren Schein verklärt. Man glaubte einen Menschen zu sehen, der nicht mehr aus Fleisch und Blut bestünde, sondern nur noch aus Wille und Seele.

Unten in der Wohnstube sah es festlich aus. Die Mutter hatte ihr schwarzes Kleid angelegt und einen schönen Seidenschal über die Schultern gehängt, obgleich sie nicht zur Hochzeit fahren wollte. Auch alle Dienstleute waren in ihren besten Kleidern. Über dem Herde stak frisches Birkenlaub, auf dem Tische lag eine schöne Decke, und viele Schüsseln standen darauf. Als sie gegessen hatten, las Mutter Ingeborg einen Psalm und ein Stück aus der Bibel vor. Dann wendete sie sich an Gudmund, dankte ihm, weil er ihr ein guter Sohn gewesen war, wünschte ihm Glück für sein zukünftiges Leben und gab ihm ihren Segen. Mutter Ingeborg wusste ihre Worte gut zu setzen, und Gudmund war sehr gerührt. Immer wieder traten ihm die Tränen in die Augen, aber es gelang ihm doch, das Weinen zu unterdrücken. Auch der Vater sprach ein paar Worte. »Es wird schwer für deine Eltern sein, dich zu verlieren«, sagte er, und Gudmund war wieder nahe daran, in Schluchzen auszubrechen. Auch alle Dienstleute traten vor, schüttelten ihm die Hand und dankten ihm für die Zeit, die nun zu Ende war. Beständig hingen Gudmund die Tränen in den Wimpern. Er räusperte sich und machte ein paar Versuche, zu sprechen, doch brachte er kaum ein Wort über die Lippen.

Der Vater sollte ihn in das Haus der Braut begleiten und der Hochzeit beiwohnen. Er ging in den Hof, spannte das Pferd ein und kam dann wieder, um zu sagen, dass es Zeit sei, sich auf den Weg zu machen. Als Gudmund sich in den Wagen setzte, merkte er, dass alles so spiegelblank war, wie er es selbst immer gern gehabt hatte. Zugleich sah er auch, wie fein der Hof herausgeputzt war; der Zufahrtsweg war frisch beschottert; alte Holzhaufen und andres Gerümpel, das zeit seines Lebens dort gelegen, waren fortgeschafft. Zu beiden Seiten der Eingangstür standen ein paar abgehauene Birken als Triumphpforte, an der Wetterfahne hing ein großer Blumenkranz, und aus allen Fensterluken guckten lichtgrüne Birkenreiser. Wieder war Gudmund nahe daran, in Tränen auszubrechen. Er drückte dem Vater, der eben das Pferd in Gang setzen wollte, heftig die Hand. Es war, als wollte er ihn von der Fahrt abhalten. »Willst du etwas?«, sagte der Vater. – »Ach nein«, sagte Gudmund. »Es ist wohl am besten, wenn wir uns auf den Weg machen.«

Bevor sie weit vom Hofe waren, musste Gudmund noch einmal Abschied nehmen. Es war Helga vom Moorhof, die an der Stelle stand und wartete, wo der Waldpfad von ihrem Heim her auf den Weg mündete. Der Vater, der kutschierte, hielt an, sowie er Helga erblickte. »Ich hab' auf euch gewartet, weil ich Gudmund Glück wünschen möchte«, sagte Helga. Gudmund beugte sich aus dem Wagen und schüttelte Helga die Hand. Er glaubte zu sehen, dass sie abgemagert war, ihre Augen waren rot gerändert. Sie lag wohl nachts und weinte und sehnte sich nach Närlunda. Aber jetzt trachtete sie, fröhlich auszusehen, und lächelte ihm zu. Er war wieder sehr gerührt, konnte aber nichts sagen. Der Vater, der ja in dem Rufe stand, dass er nicht sprach, ehe die Not am höchsten war, fiel ein: »Ich glaube, über diesen Glückwunsch freut sich Gudmund mehr als über irgendeinen andern.« – »Ja, das ist sicher«, sagte Gudmund. Sie schüttelten sich noch einmal die Hand, und dann fuhr der Vater weiter. Gudmund beugte sich aus dem Wagen und sah Helga nach. Als sie von ein paar Bäumen verdeckt wurde, riss er plötzlich den Fußsack fort und erhob sich, als wolle er aus dem Wagen springen. – »Willst du Helga noch etwas sagen?«, fragte der Vater. – »Nein, ach nein«, antwortete Gudmund und setzte sich wieder zurecht.

Sie fuhren noch eine kleine Strecke. Der Vater fuhr sehr gemächlich. Es war, als mache es ihm Freude, so mit seinem Sohne neben sich zu fahren. Er machte keinerlei Anstalten, rasch ans Ziel zu kommen.

Plötzlich ließ Gudmund den Kopf auf die Schulter des Vaters sinken und brach in heftiges Schluchzen aus.

»Was ist dir?«, fragte Erland und zog die Zügel so plötzlich an, dass das Pferd mit einem Ruck stehen blieb. – »Ja, alle sind so gut gegen mich, und ich verdien' es nicht.« – »Du hast doch nichts Böses getan?« –»Doch, Vater, das habe ich.« – »Das wollen wir doch nicht glauben.« – »Ja, ich hab' einen Menschen erschlagen.«

Der Vater holte tief Atem. Es klang beinahe wie ein Seufzer der Erleichterung; Gudmund hob erstaunt den Kopf und sah ihn an. Der Vater ließ das Pferd wieder in Trab fallen, dann sagte er still: »Ich bin froh, dass du es selbst gesagt hast.« – »Wusstet Ihr es denn schon, Vater?« – »Ich sah schon Samstagabend, dass irgendetwas nicht in Ordnung war. Und dann fand ich dein Messer im Morast.« – »Ach so, *Ihr* habt das Messer gefunden!« – »Ich hab' es gefunden, und ich sah, dass die eine Klinge abgebrochen war.«

»Ja, Vater, ich weiß, dass die Klinge abgebrochen ist. Aber ich kann mir doch nicht denken, dass ich es getan haben soll.« – »Es ist wohl im Rausch geschehen.« – »Ich weiß nichts, ich kann mich an nichts erinnern. Ich sah es an meinen Kleidern, dass ich bei einer Rauferei war, und ich weiß, dass die Messerklinge fort ist.« – »Ich verstehe, dass du es verschweigen wolltest«, sagte der Vater. – »Ich dachte, die andern waren gewiss ebenso sinnlos betrunken wie ich und können sich an nichts erinnern. Es liegt vielleicht sonst kein Beweis gegen mich vor als das Messer, und darum hab' ich es fortgeworfen.« – »Ich kann mir denken, dass du dir die Sache so zurechtgelegt hast.« – »Ihr versteht, Vater: Ich weiß nicht, wer der Tote ist; ich hab' ihn vielleicht nie im Leben gesehen. Ich kann mich nicht erinnern, dass ich es getan habe. Und da sagte ich mir, ich brauchte doch nicht für etwas zu leiden, was ich nicht mit Willen getan habe. Aber bald sah ich ein, dass es eine Tollheit war, das Messer in den Sumpf zu werfen. Er trocknet doch im Sommer aus, und da kann es ein jeder finden. Darum wollte ich es gestern Nacht und heute Nacht suchen.« – »Hast du gar nicht daran gedacht, zu gestehen?« – »Nein, gestern dachte ich nur, wie ich es geheim halten könnte, und ich versuchte zu tanzen und vergnügt zu sein, damit mir niemand etwas anmerkte.« – »War es deine Absicht, vor den Traualtar zu treten, ohne zu gestehen? Das ist eine große Verantwortung. Sahst du nicht ein, dass du Hildur und ihre Familie mit in dein Elend ziehst, wenn man dich entdeckt?« – »Ich dachte, dass ich sie am besten verschonte, wenn ich nichts sagte.«

Sie fuhren im Galopp den Weg entlang. Der Vater schien es jetzt sehr eilig zu haben, ans Ziel zu kommen. Die ganze Zeit sprach er zu dem Sohne. Er hatte ihm vorher in seinem ganzen Leben nicht so viele Worte gesagt.

»Ich wüsste gerne, wodurch du andrer Meinung geworden bist«, sagte er. – »Weil Helga kam und mir Glück wünschte. Da brach etwas Hartes in mir. Ich war so gerührt über sie. Ich war auch heute Morgen über Mutter und über Euch gerührt, und ich wollte sprechen und sagen, dass ich eure Liebe nicht verdiene, aber das Harte war damals noch in mir und leistete Widerstand. Aber als Helga kam, da war es aus und geschehen. Ich meinte, sie müsste mir eigentlich böse sein, weil ich doch schuld daran bin, dass sie von daheim fort musste.«

»Nun, denke ich, wirst du mit mir einig sein, dass wir dies gleich den Amtmann wissen lassen müssen«, sagte der Vater. – »Ja«, antwortete Gudmund mit leiser Stimme. »Ja, gewiss«, fügte er gleich darauf lauter und fester hinzu, »ich will Hildur nicht in mein Unglück hineinziehen. Sie würde es mir nie verzeihen.« – »Die Älvåkraleute halten ihre Ehre hoch, sie wie andre«, sagte der Vater, »und das magst du wissen, Gudmund: Als ich heute Morgen von daheim fortfuhr, da sagte ich mir, ich muss es dem Amtmann erzählen, wie es um dich steht, wenn du dich nicht entschließest, es selbst zu tun. Wie hätte ich schweigend zusehen und Hildur einen heiraten lassen können, dem jede Stunde eine Anklage wegen Mordes droht.« Er klatschte mit der Peitsche und fuhr in immer rasenderem Galopp. »Das wird das Schwerste für dich sein«, sagte er. »Wir müssen es so einrichten, dass es bald überstanden ist. Ich denke, der Amtmann und seine Familie werden es recht von dir finden, dass du dich selbst angibst, und sie werden freundlich gegen dich sein.«

Gudmund antwortete nichts. Es sah immer gequälter aus, je mehr sie sich Älvåkra näherten. Der Vater sprach weiter, um ihm Mut zu machen.

»Ich habe einmal eine ähnliche Geschichte gehört«, sagte er. »Ein Bräutigam hatte einen Kameraden auf der Jagd erschossen. Es war nicht seine Absicht gewesen, und man hatte nicht entdeckt, dass er es war, der den tödlichen Schuss abgefeuert hatte. Aber ein paar Tage später sollte er heiraten; und als er in das Hochzeitshaus kam, da ging er zur Braut und sagte: ›Aus der Hochzeit kann nichts werden. Ich will dich nicht in das Elend hineinziehen, das mich erwartet.‹ Aber sie stand schon fertig geschmückt da, in Krone und Schleier, und sie nahm ihn bei der Hand und führte ihn in den Saal, wo die Gäste versammelt waren und alles für die Trauung bereit war. Und sie erzählte allen mit lauter Stimme, was ihr der Bräutigam eben gesagt hatte. ›Dies erzähle ich, damit alle wissen, dass du nicht falsch gegen mich gewesen bist‹, sagte sie dann und wendete sich an den Bräutigam. ›Aber jetzt will ich mich gleich mit dir trauen lassen. Denn du bleibst der, der du bist, wenn du auch ins Unglück gekommen bist; und was dich auch erwartet, das will ich gemeinsam mit dir tragen‹.«

Als der Vater mit seiner Erzählung zu Ende war, waren sie gerade bei der langen Gasse angelangt, die nach Älvåkra führte. Gudmund sagte mit einem wehmütigen Lächeln zu ihm: »So wird es uns nicht ergehen.« – »Wer weiß«, antwortete der Vater und richtete sich im Wagen auf. Er sah den Sohn an und musste wieder staunen, wie schön der an diesem Tage war. »Es sollte mich nicht wundern, wenn ihm etwas Großes und Unerwartetes widerführe«, dachte er.

Es sollte eine Kirchenhochzeit sein, und eine Menge Leute hatten sich schon bei den Brauteltern versammelt, um im Hochzeitszuge mitzufahren. Auch viele Verwandte des Amtmanns waren von weit und breit gekommen. Sie saßen in ihrem besten Staat auf dem Flur, bereit zur Fahrt in die Kirche. Wagen und Kutschen standen im Hof, und man hörte, wie die Pferde im Stalle stampften, während sie gestriegelt wurden. Der Dorfspielmann saß allein auf der Treppe der Scheuer und stimmte die Fiedel. An einem Fenster im oberen Stockwerk stand die Braut fertig angekleidet und hielt Ausschau, um den Bräutigam zu sehen, bevor der sie erspäht hätte.

Erland und Gudmund stiegen aus dem Wagen und sagten, dass sie mit Hildur und ihren Eltern allein sprechen müssten. Bald standen sie alle in dem kleinen Zimmer, wo der Amtmann sein Schreibpult hatte.

»Ich denke, Herr Amtmann, Sie haben in den Zeitungen von jener Schlägerei in der Stadt gelesen, bei der ein Mensch ermordet wurde, in der Nacht vom Freitag auf Samstag«, sagte Gudmund so rasch, als leiere er eine Lektion herunter. – »Ja freilich habe ich davon gelesen«, sagte der Amtmann. – »Ich war nämlich in jener Nacht in der Stadt«, fuhr Gudmund fort.

Jetzt kam keine Antwort. – Es wurde totenstill. Gudmund war es, als ob alle ihn mit einem solchen Entsetzen anstarrten, dass er nicht weitersprechen konnte. Aber der Vater kam zu Hilfe. – »Gudmund war von ein paar Freunden eingeladen. – Er hat in jener Nacht wohl zu viel getrunken, denn als er heimkam, wusste er gar nicht, was mit ihm geschehen war. Aber man merkte es ihm an, dass er bei einer Rauferei gewesen war, denn seine Kleider waren zerrissen.« Gudmund sah, wie das Entsetzen, das die andern empfanden, mit jedem Worte zunahm, aber er selbst wurde ruhiger. Ein Gefühl des Trotzes erwachte in ihm, und er ergriff wieder das Wort: »Als nun am Samstagabend die Zeitung kam und ich von der Schlägerei las und von der Messerklinge, die in der Hirnschale des Mannes stecken geblieben war, da zog ich mein Messer hervor und sah, dass eine Klinge fehlte.« – »Das sind schlimme Neuigkeiten, die du da bringst, Gudmund«, sagte der Amtmann. »Es wäre richtiger gewesen, wenn du uns das gestern gesagt hättest.« – Gudmund schwieg, und da kam ihm der Vater wieder zu Hilfe. – »Es war nicht so leicht für Gudmund. Die Versuchung, das Ganze zu verschweigen, war sehr groß. Er verliert sehr viel durch dieses Geständnis.« – »Ja, wir müssen noch froh sein, dass er jetzt gesprochen hat, sodass wir nicht in das Elend hineingezogen werden«, sagte der Amtmann bitter.

Gudmund hielt seine Augen die ganze Zeit auf Hildur gerichtet. Sie trug Krone und Schleier; nun sah er, wie sie die Hand hob und eine der großen Nadeln herauszog, die die Krone festhielten. Sie schien dies ganz unbewusst getan zu haben. Als sie merkte, dass Gudmunds Blicke auf ihr ruhten, steckte sie die Nadel wieder hinein.

»Es ist ja noch gar nicht bewiesen, dass Gudmund der Schuldige ist«, sagte der Vater, »aber ich begreife: Ihr wollt, dass die Hochzeit aufgeschoben wird, bis wir alles aufgeklärt haben.« – »Es hat wohl wenig Zweck, von Aufschub zu sprechen«, sagte der Amtmann. »Ich denke, Gudmund ist seiner Sache recht sicher, und wir könnten uns wohl darüber einigen, dass es zwischen ihm und Hildur ein für allemal aus ist.«

Gudmund antwortete nicht gleich. Er ging zu seiner Braut hinüber und streckte die Hand aus. Sie saß ganz regungslos da und schien ihn nicht zu sehen. »Willst du mir nicht Lebewohl sagen, Hildur?« Jetzt sah sie auf, und ihre großen Augen blitzten ihn kalt an. – »Hast du mit dieser Hand das Messer geführt?«, fragte sie. Gudmund antwortete ihr keine Silbe, sondern wendete sich an den Amtmann. – »Ja, jetzt bin ich meiner Sache sicher«, sagte er. »Es hat gar keinen Zweck, die Hochzeit aufzuschieben.«

Damit war die Unterredung beendet, und Gudmund und Erland gingen ihrer Wege. Sie hatten durch mehrere Stuben und Kammern zu gehen, ehe sie hinauskamen, und überall sahen sie Vorbereitungen zur Hochzeit. Die Tür nach der Küche stand offen, und sie sahen, wie eine Menge Menschen in eiliger Geschäftigkeit durcheinanderliefen. Der Duft von Braten und Backwerk drang heraus, der ganze Herd war voll kleiner und großer Töpfe, die Kupferkasserollen, die sonst die Wände schmückten, waren heruntergenommen und im Gebrauch. »Ach, dass sie alle diese Zurüstungen für meine Hochzeit machen!«, dachte Gudmund, als er vorüberging.

Er bekam Einblick in den ganzen Reichtum dieses alten Bauernhofes, wie er so durch das Haus wanderte. Er sah den Esssaal, wo große Tische mit langen Reihen von Silberbechern und Kannen gedeckt waren. Er kam durch die Kleiderkammer, wo auf dem Boden große Truhen standen und an den Wänden Kleider in unendlicher Reihe hingen. Als er dann in den Hof hinaustrat, sah er eine Menge alte und neue Wagen, prächtige Pferde wurden aus dem Stall geführt und schöne Wagendecken in die Kutschen gelegt. Er sah über ein paar Höfe, die von Scheunen, Ställen, Schuppen, Vorratskammern und noch vielen andern Gebäuden umgeben waren. »Das alles hätte mein sein können«, dachte er, als er sich in den Wagen setzte.

Mit einem Male kam bittre Reue über ihn. Er wäre am liebsten aus dem Wagen gesprungen und hineingelaufen, um ihnen zu sagen, es sei alles nicht wahr, was er erzählt hätte. Er hätte ja nur mit ihnen spaßen und sie erschrecken wollen. Es war doch unerhört töricht von ihm gewesen, zu bekennen. Was nützte es, dass er gestanden hatte? Dadurch wurde die Sache für keinen Menschen besser. Der Tote war ja tot. Nein, dieses Geständnis hatte nichts andres zur Folge, als dass auch er ins Verderben gestürzt wurde.

In den letzten Wochen hatte er diese Heirat nicht mehr so eifrig gewünscht; aber jetzt, da er darauf verzichten musste, fühlte er erst, was sie wert war. Es bedeutete viel, Hildur Erikstochter und alles, was an ihr hing, zu verlieren. Was hatte es zu sagen, dass sie eigenwillig und selbstherrlich war! Sie war doch die Erste von allen in der Umgegend, und durch sie wäre er zu großer Macht und Ehre gekommen.

Er trauerte jetzt nicht nur um Hildur und ihr Hab und Gut, sondern auch um kleinere Dinge. In diesem Augenblick wäre er zur Kirche gefahren, und alle, die ihn gesehen, hätten ihn beneidet. Und heute hätte er zu oberst an der Hochzeitstafel gesessen. Heute wäre er mitten in Tanz und Fröhlichkeit gewesen. Es war sein großer Glückstag, der ihm nun entging.

Erland drehte den Kopf einmal ums andre dem Sohne zu und sah ihn an. Er war jetzt nicht so schön und verklärt, wie er am Morgen gewesen war, sondern saß stumpf und schwerfällig da mit erloschenem Blick. Der Vater hätte wohl gerne gewusst, ob der Sohn sein Geständnis bereue, und er wollte ihn danach fragen, hielt es aber doch für richtiger, zu schweigen.

»Wohin wollen wir jetzt fahren?«, fragte Gudmund nach einer Weile. »Wäre es nicht das Beste, gleich zu Gericht zu gehen?« – »Du musst zuerst nach Hause, damit du ruhen und dich ausschlafen kannst«, sagte der Vater. »Du hast in den letzten Nächten wohl nicht viel Schlaf gefunden.« – »Mutter wird erschrecken, wenn sie uns sieht.« – »Sie wird nicht so erstaunt sein«, sagte der Vater, »sie weiß ebenso viel wie ich. Sie wird sich freuen, dass du gestanden hast.« – »Ich glaube, Mutter und ihr alle miteinander daheim seid froh, mich ins Gefängnis zu bringen«, sagte Gudmund bitter. – »Wir wissen, dass du viel verlierst, weil du recht gehandelt hast«, sagte der Vater, »wir können nicht anders: Wir müssen uns freuen, dass du dich selbst überwunden hast.«

Gudmund glaubte es nicht ertragen zu können, nach Hause zu fahren und allen den Leuten zuzuhören, die ihn rühmen würden, weil er seine Zukunft vernichtet hatte. Er suchte einen Vorwand, um niemanden treffen zu müssen, bevor er sich mehr Ruhe erkämpft hätte. Nun fuhren sie an der Stelle vorüber, wo der Pfad zum Moorhof abbog.

»Wollt Ihr hier halten, Vater? Ich denke, ich gehe zu Helga hinauf und spreche mit ihr.«

Der Vater hielt bereitwillig das Pferd an. »Komm nur, sobald du kannst, nach Hause, damit du dich ausruhst«, sagte er.

Gudmund schlug den Weg in den Wald ein und war bald zwischen den Bäumen verschwunden. Er dachte nicht daran, Helga aufzusuchen. Er war nur froh, allein zu sein, sodass er sich keinen Zwang aufzuerlegen brauchte. Er fühlte eine unvernünftige Wut gegen alles, er stieß Steine fort, die ihm im Wege lagen, und blieb zuweilen stehen, um einen großen Ast abzubrechen, nur weil ein Blatt sein Gesicht gestreift hatte. Er schlug den Weg zum Moorhof ein, ging aber an der Hütte vorbei und kletterte den Berg hinauf. Hier wurde es ihm bald schwer, weiterzukommen. Er hatte den Pfad verlassen; und um den nächsten Gipfel zu erreichen, musste er über ein breites Flussbett voll kantiger Felsblöcke gehen. Es war eine gefährliche Wanderung über die scharfen Felskanten, und er konnte sich Arme und Beine brechen, wenn er einen Fehltritt machte. Das wusste er sehr wohl, aber er ging doch weiter, als mache es ihm Freude, sich einer Gefahr auszusetzen. »Und wenn ich mich zuschanden falle, so findet mich hier oben niemand«, dachte er. »Aber was tut das? Ich kann ebenso gut hier liegen und sterben wie jahrelang hinter Gefängnismauern sitzen.«

Doch alles ging gut ab, und ein paar Minuten später stand er auf der Höhe. Über den Berg war einmal ein Waldbrand hingegangen. Die oberste Spitze war noch kahl, und von dort hatte man eine meilenweite Aussicht. Er sah Täler und Seen, dunkle Wälder und fruchtbare Äcker, Kirchen und Herrenhöfe, kleine Bauernhütten und große Dörfer. Weit in der Ferne lag die Stadt, in einen weißen Schleier von Sonnenrauch gehüllt, aus dem ein paar funkelnde Türme aufragten. Durch die Täler schlängelten sich Wege, und ein Eisenbahnzug rollte am Waldessaume vorbei. Es war ein ganzes Reich, was er da sah.

Er warf sich zu Boden, hielt aber den Blick noch immer auf die weite Fernsicht geheftet. Es war etwas Stolzes und Großes in dieser Landschaft vor ihm, und er empfand sich selbst und seine Sorgen als klein und unbedeutend.

Ihm kam eine Erinnerung aus seiner Kindheit. Wenn er damals gelesen hatte, dass der Versucher Jesus auf einen hohen Berg geführt und ihm alle Herrlichkeit der Welt gezeigt hätte, so war er immer der Meinung gewesen, die beiden müssten hier oben auf dem Gipfel gestanden haben … Und er sprach die alten Worte vor sich hin: Dies alles will ich dir geben, wenn du niederfällst und mich anbetest.

Da kam es ihm plötzlich vor, als sei ihm selbst in diesen letzten Tagen eine solche Versuchung entgegengetreten. Wahrlich, hatte ihn nicht der Versucher auf einen hohen Berg geführt und ihm alle Herrlichkeit der Macht und des Reichtums gezeigt? »Verschweige nur das Böse, das du getan hast«, sagte er, »und ich will dir dies alles geben.« Wie Gudmund daran dachte, kam ein klein wenig Befriedigung über ihn. »Ich habe ja nein geantwortet«, sagte er; und plötzlich begriff er, worum es sich für ihn gehandelt hatte. Wenn er geschwiegen hätte, wäre er dann nicht all sein Lebtag verurteilt gewesen, den Versucher anzubeten? Ein scheuer, mutloser Mann wäre er geworden, ein Sklave von Hab und Gut. Die Furcht vor der Entdeckung hätte stets auf ihm gelastet. Nie mehr hätte er sich als ein freier Mann fühlen können.

Eine große Ruhe kam über Gudmund. Er wurde ganz glücklich, weil er einsah, dass er recht gehandelt hatte. Wenn er an die vergangenen Tage zurückdachte, schien es ihm, dass er in einer großen Dunkelheit getappt hätte. Es war wunderbar, dass er sich zuletzt doch zurechtgefunden hatte. Er fragte sich selbst, wie es zugegangen sei, dass er nicht in die Irre gegangen war. »Ich danke es dem, dass sie daheim alle so gut gegen mich waren«, dachte er, »und die beste Hilfe war doch, dass Helga kam und mir Glück wünschte!«

Er blieb noch eine Weile oben auf dem Gipfel liegen, aber bald sagte er sich, er müsse zu Vater und Mutter heimgehen und ihnen sagen, dass er den Frieden mit sich selbst gefunden hätte. Als er nun aufstand, um zu gehen, bemerkte er, dass ein Stück weiter unten Helga auf einem Felsenvorsprung saß.

Sie hatte dort nicht die große weite Aussicht – nur ein kleines Stückchen des Tales war für sie sichtbar. Es war die Gegend, wo Närlunda lag, und sie sah vermutlich ein Stück des Hofes. Als Gudmund sie erblickte, fühlte er, wie sein Herz, das den ganzen Tag mühsam und ängstlich gearbeitet hatte, leicht und fröhlich zu klopfen begann, und zu gleicher Zeit durchzuckte ihn ein so starkes Glücksgefühl, dass er stehen blieb und über sich selbst staunte.

»Was ist mir denn? Was ist das? Was ist das?«, dachte er, während das Blut durch seinen Körper strömte und das Glück ihn mit solcher Macht packte, dass er es beinahe schmerzhaft empfand. Endlich sagte er mit erstaunter Stimme zu sich selbst: »Aber ich hab' ja sie lieb! Nein, dass ich das bisher gar nicht wusste!«

Es packte ihn mit der Stärke eines befreiten Wasserfalls. Er war die ganze Zeit, solange er sie kannte, gebunden gewesen. Alles, was ihn zu ihr hinzog, hatte er zurückgedrängt. Jetzt erst war er frei von dem Gedanken, eine andre zu heiraten, hatte er die Freiheit, sie zu lieben.

»Helga!«, rief er und begann zugleich den Abhang zu ihr hinunterzuklettern. Sie wendete sich mit einem erschrockenen Aufschrei um. »Hab keine Angst! Ich bin es nur.« – »Aber bist du denn nicht in der Kirche und wirst getraut?« – »Ach nein, aus der Hochzeit wird nichts. Sie will mich nicht haben, Helga.«

Helga richtete sich auf. Sie presste die Hand aufs Herz und schloss die Augen. Sie dachte in diesem Augenblick wohl, dass es nicht Gudmund sei, der da kam. Ihre Augen und Ohren müssten hier im Walde verhext worden sein. Aber schön und herrlich war es doch, dass er sich zeigte, wenn auch nur als Traumerscheinung; und sie schloss die Augen und blieb regungslos stehen, um das Trugbild noch ein paar Augenblicke festzuhalten.

Aber Gudmund war wild und toll von der großen Liebe, die in ihm aufgelodert war. Sobald er zu Helga heruntergekommen war, schlang er die Arme um sie und küsste sie, und sie ließ es geschehen; denn sie war ganz betäubt und benommen vor Überraschung. Es war ja zu wunderbar, dass er, der gerade jetzt in der Kirche stehen sollte, zur Seite seiner Braut, wirklich hierher in den Wald gekommen war. Dieser Geist oder Doppelgänger von ihm, der zu ihr gekommen war, mochte sie immerhin küssen.

Aber in dem Augenblick, da Gudmund Helga küsste, wachte sie auf und stieß ihn von sich. Und nun begann sie ihn mit Fragen zu überschütten. Ob er es wirklich selbst sei? Was er im Walde zu tun hätte? Ob ein Unglück geschehen? Warum man die Hochzeit aufgeschoben hätte? Ob Hildur krank sei? Ob den Pfarrer in der Kirche der Schlag gerührt hätte?

Gudmund wollte mit ihr von nichts anderm auf der Welt sprechen als von seiner Liebe; aber sie zwang ihn, zu erzählen, wie alles zugegangen war. Während er sprach, saß sie still da und hörte mit tiefer Andacht zu.

Sie unterbrach ihn nicht, bis er von der abgebrochenen Klinge erzählte. Da fuhr sie auf und fragte, ob es sein gewöhnliches Messer sei, das er gehabt hätte, als sie noch auf Närlunda diente.

»Ja, gerade das war es«, sagte er. – »Wie viel Klingen waren denn abgebrochen?«, fragte sie. – »Nicht mehr als eine.«

In Helgas Kopf begann es zu arbeiten. Sie saß mit gerunzelter Stirn da und suchte sich an etwas zu erinnern. Wie war es doch? Ja gewiss. Sie entsann sich deutlich, dass sie sich dieses Messer an dem Tage, bevor sie fortging, von ihm ausgeliehen hatte, um Holz zu spalten; dabei hatte sie es zerbrochen, aber sie war nicht dazu gekommen, es ihm zu sagen. Er war ihr damals immer ausgewichen und hatte nicht mit ihr sprechen wollen. Und nun hatte er das Messer wohl seitdem in der Tasche gehabt und gar nicht bemerkt, dass es zerbrochen war.

Sie hob den Kopf und wollte ihm dies eben sagen; doch er erzählte weiter von seinem Besuch heute Morgen im Hochzeitshaus, und sie wollte ihn zu Ende kommen lassen. Als sie hörte, wie er von Hildur geschieden war, erschien ihr dies als ein so furchtbares Unglück, dass sie ihn mit Vorwürfen überhäufte. »Das ist deine eigne Schuld«, sagte sie. »Da kommt ihr, du und dein Vater, angefahren und erschreckt sie zu Tode mit der furchtbaren Botschaft. So hätte sie nicht geantwortet, wenn sie bei Sinnen gewesen wäre. Ich will dir eines sagen: Ich glaube, sie bereut es schon in diesem Augenblick.« – »Meinethalben mag sie bereuen, so viel sie will«, sagte Gudmund. »Ich weiß jetzt, dass sie eine ist, die immer nur an sich selbst denkt. Ich bin froh, dass ich sie los bin.«

Helga presste die Lippen aufeinander, damit ihr das große Geheimnis nicht entschlüpfe. Sie hatte viel zu denken. Es handelte sich nicht nur darum, Gudmund von dem Morde reinzuwaschen. Es herrschte ja auch Feindschaft zwischen Gudmund und seiner Braut. Könnte sie nicht versuchen, die beiden mithilfe dessen, was sie wusste, zu versöhnen?

Wieder saß sie stumm da und grübelte, bis Gudmund davon zu sprechen begann, dass er seinen Sinn jetzt ihr zugewandt hätte.

Aber das erschien ihr als das größte Unglück, das ihm an diesem Tage widerfahren war. Schlimm war es schon, dass die vorteilhafte Heirat zu scheitern drohte, noch schlimmer aber, dass er um eine wie sie werben wollte. »Nein, so etwas darfst du mir nicht sagen«, rief sie und sprang plötzlich auf. – »Warum soll ich es dir nicht sagen?«, fragte Gudmund und erblasste. »Ist es mit dir vielleicht gerade so wie mit Hildur? Hast du Angst vor mir?« – »Nein, nicht deshalb.« Sie wollte ihm erklären, dass er in sein eignes Verderben renne, aber er hörte ihr gar nicht zu. – »Ich habe gehört, dass es früher einmal Frauen gab, die den Männern zur Seite standen, wenn sie in Not kamen; aber heute trifft man solche Frauen nicht mehr.« Helga erzitterte. Sie hätte die Arme um seinen Hals schlingen wollen, aber sie verhielt sich still. Heute musste sie vernünftig sein. – »Es ist ja wahr, ich hätte dich nicht an demselben Tage, wo ich ins Gefängnis soll, bitten dürfen, mein Weib zu werden. Aber der Gedanke, dass du auf mich warten würdest, bis ich wieder frei wäre, hätte mich all das Schwere mit leichtem Mut erdulden lassen.« – »Ich bin es nicht, die auf dich warten soll, Gudmund.« – »Alle Menschen werden mich jetzt als einen Missetäter betrachten, als einen, der sich besäuft und mordet. Ach wenn es nur eine gäbe, die mich mit Liebe ansehen könnte! Das würde mich besser aufrecht erhalten als alles andre.« – »Du weißt, dass ich nie etwas andres als Gutes von dir denken werde, Gudmund.«

Helga war sehr still. Gudmunds Bitten wurden fast zu viel für sie. Sie wusste gar nicht, wie sie ihm entkommen sollte. Aber Gudmund verstand nichts, sondern begann zu glauben, dass er sich geirrt habe. Sie könnte nicht dasselbe für ihn empfinden wie er für sie. Er kam ganz dicht an sie heran und sah sie an, als wollte er mitten durch sie hindurchsehen. »Sitzest du nicht gerade auf diesem Felsen hier, um nach Närlunda hinunterzusehen?« – »Ja, das tu' ich.« – »Sehnst du dich nicht Tag und Nacht hin?« – »Ja. Aber ich sehne mich nicht nach einem Menschen.« – »Und mich magst du gar nicht?« – »O ja, aber ich will dich nicht heiraten.« – »Wen hast du denn gern?« – Helga schwieg. – »Per Martensson?« – »Ja, ihm hab' ich gesagt, dass ich ihn gern habe«, sagte sie und war ganz zermartert.

Gudmund blieb ein Weilchen stehen und sah sie mit ergrimmtem Gesicht an. »Dann also lebe wohl! Jetzt gehen wir getrennte Wege, du und ich«, sagte er, und damit machte er einen gewaltigen Sprung von dem Stein zum nächsten Felsabsatz und verschwand unter den Bäumen.

6

Kaum war Gudmund verschwunden, als Helga auf einem andern Weg den Berg hinuntereilte. Sie lief am Moorhof vorbei, ohne stehen zu bleiben und eilte dann, so rasch sie konnte, über die Waldhügel hinunter auf den Weg. Im ersten Bauernhof, den sie erreichte, bat sie die Inwohner, ihr Pferd und Fuhrwerk zu leihen, damit sie nach Älvåkra fahren könnte. Sie sagte, es gälte das Leben, dass sie hinkäme, und versprach, dafür zu zahlen. Die Dorfleute waren schon heimgekommen und hatten von der unterbliebenen Hochzeit erzählt. Alle waren sehr bewegt und mitleidig, und man wollte Helga die Hilfe nicht verweigern, da sie eine wichtige Botschaft für die Leute auf Älvåkra zu haben schien.

In Älvåkra saß Hildur Erikstochter in einer kleinen Kammer im oberen Stockwerk, wo sie ihr Brautkleid abgelegt hatte. Die Mutter und ein paar andre Bäuerinnen waren um sie. Hildur weinte nicht, aber sie war ungewöhnlich still und blass; es sah aus, als würde sie jeden Augenblick krank hinsinken. Die Frauen sprachen die ganze Zeit von Gudmund. Alle tadelten ihn und schienen es als ein Glück für Hildur anzusehen, dass sie von ihm befreit war. Einige meinten, Gudmund habe wenig Rücksicht auf die Schwiegereltern gezeigt. Er hätte ihnen schon am Pfingsttage sagen müssen, wie es um ihn stand. Andre sagten, wem ein so großes Glück bevorstünde, der müsste besser auf sich achten. Und einige beglückwünschten Hildur, dass sie dem Schicksal entging, einen zu heiraten, der sich so sinnlos betrinken konnte, dass er nicht mehr wusste, was er tat.

Mitten unter diesen Reden schien Hildur ungeduldig zu werden; sie stand auf, um das Zimmer zu verlassen. Sowie sie zur Tür hinaus war, kam ihre beste Freundin, ein junges Bauernmädchen, und flüsterte ihr zu: »Unten ist jemand, der mit dir sprechen will.« – »Ist es Gudmund?«, fragte Hildur, und ein Strahl des Lebens leuchtete in ihren Augen auf. – »Nein, aber, ich glaube, eine Botschaft von ihm. Sie will, was sie auszurichten hat, keinem als nur dir selbst sagen.« Nun hatte Hildur den ganzen Tag dagesessen und gedacht, dass jemand kommen müsse, der diesem Elend ein Ende machte. Sie konnte es gar nicht begreifen, dass ein so schreckliches Unglück sie treffen sollte. Sie meinte, es müsse etwas geschehen, das es ihr möglich machte, Krone und Kranz wieder aufzusetzen, mit dem Hochzeitszug zur Kirche zu fahren und getraut zu werden. Als sie nun von einer Botschaft Gudmunds hörte, wurde sie ganz eifrig und lief eilends zu Helga hinaus, die vor der Küchentür stand und auf sie wartete.

Hildur wunderte sich wohl, dass Gudmund Helga zu ihr schickte, aber sie dachte, er hätte vielleicht heute am Feiertag keine andre Botin gefunden, und begrüßte sie freundlich.

Sie winkte Helga, ihr in die Milchkammer zu folgen, die drüben auf der andern Längsseite des Hofes lag. »Ich weiß keinen andern Ort, wo wir allein sprechen können«, sagte sie. »Wir haben noch das ganze Haus voll Leute.«

Sobald sie drinnen waren, trat Helga dicht an Hildur heran und sah ihr ins Gesicht. »Bevor ich etwas sage, muss ich erst wissen, ob du Gudmund lieb hast, Hildur.« Hildur zuckte vor Empörung zusammen. Es war ihr eine Qual, mit Helga auch nur ein einziges Wort wechseln zu müssen, und sie hatte wahrlich keine Lust, sie zu ihrer Vertrauten zu machen. Aber nun war die Not am höchsten, und so zwang sie sich, zu antworten: »Warum, glaubst du, hätte ich ihn sonst heiraten wollen?« – »Ich meine, ob du ihn noch lieb hast, Hildur?« – Hildur wurde wie zu Stein, aber unter dem forschenden Blick der andern konnte sie nicht lügen. – »Vielleicht habe ich ihn noch nie so lieb gehabt wie heute«, sagte sie, jedoch so leise, dass man glauben konnte, es täte ihr weh, die Worte auszusprechen.

»Dann komm gleich mit mir«, sagte Helga. »Ich habe drunten auf der Straße einen Wagen stehen. Du brauchst dich nur fertig zu machen, dann können wir gleich nach Närlunda fahren.« – »Wozu soll es gut sein, dass ich hinfahre?«, fragte Hildur. – »Du musst hinfahren und sagen, dass du Gudmund angehören willst, Hildur, was er auch getan haben mag, und dass du treu auf ihn warten wirst, während er im Gefängnis sitzt.« – »Warum soll ich das sagen?« – »Damit alles zwischen euch wieder gut wird.« – »Aber das ist ja unmöglich. Ich will doch keinen heiraten, der im Gefängnis gesessen hat.«

Helga prallte ein paar Schritte zurück, so als wäre sie an eine Mauer gestoßen. Aber sie fasste rasch wieder Mut. Sie konnte ja begreifen, dass, wer mächtig und reich war wie Hildur, so denken musste. »Ich wäre nicht hierhergekommen und ich hätte dich nicht gebeten, nach Närlunda zu fahren, wenn ich nicht wüsste, dass Gudmund unschuldig ist«, sagte sie. Jetzt war es Hildur, die einen

Schritt von Helga forttrat. – »Weißt du das, oder ist es nur etwas, was du glaubst?« – »Es wäre besser, wenn wir uns gleich in den Wagen setzten, dann könnte ich es dir unterwegs erzählen, Hildur.« – »Nein, erst musst du mir alles sagen. Ich muss wissen, was ich tue.« Helga war so voll brennenden Eifers, dass sie kaum stillstehen konnte, aber sie musste sich doch bequemen, Hildur zu erzählen, woher sie wüsste, dass nicht Gudmund der Täter sei. »Hast du das Gudmund nicht gleich gesagt?« – »Nein, ich sage es jetzt dir, Hildur. Kein andrer weiß es.« – »Und warum kommst du mit dieser Nachricht zu mir?« – »Damit es zwischen euch wieder gut werde. Auch er wird wohl bald erfahren, dass er nichts Böses getan hat, aber ich will, dass du wie von selbst zu ihm kommst, Hildur, und es gut machst.« – »Ich soll nicht sagen, dass ich von seiner Schuldlosigkeit weiß?« – »Du sollst ganz von selbst kommen, Hildur, und ihm nie verraten, dass ich mit dir gesprochen habe. Sonst verzeiht er dir nie, was du ihm heute Morgen gesagt hast.« Hildur hörte schweigend zu. Es lag etwas in diesen Worten, was ihr noch nie im Leben begegnet war, und sie war bemüht, es sich klarzumachen. »Weißt du, dass ich es war, die verlangte, dass du aus Närlunda fortkommst?« – »Ich weiß wohl, dass es nicht die Leute auf Närlunda waren, die mich forthaben wollten.« – »Ich kann gar nicht verstehen, dass du heute zu mir kommst und mir helfen willst.« – »Wenn du jetzt nur mitkommst, Hildur, so kann alles gut werden!« Aber Hildur sah Helga an, noch immer in dieselben Grübeleien versunken. – »Vielleicht hat Gudmund dich lieb«, warf sie hin. Aber nun riss Helga die Geduld. – »Was hätte er denn an mir!«, sagte sie heftig, »du weißt doch, Hildur, dass ich nichts andres bin als eine arme Häuslerdirne, und das ist noch nicht einmal das Allerschlimmste.«

Die beiden jungen Mädchen schlichen sich unbemerkt aus dem Haus und saßen bald im Wagen. Helga kutschierte, und sie schonte das Pferd nicht, sondern ließ es rasch traben. Sie waren beide stumm. Hildur saß da und sah Helga an. Es war, als könnte sie sich nicht genug über sie wundern, und als dächte sie mehr an sie als an irgendetwas andres.

Als sie in die Nähe des Hofes kamen, übergab Helga Hildur die Zügel. »Jetzt sollst du allein hinfahren, Hildur, und mit Gudmund sprechen. Ich komme in einer Weile nach und erzähle die Geschichte mit dem Messer. Aber du darfst Gudmund kein Wort davon sagen, Hildur, dass ich dich geholt habe.«

Gudmund saß in der Wohnstube auf Närlunda neben Mutter Ingeborg und sprach mit ihr. Der Vater saß etwas abseits und rauchte. Er sah zufrieden aus und sagte kein Wort. Man merkte, er war der Meinung, jetzt gehe alles, wie es sollte, sodass er nicht einzugreifen brauchte.

»Ich wüsste wohl gerne, Mutter, was Ihr gesagt haben würdet, wenn Ihr Helga als Schwiegertochter bekommen hättet«, sagte Gudmund. Mutter Ingeborg hob den Kopf und antwortete mit fester Stimme: »Ich werde jene Schwiegertochter mit Freuden aufnehmen, wenn ich nur weiß, dass sie dich so lieb hat, wie eine Frau ihren Mann lieb haben soll.«

Kaum war dies gesagt, als sie Hildur Erikstochter in den Hof einfahren sahen. Sie kam gleich darauf ins Haus und war ganz anders als sonst. Sie trat nicht in ihrer gewohnten zuversichtlichen Art in das Zimmer, sondern es sah fast aus, als wolle sie unten an der Tür stehen bleiben wie ein armes Bettelmädchen.

Sie kam jedoch heran und gab Mutter Ingeborg und Erland die Hand. Dann wendete sie sich an Gudmund. »Mit dir will ich ein paar Worte sprechen.« Gudmund stand auf, und sie gingen in die Kammer. Er stellte Hildur einen Stuhl hin, aber sie setzte sich nicht. Sie war ganz rot vor Verlegenheit, und die Worte kamen langsam und scheu über ihre Lippen: »Ich war wohl – ja, es war vielleicht zu hart, was ich heute Morgen sagte.« – »Ach, wir haben dich damit so plötzlich überfallen«, sagte Gudmund. Sie wurde noch röter und beschämter. »Ich hätte es mir besser überlegen sollen. Wir könnten – es sollte doch – –« – »Es ist schon am besten, wie es ist, Hildur. Darüber ist nichts mehr zu reden; aber es ist schön, dass du gekommen bist.«

Sie schlug die Hände vors Gesicht, holte sehr tief Atem, dass es klang wie ein Schluchzen, hob dann aber den Kopf wieder. »Nein«, sagte sie. »Es geht nicht. Ich will nicht, dass du mich für besser hältst, als ich bin. Jemand kam zu mir und sagte, dass du unschuldig bist, und riet mir, hierher zu eilen und alles wieder gutzumachen. Und ich sollte nicht sagen, dass ich schon weiß, dass du unschuldig bist. Denn dann würdest du nicht so viel daran finden, dass ich komme. Jetzt sage ich dir: Ich wünschte, ich wäre selbst auf den Gedanken gekommen. Doch so war es nicht. Aber ich habe mich den ganzen Tag nach dir gesehnt und gewünscht, dass es wieder gut zwischen uns werden könnte. Und wie es auch kommen mag: Eins will ich dir sagen, ich freue mich, dass du unschuldig bist.«

»Wer hat dir denn diesen Rat gegeben, Hildur?«, fragte Gudmund. – »Das darf ich nicht sagen.« – »Ich wundere mich, dass es jemand weiß. Vater kommt eben jetzt vom Bürgermeister. Er hat in die Stadt telegrafiert. Und es ist die Antwort gekommen, dass der wahre Täter schon gefunden ist.«

Als Gudmund dies sagte, fühlte Hildur, wie die Beine unter ihr zitterten, und sie setzte sich rasch nieder. Es wurde ihr ganz angst, weil Gudmund so ruhig und freundlich war, und sie begann zu verstehen, dass er ganz außerhalb ihrer Macht war. »Ich sehe schon, du kannst es nicht vergessen, Gudmund, wie ich heute Vormittag gewesen bin.« – »O doch, das kann ich dir schon verzeihen, Hildur«, sagte er in demselben ruhigen Ton. »Davon wollen wir nie mehr sprechen.«

Sie erzitterte, schlug die Augen nieder und saß da, als wartete sie auf etwas. »Es ist nur ein großes Glück, Hildur«, sagte er und kam heran und ergriff ihre Hand, »dass es zwischen uns aus ist. Denn heute ist es mir klar geworden, dass ich eine andre lieb habe. Ich glaube, ich hatte sie schon lange lieb, aber ich weiß es erst seit heute.« – »Wer ist die, die du lieb hast, Gudmund«, kam es tonlos von Hildurs Lippen. – »Das kommt ja auf eins heraus. Ich werde sie nicht heiraten, denn sie hat mich nicht lieb. Aber eine andre kann ich nicht nehmen.«

Hildur hob den Kopf. Es war nicht leicht, zu sagen, was in ihr vorging. Aber sie fühlte in diesem Augenblick, dass sie, die Großbauerntochter, mit all ihrem Reiz und allem ihrem Hab und Gut nichts für Gudmund bedeutete. Und sie war stolz und wollte nicht von ihm scheiden, ohne ihm zu zeigen, dass sie ihren Wert in sich hatte, abgesehen von allem Äußerlichen. »Ich will, Gudmund, dass du mir sagst, ob es Helga vom Moorhof ist, die du gern hast.«

Gudmund stand schweigend da.

»Denn wenn es Helga ist, dann weiß ich, dass sie dich lieb hat. Sie kam zu mir und lehrte mich, was ich tun sollte, damit es zwischen uns wieder gut würde. Sie wusste, dass du unschuldig bist, aber sie sagte es nicht dir, sondern ließ es mich zuerst wissen.« – Gudmund sah ihr fest in die Augen. »Findest du darin ein Zeichen, dass sie eine große Liebe für mich hat?« – »Dessen kannst du sicher sein, Gudmund. Das kann ich bezeugen. Niemand in der Welt kann dich lieber haben als sie.« Er ging hastig durch das Zimmer. Dann blieb er vor Hildur stehen. »Aber du? Warum sagst du mir das?« – »Ich will Helga an Edelmut nicht nachstehen.« – »Ach, Hildur, Hildur!«, sagte er, legte ihr die Hand auf die Schulter und schüttelte sie, um seiner Rührung Luft zu machen. »Du weißt nicht, nein, du weißt nicht, wie gut ich dir in diesem Augenblick bin. Du weißt nicht, wie glücklich du mich gemacht hast – – –«

*

Helga saß am Wegrand und wartete. Sie saß da, das Kinn in die Hand gestützt und sah zu Boden. Sie sah Gudmund und Hildur vor sich und dachte, wie glücklich sie jetzt sein müssten.

Während sie so dasaß, kam ein Knecht aus Närlunda vorüber. Als er sie sah, blieb er stehen. »Du hast doch von Gudmund gehört, Helga?« – Ja, das hatte sie. – »Die ganze Geschichte ist ja gar nicht wahr. Der richtige Täter ist schon verhaftet.« – »Ich wusste, dass es nicht wahr sein konnte«, sagte Helga.

Dann ging der Mann, aber Helga blieb sitzen wie zuvor. Ja so, drüben wussten sie es schon. Sie brauchte gar nicht nach Närlunda zu gehen, um es zu erzählen. Sie fühlte sich so wunderlich ausgeschlossen. Vorhin erst war sie so eifrig gewesen. Sie hatte gar nicht an sich selbst gedacht, nur daran, dass Gudmunds und Hildurs Hochzeit zustande kommen müsse. Aber jetzt erst stand es ihr vor Augen, wie einsam sie war. Und es war schwer, für die, die man lieb hatte, nichts sein zu dürfen. Jetzt brauchte Gudmund sie nicht, und ihr eigenes Kind hat ihre Mutter zu dem ihren gemacht. Sie gönnte ihr kaum, dass sie es ansah.

Sie dachte daran, dass sie aufstehen und nach Hause gehen müsse. Aber die Hügel erschienen ihr so steil und schwer zu ersteigen. Sie wusste gar nicht, wie sie hinaufkommen solle.

Da kam ein Wagen aus Närlunda. Hildur und Gudmund saßen darin. Jetzt führen sie wohl nach Älvåkra, um zu sagen, dass sie sich ausgesöhnt hätten. Und morgen fände dann die Hochzeit statt.

Als sie Helga erblickten, hielten sie an. Gudmund gab Hildur die Zügel und sprang heraus. Hildur nickte Helga zu und fuhr weiter.

Gudmund blieb auf dem Wege vor Helga stehen. »Ich bin froh, dass du hier sitzest, Helga«, sagte er. »Ich glaubte, ich müsste nach dem Moorhof hinaufgehen, um dich zu treffen.«

Er sagte dies heftig, beinahe hart, und dabei hielt er ihre Hand fest umklammert, und sie sah es seinen Augen an, dass er jetzt wusste, wie es um sie stand. Jetzt konnte sie ihm nicht mehr entfliehen.

Die Prinzessin von Babylonien

Es war an einem dunklen Winterabend in der kleinen Hütte Skrolycka. Kattrinna, die Bäuerin, saß da und spann, und die Katze lag auf ihrem Schoß und spann auch, so gut sie konnte. Der Mann, Jan Andersson, saß am Herde und wärmte sich mit dem Rücken gegen das Feuer. Er war den ganzen Tag in Erik Fallas Wald gewesen und hatte Holz gehackt, da konnte niemand von ihm verlangen, dass er jetzt, wo er daheim war, noch eine andere Arbeit vornehmen sollte. Nicht einmal Kattrinna hatte etwas dagegen einzuwenden, dass er jetzt nichts anderes tat als mit ihrem kleinen Mädchen spielen und plaudern, das diesen Winter in sein fünftes Jahr ging.

Kattrinna saß in ihren eigenen Gedanken da und hörte nicht viel darauf, was der Mann und das Kind miteinander schwatzten. Aber auf eines hielt sie strenge. Sie konnte es nicht leiden, wenn Jan der Kleinen sagte, dass sie so schön und besonders sei, und das tat er gar zu gerne. Denn wenn Klara Gulla schon als kleines Kind eine hohe Meinung von sich selbst bekam, dann wusste ja Kattrinna, dass nie und nimmer ein vernünftiges Frauenzimmer aus ihr werden konnte.

Jan trieb es zu arg, er kam auf alles Mögliche, was das Kind hoffärtig machen musste. Aber an diesem Abend war Kattrinna ganz ruhig, denn nun saß er da und erzählte von Dingen, die sich früher einmal in der Welt zugetragen hatten, zu der Zeit, als die Erde erschaffen wurde und die Menschen sie zu erfüllen begannen. Er war gerade dabei, die alte Geschichte vom Turm zu Babel zu erzählen, und da konnte man ja hoffen, dass er keine Gelegenheit finden würde, mit seinen gewohnten Torheiten zu kommen.

»Ja, und da haben sie Lehm herbeigeschleppt«, sagte Jan, »und sie haben Ziegel geschlagen, und Kalk haben sie gelöscht und ein Gerüst aufgerichtet, und mit jedem Tag ist der Turm höher geworden.

Sie haben schon gewusst, dass es unserem Herrgott nicht recht ist, wenn sie den Turm bauen, aber danach haben sie nicht viel gefragt. Denn sie hatten sich's einmal vorgenommen, sie wollten bis zum Himmel hinauf, um zu sehen, wie's dort ausschaut.

›Hört einmal, ihr guten Leute‹, hat da der liebe Gott gesagt, ›jetzt sag' ich's euch aber zum letzten Mal: wenn ihr nicht gleich von hier weggeht und mit der Bauerei aufhört, dann kann ich mir nicht helfen, ich muss ein Unglück über euch kommen lassen. Und das wird ein solches Unglück sein, das ihr nie loswerdet, und niemand kann euch dagegen helfen.‹

Aber die Menschen, die haben sich gedacht, ach was, unser Herrgott wird schon langmütig sein, wie gewöhnlich. Und sie haben weiter an ihrem Turm gebaut, und jeden Tag sind sie ein Stückel höher gekommen.

Da ist aber unser Herrgott hergegangen und hat ihre Sprache ganz durcheinandergebracht. Siehst, bis zu dem Tag haben sie so gesprochen, dass eins das andere verstanden hat, aber jetzt war's damit aus.

Wenn die Maurermeister jetzt sagen wollten: ›Gib mir Lehm!‹ Dann haben sie anstatt dessen gesagt: ›Fitzliputzli Fitzliputzli.‹ Und wenn die Lehrlinge haben fragen wollen, was sie denn meinen, da haben sie gesagt: ›Erbe, derbe, mirbe, marbe.‹ Na, da kann man sich nicht wundern, dass sie sich nicht verstanden haben.

Die Meister, die haben geglaubt, die Lehrlinge wollen sie zum Narren halten. Aber wenn sie sagen wollten: Sprecht doch ordentlich, dann haben sie gesagt: ›Ullen dullen dorf!‹ Na, und wenn die Lehrlinge fragen wollten, warum sie ein so böses Gesicht machen, da haben sie nichts anderes herausgebracht als: ›Abrakadabra?‹ Und da sind sie alle miteinander zornig geworden und sind sich in die Haare gefahren und haben zu raufen angefangen.

Na, und von dem Tag an war's aus mit der Freundschaft zwischen den Menschen, und niemand hat mehr daran gedacht, weiter an dem Turm zu bauen, sondern ein jedes ist für sich gegangen.«

Als Jan in seiner Erzählung so weit gekommen war, schielte er zu Kattrinna hinüber. Der Spinnrocken stand stille, und es sah beinahe aus, als seien Frau und Katze eingeschlummert. Da nahm Jan seine Erzählung wieder auf. Er senkte die Stimme nur ein wenig.

»Aber unter all den anderen dort in Babylon, die an dem Turm gebaut hatten, waren auch ein König und eine Königin, und die hatten eine kleine Prinzessin. Und auf einmal fängt auch dieses kleine Mädel an, so närrisch zusprechen, dass ihre Eltern und alle anderen Leute nicht ein einziges Wort verstanden haben. Da wollt' der König und die Königin sie nicht mehr auf ihrem Schloss behalten, sie haben sie fortgejagt, und sie musst' ganz mutterseelenallein in die große, weite Welt hinaus.

Da war sie natürlich ganz verzagt. Sie hat ja nicht gewusst, wem sie da unterwegs begegnen kann. Für einen Bären oder einen Wolf war es ja ein Kinderspiel, so eine kleine Prinzessin aufzufressen, wenn sie ihm in den Weg lief.

Aber so zart und fein sie auch war, so hat ihr doch niemand was zu Leid getan.

Nein, im Gegenteil, alle, denen sie begegnet ist, sind freundlich auf sie zugegangen und haben ihr die Hand gegeben und gefragt, wo sie denn hin will. Aber was sie zur Antwort gegeben hat, davon haben sie kein Wort verstanden, na, und da haben sie sich nicht weiter um sie gekümmert.

So lieb und fein wie sie war, braucht' sie nur in die Schlösser und Burgen hinaufzukommen, da haben sie die Türen sperrangelweit aufgerissen und sie hineingehen lassen. Aber wenn sie den Mund aufgemacht und man ihre närrische Sprache gehört hat, da hat sie gleich wieder fortmüssen.

Na, und endlich, da war sie schon durch alle Königreiche gewandert, die's gibt, da kommt sie eines Abends spät in einen großmächtigen Wald, und als sie durch den Wald gegangen ist, da sieht sie eine kleine Hütte, die war so niedrig, dass sie grad noch durch die Tür durchkonnt', und da geht sie hinein und sagt ›Grüß Gott‹.

Da drinnen sitzt die Bäuerin und spinnt, und der Bauer sitzt am Herd und wärmt sich. Und wie sie sehen, dass ein Fremdes zur Tür hereinkommt, so sagen sie auch: ›Grüß Gott‹.

Da hat die kleine Prinzessin eine schreckliche Freude gehabt, denn da in der Hütte haben sie akkurat so gesprochen, dass sie sie verstehen konnt'. Aber sie war sehr vorsichtig, sie hat ihnen nicht gleich alles erklären wollen.

›Wie heißt denn diese Hütte?‹, hat sie gefragt, um sie auf die Probe zu stellen.

›Die heißt Skrolycka‹, haben sie gleich geantwortet, und da hat sie schon gemerkt, dass sie sie verstanden haben.

Und da war sie ganz wild vor lauter Freude, aber sie hat gemeint, es ist doch besser, wenn sie sie noch einmal auf die Probe stellt.

›Wie heißt denn die Sprache, die ihr hier im Haus sprecht?‹, hat sie gesagt.

›Das ist die wermländische Sprache‹, haben die Leute in der Hütte gesagt.

Und da ist die kleine Prinzessin zu ihnen hingegangen und hat sie gebeten, dass sie bei ihnen bleiben darf, denn hier wär' der einzige Ort auf der Welt, wo sie verstehen konnten, was sie geredet hat.

Aber wie sie zum Feuer hingekommen ist, da haben die Leute ja gesehen, dass sie eine kleine Prinzessin von Babylonien ist. Und da haben sie ihr gesagt, dass sie fehlgegangen sein muss. Und sie haben ihr gesagt, es könnt' ihr unmöglich bei ihnen gefallen. Die wermländische Sprache, die wär' ja überall, in jedem Haus, in der ganzen Gegend hier herum bekannt, haben sie gesagt, sie könnt' überall hingehen, wo es ihr beliebt. Aber die kleine Prinzessin, die hat auf diesem Ohr nicht gehört. ›Nein‹, hat sie gesagt, ›ich merk' schon, dass ich recht gegangen bin. Und hier will ich bleiben. Denn hier hat man eine Freude und einen Nutzen von mir.‹«

Die kleine Klara Gulla war ganz still auf Jans Schoß gesessen und hatte gelauscht, und ihre Augen waren vor Staunen immer runder und runder geworden. Aber als jetzt Jan zu erzählen aufhörte, saß sie zuerst ganz stumm da, dann drehte und wendete sie das Köpfchen und guckte sich alles in der Stube an, so, als hätte sie es noch nie gesehen.

»Ja, jetzt kann's ja noch so bleiben, wie's ist, eine Zeit lang«, sagte sie endlich. »Aber bis ich einmal groß bin, dann geh' ich schon wieder dorthin zurück, wo ich her bin.«

Jan machte ein langes Gesicht. Und das Schlimmste war, dass Kattrinna jetzt wach war und den Schluss des Gesprächs gehört hatte.

»Ja, siehst du, das hast du davon, dass du dem Mädchen immer einreden willst, dass sie gar so was Feines und Besonderes ist!«, sagte sie.

Waldemar Attertag brandschatzt Visby

In dem Frühling, in dem Hellquists großes Bild »Waldemar Attertag brandschatzt Visby« im Kunstverein ausgestellt war, kam ich an einem stillen Vormittag hinauf, ohne zu ahnen, dass dieses Kunstwerk sich da befand. Die große, farbenreiche Leinwand mit den vielen Gestalten machte schon beim ersten Anblick einen außerordentlichen Eindruck. Ich konnte kein andres Bild ansehen, sondern ging geradewegs auf dieses zu, setzte mich nieder und versank in stille Betrachtung. Eine halbe Stunde lang lebte ich das Leben des Mittelalters.

Bald war ich mitten in der Szene, die sich auf dem Marktplatz von Visby abspielte. Ich sah die Bierbottiche, die sich mit dem goldnen Trank zu füllen begannen, den König Waldemar begehrt, und die Gruppen, die sich rings um sie ansammelten. Ich sah den reichen Kaufherrn mit dem Pagen, der unter seinen Gold- und Silberschüsseln fast zusammenbricht, den jungen Bürger, der die Faust gegen den König ballt, den Mönch mit dem scharfen Antlitz, das forschend die Majestät betrachtet, den zerlumpten Bettler, der sein Scherflein opfert, die Frau, die neben der einen Kufe hingesunken ist, den König auf seinem Thron, das Kriegsheer, das sich aus dem schmalen Gässchen heranwälzt, die hohen Hausgiebel und die zerstreuten Gruppen trotziger Soldaten und halsstarriger Bürger.

Aber plötzlich merkte ich, dass die Hauptgestalt des Bildes nicht der König ist, nicht einer der Bürger, sondern der eine der eisengepanzerten Schildträger des Königs, der mit dem gesenkten Visier.

In diese Gestalt hat der Künstler eine seltsame Kraft gelegt. Man sieht nicht das Geringste von ihm selbst, der ganze Mann ist Eisen und Stahl, und doch macht er den Eindruck, der wahre Herr der Lage zu sein.

»Ich bin die Gewalt, ich bin die Raublust«, sagt er. »Ich bin es, der Visby brandschatzt. Ich bin kein Mensch, ich bin nur Eisen und Stahl. Ich habe meine Lust an Qualen und Grausamkeit. Mögen sie einander nur peinigen. Heute bin ich der Herr auf dem Marktplatz zu Visby.«

»Sieh«, spricht er zu dem Betrachter, »kannst du nicht sehen, dass ich hier Herr bin? So weit dein Auge reicht, gibt es nichts andres als Menschen, die einander quälen. Seufzend kommen die Besiegten und liefern ihr Gold aus. Sie hassen und drohen, aber sie gehorchen. Und die Begierde der Siegesherren wird immer wilder, je mehr Gold sie hervorpressen können. Was sind Dänemarks König und seine Soldaten andres als meine Diener, wenigstens für diesen Tag? Morgen werden sie zur Kirche gehen oder in friedlicher Zwiesprach in den Schenken sitzen oder vielleicht auch gute Väter sein im eignen Heim, doch heute dienen sie mir, heute sind sie Bösewichte und Gewalttäter.«

Und je länger man ihm zuhört, desto besser versteht man, was das Bild ist: nichts andres als eine Illustration der alten Mär, wie Menschen einander quälen können. Kein versöhnender Zug ist da, nur grausame Gewalt. Und trotziger Hass und hoffnungsloses Leiden.

Es ist doch so, dass diese drei Bräukufen gefüllt werden müssen, auf dass Visby nicht geplündert und eingeäschert werde. Warum kommen sie nicht, diese Hanseaten, in flammender Begeisterung? Warum kommen die Frauen nicht herangeeilt, mit ihren Geschmeiden, der Trinker mit seinem Becher, der Priester mit dem Reliquienschrein, eifrig, glühend von Opfermut?

»Für dich, für dich, unsre geliebte Stadt! Wozu uns Krieger schicken, wenn es sich um dich handelt! Oh, Visby, unsre Mutter, unser Ruhm! Nimm zurück, was du uns gegeben hast!«

Aber so wollte der Maler es nicht sehen, und so war es auch nicht. Keine Begeisterung, nur Zwang, nur gebändigter Trotz, nur Jammer. Das Gold ist ihnen alles, Frauen und Männer seufzen über dies Gold, von dem sie sich trennen müssen.

»Sieh sie an!«, spricht die Gewalt, die auf den Stufen des Thrones steht. »Es geht ihnen tief zu Herzen, es zu opfern. Mag, wer da will, mit ihnen Mitleid haben! Geizig, gewinnsüchtig, übermütig sind sie! Sie sind um nichts besser als der gierige Räuber, den ich gegen sie ausgesandt habe.«

Eine Frau ist vor der Tonne zusammengebrochen. Kostet es ihr so großes Leid, ihr Gold herzugeben? Oder ist sie vielleicht die Schuldige? Ist sie des Jammers Urheberin? Ist sie die, welche die Stadt verraten hat? Ja, sie ist es, die König Waldemars Liebste gewesen. Es ist Jung-Hansens Tochter.

Sie weiß wohl, dass sie ihr Gold nicht auszuliefern braucht. Ihres Vaters Haus wird dennoch nicht geplündert, aber sie hat zusammengerafft, was sie besitzt und bringt es herbei. Auf dem Marktplatz angelangt, ist sie von all dem Elend, das sie gesehen, überwältigt worden und in grenzenloser Verzweiflung zu Boden gesunken.

Frisch und fröhlich war er gewesen, der junge Goldschmiedegeselle, der voriges Jahr in ihres Vaters Haus diente. Herrlich war es, an seiner Seite über diesen selben Marktplatz zu wandern, wenn der Mond hinter den Giebeln hinaufstieg und den Glanz von Visby beleuchtete. Stolz war sie auf ihn gewesen, stolz auf ihren Vater, stolz auf ihre Stadt. Und nun liegt sie da, von Jammer gebrochen. Unschuldig und doch schuldig! Er, der kalt und grausam auf dem Throne sitzt und alle diese Verheerung über die Stadt gebracht hat, ist er derselbe, der ihr zärtliche Worte zugeflüstert hat? Schlich sie sich zum Stelldichein mit ihm, als sie in der vorigen Nacht ihres Vaters Schlüssel stahl und das Stadttor öffnete? Und als sie ihren Goldschmiedegesellen als einen gewappneten Ritter traf mit einem stahlgepanzerten Heere hinter sich, was dachte sie da? Wurde sie nicht wahnsinnig, da sie die stählerne Flut sich durch das Tor wälzen sah, das sie geöffnet hatte? Zu spät deine Klagen, o Jungfrau! Warum liebtest du den Feind deiner Stadt? Gefallen ist Visby, vergehen wird sein Glanz. Warum stürztest du dich nicht mitten im Tore nieder und ließest dich von den eisernen Hufen zu Tode treten? Wolltest du leben, um den Verbrecher von des Himmels Blitzen getroffen zu sehen?

O Jungfrau, an seiner Seite steht die Gewalt und schützt ihn. An heiligern Dingen als einer leichtgläubigen Jungfrau vergreift er sich. Nicht einmal Gottes heiligen Tempel schont er. Die leuchtenden Karfunkelsteine bricht er aus der Kirchenwand, um die letzte Kufe zu füllen.

Da ändern alle Gestalten des Bildes ihre Haltung. Blindes Entsetzen packt alles Lebende. Der wildeste Kriegsknecht erbleicht, die Bürger wenden ihren Blick zum Himmel, alle erwarten Gottes Strafgericht, alle erbeben, außer der Gewalt auf den Stufen des Thrones und dem König, der ihr Diener ist.

Ich wünschte, der Künstler lebte noch, sodass er mich hinab zum Hafen von Visby führen und mir diese selben Bürger zeigen könnte, als sie mit den Blicken der fortsegelnden Flotte folgten. Sie rufen Verwünschungen über die Wogen hin. »Vernichtet sie«, rufen sie, »vernichtet sie! O Meer, du unser Freund, nimm unsre Schätze wieder! Tue deine erstickende Tiefe auf unter den Gottlosen, unter den Treulosen!«

Und das Meer donnert dumpf Beifall, und die Gewalt, die auf dem königlichen Schiffe steht, nickt zustimmend. »So ist es gut«, sagt sie, »verfolgen und verfolgt werden, so lautet mein Gesetz. Möge der Sturm und das Meer die räuberische Flotte zerstören und die Schätze meines königlichen Dieners an sich raffen! Desto früher ist es uns beschieden, auf neue Verheerungszüge auszuziehen!«

Aber die Bürger auf dem Strande wenden sich um und sehen zu ihrer Stadt empor. Feuerflammen sind dort aufgelodert, Plünderung ist über sie hingezogen, hinter gesprungenen Scheiben gähnen verwüstete Wohnstätten. Geschwärzte Giebel sehen sie, geschändete Kirchen, blutige Leichen liegen in den engen Gässchen, und vor Schreck wahnsinnige Frauen durcheilen die Stadt. Sollen sie alledem ohnmächtig gegenüberstehen? Gibt es niemanden, den ihre Rache erreichen kann, niemanden, den sie ihrerseits quälen und vernichten können?

Gott im Himmel, seht doch! Des Goldschmieds Haus ist nicht geplündert, nicht verbrannt. Was ist das? War er im Bunde mit dem Feinde? Hat er nicht den Schlüssel zu einem der Tore der Stadt in seinem Gewahrsam? O du, Jung-Hansens Tochter, antworte, was soll das bedeuten?

Dort auf dem Königsschiffe steht die Gewalt und betrachtet ihren königlichen Diener, unter dem Visier lächelnd. »Höre den Sturm, Herr, höre den Sturm! Das Gold, das du geraubt, bald wird es dir unerreichbar auf dem Meeresgrunde ruhen. Und sieh zurück auf Visby, mein hoher Herr! Das Weib, das du betrogst, wird zwischen Priestern und Kriegsknechten zur Stadtmauer geführt. Hörst du den Volkshaufen, der ihr folgt, fluchend und wehklagend? Sieh, sieh, die Maurer kommen mit Kalk und Maurerkellen! Sieh, die Frauen kommen mit Steinen! Alle tragen sie Steine, alle, alle!

O König, wenn du nicht sehen kannst, was in Visby vorgeht, musst du doch hören und wissen, was dort geschieht. Du bist ja nicht von Stahl und Eisen wie die Gewalt an deiner Seite. Wenn des Alters düstre Tage kommen und du unter dem Schatten des Todes lebst, dann wird das Bild von Jung-Hansens Tochter vor deine Erinnerung treten.

Bleich wirst du sie unter ihres Volkes Hohn und Verachtung zusammensinken sehen. Du wirst sie dahinziehen sehen zwischen Priestern und Kriegsknechten unter Glockengeläute und Hymnengesang. Sie ist schon tot in den Augen des Volkes. Tot fühlt sie sich in ihrem Innersten, getötet von allem, was sie geliebt. Du wirst sie in den Turm steigen sehen, sehen, wie man die Steine einfügt, vernehmen, wie die Maurerkellen scharren, und das Volk hören, wie es mit seinen Steinen herbeieilt. ›O Maurer, nimm meinen, nimm meinen! Bediene dich meines Steines zum Rachewerk! Lass meinen Stein mit dabei sein, Jung-Hansens Tochter von Licht und Luft abzuschließen! Gefallen ist Visby, das herrliche Visby! Gott segne eure Hände, Maurer! Lass mich mit dabei sein und die Rache vollziehen!‹

Und Hymnengesang erklingt, und die Glocken läuten wie über einer Toten.

O Waldemar, König von Dänemark, auch dein Los wird es sein, dem Tode zu begegnen, dann wirst du auf deinem Bette liegen und vieles hören und sehen und dich in Qualen dabei winden. Und auch dieses Scharren mit der Maurerkelle, diese Rufe der Rache wirst du hören. Wo sind sie dann, die heiligen Glocken, die die Marter der Seele übertönen? Wo sind sie, die weiten Metallrachen, deren Zungen zu Gott um Gnade für dich flehen? Wo ist die von Wohllaut erzitternde Luft, die die Seele hin zu Gottes Gefilden führt?

O hilf, Esrom, hilf, Sorö, und du, große Glocke in Lund!«

– – – – – – – – – – – – – – – – – – –

Welch düstre Geschichte erzählt nicht dieses Bild! Es war ein wunderliches, fremdes Gefühl, wieder in den Königsgarten zu treten, in den strahlenden Sonnenschein unter lebende Menschen.

Unter den Kletterrosen

Ich wollte, dass die Blicke der Menschen, unter denen ich meinen Sommer verlebt habe, auf diese Zeilen fielen. Jetzt, wo Kälte und dunkle Nächte gekommen sind, möchte ich ihre Gedanken zu der hellen warmen Jahreszeit zurückführen.

Vor allem möchte ich sie an die Kletterrosen erinnern, die die Veranda umschlangen, an das feine, ein wenig dünne Laubwerk der Rosa bengalensis, das sich beim Sonnenschein wie beim Mondlicht in dunkelgrauen Schatten auf dem lichtgrauen Steinboden abzeichnete und einen leichten Spitzenschleier über alles dort draußen warf, und an ihre großen lichten Riesenblumen mit den ausgefransten Rändern.

Andre Sommer erinnern mich an Kleewiesen oder an Birkenwälder oder an Birnbäume und Beerensträucher, aber dieser Sommer hat seinen Charakter von den Kletterrosen bekommen. Die lichten, zarten Knospen, die weder Wind noch Regen vertrugen, die leicht wehenden hellgrünen Schösslinge, die sanft geneigten Stämmchen, der überschwängliche Reichtum an Blumen, die fröhlich summende Insektenschar, alles das wird mich begleiten und in seiner ganzen Pracht vor mir auferstehen, wenn ich an den Sommer zurückdenke, den zarten, feinen Schmelz des Sommers.

Jetzt, wo die Arbeitszeit angebrochen ist, fragt man mich oft, womit ich meinen Sommer verbracht habe. Dann gleitet alles andre aus meiner Erinnerung fort, und es will mir scheinen, als hätte ich tagaus tagein auf der Veranda unter den Kletterrosen gesessen und Duft und Sonnenschein eingeschlürft. Was tat ich da? Ach, ich sah zu, wie andre arbeiteten.

Da war eine kleine Tapezierbiene, die vom Morgen bis zum Abend, vom Abend bis zum Morgen arbeitete. Aus den weichen grünen Blättern sägte sie mit ihren scharfen Kiefern ein zierliches kleines Oval, rollte es so zusammen, wie man eine richtige Tapete rollt, und die kostbare Bürde an sich drückend, flatterte sie fort zum Parke und ließ sich auf einem alten Baumstumpf nieder. Da vertiefte sie sich in dunkle Gänge und geheimnisvolle Galerien, bis sie endlich den Grund eines lotrechten Schachtes erreichte. In dessen unbekannten Tiefen, in die sich weder Ameise noch Tausendfüßler je gewagt hatten, breitete sie die grüne Blattrolle aus und bedeckte den holprigen Boden mit dem schönsten Teppich. Und als der Boden bedeckt war, holte die Biene wieder neue Blätter, um die Wände des Schachtes zu bekleiden, und arbeitete so rasch und eifrig, dass es bald in der ganzen Rosenhecke kein Blatt gab, das nicht seinen ovalen Ausschnitt hatte, der bezeugte, dass es zur Ausschmückung des alten Baumstumpfes das Seinige hatte beitragen müssen.

Eines schönen Tages änderte das Bienchen seine Beschäftigung. Es bohrte sich tief in die Blätterwirrnis der Riesenrosen und schlürfte und trank aus ihren schönen Vorratskammern nach Herzenslust, und jedes Mal, wenn es einen Mund voll hatte, schwirrte es gleich hinüber zu dem alten Baumstumpf, um die frisch tapezierte Kammer mit dem klarsten Honig zu füllen.

Aber die kleine Tapezierbiene war nicht die Einzige, die draußen in der Rosenhecke arbeitete. Da gab es auch eine Spinne, eine ganz unvergleichliche Spinne. Sie war größer als alles, was ich bisher vom Spinnengeschlechte gesehen habe, sie war klar gelbrot mit einem deutlich punktierten Kreuz auf dem Rücken, und sie hatte acht lange, weiß und rot gestreifte Beine, alle gleich schön gezeichnet. Ihr hättet diese Spinne sehen sollen! Jeder Faden wurde mit der äußersten Genauigkeit gezogen. Von den ersten an, die nur zur Stütze und zum Halt dienten, bis zu den innersten feinen Webfäden. Und ihr hättet sehen sollen, wie sie den schmalen Fäden entlangbalancierte, um eine Fliege zu haschen oder ihren Thron in der Mitte des Netzes einzunehmen, regungslos, geduldig, stundenlang wartend.

Diese große rot-gelbe Spinne gewann mein Herz: Sie war so geduldig und so weise. Jeden Tag hatte sie ihr kleines Scharmützel mit der Tapezierbiene, und immer zog sie sich mit dem gleichen untrüglichen Takt aus der Affäre. Die Biene, deren Weg dicht an ihr vorbeiführte, blieb einmal ums andre in ihrem Netz hängen. Sogleich begann sie zu surren und zu reißen, sie zerrte an dem feinen Netz und benahm sich ganz toll, was natürlich zur Folge hatte, dass sie sich immer ärger und ärger verwickelte und Flügel und Beinchen in das klebrige Gewebe verstrickte.

Sobald die Biene ermattet und erlahmt war, kroch die Spinne zu ihr heran. Sie hielt sich immer in gebührlicher Entfernung, aber mit der äußersten Spitze eines ihrer eleganten rot gestreiften Beine gab sie der Biene einen kleinen Stoß, sodass sie sich im Netz herumdrehte. Und wenn die Biene wieder herumgeschnurrt und sich müde gerast hatte, bekam sie abermals einen ganz sachten Puff, und dann noch einen und noch einen, bis sie sich wie ein Kreisel drehte und in ihrer Raserei nicht ein noch aus wusste und so verwirrt war, dass sie sich nicht zur Wehr setzen konnte. Aber bei diesem Herumschwingen drehten sich die Fäden, die sie hielten, immer mehr zusammen, und die Spannung wurde so groß, dass sie rissen und die Biene zu Boden fiel. Ja, das war es natürlich, was die Spinne gewollt hatte.

Und dieses Kunststück konnten die beiden Tag für Tag wiederholen, solange die Biene in der Rosenhecke Arbeit hatte. Nie konnte der kleine Tapezierer es lernen, sich vor dem Spinnennetz in acht zu nehmen, und nie zeigte die Spinne Zorn oder Ungeduld. Ich mochte sie wirklich alle beide gerne leiden, die kleine eifrige zottige Arbeiterin geradeso wie die große schlaue alte Jägerin.

Es begaben sich nicht oft große Ereignisse in dem Hause mit den Kletterrosen. Zwischen den Spalieren konnte man den kleinen See in der Sonne liegen und blinken sehen. Und das war ein See, der zu klein und zu umfriedet war, um sich in wirklichen Wellen erheben zu können, aber bei jedem kleinen Gekräusel des grauen Spiegels flogen Tausende kleine Fünkchen auf, die auf den Wellen glitzerten und tanzten, es sah aus, als wäre die ganze Tiefe von Feuer erfüllt, das nicht heraus könnte. Und so war auch das Sommerleben dort draußen; es war gewöhnlich ganz still, aber kam nur das allergeringste kleine Gekräusel – ach, wie konnte es da schimmern und glitzern.

Und es bedurfte keiner großen Dinge, um uns froh zu machen. Eine Blume oder ein Vogel konnte uns Heiterkeit für mehrere Stunden bringen, von der Tapezierbiene gar nicht zu sprechen. Ich werde nie vergessen, wie seelenvergnügt ich einmal durch sie wurde. Die Biene war wie gewöhnlich im Spinnennetz gewesen und die Spinne hatte ihr wie gewöhnlich herausgeholfen, aber sie hatte tüchtig festgesessen, sodass sie sich ungeheuer lange herumdrehen musste und ganz zahm und gebändigt war, als sie davonflog. Ich beugte mich vor, um zu sehen, ob das Netz großen Schaden genommen habe. Das hatte es glücklicherweise nicht, dagegen saß eine kleine Raupe im Netze fest, ein kleines fadenschmales Untier, das nur aus Kiefern und Krallen bestand, und ich war erregt, wirklich erregt, als ich es erblickte.

Kannte ich sie nicht, diese Larven der Maikäfer, die zu Tausenden die Blumen hinaufkriechen und sich unter ihren Kronenblättern verstecken? Kannte ich sie nicht und bewunderte ich sie nicht auch, diese beharrlichen schlauen Parasiten, die verborgen dasitzen und warten, nur warten, und wenn es wochenlang dauern sollte, bis eine Biene kommt, in deren schwarz-gelbem Pelz sie sich verbergen können? Und wusste ich nicht von ihrer hassenswürdigen Geschicklichkeit, gerade wenn die kleine Zellenbauerin einen Raum mit Honig gefüllt und auf dessen Oberfläche das Ei gelegt hat, aus dem der richtige Eigentümer der Zelle und des Honigs hervorkommen soll, gerade da auf das Ei hinabzukriechen und unter eifrigem Balancieren darauf sitzen zu bleiben wie auf einem Boote, denn fielen sie in den Honig hinab, so müssten sie ertrinken. Und während die Biene das fingerhutähnliche Nestchen mit einem grünen Dach bedeckt und behutsam ihr Junges einschließt, schlitzt die gelbe Raupe mit scharfen Kiefern das Ei auf und verzehrt dessen Inhalt, während die Eischale noch immer als Nachen auf dem gefährlichen Honigsee dienen muss.

Aber so nach und nach wird das schmale gelbe Ding platt und groß und kann selbst auf dem Honig schwimmen und davon trinken, und wenn die Zeit sich erfüllt hat, kommt ein fetter schwarzer Maikäfer aus der Bienenzelle. Aber das ist es sicherlich nicht, was das kleine Bienchen mit seiner Arbeit erreichen wollte, und wie schlau und behänd der Maikäfer sich auch betragen hat, so ist er doch nichts andres als ein fauler Schmarotzer, der keine Barmherzigkeit verdient.

Und meine Biene, meine kleine, fleißige Herzensbiene war mit solch einem gelben Parasiten im Pelze herumgeflogen. Aber während die Spinne sie im Kreise gedreht hatte, hatte er sich losgelöst und war in das Netz gefallen, und jetzt kam die große Gelbrote und gab ihm einen Biss mit ihrem Giftzahn und verwandelte ihn in einem Augenblick in ein Skelett ohne Leben und Inhalt.

Und als die kleine Biene zurückkam, war ihr Surren wie eine Lobhymne an das Leben.

»O du schönes Leben!«, sagte sie. »Ich danke dir, dass auf mein Los die fröhliche Arbeit unter Rosen im Sonnenschein gefallen ist. Ich danke dir, dass ich dich ohne Angst und Furcht genießen kann. Wohl weiß ich, dass Spinnen lauern und Maikäfer stehlen, aber mein ist die fröhliche Arbeit und die mutige Sorglosigkeit. O du schönes Leben, du herrliches Dasein!«

Ein Stück Lebensgeschichte

Es war einmal eine Saga, die wollte erzählt und in die Welt hinausgetragen werden. Dies war ganz natürlich, weil sie wusste, dass sie schon so gut wie fertig war. Viele hatten mitgeholfen, sie durch merkwürdige Taten zu schaffen, andre hatten ihr Teil dadurch beigetragen, dass sie diese Taten immer wieder und wieder erzählten. Ihr fehlte nur, dass einer sie notdürftig zusammenfügte, damit sie gemächlich durchs Land ziehen könne. Sie war erst ein ganzes Gewühl von Geschichten, eine formlose Wolke von Abenteuern, die hin und her flatterten wie ein Schwarm verirrter Bienen an einem Sommertag und nicht wussten, wo sie einen finden sollten, der sie in einem Korbe vereinigen könnte.

Die Saga, die erzählt werden wollte, war in Wermland entstanden, und man kann sicher sein, dass sie über so manchen Herrenhöfen und Eisenhämmern, über so manchen Pfarrhöfen und Offizierswohnungen in der schönen Provinz schwebte, zum Fenster hineinguckte und um Einlass bat. Aber sie musste viele vergebliche Versuche machen: Überall wurde sie abgewiesen. Es konnte ja kaum anders sein. Die Leute hatten an viel wichtigere Dinge zu denken.

Endlich kam die Saga in ein altes Haus, das Mårbacka hieß. Das war ein kleines Gehöft mit niedrigen Wirtschaftsgebäuden, die von hohen Bäumen überschattet wurden. Früher einmal war es ein Pfarrhof gewesen, und es war, als hätte ihm das ein Gepräge aufgedrückt, das es nicht verlieren könnte. Man schien dort größere Liebe zu Büchern und Studien zu haben als anderswo, und immer lag ein stiller Friede über diesem Hause. Da durfte niemals ein Jagen bei der Arbeit oder ein Zank mit dem Gesinde vorkommen. Hass oder Zwietracht durfte es da auch nicht geben; und wer sich dort aufhielt, durfte das Leben nicht schwer nehmen –: Die allererste Pflicht war, sorglos zu sein und zu glauben, dass der liebe Herrgott für jeden, der in diesem Hause lebte, alles zum Besten lenkte.

Wenn ich heute zurückdenke, weiß ich: Die Saga, von der ich spreche, muss eine ganze lange Reihe von Jahren in ihrem vergeblichen Warten, dass sie einer erzähle, hier geweilt haben. Es dünkt mich, sie müsse das Haus umschwebt haben, so wie eine Wolke einen Bergesgipfel umschwebt; und einmal ums andre ließ sie eines der Abenteuer, aus denen sie bestand, darauf hinunterregnen. Sie kamen als seltsame Gespenstergeschichten von dem Gutsherrn, der immer schwarze Stiere vor dem Wagen hatte, wenn er nachts von einem Gastmahl heimkehrte, und in dessen Heim der leibhaftige Böse selbst im Schaukelstuhl saß und sich hin und her wiegte, während die Hausfrau spielte. Sie kamen als wunderliche Geschichten aus dem Nachbarhof, wo die Elstern die Hausmutter verfolgt hatten, sodass sie nicht wagte, vor die Tür zu gehen, von der Kapitänswohnung, wo sie so arm waren, dass sie sich alles hatten ausleihen müssen, und von der kleinen Hütte unten an der Kirche, wo so viele junge und alte Mädchen gewohnt, die sich alle in den schönen Orgelbauer verliebten.

Zuweilen kamen die lieben Abenteuer gleichsam noch handgreiflicher in das Haus. Alte arme Offiziere fuhren in rumpelnden Karriols, die mit uralten Pferden bespannt waren, an der Freitreppe vor. Sie machten halt und blieben wochenlang zu Gaste; und am Abend, wenn der Toddy ihnen Mut gemacht hatte, begannen sie von der Zeit zu erzählen, wo sie ohne Strümpfe in den Schuhen getanzt hatten, damit die Füße kleiner aussähen, und wo sie ihr Haar gebrannt und ihren Schnurrbart geschwärzt hatten. Einer von ihnen prahlte mit dem Abenteuer, wie er versucht hatte, ein schönes Mädchen zu ihrem Bräutigam zurückzuführen, und wie er auf der Heimfahrt von Wölfen verfolgt worden war, ein andrer war bei dem Weihnachtsschmause mit dabei gewesen, wo ein erzürnter Gast alle Haselhühner an die Wand warf, weil man ihm eingeredet hatte, es wären Krähen, ein dritter hatte den Alten gesehen, der dazusitzen und auf einem Holztische Beethoven zu spielen pflegte.

Aber auch auf andere Weise konnte die Saga ihre Anwesenheit kundmachen. Auf dem Dachboden hing das alte Porträt einer Dame mit gepudertem Haar; und wenn jemand daran vorüberging, musste er sich ja erinnern, dass es die schöne Grafentochter darstellte, die den jungen Lehrer ihres Bruders geliebt hatte und einmal gekommen war, ihn zu besuchen, als sie eine alte, ergraute Dame war und er ein alter verheirateter Mann. In der Rumpelkammer lagen große Haufen von Dokumentenbündeln, die Kaufkontrakte und Pachtverträge enthielten, unterzeichnet von der mächtigen Frau, welche einst über sieben Güter geherrscht, die sie von ihrem Geliebten geerbt hatte. Kam man in die Kirche, so sah man da in einem kleinen verstaubten Schrank unter der Empore die Truhe, die mit Schriften des Unglaubens gefüllt war und nicht vor dem Beginn des neuen Jahrhunderts geöffnet werden durfte; und nicht weit davon war der Fluss, auf dessen Grunde eine Menge Heiligenbilder ruhten, die nicht auf der Kanzel und der Empore hatten bleiben dürfen, denen sie einstmals zum Schmuck gedient hatten. Daher, dass so viele Überlieferungen das Haus umschwebten, kam es wohl schließlich, wenn eines der Kinder, die dort aufwuchsen, Lust bekam, sie zu erzählen. Es war keiner von den Jungen – die waren nicht viel zu Hause, sie hielten sich beinahe das ganze Jahr in ihren Schulen auf, also dass die Saga nicht so große Macht über sie erlangte –, sondern es war eines von den Mädchen, eines, das kränklich war, sodass es nicht so viel umherlaufen durfte wie andre Kinder, sondern seine liebste Freude daran hatte, durch Lesen und Erzählungen von allem dem Großen und Merkwürdigen zu erfahren, was sich in der Welt zugetragen hat.

Nun verhielt es sich durchaus nicht so, dass etwa das junge Mädchen von Anfang an die Absicht gehabt hätte, die Sagen und Geschichten niederzuschreiben, die sie umgaben. Es fiel ihr nicht im Entferntesten ein, dass aus diesen Abenteuern, die sie so oft hatte erzählen hören, dass sie sie das Alltäglichste von der Welt deuchten –, dass daraus ein Buch werden könnte. Wenn sie zu dichten versuchte, wählte sie die Stoffe aus ihren Büchern, und mit frischem Mute schrieb sie Geschichten über die Sultane aus Tausendundeiner Nacht, über Walter Scotts Ritter und Snorre Sturlasons Sagenkönige.

Es ist sicherlich überflüssig, zu erwähnen, dass, was sie schrieb, das Unoriginellste und Unreifste war, was nur je niedergeschrieben worden ist, aber das konnte sie selbst natürlich nicht sehen. Sie ging daheim in dem stillen Hause umher und bedeckte jedes Stückchen Papier, dessen sie nur habhaft werden konnte, mit Versen und Prosa, mit Schauspielen und Romanen. Wenn sie nicht schrieb, ging sie umher und wartete auf das Glück. Und das Glück sollte darin bestehen, dass irgendein fremder Besucher, der sehr klug und mächtig wäre, durch einen wunderbaren Zufall das entdeckte, was sie geschrieben hatte, und es würdig fände, gedruckt zu werden. Dann würde alles andre ganz von selbst kommen.

Doch es begab sich nichts Derartiges, und als das junge Mädchen über zwanzig Jahre alt war, begann es ungeduldig zu werden. Sie konnte nicht begreifen, woher es kam, dass das Glück sich gar nicht einfinden wollte. Vielleicht fehlten ihr Kenntnisse; sie müsste auch wohl ein wenig mehr von der Welt zu Gesicht bekommen als das elterliche Haus. Und da es so lange währte, bis sie ihren Unterhalt als Schriftstellerin verdienen konnte, musste sie etwas lernen, sich eine Lebensstellung schaffen, damit sie einen Broterwerb hätte, davon zu leben, während sie auf sich selbst wartete.

Vielleicht war es ganz einfach so, dass die Saga die Geduld mit ihr verloren hatte. Sie dachte sich vielleicht: Da dieses verblendete Menschenkind nicht sieht, was dicht vor seinen Augen liegt, so muss es eben gezwungen werden, von dannen zu ziehen. Es muss durch graue Steinstraßen gehen, es muss in engen Stadträumen wohnen ohne andre Aussicht als graue Hausmauern. Dieses Mädchen muss unter Menschen einhergehen, die alles, was in ihnen eigentümlich ist, verbergen, und die einander alle zu gleichen scheinen. Das wird sie vielleicht lehren, das zu sehen, was vor der Tür ihres Heims wartet, alles, was zwischen den blauen Hügelketten lebt und webt, die sie täglich vor Augen hat.

Und eines Herbstes, als sie schon zweiundzwanzig Jahre alt war, fuhr sie nach Stockholm, um das Studium zu beginnen und sich gleichzeitig zur Lehrerin auszubilden.

Das junge Mädchen stak bald tief in der Arbeit. Es schrieb nicht mehr, sondern ging in Aufgaben und Lektionen auf. Es sah fast aus, als sollte die Saga es ganz und gar verlieren.

Da begab sich etwas Merkwürdiges. In diesem selben Herbst, nachdem sie ein paar Monate in grauen Gassen zwischen Hausmauern gelebt hatte, ging sie an einem Vormittag mit einem Pack Bücher unter dem Arm die Malmskillnadsgasse hinauf. Sie hatte eben eine Vorlesung über Literaturgeschichte gehört. Die musste von Bellman oder Runeberg gehandelt haben, denn sie ging einher und dachte an diese beiden und an die Gestalten, die sich in ihrer Dichtung bewegten. Sie sagte sich selbst, dass Runebergs gutmütige Kriegshelden und Bellmans sorglose Zechbrüder das vortrefflichste Material wären, das ein Dichter nur haben könnte. Und da auf einmal tauchte dieser Gedanke in ihr auf: Die Welt, in der du unten in Wermland gelebt hast, ist wohl nicht weniger originell als die Welt Fredmans oder die des Fähnrichs Stal. Kannst du nur lernen, sie zu gestalten, so hast du wohl einen ebenso guten Stoff für deine Arbeit wie diese beiden.

So ging es zu, dass sie zum ersten Male der Saga ansichtig wurde. Und in demselben Augenblicke, wo sie sie sah, begann der Boden unter ihr zu schaukeln. Die ganze lange Malmskillnadsgasse vom Hamngatshügel bis hinauf zur Brandstation erhob sich zum Himmel und sank wieder hinab, hob sich und sank. Sie musste eine gute Weile stille stehen, bis die Gasse zur Ruhe gekommen war; und erstaunt sah sie die Vorübergehenden an, die so ruhig einherschritten und gar nicht merkten, welches Wunder geschehen war.

In dieser Stunde beschloss das junge Mädchen, die Geschichte der Wermlandskavaliere zu schreiben, und sie gab diesen Gedanken nie wieder auf. Aber viele, lange Jahre währte es, bis der Entschluss zur Ausführung kam.

Denn erstens war sie nun in eine neue Lebensbahn eingetreten, und es gebrach ihr an Zeit, etwas Größeres auszuführen. Zweitens erlebte sie ein ganzes Misslingen, als sie versuchte, diese Geschichte zu schreiben. In diesen Jahren trugen sich jedoch immer wieder Ereignisse zu, die ihr halfen, die Saga auszugestalten. Eines Morgens in den Ferien saß sie mit ihrem Vater am Frühstückstisch, und die beiden plauderten von alten Zeiten. Da erzählte er auch von einem Jugendbekannten, den er als den bezauberndsten Menschen schilderte. Dieser Mann hatte Freude und Heiterkeit mitgebracht, wohin er auch kam. Er konnte singen, er komponierte, er improvisierte Verse. Spielte er zum Tanze auf, dann tanzte nicht nur die Jugend, sondern auch Greise und Greisinnen, hoch und niedrig: Und hielt er eine Rede, so musste man lachen oder weinen, ganz wie er es wollte. Wenn er sich betrank, so konnte er noch besser spielen und sprechen, als wenn er nüchtern war. Und wenn er sich in ein Weib verliebte, war es dem unmöglich, zu widerstehen. Wenn er Torheiten machte, so verzieh man ihm; war er einmal betrübt, so wollte man alles Erdenkliche tun, um ihn nur wieder froh zu sehen. Aber großen Erfolg in der Welt hatte er trotz seiner reichen Begabung nicht gehabt. Den größten Teil seines Lebens hatte er als Hofmeister auf den verschiedenen Gütern Wermlands verbracht. Schließlich hatte er das Pastorexamen gemacht. Das war das höchste, was er erreicht hatte. Nach diesem Gespräch konnte sie den Helden der Saga besser vor sich sehen als früher, und damit kam ein wenig Leben und Bewegung hinein. Und eines schönen Tages bekam der Held sogar einen Namen und wurde Gösta Berling genannt. Woher er diesen Namen hatte, wusste sie nicht. Es war, als hätte er ihn sich selbst gegeben.

Ein andermal war sie in den Weihnachtsfeiertagen daheim. An einem Abend fuhr man zu einem Weihnachtsschmaus, einen weiten Weg bei argem Schneegestöber. Das war eine langwierigere Fahrt, als jemand hätte glauben können. Das Pferd arbeitete sich mühsam vorwärts. Mehrere Stunden hindurch saß sie da im Schneewehen und dachte an die Saga. Als sie endlich angelangt waren, hatte sie ihr erstes Kapitel erdacht. Es war das Kapitel, das von der Weihnachtsnacht in der Schmiede handelte.

Welch ein Kapitel! Es war ihr erstes, und mehrere Jahre hindurch blieb es ihr einziges. Es wurde zuerst in Versen geschrieben, denn der ursprüngliche Plan war, dass die Saga ein Romanzenzyklus werden sollte, so wie Fähnrich Stals Erzählungen. Aber so allmählich änderte sich das, und eine Zeit lang bestand die Absicht, die Saga als Schauspiel zu schreiben. Da wurde die Weihnachtsnacht umgearbeitet: Sie sollte den ersten Akt geben. Aber auch dieser Versuch glückte nicht, und nun entschloss sie sich endlich, die Saga als Roman zu schreiben. So wurde das Kapitel in Prosa niedergeschrieben und umfasste damals vierzig Schreibseiten. Als es zum letzten Mal umgearbeitet wurde, hatte es nur neun.

Nach einigen Jahren kam ein zweites Kapitel hinzu. Es war die Geschichte von dem Ball auf Borg und von den Wölfen, die Gösta Berling und Anna Stjärnhök verfolgten.

Dies wurde ursprünglich gar nicht in der Absicht geschrieben, es mit in die Saga aufzunehmen, sondern als eine Art Gelegenheitsgedicht, das bei einer kleinen Gesellschaft vorgelesen werden sollte. Die Vorlesung jedoch unterblieb, und die Novelle wurde an die Zeitschrift Dagny geschickt. Nach einiger Zeit erhielt die Verfasserin sie als für Dagny nicht geeignet zurück. Sie war auch wirklich für niemand geeignet. Es fehlte ihr noch ganz an der künstlerischen Ausarbeitung.

Nun zerbrach sich die Verfasserin den Kopf, wozu diese unglückselige Novelle wohl verwendet werden könnte. Wenn sie sie in die Saga einfügte? Aber sie war ja ein Abenteuer für sich, ganz abgeschlossen. Sie würde sich seltsam ausnehmen unter den übrigen, die besser zusammenhingen. Vielleicht aber, dachte sie dann, wäre es gar nicht so übel, wenn alle Kapitel der Saga solche mehr oder weniger in sich abgeschlossene Abenteuer wären. Es würde schwer durchzuführen sein, aber unmöglich wäre es nicht. Es würden vielleicht zuweilen Lücken im Zusammenhang entstehen. Ja, aber es würde dem Buche großen Reichtum und Stärke geben.

Nun waren zwei wichtige Dinge entschieden. Es war klar, dass das Buch ein Roman werden sollte, und dass jedes Kapitel ein Ganzes für sich sein würde; aber damit war noch nicht so besonders viel gewonnen. Sie, die die Idee gefasst hatte, die Saga der Wermlandskavaliere zu schreiben, als sie zweiundzwanzig Jahre war, begann sich nun den Dreißigern zu nähern und hatte nicht mehr geschrieben als zwei Kapitel. Wohin waren die Jahre entschwunden? Sie hatte das Seminar absolviert, sie war seit mehreren Jahren Lehrerin in Landskrona, sie hatte sich für vieles interessiert und sich mit mancherlei befasst, aber die Saga war noch ungeschrieben. Eine Menge Material war freilich gesammelt. Aber sollte das bedeuten, dass ihr das Schreiben so schwer fiel? Warum kam nie die Inspiration über sie? Warum glitt ihr die Feder so träge über das Papier? Zu dieser Zeit hatte sie ihre düstern Stunden. Sie würde gewiss nie damit fertig werden. Sie war der Knecht, der sein Pfund in die Erde vergrub und keinen Versuch machte, damit zu wuchern.

Es verhielt sich aber so, dass sich dies alles in den achtziger Jahren zutrug, in der besten Zeit der strengen Wirklichkeitsdichtung. Sie bewunderte die großen Meister dieser Zeit und kam nie auf den Gedanken, dass man in der Dichtung eine andere Sprache anwenden könnte, als die, deren sich diese bedienten. Sie für ihr Teil liebte die Romantiker mehr, aber die Romantik war tot, und sie war nicht die Frau, die daran gedacht hätte, ihre Form und Ausdrucksweise neu zu beleben. Obgleich ihr Gehirn übervoll war an Geschichten von Gespenstern und wilder Liebe, von wunderschönen Damen und abenteuerlustigen Kavalieren, suchte sie von dem allen in ruhiger, realistischer Prosa zu schreiben. Sie hatte keinen sehr klaren Blick. Ein anderer hätte gleich erkannt, dass das Unmögliche unmöglich war.

Einmal jedoch schrieb sie ein paar kleine Kapitel in einem andern Stil. Das eine schilderte eine Szene auf dem Svartsjöer Kirchhof, das andre handelte von dem alten Philosophen Onkel Eberhard und seinen Schriften des Unglaubens. Sie schrieb sie mehr zum Spaße mit vielen Ahs und Ohs in einer Prosa, die fast rhythmisch war. Und sie merkte, dass es auf diese Weise mit dem Schreiben ging; es war Inspiration darin, das fühlte sie. Aber als die beiden kleinen Kapitel fertig waren, legte sie sie weg. Sie waren nur der

Kurzweil halber geschrieben worden. So könnte man ein ganzes Buch ja nicht schreiben.

Aber es war wohl so, dass die Saga nun lange genug gewartet hatte. Sie dachte sicherlich wie das vorige Mal, da sie sie in die Welt hinausgeschickt hatte: – Ich muss diesem verblendeten Menschenkind eine große Sehnsucht geben, dass die ihm die Augen öffne. Diese Sehnsucht kam auf die Art über sie, dass das Haus, wo sie aufgewachsen war, verkauft wurde und sie hinfuhr, ihr Kindheitsheim zum letzten Male zu sehen, bevor Fremde Besitz davon nahmen.

Und an dem Abend, bevor sie von dort abreiste, um diese Stätte vielleicht nie wieder zu sehen, beschloss sie in aller Demut, das Buch auf ihre eigne Weise und nach ihren eignen schwachen Kräften zu schreiben. Es würde kein Meisterwerk werden, wie sie gehofft hatte. Die Menschen würden über ihr Buch lachen; aber schreiben musste sie es doch. Es schreiben, um für sich selbst von ihrem Heim zu retten, was sie noch retten konnte: die lieben alten Geschichten, den fröhlichen Frieden der sorglosen Tage und die schöne Landschaft mit dem lang gestreckten See und den blau schimmernden Hügeln.

Aber ihr, die gehofft hatte, sie würde es doch einmal lernen, ein Buch zu schreiben, das die Menschen lesen wollten –, ihr war es, als hätte sie damit preisgegeben, was sie im Leben am liebsten erringen wollte. Es war das schwerste Opfer, das sie je gebracht hatte.

Ein paar Wochen später befand sie sich wieder in ihrem Heim in Landskrona und setzte sich an den Schreibtisch. Sie begann zu schreiben; sie wusste nicht recht, was es werden sollte, aber sie wollte keine Angst haben vor den starken Worten, den Ausrufen, den Fragen. Auch wollte sie keine Furcht davor haben, sich selbst zu geben mit ihrer ganzen Kindlichkeit und allen ihren Träumen. Und als sie sich so entschlossen hatte, begann die Feder fast von selbst zu fliegen. Es versetzte sie beinahe in einen Taumel, sie wusste vor Entzücken nicht aus noch ein. Seht, das hieß schreiben! Unbekannte Dinge und Gedanken – oder richtiger gesagt, etwas, von dem sie nicht geahnt hatte, dass sie es in ihrem Hirn besaß – drängten sich aufs Papier. Die Seiten füllten sich mit einer Schnelligkeit, von der sie sich nie hatte träumen lassen. Wozu sie sonst Monate, ja Jahre gebraucht hatte, um es auszuarbeiten, das wurde nun in ein paar Stunden fertig. An diesem Abend schrieb sie die Erzählung von der Wanderung der jungen Gräfin über das Eis des Löfven und von der Überschwemmung bei Ekeby nieder.

Am nächsten Nachmittag verfasste sie die Szene, in der der gichtbrüchige Fähnrich Rutger von Örneclou versucht, sich aus dem Bett zu erheben, um La Cachuca zu tanzen; und am folgenden Abend entstand die Geschichte von dem alten Fräulein, das auszog, den geizigen Pastor von Broby zu besuchen.

Nun wusste sie sicher: Sie konnte das Buch in diesem Stil schreiben; aber ebenso sicher war sie, dass niemand die Geduld haben würde, es zu lesen. Übrigens ließen sich nicht viele Kapitel so in einem Atemzuge schreiben. Die meisten erforderten lange Arbeit; und sie konnte sich nur ganz kurze Weilchen an den Nachmittagen der Schriftstellerei widmen. Als sie ein halbes Jahr lang geschrieben hatte, von dem Tage an gerechnet, da sie sich der Romantik in die Arme geworfen hatte, waren ein Dutzend Kapitel vollendet. Es war vorauszusehen, dass das ganze Buch in drei bis vier Jahren fertig sein würde.

Es war im Frühling 1890, als die Zeitschrift Idun die Einladung zu einer Preiskonkurrenz für Novellen im Umfang von ungefähr hundert Druckseiten ergehen ließ.

Dies war ein Ausweg für eine Saga, die erzählt werden und in die Welt hinausziehen wollte. Und die Saga war es wohl, die die Schwester der Lehrerin dazu brachte, diese anzueifern, sie solle die Gelegenheit benützen. Hier lag nun endlich eine Möglichkeit, zu erfahren, ob das Geschriebene so ganz zu verwerfen wäre. Wenn es den Preis bekäme, wäre viel gewonnen. Bekam es ihn nicht, so stünde sie nur auf demselben Standpunkt wie zuvor.

Sie hatte nichts dagegen einzuwenden, aber sie hatte so geringes Vertrauen zu sich selbst, dass sie zu keinem Entschluss kommen konnte.

Endlich, knapp acht Tage vor Ablauf der Einlieferungsfrist entschloss sie sich, fünf Kapitel aus dem Romane herauszuheben, die so ziemlich zusammenhingen, sodass sie den Eindruck einer Novelle machten, und sich damit am Wettbewerb zu beteiligen. Aber diese Kapitel waren durchaus noch nicht fertig. Drei von ihnen waren notdürftig erzählt, aber zu den übrigen zwei war kaum ein Entwurf vorhanden. Und dann musste ja noch alles ins Reine geschrieben werden. Dazu kam, dass sie gerade damals nicht bei sich zu Hause war. Sie war auf Besuch bei ihrer Schwester und ihrem Schwager, die noch oben in Wermland wohnten. Und wer gekommen ist, für kurze Zeit liebe Freunde zu besuchen, kann seine Tage ja nicht am Schreibtisch verbringen.

Sie schrieb also in den Nächten und saß in dieser Woche jede Nacht bis vier Uhr auf.

Endlich fehlten nur vierundzwanzig Stunden an der kostbaren Zeit. Und noch waren zwanzig Seiten zu schreiben.

Diesen letzten Tag waren sie eingeladen. Die ganze Familie sollte fortfahren und über Nacht ausbleiben. Sie musste natürlich mit.

Endlich nahm die Gesellschaft ein Ende, und sie saß bei Nacht in dem fremden Hause und schrieb.

Es war ihr recht wunderlich zumute. Das Haus, wo sie als Gast weilte, war eben das, wo der böse Sintram gewohnt hatte. Das Schicksal hatte sie in wunderlicher Weise gerade in dieser Nacht hergeführt, wo sie über ihn zu schreiben hatte, der in dem Schaukelstuhl saß und sich wiegte.

Zuweilen blickte sie von der Arbeit auf und horchte in den Salon hinüber, ob dort draußen nicht am Ende ein paar Schaukelstuhlkufen in Gang wären.

Doch sie hörte nichts, und als in der Frühe die Uhr sechs schlug, waren die fünf Kapitel fertig.

Im Laufe des Vormittags fuhren sie auf einem kleinen Lastdampfer nach Hause. Dort machte ihre Schwester ein Paket, verschloss es mit Lack und Siegel, die zu diesem Zwecke von zu Hause mitgenommen worden waren, schrieb die Adresse und schickte die Novelle ab.

Dies geschah an einem der letzten Tage im Juli. Gegen Ende August enthielt die Zeitschrift Idun eine Notiz, dass mehr als zwanzig Preisnovellen bei der Redaktion eingelaufen seien; aber ein paar davon seien so wirr geschrieben, dass sie nicht mitgezählt werden könnten.

Da gab sie es auf, noch weiter auf den Ausgang zu warten, sie wusste schon, welche Novelle so wirr war, dass sie nicht mitgezählt werden konnte.

Im November bekam sie eines Nachmittags ein wunderliches Telegramm. Es enthielt nur die Worte »Jubelnde Glückwünsche« und war von drei ihrer Kameradinnen aus dem Seminar unterzeichnet.

Es erschien ihr recht lang, das Warten bis zur Mittagsstunde des nächsten Tages, wo die Stockholmer Zeitungen ausgeteilt wurden. Und als sie die Zeitung in der Hand hatte, musste sie lange suchen, ohne etwas zu finden. Endlich entdeckte sie auf der letzten Spalte eine kurze Notiz in kleinem Druck, die mitteilte, dass sie den Preis erhalten hatte.

Vielleicht wäre das für einen andern nicht so viel gewesen, aber für sie bedeutete es, dass sie sich dem Lebensberuf widmen durfte, nach dem sie sich ihr ganzes Leben lang gesehnt hatte.

Dem ist wenig hinzuzufügen. Die Saga, die in die Welt hinaus wollte, war ihrem Ziele nun ziemlich nahe. Jetzt würde sie wenigstens geschrieben werden, wenn es gleich einige Jahre dauerte, bis sie fertig würde.

Sie, die sie schrieb, war zu Weihnachten, nachdem sie den Preis bekommen hatte, nach Stockholm gereist. Der Redakteur der Zeitschrift Idun erbot sich, den Roman zu drucken, sobald er fertig wäre.

Ja, wenn sie nur die Zeit finden könnte, ihn zu schreiben.

An dem Abend, bevor sie wieder nach Landskrona fahren sollte, saß sie bei ihrer alten treuen Freundin, der Baronin Adlersparre, und las der einige Kapitel vor.

Esselde hörte zu, so wie nur sie zuhören konnte, und sie war voll Interesse. Nachher blieb sie schweigend sitzen und versank in Grübeln.

»Wie lange wird es dauern, bis es ganz fertig ist?«, fragte sie schließlich.

»So drei bis vier Jahre.«

Sie gingen auseinander; aber am nächsten Morgen, zwei Stunden, bevor sie Stockholm verlassen sollte, kam ein Billett von Esselde mit der Bitte, sie möge sie vor der Abreise besuchen.

Die alte Baronin war in ihrer bestimmten und entschlossenen Stimmung. »Du musst dir jetzt für ein Jahr Urlaub nehmen und das Buch fertig schreiben. Das Geld will ich beschaffen.«

Eine Viertelstunde später war sie auf dem Wege zu der Vorsteherin des Seminars, um sie zu bitten, ihr behilflich zu sein, dass sie eine Stellvertreterin finde.

Um ein Uhr saß sie glücklich in dem Zuge, aber nun fuhr sie nicht weiter als bis nach Sörmland, wo sie gute Freunde besaß, die in einem entzückenden Heim wohnten.

Und sie fand dort beim Ingenieur Gumaelius und seiner Frau Gastfreundschaft, Arbeitsfrieden und Ruhe und gute Fürsorge fast ein Jahr hindurch, bis das Buch fertig war.

Endlich konnte sie vom Morgen bis zum Abend schreiben. Das war die glücklichste Zeit, die sie noch erlebt hatte.

Aber als die Saga schließlich fertig war, da sah sie gar wunderlich aus. Sie war toll und wild; und mit dem Zusammenhang war es nicht besser bestellt, als dass alle ihre Teile noch immer die alte Lust hatten, jeder seine eigne Straße zu ziehen.

Die Saga wurde nie, was sie hätte werden sollen. Es war ihr Unglück, dass sie so lange hatte warten müssen, bis sie erzählt wurde. Wenn sie nicht gebührend in Zucht und Zaum gehalten worden ist, so kam dies hauptsächlich daher, dass ihre Verfasserin nur allzu glücklich war, sie endlich schreiben zu dürfen.

Die sieben Todsünden

Einmal wollte der böse Feind seinen Spott und Hohn mit einem weisen Mönche treiben. Er vermummte sich deshalb mit einem weiten Mantel und einem mächtigen Schlapphut, damit ihn niemand erkenne, und begab sich zu dem alten Mönch, der in dem Beichtstuhl der Domkirche saß und auf seine Beichtkinder wartete.

»Ehrwürdiger Vater«, sagte der Versucher, »ich bin ein Ackersmann und eines Ackermannes Sohn. Ich stehe mit der Sonne auf und vergesse niemals, mein Morgengebet zu sprechen, dann arbeite ich den ganzen Tag draußen auf dem Feld. Meine Nahrung ist Milch und Brot, und wenn ich mit meinen Freunden fröhlich sein will, bewirte ich sie mit Honig und Früchten. Ich bin meiner alten Eltern einzige Stütze. Ich habe keine Frau, und mein Sehnen steht nicht nach Weibern. Ich gehe fleißig in die Kirche und gebe den Zehnten von dem, was ich besitze. Ehrwürdiger Vater, du hast meine Beichte gehört. Willst du mir nun Absolution erteilen?«

»Mein Sohn«, sagte der Mönch, »du bist der frömmste Mann, den ich je gesehen habe. Gerne will ich dir den Ablass geben. Lass mich dir erst nur erzählen, was sich jüngst hier in diesem Ort zugetragen hat. Es wird dein Herz erfreuen, denn du wirst von rühmlichen Taten hören, und kannst dir doch sagen, dass die, die sie vollbracht haben, mit deinem Maß gemessen, arme Sünder sind.«

»Vater, du verleitest zum Hochmut«, sagte der Mann.

»Gott schütze mich vor so großer Sünde«, erwiderte der Mönch. »Wenn du meine Erzählung erst vernommen hast, wirst du anders denken.«

Und er begann: »Der stolze Rittersmann, dem das große Bergschloss jenseits des Flusses gehört, beschloss eines Tages, seine Tochter einem reichen und mächtigen Mann zu vermählen, der ihr gar herzlich zugetan war. Aber das widerstrebte der Jungfrau sehr, denn sie hatte ihre Treue schon einem andern versprochen.

Da schrieb die Jungfrau einen Brief an ihren Herzallerliebsten und erzählte ihm, dass sie von ihrem Vater gezwungen würde, einem andern anzugehören. ›Darum sag' ich Dir vieltausendmal Lebewohl‹, schrieb sie ihm, ›und bitte Dich sehr, Dich um meinetwillen nicht zu betrüben, denn ich bin Dir treu in meinem Herzen!‹

Aber der Ritter, ihr Vater, nahm dem Boten den Brief ab und verbrannte ihn insgeheim.

So kam ihr Hochzeitstag, und sie grüßte ihn mit vielen Tränen. Aber in der Kirche weinte sie nicht: Der Schmerz schlug seinen Wohnsitz in den Zügen ihres Gesichts auf und versteinerte sie. Und alle Leute in der Kirche weinten über sie.

Der Ritter, ihr Vater, sah auch, wie der Kummer ihr Gesicht versteinert hatte. Da erschrak er über seine Tat. Und als sie von der Kirche heimkehrten, rief er die Tochter in seine Turmkammer und sagte: ›Liebe, ich habe unrecht gegen dich gehandelt.‹ Und obgleich er ein stolzer Mann war, fiel er vor ihr auf die Knie und gestand, dass er eine schimpfliche Tat begangen und ihren Brief genommen hatte. Denn er hatte gefürchtet, dass ihr Geliebter mit seinen Knappen herbeireiten und sie mit Gewalt entführen würde, wenn er um die Hochzeit wüsste.

Sie sagte zu ihm: ›Es mag deine Rechtfertigung sein, Vater, dass du nicht weißt, welche Not du verursacht hast.‹ Und sie trat auf die Zugbrücke hinaus.

Da kam der Bräutigam zu ihr. ›Liebste, warum steht ein solcher Schmerz auf deinem Gesicht geschrieben?‹, fragte er.

Da antwortete die Braut: ›Darum, weil ich einen Herzallerliebsten habe, dem ich geschworen habe, ihn niemals zu lassen.‹

Er antwortete: ›Sei nicht betrübt um dessentwillen. Meine Liebe zu dir ist so groß, dass ich glaube, niemand kann dich glücklicher machen, als ich es tun werde.‹

›So denken alle, die lieben‹, sagte sie nur.

›Sage mir, was ich tun soll, um den Schmerz aus deinem Gesicht zu vertreiben‹, sagte er, ›und ich will dir zeigen, dass ich die Wahrheit spreche.‹ Da fasste die Braut Mut und dachte: ›Ich will es sagen, vielleicht, dass Gott sein Herz bewegt.‹ Und sie erzählte ihm, dass sie und ihr Liebster einander den Eid geschworen hätten, dass sich derjenige am Hochzeitstag töten würde, der von seinem Feinslieb betrogen würde. ›Also tötet sich heute mein Geliebter‹, sagte die Braut. Und sie sank zu Boden in ihrem Jammer und lag flehend zu des Bräutigams Füßen. ›Lass mich zu ihm gehen, bevor er es vollbringt.‹

Es lag eine solche Macht in dem Schmerz des Weibes, dass ihr Bräutigam, obgleich er dachte: ›Lasse ich sie zu dem Geliebten ziehen, sehe ich sie niemals wieder‹, sich doch überwand und sagte: ›Du magst tun, was dich gut dünkt.‹ Da stand sie auf und dankte ihm unter Tränen. Dann ging sie in den Saal zu den Hochzeitsgästen, die an den gedeckten Tischen eifrig des Schmauses harrten, denn sie waren sehr hungrig nach dem langen Ritt und der langen Messe.

›Vielliebe Herren und Frauen‹, sagte die Braut zu ihnen, ›ich muss euch sagen, dass ich mit meines Gemahls Erlaubnis an diesem Abend fortgehe, zu meinem Liebsten. Denn er will sich heute töten, weil ich ihm untreu geworden bin. Nun gehe ich, ihm zu sagen, dass ich gezwungen wurde. Verwundert euch nicht, dass ich selbst gehe, denn zu solchem Auftrag kann man nicht Brief noch Boten finden, der sicher genug wäre. Aber ich bitte euch: Esset, trinket und seid fröhlich, dieweil ich fort bin, denn ich komme wieder, wenn ich meinen Liebsten vom Tode errettet habe.‹

Aber alle Hochzeitsgäste weinten, als sie ihnen von dem Schmerz erzählte, der ihr drohte, und sie antworteten ihr: ›Wir wollen nicht essen und trinken, solange solches Leid dich bedrückt. Gehe du, und wenn du wiederkehrst, werden wir mit dem Schmaus beginnen.‹

Und sie verließen die Tische.

Als die Braut über den Burghof ging, ertönte ein großer Lärm aus der Küche. Ein kleiner Junge vom Gesinde war zum Küchenmeister geeilt und hatte ihm zugerufen, dass das Mahl um mehrere

Stunden verschoben werden sollte. Und den Küchenmeister hatte Betrübnis erfasst, als er an seinen Braten und die anderen Gerichte dachte, die nun verderben mussten. Ein Pfund Butter warf er ins Feuer, und einen Korb Eier zerschellte er an den Steinfliesen; den Jungen schleuderte er über die Schwelle und stand nun vor dem Liegenden, den großen Besen zum Schlag erhoben.

Als aber die Braut auf den Burghof hinaustrat, bat sie, den kleinen Jungen loszulassen. Der Küchenmeister konnte ihrer Bitte nicht widerstehen und hörte sogleich auf, den Jungen zu schlagen. Und er rief: ›Gepriesen sei Gott, der dich so holdselig schuf. Ich will dich fürder nicht betrüben.‹ Und er verwahrte die Speisen viele Stunden, ohne ein erzürntes Wort zu sagen.

Die Braut ging nun allein durch den großen Wald, denn sie wollte zu Fuß zu dem Geliebten kommen und ohne Geleit, so wie man zur Muttergottes-Kapelle kommt in großer Not.

Aber im Wald wohnte ein Räuber. Aus seinem Schlupfwinkel sah er die Braut über den Weg schreiten. Sie hatte Ringe an den Fingern, ein Goldkrönlein auf dem Haupt, eine schwere Silberschärpe um den Leib und Perlen am Hals. Da sagte der Räuber zu sich selbst: ›Dies ist nur ein schwaches Weib, der will ich ihre Kleinodien nehmen, dann habe ich Reichtum genug, kann in ein anderes Land ziehen, dieses schmähliche Leben im Wald lassen und ein ehrlicher Mann werden.‹

Als aber die Braut näherkam und er ihr Gesicht sah, da wurde er machtlos. Denn Gott hatte sie sehr hold geschaffen. Er dachte: ›Ich kann ihr nicht schaden. Sie ist eine Braut, und ich kann diese liebliche Jungfrau nicht geplündert ins Hochzeitshaus gehen lassen.‹ Und er fürchtete Gott, der das Weib also geschaffen hatte, und ließ sie ziehen.

In demselben Wald wohnte ein alter Eremit, der seinen Körper damit kasteite, dass er volle sechs Tage wachte und immer nur am siebenten schlief. Er hatte sich auferlegt, wenn er am siebenten Tag nicht schlafen könne, sechs weitere Tage zu wachen. Denn er glaubte, dies sei Gott wohlgefällig. Nun war sein siebenter Tag beinahe vergangen, ohne dass er hätte schlafen können, denn viele

Kranke und Bekümmerte hatten ihn aufgesucht. Aber als er sie alle abgefertigt hatte und sich gerade zum Schlummer niederlegen wollte, erblickte er die Braut, die durch den dichten Wald kam. Und er dachte bei sich selbst: ›Wie soll diese Pilgerin über den reißenden Fluss gelangen, der über Nacht angeschwollen ist und die Brücke weggeschwemmt hat?‹ Und er verließ seine Lagerstätte und geleitete sie zum Fluss und trug sie auf seinen Schultern über das Wasser. Als er wieder zu seiner Höhle kam, war seine Zeit abgelaufen, und er musste wieder sechs Tage wachen um dieses fremden Weibes willen. Aber er bereute es nicht, denn über ihr lag ein solcher Liebreiz, dass alle, die ihrer ansichtig wurden, froh waren, um ihretwillen auf etwas zu verzichten.

So kam die Braut zum Haus des Geliebten. Der war in sein Kämmerlein gegangen und hatte die Tür mit schweren Schlössern versperrt. Und als sie klopfte, öffnete er nicht, denn er hatte das Schwert gezogen und wollte sich töten.

Da vermochte sie weder zu rufen noch zu bitten, denn die Angst erstickte ihre Stimme. Aber ihre heißen Tränen fielen auf die steinernen Fliesen, und er hörte sie durch die Eichentür schluchzen. Er konnte sich nicht töten, solange er darauf lauschte, und so schloss er ihr auf.

Da stand sie mit gefalteten Händen vor ihm und sagte ihm, dass sie gezwungen worden war. Und als er sah, dass er ihre Liebe noch hatte, versprach er ihr, sich nicht den Tod zu geben. Da schmiegte sie sich an ihn, und er küsste sie, und sie fühlten zu gleicher Zeit alle Freude und allen Kummer, die ein Herz bergen kann.

Er sprach zu ihr: ›Du musst jetzt gehen, denn du gehörst einem andern an.‹ Und sie erwiderte: ›Wie kann ich?‹

Aber der Geliebte riss sich aus ihren Armen und sagte: ›Ich will ihn nicht kränken, ihn, der dich zu mir ziehen ließ.‹ Und er ließ zwei Pferde satteln und ritt heim mit ihr zu ihres Vaters Hof.«

Dies alles erzählte der Mönch dem bösen Feind und wusste noch nicht, mit wem er sprach. Und dann fragte er ihn, wer von all denen das größte Opfer gebracht habe. Denn der Mönch war ein weiser

Mann und wusste genau, dass kein Mensch so ohne Sünde sein kann, wie dieser Fremde von sich sagte. Und durch diese Erzählung gedachte er zu erfahren, welche der sieben Todsünden die seine wäre, denn je nachdem er erwidern würde, der Vater, oder der Bräutigam, oder die Hochzeitsgäste, oder der Küchenmeister, oder der Räuber, oder der Eremit, oder der Liebste hätte am meisten geopfert, würde der Mönch erfahren, ob Hochmut oder Eifersucht, oder Völlerei, oder Zorn, oder Geiz, oder Faulheit, oder Wollust die Seele des Fremden beherrschte. Denn was er am höchsten bei andern bewunderte, das müsste ihm selbst zu vollbringen am schwersten fallen.

Aber der böse Feind war so sehr von seinem eigenen Spiel gefangen, dass er die List des Mönches gar nicht merkte. »Wahrlich«, sagte er, »es fällt mir nicht leicht, deine Frage zu beantworten. Es dünkt mich, dass der Mann nicht weniger geopfert hat als der Geliebte und die Hochzeitsgäste keine geringere Entsagung geübt haben als der Räuber. Sie verdienen alle das größte Lob.« Und er vermeinte, so geantwortet zu haben, wie der Mönch es wünschte.

»Um Gottes Barmherzigkeit willen«, rief da der fromme Mann und war sehr erschrocken, »sage doch, dass du eine Tat der andern vorziehst, oder sage, dass du keiner sonderlichen Wert beimissest!«

»Keineswegs, ehrwürdiger Vater«, antwortete der Versucher, »nichts von dem, was diese Männer getan haben, halte ich für leicht. Auch kann ich nicht eines über das andere setzen.«

Der Mönch aber neigte die Lippen zum Ohr hinab und sagte mit keuchender Stimme: »Ich beschwöre dich, sage mir, dass eine Tat die beste ist.«

Aber der böse Feind weigerte sich und bat um Absolution.

»Dann bist du aller sieben Todsünden schuldig«, rief der Mönch entsetzt, »und du musst der Teufel selbst sein und kein Mensch.«

Als er dieses gesagt hatte, stürzte er aus dem Beichtstuhl und flüchtete zum Altar. Und dort begann er die Beschwörung zu sprechen: Vade retro Satanas.

Als der böse Feind sah, dass er sich verraten hatte, breitete er seinen Mantel gleich einem Paar Flügel aus und fuhr durch die dämmrige Wölbung der Kirche wie eine große, schwarze Fledermaus.

Und es hatte nicht sein Bewenden damit, dass er seine böse Absicht verfehlt hatte, sondern durch Gottes Gnade geschah es, dass sie zum Segen ausschlug: Die Erzählung des Mönches wird seit langer Zeit dazu verwendet, das Herz des Menschen zu erforschen. Wenn man sich ihrer recht bedient, ist sie gleich einem Netz in des Fischers Hand. So wie dieses ins Meer geworfen wird und die Fische auffängt, so taucht sie hinab ins Menschenherz und zieht die Sünden herauf ans Licht, auf dass sie bekämpft und unterjocht werden können.

Die Königinnen von Kungahälla

Wo einst das große Kungahälla stand …

Wenn jemand, der von der alten Stadt Kungahälla reden gehört, zu dem Ort am Nordre Älf käme, wo sie einstmals lag, würde er gewiss höchst verwundert fragen, ob Kirchen und Kastelle dahinschmelzen können wie Schnee, oder ob die Erde sich aufgetan habe, um sie zu verschlingen. Er ist an eine Stelle gekommen, wo in früheren Zeiten eine mächtige Stadt stand, und er findet nicht eine Gasse, nicht eine Schiffsbrücke. Er bekommt weder Ruinenhaufen noch leer gebrannte Stätten zu sehen. Er findet nur einen Herrenhof, umgeben von grünen Bäumen und roten Scheunen. Er sieht nur weite Wiesen und Felder, über die der Pflug jahraus jahrein geht, ohne von Grundmauern oder steingepflasterten Höfen behindert zu werden.

Man kann sich ja denken, dass er zuallererst hinab zum Ufer des Älf gehen wird. Er wird wohl nicht erwarten, dort einige der großen Schiffe zu finden, die einst zu den Ostseehäfen und dem fernen Spanien fuhren. Aber er wird hoffen, irgendeine Spur der alten Schiffswerften zu finden, der großen Bootshütten, der Brücken und der großen Öfen, in denen man Salz brannte. Er wird das ausgetretene Steinpflaster der Straße sehen wollen, die zum Hafen führte. Er wird nach der deutschen Brücke und nach der schwedischen Brücke fragen, und er wird die Tränenbrücke sehen wollen, auf der Kungahällas Frauen ihren Männern und Söhnen Lebewohl sagten, wenn diese auf lange Fahrt auszogen. Aber wenn er hinab zum Älfstrand kommt, da erblickt er nichts anderes als das wogende

Schilf. Er sieht einen holprigen Fahrweg, der hinab zur Fähre führt. Er sieht ein paar schwanke Ruderboote und eine kleine platte Fähre, die einen Bauernwagen hinüber nach Hisingen bringt. Aber keine großen Fahrzeuge kommen sachte den Fluss hinan. Er kann nicht einmal irgendwelche dunklen Schiffswracke unten auf dem Älfgrund liegen und vermodern sehen.

Da er nichts Bemerkenswertes unten am Hafen findet, sucht er vielleicht den berühmten Klosterhügel auf. Er wird wohl Spuren der Palisaden und Wälle sehen wollen, die den Hügel einst umgaben. Er wird das hohe Kastell sehen wollen und die lang gestreckten Klostergebäude. Er wird sich sagen, dass doch wenigstens einige Trümmer der herrlichen Kirche erhalten sein müssten, in der das Kreuz verwahrt wurde, das wundertätige Kreuz, das von Jerusalem heimgebracht worden war. Er wird an die heiligen Hügel denken, und sein Herz wird in froher Erwartung pochen. Aber wenn er zu dem alten Hügel kommt, der sich über den Äckern erhebt, findet er dort nichts anderes als einige rauschende Bäume. Er wird dort keine Mauern finden, keine Türme, keine Giebel, von Spitzbogenfenstern durchzogen. Gartenbänke und Stühle wird er unter den Bäumen sehen, doch keinen säulengeschmückten Klosterhof, keine schönbehauenen Grabsteine.

Nun, da er auch hier nichts gefunden, wird er vielleicht beginnen, nach dem alten Königshof zu fahnden. Er wird an die großen Säle denken, von denen Kungahälla seinen Namen erhalten hat. Vielleicht könnte doch etwas von dem ellendicken Zimmerholz der Wände übrig sein, oder von den tiefen Kellern unter der großen Halle, wo die norwegischen Könige ihre Gastmahle feierten. Er denkt an den glattgrünen Hofplan des Königsschlosses, wo die Könige silberbehufte Fohlen einritten und die Königinnen goldgehörnte Kühe molken. Er muss an das hohe Jungfrauenkämmerlein denken, an das Bräuhaus mit den großen Kesseln, an den großen Bratherd, wo ein halber Ochse auf einmal in den Topf getan wurde und ganze Schweine sich am Spieß drehten. Er denkt an das Gesindehaus und die Falkenkäfige und die Vorratskammern, Gebäude an Gebäude rings um den ganzen Hof, moosbewachsen vom Alter, mit Drachenköpfen geziert. Von so vielen Bauten muss doch irgendeine Spur übrig sein, denkt er. Aber wenn er nach dem alten Königshof fragt, führt man ihn zu einem Herrenhofgebäude mit Glasveranda und Wintergarten. Der Hochsitz ist verschwunden, und alle silberbeschlagenen Trinkhörner und alle ochsenhautbezogenen Schilde. Man kann ihm nicht einmal den glatten Hofplatz zeigen mit dem kurzen dichten Gras und den schmalen, in dem schwarzen Erdreich ausgetretenen Gehwegen. Er sieht Gartenerdbeerland und Rosenanpflanzungen, er sieht fröhliche Kinder und junge Mädchen, die unter Apfel- und Birnbäumen spielen. Keine Ritter sieht er, die sich im Wettkampf messen.

Vielleicht fragt er nach der Eiche auf dem Marktplatz, wo die Könige Thing hielten, oder nach der langen Gasse, von der man behauptet, dass sie meilenlang gewesen sei! Oder nach den reichen Kaufmannshöfen, die durch dunkle Gässchen getrennt waren und alle ihre Anlegebrücken und ihr Bootshaus unten am Älf hatten! Oder nach der Marienkirche am Marktplatz, wo die Seefahrer kleine getakelte Schiffe opferten und die Betrübten kleine Herzen aus Silber!

Aber nichts wird man ihm zeigen können. Kühe und Schafe weiden da, wo die lange Gasse sich erstreckte. Roggen und Hafer wachsen auf dem Markt, und Ställe und Scheunen erheben sich, wo sich einst die Menschen um lockende Kaufstände drängten.

Sicherlich wird ihn dies sehr betrüben. Ist denn nichts übrig, wird er sagen; hat man denn gar nichts, das man mir zeigen kann? Und er wird vielleicht glauben, dass man ihn betrogen hat. Er wird sagen, dass das große Kungahälla unmöglich hier gelegen haben kann. Es muss an anderer Stelle gewesen sein. Da wird man ihn hinab zum Älfstrand führen, und man wird ihm einen grob behauenen Steinblock zeigen, und wird die silbergrauen Moosflechten herunterscharren, sodass er sehen kann, dass Figuren in den Stein eingeritzt sind. Er wird gar nicht verstehen können, was sie vorstellen. Sie werden für ihn ebenso undeutbar sein wie die Flecken auf der Mondscheibe. Aber man wird ihm versichern, dass sie ein Schiff und ein Elentier vorstellen und dass sie dort eingeritzt wurden zur Erinnerung an die erste Grundlegung der Stadt.

Und da er noch immer nicht begreift, wird man ihm erzählen, was die Felsenzeichnung bedeutet.

Die Waldkönigin

Markus Antonius Poppius war ein angesehener römischer Kaufmann. Er trieb Handel mit entlegenen Ländern, und vom Hafen in Ostia sandte er wohlausgerüstete Dreiriemer nach Spanien, nach Britannien und auch nach Germaniens Nordküste. Das Glück war ihm günstig, und er sammelte unermessliche Reichtümer, die er seinem einzigen Sohn als Erbteil zu hinterlassen gedachte. Leider hatte dieser Sohn nicht die Tüchtigkeit seines Vaters geerbt. Ach, die ganze Welt kennt solche Verhältnisse! Der einzige Sohn eines reichen Mannes! Braucht man mehr zu sagen? Es ist stets dasselbe gewesen.

Man könnte glauben, dass die Götter den reichen Männern diese unleidlichen Faulenzer, diese stumpfen, blassen, müden Toren zu Söhnen geben, um den Menschen zu zeigen, welche grenzenlose Narretei es ist, Reichtümer anzusammeln. Wann werden die Menschen ihre Augen öffnen? Wann werden sie anfangen, die Lehren der Götter zu beherzigen?

Der junge Silvius Antonius Poppius war im Alter von zwanzig Jahren so weit, dass er alle Genüsse des Lebens erprobt hatte. Er gab auch gerne zu verstehen, dass er ihrer müde war, aber dessen ungeachtet merkte man kein Erkalten in dem Eifer, mit dem er ihnen nachjagte. Im Gegenteil, er wurde ganz verzweifelt, als ein hartnäckiges wunderliches Missgeschick, das auf einmal anfing, ihn zu verfolgen, störend in sein Genussleben eingriff. Seine numidischen Pferde lahmten am Tag vor dem vornehmsten Wettfahren des Jahres, seine unerlaubten Liebesverbindungen wurden entdeckt, sein geschicktester Koch starb am Sumpffieber. Dies war mehr als genug, um eine Sinnesstärke zu brechen, die sich nicht in Mühen und Anstrengung gestählt hatte. Der junge Poppius fühlte sich so unglücklich, dass er beschloss, sich das Leben zu nehmen. Er schien zu glauben, dass er in keiner wirksameren Weise jene Götter des Missgeschickes prellen konnte, die ihn verfolgten und ihm das Leben zur Qual machten.

Es gibt Unglückliche, die Hand an sich legen, um den Verfolgungen der Menschen zu entfliehen, doch nur ein Tor wie Silvius Antonius konnte einen solchen Ausweg suchen wollen, um den Göttern zu entfliehen. Man denkt dabei an die berühmte Erzählung von dem Mann, der vor dem Löwen floh und gerade in seinen aufgerissenen Rachen sprang. Der junge Poppius war allzu weich gesinnt, um einen blutigen Tod zu wählen. Ebenso wenig sagte es ihm zu, durch ein qualvolles Gift zu sterben. Nach reiflicher Überlegung beschloss er den sanften Tod in den Wellen. Aber als er hinab zum Tiber kam, um sich zu ertränken, konnte er sich nicht überwinden, seinen Körper dem schmutzigen, schwer dahingleitenden Flusswasser anzuvertrauen. Eine gute Weile stand er unentschlossen und starrte in den Strom. Da ward er von der Zaubermacht ergriffen, die träumend über den Flüssen liegt. Er empfand das große heilige Sehnen, das Meer zu sehen.

»Ich will in einem klarblauen Meer sterben, das bis hinab zu seinem Grund vom Sonnenlicht durchleuchtet wird«, sagte Silvius Antonius. »Mein Leib soll auf einem roten Bett von Korallen ruhen. Die Schaumwellen, die ich emporjage, wenn ich in die Tiefe versinke, sollen schneeweiß und frisch sein, sie sollen nicht den rußbefleckten Schaumblasen gleichen, die hier am Flussrand stehen und zittern.«

Er eilte sogleich heim, ließ einspannen und fuhr hinaus nach Ostia. Er wusste, dass ein Schiff seines Vaters segelfertig im Hafen lag. Der junge Poppius trieb seine Pferde zur äußersten Eile an, und es glückte ihm, an Bord zu kommen, gerade als die Anker gelichtet wurden. Es ist leicht zu begreifen, dass er keinerlei Gepäck oder Ausrüstung nötig zu haben meinte. Es fiel ihm nicht einmal ein, den Schiffer zu fragen, wohin er steuerte. Es ging ja auf alle Fälle hinaus ins Meer, und das war genug für ihn.

Es dauerte auch nicht lange, so erreichte der junge Selbstmörder das, was er wünschte. Der Dreiriemer hatte die Tibermündung hinter sich gelassen, und das Mittelmeer breitete sich vor Silvius Antonius aus, blau, schaumglitzernd und sonnenbeglänzt. Das Meer war so, dass Silvius Antonius den Poeten glaubte, die das wallende Wasser nur eine dünne Hülle nennen, hinter der sich die schönste Welt verberge. Er glaubte, ihren Worten, dass der, welcher mutig die Wasserdecke durchdringt, sogleich das Perlenschloss des Meeresgottes erreicht. Der junge Mann beglückwünschte sich, diese Todesart gewählt zu haben. Eigentlich konnte man es nicht so nennen; es war unmöglich zu glauben, dass dieses schöne Wasser töten konnte. Es war nur ein Weg in eine Welt, deren Genüsse nicht trügerisch sein und nicht Müdigkeit und Ekel hinterlassen würden.

Nur mit Mühe konnte er seinen Eifer zügeln. Doch das Verdeck rings um ihn war voller Seeleute. Silvius Antonius sah ein, dass, wenn er jetzt ins Meer sprang, ganz einfach einer der hurtigen Seeleute seines Vaters sich ins Wasser stürzen und ihn herausfischen würde. Inzwischen kam der Schiffer, nachdem die Segel gehisst und die Ruderer recht in Fahrt gekommen waren, mit der größten Höflichkeit auf ihn zu.

»Du willst mir also nach Germanien folgen, mein Silvius«, sagte er. »Du erweist mir eine große Ehre.« Der junge Poppius erinnerte sich mit einem Mal, dass dieser Mann nie von einer Reise heimgekehrt war, ohne ihm irgendeinen seltenen Gegenstand aus den Barbarenländern mitgebracht zu haben. Er hatte ihm Holzstücke geschenkt, aus denen die Wilden Feuer hervorlocken konnten, große Ochsenhörner, die sie als Trinkgefäße benutzten, und ein Halsband aus Bärenzähnen, das die besondere Zierde eines großen Häuptlings gewesen war.

Dieser prächtige Mann strahlte vor Befriedigung darüber, den Sohn seines Herrn an Bord seines Schiffes zu haben. Er sah es als einen neuen Beweis der Klugheit des alten Poppius an, dass er den Sohn in entlegene Länder sandte und ihn nicht länger unter den trägen jungen Männern umhergehen und verweichlichen ließ.

Der junge Poppius riss ihn nicht aus seinem Irrtum. Er fürchtete, dass der Schiffer sogleich mit ihm umkehren würde, wenn er ihm etwas von seiner Absicht verriet.

»Wahrlich, Galenas«, sagte er, »ich wollte dich nur zu gerne auf dieser Reise begleiten; allein ich fürchte, dass ich dich bitten muss, mich in Bajae ans Land zu setzen. Ich habe meinen Entschluss zu spät gefasst. Hier siehst du mich ohne Gepäck, ohne Geld.«

Aber Galenas beteuerte, dass dieser Mangel leicht behoben werden könne und er deshalb nicht auf die Reise zu verzichten brauche. Befand er sich nicht auf dem wohlausgerüsteten Schiff seines Vaters? Er müsse weder warme pelzgefütterte Kleider entbehren, wenn das Wetter rau würde, noch leichte Gewänder aus syrischen Geweben, wie Seeleute sie anzulegen pflegen, wenn sie bei gutem Wetter in irgendeinem freundlichen Archipel kreuzen.

Drei Monate nach der Abfahrt von Ostia ruderte Galenas' Dreiriemer durch eine felsige Inselgruppe. Weder der Schiffer noch irgendjemand aus der Mannschaft wusste genau, wo sie sich befanden, aber sie waren froh, für eine Weile vor den Stürmen geschützt zu sein, die draußen auf dem offenen Meer tobten. Man hätte wirklich glauben können, Silvius Antonius habe recht mit seiner Behauptung, dass eine Gottheit ihn verfolge. Niemand auf dem Schiff hatte je eine solche Reise erlebt. Die unglücklichen Seeleute sagten einander, sie hätten seit ihrer Abfahrt von Ostia nicht zwei Tage lang schönes Wetter gehabt. Ein Sturm hatte den andern gejagt. Unglaublichen Leiden hatten sie sich unterwerfen müssen. Hunger und Durst hatte sie gequält, während sie Tag und Nacht, ermattet und beinahe krank vor Müdigkeit, Ruder und Segel hatten bedienen müssen.

Es erhöhte den Missmut der Seeleute, dass sie keinen Handel treiben konnten. Wie hätten sie einer Küste nahen sollen, um ihre Waren auf dem Strand auszubreiten und Tauschgeschäfte abzuschließen, bei solchem Wetter! Im Gegenteil, sowie sie eine Küste aus dem hartnäckigen, regenschweren Nebel, der sie umgab, auftauchen sahen, hatten sie hinaus ins Meer steuern müssen, aus Furcht vor ihren schaumumsprühten Klippen. Eines Nachts, als sie auf einer Klippe festsaßen, hatten sie die halbe Ladung ins Meer werfen müssen. Und an die andere Hälfte wagten sie kaum zu denken, denn war es nicht zu befürchten, dass auch sie gänzlich verdorben sein würde, nach all den Sturzwellen, die über das Schiff gekommen waren?

Aber wenn Galenas und seine Männer gewusst hätten, warum der junge Poppius an Bord gekommen war, würden sie es ganz gewiss bitter beklagt haben, dass er seine Absicht nicht ausführte, denn sie waren alle überzeugt, dass seine Anwesenheit dieses Missgeschick verschuldet hatte. In mancher dunklen Nacht hatte Galenas befürchtet, die Seeleute würden sich auf den Sohn des Reeders stürzen und ihn ins Meer werfen. Mehrere von ihnen erzählten, sie hätten in den schauerlichen Sturmnächten dunkle Hände gesehen, die sich aus dem Wasser emporreckten und nach dem Schiff griffen. Und man glaubte, kein Los unter der Schiffsmannschaft werfen zu müssen, um den zu finden, den diese Hände hinab in die Tiefe reißen wollten. Der Schiffer wie die Mannschaft erwiesen Silvius Antonius die große Ehre, zu glauben, dass um seinetwillen alle diese Stürme die Luft durchbrausten und das Meer aufpeitschten.

Wenn Silvius Antonius sich in dieser Zeit wie ein Mann betragen, wenn er seinen Teil an der Arbeit auf sich genommen hätte, vielleicht hätte einer seiner Begleiter Mitleid mit ihm gehabt, als einem Unglücklichen, der sich den Zorn der Götter zugezogen. Aber der junge Mann hatte es nicht verstanden, ihr Mitgefühl zu erwerben. Er hatte an nichts anderes gedacht, als sich gegen den Wind zu schützen und Pelzwerk und Decken aus der Ladung hervorzusuchen, um nicht frieren zu müssen.

Doch für den Augenblick waren alle Klagen über seine Anwesenheit verstummt. Als es dem Sturm gelungen war, den Dreiriemer in die erwähnte Inselgruppe zu treiben, hatte er aufgehört zu rasen. Er betrug sich wie ein Schäferhund, der verstummt und sich stillhält, sobald er die Herde auf dem rechten Weg heim zum Stall sieht. Die schweren Wolken zogen vom Himmel fort. Die Sonne schien. Zum ersten Mal auf dieser Reise fühlte die Schiffsmannschaft, wie sich das Wohlbehagen des Sommers über die Natur breitete.

Auf diese sturmgejagten Männer wirkten der Sonnenschein und die Wärme fast wie ein Rausch. Anstatt sich nach Ruhe und Schlaf zu sehnen, fühlten sie sich munter wie morgenfrohe Kinder. Die Hoffnung erwachte aufs Neue in ihnen. Sie vermuteten, dass sie ein großes bewohntes Festland hinter dieser Menge von felsigen Klippen finden würden. An dieser fremden Küste, die vielleicht noch nie zuvor ein römisches Schiff besucht hatte, würden ihre Waren höchstwahrscheinlich guten Absatz finden. Es würde ihnen vielleicht doch noch glücken, einen vorteilhaften Tauschhandel abzuschließen, die Schiffsräume mit großen Häuten von Bären und Elentieren zu füllen, mit weißem Wachs und Gold schimmerndem Bernstein.

Während der Dreiriemer sich weiter seinen Weg durch die Klippen suchte, die immer höher wurden und immer reicher an saftigem Grün und Wald, eilte man, ihn zu schmücken, damit er die Blicke der Barbaren auf sich ziehe. Das Schiff, schon ohne allen Zierrat das schönste aller Menschenwerke, lag bald auf den Wellen, an Pracht mit dem herrlichst befiederten Vogel wetteifernd. Eben erst vom Sturm getrieben und verheert, trug es nun eine goldene Mastspitze und herrliche purpurgeränderte Segel. Am Kiel erhob sich ein strahlendes Neptunbild und am Hintersteven ein Zelt aus vielfarbigen seidenen Tüchern. Und man darf nicht glauben, dass die Seeleute es versäumten, die Schiffsseiten mit Teppichen zu behängen, deren Fransen auf dem Wasser schleiften, oder die schweren Ruder mit Goldbändern zu umwinden.

Auch behielt das Schiffsvolk nicht die salzgetränkten Kleider an, die es während der Reise getragen, und die das Meerwasser und die Stürme in Lumpen verwandelt hatten. Sie hüllten sich in weiße Gewänder, schlangen Purpurschärpen um den Leib und drückten sich blinkende Ringe ins Haar. Selbst Silvius Antonius raffte sich aus seiner Dumpfheit auf. Er sah aus, als freue er sich, dass er nun endlich etwas zu tun bekam, worauf er sich verstand. Er ließ sein Haupthaar scheren und seinen ganzen Körper mit duftenden Essenzen einreiben. Dann warf er ein bis zum Boden reichendes Gewand um, befestigte einen Mantel auf seinen Schultern, drückte sich einen breiten Goldreif ins Haar, und aus dem großen Schmuckschrein, den Galenas für ihn öffnete, nahm er Ringe und Armbänder, eine Halskette und einen goldenen Gürtel. Als er fertig gekleidet war, rollte er die Purpurgardinen des Seidenzeltes zurück und legte sich auf ein niedriges Ruhebett in der Zeltöffnung, um von den Bewohnern der Ufer gesehen zu werden.

Während dieser Zurüstungen war das Schiff durch einen immer engeren und engeren Sund geglitten, und endlich merkten die Seeleute, dass sie in die Mündung eines Flusses geraten waren. Man segelte in Süßwasser. Das Festland breitete sich zu beiden Seiten des Schiffes aus.

Der Dreiriemer glitt langsam auf dem glitzernden Älf dahin. Das Wetter war herrlich, die ganze Natur strahlend ruhig. Aber wie lieblich wurde die große Einsamkeit durch das prachtvolle Kauffahrteischiff belebt!

An beiden Ufern des Flusses wuchs hoher, dichter Urwald. Die dunklen Nadelbäume standen dicht gedrängt bis zum Wasser hinab. In seinem ewigen Lauf war es dem Älf gelungen, die Erde zwischen den Baumwurzeln zu entführen, und noch mehr als durch den Anblick der uralten Bäume wurden die Seeleute durch die nackten Wurzeln, die Riesengliedern ähnelten, ehrfürchtig gestimmt. Hier, dachten sie, wird es dem Menschen niemals glücken, Saat auszuwerfen, nie wird hier Raum für eine Stadt oder auch nur für ein Landgut geschaffen werden können. In meilenweitem Umkreis ist ja der Boden von diesem Netzwerk stahlharter Wurzeln durchzogen. Dies allein ist genug, um die Macht des Waldes ewig, unveränderlich zu gestalten.

Den Fluss entlang standen die Bäume so dicht und ihr Astwerk war so ineinander verflochten, dass es feste und undurchdringliche Mauern bildete. Diese Mauern aus stechenden Nadeln waren so stark und hoch, dass keine befestigte Stadt sich eine gewaltigere Verschanzung hätte wünschen können.

Aber hier und dort fand sich doch eine Öffnung in der Nadelmauer. Das waren die Mündungen der Pfade, auf denen die Tiere hinab zum Älf zu kommen pflegten, um zu trinken. Durch diese

Öffnungen konnten die Fremdlinge einen Blick in den Wald werfen. Nie hatten sie etwas Ähnliches gesehen. In sonnenloser Dämmerung wuchsen Bäume, deren Stämme mächtiger waren als die Türme an Roms Pforten. Da war ein Gewirr von Bäumen, die miteinander um Luft stritten. Bäume drängten sich und kämpften, Bäume verkümmerten und wurden von anderen Bäumen zu Boden gebeugt. Bäume wurzelten in Ästen anderer Bäume. Bäume stritten und wetteiferten wie Menschen.

Aber wenn Tiere oder Menschen in dieser Baumwelt ihr Wesen trieben, dann mussten sie auf eine andere Art leben als die Römer; denn vom Boden bis hinauf zu den Wipfeln war der ganze Wald ein Netzwerk aus steifen, starren Zweigen. Von diesen Zweigen flatterten ellenlange Zipfel grauer Moosflechten herab und verwandelten Bäume in Zauberriesen mit Haar und Bart. Aber unter ihnen war der Waldboden mit modernden Stämmen bedeckt, und der Fuß wäre in dem vermorschenden Holz eingesunken wie in schmelzendem Schnee.

Aus dem Wald heraus drang ein Duft, den alle auf dem Schiff als etwas zart Betäubendes empfanden. Es war der starke Duft von Harz und wildem Honig, der sich mit dem moderigen Geruch von faulenden Stämmen und roten und gelben Riesenpilzen vermischte.

Ohne Zweifel lag in alledem etwas Erschreckendes, aber es war auch erhebend, der Natur in ihrer ganzen Macht zu begegnen, ehe noch Menschen in ihre Gewalt eingegriffen hatten. Es währte nicht lange, so begann einer der Seeleute eine Hymne an den Waldesgott zu summen, und unwillkürlich fiel die ganze Mannschaft in den Sang ein. Es war nicht mehr so, dass sie erwarteten, Menschen in dieser Waldwelt zu finden. Ihre Herzen wurden von frommen Gedanken aufgeschlossen. Sie dachten an den Waldesgott und seine Nymphen. Sie sagten sich, dass Pan, aus Hellas' Wäldern verscheucht, in den äußersten Norden geflohen war. Mit frommen Gesängen zogen sie in sein Reich ein.

Während jeder Pause im Gesang hörten sie eine leise Musik im Wald. Die Nadeln hoch oben in den Baumwipfeln, die in der Mittagshitze zitterten, spielten und sangen. Immer häufiger hielten die Seeleute im Gesang inne, um zu horchen, ob nicht auch Pans Flöte bald erklingen wollte. Immer langsamer wurde das Schiff von den Rudern dahingetrieben. Die Seeleute spähten hinab ins Wasser, das goldgrün und schwarzviolett unter den Tannen floss. Sie spähten in das hohe Schilf, dessen Blätter in der Strömung bebten und raschelten. Es lag eine solche Erwartung über ihnen, dass sie beim Anblick einer irrenden Libelle und beim Anblick der weißen Wasserrosen, die in dem schönen Dunkel tief zwischen den Schilfhalmen leuchteten, zusammenzuckten. Und wieder ertönte der Sang: »Pan, du, des Waldes Beherrscher!«

Sie hatten jeden Gedanken an Kauf und Handel aufgegeben. Sie fühlten, dass sie an der Pforte zu den Wohnstätten der Götter standen. Alle irdische Sorge war von ihnen gewichen.

Da, mit einem Mal, an der Mündung eines dieser Tierpfade – da stand ein Elen, ein königliches Tier mit breiter Stirn und einem Wald von Geweihenden.

Auf dem Dreiriemer entstand atemloses Schweigen. Die Ruder, gegen das Wasser gestemmt, hemmten die Fahrt. Silvius Antonius erhob sich von seinem Purpurbett.

Aller Augen waren auf den Elenhirsch gerichtet. Man glaubte etwas wahrzunehmen, das er auf seinem Rücken trug, doch das Waldesdunkel und die herabhängenden Zweige machten es unmöglich, deutlich zu sehen.

Das gewaltige Elen stand lange und witterte mit erhobener Schnauze gegen den Dreiriemer. Endlich schien es einzusehen, dass es kein feindlicher Gegenstand war; es machte einen Schritt hinab ins Wasser. Noch einen. Hinter den breiten Hörnern schimmerte immer deutlicher etwas Helles, Rosiges hervor. Trug vielleicht das Elen auf seinem Rücken eine ganze Ernte wilder Rosen?

Die Schiffsmannschaft machte einige vorsichtige Bewegungen mit den Rudern. Der Dreiriemer kam dem Tier entgegen. Er glitt gleichsam wie von selbst immer näher an die Schilfkante heran.

Der Elenhirsch schritt sachte hinaus ins Wasser, setzte behutsam den Fuß auf, um nicht in den Wurzeln am Grund des Älfs hängen zu bleiben.

Nun sah man deutlich über den Hörnern ein Mädchenantlitz, von hellem Haar umgeben. Das Elen trug auf seinem Rücken eine jener Nymphen, die man erwartet hatte, die sich naturnotwendig in dieser Urwelt befinden mussten.

Das Volk auf dem Dreiriemer ward von heiliger Verzückung ergriffen. Einer aus ihrer Mitte, der aus Sizilien stammte, erinnerte sich an ein Lied, das er in seiner Jugend gesungen, als er auf den blumenreichen Ebenen um Syracusa spielte.

Er begann zu summen:

»Nymphe, Arethusa genannt,
Nymphe, aus Blumen geboren,
Du, die durch Wälder und Flur wandeltest,
Mondschein weiß …«

Und als die sturmfesten Männer die Worte erfassten, suchten sie das orkangleiche Brausen ihrer Stimmen zu dämpfen, und sangen:

»Nymphe, Arethusa genannt,
Nymphe, aus Blumen geboren …«

Man lenkte das Schiff immer näher und näher an die Schilfkante. Man achtete nicht darauf, dass es schon ein paar Mal auf dem Grund gescharrt hatte. Aber das junge Waldwesen saß und spielte Verstecken hinter dem Geweih des Elenhirsches. Bald verbarg sie sich, bald lugte sie hervor. Sie hielt das Elen nicht an; sie trieb es weiter hinaus ins Wasser.

Als das hochbeinige Tier ein Stück vorwärtsgekommen war, liebkoste sie es, um es aufzuhalten. Sie beugte sich hinab und riss ein paar Wasserrosen ab. Die Männer auf dem Schiff sahen einander beschämt an. Die Nymphe war also einzig und allein gekommen, um die weißen Seerosen zu pflücken, die auf dem Älfwasser schaukelten. Sie war nicht um der römischen Seeleute willen gekommen.

Da zog Silvius Antonius einen Ring vom Finger, stieß einen Ruf aus, der die Nymphe aufblicken ließ und warf ihr den Ring zu. Sie streckte die Hand vor und fing ihn auf. Ihre Augen begannen zu glänzen. Sie streckte die Hand nach mehr aus. Silvius Antonius warf noch einen Ring. Sie warf mit einem Mal die Wasserrosen zurück in den Fluss und trieb den Elenhirsch weiter hinaus ins Wasser. Zuweilen hielt sie an, da kam ein Ring von Silvius Antonius und lockte sie vorwärts.

Plötzlich wich alles Zaudern von ihr. Die Farbe auf ihren Wangen stieg. Sie kam dem Schiff näher, ohne dass man sie zu locken brauchte. Das Elen ging bis zu den Schultern im Wasser. Und da beugten sich die Seeleute über die Brüstung, um der schönen Nymphe an Bord zu helfen, für den Fall, dass sie das Verdeck des Dreiriemers besteigen wollte.

Doch sie sah keinen anderen als Silvius Antonius, der ringgeziert und perlgeschmückt dastand, prächtig wie ein Sonnenaufgang. Und als der junge Römer merkte, dass die Augen der Nymphe auf ihn gerichtet waren, beugte er sich weiter vor als jeder andere. Man rief ihm zu, sich zu hüten, festen Fuß zu verlieren und ins Wasser zu stürzen. Aber diese Warnung war vergeblich. Ungewiss ist es, ob die Nymphe durch einen heftigen Ruck Silvius Antonius an sich zog oder wie es sonst zuging, genug, er war über Bord, ehe jemand daran denken konnte, ihn zu ergreifen.

Doch war keine Gefahr, dass Silvius Antonius ertrank. Die Nymphe streckte ihre rosigen Arme aus und fing ihn auf. Er hatte kaum den Wasserspiegel berührt. Im selben Augenblicke machte ihr Traber kehrt, stürzte durchs Wasser fort und verschwand im Wald. Und laut vernahm man das Lachen der wilden Reiterin, als sie Silvius Antonius entführte.

Galenas und seine Mannen standen einen Augenblick lang schreckgelähmt. Wie bei einem Unglück zur See warfen etliche die Kleider ab, um ans Land zu schwimmen. Galenas gebot ihnen Halt.

»Zweifelsohne ist dies der Götter Wille«, sagte er. »Um dessentwillen haben sie Silvius Antonius Poppius durch tausend Stürme hin zu diesem unbekannten Land gejagt. Lasset uns froh sein, dass wir ein Werkzeug ihres Willens waren. Aber lasst uns auch nicht versuchen, die Götter zu hindern!«

Und die Seeleute nahmen gehorsam ihre Ruder wieder auf und fuhren den Älf hinan, und zu dem taktmäßigen Schlag der Ruder summten sie leise den Sang von Arethusas Flucht.

Wenn man nun diese Erzählung beendet hat, muss ja der Reisende die alte Felsenzeichnung verstehen. Er muss den Elenhirsch mit dem viel verzweigten Geweih sehen können und den Dreiriemer mit den langen Rudern. Man verlangt nicht, dass er Silvius Antonius Poppius sehe und die schöne Urwaldkönigin, denn um sie zu sehen, ist es notwendig, dass man mit den Augen der alten Sagenerzähler sieht.

Und er wird auch verstehen, dass die Felseneinritzung von dem jungen Römer selbst herrührt und dass es sich mit der alten Erzählung ebenso verhält. Silvius Antonius hat sie Wort für Wort seine Nachkommen gelehrt. Er wusste ja, dass es sie freuen würde zu wissen, dass sie von den weltberühmten Römern abstammten.

Aber natürlich braucht der Fremde nicht zu glauben, dass eine von Pans Nymphen an diesem Flussufer gewandelt. Er kann ja begreifen, dass ein wilder Menschenstamm im Urwald umherzog und dass die Reiterin des großen Elenhirsches die Tochter des Königs war, der diese Menschen beherrschte. Als die Königstochter Silvius Antonius entführte, hatte sie sicherlich nur seinen Schmuck an sich reißen wollen! Sie hatte gar nicht an Silvius Antonius gedacht, sie hatte wohl kaum gewusst, dass er ein Mensch war wie sie!

Und der Reisende kann ja verstehen, dass Silvius Antonius' Name nicht noch heute an diesen Ufern in Erinnerung wäre, wenn er immer derselbe Tor geblieben wäre. Er kann ahnen, dass der junge Römer durch das Unglück und die Not erhoben wurde, und dass er, nachdem er der verachtete Sklave der Wilden gewesen, ihr König ward. Er war es, der auf den Urwald mit Feuer und Stahl losging. Er errichtete den ersten festgezimmerten Hof. Er ließ Schiffe bauen und Saat auswerfen. Er legte den Grund zu der Herrlichkeit des großen Kungahälla.

Und wenn der Reisende dies hört, wird er mit froheren Blicken über die Fluren sehen als früher. Denn obgleich der Stadtgrund sich in Felder und Wiesen verwandelt hat und auf dem Älf keine Segler mehr fahren, ist es doch dieser Boden, der ihn Bilder aus der Vergangenheit sehen und ihn die Luft der Träume atmen lässt.

Sigrid Storråda

Es war einmal ein schöner Frühling. Und das war gerade der Frühling, in dem die schwedische Königin Sigrid Storråda in Kungahälla mit dem norwegischen König Olaf Tryggvason zusammentreffen sollte, um mit ihm über ihre Heirat zu beschließen.

Es war ganz wunderlich, dass König Olaf Königin Sigrid besitzen wollte, denn freilich war sie reich, schön und hochgesinnt, aber dabei die ärgste Heidin, während König Olaf Christ war und nichts anderes im Sinn hatte, als Kirchen zu bauen und die Menschen zu zwingen, sich taufen zu lassen. Aber vielleicht dachte er, dass der Herr, Gott in der Höh', sie bekehren würde.

Doch noch wunderlicher war es, dass der Frühling sogleich begann, als Storråda König Olafs Sendboten kundgetan hatte, sie wollte nach Kungahälla segeln, sobald das Meer eisfrei sei. Alle Kälte und aller Schnee flohen dahin, während sonst um diese Zeit noch strenger Winter zu sein pflegte.

Und als Storråda davon sprach, dass sie anfangen wollte, ihre Schiffe auszurüsten, verschwand das Eis aus den Fjorden, die Wiesen begannen zu grünen, und obgleich es noch lange vor Mariä Verkündigung war, konnte das Vieh hinaus auf die Weide getrieben werden.

Als das Schiff der Königin zwischen den Ostgotlandinseln hinaus in die Ostsee fuhr, saßen Kuckucke auf den Klippen und riefen, obschon es noch so früh war, dass man eigentlich kaum hätte hoffen können, eine Lerche zu hören.

Und wo Storråda vorbeizog, war große Freude. All die Riesen, die unter König Olafs Regierung aus Norwegen hatten fliehen müssen, weil sie das Geläute der Kirchenglocken nicht hören konnten, zogen auf die Berggipfel, als sie Storråda vorübersegeln sahen. Sie rissen junge Laubbäume mit der Wurzel aus und winkten mit ihnen der Königin zu, und als sie in ihre Steinhütten gingen, wo ihre Frauen in Sehnsucht und Kummer saßen, lachten sie und sagten:

»Nun, Weib, sollst du nicht mehr betrübt sein. Nun fährt Storråda zu König Olaf. Nun können wir bald wieder nach Norwegen kommen.«

Als die Königin am Kullaberg vorbeisegelte, kam der Kullamann aus seiner Berghöhle. Und er ließ den schwarzen Berg sich auftun, sodass sie die Gold- und Silberadern dort drinnen sehen konnte, und sie ergötzte sich an dem Reichtum.

Als Storråda an den Hallandsflüssen vorbeifuhr, trieb der Nöck seine Fälle und Gießbäche hinab und kam bis zur Flussmündung und spielte auf seiner Harfe, sodass die Schiffe auf den Wellen tanzten.

Als sie an der Nidingerklippe vorübersegelte, da lagen die Meerfrauen da und bliesen in Muscheln, sodass das Wasser in hohen Schaumpfeilern emporspritzte. Aber als Gegenwind aufkam, stiegen hässliche Trolle aus der Tiefe und halfen Storråda das Schiff über die Wellen. Einige schoben, andre nahmen Seile aus Seegras in den Mund und spannten sich vor das Schiff wie Pferde.

Die wildesten Wikinger, die König Olaf um ihrer Arglist willen nicht im Land dulden wollte, kamen zum Schiff der Königin herangerudert, mit herabgezogenen Segeln und erhobenen Enterhaken, um Streit zu beginnen. Aber als sie die Königin erkannten, ließen sie sie unversehrt weiterfahren und riefen ihr nach: »Wir trinken einen Becher auf deine Hochzeit, Storråda.«

Alle Heiden, die an der Küste entlang hausten, legten Holz auf ihre Steinaltäre und opferten den alten Göttern Schafe und Ziegen, damit sie Storråda beistehen sollten auf ihrer Fahrt zu dem norwegischen König.

Als die Königin den Nordre Älf hinaufsegelte, kam die Seejungfer an das Schiff geschwommen, streckte ihren weißen Arm aus der Tiefe empor und reichte ihr eine große klare Perle. »Trage sie, Storråda«, sagte sie, »auf dass König Olaf bezaubert werde von deiner Schönheit und dich niemals vergessen kann.«

Als die Königin den Fluss eine kleine Strecke hinaufgefahren war, hörte sie ein starkes Brausen und Tosen, sodass sie meinte, sich einem Wasserfall zu nähern. Je weiter die Königin kam, desto mehr nahm das Lärmen zu, und sie glaubte schließlich, sie käme mitten in eine große Schlacht.

Aber als die Königin an der Gullinsel vorbeiruderte und in eine breite Bucht einbog, sah sie das große Kungahälla am Flussufer liegen.

Die Stadt war so groß, dass, so weit sie auch den Fluss hinaufsah, immer noch Hof an Hof lag. Jeder war ansehnlich und wohlgezimmert, mit vielen Nebengebäuden; schmale Gässchen liefen zwischen den grauen Holzwänden hinab zum Fluss, breite Höfe öffneten sich vor den Häusern, fest gestampfte Wege führten von jedem Haus hinab zur Bootshütte und zu den Brücken.

Storråda befahl ihren Ruderern, die Ruder langsam zu heben. Sie stand hoch im Hintersteven des Schiffes und sah zum Strand. »Nie habe ich etwas Ähnliches gesehen«, sagte sie.

Nun begriff sie, dass das starke Getöse, welches sie gehört, einzig und allein von all der Arbeit kam, die in Kungahälla im Frühling vor sich ging, wenn die Schiffe ihre langen Fahrten antraten. Sie hörte Schmiede hämmern; die Teigwalker klapperten in der Backstube, Zimmerholzplanken wurden geräuschvoll auf schwere Prahme geladen, junge Burschen entrindeten Mastbäume und hobelten breite Ruderblätter.

Manchen grünen Hof sah sie, wo Mädchen saßen und Seile für die Seefahrenden drehten, wo alte Männer mit der Nadel in der Hand hockten und in graue Friessegel Lappen einsetzten. Sie sah Bootsbauer die neuen Boote teeren. Nägel wurden in starke Eichenplanken geschlagen. Aus den Bootshütten wurden Schiffe geschoben, um verdichtet zu werden. Alte Fahrzeuge wurden mit neu gemalten Drachenbildern geschmückt. Waren wurden aufgestapelt. Leute sagten hastig Lebewohl. Schwer bepackte Schiffskisten wurden an Bord getragen. Schiffe, die schon fertig waren, stießen vom Land ab. Storråda sah, dass die Schiffe, welche den Fluss hinaufruderten, schwere Ladungen von Heringen und Salz mit sich führten, während andere nach Westen dem offenen Meer zusteuerten, hoch mit kostbarem Eichenholz, Häuten und Fellen beladen.

Als die Königin dieses sah, lachte sie vor Freude. Sie sagte, dass sie gerne König Olafs Gemahlin sein wollte, um über eine solche Stadt zu herrschen.

Storråda ruderte zur Brücke des Königshofes. Da stand König Olaf zu ihrem Empfang, und als sie ihm entgegentrat, da schien sie ihm die Schönste, die er je gesehn.

Sie gingen miteinander hinauf zum Königshof, und zwischen ihnen beiden war große Eintracht und Freundschaft. Und als sie sich zu Tisch setzten, lachte und scherzte Storråda mit dem König die ganze Zeit, während der Bischof das Tischgebet las, und der König lachte und sprach auch, als er sah, dass es Storråda so gefiel.

Als sie die Mahlzeit beendet hatten und alle die Hände falteten, um dem Gebet des Bischofs zu lauschen, begann Storråda dem König von ihren Reichtümern zu erzählen. Sie fuhr damit fort, solange das Tischgebet dauerte. Und der König hörte auf Storråda, aber nicht auf den Bischof.

Der König setzte Storråda auf den Hochsitz, und er selbst ruhte zu ihren Füßen, und Storråda erzählte ihm, wie sie zwei Unterkönige, die es gewagt hatten, um sie zu freien, hatte einschließen und verbrennen lassen. Und der König freute sich und dachte, so sollte es allen Unterkönigen ergehen, die es wagten, um ein solches Weib wie Storråda zu freien.

Als es zur Vesper läutete, erhob sich der König, um nach seiner Gepflogenheit zur Marienkirche zu gehen und dort zu beten. Aber da rief Storråda ihren Skalden, und er sang das Lied von Brünhild, die Sigurd Fafnisbane töten ließ. Und König Olaf ging nicht in die Kirche, sondern saß da und betrachtete Storrådas mächtige Augen und sah, wie dicht die schwarzen Augenbrauen sich abzeichneten. Da begriff er, dass Storråda Brünhild war und dass sie ihn töten würde, wenn er ungetreu wäre. Er dachte auch, dass sie das Weib dazu war, sich zusammen mit ihm auf einem Scheiterhaufen verbrennen zu lassen. Während in der Marienkirche zu

Kungahälla die Priester die Messe lasen und beteten, saß König Olaf und dachte, dass er wohl nach Walhall reiten wollte, mit Storråda vor sich auf dem Pferd.

Nachts hatte der Fährmann am Älfhügel, der die Leute in seinem Nachen über den Götaälf brachte, mehr zu tun, denn je zuvor. Einmal ums andere wurde er hinüber zum andern Ufer gerufen, aber wenn er hinkam, war nie jemand zu sehen. Doch hörte er Schritte rings um sich, und das Boot wurde so schwer, dass es beinahe sank. Er fuhr die ganze Nacht hin und her und wusste nicht, was das bedeuten sollte. Aber am Morgen war der Sand am Flussufer voll kleiner Fußstapfen, und in den Fußstapfen fand der Fährmann kleine welke Blätter, die, als er sie näher betrachtete, sich als eitel Gold erwiesen. Da wurde es ihm klar, dass all die Kobolde und Heinzelmännchen, die um des Christentums willen aus Norwegen geflohen waren, nun wiedergekehrt waren.

Aber der Riese, der im Fontinsberge östlich von Kungahälla hauste, nahm große Steinblöcke und warf Block um Block gegen den Turm der Marienkirche, solange die Nacht währte. Wäre der Riese nicht so stark gewesen, dass alle seine Steine über den Fluss flogen und weit weg in Hisingen niederfielen, hätte ein großer Schaden daraus entstehen können.

König Olaf hatte die Gepflogenheit, jeden Morgen zur Messe zu gehen, aber da Storråda in Kungahälla war, meinte er keine Zeit dazu zu haben. Sowie er aufgestanden war, wollte er sogleich hinab zum Hafen gehen, wo sie auf ihrem Schiff wohnte, um sie zu fragen, ob sie am Abend ihr Verlöbnis mit ihm feiern wolle.

Der Bischof hatte den ganzen Morgen die Glocken in der Marienkirche läuten lassen; und als der König aus dem Königshof trat und über den Markt ging, da wurden die Kirchentüren weit geöffnet, und lieblicher Gesang strömte ihm entgegen. Aber der König ging weiter, als hätte er nichts gehört. Da ließ der Bischof die Glocken innehalten; der Gesang hörte auf, und die Lichter erloschen.

Das kam so plötzlich, dass der König einen Augenblick stehen blieb und zurück zur Kirche sah. Es dünkte ihn, dass die Kirche unansehnlicher war, als er je zuvor gemerkt hatte. Sie war niedriger als andere Häuser in der Stadt; das Dach lag schwer über den fensterlosen Wänden, das Tor war niedrig und dunkel, mit einem kleinen Schutzdach aus Tannenrinde. Wie der König so stand, kam eine junge, zarte Frau aus der dunklen Kirchentür. Sie war in einen roten Rock und einen blauen Mantel gekleidet und trug ein blond gelocktes Kind auf dem Arm. Ihre Tracht war dürftig, aber dem König erschien sie wie eine edelgeborene Frau. Sie war hoch und von schöner Gestalt, und sie hatte ein holdseliges Antlitz. Der König sah mit großer Rührung, wie die junge Frau ihr Kind an sich drückte und es mit solcher Liebe trug, als gäbe es nichts Lieberes und Köstlicheres auf der Welt.

Als die Frau an das Tor gekommen war, wandte sie das holde Antlitz und sah zurück in die dämmerige arme Kirche, mit großer Sehnsucht im Blick. Als sie sich dann wieder zum Marktplatz wandte, hatte sie Tränen in den Augen. Aber als sie über die Schwelle gehen sollte, hinaus auf den Marktplatz, da verließ sie der Mut. Sie stützte sich an den Türpfosten und sah auf das Kind mit solcher Angst, als wollte sie sagen: »Wo, wo in der ganzen weiten Welt sollen nun wir beide ein Dach über unserem Haupt haben?«

Der König stand noch immer unbeweglich und betrachtete die Heimatlose. Was ihn am meisten rührte, war das Kind, das ganz sorglos in ihren Armen saß, eine Blume zu ihrem Gesicht emporstreckte, um ihr ein Lächeln zu entlocken. Und da sah er, dass sie die Sorge aus ihren Gesichtszügen zu verdrängen suchte, um dem Sohn zuzulächeln.

›Wer ist diese Frau‹, dachte der König, ›es dünkt mich, dass ich sie schon zuvor gesehen habe. Zweifelsohne ist sie eine hochgeborene Frau, die in Not geraten ist.‹

So eilig der König es auch hatte, zu Storråda zu kommen, konnte er doch seine Augen nicht von der Frau abwenden. Er musste immerzu nachdenken, wo er schon früher so milde Augen gesehen hatte und ein so lieblich geformtes Antlitz.

Noch immer stand die Frau in der Kirchentür, als könnte sie sich nicht von dort losreißen. Da ging der König auf sie zu und fragte: »Warum bist du so betrübt?«

»Ich bin aus meinem Heim vertrieben«, sagte die Frau und wies hinein in das dunkle kleine Kirchlein. Der König meinte, sie hätte sich in der Kirche aufgehalten, weil sie keine andere Wohnstätte besaß. Er fragte weiter: »Wer hat dich vertrieben?«

Da sah sie ihn mit unsäglicher Betrübnis an.

»Weißt du es nicht?«, fragte sie.

Aber da wandte sich der König von ihr ab. Er hatte keine Zeit, er wollte nicht stehen und Rätsel raten. Glaubte die Frau etwa, er hätte sie vertrieben? Er konnte nicht begreifen, was sie wollte.

Der König ging rasch weiter. Er kam hinab zur Königsbrücke, wo Storrådas Schiffe verankert lagen. Unten am Hafen begegnete er den Dienern der Königin, die alle Goldstreifen an den Gewändern hatten und Silberhelme auf dem Haupt.

Storråda stand hoch auf dem Schiff und blickte hinaus über Kungahälla und freute sich an seiner Macht und seinem Reichtum. Sie stand da und sah auf die Stadt hinab, als betrachtete sie sich schon als ihre Königin.

Aber als der König Storråda sah, dachte er sogleich an die holde Frau, die arm und elend aus der Kirche gekommen war. Was ist das, dachte er, mir ist, als ob sie schöner wäre als Storråda.

Als Storråda ihm nun zulächelte, musste er daran denken, wie die Tränen in den Augen der anderen Frau geglänzt hatten.

König Olaf hatte das Antlitz der Fremden so deutlich vor sich, dass er Storrådas Gesicht Zug um Zug damit vergleichen konnte, und als er so verglich, da verschwand alle Schönheit Storrådas. Er sah, dass Storrådas Augen grausam waren und ihr Mund wollüstig. In jedem Zuge ihres Gesichts spürte er eine Sünde. Er sah wohl noch immer, dass sie schön war, doch er fand kein Gefallen mehr an ihrem Anblick. Er begann sie zu verabscheuen, als wäre sie eine glänzende Giftschlange.

Als die Königin den König kommen sah, zog ein stolzes Lächeln über ihre Lippen.

»Ich habe dich nicht so zeitig erwartet, König Olaf«, sagte sie. »Ich glaubte, du würdest in der Messe sein.«

Da überkam den König die Lust, Storråda zu reizen und alles zu tun, was sie nicht wollte.

»Die Messe hat noch nicht begonnen«, sagte er. »Ich komme, um dich zu bitten, dass du mich in das Haus meines Gottes begleitest.«

Als der König dies sagte, sah er, dass in Storrådas Augen ein stechendes Leuchten kam, aber sie lächelte noch immer.

»Komm lieber hierher auf das Schiff«, sagte sie. »Ich will dir die Angebinde zeigen, die ich für dich mitgebracht habe.«

Sie hob ein goldenes Schwert auf, um ihn damit zu locken, aber der König vermeinte, noch immer die andere Frau neben ihr zu sehen. Und es war ihm, als ob Storråda über ihren Schätzen stand wie ein abscheulicher Drache.

»Ich will zuerst wissen«, sagte der König, »ob du mit mir in die Kirche gehen willst.«

»Was sollte ich in deiner Kirche?«, fragte sie und sah spöttisch aus.

Da merkte sie, dass des Königs Augenbrauen sich zusammenzogen, und sie begriff, dass er nicht desselben Sinnes war wie am vorhergehenden Tag. Sie änderte sogleich ihr Betragen und wurde milde und versöhnlich.

»Geh du in die Kirche, sooft dein Sinn begehrt«, sagte sie, »wenn auch ich nicht gehe. Um dessentwillen braucht kein Unfrieden zwischen uns zu entstehen.« Die Königin stieg von dem Schiff herab und kam auf den König zu. Sie hielt in der Hand ein Schwert und einen pelzverbrämten Mantel, den sie ihm zum Angebinde geben wollte.

Gerade in demselben Augenblick sah der König zufällig nach dem Hafen. In weiter Ferne sah er die andere Frau herankommen. Sie ging gebeugt, mit müden Schritten, noch immer mit dem Kind auf dem Arm.

»Was ist es, wonach du so eifrig Ausschau hältst, König Olaf?«, fragte Storråda.

Da blickte die andere Frau den König an, und wie sie ihn anblickte, glaubte er zu sehen, dass über ihrem Haupt und dem des Kindes goldene Lichtringe aufflammten, schöner als alles Geschmeide von Königen und Königinnen. Aber gleich darauf schritt sie wieder der Stadt zu, und er sah sie nicht mehr.

»Was ist es, wonach du so eifrig blickst, König Olaf?«, fragte Storråda noch einmal.

Aber als König Olaf sich der Königin zuwandte, da sah er sie alt und hässlich, von aller Arglist und Sünde der Welt umgeben, und er erschrak darüber, dass er beinahe in ihre Netze gefallen wäre.

Er hatte den Handschuh abgestreift, um ihr die Hand zu reichen. Aber nun nahm er den Handschuh und schlug ihn ihr ins Gesicht. »Was soll ich mit dir, du alte heidnische Hexe?«, sagte er.

Da fuhr Storråda drei Schritte zurück. Aber sie fasste sich rasch und antwortete: »Dieser Schlag wird dein Fluch werden, Olaf Tryggvason.«

Und sie war rot wie die Hölle, als sie sich von ihm abwandte und das Schiff bestieg.

In der nächsten Nacht hatte König Olaf einen seltsamen Traum.

Was er vor sich sah, war nicht die Erde, sondern der Meeresgrund. Es war ein grünlich gelber Boden, über dem das Wasser viele Ellen hoch stand. Er sah Fische nach Raub schwimmen, Schiffe sah er oben auf dem Wasserspiegel wie dunkle Wolken vorbeigleiten, und die Sonnenscheibe sah er matt blinken wie einen bleichen Mond. Da kam die Frau, die er in der Kirchentür gesehen, unten auf dem Meeresgrund gegangen. Sie hatte dieselbe geneigte Haltung und dieselben abgetragenen Kleider wie am Tag, als er ihr zuletzt begegnet war, und ihr Gesicht war noch immer voll Kummer.

Aber wie sie auf dem Meeresgrunde ging, teilte sich das Wasser vor ihr. Er sah, wie es sich gleichsam vor Ehrfurcht zu einer Wölbung erhob und zu Pfeilern zusammenschloss, sodass die Frau wie durch den herrlichsten Tempelsaal ging.

Plötzlich sah der König, dass das Wasser, welches sich über der Frau erhob, anfing, die Farbe zu ändern. Die Säulen und Gewölbe wurden zuerst hellrot, nahmen aber rasch eine immer tiefere Färbung an. Das ganze Meer ringsum war auch rot, als wäre es in Blut verwandelt worden. Auf dem Meeresgrund, über den die Frau schritt, sah der König zerbrochene Schwerter und Pfeile, gesprungene Bogen und Lanzen. Zuerst waren ihrer nicht viele, aber je weiter sie in das rote Wasser wanderte, desto dichter lagen sie gehäuft.

Der König sah bebend, wie die Frau vom Weg abwich, um nicht auf einen toten Mann zu treten, der auf dem grünen Tangbett ausgestreckt lag. Der Mann trug einen Harnisch, er hatte ein Schwert in der Hand und eine tiefe Wunde im Kopf.

Dem König schien es, dass die Frau die Augen schloss, um nichts zu sehen. Sie strebte einem bestimmten Ziel zu, ohne Zögern und Angst. Aber er, der Träumende, konnte die Augen nicht abwenden.

Er sah den ganzen Meeresgrund mit Trümmern übersät. Er sah schwere Schiffsanker; dicke Seile krümmten sich wie Schlangen, Schiffe lagen da mit geborstenem Bugspriet; die goldenen Drachenköpfe, die den Steven geziert hatten, blickten ihn aus roten, drohenden Augen an.

Ich möchte wohl wissen, wer hier eine Schlacht zur See gekämpft und all dies der Vergänglichkeit zum Raub gelassen hat, dachte der Träumende.

Überall sah er Tote; sie hingen über die Schiffsgeländer hinab oder lagen in dem üppigen Tang versunken. Aber er hatte nicht viel Zeit, sie zu betrachten, weil er der Frau nachsehen musste, die noch immer weiterwanderte.

Endlich sah der König sie vor einem toten Mann stehen bleiben. Er hatte einen roten Leibrock, einen blanken Helm auf dem Haupt, der Schild war über den Arm gezogen, und ein bloßes Schwert hielt er in der Hand.

Die Frau beugte sich über ihn und flüsterte, als wolle sie einen Schlafenden wecken: »König Olaf! König Olaf!«

Da sah der Träumende, dass der Mann auf dem Meeresgrund er selbst war. Er erkannte deutlich, dass er der Tote war.

»König Olaf«, flüsterte die Frau noch einmal, »ich bin es, die du vor der Kirche in Kungahälla sahst. Kennst du mich nicht?«

Als der Tote noch immer unbeweglich lag, warf sie sich neben ihm auf die Knie und flüsterte ihm ins Ohr:

»Nun hat Storråda ihre Flotte gegen dich ausgesandt und Rache an dir genommen. Bereust du, König Olaf?«

Noch einmal fragte sie: »Nun leidest du des Todes Bitterkeit, weil du mich wähltest und nicht Storråda. Bereust du es? Bereust du es?«

Da schlug der Tote endlich die Augen auf, und die Frau half ihm, sich aufzurichten. Er stützte sich auf ihre Schulter, und sie wanderte langsam mit ihm fort. Wieder sah König Olaf sie wandern und wandern, durch Nacht und Tag, durch Meer und Land. Endlich vermeinte er zu sehen, dass sie weiter gekommen waren als die Wolken und höher als die Sterne.

Sie wanderten in einem Lustgarten, wo der Boden leuchtete wie weißes Licht und die Blumen blank waren wie Tautropfen.

Der König sah, dass die Frau, als sie den Lustgarten betrat, den Kopf erhob, und dass ihr Gang leichter wurde. Als sie ein Stück weitergegangen war, begannen ihre Kleider zu strahlen. Er sah, wie sie von Goldstreifen und von bunten Farben erleuchtet wurden.

Er sah auch, dass ein Strahl um ihren Scheitel aufflammte und ihr Antlitz beglänzte.

Aber der Gefallene, der sich auf ihre Schulter stützte, hob den Kopf und fragte: »Wer bist du?«

»Weißt du es nicht, König Olaf?«, antwortete sie da, und unendliche Hoheit und Herrlichkeit umgaben ihr Wesen.

Aber der König ward dabei im Traum von großer Freude erfüllt, dass er den Dienst der holden Himmelskönigin erwählt hatte. Das war eine Freude, wie er sie nie zuvor erfahren, und sie war so stark, dass sie ihn erweckte.

Als er aufwachte, fühlte er Tränen sein Antlitz benetzen, und er lag da, die Hände zum Gebet gefaltet.

Astrid

Zwischen den niedrigen Häuschen des alten Königshofes zu Uppsala stand der Jungfernturm. Der war auf Pfosten erhoben, so wie ein Taubenschlag. Man kam hinauf über eine Treppe, so steil wie eine Leiter, und trat ein durch eine Tür, so niedrig wie eine Luke. Die Wände dort drinnen waren mit Runen bedeckt, die Liebe und

Sehnsucht bedeuten sollten. An den engen Gucklöchern sah man kleine runde Gruben in die Holzverschalung gedrückt, denn dort pflegten die Mägdlein zu stehen mit aufgestützten Ellenbogen und hinab auf den Hofplan zu schauen.

Seit einigen Tagen beherbergte der Königshof den alten Hjalte, den Skalden, als Gast, und er kam jeden Tag hinauf in den Jungfernturm zu Prinzessin Ingegerd und sprach mit ihr vom König in Norwegen, Olaf Haraldson. Und jedes Mal, wenn Hjalte kam, saß Ingegerds Magd Astrid da und hörte auf seine Rede mit ebenso großer Freude wie die Prinzessin. Während Hjalte sprach, lauschten die beiden Jungfrauen so eifrig, dass sie die Arbeit in den Schoß sinken ließen und die Hände still hielten. Wer sie sah, hätte nicht geglaubt, dass da im Jungfernturm irgendwelche Frauenarbeit verrichtet wurde. Man würde auch nicht geglaubt haben, dass sie Hjaltes Worte aufsammelten, als wären es Seidenfäden, und dass jede daraus ihr Bild von König Olaf formte. Man hätte nicht geglaubt, dass jede in Gedanken die Worte des Skalden zu einem strahlenden Wandbehang verwebte.

Aber auf alle Fälle war es so, und das Bild war so schön, dass die Prinzessin jedes Mal, wenn sie es vor sich sah, voll Verehrung auf die Knie hätte sinken mögen. Denn sie sah den König kronengeschmückt auf seinem Thron sitzen; sie sah einen rot- und goldgestickten Mantel von seinen Schultern bis hinab auf seine Füße wallen. Sie sah kein Schwert in seiner Hand, sondern heilige Schriften, und sein Thron wurde von einem unterjochten Troll getragen. Weiß wie Wachs schimmerte sein Antlitz, umrahmt von langen, glatten Locken, und seine Augen leuchteten von Frömmigkeit und Frieden. Ach, sie erschrak beinahe, als sie die übermenschliche Kraft sah, die aus diesem bleichen Angesicht leuchtete. Sie begriff, dass König Olaf nicht allein ein König, sondern ein Heiliger war und den Engeln gleich.

Aber so war keineswegs das Bild, das Astrid sich vom König schuf. Die blondhaarige Magd, die Kälte und Hunger gekostet und viele Mühe ertragen hatte, aber dennoch diejenige war, welche den Jungfernturm mit Scherz und Gaukelspiel erfüllte, dachte sich den

König ganz anders. Sie konnte sich nicht helfen, aber jedes Mal, wenn sie von ihm sprechen hörte, musste sie den Jungen des Holzhauers vor sich sehen, der des Abends aus dem Wald kam, mit der Axt auf der Schulter. »Ich sehe dich, ich sehe dich so gut«, sagte Astrid zu dem Bild, ganz als stünde da wirklich jemand vor ihr. »Hoch bist du nicht, aber schulterbreit und leicht und geschmeidig, und nachdem du den ganzen gottlieben Tag im Waldesdunkel gegangen bist, nimmst du das letzte Stück mit einem Satz und lachst und springst hoch, wenn du hinaus auf den Weg kommst. Da blitzen die Zähne, und das Haar fliegt, und das gefällt mir wohl. Ich sehe dich, du hast ein rotwangiges Gesicht und Sommersprossen über der Nase. Und blaue Augen hast du, die dunkel und düster werden, drinnen im tiefen Wald, aber siehst du das Tal und dein Heim, da leuchten sie auf und werden milde. Sobald du deine eigene Hütte im Talgrund siehst, schwenkst du die Mütze und grüßest, und da sehe ich deine Stirn. Sollte diese Stirn nicht einem König taugen? Sollte diese breite Stirn nicht Krone und Helm tragen können?«

Aber so verschieden diese Bilder auch waren, ist doch eines gewiss: Ebenso tief wie die Prinzessin das heilige Bild liebte, das sie heraufbeschwor, liebte die arme Magd den kecken, jungen Gesellen, den sie aus dem tiefen Wald auf sich zukommen sah.

Und wenn Hjalte, der Skalde, die beiden Bilder zu sehen bekommen hätte, würde er sie gewisslich beide gepriesen haben. Er hatte gesagt, dass sie beide dem König glichen. Denn König Olafs guter Stern, würde er gesagt haben, hat es gewollt, dass er ein frischer, munterer Jüngling ist und zugleich ein heiliger Held Gottes.

Der alte Hjalte liebte König Olaf, und obgleich er von Hof zu Hof gezogen und gar viele Menschen gesehen, hatte er doch niemals seinesgleichen finden können. »Wo finde ich einen, der mich Olaf Haraldson vergessen lässt?«, pflegte er zu sagen. »Wo soll ich einem trefflicheren Mann begegnen?«

Hjalte, der Skalde, war ein rauer alter Mann von barschem Aussehen. So alt er auch war, hatte er doch schwarzes Haar, seine Gesichtsfarbe war dunkel und sein Blick scharf. Und sein Singen hatte immer gar wohl zu seinem Aussehen gepasst. Nie waren andre Worte über seine Lippen gekommen als Kampfworte. Er hatte niemals andere Lieder gedichtet als Kampflieder.

Des alten Hjaltes Herz war bis dahin gewesen wie die Wildnis vor der Hütte des Waldbewohners. Wie eine große Steinhalde war es gewesen, aus der nichts anderes wachsen will als mageres Schlangenkraut und hartes Felsengras.

Aber auf seinen Wanderungen war Hjalte an den Hof von Uppsala gekommen. Er hatte Prinzessin Ingegerd gesehen und gefunden, dass sie edler war als jedes andere Weib. Wahrlich, war nicht die Prinzessin eben umso vieles holder als andere Frauen, wie König Olaf herrlicher war als andere Männer?

Da hatte Hjalte ganz plötzlich den Gedanken, dass er es versuchen sollte, Liebe zwischen der schwedischen Prinzessin und dem norwegischen König zu wecken. Er fragte sich, warum sie, die zuoberst bei den Frauen stand, nicht König Olaf lieben sollte, der unter den Männern der trefflichste war.

Und nachdem dieser Gedanke in Hjalte Wurzel geschlagen hatte, dichtete er nicht mehr seine finsteren Heldengesänge. Er stand davon ab, Preis und Ehre bei den rauen Kämpen am Hofe zu Uppsala zu gewinnen, und saß lange Stunden bei den Frauen im Jungfernturm. Man würde nicht geglaubt haben, dass es Hjalte war, der sprach. Man würde nicht geglaubt haben, dass er so süße und milde Worte finden konnte, wie er sie jetzt fand, um von König Olaf zu sprechen. Niemand hätte Hjalte wiedererkannt. Seit der Gedanke an diesen Ehebund in ihm lebte, war er völlig verwandelt. Es war, als wüchse eine farbenprächtige Rose mit duftenden, zarten Blättern aus einer Steinhalde empor.

Eines Tages saß Hjalte wieder bei der Prinzessin im Jungfernturm. Alle Jungfrauen waren fortgegangen, mit Ausnahme von Astrid. Hjalte dachte, dass er nun lange genug von Olaf Haraldson gesprochen. Er hatte von ihm alles Schöne gesagt, das er wusste. Aber hatte es nun etwas gefruchtet? Was dachte die Prinzessin von dem

König? Hjalte begann der Prinzessin Fallen zu legen, um ihre Meinung über König Olaf zu erfahren. Ich werde es an einem Blick sehen können oder an einem Erröten, dachte er.

Aber die Prinzessin war von hoher Abstammung und verstand es, ihre Gedanken zu verbergen. Sie errötete weder, noch lächelte sie. Ihre Augen nahmen keinen Strahlenglanz an. Sie ließ Hjalte nicht ahnen, was sie dachte.

Während der Skalde in ihr edles Antlitz blickte, begann er sich seiner selbst zu schämen. Sie ist zu gut, als dass man trachten sollte, sie zu überrumpeln, dachte er. Man muss ihr im offenen Kampf gegenübertreten. Und Hjalte sagte gerade heraus: »Königstochter, wenn Olaf Haraldson dich von deinem Vater begehrte, was würdest du dazu sagen?«

Der jungen Prinzessin Antlitz leuchtete auf, wie die Gesichter von Menschen aufleuchten, wenn sie auf einen Berg kommen und das Meer schauen. Sie antwortete sogleich ohne Umschweife.

»Ist er ein solcher König und ein solcher Christ, wie du gesagt hast, Hjalte, dann wäre das für mich ein großes Glück.«

Aber kaum hatte sie dies gesagt, als der Glanz in ihren Augen erlosch. Man hätte glauben können, dass eine Nebelwand sich zwischen sie und das große schöne Bild in der Ferne geschoben hätte.

»Ach, Hjalte«, sagte sie, »du vergisst eines: König Olaf ist unser Feind. Krieg und nicht Freiersbotschaft haben wir von ihm zu erwarten.«

»Lass dich dadurch nicht betrüben«, sagte Hjalte. »Wenn nur du es willst, so ist alles gut. Ich kenne König Olafs Willen in dieser Sache.«

Hjalte, der Skalde, war so vergnügt, dass er lachte, als er dieses sagte, aber die Prinzessin wurde immer niedergeschlagener.

»Nein«, sagte sie, »weder von mir, noch von König Olaf hängt es ab, sondern von meinem Vater Olof Schoßkönig. Und du weißt, dass er Olaf Haraldson hasst und nicht einmal gestattet, dass jemand seinen Namen nennt. Nie lässt er mich einem Feind seines Reiches folgen. Nie gibt er seine Tochter Olaf Haraldson.«

Als die Prinzessin dieses gesagt hatte, legte sie all ihren Stolz ab und begann vor Hjalte zu klagen. »Was hilft es mir, dass ich nun

Olaf Haraldson kenne«, sagte sie, »dass ich alle Nächte von ihm träume und mich alle Tage nach ihm sehne! Wäre es nicht besser gewesen, ich hätte nie etwas von ihm gehört? Wäre es nicht besser gewesen, du wärest nie hergekommen, um mit mir von ihm zu sprechen?«

Als die Prinzessin dies sagte, füllten sich ihre Augen mit Tränen, und als Hjalte diese Tränen sah, erhob er im Eifer die Hand.

»Gott will es«, rief er. »Ihr gehört zusammen. Der Streit muss seinen roten Mantel mit den weißen Gewändern des Friedens vertauschen, auf dass euer Glück die Erde erfreue.«

Als Hjalte dies sagte, neigte die Prinzessin zuerst ihr Haupt vor Gottes hohem Namen, dann erhob sie es in neu erwachter Hoffnung.

Als der alte Hjalte aus der niedrigen Tür des Jungfernturmes trat und über den schmalen Gang ging, der nicht durch das kleinste Geländer geschützt wurde, kam Astrid ihm nach.

»O, Hjalte«, rief sie ihm zu. »Warum fragst du nicht mich, was ich Olaf Haraldson antworten würde, wenn er meine Hand begehrte?«

Es war das erste Mal, dass Astrid zu Hjalte sprach. Aber Hjalte warf bloß einen raschen Blick auf die goldhaarige Magd, die das Haar an den Schläfen und im Nacken lockig trug, die die breitesten Armbänder und die schwersten Ohrgehänge hatte, die den Rock mit Seidenschnüren gebunden trug und das Leibchen so mit Perlen bespickt, dass es steif war wie ein Harnisch, dann ging er weiter, ohne zu antworten.

»Warum fragst du nur die Prinzessin Ingegerd?«, fuhr Astrid fort. »Warum fragst du nicht auch mich? Weißt du denn nicht, dass auch ich des Sveakönigs Tochter bin?«

»Weißt du nicht«, fuhr sie fort, da Hjalte gar nichts erwiderte, »dass, obgleich meine Mutter eine Hörige war, sie doch des Königs Jugendbraut wurde? Weißt du nicht, dass, solange sie lebte, niemand wagte, sich ihrer Geburt zu entsinnen? O, Hjalte, weißt du nicht, dass erst, als sie tot war und der König eine Königin hatte, alle sich erinnerten, dass sie eine Unfreie war? Erst nachdem ich eine Stiefmutter bekommen hatte, fing der König an, daran zu denken, dass ich von niedriger Herkunft war. Aber bin ich nicht eine Königstochter, Hjalte, obgleich mein Vater mich so gering und verächtlich ansieht, dass er mich zu dem Gesinde tat? Bin ich nicht eine Königstochter, wenn meine Stiefmutter mich auch in Lumpen gehen ließ, während meine Schwester in Goldkleidern ging? Bin ich nicht eine Königstochter, trotzdem meine Stiefmutter mich Enten und Gänse hüten ließ und trotzdem ich mit der Gesindepeitsche gestraft wurde? Und wenn ich eine Königstochter bin, warum fragst du mich nicht, ob ich mich Olaf Haraldson vermählen will? Sieh, ich habe krauses Goldhaar, das so leicht um meinen Kopf steht wie Flaum. Sieh, ich habe schöne Augen, ich habe blühende Wangen. Warum sollte König Olaf mich nicht besitzen wollen?« Sie folgte Hjalte über den Hof bis zum Königshaus. Aber Hjalte achtete ebenso wenig auf ihre Klage, als ein gewappneter Kämpe der Steinwürfe eines Knaben achtet. Er lauschte der goldgelockten Magd nicht mehr, als wäre sie die schnatternde Elster der Baumwipfel gewesen.

Niemand darf glauben, dass Hjalte sich damit begnügte, dass er Ingegerd für seinen König gewonnen hatte. Nein, am folgenden Tag nahm der alte Isländer all seinen Mut zusammen und sprach mit Olof Schoßkönig von Olaf Haraldson. Aber Hjalte konnte kaum zu Worte kommen; der König unterbrach den Skalden, sowie dieser von seinem Feind sprechen wollte. Hjalte sah ein, dass die edle Prinzessin recht hatte. Nie glaubte er größerem Hass begegnet zu sein. »Aber diese Heirat muss doch geschehen«, sagte Hjalte. »Es ist Gottes Wille, Gottes Wille.«

Und es sah ganz so aus, als hätte Hjalte recht. Wenige Tage später kam ein Bote vom König Olaf von Norwegen, um Frieden mit den Schweden auszuhandeln. Und Hjalte suchte diesen Sendboten auf und sagte ihm, dass der Friede zwischen den beiden Ländern nicht besser befestigt werden könne als durch eine Heirat zwischen Prinzessin Ingegerd und Olaf Haraldson.

Der Sendbote glaubte wohl kaum, dass der alte Hjalte eines Mägdleins Sinn einem fremden Mann hatte zuwenden können, aber er sah trotzdem ein, dass der Vorschlag gut war. Und er versprach Hjalte, diesen Ehevorschlag Olof Schoßkönig auf dem großen Winterthing zu Uppsala vorzutragen.

Gleich darauf verließ Hjalte Uppsala. Er zog umher von Hof zu Hof auf der weiten Ebene. Er drang tief in die Wälder ein. Er kam bis zum Meeresstrand.

Nie traf Hjalte einen Menschen, ohne von Olaf Haraldson und Prinzessin Ingegerd zu sprechen. »Hast du je von einem ausgezeichneteren Mann oder von einem holdseligeren Weib gehört?«, sagte er. »Sicherlich ist es Gottes Wille, dass sie zusammen durchs Leben wandeln sollen.« Hjalte kam zu alten Wikingern, die an der Meeresküste überwinterten und die ehemals an jedem Strand Frauen geraubt hatten. Er sprach mit ihnen von der schönen Prinzessin, bis sie aufsprangen und, die Hand am Schwertgriff, ihm gelobten, dass sie ihr zu ihrem Glück verhelfen wollten.

Hjalte ging zu alten herrischen Bauersleuten, die nie den Klagen ihrer eigenen Töchter gelauscht, sondern sie so verheiratet hatten, wie es die Klugheit und die Ehre des Geschlechts erheischten, und er sprach mit ihnen so weislich von Frieden und Eheschließung, dass sie schworen, eher dem König das Reich zu nehmen, als dass eine solche Verbindung nicht zustande kommen sollte.

Aber dem jungen Weibervolk sagte Hjalte so innige Worte von Olaf Haraldson, dass sie gelobten, niemals mit Wohlgefallen auf einen Jüngling zu blicken, der nicht auf dem Thing dem Sendboten beistand und dazu half, des großen Königs Widerstand zu brechen. So ging Hjalte umher und sprach, bis der Winterthing sich versammeln sollte und das Volk auf beschneiten Wegen hinabzog zu den großen Thinghügeln in Uppsala.

Und als der Thing eröffnet wurde, da war der Eifer des Volkes so groß, dass es war, als müssten die Sterne am Himmel erlöschen, wenn diese Heirat nicht beschlossen wurde.

Und obgleich der König zweimal ein barsches Nein zu Frieden wie zu Freierei sagte, was half das? Was half es, dass er König Olafs Namen nicht nennen hören wollte? »Wir wollen nicht Krieg mit Norwegen führen«, rief das Volk. »Wir wollen, dass diese beiden, die von allen am höchsten gehalten werden, gemeinsam durch das

Leben wandern!« Und was konnte der alte Olof Schoßkönig tun, als das Volk gegen ihn losbrach mit Drohungen und harten Worten und Waffenlärm? Was konnte er tun, als er vor sich nichts anderes sah als gezückte Schwerter und rasende Menschen? Musste er nicht seine Tochter versprechen, wollte er Krone und Leben behalten? Musste er nicht schwören, im nächsten Sommer die Prinzessin nach Kungahälla zu König Olaf zu schicken?

Seht, auf solche Weise wurde Ingegerds Liebe von allem Volk gefördert. Aber niemand war da, der Astrid zu helfen suchte, ihr Glück zu erreichen; kein Mensch fand sich, der nach ihrer Liebe fragte. Und doch lebte diese Liebe wie das Kind der armen Fischerwitwe in Not und Entbehrung, aber sie wuchs doch froh und hoffnungsvoll heran. Sie wuchs und lebte, denn in Astrids Seele gab es wie am Meer frische Luft und Licht, und üppigen Schaum und Wogenschwall.

In dem reichen Kungahälla, weit weg an der Grenze lag ein großer, alter Königshof, der war von einem hohen, torfverkleideten Wall umgeben. Vor den Toren standen gewaltige Grabdenkmäler Wacht, und drinnen wuchs eine Eiche, die dem ganzen Hof des Königs Schatten gab. Auf dem ganzen Gebiet innerhalb des Walles standen lange, niedrige Holzgebäude. Sie waren so alt, dass auf den Dachfirsten Moosflechten wuchsen. Die Balken der Wände waren vor Alter silberweiß. Die Torfdächer grünten und blühten; der Hauslauch saß so dicht wie die Schuppen auf einem Fisch; das Riedgras fand kaum Raum, ein paar vereinzelte Halme dazwischen hervorzustecken.

Zu Beginn des Sommers kam Olaf Haraldson nach Kungahälla, und in dem großen, alten Königshof sammelte er alles ein, was erforderlich war, um Hochzeit zu feiern. Die lange Straße hinauf zogen da ein paar Wochen hindurch lange Reihen von Bauern, die auf ihren Pferdchen Butter in Butten brachten und Käse in Säcken, Hopfen, Salz, Rüben und Mehl.

Als diese Fuhren endlich aufhörten, kamen ein paar Wochen lang die Hochzeitsgäste über die Straße gezogen. Da kamen hochgewachsene Männer und Frauen zu Pferde mit großem Gefolge von Dienern und Knechten. Hierauf folgten Scharen von Gauklern, von Liedersängern und Sagenerzählern. Kaufleute kamen aus dem fernen Deutschland und Russland, um den König zu verlocken, Brautgaben zu kaufen. Nachdem diese Züge zwei Wochen durch die Stadt gezogen waren, wartete man nur noch auf den letzten Zug, den Brautzug.

Aber der Zug der Braut wollte und wollte nicht kommen. Jeden Tag hoffte man, dass die Braut an der Königsbrücke ans Land steigen würde, um dann, geführt von Pfeifern und Trommlern, von fröhlichen, jungen Knappen und ernsten Priestern, die Straße zum Königshof hinanzuschreiten. Doch der Brautzug kam nicht.

Als die Braut so lange auf sich warten ließ, suchten aller Blicke König Olaf, um zu sehen, ob er von Unruhe gequält wurde. Aber der König zeigte ein ruhiges Antlitz. »Wenn Gott will«, sagte der König, »dass ich dieses schöne Weib besitzen soll, dann muss sie wohl kommen.« Und der König wartete, indes das Gras auf den Wiesen gemäht wurde und die Kornblume im Roggenfeld erblühte.

Der König wartete noch, als der Flachs aus der Erde gerissen wurde und als die Hopfenranken auf den hohen Stangen sich gelb färbten.

Er wartete noch, als die Brombeeren in den Felsenspalten schwarz wurden, und als die Hagebutte auf den nackten Zweigen des Dornbusches rot zu leuchten begann.

Den ganzen Sommer war Hjalte unten in Kungahälla umhergegangen und hatte auf die Hochzeit gewartet. Niemand konnte die Prinzessin eifriger erwarten als er. Er sehnte sich sicherlich mit viel größerer und quälenderer Unruhe als König Olaf selbst. Auch jetzt war es Hjalte unter den Kämpen im Königshaus nicht wohl. Aber weit unten am Fluss befand sich eine Brücke, zu der die Frauen Kungahällas zu gehen pflegten, um ihren Männern und Söhnen nachzublicken, wenn sie auf weite Fahrt auszogen. Hier pflegten sie sich auch den ganzen Sommer über zu versammeln, um den Fluss hinab nach Segeln auszulugen und den Fortgefahrenen nachzuweinen.

Hinab zu dieser Brücke kam nun Hjalte alle Tage. Er liebte es, sich unter jenen aufzuhalten, die trauerten und sich sehnten.

Ganz sicherlich hatte keine der Frauen, die je auf der »Tränenbrücke« gesessen und gewartet hatte, den Lauf des Flusses mit ängstlicheren Blicken hinabgeschaut als Hjalte, der Skalde. Es gab niemanden, der mit größerer Erwartung seine Blicke auf jedes vorübergleitende Segel heftete.

Zuweilen schlich sich Hjalte auch in die Marienkirche. Er betete nie für sich selbst. Er kam nur herein, um die Heiligen an diese Heirat zu erinnern, die geschehen musste, da Gott selbst sie gefördert hatte. Am allerliebsten sprach aber Hjalte ganz allein mit Olaf Haraldson. Es war ihm eine Freude dazusitzen und jedes Wort der Königstochter zu wiederholen und ihre Gesichtszüge ausführlich zu schildern.

»König«, sagte er, »bitte Gott, dass sie zu dir kommt. Jeden Tag sehe ich dich auf die Jagd ausziehen gegen das alte Heidentum, das wie ein Uhu in dem Schatten des Waldes und der Klüfte verborgen liegt. Aber dein Falke, König, wird niemals den Uhu überwinden. Eine Taube allein kann es, allein eine Taube.« Der Skalde fragte den König, ob es nicht wahr sei, dass er alle seine Widersacher niederwerfen wollte. War es nicht so, dass er allein Herr sein wollte im Land? Aber nie würde ihm das glücken. Nie würde es glücken, solange er nicht die Krone besaß, die Hjalte ihm auserwählt, eine Krone, die so mit Adel und Glanz geschmückt war, dass alle Menschen gehorchen mussten.

Und zuletzt fragte er den König, ob er nicht die Herrschaft über sich selbst gewinnen wolle. Aber es konnte ihm niemals gelingen, des eigenen Herzens Widerstand zu überwinden, wenn er nicht ein Schild gewann, das Hjalte im Jungfernturm des Königshofes zu Uppsala gesehen. Das war ein Schild, der des Himmels Reinheit dem Besitzer widerspiegelte. Das war ein Schild, der vor aller Arglist und aller Fleischeslust schützte.

Aber der Herbst kam, und noch immer säumte die Prinzessin. Einer nach dem andern von den tapfern Helden, die um des Hochzeitsfestes willen Kungahälla besucht hatten, musste von dannen ziehen. Zuletzt zog auch der alte Hjalte, der Skalde. Mit schwerem Herzen segelte er fort, musste er doch vor dem Weihnachtsfest sein Heim im fernen Island erreichen.

Der alte Hjalte war kaum zu den felsigen Schären hinter der Mündung des Nordre Älf gekommen, als er einem Langschiff begegnete. Sogleich gebot er seinen Mannen mit dem Rudern innezuhalten. Er hatte auf den ersten Blick erkannt, dass es Prinzessin Ingegerds Drache war.

Ohne Zögern ließ Hjalte sich zu dem Drachen rudern. Er verließ seinen Platz am Steuer und stellte sich mit freudestrahlendem Antlitz ganz vorne in den Kiel. »Es freut mich, dass ich die schöne Maid noch einmal schauen darf«, sagte der Skalde. »Es freut mich, dass ihr holdes Antlitz das Letzte ist, was mir vor der Islandfahrt begegnet.«

Da war kaum eine Runzel in Hjaltes Antlitz zu sehen, als er an Bord des Drachen trat. Er grüßte die rüstigen Gesellen, welche die Ruder führten, so freundlich, als wären es seine Genossen, und er gab dem Mägdelein, das ihn ehrfurchtsvoll zum Frauenzelt im Hintersteven des Schiffes geleitete, ein goldenes Ringelein.

Hjaltes Hand zitterte, als er den Vorhang hob, der vor der Zeltöffnung herabhing. Dieser Augenblick dünkte ihn der schönste seines Lebens. »Nie habe ich für eine größere Sache gekämpft«, sagte er. »Nie habe ich etwas so eifrig erstrebt wie diese Verbindung.«

Aber als Hjalte in das Zelt kam, wich er erschrocken einen Schritt zurück. Sein Gesicht drückte die größte Verwirrung aus.

Ein hohes, schönes Weib sah er dort drinnen, das ihm mit ausgestreckter Hand entgegenkam, aber das war nicht Ingegerd. Hjaltes Augen irrten suchend in dem engen Zelt umher, um die Prinzessin zu finden. Wohl sah er, dass sie, die dort drinnen stand, eine Königstochter war. Nur eine Königstochter konnte ihn mit so stolzen Blicken ansehen und ihn mit solcher Würde begrüßen. Und sie trug den fürstlichen Stirnreif und königliches Gewand. Aber wo war Ingegerd?

Hjalte begann die Fremde heftig auszufragen. »Wer bist du?«, fragte er.

»Kennst du mich nicht, Hjalte, ich bin die Königstochter, mit der du von Olaf Haraldson gesprochen.«

»Ich habe mit einer Königstochter von Olaf Haraldson gesprochen, aber sie nannte sich Ingegerd.«

»Ich nenne mich auch Ingegerd.«

»Du magst dich nennen wie du willst, aber du bist nicht die Prinzessin. Was will all dies heißen? Will der Sveakönig Olaf hintergehen?«

»Er hintergeht ihn nicht. Er sendet ihm seine Tochter, so wie er es versprochen.«

Es fehlte nicht viel, und Hjalte hätte sein Schwert gezogen, um die fremde Frau niederzuschlagen. Er hatte schon die Hand am Schwertgriff, aber dann besann er sich, wie übel es einem Kämpen anstand, einem Weib das Leben zu nehmen. Aber mehr Worte wollte er nicht an diese Betrügerin vergeuden. Er wandte sich zum Gehen.

Die Fremde rief ihn mit sehr sanfter Stimme zurück. »Wohin gehst du, Hjalte, willst du nach Kungahälla fahren, um Olaf Haraldson zu warnen?«

»Jawohl, dies ist meine Absicht«, antwortete Hjalte, ohne sie anzusehen.

»Warum willst du mich dann verlassen, Hjalte, warum bleibst du nicht bei mir? Ich fahre ja auch nach Kungahälla.«

Nun wandte sich Hjalte um und sah sie an. »Bist du das Weib, um Erbarmen mit einem alten Mann zu haben?«, sagte er. »Ich will dir sagen, dass ich mein ganzes Herz darein gesetzt habe, dass diese Heirat zustande kommt. Lass mich nun mein ganzes Unglück wissen. Darf Ingegerd überhaupt nicht kommen?«

Da hörte die Prinzessin auf, mit Hjalte ihren Scherz zu treiben. »Komm herein und setze dich hier unter das Zelt«, sagte sie, »und ich werde dir alles sagen, was du wissen willst. Ich begreife wohl, dass es nichts nützt, die Wahrheit vor dir zu verbergen.«

Und sie begann ihm zu erzählen. »Schon neigte der Sommer sich seinem Ende zu«, sagte sie, »schon hatten die munteren Küchlein des Birkhuhns starke Federn in dem gespaltenen Schwanz und Festigkeit in den runden Flügeln, schon hatten sie angefangen, mit hurtigen, lärmenden Flügelschlägen in dem Astgewirr des Tannenwaldes umherzuflattern – da war der Sveakönig eines Morgens über die Ebene geritten gekommen. Er war von glücklicher Jagd heimgekehrt. Am Sattelknopf hingen ein alter Birkhahn, dunkel glänzend und blauschwarz, und vier seiner unerfahrenen Jungen in gesprenkeltem Kleid. Und der König war sehr stolz gewesen. Es trug sich nicht oft zu, dass man mit Falke und Habicht an einem Morgen bessere Jagd machte.«

Aber nun musste Hjalte wissen, dass an diesem Morgen Prinzessin Ingegerd mit ihren Zofen im Burgtor gestanden und den König erwartet hatte. Und unter den Jungfrauen war eine gewesen, die sich Astrid nannte und die ebenso wie Ingegerd eine Tochter des Sveakönigs war, obgleich von einer unfreien Mutter geboren und darum wie eine Leibeigene gehalten. Und diese junge Maid hatte dagestanden und ihrer Schwester gezeigt, wie die Schwalben sich draußen über dem Feld versammelten und sich einen Führer wählten für den langen Flug. Sie erinnerte sie daran, dass der Sommer nun im Scheiden war – dieser Sommer, der Ingegerds Hochzeit hätte schauen sollen. Sie reizte sie auf, den König zu fragen, warum sie nicht zu König Olaf fahren dürfe. Denn Astrid hatte diese Fahrt mit ihrer Schwester machen wollen. Sie dachte, dass sie alle Tage froh sein würde, wenn sie bloß ein einziges Mal Olaf Haraldson schauen dürfte.

Aber als der Sveakönig die Prinzessin erblickt hatte, war er auf sie zugeritten. »Sieh, Ingegerd«, hatte er gesagt, »hier hängen fünf Birkhühner am Sattelknopf. An diesem einen Morgen habe ich fünf Birkhühner erlegt. Wer, glaubst du, kann sich eines größeren Glückes rühmen? Hast du je gehört, dass ein König bessere Jagd machte?«

Aber da war die Prinzessin unwillig geworden, weil er so stolz war und sein eigenes Glück pries, während er ihr den Weg zum Glück versperrte. Und um der Angst, die sie seit Wochen verzehrte, ein Ende zu machen, antwortete sie: »Du, Vater, hast mit großen Ehren fünf Birkhühner erlegt, aber ich weiß einen König, der in einer Morgenstunde fünf Könige fing, und das war Olaf, der Held, den du mir zum Gemahl erwählt.«

Da war der Sveakönig zornig aus dem Sattel gesprungen und mit geballten Fäusten auf die Prinzessin losgegangen.

»Welcher Troll hat dich gebissen?«, hatte er gefragt. »Welches Kraut hat dich behext? Wie konnte sich dein Sinn diesem Mann zuwenden?«

Da hatte Ingegerd nicht geantwortet. Sie war erschrocken einen Schritt zurückgewichen. Und der König war ruhiger geworden. »Süße Tochter«, hatte er gesagt, »weißt du denn nicht, dass ich dich lieb habe? Wie kann ich dich dann dem schenken, den ich nicht ertragen kann! Ich möchte dich mit trauten Wünschen geleiten. Ich will in deinen Saal treten können. Ich sage dir, dass du deinen Sinn den Königen anderer Länder zuwenden musst, denn Norwegens König wird dich niemals besitzen!«

Da war die Prinzessin so verwirrt geworden, dass sie dem König nichts anderes zu antworten wusste als: »Ich bat dich nicht. Es war des Volkes Wille!«

Und der König hatte sie sogleich gefragt, ob sie meinte, dass der Sveakönig ein Knecht sei, der nicht über seine eigenen Kinder verfügen dürfe, ob er einen Herrn habe, der die Macht besäße, seine Tochter zu verschenken.

»Will der Sveakönig es gestatten, dass man ihn wortbrüchig nennt?«, hatte die Prinzessin gefragt.

Der Sveakönig hatte laut gelacht. »Sei du ohne Sorge! Solches wird nicht gesagt werden. Warum fragst du danach, du, ein Weib? Noch sitzen Männer in meinem Rat. Dafür werden Männer Hilfe zu finden wissen.«

Und der König hatte sich den Kämpen zugewandt, die in der Jägerschar ritten. »Mein Wille wird durch dieses Gelöbnis gebunden«, sagte er. »Ich will frei sein von diesem Band.«

Aber keiner der Männer des Königs hatte ein Wort erwidert, keiner wusste irgendeinen Rat zu geben.

Immer größeren Zorn hatte da Olof Schoßkönig gepackt. Er war so wild geworden wie ein Wahnsinniger. »Wehe eurer Weisheit!«, hatte er einmal ums andere seinen Mannen zugerufen. »Frei will ich sein! Warum preist man eure Weisheit?«

Aber während der König so getobt und gewütet hatte, und weil niemand ihm etwas zu antworten wusste, trat Astrid aus dem Kreis der Jungfrauen heraus und brachte ihren Rat vor. Aber sie sprach ihn nur aus, das musste Hjalte glauben und wissen, weil er ihr ergötzlich schien und ihr gleichsam kitzelnd auf der Zunge lag, durchaus nicht, weil er ihr möglich oder ausführbar erschien.

»Warum sendest du nicht mich?«, sagte sie. »Ich bin auch deine Tochter. Warum schickst du nicht mich zu dem norwegischen König?«

Aber als Astrid dies gesagt hatte, war Ingegerd ganz blass geworden. »Schweige still und geh«, sagte sie erzürnt. »Geh, du Plappermaul, du heimtückisches, böses Ding, das meinem Vater solche Schmach vorschlägt.«

Aber der König hatte Astrid nicht erlaubt zu gehen. Im Gegenteil! Er hatte die Hand ausgestreckt und sie an seine Brust gezogen. Er hatte gelacht, und geweint und war ganz wirr gewesen vor Freude, wie ein ausgelassenes Kind.

»Ah«, hatte er gerufen, »was für ein Einfall! Was für ein heidnischer Streich! Wir werden Astrid Ingegerd nennen! Wir werden Norwegens König verlocken, sie zu ehelichen! Und wenn es dann kund wird rings im Land, dass sie von unfreier Geburt ist, wird man seinen Spott treiben mit diesem ehrenfesten Mann!«

Aber da war Ingegerd auf den König zugeeilt und hatte gefleht: »O Vater, o Vater, tu das nicht! Ich habe König Olaf von Herzen lieb, es macht mir großen Kummer, dass du ihn betrügen willst.«

Und sie sagte, sie wolle in Geduld dem Befehl ihres Vaters gehorchen und von der Heirat mit Olaf Haraldson abstehen. Er sollte ihr nur versprechen, ihm das nicht anzutun, nicht das.

Aber der Sveakönig hatte gar nicht auf ihre Bitten gehört. Er hatte sich allein Astrid zugewandt, die er liebkoste, als wäre sie süß wie die Rache selbst. »Du sollst fahren, du sollst bald fahren, morgen schon«, hatte er zu ihr gesagt. »Wir müssen wohl irgendein Schiff haben, das seetüchtig ist. Alles, was du an Heiratsgut brauchst, deine Kleider, liebe Tochter, und dein Gefolge, das kann in größter Eile beschafft werden. Der norwegische König denkt nicht an derartiges, er denkt bloß an die Freude, des Sveakönigs hochgeborenes Töchterlein zu besitzen.«

Als er das gesagt, hatte Ingegerd nur zu wohl verstanden, dass hier keine Änderung zu erhoffen war. Und da war sie auf die Schwester zugegangen, hatte ihr die Hand um den Hals gelegt und sie mit sich in ihren Saal geführt und auf ihre eigene Hochbank gesetzt, während sie selbst auf dem niedrigen Schemel zu ihren Füßen Platz nahm. Und sie hatte zu Astrid gesagt, dass sie nun dort oben sitzen sollte, um sich an den ersten Platz zu gewöhnen. Sie sollte dort sitzen, um zu wissen, welchen Platz sie als Königin einnehmen würde. Denn Ingegerd wollte nicht, dass Olaf sich seiner Königin schämen müsste.

Dann hatte die Prinzessin ihre anderen Jungfrauen zu Kleiderschränken und Vorratskammern geschickt, um den Brautschatz zu holen, den sie für sich selbst geordnet. Und das alles hatte sie ihrer Schwester geschenkt, damit Astrid nicht wie eine arme Magd zu Norwegens König kam.

Sie hatte auch aufgezählt, welche Diener und Zofen Astrid begleiten sollten, und zum Schluss hatte sie ihr das schöne Langschiff gegeben.

»Sicherlich sollst du mein Langschiff nehmen«, sagte sie. »Du weißt, dass viele gute Gesellen dort das Ruder führen. Denn es ist mein Wille, dass du stolz zu Norwegens König kommst, sodass er sich geehrt fühlt durch seine Königin.«

Und dann hatte die Prinzessin gar lange bei ihrer Schwester gesessen und mit ihr von König Olaf gesprochen. Aber sie hatte so gesprochen, wie man von Gottes heiligen Männern spricht und nicht von Königen, und Astrid hatte nicht viel von ihrer Rede verstanden. Aber so viel hatte sie verstanden, dass die Königstochter Astrid alle guten Gedanken schenken wollte, die in ihr wohnten, nur damit König Olaf nicht so genarrt wurde, wie ihr Vater wünschte. Und da hatte schließlich Astrid, die wohl doch nicht so böse war, wie alle glaubten, vergessen, wie oft sie gerade um ihrer Schwester willen hatte leiden müssen, und sie hatte gewünscht, dass sie die Freiheit besäße zu sagen: »Ich fahre nicht.« Sie hatte auch von diesem Wunsch zur Prinzessin gesprochen, und sie hatten beide geweint, und zum ersten Mal hatten sie sich als Schwestern gefühlt.

Aber nun musste Hjalte verstehen, dass Astrid nicht eine von denen war, die grübeln und trauern. Als sie hinaus auf das Meer gekommen war, da hatte sie alle Sorge und Furcht vergessen. Sie hatte als Herrscherin gebieten können, sie war wie eine Königstochter bedient worden. Zum ersten Mal seit dem Tod ihrer Mutter war sie glücklich gewesen. Die schöne Königstochter schwieg einen Augenblick, als sie all dieses gesagt hatte. Sie sah hastig zu Hjalte auf, der sich, solange sie sprach, nicht geregt hatte. Sie erblasste, als sie sah, welchen Schmerz sein Antlitz widerspiegelte. »Sage mir, was du glaubst, Hjalte«, rief sie. »Nun sind wir ja bald in Kungahälla. Wie wird es mir dort ergehen? Wird der König mich töten? Wird er mich zurückschicken, mit rot glühendem Eisen gebrandmarkt? Sag mir die Wahrheit, Hjalte?«

Aber Hjalte antwortete ihr nicht. Er saß da und sprach zu sich selbst, ohne dass er es wusste. Astrid hörte, wie er murmelte, dass es drüben in Kungahälla keinen gebe, der Ingegerd kannte, und dass er selbst geringe Lust habe, zurückzukehren. Dann fiel Hjaltes düsterer Blick auf Astrid, und er begann sie auszufragen. Sie hatte sich ja die Freiheit gewünscht, um nein zu dieser Fahrt sagen zu können. Und wenn sie jetzt nach Kungahälla kam, war sie frei. Was gedachte sie also zu tun? Gedachte sie König Olaf zu sagen, wer sie war?

Das war eine Frage, die Astrid gar sehr verwirrte. Sie schwieg lange. Aber dann hub sie an, Hjalte zu bitten, dass er sie nach Kungahälla geleite, um dem König die Wahrheit zu sagen. Sie sagte Hjalte, dass ihre Schiffsleute und Zofen sich verpflichtet hatten zu schweigen. »Und ich selbst weiß ja nicht, was ich tue«, sagte sie. »Wie kann ich wissen, was ich tun werde? Ich habe ja alles gehört, was du Ingegerd von Olaf Haraldson erzählt hast.«

Als Astrid dies sagte, sah sie, wie Hjalte wieder in Grübeln versank. Sie hörte, wie er dasaß und murmelte, dass er nicht glaube, dass sie gestehen würde. »Aber ich muss ihr doch sagen, was ihrer wartet«, sagte er.

Und Hjalte richtete sich auf und sprach mit tiefem Ernst. »Höre noch eines, Astrid, was ich dir früher nicht von König Olaf erzählt habe.

Es war zu der Zeit, als König Olaf nur ein armer Seekönig war, als er bloß einige gute Schiffe besaß und einige getreue Kämpen, aber keinen Teil am Reich seiner Väter hatte. Das war damals, als er mit Ehren auf fremden Meeren stritt, als er die Wikinger verfolgte und die Kaufleute schützte und sein Schwert christlichen Fürsten lieh. Da träumte der König einmal, dass ein Fürst des Lichts, ein schöner Engel Gottes nachts zu seinem Schiff hinabstieg und alle Segel hisste und gen Norden steuerte. Und es dünkte den König, dass sie nicht längere Zeit segelten, als ein Stern braucht, um am Morgen zu erlöschen, als sie zu einem hohen felsigen Strand kamen, von Fjorden durchbrochen und von milchweißer Brandung bespült. Aber als sie dem Strand nahten, streckte der Engel die Hand aus und sprach mit seiner Silberstimme, die das Lärmen des Windes in den Segeln übertönte und das wilde Brausen der Wellen, die der Kiel in schwindelnder Fahrt durchschnitt. ›Du, König Olaf‹, so lauteten die Worte des Engels, ›sollst dieses Land für ewige Zeit besitzen.‹ Und als er dies gesagt hatte, war der Traum zu Ende.«

Aber nun suchte Hjalte Astrid zu erklären, dass die Morgenröte den Übergang von der Nacht zum sonnenblanken Tag mildere. Deshalb habe Gott seine Verkündigung in einen Traum gekleidet, der die übermenschliche Ehre, dass es sein Wille sei, Könige kommen und Könige gehen zu lassen, aber dem heiligen König Olaf Ewigkeit zu verleihen, und dunkel andeutet, sodass er vom König in aller Demut so ausgelegt werden kann, dass er und die Männer seines Geschlechts immer das Land beherrschen sollten, das der Engel ihm gezeigt hatte. Und da er in diesem Land das Reich seiner Väter wiederzuerkennen glaubte, steuerte er hin und ward, vom Glück begünstigt, bald dessen König.

Und so, Astrid, ist es in allem. Wohl deutet alles darauf, dass eine himmlische Kraft in König Olaf wohnt, doch zögert er noch und denkt, dass er nur zu einem irdischen König berufen ist. Er greift noch nicht nach der Heiligenkrone. Aber jetzt ist die

Stunde nicht mehr fern, wo volle Klarheit über seine Aufgabe über ihn kommen muss. Jetzt ist die Stunde nicht mehr fern.«

Und der alte Hjalte sprach weiter, während Seherkraft ihn erfüllte.

»Gibt es wohl außer Ingegerd ein Weib, das nicht von Olaf Haraldson verworfen und von seiner Seite verstoßen werden wird, wenn er aufsteht und des Engels Worte begreift, dass er Norwegens König für ewige Zeiten ist? Gibt es eine, die ihm da auf seiner hohen Wanderung folgen kann, mit Ausnahme von Ingegerd?«

Und noch einmal wendete Hjalte sich an Astrid und fragte mit großer Strenge: »Antworte nun und sage mir, ob du nicht die Wahrheit sprechen willst vor König Olaf?«

Astrid war ganz verschüchtert. Sie antwortete sehr demütig: »Warum willst du nicht mit mir nach Kungahälla? Dann bin ich gezwungen, alles zu offenbaren. Siehst du nicht, Hjalte, dass ich nicht weiß, was ich will? Ich würde ja geloben, was du heischest, wenn mein Sinn danach stände, den König zu betrügen. Ich würde dich verlocken, weiter zu reisen, aber ich bin schwach. Ich bitte dich ja nur, mir das Geleit zu geben.«

Aber kaum hatte sie das erwidert, da sah sie in Hjaltes Antlitz einen furchtbaren Zorn. »Warum soll ich dir dazu verhelfen, deinem harten Schicksal zu entgehen?«, fragte er.

Er sagte, dass er an ihr nicht Barmherzigkeit zu üben brauche. Er hasste sie wegen ihrer Sünde gegen die Schwester. Ingegerds war der Mann gewesen, den sie sich erlisten wollte, Diebin, die sie war. Ein gestählter Kämpe wie Hjalte musste vor Schmerz stöhnen, wenn er bedachte, was Ingegerd gelitten. Aber Astrid hatte nichts gefühlt. Den Schmerz der edlen jungen Maid hatte sie mit grausamer Verschlagenheit missbraucht, um ihre niederen Wünsche erfüllt zu sehen. O weh, Astrid!

Astrid hörte Hjaltes Stimme so wild und düster, als murmelte er einen Zaubergesang.

»Du«, sagte er zu ihr, »du hast mein schönstes Gedicht verzerrt. Denn der Skalde Hjalte wollte die frommste der Frauen mit dem vortrefflichsten der Männer zusammensingen. Aber du hast das

Gedicht in ein Narrenspiel verwandelt. Und ich werde dich strafen, du Abkömmling der Hölle! Ich werde dich strafen, so wie Gott Vater den Versucher strafte, der die Sünde in die Welt brachte. Ich werde dich strafen.

Bitte mich nicht«, fuhr er fort, »dass ich dir, Weib, folgen soll, um dich vor dir selbst zu schützen. Ich denke an die Prinzessin. Sie leidet durch dein falsches Spiel, das du mit König Olaf treibst. Um ihretwillen musst du gestraft werden und um meinetwillen. Ich werde nicht mit dir gehen, um dich zu verraten. Dies ist meine Rache, Astrid. Ich werde dich nicht verraten. Du sollst in Kungahälla einziehen, du, Astrid, und wenn du nicht von selbst sprichst, magst du des Königs Braut werden. Aber dann, du Schlange, wird die Strafe dich ereilen. So schwer wird dein Leben werden, dass du dir den Tod wünschst, jeden Tag.«

Als Hjalte dies gesagt, wandte er sich von ihr und ging.

Astrid saß lange da und dachte über das nach, was sie gehört hatte. Aber dann zog ein Lächeln über ihr Antlitz. Er vergaß, der alte Hjalte, dass sie alle Leiden gekostet, dass sie gelernt hatte, zu Qualen zu lächeln. Aber das Glück, das Glück hatte sie nie gekostet!

Und Astrid erhob sich und trat in die Zeltöffnung. Sie sah des grimmigen Hjalte Schiff gen Westen steuern. Und weit in der Ferne glaubte sie das nebelverhüllte Island zu sehen, das mit Kälte und Finsternis seinen weit gereisten Sohn willkommen hieß.

Es war ein sonnenblanker Tag im Herbst. Nicht die kleinste Wolke war am Himmel. Es war ein Tag, an dem man dachte: Die Sonne will der Erde alles Licht schenken! Die holde Sonne ist wie eine Mutter, deren Sohn fortreisen soll, und die nun in der Abschiedsstunde kein Auge von dem geliebten Sohn wenden mag.

In dem langen Tal, in dem Kungahälla lag, erhoben sich viele kleine, runde Hügelchen, die mit Buchenwald bekleidet waren. Und nun im Herbst hatten die Bäume so prächtige Gewänder angelegt, dass man sich über sie verwundern musste. Es war, als wollten die Bäume auf Freiersfahrt ausziehen. Es war, als hätten sie sich in Gold und Scharlach gekleidet, um reiche Bräute zu gewinnen mit ihrer Herrlichkeit. Die große Insel Hisingen am andern Ufer des Älfs war auch geschmückt. Aber auf Hisingen standen weißgelbe Birken. Auf Hisingen standen die Bäume hell gekleidet, als wären sie Mägdlein im bräutlichen Schmuck.

Aber den Fluss hinauf, der so stolz und ungestüm herab zum Meer stürzte, als hätte der Regen des Herbstes ihn mit brausendem Wein erfüllt, kam Schiff auf Schiff der Heimat zugerudert. Und wenn die Schiffe in die Nähe von Kungahälla kamen, da wurden ihre grauen Friessegel mit neuen, weißen vertauscht. Und man muss an Sagen von Königssöhnen denken, die in Bettlerlumpen auf Abenteuer auszogen und sie abwarfen, sobald sie wieder in den hohen Königshof eintraten.

Aber alles Volk von Kungahälla war unten an den Brücken versammelt. Alt und jung lud Waren von den Schiffen. Sie füllten die Vorratshäuser mit Salz und Tran, mit kostbaren Waffen und schimmernden Geweben. Sie zogen Fahrzeuge und Boote ans Land und fragten die Heimgekehrten nach ihrer Reise aus. Aber plötzlich stockte alle Arbeit, und alle wandten die Blicke dem Älf zu. Mitten zwischen den schweren Kauffahrteischiffen kam ein großes Langschiff gerudert. Und das Volk wunderte sich, wer es sein mochte, der purpurgeränderte Segel hisste und ein goldenes Zeichen im Steven führte. Man mochte wohl wissen, was für ein Schiff das war, das so leicht wie ein Vogel über die Wellen flog. Man pries seine Fährleute, die die Ruder so gleichmäßig führten, dass sie zuseiten des Schiffes blitzten wie Adlerschwingen. »Es muss die schwedische Prinzessin sein«, sagte man. »Die schöne Prinzessin Ingegerd muss es sein, die Olaf Haraldson den ganzen Sommer und Herbst hindurch erwartet hat.«

Und die Frauen eilten hinaus auf die Brücken, um die Prinzessin zu sehen, deren Schiff der Königsbrücke zusteuerte. Männer und Knaben sprangen hinaus auf die Schiffe und erkletterten die Dächer der Bootshütten.

Als die Frauen die Prinzessin herrlich geschmückt auf dem Verdecke stehen sahen, fingen sie an, ihr zuzurufen und sie mit Willkommensworten zu grüßen. Und alle Männer, die ihr hold lächelndes Antlitz schauten, lüfteten die Mütze und schwenkten sie hoch in die Luft.

Aber unten auf der Königsbrücke stand König Olaf selbst, und als er die Prinzessin sah, strahlte sein Angesicht in Freude, und seine Augen leuchteten in sanfter Zärtlichkeit.

Und da es so spät im Jahr war, dass alle Blumen dahin waren, pflückten die jungen Mädchen rotgelbes Herbstlaub von den Bäumen und streuten es auf die Brücke und die Straße. Und mit aller Hast eilten sie, die Hauswände mit glänzenden Vogelbeeren und dunkelroten Espenblättern zu verkleiden.

Die Prinzessin, die hoch auf ihrem Schiff stand, sah das Volk, das winkte und sie willkommen hieß, sie sah das rotgelbe Laub, auf dem sie wandeln sollte. Und ganz vorne auf der Brücke sah sie den König, der ihr entgegenlächelte.

Und die Prinzessin vergaß all das, was sie sagen und beichten sollte. Sie vergaß, dass sie nicht Ingegerd war. Sie vergaß alles, nur das nicht, dass sie Olaf Haraldsons Weib werden wollte.

Eines Sonntags saß Olaf Haraldson beim Mittagstisch, und seine schöne Königin saß an seiner Seite. Er sprach eifrig mit ihr, stützte den Ellenbogen auf den Tisch und wendete sich so, dass er ihr Antlitz sehen konnte. Aber als Astrid sprach, senkte der König den Blick, um nur an den Liebreiz ihrer Stimme zu denken, und als sie lange sprach, begann er, ohne es zu bemerken, mit dem Messer an der Tischplatte zu schnitzen.

Alle Mannen König Olafs wussten, dass er dies nicht getan haben würde, wenn er sich erinnert hätte, dass es Sonntag war. Aber sie hatten zu viel Ehrfurcht vor dem König, als dass sie gewagt hätten, ihn daran zu erinnern.

Je länger Astrid sprach, desto unruhiger wurden die Kämpen. Die Königin sah wohl, dass sie verwunderte Blicke miteinander tauschten, aber sie wusste nicht, was die Ursache war.

Alle hatten aufgehört zu essen, und die Speisen waren fortgetragen, aber König Olaf saß noch immer still da, sprach mit Astrid und schnitt an der Tischplatte. Ein ganzer Haufen kleiner Späne lag vor ihm.

Da sprach endlich sein Freund Björn, Sohn des Ogru auf der Seehundsinsel: »Welchen Tag haben wir morgen, Eilif?«, fragte er und wandte sich an einen Knappen.

»Morgen haben wir Montag«, antwortete Eilif mit hoher, klarer Stimme.

Da erhob der König sein Haupt und sah Eilif an. »Sagtest du, dass morgen Montag ist?«, fragte er nachdenklich.

Ohne ein weiteres Wort sammelte er alle Späne, die er aus dem Tisch geschnitten, in seine Hand, ging zum Herd, nahm eine Feuerkohle und legte sie auf die Späne, die allsogleich Feuer fingen. Der König stand still und ließ sie in seiner Hand zu Asche brennen. Da freuten sich alle Kämpen, aber die junge Königin wurde blass wie eine Leiche.

Wie wird er mich richten, wenn er einmal meine Sünde erfährt, dachte sie, wenn er selbst das geringste Vergehen so hart ahndet.

Acke von Gardarike lag krank auf seiner Schute im Hafen von Kungahälla. Er lag unten in dem engen Schiffsraum und erwartete den Tod. Er hatte lange Zeit schlimme Schmerzen in seinem Fuß gehabt, nun war es eine offene Wunde geworden; in den letzten Stunden hatte der Fuß begonnen, schwarz zu werden. »Du musst nicht sterben, Acke«, sagte Ludolf von Kungahälla, der in den Schiffsraum herabgekommen war, um nach Acke zu sehen. »Weißt du nicht, dass König Olaf in der Stadt ist und dass Gott ihm große Kräfte gegeben um seines heiligen Lebenswandels und seiner Frömmigkeit willen? Lass ihn bitten, dass er zu dir kommt und dir seine Hand auflegt, dann bleibst du am Leben!«

»Nein, ich kann nicht Hilfe von ihm begehren«, sagte Acke. »Olaf Haraldson hasst mich, weil ich seinen Pflegebruder totgeschlagen, Reor, den Weißen. Wenn er wüsste, dass ich mit meinem Schiff hier im Hafen liege, würde er mich töten.«

Aber als Ludolf Acke verließ und hinauf auf die Straße kam, begegnete er der jungen Königin, die im Wald gewesen war und Nüsse gepflückt hatte. »Königin«, rief Ludolf ihr zu, »sage König Olaf dieses: Acke von Gardarike, der ihm den Pflegebruder getötet, liegt auf den Tod in seiner Schute hier im Hafen.«

Die schöne Königin eilte heim und ging zu König Olaf, der im Hof stand und sein Pferd wartete.

»Freue dich, König Olaf!«, sagte sie. »Acke von Gardarike, der deinen Pflegebruder getötet, liegt krank auf seiner Schute hier im Hafen, dem Tod nahe.«

Olaf Haraldson führte eilig das Pferd in den Stall. Dann ging er ohne Schwert und ohne Helm hinaus auf die Straße. Er eilte rasch zwischen den Häusern hindurch, bis er hinab zum Hafen kam und suchte Ackes Schute. Der König stand unten im Schiffsraum bei dem Kranken, bevor seine Mannen daran denken konnten, ihn zu hindern.

»Acke«, sagte König Olaf, »gar manches Mal habe ich draußen auf dem Meer Jagd auf dich gemacht, und du bist mir immer entkommen. Nun bist du hier in meiner Stadt vom Siechtum ereilt worden. Das ist mir ein Zeichen, dass Gott dein Leben in meine Hand gegeben.«

Acke antwortete nicht. Er war ganz machtlos; der Tod war ihm sehr nahe. Olaf Haraldson legte die Hände auf seine Brust und betete zu Gott: »Gib mir dieses meines Feindes Leben.«

Aber die Königin, die den König ohne Helm und Schwert zum Hafen hatte eilen sehen, war in den Königshof gegangen, hatte seine Waffen geholt und einige seiner Mannen gerufen. Sie kam ihm nun auf das Schiff nach.

Aber als sie vor dem engen Schiffsraum stand, hörte sie König Olaf für den Kranken beten.

Astrid blickte zum König und zu Acke hinein, ohne zu verraten, dass sie da war. Sie sah, wie, während des Königs Hände auf Stirn und Brust des Sterbenden ruhten, die Todesblässe aus seinem Antlitz verschwand; er begann leicht und still zu atmen, er hörte auf zu stöhnen, und endlich versank er in süßen Schlummer.

Astrid ging sachte zurück, dem Königshof zu. Schwer schleppte sie des Königs Schwert über die Straße. Ihr Antlitz war fahler als das des Sterbenden. Ihre Atemzüge waren so schwer wie Todesröcheln.

Es war am Morgen des Allerheiligentages, und König Olaf wollte zur Messe gehen. Er kam aus dem Königshaus und schritt über den Hof dem Tor zu. Mehrere Mannen standen draußen auf dem Hof, um den König in die Messe zu begleiten. Als er nun kam, stellten sie sich in zwei Reihen auf, und der König ging zwischen ihnen hindurch.

Astrid stand oben auf dem schmalen Gang vor der Frauenkemenate und blickte auf den König herab. Er trug einen breiten Goldreif ums Haupt und war in einen langen Mantel aus rotem Samt gekleidet. Er ging sehr still; Feiertagsfriede lag auf seinem Antlitz. Astrid erschrak, als sie sah, wie sehr er Gottes heiligen Männern und Königen glich, die in Holz geschnitzt über dem Altar der Marienkirche thronten. Ganz unten am Tor stand ein Mann im Schlapphut, einen großen Mantel um die Schultern geworfen. Als der König sich ihm näherte, ließ er den Mantel fallen, zückte ein bloßes Schwert, das er darunter verborgen, hoch in die Luft und stürzte sich auf den König.

Aber als er ganz nahe kam, fiel König Olafs Blick hell und milde auf ihn, und er hielt in seinem Lauf inne. Er ließ das Schwert zu Boden fallen und sank auf die Knie.

König Olaf stand still und sah den Mann mit demselben klaren Blicke an, und der Mann versuchte, die Augen von ihm zu wenden, aber er konnte nicht. Endlich begann er zu schluchzen und zu weinen.

»O, König Olaf, König Olaf«, klagte er, »deine Feinde sandten mich her, um dich zu töten, aber als ich deines Angesichts Heiligkeit sah, fiel das Schwert aus meiner Hand. Deine Augen, König Olaf, haben mich zu Boden gestreckt.«

Astrid sank auf dem Söller in die Knie. »O Gott, hab Erbarmen mit mir Sünderin«, sagte sie. »Weh mir, weh mir, weh mir, dass ich mit Lüge und List dieses Mannes Weib geworden.«

Am Abend des Allerheiligentages war klarer Mondenschein. Der König war rings um den Hof gegangen und hatte einen

Blick in den Stall und den Viehhof geworfen, um nachzusehen, ob alles in Ordnung war, und er war auch in den Hütten gewesen, wo Leibeigene und Dienstleute wohnten, und hatte gesehen, dass sie gut verpflegt wurden. Als er wieder zum Königshof zurückkehrte, sah er, wie ein Weib mit schwarzer Kapuze über dem Kopf sich zum Hoftor schlich. Er glaubte sie zu erkennen und folgte daher ihren Schritten. Sie ging durch das Tor, kreuzte den Marktplatz und huschte durch die engen Gässchen zum Älf hinab.

Olaf Haraldson folgte ihr, so leise er konnte. Er sah sie auf eine der hohen Brücken hinausgehen, dort stehen bleiben und hinab ins Wasser blicken. Gleich darauf streckte sie die Arme empor und ging, schwer seufzend, so weit auf der Brücke vor, dass der König deutlich sah, dass sie sich in den Älf stürzen wollte.

Der König näherte sich ihr mit unhörbaren Schritten, die er in vielen Gefahren gelernt hatte. Zweimal schon hatte die Frau den Fuß erhoben, um den Sprung ins Wasser zu tun, doch stets hatte sie sich wieder besonnen. Bevor sie noch einen neuen Versuch machen konnte, hatte Olaf Haraldson den Arm um ihren Leib gelegt und sie von der Brücke zurückgerissen.

»Du Unglückliche«, sagte er zu ihr, »du willst das tun, was Gott verboten hat.«

Als die Frau seine Stimme hörte, schlug sie beide Hände vors Gesicht, um es zu verbergen. Aber König Olaf wusste, wer sie war. Das Rauschen ihrer Kleider, die Form ihres Kopfes, der Glanz der Ringe um ihre Arme hatten ihm schon gesagt, dass es die Königin war.

Im ersten Augenblick hatte Astrid gekämpft, um sich frei zu machen, aber dann wurde sie plötzlich still und versuchte dem König den Glauben, dass sie sich habe töten wollen, zu nehmen.

»O, König Olaf, warum schleichst du einer armen Frau nach, die zum Fluss hinabgegangen, um zu sehen, wie sich der Mond im Wasser spiegelt? Was soll ich von dir denken?«

Astrids Stimme klang ruhig und scherzend. Der König stand schweigend.

»Du hättest mich so erschrecken können, dass ich in den Fluss gestürzt wäre«, sagte Astrid. »Glaubst du vielleicht, dass ich mich ertränken wollte?«

Der König antwortete: »Ich weiß nicht, was ich glauben soll. Gott wird mich erleuchten.«

Astrid lachte laut auf und küsste ihn. »Tötet man sich, wenn man glücklich ist, wie ich? Tötet man sich im Paradies?«

»Ich verstehe es nicht«, sagte König Olaf in seiner stillen Weise. »Gott wird mich erleuchten. Er wird mir sagen, ob ich schuld daran bin, dass du eine so große Sünde begehen wolltest.«

Astrid kam nun auf ihn zu und streichelte sein Antlitz. Die Ehrfurcht, die sie stets für König Olaf empfunden, hatte sie bis jetzt abgehalten, ihm die ganze Zärtlichkeit ihrer Liebe zu zeigen. Nun schloss sie ihn mit einem Mal leidenschaftlich in ihre Arme und küsste ihn unzählige Male, dann begann sie mit einer Stimme zu sprechen, die süß und zwitschernd war.

»Höre nun, wie stark meine Liebe zu dir ist«, sagte sie.

Sie bewog König Olaf, auf einem umgestülpten Boot Platz zu nehmen. Sie selbst kniete zu seinen Füßen.

»König Olaf«, sagte sie, »ich will nicht länger Königin sein. Wer jemanden so lieb hat, wie ich dich, kann nicht Königin sein. Ich wollte, du zögest tief in den Wald und ließest mich deine Magd sein. Da könnte ich dir dienen, jeden Tag. Da würde ich dein Essen bereiten, dein Lager richten und deine Hütte bewachen, wenn du schläfst. Niemand außer mir dürfte dir dienen. Wenn du abends von der Jagd heimkämest, würde ich dir entgegengehen und mich vor dir auf dem Weg auf die Knie werfen und sagen: König Olaf, mein Leben ist dein! Und du würdest lächeln und deine Lanze auf meine Brust senken und sagen: Ja, dein Leben ist mein. Du hast nicht Vater, nicht Mutter, du bist mein, und in meiner Hand ist dein Leben.«

Als Astrid dies sagte, nahm sie spielend König Olafs Schwert aus der Scheide. Sie drückte den Griff in König Olafs Hand, doch die Spitze führte sie gegen ihr Herz. »Sage nun dies zu mir, König Olaf«, sagte sie, »so, als wären wir einsam im Wald und ich wäre deine Magd. Sage dies: Dein Leben ist mein.«

»Dein Leben ist Gottes«, sagte der König.

Astrid lachte leicht. »Mein Leben ist dein«, wiederholte sie mit großer Zärtlichkeit in der Stimme, und in demselben Augenblick fühlte König Olaf, dass sie das Schwert gegen ihre Brust drückte.

Aber der König hielt sein Schwert mit kräftiger Hand. Er raffte es an sich, bevor es Astrid gelungen war, sich etwas zuleide zu tun.

Und er sprang auf. Zum ersten Mal in seinem Leben war er so erschrocken, dass er zitterte. Die Königin hatte durch seine Hand sterben wollen, und beinahe wäre es ihr gelungen.

Aber im selben Augenblick kam eine Eingebung über ihn. Er begriff ihre Verzweiflung. Sie hat sich vergangen, dachte er. Sie hat eine Sünde auf dem Gewissen. Er beugte sich über Astrid. »Sage, was du verbrochen hast«, sagte er. Astrid hatte sich in verzweifeltem Weinen auf die groben Planken der Brücke geworfen.

So weint keine Schuldfreie, dachte der König. Aber wie kann die edle Königstochter eine so schwere Angst auf sich geladen haben?, fragte er sich. Wie kann der hohen Ingegerd Gewissen mit einem Verbrechen belastet sein?

»Ingegerd, sage mir, worin hast du gefehlt?«, fragte er aufs Neue. Aber Astrids Kehle wurde von Schluchzen zusammengeschnürt, und sie konnte nicht antworten. Stattdessen streifte sie die funkelnden Ringe und Armspangen ab und reichte sie mit abgewandtem Antlitz dem König hin.

Wie wenig glich all dies der frommen Königstochter, von der Hjalte gesprochen. Ist das Hjaltes Ingegerd, die hier zu meinen Füßen schluchzt?, dachte der König. Er beugte sich hinab und fasste Astrid an den Schultern. »Wer bist du, wer bist du?«, sagte er und schüttelte ihren Arm. »Ich sehe, dass du nicht Ingegerd bist. Wer bist du?«

Noch immer schluchzte Astrid so, dass sie nicht antworten konnte. Aber um dem König Klarheit über das zu geben, was er zu wissen verlangte, ließ sie ihr langes Haar herab und schlang eine Locke um ihre Arme, streckte sie gegen den König aus und saß dann wartend da mit gebeugtem Rücken und gesenktem Haupt.

Der König dachte: Sie will bekennen, dass sie eine von denen ist, die Fesseln tragen. Sie will mir sagen, dass sie eine Magd ist.

Wieder kam eine Eingebung über König Olaf, die ihn den Zusammenhang begreifen ließ.

»Hat nicht der Sveakönig eine Tochter, die das Kind einer Magd ist?«, fragte er plötzlich.

Er hörte kein Wort von Astrid, nur immer stärker werdendes Wimmern.

»Hat mir der Sveakönig«, fragte nun König Olaf, »nicht das Kind seiner Königin gegönnt, sondern das der Magd geschickt?«

Auch jetzt bekam er keine Antwort, aber er hörte Astrid beben und zähneklappern, als friere sie.

König Olaf hatte noch eine Frage: »Hast du, die ich zu meiner Gattin gemacht, so schimpflichen Sinn, dass man dich dazu gebrauchen kann, die Ehre eines Mannes herabzusetzen? Bist du so niedrig, dass du dich darüber freust, wenn meine Feinde mich verlachen?« Astrid hörte an der Stimme des Königs, wie bitter er durch den Schimpf litt, der ihm zugefügt worden war. Sie vergaß darüber ihr eigenes Leid und hörte auf zu weinen: »Nimm mein Leben«, sagte sie.

Und König Olaf empfand eine schwere Versuchung. Stich die elende Magd tot, sagte der alte, sündige Mensch in ihm. Zeige dem Sveakönig, was es kostet, mit Norwegens König seinen Spott zu treiben!

Olaf Haraldson fühlte in diesem Augenblick keine Liebe zu Astrid. Er hasste sie, weil sie ein Werkzeug seiner Demütigung war. Er wusste, dass alle ihn loben würden, wenn er Böses mit Bösem vergalt. Aber wenn er die Beleidigung nicht bestrafte, dann würden die Skalden ihn zum Gespött machen und seine Feinde aufhören, ihn zu fürchten.

Er hatte nur eine Sehnsucht: Astrid niederzustoßen, ihr Leben auszulöschen. Wenn er Astrid als blutige Leiche auf ihr Schiff legte und sie ihrem Vater zurücksandte, würde man dann nicht von König Olaf sagen, dass er ein würdiger Spross des großen Königs Harald Harfager war?

Aber König Olaf hielt sein Schwert in der Hand und fühlte den Griff, in dessen Gold er einmal hatte einritzen lassen: »Selig sind die

Friedfertigen! Selig sind die Demütigen! Selig sind die Barmherzigen!« Und jedes Mal, wenn er in der Angst der Stunde das Schwert hart umklammerte, um Astrid niederzustoßen, fühlte er diese Worte in seiner Hand. Er glaubte jeden Buchstaben zu spüren.

Er entsann sich des Tages, an dem er zum ersten Mal diese Worte gehört. »Dies soll mit goldenen Buchstaben auf dem Griff meines Schwertes stehen«, hatte er gesagt, »sodass die Worte die Hand brennen mögen, wenn ich mein Schwert mit zügellosem Mut führen will oder für eine ungerechte Sache.«

Nun fühlte er, wie der Schwertgriff in seiner Hand brannte.

König Olaf sagte laut zu sich selbst: »Ehedem bist du vieler Gelüste Diener gewesen. Nun hast du nur einen Herrn, und der ist Gott.«

Mit diesen Worten steckte er das Schwert in die Scheide. Und er begann auf der Brücke auf und ab zu gehen. Astrid lag noch immer in derselben Stellung. König Olaf sah, wie sie sich in Todesfurcht zusammenduckte, jedes Mal, wenn er an ihr vorbeiging. »Ich werde dich nicht töten«, sagte er zu Astrid, aber seine Stimme klang hart vor Hass.

Noch eine Weile ging König Olaf auf der Brücke auf und nieder. Dann kam er auf Astrid zu und fragte mit derselben harten Stimme nach ihrem wirklichen Namen, und darauf konnte sie antworten.

König Olaf sah nun, wie dieses Weib, das er am höchsten geschätzt, auf der Brücke lag, wie ein zuschanden geschossenes Tier. Er kam Astrid näher und sprach, als hätte diese kein Leben mehr und könnte das nicht hören, was er sagte.

»Man hatte mir gesagt, dass es eine Königstochter gebe, deren Herz so hoch und heilig sei, dass sie jeglichem Frieden schenke, der in ihre Nähe komme. Man hatte von ihrer Sanftmut gesprochen, in deren Nähe sich jeder geborgen fühle wie ein schutzloses Kind bei der Mutter. Und als dieses schöne Weib, das nun hier liegt, zu mir kam, da glaubte ich, sie wäre Ingegerd, und sie wurde mir sehr teuer. Sie war hold und fröhlich, und sie machte meine schweren Stunden leicht. Wenn sie auch zuweilen anders sprach und handelte, als ich es von der stolzen Ingegerd erwartete, war sie mir doch allzu teuer, als dass ich an ihr hätte zweifeln können. Sie schlich sich in meinen Sinn mit ihrer Freude und mit ihrer Schönheit.«

Er schwieg eine Weile und dachte daran, wie lieb Astrid ihm gewesen, und wie mit ihr das Glück in sein Haus gezogen.

»Ich könnte ihr verzeihen«, sagte er dann laut. »Ich könnte sie wieder zu meiner Königin machen, ich könnte sie in Liebe auf meinen Armen emporheben, aber das darf ich nicht tun, denn meine Seele würde doch heimatlos bleiben. – O, du schönes Weib«, sagte er, »warum wohnt die Lüge in dir? Warum ist bei dir keine Sicherheit, keine Traulichkeit!«

Er hätte noch länger geklagt, aber da erhob sich Astrid. »König Olaf, sprich nicht so zu mir«, sagte sie. »Ich will lieber sterben. Vergiss nicht, dass dies mein Ernst ist.«

Darauf versuchte sie einige Worte zu sagen, um sich zu entschuldigen. Sie sagte ihm, wie sie nach Kungahälla gefahren, nicht in der Absicht, ihn zu betrügen, sondern um ein paar Wochen hindurch Fürstin zu sein, um bedient zu werden, um auf dem Meer zu segeln. Aber sie gedachte zu gestehen, wer sie war, sobald sie Kungahälla erreicht hatte. Dort erwartete sie, Hjalte zu finden und andere Mannen, die Ingegerd kannten. Aber wie durch eine böse Macht vertrieben, waren alle fort, die Ingegerd kannten, und da war sie zur Lüge verlockt worden. »Als ich dich sah, König Olaf«, sagte sie, »vergaß ich alles, um dein werden zu können. Und ich dachte, dass ich mich mit Freuden töten lassen wollte, wenn ich nur für einen Tag dein Weib sein könnte.«

König Olaf antwortete ihr: »Wohl verstehe ich, dass es ein Spiel für dich bedeutete, was für mich todesschwerer Ernst war. Nie hast du bedacht, was es bedeutet, zu kommen und zu einem Mann zu sagen: Ich bin die, die du heiß begehrst. Ich bin die hochgeborene Jungfrau, die zu gewinnen der größte Ruhm ist. – Und nun bist du nicht dieses Weib; du bist eine lügenhafte Magd.«

»Ich habe dich lieb gehabt, seit ich deinen Namen nennen hörte«, sagte Astrid leise.

Der König ballte seine Hand ingrimmig gegen sie. »Wisse es, Astrid, nach Ingegerd habe ich mich gesehnt, sowie kein Mann sich nach einem Weib sehnte. An ihr wollte ich mich festhalten, so wie die Seele des Toten an den tragenden Engeln, um emporzusteigen. Ich glaubte, sie sei so fromm, dass sie mir helfen könnte, ein schuldfreies Leben zu leben.«

Und er brach in wilde Sehnsucht aus, und er sprach davon, dass er nach der Gewalt schmachte, die die Heiligen des Herrn besaßen, aber dass er zu schwach und zu sündig sei, um diese Vollkommenheit zu erreichen. »Aber die Königstochter würde mir geholfen haben«, sagte er, »sie, die heilig Holde, würde mir geholfen haben.«

»O Gott«, sagte er, »wohin ich mich auch wende, sehe ich Sünder, wo ich gehe, begegne ich solchen, die mich zur Sünde verlocken. Warum ließest du nicht die Königstochter kommen, die keinen bösen Gedanken in ihrem Herzen trägt? Ihre milden Augen hätten den rechten Weg für mich erspäht. Sobald ich gegen ein Gebot Gottes hätte handeln wollen, würde ihre milde Hand mich zurückgehalten haben.«

Eine tiefe Müdigkeit der Verzweiflung überkam Olaf Haraldson. »Das war es, worauf ich gehofft hatte«, sagte er, »einen guten Menschen an meiner Seite zu haben. Nicht beständig einsam unter Wildheit und Arglist zu wandern! Nun fühle ich, dass ich unterliegen werde. Ich vermag es nicht länger, zu streiten. Gott hat mir nicht die Frau schenken wollen, die mir beistehen sollte auf meiner Wanderung. Nun weiß ich, dass ich niemals die Heiligenkrone erringen werde.« Und der König schwieg in trostloser Verzweiflung. Da trat Astrid näher zu ihm heran.

»König Olaf«, sagte sie, »das, was du nun sagst, haben mir sowohl die Prinzessin wie Hjalte schon längst gesagt, aber ich wollte nicht glauben, dass du etwas anderes seist als ein guter, tapferer Held und ein edler König. Erst seit ich unter deinem Dache lebe, hat meine Seele angefangen, dich zu fürchten. Ich habe gefühlt, dass es schlimmer ist als der Tod, mit einer Lüge auf der Zunge vor dich hinzutreten.

Nie hat etwas mich so erschreckt«, fuhr Astrid fort, »als da ich begriff, dass du ein Heiliger bist, als ich dich die Späne in deiner Hand verbrennen sah, als ich gewahrte, dass die Krankheit auf dein Geheiß floh, und das Schwert aus deines Feindes Hand fiel. Es hat mich zu Tode erschreckt, dass du ein heiliger Mann bist. Und ich beschloss zu sterben, bevor du erfahren würdest, dass ich dich betrogen habe.«

König Olaf antwortete nicht. Astrid sah zu ihm auf. Seine Augen waren zum Himmel gerichtet. Sie wusste nicht, ob er sie hörte.

»O, diesen Augenblick, den wir nun erleben«, sagte sie, »den habe ich gefürchtet, jeden Tag und jede Stunde, seit ich herkam. Lieber wollte ich sterben, als ihn erleben.«

Noch immer schwieg Olaf Haraldson.

»König Olaf«, sagte sie, »ich wollte etwas für dich tun, dir mein Leben geben. Ich wollte mich in den grauen Älf stürzen, damit du keine Lügnerin an deiner Seite zu haben brauchst. Je mehr ich von deiner Heiligkeit sah, desto deutlicher erkannte ich, dass ich von dir gehen musste. Ein Heiliger Gottes kann keine lügnerische Magd zum Weib haben.«

Noch immer schwieg der König, aber nun erhob Astrid die Augen zu seinem Angesicht, und sie rief: »König Olaf, dein Antlitz strahlt!«

Während Astrid sprach, war es König Olaf, als wären seine Augen einer Erscheinung geöffnet.

Alle Sterne des Firmamentes sah er ihre Plätze verlassen und am Himmel fliegen, wie schwärmende Bienen. Aber plötzlich hatten sie sich alle über seinem Haupt vereint und eine glanzumflossene Krone gebildet.

»Astrid«, sagte er mit bebender Stimme. »Gott hat zu mir gesprochen. Es ist so, wie du sagst. Ich soll Gottes Heiliger werden.«

Seine Stimme zitterte vor Rührung, und sein Antlitz leuchtete in der Nacht.

Aber als Astrid das Licht sah, das sein Haupt umstrahlte, erhob sie sich. Die letzte Hoffnung war für sie erloschen.

»Nun will ich gehen«, sagte sie. »Nun weißt du, wer du bist; niemals kannst du mich mehr an deiner Seite dulden. Aber denke meiner in Milde. Ohne Glück und Freude lebte ich mein ganzes Leben. Denke, ich bin geschlagen worden, ich bin in Lumpen gegangen. Verzeih mir, wenn ich fort bin. Meine Liebe hat dir nicht geschadet!«

Als Astrid in schwerer Verzweiflung über die Brücke fortschritt, erwachte Olaf Haraldson aus seiner Verzückung. Er eilte ihr nach.

»Warum willst du gehen?«, fragte er. »Warum willst du gehen?«

»Muss ich nicht gehen, jetzt, wo du ein Heiliger bist?«, flüsterte sie kaum hörbar.

»Nimmer sollst du gehen, gerade jetzt musst du bleiben«, sagte König Olaf. »Ein geringer Mann war ich zuvor und musste zittern vor allem Bösen. Ein armer, irdischer König war ich, zu arm, um dir meine Gnade zu schenken. Doch nun ist mir des Himmels Kraft gegeben. Wenn du schwach bist, so bin ich stark durch den Herrn. Wenn du fällst, so kann ich dich aufrichten. Gott wird mich schirmen; Astrid, du kannst mir nicht schaden, aber ich kann dir beistehen. – Ach, wie ich spreche! In dieser Stunde hat Gott so überreich seine Liebe in mein Herz ergossen, dass ich nicht weiß, ob du gefehlt hast.«

Und in großer Milde hob er die bebende Gestalt empor; und sie, die noch immer schluchzte und sich kaum aufrecht halten konnte, zärtlich stützend, so kehrten sie zurück in den Königshof.

Margareta Fredkulla

So ging es zu, als Margareta Fredkulla, die nach Norwegen ritt, um sich mit dem König Magnus Barfot zu vermählen, in das Storgarddorf in Westgotland kam, das am südlichen Älfufer liegt, ein Stück oberhalb von Kungahälla:

Vor allen anderen hatten die beiden alten Mütterchen Karin Wullum und Valborg Toot, die oben im großen Wald gewesen waren, um Moos zu sammeln, einen Schimmer der Prinzessin, von einer hohen Bergspitze aus, zu sehen bekommen. Sie hatten alsogleich ihre Traglasten abgeworfen und waren hinunter ins Dorf gestürzt, um zu erzählen, dass etwas Helles und Zartes über den Waldweg reite, dass schöne Menschen unter den Bäumen einherzogen. Aber niemand, der sie hörte, wollte ihnen Glauben schenken. »Wehe euren trüben Augen!«, rief man ihnen zu. »Das kann keine Prinzessin gewesen sein; das war sicherlich nichts anderes als der Moornebel, der unter den roten Fichtenstämmen tanzte.«

Gleich nach den alten Weiblein kam Rasmus, der Köhlerjunge, gelaufen. Die Augen leuchteten in seinem Gesicht, und er war so atemlos, als er ins Dorf kam, dass er kaum zu sprechen vermochte. Aber sobald er Atem genug hatte, begann er überlaut zu rufen: »Freut euch! Die Prinzessin kommt! Ich habe die Schöne unter den Bäumen reiten sehen. Freut euch!«

Rasmus, der Köhlerjunge, hatte auf dem dreieckigen Platz mitten im Dorf halt gemacht, da, wo drei Wege sich begegnen. Ein paar Bauern standen da und flüsterten miteinander davon, dass der Krieg mit Norwegen bald aufs Neue ausbrechen würde, und als sie Rasmus hörten, glaubten sie, er wollte seinen Spott mit ihrem Unglück treiben. »Bärenjunges«, sagten sie und drohten ihm mit den Fäusten, »schweig, wenn dir dein Leben lieb ist! Kein Wort mehr davon, du Wechselbalg!«

Aber Rasmus, der Köhlerjunge, war nicht so leicht zum Schweigen zu bringen. Er begann noch einmal mit seinem Sprüchlein: »Die Prinzessin kommt. Die Vögel des Fichtenwaldes hörte ich zwitschern, um sie zu grüßen. Wie sie einherzog, schwang sich das Eichhörnchen aus den Baumwipfeln herab und saß still auf dem untersten Zweig, den Schwanz aufrecht in die Höhe und mit Augen wie Feuerkohlen. Und der Auerhahn flog zwischen den Bäumen auf, knatternd wie Donner.«

Als er dies gesagt hatte, stürzte Per, der Schmied, vor und nahm Rasmus, den Köhlerjungen, beim Ohr. »Die Prinzessin!«, zischte er ihn an, »du sagst, dass du die Prinzessin gesehen hast! Es war ein Geist, verstehst du, ein schöner Waldgeist. Die Prinzessin kommt nicht. Gott erbarme sich, die Prinzessin kommt nicht!«

Aber obgleich niemand das Gerücht glauben wollte, lief es im Augenblick durchs ganze Dorf, und Leute kamen von allen Seiten auf den Platz, um zu hören, was der Knabe zu sagen hatte. Das Storgarddorf war während des damaligen Krieges zum größten Teil verbrannt worden und bestand nun zumeist aus schwarzen Brandstätten, auf denen man aus Furcht vor dem Krieg nicht gewagt hatte, neue Häuser zu errichten. Aber aus Kellern und elenden Erdlöchern, in denen die Menschen hausten, kamen sie herangeschlichen, abgezehrt und in Lumpen. Sie gingen sehr still und trauten sich kaum recht, zu Rasmus, dem Köhlerjungen, hinzutreten, so, als wagten sie es nicht, seine Botschaft zu hören.

Aber als Per, der Schmied, sah, dass ihrer immer mehr kamen, kniff er den Jungen so derb ins Ohr, dass er jammerte. Gleichzeitig versuchte der Schmied mit klugen Worten den Knaben zum Schweigen zu überreden.

»Du sollst keinen Scherz mit uns armen Bauern treiben, die im Grenzland leben, in diesen schlimmen Zeiten, wo die Könige des Nordens den Frieden nicht halten«, sagte er. »Wir sind Schafe, die von der Herde getrennt wurden. Wir werden von Bären gejagt, wir werden in Abgründe gestürzt. Jeden Tag und jede Stunde blicken wir dem Tod ins grimmige Antlitz.« Während der Schmied sprach, kamen immer mehr und mehr Bauern zusammen. Da kam einer mit Namen Hallvard, der am vorigen Tag so sicher gewesen war, dass der Krieg von Neuem beginnen würde, dass er seine Schatzkiste hinaus auf die Heerstraße gestellt und alle Vorübergehenden gebeten hatte, daraus zu nehmen, was sie wollten. Und da kamen die Leute aus Westerhof, die all ihr Erbgut in Bier und Essen verwandelt hatten und den Krieg erwarteten, indes sie sich in Sünden wälzten; und zum Schluss kamen die Menschen von einem kleinen Hof ganz am Ende des Dorfes, die sich jüngst daran gemacht hatten, selbst ihr Heu zu verbrennen und ihr Vieh zu schlachten, damit die Norweger keinen Nutzen davon haben sollten.

Als der Schmied all diese Menschen kommen sah, stumm und still, aber mit Augen, in denen der Wahnsinn brannte, da erschrak er vor dem Gedanken, dass sie zu allem fähig sein könnten, wenn sie jetzt in ihrer Hoffnung auf Frieden genarrt würden.

»Begreifst du nicht, dass es die Waldelfe war?«, sagte er wieder zu Rasmus und sprach laut, damit alle ihn hören sollten. »Die geht dort oben im Wald um und lächelt und winkt und verdreht euch Köhlern den Kopf. Das kannst du dir wohl denken, dass die Waldelfe weiß, dass König Inge mit dem norwegischen König

Magnus im vorigen Sommer zu Kungahälla über den Frieden verhandelte. Sie weiß wohl, dass da als Friedensbedingung festgelegt wurde, dass Inges Tochter nach Norwegen kommen und sich mit König Magnus vermählen soll. Und da die Waldelfe sich nun denken kann, dass wir alle einhergehen und nach der Friedensjungfrau spähen, verzaubert sie unsre Augen und zeigt sich in der Gestalt einer Prinzessin. Solchen Schabernack spielt das Trollpack nur zu gerne.«

Rasmus, der Köhlerjunge, stand still und hörte Per, dem Schmied, ganz scheinheilig zu, sodass dieser glaubte, er hätte den Knaben überzeugt, und ihn losließ. Aber kaum war Rasmus befreit, als er auch schon noch lauter als vorher zu schreien begann: »Die Prinzessin kommt! Ich habe die Prinzessin gesehen!« Und damit man ihm glauben sollte, erzählte er von der Krone, die gleich einer Blume mit Perlentau geschmückt war, und von der Satteldecke, die so prächtig leuchtete wie der rote Fliegenpilz.

Aber da trat das alte Mütterchen Sigrid Torsdotter aus der Menge. Sie schwang ihren Stock hoch in die Luft und begann zu rufen: »Wer ist es, der sagt, dass die Prinzessin kommt? Ich weiß, was kommt. Den lieben langen Winter saß ich allein in meiner Hütte und sah den Rauch vom Herd aufqualmen. Aber jeden Abend war der Rauch voll Zeichen. Er füllte sich vor meinen Augen mit Gestalten, die Schwert und Panzer trugen. Und ich weiß, was es bedeutet, wenn der Rauch voll Krieger ist. Es sind die Vorboten des Krieges, die in dunkler Nacht, wenn wir in tiefem Schlummer liegen, an unsere Häuser herangeschlichen kommen. Wir hören sie nicht, wenn sie nahen, denn wir schlafen, aber wir erwachen, wenn der rote Hahn auf dem Dach zu krähen beginnt, wenn wir erstickt werden in unseren raucherfüllten Hütten, wenn die Mannen des norwegischen Königs das Siegesgeschrei ausstoßen.«

Alle Menschen fühlten Schauer der Furcht, als sie Sigrid Torsdotter hörten, aber der Köhlerjunge stellte sich ihr gerade in den Weg.

»Ich schere mich einen blauen Teufel um eure Rauchwolken«, sagte er. »Ich habe die Prinzessin gesehen. Zart und schön leuchtete ihr Angesicht unter der Krone.«

Per, der Schmied, der für die getäuschten Hoffnungen der armen Menschen fürchtete, warf sich über Rasmus, den Köhlerjungen, und schleifte ihn fort zu der Erdhöhle, wo er seine Schmiede hatte, steckte ihn dort hinein und wälzte vor den Eingang einen großen Stein, der als Tür diente.

Aber Rasmus schrie ohne Unterlass: »Ich habe die Prinzessin gesehen! Ihr solltet euch freuen, dass sie kommt!«

Aber kaum hatte Per, der Schmied, den Köhlerjungen fortgeschafft, als ein Mann, der seit mehreren Jahren friedlos im großen Wald umherwanderte, hinab ins Dorf kam. Er sah aus wie ein wildes Tier, in seinen Fellen und mit seinem langen, ungestutzten Bart, aber er lachte laut vor Freude und schwenkte einen grünen Zweig über seinem Haupt als Friedenszeichen. Er lief durch das ganze Dorf, blieb bei jedem schwarzen Brandplatz stehen und rief so laut, dass man es bis hinab in die dunklen Keller hörte, in denen das Volk wohnte: »Die Prinzessin kommt. Ich habe die Prinzessin gesehen.«

So kam der Friedlose auch zu Folkes, des Landrichters großem Hof, und rief dort ebenso laut, aber Folke, der Landrichter, der ihn hörte, kam alt und gebückt aus einem Kellergang und rief ihm zu: »Friede sei mit dir, du Friedloser. Du musst nicht mit Lügen kommen, um uns zu locken, dir zu verzeihen. Ich hebe den Fluch von deinem Haupt. Du sollst nicht in den Wald zurückkehren. Wir sind selbst gleich Friedlosen; wir verdammen keinen, geächtet von uns zu gehen.«

»Warum willst du mir nicht glauben?«, sagte der Friedlose. »Weißt du nicht, dass König Inge gelobt hat, im Lenz die Friedensjungfrau zu entsenden.«

Als er dies sagte, sah der Alte ihn mit müden, hoffnungslosen Blicken an. »Nicht weiß ich, dass es jetzt Frühling ist«, sagte er. »Freund, für uns arme Bauern ist nun Herbst und Frühling ein und dasselbe. Für uns kann der Schnee auf dem Acker liegen bleiben, denn wir werden ihn nicht mit unseren Pflügen furchen. Der Regen mag in den Wolken hängen bleiben und der Samen still in der Erde liegen, ohne zu keimen und zu wachsen. Wir werden nicht säen noch ernten. Wir sitzen still und harren des Verderbens.«

Aber mittlerweile kamen arme Jäger und Knechte, die ihren Herren entlaufen waren, aus dem Wald herab und brachten dem Volk, das sich auf dem dreieckigen Platz versammelt hatte, neue Kunde. Aus vielen Augen begann die Hoffnung zu leuchten, nur das alte Mütterchen Sigrid Torsdotter saß noch trübe und düster da und erzählte von ihren Träumen.

»Wehe dem, der hofft, ehe er die Prinzessin mit eigenen Augen geschaut«, rief sie. »Wenn es am Waldessaum flimmert von einem silberbehuften Fohlen, wenn die Perlenkrone übers Tal leuchtet, dann ist es Zeit für die Grenzbauern, zu hoffen.«

Kaum hatte sie dies gesagt, als Karin Wullum und Valborg Toot ein »Mutter Gottes, hilf uns!«, ausstießen und zum Waldessaum aufsahen, wo der Weg aus dem dichten Wald wie aus einem Kellergewölbe hervorkam.

Und alle begannen durcheinander zu rufen: »Kommt her und seht! – Was ist das? Mutter Gottes, hilf uns! – Beschattet eure Augen mit der Hand und blickt zum Wald auf! – Macht das Kreuzeszeichen und seht zum Wald auf! – Ist es nicht eine Jungfrau, die dort naht, mit herrlichem Tross? Sehen wir sie alle?«

All die erschreckten und verwilderten Menschen begannen zu rufen und die Hände emporzustrecken.

»Ist dies nicht ein Waldgeist?«, schrien sie. »Ist es nicht ein Gaukelspiel der Hölle? Sehen wir alle eine Prinzessin?«

Sie warfen sich auf die Knie und fingen an, zu beten und fromme Lieder zu singen. Sie eilten zum Glockenstuhl und läuteten, um zu prüfen, ob die schöne Jungfrau ein Troll war und Glockengeläute fürchtete. Aber als die alte Sigrid Torsdotter mit ihren weitsichtigen Augen sah, dass eine Jungfrau aus dem dunklen Wald geritten kam, da zögerte sie nicht mehr, sondern war die Erste, die rief:

»O du Liebe, du Zarte, du Morgensonne und Blume. Du bist keine Waldelfe, du bist eine Königstochter! Dankt, lobt den Herrn! O Teure, dass du endlich gekommen bist! Dass du nun hinabreitest in unser Tal!« Sigrid Torsdotter schwang den Stock hoch über ihrem Haupt, und von allem Volk gefolgt, eilte sie der Prinzessin entgegen.

»Du Liebe, du Reine, du Morgensonne und Blume!«, riefen sie alle ihr zu.

Und als sie ihr ganz nahe waren, riefen sie:

»Du Liebe, du Zarte, wie leuchtest du herrlich unter der Krone, schlage das Seidentuch zurück. Lass uns dich recht sehen!«

Sie drängten sich dicht an den großen schwarzen Traber, der feierlich einherschritt unter seiner Purpurdecke, mit großem wehenden Federbusch am Ohr, die Mähne in Flechten geteilt und mit Goldbändern durchwunden.

»Du Liebe, du Reine!«, riefen sie. »Es ist wohl sanft, das große schwarze Pferd. O, Liebe, dass du endlich gekommen bist!«

Wie Margareta Fredkulla, die Friedensjungfrau, geritten kam, folgten ihr viel edle Herren und Frauen aus ihres Vaters Land, aber vor ihrem Pferd ging ein armer Bauer, der eine zerbrochene Lanze in der Hand trug und unablässig rief: »Hier reitet die schöne Friedensjungfrau. Hier reitet Margareta Fredkulla!«

Während ihres ganzen Rittes durch das Grenzland hatte die Prinzessin gesehen, wie Ruhe und Freude sich unter dem Volk ausbreitete. Wohin immer sie gekommen war, hatte sie Bauern gesehen, die den Pflug in die Erde senkten, und Hausmütter, die Linnen auf die Bleiche trugen. Hungrige Herden waren auf die Weide geführt worden; die Jugend hatte wieder gewagt, sich mit Armspangen und Ringen zu schmücken. Helme und Schwerter waren in die Waffentruhe geworfen worden.

Wo immer sie vorbeigezogen war, waren ihr Kinder und Frauen mit Blumen und mit zartem Frühlingslaub entgegengeeilt. Und oben im tiefen Wald war der alte wilde Köhler gelaufen gekommen und hatte sie in seine Hütte gebeten und ihr erfrorene Beeren vorgesetzt. Aber niemals war die schöne Königstochter mit solcher Freude begrüßt worden wie im Storgardsdorf. Ein paar der Männer nahmen das Pferd am Zügel und begannen, es behutsam den steilen Abhang hinabzuführen.

»Gott segne dich!«, riefen sie ihr zu. »Gott segne dein schönes Angesicht! Gott segne dich, Fredkulla!«

Während der Zug sich hinab zum Storgardsdorf bewegte, liefen die Bauern neben der Königstochter einher und erzählten ihr keuchend, wie sie geharrt und gelitten. Sie sagten ihr alles, was sie während des langen Unfriedens ausgestanden.

Als sie endlich hinab auf den dreieckigen Platz gekommen waren, nahm Fredkulla die Zügel an sich und hielt den stattlichen Traber an. Sie hatte nie zuvor so viel Elend gesehen. Sie sah auf die Brandstätten, die geplünderten Häuser und auf die armen Menschen. Und ihre Augen füllten sich mit Tränen. Aber da küssten die Bauersfrauen ihre Hände und riefen ihr zu, nun wären sie nicht mehr betrübt, da sie gekommen sei. Nun hatten sie die Friedensjungfrau in ihrer Mitte, nun waren ihre Leiden vorüber.

»Denke nicht an uns, o Fredkulla«, sagten sie, »weine nicht über unser Elend. Denke an König Magnus, den herrlichen Helden, dem du angehören sollst. Lächle ihm in Huld. Streichle in Gedanken sein langes helles, seidenblasses Haar.«

Und da sie noch immer still auf dem Pferd saß und weinte, fingen sie alle an, sie zu trösten.

»Jetzt ist es nicht Zeit zu weinen, Jungfrau«, riefen sie. »Siehst du, hier liegt der Älf, und am andern Ufer ist Norwegen, da ist das schiffreiche Kungahälla, wo dein Bräutigam deiner harrt. Gott segne dich! König Magnus freut sich wohl der Stunde, da er dich in seine Arme schließen darf. Sieh, Jungfrau, nun weiß man es schon längs der Älfgestade, dass du gekommen bist. Sieh die Freudenfeuer, die auf allen Hügeln aufflammen! Sieh das Volk hinab zum Älf strömen! Und höre, dort drüben rufen sie schon: ›Fredkulla, Heil!‹ Du kannst die Worte hören, sie werden deutlich über das Wasser getragen.«

Aber Fredkulla ließ sich nicht trösten, sondern hielt noch immer betrübt das Pferd an und ließ ihre Blicke von dem einen zum andern wandern. Alle waren krank und zerlumpt. Sie sahen so verwildert aus, dass sie nicht mehr menschenähnlich waren.

Da erhob sie die Hand zum Zeichen, dass sie sprechen wollte, und es wurde still rings um sie.

Dann sprach Margareta Fredkulla auf dem Platz des niedergebrannten Storgarddorfes, und alle die armen Menschen hörten sie, und ebenso hörten sie die hohen Herren und Frauen, die in ihrem Gefolge ritten.

»Ich will, dass ihr alle es im Sinn behaltet, was ich nun gelobe, bei Gott und allen Heiligen. Solange ich Worte auf meiner Zunge, solange ich Blut in meinem Herzen habe, solange will ich dem Werk des Friedens dienen.«

Hier verstummte sie, als begriffe sie, dass in diesem Versprechen eine Gefahr lag, und dann fügte sie hinzu: »Und sollte es mich auch Glück und Leben kosten.«

Als die Königstochter dieses Gelöbnis abgelegt hatte, blickte sie mit freudigem Mut auf und weinte nicht mehr. Sie trieb das Pferd auf dem Weg vorwärts, der hinab zur Flussfähre führte. Aber da saß am grünen Wegesrand ein kleiner Hirtenbube. Der war so froh wie nur irgendeiner, und er wollte der Prinzessin das Beste geben, was er hatte. So fing er an, ihr ein kleines Liebeslied vorzusingen, von einem König hoch oben im Norden, der sich nach der Kaisertochter im Morgenland sehnte.

Und wieder saß Fredkulla still auf dem Pferd und lauschte dem Knaben, der mit hoher und klarer Stimme sang:

Eine gibt es, die mich bindet,
Tag und Nacht an sie zu denken.
Und sie wird doch nimmer, nimmer
Mir ihr Herz in Liebe schenken.
Die holde Maid im Osten
Hat kriegerischen Mut;
Matilda, Kaiserstochter,
Dir weih ich Gut und Blut,

Nichts köstlicher auf Erden
Als stolz-vielliebe Fraue.
Ach, nun folget mir mein Sehnen
Wohl über Feld und Aue.

Vom Thing die Sorge reitet
Still neben mir zu Pferde,
Die Sorge, dass ich niemals
Der Schönen Liebster werde.

So lautete die Weise, und als die Königstochter sie zu Ende gehört hatte, lächelte sie dem Knaben zu und fragte, wer sie gedichtet hätte. Und da war keiner, der die Antwort des Hirtenknaben zu verhindern gewusst hätte.

»Es ist König Magnus, der das Lied gedichtet hat, in Gedanken an Matilda, des Kaisers Tochter.«

Ach, welche Betrübnis ergriff da die liebliche Fredkulla.

»Hat König Magnus die Weise gedichtet!«, rief sie. »Was soll ich dann bei ihm, der sich in Liebessehnsucht nach der Kaiserstochter des Morgenlandes verzehrt? Für mich hat er keine Weisen gedichtet, die von Mund zu Mund gehen, wohl übers ganze Land. Zu mir trägt er keine Liebe im Herzen.«

Und in großer Bestürzung vernahmen die armen Bauern, wie die Jungfrau ihr Gefolge rief.

»O, liebe Herren und gute Frauen, geleitet mich wieder heim! Habt Erbarmen mit mir, ihr meines Vaters gute Diener! Lasst mich nicht zu König Magnus ziehen. Höret ihr nicht das Lied? Nicht nach mir schmachtet er, dieser Mann. Er sehnt sich nach einer schönen Kaisertochter.«

Als Fredkulla dies sagte, hörte sie, wie die Volksschar, die den Weg entlang stand und wartete, laut rief: »Fredkulla, Heil!« Und von all den Tausenden, die aus dem großen Kungahälla strömten, um sie zu empfangen, ertönte es in vielstimmigem Widerhall: »Fredkulla, Heil!« Aber die Jungfrau fuhr fort, zu klagen und zu bitten. »Liebe, gute Herren und edle Frauen, führet mich heim! Hörtet ihr nicht das Liedchen? Wir begehen eine Sünde gegen den König. Ich will mir den Namen einer Königin nicht erzwingen. Ich will nur heim.«

Doch all die Menschen, die am Älfgestade standen, riefen immer wieder: »Fredkulla, Fredkulla!«

Da hielt Fredkulla sich die Hände vor die Ohren. Sie hatte schon das Pferd gewendet und es mit lauten Zurufen vorwärtsgetrieben.

»Ach, dass das Volk doch schwiege«, sagte sie. »Fredkulla rufen sie, aber es wird wohl auch Friede werden, wenn ich nicht komme. König Magnus beginnt keinen Krieg um meinetwillen. Es bringt ihm nur Freude, wenn ich wieder heimkehre.«

Noch immer riefen die Leute, die am Wegessaum standen und warteten, »Fredkulla«. Aber alle, die am nächsten standen, fingen an zu fragen und sich zu verwundern: »Wohin reitet sie? Wohin reitet sie?« Und als sie sahen, dass sie hinauf zum Wald reiten wollte, da stürmten sie ihr nach.

»Höre, Königstochter, was diese alte Frau sagt«, riefen sie.

»Ich bin gebeugt von der Last der Jahre«, sagte sie, »soll mir nun der Krieg meinen Sohn rauben?«

»Nun, Königstochter«, schrien sie, »nun werden alle Türen im ganzen Tal ins Schloss fallen. Nun werden die Waffentruhen geöffnet! Der Bauer wird die Pflugschar aus der Erde reißen. Warum hältst du die Hände vor die Ohren? Du musst hören, hören, hören!«

»Fredkulla«, riefen sie, während sie hinter ihr her jagten. »Du trägst deinen Namen vergebens. Fredkulla, wir wagen nicht, Samen in die Erde zu streuen! Fredkulla, unsere Tochter wird dieses Jahr nicht Hochzeit feiern! Fredkulla, wenn unsere Gehöfte niedergebrannt sind, werden unsere alten Frauen einen Schandpfahl aufrichten auf der verbrannten Erde, und darauf werden sie deinen Namen schreiben, Fredkulla, Fredkulla!«

Der ganze Haufe aus dem Storgardsdorf war hinter ihr her. Sie brüllten rings um sie, all die unglücklichen Menschen.

»Fredkulla, denke an uns, wenn wir fallen! Wenn uns unsere Herden geraubt werden, denk an uns! Wenn wir wilde Taten verüben, denke an uns! Denke an uns, wie wir immer an dich denken werden!«

»Du darfst nicht heimwärts reiten, Jungfrau. Du darfst nicht von uns reiten. Was hast du eben erst geschworen, du Meineidige! Hörst du, was das Volk dir vom andern Älfgestade zuruft?«

Und das Volk aus dem Storgardsdorf umringte Fredkulla und warf sich vor ihr auf den Weg.

»Über unsere Leiber, Jungfrau, kannst du heimreiten!«, riefen sie.

Aber einige küssten die Hände der Jungfrau und baten leise und herzinniglich: »O, bleibe, reite nicht von uns fort!«

Sie sah, dass sie ihr nichts zuleide tun wollten. Aber das arme, elende, kriegsmüde Volk wusste sich keinen Rat. Einige griffen nach den Zügeln des Pferdes, um es umzuwenden.

Da hielt Fredkulla ihr Pferd an, obgleich sie wohl wusste, dass sie unversehrt nach Hause reiten konnte, denn wenn auch einige wilde und friedlose Männer aus dem Wald da waren, denen sie Verzeihung versprochen, und die nun drohend die Messer gegen sie zückten, so küssten sie doch gleichzeitig den Saum ihres Gewandes. Sie ließ die Reitgerte mitten in die Schar sausen und rief: »Hinweg, hinweg!« Und als die Bauern das sahen, wichen sie von ihr zurück und standen da, von Verzweiflung gelähmt. Sie sahen, dass eine solche Angst auf ihr lastete, dass sie es nicht wagten, ihre Barmherzigkeit anzurufen.

»Dein Wille geschehe, o Jungfrau!«, riefen sie. »Dein Weg ist frei.«

Fredkulla saß regungslos, und ihre Blicke glitten sehnsuchtsvoll zu den bewaldeten Hügeln in der Ferne, hinter denen die Heimat lag, in die sie fliehen wollte – wie ein verwundetes Tier in seine Höhle flieht. Eine lange Weile blieb sie so sitzen und starrte aus Augen, die so heiß waren, dass jegliche Träne in ihnen vertrocknete. Dann wandte die Königstochter ganz still ihr Pferd und ritt wieder hinab ins Tal. Sie kehrte um, freiwillig, nicht gezwungen, aus Liebe zu dem großen schönen Frieden. Wieder ging es hinab ins Tal, aber nicht rasch und munter, nur Schritt für Schritt.

Sachte ritt Fredkulla den Waldabhang hinab zum Storgardsdorf, vorbei an den Brandstätten, hinunter zum Älf und zur Fähre.

Das Volk schlich stumm hinter ihr her und flüsterte und sagte, man sollte die Jungfrau ungestört lassen; niemand sollte es wagen, ihre Tat zu preisen.

Als Fredkulla in dem großen Nachen über den Älf fahren sollte, da stieg sie vom Pferd und blieb stehen und blickte ins Wasser hinab und begann leise zu sich selbst zu sprechen.

»Siehst du hier dieses große Wasser«, sagte sie, »das unerbittlich hinab zum Meer fließt? Die weichen Wogen, sie dürfen nicht zögern, sich in die Umarmung des Starken zu werfen, wenn es auch bitter und furchtbar scheint. Wenn die Welle auch eine kleine friedliche schilfumkränzte Bucht findet auf ihrem Weg, nie darf sie dort weilen. Und wenn sie zurückkehren wollte zu dem friedlichen Quell im tiefen Versteck des Waldes –, sie kann es nicht. Sie muss vorwärts, immer, unerbittlich vorwärts. Siehst du, so will es die Bestimmung. Du musst die sanfte Welle sein, die in den Unfrieden der Welt gegossen werden soll.«

Aber mittlerweile kamen ein paar stolze Rittersleute aus Kungahälla geritten und näherten sich der Fähre. Möge nun die Jungfrau den Blick vom Boden erheben! Möge sie König Magnus schauen! Auf dem Helm ruht der goldene Löwe, der sein Wahrzeichen ist; es flattert das Banner über seinem Haupt, es leuchtet sein rotseidenes Gewand. Möge sie ihn sehen! Er selbst ist des Nordens Löwe! Möge sie sehen, wie das lange, seidenblasse Haar um die Schultern flattert. Da kam er. Eine Staubwolke flog vor ihm auf. Er kam. Ein schwarzer Schatten ritt im Abendsonnenschein weit über das Feld, und die Erde bebte unter dem Ritt.

Schlage die Augen auf, Jungfrau, und lächle dem Bräutigam zu! Denke nicht mehr, dass du dich unter diese raschen Hufe, die dir entgegenkommen, werfen wolltest, um dem Tod zu begegnen.

Die Königin auf der Ragnhildsinsel

Es war einmal ein König, der von Osten den Nordre Älf entlanggeritten kam, um hinab nach Kungahälla zu ziehen. Das Jahr neigte sich seinem Ende zu. Die Luft war schwer und der Himmel grau, so wie es um diese Zeit oft ist.

Der Pfad, über den der König ritt, schlängelte sich über hügelige Strandwiesen. Hier und dort lugten Erlengebüsche aus den Riedgrashügeln hervor, und längs des Weges hatten sie sich so gehäuft, als wären sie neugierig, den Vorüberreitenden zu sehen.

Sie drängten sich sogar hinaus auf den Weg, sodass es dem König schwer wurde, sein Pferd zwischen ihnen hindurchzuführen.

Die Jahreszeit war so vorgerückt, dass alles entlaubt und alles Leben in Wiese und Wald zur Ruhe gegangen war. Auf dem Boden lagen die Sommerblätter blass und verwelkt, und von dem langen Herbstregen waren sie zu einer fahlen Decke zusammengedrückt worden, unter der zahllose Spinnen und Erdschnecken im Winterschlaf lagen.

Grau und neblig war es ringsumher, und der König dachte: »Das ist kein schöner Weg für einen König.« Aber gerade vor ihm am Wegesrand erhob sich der schöne Fontinsberg.

Ganz unten am Fuß ward er von klargelbem Sand umgürtet, dann erhob sich lotrecht ein Stück nackte Bergwand; eine Reihe blaugrüner Fichten lief um einen schmalen Vorsprung. Höher hinauf war zersplittertes Gestein, von kleinen blinkenden Rinnen durchfurcht, dann kam eine Reihe Birken mit weißen Stämmen und rotbraunem Geäst. Dann erhob sich ein tiefgrüner Tannenwald, der dicht und kräftig oben auf der flachen Bergeshöhe wuchs. – Aber der König hatte keine Freude daran, dem schönen Berg so nahe zu sein, denn Nebelzipfel strichen über die Bergwand, und Wolkenzapfen hingen über sie hinab, und aus allen Klüften und Gehölzen stieg grauer Regenrauch auf. Und so kam es, dass der vielfarbige Fontinsberg den König ebenso grau dünkte wie alles andere.

Der König seufzte tief und schwer, indes er durch die Erlenbüsche ritt, die auf ihn und sein Pferd einen ganzen Regen großer Tropfen schüttelten.

Mit einem Mal wurde er so betrübt, wie er wohl noch nie gewesen war.

›So ergeht es mir immer‹, dachte er, ›alles ist grau und regnerisch, wohin ich auch komme. Segle ich auf dem Meer, so steigt der Nebel auf, dass ich die Hand vor dem Auge nicht sehe, und reite ich des Nachts aus, so hüllt der Mond sich in die schwärzesten Wolken, um mir nicht leuchten zu müssen.‹

»Ich glaube, wenn ich einmal zum Himmel fahre«, sagte der König zu sich selbst, »werden alle Sterne erlöschen. – So ist es mit allem, was ich unternehme! Anderen Königen wurde Pracht und Ehre und Ruhm und Glanz, aber ich bin ein richtiger König Nebelwetter. Ich habe nur an Aufruhr zu denken, und ein großer Teil des Landes verweigert mir den Gehorsam. Da ging es den alten Königen anders, sie saßen in Uppsala und regierten das ganze Reich. Denen konnte es freilich gefallen, König zu sein. – Gott hat es wohl so bestimmt, dass es mir allezeit so ergehen soll!« Gleichzeitig kämpfte er gegen diese trübe Stimmung an. Er hielt das Pferd an und horchte, ob nicht Vogelgezwitscher als gutes Zeichen gedeutet werden könnte. Aber der Himmel war glattgrau, und der Berg stand in Nebel gehüllt, und alle Vögel waren fortgezogen. Der einzige Laut, den man in der sumpfigen Gegend hörte, war der leichte Klang von Wassertropfen, die von den Erlenzweigen zu Boden fielen.

Und das Haupt des Königs sank immer tiefer.

»Ich möchte etwas Brennendrotes sehen«, sagte er. »Etwas Rabenschwarzes möchte ich sehen, das Goldglanz in der Tiefe hat; ich möchte klaren Gesang und klingendes Lachen hören.«

Wieder sah er sich um, aber alles war unverändert, und er merkte, dass selbst der sonst so glitzernde Fluss dunkel wie die Nacht zwischen den Schilfgestaden dahinfloss. Da wurde er so niedergeschlagen, dass alles, was er sein Eigen nannte, ihn hässlich und wertlos dünkte. Er dachte an seinen schönen Königshof, als wäre er eine elende Köhlerhütte. All seine Siege verwandelten sich in Niederlagen, und all seine Untertanen schienen ihm schmähliche Schurken oder arme Bettler.

Aber gegen all das ließe sich noch ankämpfen, dachte er, wenn nicht meine Königin das Härteste von allem wäre. Es ist doch ohnehin schon schwer genug zu leben, muss ich auch noch damit gequält werden, an eine Frau zu denken. Die Sorge, die ich für das Reich trage, ist so groß, dass sie mir keine ruhige Stunde lässt. Und doch verlangen die Menschen von mir, dass ich mir eine neue Last aufbürde.

Es verhielt sich so, dass der König mit einer norwegischen Königstochter vermählt war. Seine Königin war eine reiche und mächtige Prinzessin, aber das Unglück wollte es, dass man sie dem König schon angetraut hatte, als sie noch ein Kind war. Man hatte das so einrichten müssen, damit kein anderer kam und sie wegholte, aber nun wäre es dem König lieber gewesen, nicht an sie gebunden zu sein.

Schon seit dem Hochzeitstag hauste die Königin auf einer kleinen felsigen Insel, die im Nordre Älf gerade gegenüber von Kungahälla lag und Ragnhildsinsel genannt wurde. Dort hatte man einen Turm aus Stein gebaut, damit sie wohlbehütet aufwachsen konnte, bis sie alt genug war, um von ihrem Gatten heimgeholt werden zu können.

Aber der König hatte sich all die Zeit gar nicht um sie gekümmert, obgleich er wohl wusste, dass die Königin herangewachsen war, und viele ihn daran erinnerten, dass er sie nun heimführen müsste. Er konnte sich kein Herz fassen, sie an seinen Hof zu holen. Er schützte schwere Zeiten und Aufruhr vor; und Jahr um Jahr ließ er die Königin in dem grauen Turm mit ein paar alten Frauen, die ihr aufwarteten. Sie bekam nichts anderes zu sehen als den grauen Fluss.

Nun war er endlich auf dem Weg, die Königin zu holen. Aber während er so an sie dachte, war ein solcher Missmut über ihn gekommen, dass er sich von seinem Gefolge getrennt hatte, um allein zu reiten und ungestört gegen seinen Kummer ankämpfen zu können.

Er kam nun aus den Erlen heraus und ritt über eine weite Wiese. Wenn Sommer gewesen wäre, hätte er hier große Herden von Kühen und Schafen gesehen, aber nun war es gänzlich öde und nichts anderes zu erblicken als aufgewühlter Boden und abgeweidete Grashügel. Und der König gab seinem Pferd die Sporen und ritt, so rasch er konnte, über die Wiese, um nicht noch missmutiger zu werden, als er schon war.

Er war ein tapferer Mann, und hätte die Königstochter in einem verzauberten Schloss gefangen gesessen, von Riesen und Drachen bewacht, er wäre spornstreichs geritten gekommen, um sie zu befreien; aber nun wollte es das Unglück, dass sie wohlverwahrt in ihrem Turm saß und auf ihn wartete, und dass niemand auf der ganzen weiten Welt sie ihm streitig machte.

Er bereute es bitter, dass er sich schon mit ihr vermählt hatte.

»Alles, was groß und stolz und schön ist, das bleibt mir verweigert«, sagte er. »Nicht einmal das ist mir beschieden, mir mein Weib erkämpfen zu können.«

Er ritt immer langsamer und langsamer, denn nun lief der Weg einen steilen Hügel hinan, und auf der anderen Seite fing die lange Straße von Kungahälla an.

Von der Kuppe des Hügels sah der König deutlich die kleine Ragnhildsinsel vor sich, wo seine Königin saß und auf ihn wartete.

Er sah sie düster mitten in dem schwarzen Älf liegen; er sah die grauen Torfwälle über den fahlen Erdboden laufen; er sah die Steinwände des Turmes. Alles dünkte ihn unheimlich und abschreckend. Da war kein Heidekrauthügelchen, das ihm entgegenglühte; kein grünes Hälmchen leuchtete auf der Weide. Der Herbst hatte alles mit Stumpf und Stiel ausgerottet. Aber wonach der König sich sehnte, das war blitzendes Rot, ein scharfes Schwarz, das ins Goldene spielt, und er glaubte zu wissen, dass hier nicht der rechte Platz war, um das zu finden. Je länger er den Turm ansah, desto klarer wurde es ihm, dass er aus dem Felsen selbst hervorgewachsen sein musste. Es schien ihm unmöglich, dass er auf gewöhnliche Weise von Menschen errichtet worden sein sollte. Der Berg selbst war es, der einmal hatte wachsen wollen, so wie Wald und Gras aus der Erde wachsen. So musste der Turm entstanden sein.

Wie er nun an seine Königin dachte, die dort aufgewachsen war, glaubte er, sie müsse einem grob behauenen Steinbild gleichen, wie er es über dem Eingangstor einer Kirche gesehen. Er dachte sie sich als eine graue Gestalt mit langem unbeweglichem Gesicht, plattem Körper und mit Händen und Füßen, die zweimal länger und breiter waren, als die irgendeines anderen Menschen.

Aber das ist mein Schicksal, dachte der König und ritt weiter. Und er kam der Fähre so nahe, dass der Wächter auf der andern Seite das Horn zu den Lippen hob, um die Ankunft des Königs zu verkünden. Die Zugbrücke wurde aufgezogen und das Tor des festen Turmes öffnete sich.

Da erhob der König das Haupt und hielt das Pferd an.

»Ich bin ja doch noch König«, sagte er, »und kein Mensch kann mich zwingen, das zu tun, was ich nicht will. Niemand auf der ganzen Welt kann mich bewegen, diesem Steinbild zu begegnen. Ich muss doch wohl irgendetwas davon haben, dass ich ein König bin.«

Damit drehte er sein Pferd herum und ritt denselben Weg zurück, den er gekommen war. Er ritt in stürmender Eile, gleichsam als hätte er Angst, gefangen zu werden; und er verlangsamte den Trab seines Pferdes nicht eher, als bis er in das Erlengebüsch auf den Strandwiesen unter dem Fontinsberg gekommen war.

Die Königin musste weiter in dem Turm sitzen und trauern und sich sehnen. Und sie hatte zarte Wangen, und brennende rote Lippen; sie hatte wallendes, rabenschwarzes Haar, golddurchsponnen; sie hatte eine Stimme klar wie Gesang und ein klingendes Lachen.

Aber was half das dem König? Er ritt fort, über den schmalen Weg zwischen den Erlen.

Die Legende vom Vogelnest

Hatto, der Eremit, stand in der Einöde und betete zu Gott. Es stürmte, und sein langer Bart und sein zottiges Haar flatterten um ihn, so wie die windgepeitschten Grasbüschel die Zinnen einer alten Burgruine umflattern. Doch er strich sich nicht das Haar aus den Augen, noch steckte er den Bart in den Gürtel, denn er hielt die Arme zum Gebet erhoben. Seit Sonnenaufgang streckte er seine knochigen behaarten Arme zum Himmel empor – unermüdlich wie ein Baum seine Zweige ausstreckt. So wollte er bis zum Abend stehen bleiben, denn er hatte etwas Großes zu erbitten.

Er war ein Mann, der viel von der Arglist und Bosheit der Welt erfahren hatte. Er hatte selbst verfolgt und gequält; und Verfolgung und Qualen waren ihm zuteilgeworden, mehr als sein Herz ertragen konnte. Darum zog er hinaus auf die große Heide, grub sich eine Höhle am Flussufer und wurde ein heiliger Mann, dessen Gebete an Gottes Thron Gehör fanden.

Hatto, der Eremit, stand am Flussgestade vor seiner Höhle und betete das große Gebet seines Lebens. Er betete zu Gott, den Tag des Jüngsten Gerichts über diese böse Welt hereinbrechen zu lassen. Er rief die Posaunen blasenden Engel an, die das Ende der Herrschaft der Sünde verkünden sollten. Er rief nach den Wellen des Blutmeeres, um die Ungerechtigkeit zu ertränken. Er rief nach der Pest, auf dass sie die Kirchhöfe mit Leichenhaufen fülle.

Rings um ihn war die öde Heide. Aber eine kleine Strecke weiter oben am Flussufer stand eine alte Weide mit kurzem Stamm, der oben zu einem großen, kopfähnlichen Knollen anschwoll, aus dem neue, frischgrüne Zweige hervorwuchsen. Jeden Herbst wurden ihr von den Bewohnern des holzarmen Flachlandes diese frischen Schösslinge geraubt. Jeden Frühling trieb der Baum neue geschmeidige Zweige; und an stürmischen Tagen sah man sie um den Baum flattern und wehen, wie Haar und Bart um Hatto, den Eremiten, flatterten.

Das Bachstelzchenpaar, das sein Nest oben auf dem Stamm der Weide zwischen den emporsprießenden Zweigen zu bauen pflegte, hatte gerade an diesem Tag mit seiner Arbeit beginnen wollen, aber zwischen den heftig peitschenden Zweigen fanden die Vögel keine Ruhe. Sie kamen mit Binsenhalmen und Wurzelfäserchen und vorjährigem Riedgras geflogen, aber sie mussten unverrichteter Dinge umkehren. Da bemerkten sie den alten Hatto, der Gott anflehte, den Sturm siebenmal heftiger werden zu lassen, damit das Nest der kleinen Vöglein fortgefegt und der Adlerhorst zerstört werde.

Natürlich kann kein heute Lebender sich vorstellen, wie bemoost und vertrocknet und knorrig und schwarz und menschenunähnlich solch ein alter Heidebewohner aussah. Die Haut lag so stramm über Stirn und Wangen, dass der Kopf fast einem Totenschädel glich; und nur an einem schwachen Aufleuchten tief in den Augenhöhlen sah man, dass Leben darin war. Die vertrockneten Muskeln gaben dem Körper keine Rundung; der emporgestreckte nackte Arm bestand nur aus ein paar schmalen Knochen, die mit verrunzelter, harter, rindenähnlicher Haut überzogen waren. Er trug einen alten, eng anliegenden schwarzen Mantel. Er war braun gebrannt von der Sonne und schwarz von Schmutz. Nur sein Haar und sein Bart waren licht, hatten sie doch Regen und Sonnenschein gebleicht, bis sie dieselbe graugrüne Farbe angenommen hatten wie die Unterseite der Weidenblätter.

Die Vögel, die umherflatterten und einen Platz für ihr Nest suchten, hielten Hatto, den Eremiten, für eine alte Weide. Sie umkreisten ihn viele Male, flogen weg und kamen zurück, merkten sich den Weg, bedachten den Standort im Hinblick auf Raubvögel und Stürme, fanden ihn recht unvorteilhaft, aber entschieden sich doch dafür. Eines der Vögelchen schoss pfeilschnell herab und legte sein Wurzelfäserchen in die ausgestreckte Hand des Eremiten.

Der Sturm hatte nachgelassen, sodass das Wurzelfäserchen ihm nicht sogleich aus der Hand gerissen wurde – aber der Eremit unterbrach dadurch sein Gebet nicht.

»Mögest du bald kommen, o Herr, und diese Welt des Verderbens vernichten, auf dass die Menschen sich nicht mit noch mehr Sünden beladen. Möchtest du die Ungebornen vom Leben erlösen! Für die Lebenden gibt es keine Erlösung.«

Da setzte der Sturm wieder ein, und das Wurzelfäserchen flatterte aus der großen, knochigen Hand des Eremiten. Die Vögel kamen aber wieder und versuchten die Grundpfeiler ihres neuen Heims zwischen seinen Fingern zu befestigen. Da legte sich plötzlich ein plumper, schmutziger Daumen über die Halme und hielt sie fest, und vier Finger wölbten sich über die Handfläche, sodass eine friedliche Nische entstand, in der die Vögel bauen konnten. Doch der Eremit fuhr in seinen Gebeten fort.

»Herr, ist das Maß deiner Geduld nicht erschöpft und die Schale deiner Gnade noch nicht leer? O Herr, wann kommst du aus deinem Himmel?«

Hatto, der Eremit, hatte Fiebervisionen vom Tag des Jüngsten Gerichtes. Der Boden erbebte, der Himmel glühte. Unter dem roten Firmament sah er schwarze Wolken fliehender Vögel; über den Boden wälzte sich eine Schar flüchtender Tiere. Doch während seine Seele von diesen Fiebervisionen erfüllt war, begannen seine Augen dem Flug der kleinen Vögel zu folgen, die blitzschnell hin und her flogen und mit einem vergnügten kleinen Piepsen ein neues Hälmchen in das Nest fügten.

Der Alte rührte sich nicht. Er hatte das Gelübde getan, den ganzen Tag stillstehend mit emporgestreckten Händen zu beten, um damit Gott zu zwingen, ihn zu erhören. Je matter sein Körper wurde, desto lebendiger wurden die Gesichte, die sein Hirn erfüllten. Er hörte die Mauern der Städte zusammenbrechen und die Wohnungen der Menschen einstürzen. Schreiende, entsetzte Volkshaufen eilten an ihm vorbei, und ihnen nach jagten die Engel der Rache und der Vernichtung –, hohe, silbergepanzerte Gestalten mit strengem, schönem Antlitz, auf schwarzen Rossen reitend und Geißeln schwingend, die aus weißen Blitzen geflochten waren.

Die kleinen Bachstelzchen bauten und zimmerten fleißig den ganzen Tag, und die Arbeit machte große Fortschritte. Auf der hügeligen Heide mit dem steifen Riedgras und an dem schilfreichen Flussufer war kein Mangel an Baustoff. Die Vögel fanden weder Zeit zur Mittagsrast noch zur Vesperruhe. Glühend vor Eifer und Vergnügen flogen sie hin und her, und ehe der Abend anbrach, waren sie schon beim Dachfirst angelangt.

Aber ehe der Abend anbrach, hatte der Eremit seine Blicke immer häufiger auf sie gerichtet. Er folgte ihnen auf ihrer Fahrt; er schalt sie aus, wenn sie sich dumm anstellten; er ärgerte sich, wenn der Wind ihnen Schaden tat; und am allerwenigsten konnte er es vertragen, wenn sie sich ein bisschen ausruhten.

So sank die Sonne, und die Vögel suchten ihre vertrauten Ruhestätten im Schilf auf.

Wer abends über die Heide geht, muss sich nahe zur Erde beugen, um Eulen mit großen, runden Flügeln über das Feld huschen zu sehen und Nattern und große Kröten. Hasen und Wasserratten fliehen vor den Raubtieren; und der Fuchs springt nach einer Fledermaus, die Mücken über dem Fluss jagt. Es ist, als hätte jedes Erdhügelchen Leben bekommen. Doch unterdessen schlafen die kleinen Vögelchen auf dem schwanken Schilf, dem kein Feind nahen kann, ohne dass das Wasser plätschert oder die Halme zittern.

Als der Morgen kam, flogen die Bachstelzen geradewegs auf ihr Nest zu, aber das war verschwunden. Sie guckten suchend über die Heide und erhoben sich in die Luft, aber der Baum war verschwunden. Schließlich setzten sie sich auf ein paar Steine am Flussufer, wippten mit dem langen Schwanz und drehten das Köpfchen. Wohin waren Baum und Nest gekommen?

Doch kaum hatte sich die Sonne um eine Handbreit über den Waldgürtel auf dem jenseitigen Flussufer erhoben, als ihr Baum gewandert kam und sich auf denselben Platz stellte, den er am Tag zuvor eingenommen hatte.

Da begannen die Bachstelzchen wieder zu bauen, ohne über die vielen Wunder der Natur nachzugrübeln.

Hatto, der Eremit, der die kleinen Kinder von seiner Höhle fortscheuchte und in den Flussschlamm hinausstürzte, um den fröhlichen jungen Menschen, die in bewimpelten Booten den Fluss hinaufruderten, Verwünschungen nachzuschleudern, vor dessen bösem Blick die Heidehirten ihre Herden behüteten, kehrte zu seinem Platz am Fluss zurück, den kleinen Vögeln zuliebe. Er wusste, dass nicht nur jeder Buchstabe in den heiligen Büchern seine verborgne mystische Bedeutung hat, sondern auch alles was Gott in der Natur geschehen lässt. Jetzt glaubte er, herausgefunden zu haben, was das Nest der Bachstelzen in seiner Hand bedeutete; Gott wollte, dass er mit erhobnen Armen betend dastehen sollte, bis die Vögel ihre Jungen aufgezogen hatten. Vermochte er dies, so sollte er erhört werden.

Doch an diesem Tag sah er wenig Visionen des Jüngsten Gerichtes. Stattdessen folgte er immer eifriger mit seinen Blicken den Vögeln. Er sah sie das Nest rasch vollenden. Die kleinen Baumeister flatterten rund herum und besichtigten es. Sie holten ein paar kleine Moosflechten und klebten sie außen an das Nest. Sie holten das feinste Wollgras, und das Weibchen nahm Flaum von der eignen Brust und polsterte das Nest innen damit.

Die Bauern, die den Eremiten fürchteten, pflegten ihm Brot und Milch zu bringen, um seinen Groll zu besänftigen. Sie kamen auch jetzt und fanden ihn regungslos dastehen, das Vogelnest in der Hand.

»Seht, wie der fromme Mann die kleinen Tiere liebt«, sagten sie und fürchteten sich nicht mehr vor ihm, sondern hoben den Milcheimer an seine Lippen und führten ihm das Brot zum Mund. Als er gegessen und getrunken hatte, verjagte er die Menschen mit bösen Worten, aber sie lächelten nur über seine Verwünschungen.

Sein Körper war schon lange seines Willens Diener geworden. Durch Hunger und Schläge, durch tagelanges Knien und wochenlange Nachtwachen hatte er ihn Gehorsam gelehrt. Nun hielten stahlharte Muskeln seine Arme tage- und wochenlang emporgestreckt. Während das Bachstelzenweibchen auf den Eiern lag und das Nest nicht mehr verließ, suchte der Eremit nicht einmal nachts seine Höhle auf. Er lernte es, sitzend mit emporgestreckten Armen zu schlafen; unter den Freunden der Wüste gibt es so manche, die noch größere Dinge vollbracht haben.

Er gewöhnte sich an die zwei kleinen unruhigen Vogelaugen, die über den Rand des Nestes zu ihm hinabblickten. Er achtete auf Hagel und Regen und schützte das Nest so gut er konnte.

Eines Tages konnte das Weibchen seinen Wachtposten verlassen. Beide Bachstelzen saßen auf dem Rand des Nestes, wippten mit den Schwänzchen und beratschlagten und sahen seelenvergnügt aus, obgleich das ganze Nest von einem ängstlichen Piepsen erfüllt schien. Nach einem kleinen Weilchen zogen sie auf Mückenjagd aus.

Eine Mücke nach der andern wurde gefangen und heimgebracht. Und als das Futter kam, piepste es im Nest am allerärgsten. Den frommen Mann störte das Piepsen in seinen Gebeten.

Und sachte, sachte sank sein Arm herab, und seine kleinen Glutaugen starrten in das Nest.

Niemals hatte er etwas so hilflos Hässliches und Armseliges gesehen: kleine, nackte Körperchen mit spärlichem Flaum, keine Augen, keine Flugkraft, eigentlich nur sechs große, aufgerissene Schnäbel.

Es kam ihm selbst wunderlich vor, aber er mochte die Kleinen gerade so leiden wie sie waren. Die Alten hatte er ja niemals von dem großen Untergang ausgenommen, aber für diese sechs Schutzlosen machte er eine stillschweigende Ausnahme.

Wenn die Bäuerinnen ihm jetzt Essen brachten, dankte er ihnen nicht mehr mit Verwünschungen. Da er für die Kleinen in seiner Hand notwendig war, freute er sich, dass die Leute ihn nicht verhungern ließen.

Bald guckten den ganzen Tag sechs runde Köpfchen über den Nestrand. Des alten Hatto Arm sank immer häufiger zu seinen Augen hernieder. Er sah die Federn aus der roten Haut sprießen, die Augen sich öffnen, die Körperformen sich runden.

Die Gebete um die große Vernichtung kamen immer zögernder über Hattos Lippen. Er glaubte Gottes Zusicherung zu haben, dass sie hereinbrechen würde, wenn die kleinen Vögelchen flügge waren. Nun stand er da und suchte gleichsam nach einem Ausweg. Denn diese sechs Kleinen, die er beschützt und behütet hatte, konnte er nicht opfern.

Früher war es etwas andres gewesen, als er noch nichts hatte, was sein eigen war. Die Liebe zu den Kleinen und Schutzlosen kam über ihn und machte ihn unschlüssig.

Manchmal wollte er das ganze Nest in den Fluss schleudern, denn er meinte, dass die beneidenswert sind, die ohne Sorgen und Sünden sterben dürfen. Musste er die Kleinen nicht vor Raubtieren und Kälte, vor Hunger und den mannigfaltigen Heimsuchungen des Lebens bewahren? Aber gerade als er so dachte, kam der Sperber auf das Nest herabgesaust, um die Jungen zu töten. Da ergriff Hatto den Kühnen mit seiner linken Hand, schwang ihn im Kreis über seinem Kopf und schleuderte ihn mit der Kraft des Zornes in den Fluss.

Und der Tag kam, an dem die Kleinen flügge waren. Eine der Bachstelzen mühte sich drinnen im Nest, die Jungen auf den Rand hinauszuschieben, während die andre herumflog und ihnen zeigte, wie leicht das Fliegen war. Und als die Jungen sich hartnäckig fürchteten, da zeigten ihnen die beiden Alten ihre allerschönsten Flugkunststücke. Mit den Flügeln schlagend, beschrieben sie verschiedene Windungen, oder sie stiegen gerade in die Höhe wie Lerchen und hielten sich mit heftig zitternden Schwingen still in der Luft.

Aber als die Jungen noch immer eigensinnig blieben, konnte Hatto es nicht lassen, sich in die Sache einzumischen. Er gab ihnen einen behutsamen Puff mit dem Finger, und damit war alles entschieden. Heraus flogen sie, zitternd und unsicher, die Luft peitschend wie Fledermäuse, sie sanken, aber sie erhoben sich wieder, begriffen die Kunst und verwandten sie dazu, so rasch wie möglich das Nest wieder zu erreichen. Die Alten kamen stolz und jubelnd zu ihnen zurück, und der alte Hatto schmunzelte.

Er hatte doch in der Sache den Ausschlag gegeben.

Er grübelte nun darüber nach, ob es für unsern Herrgott nicht auch einen Ausweg geben konnte.

Vielleicht, wenn man es recht bedachte, hielt Gottvater diese Erde wie ein großes Vogelnest in seiner Rechten, und vielleicht hatte er Liebe zu denen gefasst, die dort wohnen und hausen, zu allen schutzlosen Kindern der Erde. Vielleicht erbarmte er sich ihrer, die er zu vernichten gelobt hatte, so wie sich der Eremit der kleinen Vögel erbarmte.

Freilich waren die Vögel des Eremiten um vieles besser als unsers Herrgotts Menschen, aber er konnte doch begreifen, dass Gottvater dennoch ein Herz für sie hatte.

Am nächsten Tag stand das Vogelnest leer, und die Bitterkeit der Einsamkeit bemächtigte sich des Eremiten. Langsam sank sein Arm herab, und es war ihm, als ob die ganze Natur den Atem anhielt, um dem Dröhnen der Posaune des Jüngsten Gerichts zu lauschen. Doch in demselben Augenblick kamen alle Bachstelzen zurück und setzten sich ihm auf Haupt und Schultern, denn sie hatten gar keine Angst vor ihm. Da zuckte ein Lichtstrahl durch das verwirrte Hirn des alten Hatto. Er hatte ja den Arm gesenkt, ihn jeden Tag gesenkt, um die Vögel anzusehen.

Und wie er da stand, von allen sechs Jungen umflattert und umgaukelt, nickte er jemandem, den er nicht sah, vergnügt zu. »Du bist frei«, sagte er, »du bist frei. Ich hielt mein Wort nicht, und so brauchst du auch deines nicht zu halten.«

Und es war ihm, als hörten die Berge zu zittern auf und als legte sich der Fluss gemächlich in seinem Bett zur Ruhe.

Das Heinzelmännchen von Töreby

Ich weiß noch, wie ich einmal als Kind an einem alten Hof vorüberfuhr, von dem man wusste, dass es dort ein Heinzelmännchen gab. Dieser Hof lag sehr einsam an einem flachen Seeufer. Es war kein Garten um das hohe, weiße Wohnhaus; nur ein paar verkrüppelte Bäume standen da. Es war der reizloseste Ort, den ich je gesehen habe. Aber es schien ein reicher Hof zu sein. Die Wirtschaftsgebäude waren wohlgebaut und großzügig angelegt; und auf den Feldern stand die Saat so üppig, dass ich mich noch heute dessen entsinne.

Das merkwürdigste war die Ordnung, die überall herrschte. Ich erinnere mich, dass wir ganz langsam vorbeifuhren, um zu sehen, wie gut die Gräben gezogen waren, wie schnurgerade die Wege liefen und wie fest die Brücken gebaut waren. Wir betrachteten die hübschen bemalten Boote, die sich am Strand schaukelten, und eine lange Waschbrücke, die gerade hinaus in den See lief.

»Wahrscheinlich will das Heinzelmännchen, dass die Wäsche in richtig tiefem Wasser und nicht im seichten Strandwasser gespült wird«, sagten wir.

Niemand zweifelte daran, dass alles auf diesem Hof dem Heinzelmännchen zu danken war. Aus Angst vor dem Heinzelmännchen durften kein Strohhalm und kein Span auf dem Hofplatz herumliegen; darum war der Viehstall geputzt wie eine gute Stube, und die Felder waren wie Gartenbeete.

Dieses Heinzelmännchen gab es seit undenklichen Zeiten auf dem Hof, und man erzählte sich allerlei Geschichten von ihm. Hier will ich eine berichten, die sich vor etwa zweihundert Jahren zugetragen haben mag.

Es war in einer dunklen Herbstnacht; der Regen goss über die grauen Klotzwände, denn damals war der Herrenhof weder bretterverkleidet noch getüncht, und der Sturm peitschte alle Zweige des hohen Holzapfelbaums gegen den Dachfirst.

Mitten im ärgsten Unwetter kam eine Eule geflogen. Sie hatte ihr Nest oben im Dachstuhl und pflegte durch ein kleines Loch dicht unter der Dachrinne hineinzufliegen. Aber bevor sie die Luke finden konnte, packte sie der Wind, blähte ihr dichtes Federkleid auf, sodass sie wie ein runder Ball aussah, und schleuderte sie ein paarmal gegen die Wand. Da gab der Vogel jeden weiteren Versuch auf, setzte sich auf den Holzapfelbaum und schrie die ganze Nacht hindurch.

Drinnen im Haus war es ganz stumm und still, nur an dem Lichtschein, der durch die Spalten der Fensterläden rieselte, merkte man, dass die Hausbewohner noch nicht zu Bett gegangen waren. Hin und wieder hörte man Lärmen und lautes Lachen, aber gleich darauf wurde es wieder totenstill.

Gegen elf Uhr nachts trat die alte Haushälterin des Gutshofs auf den Flur. Sie war völlig angekleidet und trug ihre schweren Schlüssel an der Seite, von denen sie sich weder Tag noch Nacht trennte. Die schwere Tür war mit vier verschiedenen Schlössern versperrt, und es dauerte geraume Zeit, bis die alte Frau sie geöffnet hatte. Gleich war der Wind zur Stelle, riss die Tür sperrangelweit auf, warf der Haushälterin einen Regenschauer ins Gesicht und wirbelte die Strohmatten des Hausflurs herum, dass sie sich krümmten wie die Schlangen.

Die alte Frau schloss die Tür hinter sich zu und wanderte in die Nacht hinaus. Sie ging sehr rasch und murmelte unaufhörlich: »Der Herr bewahre uns! Der Herr bewahre uns!«

Sie leuchtete sich mit einer Hornlaterne, aber sie war so in Gedanken, dass sie sich das Licht gar nicht zunutze machte, sondern in Wasserpfützen trat, die sie leicht hätte vermeiden können. Einmal ums andere kam sie in der Verwirrung von dem ausgetretenen

Pfad ab. Sie blieb an einer Dornenhecke hängen, die ihr ein Stück aus dem Kleid riss, aber das schien sie gar nicht zu merken. Sie setzte ihre Wanderung unverdrossen fort und murmelte weiter: »Der Herr bewahre uns! Der Herr bewahre uns!«

Endlich kam sie zu dem Stallgebäude. Sie stieg die Bodentreppe hinauf, die klein und schmal war und sich an der Außenseite des Hauses entlangschlängelte, und blieb vor dem Türchen zum Heuboden stehen.

Hinter dem Türchen schimmerte ein Lichtschein. Als die Haushälterin sich vorbeugte, konnte sie in ein kleines Stübchen sehen, dessen Wände mit Pferdegeschirr, Zügeln, Sätteln und Riemen behangen waren. Eigentlich war es gar keine Stube, sondern nur ein Bretterverschlag des Heubodens. Das Heu quoll durch die undichten Bretterwände herein; und mitten auf dem Boden war eine große Klappe, durch die man in den Stall hinunterklettern konnte. Auf einem Bett in der Ecke der Kammer saß der alte Gutskutscher. Er leuchtete sich mit einem Kienspan und las in Gottes Wort. Er saß da, als hätte er nicht die Ruhe gehabt, sich bei diesem schweren Unwetter niederzulegen. Jeden Augenblick hob er den Kopf vom Buch und lauschte dem Sturm, dem Regen und dem Eulenschrei.

Die Haushälterin pochte an, und der Kutscher öffnete ihr. Er begann sich sogleich zu entschuldigen, dass er bei offenem Licht auf dem Boden saß. Er glaubte wohl, dass sie eigens in die Nacht hinausgegangen war, um ihn zu ermahnen, achtsam mit dem Feuer zu sein.

»Ich weiß schon, dass es gefährlich ist«, sagte er, »aber ich meinte, es täte not, dass jemand in dieser Nacht in Gottes Wort liest.«

Die alte Frau gab darauf keine Antwort. Sie setzte sich auf eine Kiste, die voller Lederstücke und altem Eisen war. Ihr lag ein solcher Schrecken in den Gliedern, dass sie sich noch nicht davon erholt hatte. Die Hände zerrten an der Schürze; und die Lippen regten sich zu einem unverständlichen Gemurmel.

Der Kutscher saß da und sah sie an, bis der Schrecken, der auf ihr lastete, sich auch ihm mitteilte. Seine alten Hände und seine zahnlosen Kinnladen begannen zu zittern.

»Ist dir der Altvater begegnet?«, fragte er flüsternd.

Der Altvater war das Heinzelmännchen. Man kannte ihn dort auf dem Hof unter keinem anderen Namen.

»Nein«, sagte die Haushälterin, »und vor dem Altvater würde ich mich wohl auch nicht fürchten. Er will uns nur wohl.«

»Dessen solltest du nicht so sicher sein«, sagte der Kutscher. »Er ist ein gar strenger Herr, und in letzter Zeit haben sich wohl allerhand Dinge auf dem Hofe zugetragen, mit denen er nicht einverstanden ist.«

»Wenn er so streng wäre, wie du glaubst, würde er den Rittmeister nicht ungestraft so hausen lassen.«

Der Kutscher suchte sie zu beschwichtigen: »Du darfst nicht vergessen, dass du vom Herrn sprichst.«

»Ich kann darum doch nicht die Augen davor verschließen, dass er sich selbst und den Hof zugrunde richtet«, klagte sie.

»Der Herr Rittmeister ist nun einmal der Herr im Haus. Wir sind nur seine armen Diener«, wiederholte der Kutscher mit wichtiger Stimme. Aber plötzlich schlug die Stimme um, und er fragte in äußerster Angst: »Hat er wieder eine neue Tollheit ausgeheckt?«

»Ich habe den ganzen Abend an der Speisesaaltür gestanden und gehört, wie er all sein Geld verspielt hat«, sagte die Haushälterin. »Als das Geld zu Ende ging, verspielte er Pferde und Kühe. Als es mit den Tieren zu Ende ging, begann er um den Hof zu spielen. Er setzte Kate um Kate, Wald um Wald, Weide um Weide, Acker um Acker und verlor alles miteinander.«

Der Kutscher hatte sich, als er dies hörte, halb von seinem Platz erhoben, als wollte er forteilen und das Unheil verhindern. Aber dann setzte er sich wieder hin.

»Der Rittmeister ist der Herr«, sagte er. »Er kann mit dem, was sein ist, tun, was er will. Aber ich verstehe nicht, dass der Altvater sich nicht ins Spiel mischt.«

»Er hält sich ja immer hier im Stall auf; er weiß wohl nicht, was sich drinnen bei uns zuträgt«, sagte die Haushälterin.

Lange blieb es auf dem Dachboden still. Endlich sagte der Kutscher: »Wer ist's denn, der heute Nacht mit ihm spielt?«

»Es ist der Hauptmann Duwe. Er gewinnt, wenn er nur die Würfel anrührt.«

»Der Kerl ist ebenso arm an Geld und Gut wie an Herz und Gemüt«, sagte der Kutscher nachdenklich. »Von ihm hat der Herr Rittmeister keine Barmherzigkeit zu erwarten.«

»Bald gehört ihm ganz Töreby«, sagte die Haushälterin.

Der Kutscher griff zur Bibel, wandte sich zum Licht und begann wieder zu lesen.

»Ich glaubte, ich müsste den Verstand verlieren, wie ich so dastand und ihnen zuhörte«, sagte die Haushälterin, »so unheimlich war es. Anfangs waren sie lustig, und unser gnädiger Herr lachte, wenn er verlor, aber jetzt sind sie ganz still.«

Über die zitternden Lippen des alten Kutschers kam nichts anderes als: »Kate um Kate, Wald um Wald, Weide um Weide, Acker um Acker.«

»Was hilft es«, sagte die Haushälterin. »Wenn du ein ganzer Kerl wärest, gingest du hinein und brächtest ihn im Guten oder Bösen dazu, aufzuhören, bevor er noch den ganzen Hof verspielt hat.«

»Ich habe lange genug in diesem Haus gedient; ich weiß, wie schwer es ist, einen Silfverbrandt zum Aufhören zu bewegen, wenn er einmal im Zuge ist. Geradeso gut könnte ich versuchen, die Toten aufzuwecken.«

»Ja, dies müsste seine Eltern aus dem Grab wecken«, sagte die Haushälterin.

Der Kutscher schlug das Buch zu. »Das ist das Schlimmste an der ganzen Sache, dass er nicht einsieht, dass er auf diesem Hof kein solches Leben führen kann. Ich weiß noch, wie oft ich zu seinem seligen Vater sagte: ›Gebt Töreby nicht Herrn Henrik, er kann nie ein Herr nach Altvaters Sinn werden. Gebt es seinem Bruder, der ist gesetzt und ernst. Überlasst Herrn Henrik einen Hof, der keine solche Verantwortung auferlegt.‹«

»Ja, jetzt fällt Töreby weder an Herrn Henrik noch an Herrn August. Jetzt kommt es an diesen Hauptmann Duwe, bis der es wieder an einen anderen verspielt.«

Der Kutscher erhob sich entschlossen. Er knöpfte seine Jacke zu und nahm den Kienspan aus dem Halter. Man sah deutlich, dass es seine Absicht war, zu versuchen, mit seinem Herrn zu sprechen.

Aber als er den Kienspan hob, fiel ein Lichtschein auf die viereckige Öffnung im Boden, durch die er in den Stall hinunter zu klettern pflegte. Und nun sahen beide, der Kutscher und die Haushälterin, dass auf der Leiter ein Heinzelmännchen stand. Es stand auf der obersten Sprosse; klein und grau war es und trug Kniehosen und eine graue Jacke mit Silberknöpfen. Es lauschte mit solcher Bestürzung und Verblüffung, dass es aussah, als sei es völlig versteinert.

Kutscher und Haushälterin wandten sofort den Blick ab. Keines von ihnen verriet auch nur durch eine Miene, dass sie das Heinzelmännchen gesehen hatten. »Ja, nun, glaub' ich, ist's das Beste, wenn wir alten Leute gehen und uns niederlegen«, sagte der Kutscher in einem möglichst unbefangenen Ton. »Du weißt, in diesem Hof braucht man nachts nicht aufzubleiben, auch wenn ein Unglück droht. Hier ist jemand, der wacht.«

»Ja, du hast recht. Hier ist einer, der wacht«, sagte die Haushälterin unterwürfig. Ohne ein weiteres Wort nahm sie die Laterne vom Boden auf, kroch durch die Luke hinaus und verschwand über die Bodentreppe.

Als die alte Frau ins Haus zurückkam, war es ihre Absicht, sich ungesäumt zur Ruhe zu legen. Einerseits wusste sie, dass das Heinzelmännchen unnötige Nachtwachen nicht leiden mochte, andrerseits glaubte sie, dass die ganze Sache ohnehin in den besten Händen war. Aber sie hatte kaum den schweren Schlüsselbund hingelegt, da überkam sie die Lust, nach den Spielern zu schauen. Leise schlich sie wieder zur Speisesaaltür.

Als sie sich bückte und das Auge an das Schlüsselloch legte, sah sie, dass Rittmeister Silfverbrandt und Hauptmann Duwe noch am Spieltisch saßen. Der Rittmeister sah furchtbar müde und matt aus. Er war bleich und verstört, hatte Säcke unter den Augen, Runzeln auf der Stirn und zitternde Hände. Duwe war rot im Gesicht, und die Augen standen ihm blutunterlaufen aus dem Kopf, aber er verbarg alle Erregung unter froh gelauntem Plaudern und unaufhörlichem Lachen.

Die Haushälterin hatte noch keine zwei Minuten an der Speisesaaltür gelauscht, als Silfverbrandt den Stuhl zurückschob und rief: »Jetzt ist es aus, Duwe. Jetzt habe ich vom ganzen Hof nur noch die Tanneninsel draußen im See übrig. Die musst du mir lassen, damit es noch etwas auf Erden gibt, was ich mein nennen kann.«

Duwe lachte, aber er sah unzufrieden drein. »Ewig schade, das Spiel abzubrechen«, sagte er. »Wenn du all das andere gewagt hast, kannst du uns wohl auch um diesen Steinhaufen würfeln lassen.«

Silfverbrandt ging im Zimmer auf und ab. Man sah es ihm wohl an, dass er noch vom Spielteufel besessen war. Er trauerte weniger um den Verlust als vielmehr um das Ende des Spieles.

»Was setzest du gegen die Insel?«, fragte er. Duwe bedachte sich einen Augenblick. Die Haushälterin begriff, dass er einen Einsatz ausfindig zu machen suchte, der Silfverbrandt zum Weiterspielen bewegen konnte.

»Ich setze dein Reitpferd«, sagte Duwe.

Silfverbrandt liebte sein Reitpferd über alles auf Erden. Er begann ganz schrecklich zu fluchen. Er fragte Duwe, ob er der leibhaftige Böse wäre, da er ihn solchermaßen versuchte.

Die Haushälterin sah, dass der Rittmeister jedes Mal, wenn er auf seiner Wanderung zu einer dunklen Ecke des Zimmers kam, wo Duwe ihn nicht sehen konnte, vor Zorn die Hände ballte.

»Das Ärgste ist, dass ich weiß, dass ich dich erschlagen werde, wenn ich dich auf meinem Pferd reiten sehe und auf meinem Hof befehlen höre«, sagte er.

»Kannst du es einem armen Kerl nicht gönnen, wenn er es auf seine alten Tage ein bisschen sorgenfrei hat?«, fragte Duwe und lachte. »Du bist ja jung und stark; du findest schon bald anderswo Pferd und Hof.« Die ganze Zeit wunderte sich die Haushälterin, was wohl mit der Tür los sein mochte, die vom Saal in den Flur führte. Einmal ums andere öffnete sie sich ein wenig und schloss sich wieder. Jedes Mal wenn Silfverbrandt an dieser Tür vorbeiging, war es, als ob eine kleine Hand ihm zuwinkte.

Silfverbrandt ging mehrere Male an der Tür vorbei, ohne etwas zu merken, aber plötzlich blieb er stehen und starrte die Tür an.

»Na, kommst du jetzt?«, fragte Duwe.

»Ich bin im Augenblick wieder da«, sagte Silfverbrandt und ging in den Flur hinaus.

Die Haushälterin glitt stumm wie ein Schatten von der Speisesaaltür fort. Eine Sekunde darauf stand sie in der Vorratskammer, das Gesicht an ein Fensterchen gedrückt, das auf den Flur ging.

Da stand Silfverbrandt über das Heinzelmännchen gebeugt. Altvater hielt eine kleine Laterne in der Hand, die ein wenig Licht in dem dunklen Raum verbreitete.

»Was gibst du mir, wenn ich es so einrichte, dass du den Hof zurückgewinnst?«, fragte der Hausgeist.

»Ich gebe dir, was du willst«, sagte Silfverbrandt.

Das Heinzelmännchen fuhr mit der Hand in die Tasche und zog ein paar Würfel heraus. »Wenn ich dir diese Würfel leihe und du heute Nacht mit ihnen spielst, gewinnst du den Hof zurück«, sagte es zu Silfverbrandt.

Silfverbrandt streckte die Hand aus. »Gib her! Gib her!«, sagte er.

»Du bekommst sie nur unter der Bedingung, dass du morgen mit mir um einen Einsatz spielst, den ich selbst bestimme«, sagte das Heinzelmännchen.

Just in diesem Augenblick schrie die arme Eule laut und schaurig. Silfverbrandt sah auf und lauschte.

Die alte Haushälterin sah, dass die Augen des Heinzelmännchens böse und gehässig zu funkeln begannen. Sie wollte schon die Scheibe einschlagen und ihrem Herrn zurufen, auf seiner Hut zu sein und kein voreiliges Bündnis einzugehen, aber im selben Augenblick sah der Hausgeist mit einem furchtbaren Blick zu ihr auf. Sie blieb still und wagte sich nicht zu rühren.

Aber auch Silfverbrandt schien eine Gefahr zu ahnen. Er zog die Hand zurück und schien im Begriff, sich in den Saal zu begeben. Dann blieb er stehen.

»Ich weiß nicht, warum ich dir etwas Böses zutrauen soll, Altvater; du hast ja immer getreulich für dieses Haus gesorgt«, sagte er. »Du willst gewiss nur mein Bestes. So gib mir die Würfel her! Morgen mag es gehen, wie es will, wenn ich nur heute Nacht Duwe ebenso arm machen kann, wie er war, da er in diesen Hausflur trat.«

Im Augenblick darauf war Silfverbrandt wieder im Saal. »Jetzt bleibe ich aber nicht länger hier sitzen und höre mir das Eulengeschrei und den Sturm an, ohne zu spielen«, brach Duwe los. »Ich gehe jetzt zu Bett.«

»Willst du mir nicht noch zuerst die Tanneninsel abgewinnen?«, fragte Silfverbrandt, indem er sich am Spieltisch niederließ.

Er nahm den kleinen Becher, in dem die Würfel lagen, und schüttelte sie. Dann spielten er und Duwe mehrere Stunden lang, aber Silfverbrandt gewann jedes Mal. Unterdessen hörte das Unwetter auf; die Eule fand den Weg in ihr Nest; die alte Haushälterin musste vor Müdigkeit ihr Lager aufsuchen; Silfverbrandt ging aber erst zur Ruhe, als er Acker um Acker, Weide um Weide, Wald um Wald, Kate um Kate zurückgewonnen hatte und ganz Töreby wieder sein war.

Ein prächtiger Morgen folgte der Unwetternacht: hoher, blauer Himmel, frische Luft und ein spiegelnder klarer See. Die alte Haushälterin wurde zu ihrem Herrn gerufen, während dieser noch zu Bett lag.

Als sie die Schlafkammertür öffnete, war es ihr, als ob etwas Kleines und Graues an ihr vorbeihuschte. Sie zuckte zusammen.

Rittmeister Silfverbrandt lag sehr bleich im Bett. »Hat Sie ihn gesehen?«, fragte er.

»Nein«, sagte die Haushälterin aus alter Gewohnheit, denn es war dem Heinzelmännchen nicht recht, wenn man sagte, dass man es gesehen hatte.

»Es war der Altvater«, sagte der Rittmeister. »Er ging gerade, als Sie hereinkam. Er war hier und hat mit mir gewürfelt.«

Die Haushälterin stand da und starrte ihren Herrn an.

»Altvater ist mit mir nicht zufrieden«, sagte der Rittmeister. »Er will, dass mein Bruder den Hof bekommt. Und Sie wünscht es sich vielleicht auch.«

Der Rittmeister sah ganz sonderbar aus. Die alte Frau wusste nicht, was sie antworten sollte.

»Ja, den alten Duwe habe ich ja doch vom Hof weggebracht«, fuhr Silfverbrandt fort. »Ich will Altvater die Hilfe lohnen, indem ich es hier auf dem Hof so werden lasse, wie er es haben will. – Er setzt wunderliche Dinge im Spiel ein, dieser Kobold. Er ist ärger als Duwe.«

Die Haushälterin begann zu zittern und murmelte wie in der Nacht: »Der Herr bewahre uns!«

»Na, stehe Sie nicht so da, Menschenskind, und mache Sie kein so bekümmertes Gesicht«, sagte Silfverbrandt, »spute Sie sich lieber und putze Sie mir meine Uniform! Poliere Sie das Bandelier, putze Sie die Knöpfe und reibe Sie die Flecken weg! Das Reitpferd soll auch mit dem besten Zaumzeug gesattelt werden. Die Mähne muss gestrählt sein; die Steigbügel müssen blinken und die Lederriemen glänzen!«

Die Haushälterin sah ihren Herrn erstaunt an. Sie ging und kam sogleich mit der Uniform wieder. In Töreby gab es nichts, das nicht geputzt und gestriegelt, poliert und wohlgepflegt gewesen wäre.

So stand denn Rittmeister Silfverbrandt auf, legte die blaue Uniform an, rückte den dreikantigen Hut auf dem Kopf zurecht, schnallte den Säbel an die Seite und zog die langen steifen Stulphandschuhe an. Er trat auf die Schwelle und sprang auf sein Pferd.

Zweimal ritt er rings um den Hof, dann schwenkte er zum See hinab zu der langen Waschbrücke, die damals schon stand. Er sah so prächtig und stolz aus, wie er da ritt, dass alles Hausgesinde herauskam, um ihn anzusehen. Und der Kutscher und die Haushälterin sahen beide, wie das Heinzelmännchen sich zur Stallluke hinausbog und dem Gutsherrn nachsah.

Als der Rittmeister zum Seeufer hinabkam, ritt er auf die Brücke hinaus. Er saß hoch und stolz im Sattel wie ein Held, und das Pferd ging mit kurzen, tanzenden Schritten. Als die Brücke zu Ende geritten war, entstand ein kurzer Kampf zwischen Reiter und Pferd. Das Pferd wollte wenden, aber Rittmeister Silfverbrandt zwang es mit Reitpeitsche und Sporen, weiterzugehen. Und mit einem hohen Sprung stürzte sich das Pferd in das Wasser.

Alle, die auf dem Hof standen, liefen nun zum See hinab, aber als sie hinkamen, waren Reiter und Pferd verschwunden. Sie waren sogleich untergegangen, ohne wieder aufzutauchen.

Die jungen Burschen sprangen in die Boote und ruderten auf den See hinaus. Alle sprachen durcheinander und suchten Rat und Hilfe zu bringen, nur die alte Haushälterin blieb still.

»Es nützt nichts«, sagte sie. »Das ist der Hausgeist. Er hat sein Leben an den Hausgeist verspielt, der ihm heute Nacht geholfen hat.«

Als die Menschen, bestürzt und entsetzt, zum Hof zurückkehrten, stand das Heinzelmännchen von Töreby allen sichtbar in der Stallluke und winkte siegesstolz mit seiner roten Mütze.

Denn nun wusste es, dass Ordnung und Stille und ein ernstes Leben wieder auf Töreby einziehen würden.

Der Wechselbalg

Die Trollin kam durch den Wald geschlichen. Ihr Junges trug sie in einer Rindenbutte auf dem Rücken. Es war groß und hässlich, mit Haaren wie Borsten, nadelscharfen Zähnen und einer Kralle am kleinen Finger; aber die Trollin glaubte natürlich, dass es gar kein schöneres Kind geben könnte.

Wie die Trollin so einherging, kam sie zu einer Waldlichtung. Über den holprigen Waldweg kamen ein Bauer und sein Weib geritten.

Zuerst wollte die Trollin wieder in den Wald fliehen, damit niemand sie zu Gesicht bekäme, aber plötzlich bemerkte sie, dass die Bäuerin ein Kind auf dem Arm trug, und da wurde sie andern Sinnes. Sie schlich näher zum Weg heran und versteckte sich hinter einem Haselstrauch.

»Ich will doch sehen, ob das Menschenkind ebenso schön ist wie meines«, dachte die Trollin. Aber in ihrem Eifer sah sie zu weit aus dem Busch hervor; und als die Reitenden sich näherten, erblickten die Pferde den großen schwarzen Trollkopf. Sie erschraken, stellten sich auf die Hinterbeine, scheuten und gingen durch. Fast wären der Bauer und sein Weib abgeworfen worden. Sie stießen einen Schrei aus, beugten sich vor, um die Zügel anzureißen, und waren im nächsten Augenblick verschwunden.

Die Trollin war wütend, weil sie das Menschenkind kaum zu Gesicht bekommen hatte. Aber plötzlich wurde sie wieder seelenvergnügt, denn da lag ja das Kind vor ihr auf der Erde. Als die Pferde durchgingen, war es der Bäuerin aus dem Arm gefallen.

Das Kind lag auf einem Haufen dürrer Blätter und war ganz unversehrt. Es schrie vor Schreck über den Fall; aber als die Trollin sich darüberbeugte, schien es über den Anblick so belustigt, dass es verstummte und lächelte und das Händchen ausstreckte, um an dem schwarzen Bart der Trollin zu zupfen.

Die Trollin stand ganz verblüfft da und betrachtete das Menschenkind. Sie sah die kleinen Händchen mit den rosenroten Nägeln, die klaren blauen Äuglein und das kleine Mündchen. Sie befühlte das weiche Haar, strich über die Wangen und wusste sich vor Staunen gar nicht zu fassen, dass ein Kind so rosig und weich und fein sein konnte.

Plötzlich riss die Trollin ihre Rindenbutte vom Rücken, holte ihr eignes Junges heraus und setzte es neben das Menschenkind. Als sie nun den Unterschied zwischen den beiden sah, konnte sie es nicht lassen, vor Wut laut aufzuheulen.

Unterdessen hatten der Bauer und sein Weib ihre Pferde wieder gebändigt. Sie kamen nun zurück, um ihr Kind zu suchen. Als die Trollin sie kommen hörte, kamen ihr fast die Tränen, denn sie hatte sich noch lange nicht an dem Menschenkind sattgesehen. Sie blieb sitzen, bis die Reiter fast in Sichtweite waren, dann fasste sie einen raschen Entschluss. Sie ließ ihr Junges am Wegesrand liegen, steckte das Menschenkind in ihre Rindenbutte und lief damit in den Wald.

Kaum war die Trollin in den Wald verschwunden, da kamen der Bauer und seine Frau, um nach dem Kind zu suchen. Es waren prächtige Bauersleute, reich und geachtet und mit einem schönen Hof am Fuß des Waldhügels. Sie waren schon viele Jahre verheiratet, aber sie hatten nur dieses einzige Kindchen. Man kann sich also denken, wie sehr es ihnen am Herzen lag.

Die Frau war dem Mann um ein paar Pferdelängen voraus und erblickte zuerst das Kind am Wegesrand. Es schrie aus Leibeskräften, um die Trollin zurückzurufen; und die Bäuerin hätte schon an dem Geheul merken können, was für ein Kind das war, aber sie hatte solche Angst ausgestanden, dass sie bei dem Geschrei nur dachte: »Gott sei Dank, dass es am Leben ist.«

»Da liegt das Kind«, rief sie dem Mann zu, glitt aus dem Sattel und lief auf das Trolljunge zu.

Als der Bauer zur Stelle kam, saß die Frau am Wegesrand und drehte das Kind hin und her. Sie glaubte, ihren Sinnen nicht trauen zu können.

»Mein Kind hatte doch keine Stachelzähne«, sagte sie, »mein Kind hatte doch keine Haare wie Schweinsborsten; mein Kind hatte doch keine Kralle am kleinen Finger.«

Der Bauer musste annehmen, dass sein Weib verrückt geworden sei. Rasch sprang er vom Pferd.

»Sieh das Kind an und sage, ob du begreifen kannst, wie es sich so verändern konnte«, sagte die Frau und reichte es ihm. Er nahm es aus ihren Händen, aber kaum hatte er einen Blick darauf geworfen, da spuckte er dreimal aus und schleuderte es von sich. »Das ist doch ein Trolljunges«, rief er. »Das ist nicht unser Kind.«

Die Frau saß noch immer am Wegesrand. Sie konnte nicht fassen, was sich begeben hatte.

»Aber was tust du denn mit dem Kind?«, fragte sie.

»Ja merkst du denn nicht, dass das ein Wechselbalg ist?«, sagte der Mann. »Die Trolle haben die Gelegenheit benutzt; als unsere Pferde durchgingen, haben sie unser Kind gestohlen und dafür ein Trolljunges hingelegt.«

»Aber wo ist denn dann jetzt mein Kind?«, fragte die Frau.

»Das ist bei den Trollen«, antwortete der Mann.

Nun begriff die Frau endlich das ganze Unglück. Sie erbleichte, und der Mann glaubte, dass sie auf der Stelle ihren Geist aufgeben würde.

»Unser Kind kann ja nicht weit fort sein«, sagte der Mann und versuchte sie zu beschwichtigen, obgleich er selbst nicht viel Hoffnung hatte. »Wir wollen in den Wald gehen und es suchen.« Damit band er die Pferde an einen Baum und begab sich in das Dickicht. Die Frau stand auch auf, um ihm zu folgen, da sah sie das Trolljunge auf dem Boden liegen; es konnte jeden Augenblick von den Pferden totgetrampelt werden, die unruhig waren und einmal ums andre wild nach hinten ausschlugen. Sie schauderte bei dem Gedanken, den Wechselbalg anrühren zu müssen, schob ihn aber doch so, dass die Pferde ihn nicht zertreten konnten.

»Hier liegt die Schelle, die unser Kind in der Hand hatte, als du es fallen ließest«, rief der Bauer aus dem Wald. »Jetzt weiß ich, dass ich auf der rechten Spur bin.«

Die Frau eilte ihm nach; und sie gingen in den Wald und suchten lange und eifrig. Aber sie fanden weder Kind noch Troll; und als die Dämmerung einbrach, mussten sie zu ihren Pferden zurückkehren.

Die Frau weinte und rang die Hände. Der Mann ging mit aufeinandergepressten Lippen und sagte nicht ein Trostwort. Er war aus einem alten guten Geschlecht, das erloschen wäre, wenn er nicht einen Sohn bekommen hätte. Jetzt zürnte er der Frau, weil sie das Kind hatte zu Boden fallen lassen. Sie hätte es doch festhalten können! Aber als er sah, wie betrübt sie war, brachte er es nicht übers Herz, sie zu tadeln. Der Bauer half der Frau in den Sattel, da fiel ihr der Wechselbalg ein. »Was sollen wir mit dem Trolljungen anfangen?«, rief sie.

»Ja, wo ist es denn hingekommen?«, fragte der Mann.

»Es liegt dort unter dem Busch.«

»Da liegt es ja ganz gut«, sagte der Mann und lächelte bitter.

»Wir müssen es aber doch mitnehmen. Wir können es doch nicht hier in der Wildnis lassen.«

»Doch, das können wir sehr gut«, sagte der Bauer und setzte den Fuß in den Steigbügel.

Die Frau fand, dass der Mann eigentlich ganz recht hätte und ließ das Pferd ein paar Schritte machen, aber da sie von weicher und warmherziger Gemütsart war, konnte sie unmöglich weiterreiten.

»Nein, es ist ja doch ein Kind«, sagte sie. »Ich kann es nicht hierlassen, den Wölfen zum Fraß. Du musst mir den Jungen reichen.«

»Das tu ich nicht«, sagte der Mann. »Er liegt ganz gut, wo er liegt.«

»Wenn du ihn mir jetzt nicht bringst, muss ich heute Abend wieder herkommen und ihn holen«, sagte sie.

»Nicht genug damit, dass die Trolle meinen Knaben gestohlen haben«, sagte er, »sie haben auch noch meinem Weib den Kopf verdreht.« Aber dabei hob er doch das Kind auf und reichte es der Frau, denn er hatte eine große Liebe zu ihr und war es gewohnt, ihr gefällig zu sein.

Am nächsten Tag war das Unglück im ganzen Kirchspiel bekannt, und alle, die alt und klug waren, eilten in die Hütte des Bauern, um gute Ratschläge zu geben. »Wer einen Wechselbalg im Haus hat, muss ihm jeden Tag mit einem derben Stecken Schläge geben«, sagte eine Alte.

»Warum soll ich denn so übel mit ihm umgehen?«, fragte die Bäuerin. »Freilich ist er hässlich, aber er hat doch nichts Böses getan.«

»Ja, wenn man das Junge schlägt, bis das Blut fließt, dann kommt schließlich die Trollin herbeigesaust, wirft einem das eigne Kind zu und nimmt ihres mit. Ich weiß viele, die es so gemacht haben, um ihr Kind wiederzubekommen.«

»Aber diese Kinder sind dann nicht lange am Leben geblieben«, sagte eine andere. Die Bäuerin wusste, dass sie dieses Mittel nicht anwenden würde; es wäre ihr unmöglich gewesen.

Gegen Abend, als die Bäuerin mit dem Wechselbalg allein in der Stube war, begann sie sich auf einmal so heftig nach ihrem eignen Kind zu sehnen, dass sie gar nicht wusste, was sie tun sollte. »Vielleicht sollte ich doch den Rat der alten Frauen befolgen«, dachte sie; aber sie konnte sich nicht dazu entschließen.

In demselben Augenblick kam der Mann mit einem Stock in der Hand in die Stube und fragte nach dem Wechselbalg. Da sah die Frau, dass der Mann den Rat der klugen Frauen befolgen und das Trollkind prügeln wollte, um sein eignes zurückzubekommen. »Es ist gut, dass er es tut«, dachte sie. »Ich bin zu dumm. Ich könnte nie ein unschuldiges Kind schlagen.«

Aber kaum hatte der Mann dem Trollkind einen Hieb versetzt, da stürzte die Frau herbei und packte ihn am Arm. »Nein, schlag nicht, schlag nicht!«, bat sie.

»Du willst wohl dein eignes Kind nicht wiederhaben?«, sagte der Mann und versuchte sich loszumachen.

»Freilich will ich es wiederhaben, aber nicht auf diese Art«, sagte die Frau. Der Mann erhob den Arm zu einem neuen Schlag, aber die Frau warf sich auf das Kind, sodass der Hieb ihren Rücken traf.

»Gott schütze mich«, sagte der Mann, »jetzt sehe ich, du willst unser Kind gar nicht wiederhaben, sonst würdest du dich nicht so anstellen.« Er blieb stehen und wartete, aber die Frau blieb liegen und schützte das Kind. Da warf der Mann den Stock fort und ging unmutig aus der Stube. Er wunderte sich später, dass er seinen Vorsatz nicht doch ausgeführt hatte, aber wenn seine Frau da war, bezwang ihn irgendetwas: Er konnte ihr nicht zuwiderhandeln.

Ein paar Tage vergingen in Schmerz und Trauer. Was die Bäuerin am meisten quälte, war die Sorge für das Trollkind. Fast nahm es ihr die Kraft, ihr eignes Kind zu betrauern.

»Ich weiß nicht, was ich dem Wechselbalg zu essen geben soll«, sagte sie eines Morgens zu ihrem Mann. »Er will nichts essen – was ich ihm auch vorsetze.«

»Das ist nicht verwunderlich«, sagte der Mann. »Du wirst doch schon gehört haben, dass die Trolle nichts anderes essen als Frösche und Mäuse.«

»Aber du kannst doch nicht verlangen, dass ich zum Froschsumpf gehe und dort das Essen hole«, sagte die Frau.

»Nein, ich verlange nichts dergleichen«, antwortete der Bauer. »Ich finde, es wäre am besten, wenn der Wechselbalg verhungern würde.«

Die Woche verging, ohne dass die Bäuerin das Trolljunge bewegen konnte, irgendetwas zu sich zu nehmen. Es schrie nur in seiner Wiege und wurde ganz elend und mager. Die Bäuerin versuchte es mit allen möglichen guten Speisen; aber der Wechselbalg fauchte und spuckte nur, wenn sie ihn überreden wollte, etwas von den Leckerbissen zu kosten.

Eines Abends, als das Trollkind schon beinahe Hungers gestorben war, kam die Katze mit einer Maus zwischen den Zähnen in die Stube gelaufen. Da riss die Bäuerin der Katze die Maus aus dem Rachen, warf sie dem Kind hin und verließ hastig die Stube, um nicht sehen zu müssen, wie das Trolljunge aß.

Als der Bauer merkte, dass die Frau wirklich Frösche und Spinnen für den Wechselbalg sammelte, begann er einen solchen Abscheu vor ihr zu empfinden, dass er es kaum verbergen konnte. Er konnte sich nicht überwinden, seiner Frau ein freundliches Wort zu sagen; und wäre nicht jene wunderliche Macht gewesen, die sie über ihn besaß, hätte er sie sogleich verlassen.

Auch die Dienstleute begannen der Bäuerin Ungehorsam und Unehrerbietigkeit zu zeigen, ohne dass der Bauer sich darum kümmerte.

Die Frau merkte bald: Wenn sie fortfuhr, den Wechselbalg in Schutz zu nehmen, würde sie es mit ihrem Mann, dem Gesinde und den Nachbarn sehr schwer haben; aber sie war nun einmal so: Alles Schwache und Verfolgte musste sie beschützen. Je mehr sie um des Wechselbalges willen litt, desto getreulicher wachte sie darüber, dass ihm nichts Böses widerfuhr.

Ein paar Jahre später saß die Bäuerin an einem Vormittag allein in der Stube und nähte Flicken um Flicken auf ein kleines Kinderkleid. »Ach ja«, dachte sie, während sie so nähte, »der hat keine guten Tage, der für ein fremdes Kind sorgen muss.«

Sie nähte und nähte, aber die Löcher waren so groß und so zahlreich, dass ihr die Tränen in die Augen kamen. »So viel weiß ich«, dachte sie, »wenn ich meines eignen Sohnes Kittelchen flickte, würde ich die Löcher nicht zählen.

Ich habe es doch gar zu schwer mit dem Wechselbalg«, dachte die Bäuerin, als sie ein neues Loch entdeckte. »Das Beste wäre es schon, wenn ich ihn tief in den Wald führte und ihn dort zurückließe.

Ich brauchte mir gar nicht so viele Mühe zu geben, ihn loszuwerden«, fuhr sie nach einem Weilchen fort. »Ich brauchte ihn nur einen Augenblick ohne Aufsicht zu lassen, dann würde er schon im Brunnen ertrinken oder im Herd verbrennen oder vom Hund gebissen oder von den Pferden gestoßen oder von den Knechten erschlagen werden. Ja, es wäre ein Leichtes, ihn loszuwerden, denn ausgelassen und schlimm ist er, und es gibt keinen, der ihn nicht hasste. Ich glaube, wenn ich nicht beständig um ihn wäre, würde ihn gleich jemand umbringen.«

Sie ging hin und sah das Kind an, das in einer Ecke der Stube lag und schlief. Es war inzwischen sehr gewachsen und sah jetzt noch viel hässlicher aus als am Anfang. Es hatte große, wulstige Lippen; die Augenbrauen waren wie zwei steife Bürsten, und die Haut war ganz braun.

»Deine Kleider flicken und über dich wachen, ginge wohl noch an«, dachte sie. »Wenn ich deinetwegen nicht schlimmere Sorgen hätte. Es ist ja fast, als hätte ich den Verstand verloren, da ich so viel um dich leide, wo du doch nur ein widerwärtiger Troll bist. Mein Mann verabscheut mich; die Knechte verachten mich; die Mägde höhnen mich; die Katze faucht mich an; der Hund knurrt, wenn er mir begegnet; und an dem allen bist nur du schuld.

Aber dass Tiere und Menschen mich hassen, ist noch nicht das Schlimmste«, fuhr sie nachdenklich fort. »Das Schlimmste ist, dass ich mich jedes Mal, wenn ich dich ansehe, umso mehr nach meinem eignen Sohn sehne. Oh, mein liebes Kind, mein allerliebstes Goldkind, wo bist du jetzt? Schläfst du bei der Trollin auf Moos und Reisig?«

Da ging die Tür auf. Die Frau begab sich wieder zum Tisch und setzte sich zu ihrer Näharbeit. Es war ihr Mann, der eintrat. Er hatte ein lächelndes Gesicht und sprach seit langer Zeit endlich wieder einmal mit freundlicher Stimme.

»Heute ist im Nachbardorf Jahrmarkt«, sagte er. »Wie wär es, wenn wir hingingen?«

»Ach, das wollte ich gar so gerne«, sagte die Frau und wurde sehr froh.

»Nun, dann mach dich rasch fertig«, sagte der Mann. »Wir müssen zu Fuß gehen, denn die Pferde sind bei der Arbeit. Aber wir kommen noch zurecht, wenn wir den Weg über den Hügel nehmen.«

Ein kleines Weilchen später stand die Frau in Feiertagskleidern auf der Schwelle. Das war das Freudigste, was ihr seit Jahren begegnete, und sie hatte das Trollkind völlig vergessen. »Aber«, dachte sie ganz plötzlich, »vielleicht will mein Mann mich nur fortlocken, damit einer der Knechte das Trollkind erschlagen kann.« Sogleich ging sie in die Stube und kam mit dem großen Trolljungen auf dem Arm zurück.

»Kannst du den Wechselbalg nicht daheim lassen?«, fragte der Mann, aber er lachte dabei und war ganz sanft.

»Nein, ich traue mich nicht, von ihm fortzugehen«, sagte sie.

»Ja, das ist deine Sache«, sagte der Bauer, »aber es wird dir schwer werden, solch einen Bengel den Hügel hinaufzuschleppen.«

Sie begannen ihre Wanderung. Es ging steil aufwärts. Sie mussten einen hohen Gebirgsgrat erklimmen, ehe sie in das benachbarte Dörfchen kamen.

Die Frau wurde schließlich so müde, dass sie kaum mehr einen Fuß vor den andern setzen konnte. Einmal ums andre suchte sie den großen Burschen zu überreden, selbst zu gehen, aber er wollte nicht.

Der Mann war die ganze Zeit vergnügt und so freundlich, wie er es nie mehr gewesen war, seit sie ihr Kind verloren hatten.

»Jetzt musst du mir aber den Wechselbalg geben«, sagte er, »ich werde ihn ein Weilchen tragen.«

»Ach nein, ich kann schon«, sagte die Frau, »ich will nicht, dass du durch dieses Trollzeug Beschwerden hast.«

»Warum sollst du dich allein damit abplagen«, sagte er und nahm den Wechselbalg.

Als der Bauer das Kind nahm, war der Weg gerade am allersteilsten. Er führte ganz schmal und schlüpfrig am Rande eines Abgrundes vorbei. Es war kaum Platz, den Fuß aufzusetzen. Die Frau ging hinter ihm und bekam plötzlich große Angst. »Geh hier vorsichtig«, rief sie. Gleich darauf glitt er auch wirklich aus und hätte fast das Trolljunge in den Abgrund fallen lassen.

»Wenn das Kind jetzt gefallen wäre, dann wären wir es für alle Zeit los gewesen«, dachte sie. Aber in demselben Augenblick wusste sie, dass es die Absicht des Mannes war, das Kind hier hinunterzuwerfen und dann zu tun, als wäre ein Unglück geschehen.

»Ach«, dachte sie, »er hat das alles nur so eingerichtet, um das Kind beseitigen zu können, ohne dass ich die Absicht merke. Ja, wäre es nicht am besten, wenn ich ihm seinen Willen ließe?«

Wieder rutschte der Mann auf einem lockeren Stein aus; wieder wäre ihm das Kind fast aus dem Arm gefallen.

»Gib mir das Kind, du fällst damit«, sagte die Frau.

»Nein«, sagte der Mann, »ich werde schon aufpassen.«

»Du sollst es mir geben«, rief die Frau, »du bist schon zweimal ausgeglitten.«

In demselben Augenblick rutschte der Mann zum drittenmal aus. Er streckte die Arme nach einem Baumast, um sich daran festzuhalten, und das Kind fiel. Die Frau stürzte vor, packte einen Zipfel des Kittelchens und zog das Kind daran wieder auf den Weg.

Da wandte sich der Mann ihr zu. Sein Gesicht war jetzt hässlich und böse. »Als du unser Kind im Wald fallen ließest, warst du nicht so flink«, sagte er zornig.

Die Frau antwortete nicht. Sie saß auf der Erde und weinte darüber, dass die Freundlichkeit des Mannes nur gespielt gewesen war.

»Warum weinst du?«, sagte er hart. »Es wäre wohl kein so großes Unglück gewesen, wenn ich den Balg hätte fallen lassen. Komm jetzt, es wird spät.«

»Ich glaube, ich hab' keine Lust mehr, auf den Markt zu gehen«, sagte sie.

»Na ja, mir ist die Lust auch vergangen«, sagte er.

»Ich will lieber nach Hause«, sagte die Frau.

»Ja, warum sollten wir auch auf den Markt, wenn es uns keine Freude macht«, sagte der Mann und war einig mit ihr.

Auf dem Heimweg fragte sich der Mann, wie lange er es noch mit seinem Weib aushalten könnte. Wenn er von seiner Macht Gebrauch machte und sie zwänge, das Trollkind zu lassen, dann könnte alles zwischen ihnen wieder gut werden, meinte er; aber so, wie es jetzt war, wollte er am liebsten von ihr befreit sein. Er war nahe daran, Gewalt gegen sie anzuwenden und das Kind an sich zu reißen, aber da begegnete er ihrem Blick, der so schwermütig und traurig war, dass er es nicht vermochte, hart gegen sie zu sein. Um ihrer Trauer willen tat er sich Gewalt an, wie er es bisher getan hatte, und alles blieb, wie es gewesen war.

Wieder vergingen einige Jahre, und es kam eine Sommernacht, da auf dem Bauernhof eine Feuersbrunst ausbrach. Als die Leute aufwachten, waren Stube und Kammer voll Rauch; und der ganze Dachboden war ein Feuermeer. Es war gar nicht daran zu denken, zu löschen oder zu retten; man konnte nur hinausstürmen, um nicht zu verbrennen.

Der Bauer lief auf den Hof hinaus und stand da und sah das brennende Haus an.

»Ich möchte wissen, wer mir das angetan hat?«

»Wer? Nun, wer sollte es wohl anders gewesen sein als der Wechselbalg?«, sagte ein Knecht. »Es war schon immer sein Spiel, Scheiterhaufen aus Reisig zu machen und sie anzuzünden.«

»Gestern hat er einen großen Haufen trockner Zweige auf den Dachboden getragen«, sagte die Magd. »Er wollte sie eben anzünden, als ich kam und es bemerkte.«

»Gewiss hat er gestern Abend den Brand gelegt«, sagte der Knecht. »Ihr könnt ganz sicher sein, dass er das Unglück verursacht hat.«

»Wenn er nur wenigstens verbrennen wollte«, sagte der Bauer, »dann wollte ich nicht klagen, dass meine alte Hütte in Flammen aufgegangen ist.«

Als er das sagte, trat die Frau aus dem Haus und schleppte das Kind hinter sich her. Da stürzte der Bauer heran, entriss ihr das Kind, hob es hoch in die Luft und warf es wieder in das Haus zurück. Das Feuer schlug gerade zum Dach und zu den Fenstern heraus. Die Hitze war fürchterlich. Einen Augenblick sah die Frau den Mann an, leichenblass vor Schreck, dann kehrte sie um und eilte in das Haus zurück –, dem Kind nach.

»Es macht mir gar nichts, wenn du mit verbrennst«, rief ihr der Bauer nach. Sie kam jedoch wieder heraus und hatte das Kind in den Armen. Ihre Hände waren arg verbrannt, und das Haar war fast abgesengt. Niemand sagte ein Wort zu ihr, als sie herauskam. Sie ging zum Brunnen, löschte ein paar Funken, die an ihrem Rocksaum glühten, und setzte sich dann auf den Boden. Das Trollkind lag auf ihrem Schoß und schlummerte bald ein, doch sie saß hoch aufgerichtet und starrte mit traurigen Augen vor sich hin. Viele Menschen eilten herbei, um zu löschen, aber niemand sprach zu ihr. Es war, als ob sie etwas Hässliches und Unheimliches an sich hätte, das Schrecken und Abscheu erregte.

Bei Tagesanbruch, als das Feuer gelöscht war, kam der Bauer auf sie zu.

»Ich halte es nicht länger aus; ich kann nicht mit Trollen zusammenleben, obgleich ich dich ungern verlasse. Ich gehe jetzt meiner Wege und komme nie wieder.« Als die Frau diese Worte hörte und sah, wie der Mann sich gleich darauf abwandte, um seiner Wege zu gehen, da zuckte es in ihr, als wollte sie ihm nacheilen – aber das Trollkind lag schwer auf ihrem Schoß. Sie schien nicht Kraft genug zu haben, es abzuschütteln, und blieb sitzen.

Kaum war der Bauer in den Wald gekommen, als ihm ein kleiner Knirps in vollem Lauf über die Hügel entgegenkam. Er war schön wie ein junges Bäumchen und schmal und schlank. Das Haar war seidenweich, und die Augen leuchteten wie blauer Stahl.

»Ach ja, so wäre mein Sohn jetzt, wenn ich ihn hätte behalten dürfen«, dachte der Bauer. »Einen solchen Erben hätte ich gehabt. Das wäre freilich ein ander Ding gewesen als das schwarze Ungetüm, das meine Frau mir ins Haus gebracht hat.«

»Grüß Gott«, sagte der Bauer zu dem Kind, »wohin gehst du denn?«

»Grüß Gott«, sagte das Bürschchen und reichte ihm die Hand. »Wenn du erraten kannst, wer ich bin, sollst du erfahren, wohin ich gehe.«

Als der Bauer die Stimme hörte, wurde er ganz blass. »Ich kenne diese Stimme«, sagte er. »Wenn mein Sohn nicht bei den Trollen wäre, würde ich sagen, dass du es bist.«

»Ja, jetzt habt Ihr recht geraten, Vater«, sagte das Bürschchen und lachte. »Und weil Ihr recht geraten habt, sollt Ihr auch wissen, dass ich auf dem Weg zur Mutter bin.«

»Du sollst nicht zur Mutter gehen«, sagte der Bauer. »Sie fragt gar nicht nach dir. Sie hat für niemand ein Herz, nur für ein großes garstiges Trolljunges.«

»Meint Ihr das, Vater?«, sagte der Knabe und sah dem Vater tief in die Augen. »Dann ist es vielleicht besser, wenn ich fürs Erste bei Euch bleibe.«

Der Bauer war so froh über das Kind, dass ihm die Tränen in die Augen kamen. »Ja, bleib du nur bei mir«, sagte er und nahm den Knaben in seine Arme und küsste ihn. Er hatte große Angst, ihn aufs Neue zu verlieren, und wagte es nicht, ihn wieder auf den Boden zu stellen, sondern wanderte mit dem Kind im Arm weiter.

Als er ein paar Schritte gegangen war, begann der Kleine zu plaudern.

»Das ist gut, dass Ihr mich nicht so tragt, wie Ihr den Wechselbalg getragen habt«, sagte der Knabe.

»Was meinst du damit?«, fragte der Bauer.

»Ja, die Trollin ging auf der andern Seite der Kluft mit mir, und jedes Mal, wenn Ihr mit dem Kind ausglittet, Vater, glitt sie mit mir aus.«

»Ach was, ihr gingt auf der andern Seite der Kluft?«, sagte der Bauer und wurde plötzlich ganz nachdenklich.

»Nie habe ich solche Angst gehabt«, sagte das Bürschchen. »Als Ihr das Trollkind in die Schlucht warft, wollte mich die Trollin hinterherwerfen. Wäre Mutter nicht so geschwind gewesen …«

Der Bauer begann langsamer zu gehen, während er dem Kleinen Fragen stellte.

»Du musst mir erzählen, wie es dir bei den Trollen ergangen ist.«

»Manches Mal recht schlimm«, sagte der Kleine, »aber wenn Mutter gut zu dem Trolljungen war, dann war die Trollin auch gut zu mir.«

»Pflegte sie dich vielleicht zu schlagen?«, fragte der Bauer.

»Sie schlug mich nicht öfter, als Ihr das andre Kind schlugt.«

»Was kriegtest du denn zu essen?«, fragte der Bauer.

»Jedes Mal, wenn Mutter dem Wechselbalg Spinnen und Mäuse gab, bekam ich Butterbrot. Aber wenn ihr dem Trolljungen Kuchen und Fleisch vorsetztet, dann setzte mir die Trollin Schlangen und Kröten vor. In der ersten Zeit wäre ich fast verhungert. Wenn Mutter dann nicht mehr Barmherzigkeit bewiesen hätte als ihr andern, wäre ich wohl gestorben.«

Als das Kind dies sagte, machte der Bauer kehrt und ging rasch in das Tal hinab, seinem Hof zu.

»Ich weiß nicht, woher das kommt«, sagte er, »aber es ist mir, als spürte ich einen Brandgeruch, wenn ich dich anrühre; und dein Haar sieht aus, als ob es vom Feuer versengt wäre.«

»Das ist doch nicht zu verwundern«, sagte das Kind. »Ich wurde doch heute Nacht ins Feuer geworfen, als Ihr das Trollkind in die brennende Hütte schleudertet. Und wenn Mutter das Trolljunge nicht gerettet hätte, so wäre ich wohl auch verbrannt.«

Der Bauer schien nun solche Eile zu haben, dass er fast lief, um in sein Heim und zu seinem Weib zurückzukommen. Aber plötzlich blieb er stehen.

»Jetzt musst du mir aber sagen, woher es kommt, dass die Trolle dich freigegeben haben?«, sagte er.

»Als Mutter das opferte, was ihr mehr ist als das Leben, hatten die Trolle keine Macht mehr über mich und ließen mich ziehen«, sagte das Kind.

»Hat sie geopfert, was ihr mehr ist als das Leben?«, fragte der Bauer.

»Ja, das hat sie wohl, als sie Euch ziehen ließ, ohne einen Versuch zu machen, Euch zurückzuhalten«, sagte das Kind.

Die Frau saß noch immer am Brunnen. Sie schlief nicht, aber sie schien wie versteinert. Sie vermochte sich nicht zu rühren; was rings um sie vorging, bemerkte sie ebenso wenig, als wenn sie tot gewesen wäre. Da hörte sie ihren Mann nach ihr rufen, und ihr Herz begann wieder zu pochen. Neues Leben erwachte in ihr. Sie schlug die Augen auf und sah sich wie eine Schlaftrunkene um. Es war helllichter Tag; die Sonne schien, und die Vögel sangen, und es schien ihr ganz unmöglich, an einem so schönen Morgen unglücklich zu sein. Aber gleich darauf sah sie die verkohlten Balken, wo einst die Hütte gestanden hatte. Sie sah Menschen mit geschwärzten Händen und berußten Gesichtern. Da kam es ihr zum Bewusstsein, dass sie zu einem schwereren Unglück erwachte als je zuvor; aber dennoch hatte sie das Gefühl, als ob alles Leid nun zu Ende sein müsste. Sie sah sich nach dem Wechselbalg um. Er lag nicht mehr auf ihrem

Schoß und war auch nirgends zu sehen. Da hörte sie ihren Mann aus weiter Ferne rufen. Er kam aus dem Wald, zum Hof hinunter, und all die fremden Menschen, die beim Löschen geholfen hatten, liefen ihm entgegen und umringten ihn, sodass sie ihn nicht sehen konnte. Sie hörte nur, wie er unaufhörlich rief: »Mutter, Mutter! Komm doch und sieh! Komm und sieh!« Und die Stimme brachte Kunde von einer großen Freude. Sie blieb dennoch regungslos sitzen. Sie wagte ihm nicht entgegenzugehen. Endlich kam die ganze Menschenschar auf sie zu; und der Mann trennte sich von den andern und kam heran und legte ein schönes Kind in ihre Arme.

»Hier ist unser Sohn; er ist zu uns zurückgekehrt«, sagte der Mann. »Und du – und kein andrer – hast ihn gerettet.«

Die Legende von der Christrose

Die Räubermutter, die in der Räuberhöhle im Göinger Wald hauste, hatte sich eines Tages auf einem Bettelzug in das Flachland hinunterbegeben. Der Räubervater war ein friedloser Mann und durfte den Wald nicht verlassen. Er musste sich damit begnügen, den Wegfahrenden aufzulauern, die sich in den Wald wagten; doch zu der Zeit, als der Räubervater und die Räubermutter sich in dem Göinger Wald aufhielten, gab es im nördlichen Schonen nicht allzu viel Reisende. Wenn es sich also begab, dass der Räubervater ein paar Wochen lang kein Glück gehabt hatte, dann machte sich die Räubermutter auf die Wanderschaft. Sie nahm ihre fünf Kinder mit; und jedes der Kleinen hatte zerfetzte Fellkleider und Holzschuhe und trug auf dem Rücken einen Sack, der gerade so lang war wie es selbst. Wenn die Räubermutter zu einer Haustür hereinkam, wagte niemand, ihr zu verweigern, was sie verlangte, denn sie überlegte manchmal nicht lange, sondern kehrte in der nächsten Nacht zurück und zündete das Haus an, in dem man sie nicht freundlich aufgenommen hatte. Die Räubermutter und ihre Nachkommenschaft waren ärger als die Wolfsbrut, und gar mancher hätte ihnen gern seinen guten Speer nachgeworfen, wenn nicht der Mann dort oben im Wald gewesen wäre und sich zu rächen gewusst hätte, wenn den Kindern oder der Alten etwas zuleide getan worden wäre.

Wie nun die Räubermutter bettelnd von Hof zu Hof zog, kam sie eines schönen Tages nach Öved, das zu jener Zeit ein Kloster war. Sie läutete an der Klosterpforte und verlangte etwas zu essen. Der Türhüter ließ ein kleines Schiebfensterchen herab und reichte ihr sechs runde Brote, eines für sie und eines für jedes Kind.

Während die Räubermutter still vor der Klosterpforte stand, liefen ihre Kinder umher. Dann kam eines von ihnen heran und zupfte die Mutter am Rock, zum Zeichen, dass es etwas gefunden hätte, was sie sich ansehen sollte. Die Räubermutter ging auch gleich mit.

Das ganze Kloster war von einer hohen, starken Mauer umgeben, aber der kleine Junge hatte ein kleines angelehntes Hintertürchen gefunden. Die Räubermutter stieß sogleich das Pförtchen auf und trat, ohne erst viel zu fragen, ein, wie es eben bei ihr der Brauch war.

Das Kloster Öved wurde zu jener Zeit von Abt Johannes regiert, der ein gar pflanzenkundiger Mann war. Er hatte sich hinter der Klostermauer einen kleinen Lustgarten angelegt, und in diesen drang nun die Räubermutter ein.

Im ersten Augenblick war sie so erstaunt, dass sie regungslos stehen blieb. Es war Hochsommerzeit, und der Garten des Abtes Johannes stand so voll Blumen, dass es blau und rot und gelb vor den Augen flimmerte, wenn man hinsah. Aber bald zeigte sich ein vergnügtes Lächeln auf dem Gesicht der Räubermutter. Sie begann, einen schmalen Gang zwischen vielen kleinen Blumenbeeten hinunterzugehen.

Im Garten stand ein Laienbruder, der Gärtnergehilfe war, und jätete das Unkraut aus. Er hatte die Tür in der Mauer halb offen gelassen, um Queckengras und Melde auf den Kehrichthaufen vor der Mauer werfen zu können. Als er die Räubermutter mit ihren fünf Bälgern in den Lustgarten treten sah, stürzte er ihnen sogleich entgegen und befahl ihnen, sich zu trollen. Die alte Bettlerin ging weiter, als sei nichts geschehen. Sie ließ die Blicke hinauf- und hinabwandern, sah bald die starren weißen Lilien an, die sich auf einem Beet ausbreiteten, und bald den Efeu, der die Klosterwand hoch emporkletterte, und bekümmerte sich nicht im Geringsten um den Laienbruder.

Der Laienbruder dachte, sie hätte ihn nicht verstanden, und wollte sie am Arm nehmen, um sie nach dem Ausgang umzudrehen, aber die Räubermutter warf ihm einen Blick zu, vor dem er zurückprallte. Sie war unter ihrem Bettelsack mit gebeugtem Rücken gegangen, aber jetzt richtete sie sich zur vollen Höhe auf.

»Ich bin die Räubermutter aus dem Göinger Wald«, sagte sie. »Rühr mich nur an, wenn du es wagst.« Und es sah aus, als ob sie nach diesen Worten ebenso sicher wäre, in Frieden von dannen ziehen zu können, als hätte sie verkündet, dass sie die Königin von Dänemark sei.

Aber der Laienbruder wagte dennoch, sie zu stören, obgleich er jetzt, wo er wusste, wer sie war, recht sanftmütig zu ihr sprach.

»Du musst wissen, Räubermutter«, sagte er, »dass dies ein Mönchskloster ist und dass es keiner Frau im Land verstattet ist, hinter diese Mauer zu treten. Wenn du nun nicht deiner Wege gehst, werden die Mönche mir zürnen, weil ich vergessen habe, das Tor zu schließen; sie werden mich vielleicht von Kloster und Garten verjagen.«

Doch solche Bitten waren an die Räubermutter verschwendet. Sie ging weiter durch die Rosenbeete und sah sich den Ysop an, der mit lilafarbenen Blüten bedeckt war, und das Kaprifolium, das voll rotgelber Blumentrauben hing.

Da wusste sich der Laienbruder keinen anderen Rat, als in das Kloster zu laufen und um Hilfe zu rufen. Er kam mit zwei handfesten Mönchen zurück, und die Räubermutter sah sogleich, dass es nun Ernst wurde. Sie stellte sich breitbeinig auf den Weg und begann mit gellender Stimme herauszuschreien, welche furchtbare Rache sie an dem Kloster nehmen würde, wenn sie nicht im Lustgarten bleiben dürfte, so lange sie wollte. Aber die Mönche fürchteten sie nicht und schickten sich an, sie zu vertreiben. Da stieß die Räubermutter schrille Schreie aus, stürzte sich auf die Mönche, kratzte und biss, und alle ihre Sprösslinge machten es ebenso. Den drei Männern blieb nichts anderes übrig, als in das Kloster zu gehen und Verstärkung zu holen.

Als sie über den Pfad liefen, der in das Kloster führte, begegneten sie dem Abt Johannes, der herbeigeeilt war, um zu sehen, wer da im Lustgarten so lärmte. Da mussten sie gestehen, dass die Räubermutter aus dem Göinger Wald in das Kloster eingedrungen war. Abt

Johannes tadelte sie, dass sie Gewalt angewendet hatten, und verbot ihnen, um Hilfe zu rufen. Er schickte die beiden Mönche zu ihrer Arbeit zurück, und obgleich er ein alter, gebrechlicher Mann war, nahm er nur den Laienbruder mit in den Garten.

Als Abt Johannes dort anlangte, ging die Räubermutter wie zuvor zwischen den Beeten umher. Er konnte sich nicht genug über sie wundern. Er war ganz sicher, dass die Räubermutter nie zuvor in ihrem Leben einen Lustgarten erblickt hatte. Aber wie dem auch sein mochte – sie ging zwischen allen den kleinen Beeten mit den fremden und seltsamen Blumen umher und betrachtete sie, als wären es alte Bekannte. Es sah aus, als hätte sie schon öfters Immergrün und Salbei und Rosmarin gesehen. Einigen Blumen lächelte sie zu, und über andere wieder schüttelte sie den Kopf.

Abt Johannes liebte seinen Garten mehr als alle andern irdischen und vergänglichen Dinge. So wild und grimmig die Räubermutter auch aussah, so konnte er es doch nicht lassen, Gefallen daran zu finden, dass sie mit drei Mönchen gekämpft hatte, um die Blumen in Ruhe betrachten zu können. Er ging auf sie zu und fragte sie freundlich, ob ihr der Garten gefalle.

Die Räubermutter wendete sich heftig gegen Abt Johannes, denn sie war nur auf Hinterhalt und Überfall gefasst, aber als sie seine weißen Haare und seinen gebeugten Rücken sah, antwortete sie ganz freundlich: »Als ich ihn erblickte, schien es mir, als ob ich nie etwas Schöneres gesehen hätte, aber jetzt merke ich, dass er sich mit einem andern Garten nicht messen kann, den ich kenne.«

Abt Johannes hatte sicherlich eine andere Antwort erwartet. Als er hörte, dass die Räubermutter einen Lustgarten kenne, der schöner wäre als der seine, bedeckten sich seine runzeligen Wangen mit einer schwachen Röte.

Der Gärtnergehilfe, der danebenstand, begann auch sogleich die Räubermutter zurechtzuweisen.

»Dies ist Abt Johannes, Räubermutter«, sagte er, »der selber mit großem Fleiß und viel Mühe von fern und nah die Blumen für seinen Garten gesammelt hat. Wir wissen alle, dass es im ganzen schonischen Land keinen reicheren Lustgarten gibt, und es steht dir, die du das ganze liebe Jahr im wilden Wald hausest, wahrlich übel an, sein Werk zu tadeln.«

»Ich will niemand tadeln, weder ihn noch dich«, sagte die Räubermutter, »ich sage nur, wenn ihr den Lustgarten sehen könntet, an den ich denke, dann würdet ihr jegliche Blume, die hier steht, ausraufen und sie als Unkraut fortwerfen.«

Aber der Gärtnergehilfe war kaum weniger stolz auf die Blumen als Abt Johannes selbst, und als er diese Worte hörte, begann er höhnisch zu lachen.

»Ich kann mir wohl denken, dass du nur so schwätzest, Räubermutter, um uns zu reizen«, sagte er. »Das wird mir ein schöner Garten sein, den du dir unter Tannen und Wacholderbüschen im Göinger Wald eingerichtet hast! Ich wollte meine Seele verschwören, dass du überhaupt noch nie hinter einer Gartenmauer gewesen bist.«

Die Räubermutter wurde rot vor Ärger, dass man ihr misstraute, und rief: »Es mag wohl sein, dass ich niemals zuvor hinter einer Gartenmauer gestanden habe, aber ihr Mönche, die ihr heilige Männer seid, solltet wohl wissen, dass der große Göinger Wald sich in jeder Weihnachtsnacht in einen Lustgarten verwandelt, um die Geburtsstunde unseres Herrn und Heilandes zu feiern. Wir, die wir im Wald leben, sehen dies jedes Jahr. In diesem Lustgarten habe ich so herrliche Blumen geschaut, dass ich es nicht wagte, die Hand zu erheben, um sie zu brechen.«

Da lachte der Laienbruder noch lauter und stärker: »Es ist gar leicht für dich, dazustehen und mit Dingen zu prahlen, die kein Mensch sehen kann. Ich kann nicht glauben, dass der Wald Christi Geburtsstunde feiert, wenn so unheilige Leute darin wohnen wie du und der Räubervater.«

»Und das, was ich sage, ist doch ebenso wahr«, entgegnete die Räubermutter, »wie dass du es nicht wagen würdest, in einer Weihnachtsnacht in den Wald zu kommen, um es zu sehen.«

Der Laienbruder wollte ihr von Neuem antworten, aber Abt Johannes bedeutete ihm durch ein Zeichen, stillzuschweigen. Abt Johannes hatte schon in seiner Kindheit erzählen hören, dass der Wald sich in der Weihnachtszeit in ein Feierkleid hülle. Er hatte sich oft danach gesehnt, es zu sehen, aber es war ihm niemals gelungen. Nun begann er die Räubermutter gar eifrig zu bitten, sie möge ihn um die Weihnachtszeit in die Räuberhöhle kommen lassen. Wenn sie nur eins ihrer Kinder schickte, ihm den Weg zu zeigen, dann wollte er allein hinaufreiten und sie nie und nimmer verraten, sondern sie so reich belohnen, wie es nur in seiner Macht stünde.

Die Räubermutter weigerte sich zuerst. Sie dachte an den Räubervater und an die Gefahr, der sie ihn preisgab, wenn sie Abt Johannes in ihre Höhle kommen ließe, aber dann wurde doch der Wunsch in ihr übermächtig, dem Abt zu zeigen, dass der Lustgarten, den sie kannte, schöner war als der seinige, und sie gab nach.

»Aber mehr als einen Begleiter darfst du nicht mitnehmen«, sagte sie. »Und du darfst uns keinen Hinterhalt legen, so gewiss du ein heiliger Mann bist.«

Dies versprach Abt Johannes, und damit ging die Räubermutter. Abt Johannes befahl dem Laienbruder, niemand zu verraten, was vereinbart worden war. Er fürchtete, dass die Mönche, wenn sie von seinem Vorhaben etwas erführen, einem alten Mann, wie er es war, nicht gestatten würden, hinauf in die Räuberhöhle zu ziehen. Auch er selbst wollte den Plan keiner Menschenseele verraten. Aber da begab es sich, dass Erzbischof Absalon aus Lund gereist kam und eine Nacht in Öved verbrachte. Als nun Abt Johannes ihm seinen Garten zeigte, fiel ihm der Besuch der Räubermutter ein; und der Laienbruder, der dort umherging und arbeitete, hörte, wie der Abt dem Bischof von dem Räubervater erzählte, der nun seit vielen Jahren vogelfrei im Wald hauste, und um einen Freibrief für ihn bat, damit er wieder ein ehrliches Leben unter andern Menschen beginnen könnte.

»Wie es jetzt geht«, sagte Abt Johannes, »wachsen seine Kinder zu ärgeren Missetätern heran, als er selbst einer ist, und wir werden es bald mit einer ganzen Räuberbande zu tun bekommen.«

Doch Erzbischof Absalon erwiderte, dass er den bösen Räuber nicht auf die ehrlichen Leute im Land loslassen wolle. Es sei für alle am besten, wenn er dort oben in seinem Wald bliebe.

Da wurde Abt Johannes eifrig und begann dem Bischof vom Göinger Wald zu erzählen, der sich jedes Jahr rings um die Räuberhöhle weihnachtlich schmücke. »Wenn diese Räuber nicht zu schlimm sind, Gottes Herrlichkeit zu sehen«, sagte er, »so können sie wohl auch nicht zu schlecht sein, um die Gnade der Menschen zu erfahren.«

Aber der Erzbischof wusste Abt Johannes zu antworten.

»So viel kann ich dir versprechen, Abt Johannes«, sagte er und lächelte, »an welchem Tag immer du mir eine Blume aus dem Weihnachtsgarten des Göinger Waldes schickst, will ich dir einen Freibrief für alle Friedlosen geben, für die du bitten magst.«

Der Laienbruder sah, dass Bischof Absalon ebenso wenig wie er selbst an die Geschichte der Räubermutter glaubte, aber Abt Johannes merkte nichts davon, sondern dankte Absalon für sein gütiges Versprechen und sagte, die Blume wolle er ihm schon schicken.

Abt Johannes setzte seinen Willen durch, und am nächsten Weihnachtsabend saß er nicht daheim in Öved, sondern war auf dem Weg nach Göinge. Einer der wilden Jungen der Räubermutter lief vor ihm her. Der Knecht, der im Lustgarten mit der Räubermutter gesprochen hatte, begleitete ihn. Abt Johannes hatte sich den ganzen Herbst schon sehr nach dieser Reise gesehnt und freute sich nun, dass sie zustande gekommen war. Ganz anders stand es mit dem Laienbruder, der ihm folgte. Er hatte Abt Johannes von Herzen lieb und würde es nicht gern einem andern überlassen haben, ihn zu begleiten und über ihn zu wachen, aber er glaubte keineswegs, dass sie einen Weihnachtsgarten zu Gesicht bekommen würden. Er dachte, dass die Räubermutter Abt Johannes mit großer Schlauheit hereingelegt hatte, damit er ihrem Mann in die Hände falle.

Während Abt Johannes nordwärts zum Wald ritt, sah er, wie überall Anstalten getroffen wurden, das Weihnachtsfest zu feiern. In jedem Bauernhof machte man Feuer in der Badehütte; aus den Vorratskammern wurden große Mengen von Fleisch und Brot in die Wohnungen getragen, und aus den Tennen kamen die Burschen mit großen Strohgarben, die über den Boden gestreut werden sollten.

Als der Abt an dem kleinen Dorfkirchlein vorüberritt, sah er, wie der Priester und seine Küster damit beschäftigt waren, sie mit den besten Geweben zu schmücken, die sie nur hatten auftreiben können; und als er zu dem Weg kam, der nach dem Kloster Bosjö führte, sah er die Armen mit großen Brotlaiben und langen Kerzen daherwandern, die sie an der Klosterpforte geschenkt bekommen hatten.

Als Abt Johannes alle diese Weihnachtszurüstungen sah, spornte er zur Eile an. Er dachte daran, dass seiner das größte Fest harrte.

Doch der Knecht jammerte und klagte, als er sah, wie sie sich auch in der kleinsten Hütte anschickten, das Weihnachtsfest zu feiern. Er wurde immer ängstlicher und bat und beschwor Abt Johannes, umzukehren und sich nicht freiwillig in die Hände der Räuber zu geben.

Aber Abt Johannes ritt weiter, ohne sich um die Klagen zu kümmern. Er hatte bald das Flachland hinter sich und kam nun hinauf in die einsamen, wilden Wälder. Hier wurde der Weg schlechter. Er war eigentlich nur noch ein steiniger, nadelbestreuter Pfad; nicht Brücke und Steg führten über Flüsse und Bäche. Je länger sie ritten, desto kälter wurde es, und tief drinnen im Wald war der Boden mit Schnee bedeckt.

Es war ein langer und beschwerlicher Ritt. Sie zogen auf steilen und schlüpfrigen Pfaden über Moor und Sumpf, drangen durch Windbrüche und Dickicht. Gerade als der Tag zur Neige ging, führte der Räuberjunge sie über eine Waldwiese, die von nackten Laubbäumen und grünen Nadelbäumen umgeben war. Hinter der Wiese erhob sich eine Felswand, und in der Felswand war eine Tür aus rohen Planken. Abt Johannes stieg vom Pferd. Das Kind öffnete die schwere Tür, und er sah eine ärmliche Berggrotte mit nackten Steinwänden. Die Räubermutter saß an einem Blockfeuer, das mitten auf dem Boden brannte; an den Wänden waren Lagerstätten aus Tannenreisig und Moos, und auf einer von ihnen lag der Räubervater und schlief.

»Kommt herein, ihr dort draußen!«, rief die Räubermutter, ohne aufzusehen. »Und bringt die Pferde mit, damit sie nicht draußen in der Nachtkälte zugrunde gehen!«

Abt Johannes trat nun kühnlich in die Grotte, und der Laienbruder folgte ihm. Da sah es gar ärmlich und dürftig und gar nicht weihnachtlich aus. Die Räubermutter hatte weder gebraut noch gebacken; sie hatte weder gefegt noch gescheuert. Ihre Kinder lagen auf der Erde rings um einen Kessel, in dem nur dünne Wassergrütze war.

Doch die Räubermutter war ebenso stolz und selbstbewusst wie nur irgendeine wohlbestallte Bauersfrau.

»Setze dich nun hier ans Feuer, Abt Johannes, und wärme dich«, sagte sie, »und wenn du Wegzehrung mitgebracht hast, so iss, denn was wir hier im Wald kochen, wird dir wohl nicht munden. Und wenn du vom Ritt müde bist, kannst du dich auf einer dieser Lagerstätten ausstrecken. Du brauchst keine Angst zu haben, dass du verschlafen könntest. Ich sitze hier am Feuer und wache; ich werde dich schon wecken, damit du zu sehen bekommst, wonach du ausgeritten bist.«

Abt Johannes gehorchte der Räubermutter in allen Stücken und nahm seinen Schnappsack hervor. Aber er war nach dem Ritt so müde, dass er kaum zu essen vermochte; und sowie er sich auf dem Lager ausgestreckt hatte, schlummerte er ein.

Dem Laienbruder ward auch eine Ruhestatt angewiesen, aber er wagte nicht zu schlafen. Er wollte ein wachsames Auge auf den Räubervater haben, damit dieser nicht etwa aufstünde und Abt Johannes fesselte. Allmählich jedoch erlangte die Müdigkeit auch über ihn solche Gewalt, dass er einschlummerte. Als er erwachte, sah er, dass Abt Johannes sein Lager verlassen hatte, am Feuer saß und mit der Räubermutter Zwiegespräch pflog. Der Räubervater saß daneben. Er war ein hochaufgeschossener magerer Mann und sah schwerfällig und trübsinnig aus. Er kehrte Abt Johannes den Rücken, und es sah aus, als wolle er nicht zeigen, dass er dem Gespräch lauschte. Abt Johannes erzählte der Räubermutter von den Weihnachtsvorbereitungen, die er unterwegs gesehen hatte. Er erinnerte sie an die Weihnachtsfeste und die fröhlichen Weihnachtsspiele, die wohl auch sie in ihrer Jugend mitgemacht hatte, als sie noch in Frieden unter den Menschen lebte.

»Es ist ein Jammer, dass eure Kinder nie auf der Dorfstraße umhertollen oder im Weihnachtsstroh spielen dürfen«, sagte Abt Johannes. Die Räubermutter hatte ihm zuerst kurz und barsch geantwortet, aber so allmählich wurde sie kleinlauter und lauschte eifrig. Plötzlich wendete sich der Räubervater gegen den Abt Johannes und hielt ihm die geballte Faust vor das Gesicht.

»Du elender Mönch, bist du hierhergekommen, um Weib und Kinder von mir fortzulocken? Weißt du nicht, dass ich ein friedloser Mann bin und diesen Wald nicht verlassen darf?«

Abt Johannes sah ihm unerschrocken gerade in die Augen.

»Mein Wille ist es, dir einen Freibrief vom Erzbischof zu verschaffen«, sagte er. Kaum hatte er dies gesagt, als der Räubervater und die Räubermutter ein schallendes Gelächter anschlugen. Sie wussten nur zu wohl, welche Gnade ein Waldräuber vom Bischof Absalon zu erwarten hatte.

»Ja, wenn ich einen Freibrief von Absalon bekomme«, sagte der Räubervater, »dann gelobe ich dir, nie mehr auch nur eine Gans zu stehlen.«

Den Gärtnergehilfen verdross es sehr, dass das Räuberpack sich vermaß, Abt Johannes auszulachen, aber dieser selbst schien es ganz zufrieden zu sein. Der Knecht hatte ihn kaum je friedvoller und milder unter seinen Mönchen auf Öved sitzen sehen, als er ihn jetzt unter den wilden Räuberleuten sah.

Plötzlich sprang die Räubermutter auf.

»Du sitzest hier und plauderst, Abt Johannes«, sagte sie, »und wir vergessen ganz, nach dem Wald zu sehen. Jetzt höre ich bis in unsere Höhle, wie die Weihnachtsglocken läuten.«

Kaum war dies gesagt, als alle aufsprangen und hinausliefen; aber im Wald war noch dunkle Nacht und grimmiger Winter. Das Einzige, was man vernahm, war ferner Glockenklang, der von einem leisen Südwind hergetragen wurde.

»Wie soll dieser Glockenklang den toten Wald wecken können?«, dachte Abt Johannes. Denn jetzt, wo er mitten im Waldesdunkel stand, schien es ihm viel unmöglicher als zuvor, dass hier ein Lustgarten erstehen könnte.

Aber als die Glocke ein paar Augenblicke geläutet hatte, zuckte plötzlich ein Lichtstrahl durch den Wald. Gleich darauf wurde es wieder dunkel, aber dann kam das Licht wieder. Es kämpfte sich wie ein leuchtender Nebel durch die dunklen Bäume. Langsam ging die Dunkelheit in schwache Morgendämmerung über.

Da sah Abt Johannes den Schnee vom Boden verschwinden, als hätte jemand einen Teppich fortgezogen; und die Erde begann zu grünen. Das Farnkraut streckte seine Triebe hervor. Die Erika, die auf der Steinhalde wuchs, und der Porsch, der im Moor wurzelte, kleideten sich rasch in frisches Grün. Die Mooshügelchen schwollen und hoben sich; und die Frühlingsblumen schossen mit schwellenden Knospen auf und hatten schon einen Schimmer von Farbe.

Abt Johannes klopfte das Herz heftig, als er die ersten Zeichen sah, dass der Wald erwachen wollte. »Soll nun ich alter Mann ein solches Wunder schauen?«, dachte er. Und die Tränen wollten ihm in die Augen treten.

Nun wurde es wieder so dämmerig, dass er fürchtete die nächtliche Finsternis könnte aufs Neue Macht erlangen. Aber sogleich flutete eine neue Lichtwelle herein. Die brachte Bachgemurmel und das Rauschen eisbefreiter Bergströme mit. Da schlugen die Blätter der Laubbäume so rasch aus, als hätten sich grüne Schmetterlinge auf den Zweigen niedergelassen. Und nicht nur die Bäume und Pflanzen erwachten. Die Kreuzschnäbel begannen über die Zweige zu hüpfen. Die Spechte hämmerten an die Stämme, dass die Holzsplitter nur so flogen. Ein Zug Stare ließ sich in einem Tannenwipfel nieder, um auszuruhen. Es waren prächtige Stare. Die Spitze jedes kleinen Federchens leuchtete glänzend rot. Wenn die Vögel sich bewegten, glitzerten sie wie Edelsteine. Wieder wurde es für ein Weilchen still, aber bald begann es von Neuem. Ein starker, warmer Südwind blies und säte über die Waldwiese Samen aus südlichen Ländern, die von Vögeln und Schiffen und Winden in das Land gebracht worden waren. Sie schlugen Wurzel und schossen Triebe in dem Augenblick, da sie den Boden berührten.

Als die nächste Welle kam, fingen Blaubeeren und Preiselbeeren zu blühen an. Wildgänse und Kraniche riefen hoch oben in der

Luft; die Buchfinken bauten ihr Nest; und die Eichhörnchen begannen in den Baumzweigen zu spielen.

Alles ging nun so rasch, dass Abt Johannes gar nicht mehr überlegen konnte; er konnte nur Augen und Ohren weit aufmachen. Die nächste Welle, die herangebraust kam, brachte den Duft frisch gepflügter Felder. Aus weiter Ferne hörte man Hirtinnen die Kühe locken und die Glöckchen der Lämmer klingeln. Tannen und Fichten bekleideten sich so dicht mit kleinen roten Zapfen, dass die Bäume wie Seide leuchteten. Der Wacholder trug Beeren, die jeden Augenblick die Farbe wechselten. Und die Waldblumen bedeckten den Boden, dass er ganz weiß und blau und gelb war. Abt Johannes beugte sich zur Erde und brach eine Erdbeerblüte. Und während er sich aufrichtete, reifte die Beere. Die Füchsin kam mit einer großen Schar schwarzbeiniger Jungen aus ihrer Höhle. Sie ging auf die Räubermutter zu und rieb sich an ihrem Rock. Die Räubermutter beugte sich zu ihr hinunter und lobte ihre Jungen. Der Uhu, der eben seine nächtliche Jagd begonnen hatte, kehrte ganz erstaunt über das Licht wieder nach Hause zurück, suchte seine Schlucht auf und legte sich schlafen. Der Kuckuck rief; und das Kuckucksweibchen umkreiste mit einem Ei im Schnabel die Nester der Singvögel.

Die Kinder der Räubermutter stießen zwitschernde Freudenschreie aus. Sie aßen sich an den Waldbeeren satt, die groß wie Tannenzapfen an den Sträuchern hingen. Eines spielte mit einer Schar junger Hasen, ein anderes lief mit den jungen Krähen um die Wette, die aus dem Nest gehüpft waren, ehe sie noch flügge waren, das dritte hob die Natter vom Boden und wickelte sie sich um Hals und Arm. Der Räubervater stand draußen auf dem Moor und aß Brombeeren. Als er aufsah, stand ein großes schwarzes Tier neben ihm. Da brach der Räubervater einen Weidenzweig und schlug dem Bären auf die Schnauze.

»Bleib du, wo du hingehörst«, sagte er. »Das ist mein Platz.« Da machte der Bär kehrt und trabte davon.

Immer wieder kamen neue Wellen von Wärme und Licht. Entengeschnatter klang vom Waldmoor herüber. Gelber Blütenstaub von den Feldern schwebte in der Luft. Schmetterlinge kamen, so groß, dass sie wie fliegende Lilien aussahen. Das Nest der Bienen in einer hohlen Eiche war schon so voll Honig, dass er am Stamm hinuntertropfte. Jetzt begannen auch die Blumen sich zu entfalten, deren Samen aus fremden Ländern gekommen waren. Die Rosenbüsche kletterten um die Wette mit den Brombeeren die Felswand hinan, und oben auf der Waldwiese sprossen Blumen, so groß wie ein Menschengesicht. Abt Johannes dachte an die Blume, die er für Bischof Absalon pflücken wollte, aber eine Blume wuchs herrlicher heran als die andere, und er wollte die allerschönste wählen.

Welle um Welle kam, und jetzt war die Luft so von Licht durchtränkt, dass sie glitzerte. Und alle Lust und aller Glanz und alles Glück des Sommers lächelten rings um Abt Johannes. Es war ihm, als könnte die Erde keine größere Freude bringen. Aber das Licht strömte noch immer, und Abt Johannes fühlte, dass überirdische Luft ihn umwehte. Zitternd erwartete er des Himmels Herrlichkeit. Abt Johannes merkte, dass alles still wurde: Die Vögel verstummten, die jungen Füchslein spielten nicht mehr, und die Blumen hörten auf zu wachsen. Eine Seligkeit nahte, die das Herz stillstehen ließ; das Auge weinte, ohne dass es darum wusste, die Seele sehnte sich, in die Ewigkeit hinüberzufliegen. Aus weiter, weiter Ferne hörte man leise Harfentöne und überirdischen Gesang. Abt Johannes faltete die Hände und sank in die Knie. Sein Gesicht strahlte von Seligkeit. Nie hatte er erwartet, dass es ihm beschieden sein würde, schon in diesem Leben des Himmels Wonne zu kosten und die Engel Weihnachtslieder singen zu hören.

Aber neben Abt Johannes stand der Gärtnergehilfe, der ihn begleitet hatte. Er sah den Räuberwald voll Grün und Blumen, und er wurde zornig in seinem Herzen, weil er erkannte, dass er einen solchen Lustgarten nie und nimmer schaffen konnte, so sehr er sich auch mit Hacke und Spaten mühen mochte. Er vermochte nicht zu begreifen, warum Gott solche Herrlichkeit an das Räubergesindel verschwendete, das seine Gebote missachtete.

Finstere Gedanken zogen durch seinen Kopf. Das kann kein rechtes Wunder sein, dachte er, das sich bösen Missetätern zeigt. Das kann nicht von Gott stammen; das ist aus Zauberei entsprungen. Die Macht des bösen Feindes hat uns verhext und zwingt uns, das zu sehen, was nicht vorhanden ist.

In der Ferne hörte man Engelharfen klingen und Engelgesang ertönen, aber der Laienbruder glaubte, dass es die böse Macht des Teufels sei.

»Sie wollen uns locken und verführen«, seufzte er. »Nie kommen wir mit heiler Haut davon; wir werden betört und der Hölle verkauft.«

Jetzt waren die Engelscharen so nahe, dass Abt Johannes ihre Lichtgestalten zwischen den Stämmen des Waldes schimmern sah. Und der Laienbruder sah dasselbe wie er, aber er hielt es für Arglist der bösen Geister und war empört, dass sie ihre Künste gerade in der Nacht trieben, in welcher der Heiland geboren war. Dies geschah ja nur, um die Christen umso sicherer ins Verderben zu stürzen.

Vögel umschwärmten das Haupt des Abtes, und er nahm sie in seine Hände. Aber vor dem Laienbruder fürchteten sich die Tiere; kein Vogel setzte sich auf seine Schulter, und keine Schlange spielte zu seinen Füßen. Nun war da eine kleine Waldtaube. Als sie merkte, dass die Engel nahe waren, nahm sie ihren ganzen Mut zusammen und flog dem Laienbruder auf die Schulter und schmiegte das Köpfchen an seine Wange. Da vermeinte er, dass ihm der Zauber endgültig auf den Leib rücke. Er wollte sich aber nicht in Versuchung führen und verderben lassen; er schlug mit der Hand nach der Waldtaube und rief mit lauter Stimme, dass es durch den Wald hallte:

»Zeuch zur Hölle, von wannen du kommen bist!« In diesem Augenblick waren die Engel so nahe, dass Abt Johannes den Hauch ihrer mächtigen Fittiche fühlte. Er hatte sich zur Erde geneigt, sie zu grüßen, aber als die Worte des Laienbruders ertönten, verstummte urplötzlich der Gesang, und die heiligen Gäste wandten sich zur Flucht. Ebenso flohen das Licht und die milde Wärme vor Schreck über die Kälte und Finsternis in einem Menschenherzen. Die Dunkelheit sank wieder auf die Erde herab; die Kälte kam, die Pflanzen verwelkten; die Tiere enteilten; das Rauschen der Wasserfälle verstummte; das Laub fiel von den Bäumen.

Abt Johannes fühlte, wie sein Herz, das eben vor Seligkeit gezittert hatte, sich jetzt in unsäglichem Schmerz zusammenkrampfte. Niemals kann ich dies überleben, dachte er, dass die Engel des Himmels mir so nahe waren und vertrieben wurden, dass sie mir Weihnachtslieder singen wollten und in die Flucht gejagt wurden.

In demselben Augenblick erinnerte er sich an die Blume, die er Bischof Absalon versprochen hatte, und er beugte sich zur Erde und tastete unter dem Moos und Laub, um noch etwas zu finden. Aber er fühlte, wie die Erde unter seinen Fingern gefror. Da ward sein Herzleid noch größer. Er konnte sich nicht erheben, sondern musste auf dem Boden liegen bleiben.

Als die Räuberleute und der Laienbruder sich in der tiefen Dunkelheit zur Räuberhöhle zurückgetappt hatten, da vermissten sie Abt Johannes. Sie nahmen glühende Scheite aus dem Feuer und zogen aus, ihn zu suchen; und sie fanden ihn tot auf der Schneedecke liegen.

Und der Laienbruder hub an, zu weinen und zu klagen, denn er erkannte, dass er es war, der Abt Johannes getötet hatte, weil er ihm den Freudenbecher entrissen, nach dem er gelechzt hatte. Als Abt Johannes nach Öved hinuntergebracht worden war, sahen die Totenpfleger, dass er seine rechte Hand hart um etwas geschlossen hielt. Er musste es in seiner Todesstunde umklammert haben. Und als sie die Hand endlich öffnen konnten, fanden sie ein paar weiße Wurzelknollen. Als der Laienbruder, der Abt Johannes geleitet hatte, diese Wurzeln sah, nahm er sie und pflanzte sie in des Abtes Garten in die Erde.

Er pflegte sie und wartete das ganze Jahr, dass eine Blume daraus erblühe, doch er wartete vergebens den ganzen Frühling und Sommer und Herbst. Als endlich der Winter anbrach und alle Blätter und Blumen tot waren, hörte er auf zu warten. Als aber der Weihnachtsabend kam, wurde die Erinnerung an Abt Johannes so mächtig, dass er in den Lustgarten hinausging, seiner zu gedenken. Und siehe, als er an die Stelle kam, wo er die Wurzelknollen eingepflanzt hatte, da sah er üppige grüne Stängel, die schöne Blumen mit silberweißen Blüten trugen. Da rief er alle

Mönche von Öved zusammen; und als sie sahen, dass diese Pflanze am Weihnachtsabend blühte, wo alle anderen Blumen tot waren, wussten sie, dass es wirklich die Pflanze war, die Abt Johannes im Weihnachtslustgarten des Göinger Waldes gepflückt hatte.

Der Laienbruder bat die Mönche, da ein so großes Wunder geschehen sei, einige von den Blumen dem Bischof Absalon zu schicken. Als der Laienbruder vor Bischof Absalon hintrat, reichte er ihm die Blumen und sagte: »Dies schickt dir Abt Johannes. Es sind die Blumen, die er dir aus dem Weihnachtslustgarten im Göinger Wald zu pflücken versprochen hat.«

Als Bischof Absalon die Blumen sah, die in dunkler Winternacht der Erde entsprossen waren, und als er die Worte hörte, wurde er so bleich, als wäre er einem Toten begegnet. Eine Weile saß er schweigend da, dann sagte er: »Abt Johannes hat sein Wort gut gehalten; so will auch ich das meine halten.« Und er ließ einen Freibrief für den wilden Räuber ausstellen, der von Jugend an friedlos im Wald gelebt hatte.

Er übergab dem Laienbruder den Brief, und dieser zog damit von dannen, hinauf in den Wald und zur Räuberhöhle. Er trat am Weihnachtstag dort ein, doch der Räuber eilte ihm mit erhobener Axt entgegen.

»Ich will euch Mönche niederschlagen, so viel euer auch sind!«, rief er.

»Sicherlich hat sich um euretwillen der Göinger Wald nicht in sein Weihnachtskleid gehüllt.«

»Es ist einzig und allein meine Schuld«, sagte der Laienbruder, »und ich will gerne dafür sterben. Aber zuerst muss ich dir eine Botschaft von Abt Johannes bringen.« Und er zog den Brief des Bischofs heraus und verkündete dem Räuber, dass er nicht mehr vogelfrei sei, und zeigte ihm das Siegel Absalons, das an dem Pergament hing.

»Fortab sollst du mit deinen Kindern im Weihnachtsstroh spielen und das Christfest unter den Menschen feiern, wie es der Wunsch des Abtes Johannes war«, sagte er.

Da blieb der Räubervater stumm und bleich stehen, aber die Räubermutter sagte in seinem Namen: »Abt Johannes hat sein Wort getreulich gehalten, so wird auch der Räubervater das seine halten.«

Doch als der Räubervater und die Räubermutter aus der Räuberhöhle fortzogen, da zog der Laienbruder ein und hauste einsam im Wald und verbrachte seine Zeit in unablässigem Gebet, damit ihm seine Hartherzigkeit verziehen werde.

Und niemand darf ein strenges Wort über einen sagen, der bereut und sich bekehrt hat, wohl aber kann man wünschen, dass die bösen Worte des Laienbruders ungesagt geblieben wären, denn nie mehr hat der Göinger Wald die Geburtsstunde des Heilandes gefeiert, und von seiner ganzen Herrlichkeit lebt nur noch die Pflanze, die Abt Johannes dereinst gepflückt hat.

Man hat sie Christrose genannt; und jedes Jahr lässt sie ihre weißen Blüten und ihre grünen Stängel um die Weihnachtszeit aus dem Erdreich sprießen, als könnte sie nie und nimmer vergessen, dass sie einmal in dem großen Weihnachtslustgarten gestanden hat.

Das Flaumvögelchen

I

Ich glaube, ich sehe sie vor mir, wie sie wegfuhren. Ganz deutlich sehe ich seinen steifen Zylinder mit der großen geschwungenen Krempe, so wie man sie in den Vierzigerjahren trug, seine helle Weste und seine Halsbinde. Ich sehe auch sein schönes, glatt rasiertes Gesicht, seinen hohen steifen Kragen und die anmutige Würde in jeder seiner Bewegungen. Er sitzt rechts in der Kutsche und fasst gerade die Zügel zusammen, und neben ihm sitzt das kleine Frauenzimmerchen. Gott segne sie! Sie sehe ich noch deutlicher. Wie auf einem Bilde habe ich das schmale kleine Gesichtchen vor mir und den Hut, der es umschließt und der unter dem Kinn geknüpft ist, das dunkelbraune glatt gekämmte Haar und den großen Schal mit den gestickten Seidenblumen. Aber die Kutsche, in der sie fahren, hat natürlich einen Sitz mit grünen gedrechselten Stäbchen, und natürlich ist es das Pferd des Gastwirts, das sie die erste Meile ziehen soll, eins von den kleinen, fetten Braunen.

In sie bin ich vom ersten Augenblicke an verliebt gewesen. Es ist keine Vernunft darin, denn sie ist das unbedeutendste kleine flatternde Dingelchen, aber alle die Blicke zu sehen, die ihr folgen, als sie fortfährt, das hat mich gefangen. Fürs Erste sehe ich, wie Vater und Mutter ihr nachschauen, wie sie da in der Tür des Bäckerladens stehen, Vater hat sogar Tränen in den Augen, aber Mutter hat jetzt keine Zeit zum Weinen. Mutter muss ihre Augen benützen, um ihrem Töchterchen nachzusehen, solange sie ihr noch winken kann. Und dann gibt es natürlich fröhliche Grüße von den Kindern des Hintergässchens und schelmische Blicke von allen den niedlichen Handwerkertöchtern hinter Fenstern und Türspalten, und träumerische Blicke von ein paar jungen Gesellen und Lehrlingen. Aber alle nicken ihr Glückauf und Auf Wiedersehen zu. Und dann kommen unruhige Blicke von armen alten Mütterchen, die herauskommen und knicksen und die Brillen abnehmen, um zu sehen, wie sie in ihrem Staat vorbeifährt. Aber ich kann nicht sehen, dass ihr ein einziger unfreundlicher Blick folgt, nein, nicht so lang die Straße ist.

Als sie nicht mehr zu sehen ist, wischt sich Vater rasch mit dem Ärmel die Tränen aus den Augen.

»Sei nur nicht traurig, Mutter!«, sagt er. »Du wirst sehen, dass sie sich zu helfen weiß. Das Flaumvögelchen, Mutter, weiß sich zu helfen, so klein es ist.«

»Vater«, sagt Mutter mit starker Betonung, »du sprichst so seltsam. Warum sollte Anne-Marie sich nicht zu helfen wissen? Sie ist so gut wie irgendeine.«

»Das ist sie freilich, Mutter, aber dennoch, Mutter, dennoch. Nein, wahrhaftig, ich wollte nicht an ihrer Stelle sein und dorthin fahren, wohin sie jetzt fährt! Nein, wahrhaftig nicht!«

»Ei was, wohin solltest du wohl fahren, du hässlicher alter Bäckermeister«, sagt Mutter, die sieht, dass Vater so besorgt um sein Mädchen ist, dass man ihn mit einem kleinen Scherz aufmuntern muss. Und Vater lacht, denn das kommt ihm ebenso leicht an wie das Weinen. Und dann gehen die Alten wieder in den Laden.

Indessen ist das Flaumvögelchen, das kleine Flöckchen, das Seidenblütchen recht guten Muts, wie es da über den Weg fährt. Ein bisschen bange vor dem Bräutigam ist sie freilich noch; aber eigentlich ist das Flaumvögelchen vor allen Menschen ein bisschen bange, und das kommt ihr zugute, denn darum sind alle Menschen nur bestrebt, ihr zu zeigen, dass sie nicht so gefährlich sind.

Nie hat sie solchen Respekt vor Moritz gehabt wie heute. Als sie das Hintergässchen und alle ihre Freunde hinter sich gelassen haben, findet sie, dass Moritz förmlich zu etwas Großem anschwillt. Der Hut, der Kragen und die Polissons werden ganz steif, und die

Krawatte bläht sich. Die Stimme wird ihm gleichsam dick im Halse und kommt nur schwer hervor. Sie fühlt sich dabei ein klein wenig beklommen, aber es ist doch eine Pracht, Moritz so großartig zu sehen.

Moritz ist so klug, er hat so viel zu ermahnen – es ist kaum zu glauben – aber Moritz spricht ihr den ganzen Weg nur Vernunft zu. Aber seht ihr, so ist Moritz. Er fragt das Flaumvögelchen, ob sie auch recht versteht, was diese Reise für ihn bedeutet, ob sie glaubt, dass es sich nur um eine Lustfahrt über die Landstraße handle? Eine sechs Meilen lange Reise in der guten Kutsche, mit dem Bräutigam daneben, das konnte freilich wie eine richtige Lustpartie aussehen. Und man fuhr ja auf einen prächtigen Landsitz, sollte bei einem reichen Onkel zu Gaste sein. Sie glaubte wohl, dass das alles nur ein Spaß war, wie?

Ach wenn er wüsste, dass sie sich gestern auf diese Fahrt in langen Gesprächen mit Mutter vorbereitet hatte, bevor sie sich niederlegten, und mit einer langen Reihe ängstlicher Träume bei Nacht und mit Gebeten und Tränen. Aber sie stellt sich ganz dumm, nur um es desto mehr zu genießen, wie weise Moritz ist. Er liebt es, dies zu zeigen, und sie gönnt es ihm gern, ach wie gern.

»Es ist eigentlich ganz schrecklich, dass du so reizend bist«, sagt Moritz. Denn darum hatte er sie ja lieb gewonnen, und das war doch bei Licht besehen, sehr dumm von ihm. Sein Vater war durchaus nicht damit einverstanden. Und seine Mutter, er durfte gar nicht daran denken, was für Lärm sie geschlagen hatte, als er ihr mitteilte, dass er sich mit einem armen Mädchen aus dem Hintergässchen verlobt hatte, einem Mädchen, das keine Erziehung und keine Talente hatte und das nicht einmal schön war, nur reizend.

In Moritz' Augen war natürlich die Tochter eines Bäckermeisters ebenso gut wie der Sohn des Bürgermeisters, aber nicht alle hatten so freie Anschauungen wie er. Und wenn Moritz nicht seinen reichen Onkel gehabt hätte, dann hätte wohl gar nichts aus der ganzen Sache werden können, denn er, der nur Student war, hatte ja nichts, aufgrund dessen er heiraten konnte. Aber wenn sie nun den Onkel für sich gewinnen konnten, dann war alles gut.

Ich sehe sie so deutlich, wie sie über die Landstraße fahren. Sie macht eine unglückliche kleine Miene, während sie seiner Weisheit lauscht. Aber wie vergnügt sie ist in ihren Gedanken. Wie verständig Moritz ist! Und wenn er davon spricht, welche Opfer er für sie bringt, dann ist das nur seine Art zu sagen, wie lieb er sie hat.

Und wenn sie vielleicht auch erwartet hatte, dass er an einem solchen Tage zu zweien vielleicht ein bisschen anders sein würde, als wenn sie daheim bei Mutter saßen – aber das wäre nicht recht von Moritz gewesen – sie ist doch stolz auf ihn.

Er erzählte ihr gerade, was Onkel für ein Mensch ist. Ein so mächtiger Mann ist er, dass, wenn er sie nur beschützen will, sie allsogleich im Hafen des Glücks landen. Onkel Theodor ist so unglaublich reich. Elf Hochöfen hat er und außerdem Güter und Höfe und Grubenanteile. Und von all dem ist Moritz der direkte Erbe. Aber ein bisschen schwer ist Onkel zu behandeln, wenn es jemand ist, der ihm nicht gefällt. Wenn er mit Moritz' Frau nicht einverstanden ist, kann er alles einem andern hinterlassen.

Das kleine Gesichtchen wird immer farbloser und schmäler, Moritz aber wird immer steifer und schwillt förmlich an. Es ist ja nicht viel Aussicht, dass Anne-Marie Onkel den Kopf so verdrehen kann wie Moritz. Onkel ist ein ganz andrer Mann. Sein Geschmack, ja Moritz hat keine besondre Meinung von seinem Geschmack, aber er glaubt, so irgendetwas recht Lebhaftes, etwas blitzend Rotbäckiges, das müsste Onkel gefallen. Außerdem ist er solch ein eingefleischter Junggeselle – findet, dass Frauenzimmer nur lästig sind. Aber das Einzige, was nötig ist, ist ja nur, dass sie Onkel nicht zu sehr missfällt. Für das Übrige will Moritz schon sorgen. Aber sie darf kein Gänschen sein. Weint sie –! Ach, wenn sie nicht mutiger aussieht, wenn sie ankommen, dann wird Onkel ihnen beiden schnurstracks den Laufpass geben. Sie ist in ihrem eignen Interesse froh, dass Onkel nicht so klug ist wie Moritz. Es kann doch wohl kein Unrecht gegen Moritz sein, zu denken, dass es gut ist, dass Onkel ein ganz andrer Mensch ist wie er. Denn man denke, wenn Moritz Onkel wäre, und zwei arme junge Leutchen kämen zu ihm gefahren, um ihren Lebensunterhalt zu erbitten, dann würde ihnen

Moritz, der so verständig ist, sicherlich raten, jeder zu sich nach Hause zu fahren und mit dem Heiraten so lange zu warten, bis sie etwas hätten, wovon sie leben könnten. Obgleich Onkel gewiss in seiner Weise schrecklich war. Er trank so viel und gab so große Feste, bei denen es ganz wild herging. Und er verstand es gar nicht, Haus zu halten. Er konnte glauben, dass alle Menschen ihn betrogen, und ließ sich darüber kein graues Haar wachsen. Und leichtsinnig –! Der Bürgermeister hatte ihm durch Moritz ein paar Aktien einer Unternehmung geschickt, die nicht recht gehen wollten, aber Onkel kaufte sie ihm sicherlich ab, hatte Moritz gesagt. Onkel fragte nicht danach, wofür er sein Geld verschleuderte. Er hatte schon auf dem Markte in der Stadt gestanden und den Gassenjungen Silbermünzen hingestreut. Und in einer Nacht ein paar tausend Reichstaler zu verspielen und seine Pfeife mit Zehnreichstalerbanknoten anzuzünden, das gehörte zu dem Alltäglichsten, was Onkel tat.

So fuhren sie, und so plauderten sie, während sie fuhren.

Gegen Abend kamen sie an. Onkels »Residenz«, wie er zu sagen pflegte, war keine Fabrik. Sie lag fern von allem Kohlenrauch und allen Hammerschlägen auf dem Abhang einer großen Anhöhe, mit einer weiten Aussicht über Seen und lang gestreckte Berge. Sie war stattlich angelegt, mit Waldwiesen und Birkenhainen ringsherum, aber so gut wie gar keinen Feldern, denn die Besitzung war kein Landgut, sondern ein Lustschloss.

Das junge Paar fuhr eine Allee aus Birken und Ulmen hinauf. Sie fuhren zuletzt durch ein paar niedrige dichte Tannenhecken, und dann sollten sie in den Hof einschwenken.

Aber gerade da, wo der Weg eine Biegung macht, war eine Triumphpforte errichtet, und da stand Onkel mit seinen Untergebenen und grüßte. Seht, das hätte das Flaumvögelchen niemals von Moritz geglaubt, dass er ihr einen solchen Empfang bereiten würde. Es wurde ihr gleich ganz leicht ums Herz. Und sie fasste seine Hand und drückte sie zum Dank. Mehr konnte sie im Augenblick nicht tun, denn sie waren mitten unter der Triumphpforte.

Und da stand er, der allbekannte Mann, der Gutsherr Theodor Fristedt, groß und schwarzbärtig und strahlend von Wohlwollen.

Er schwenkte den Hut und rief hurra, und die ganze Volksschar rief hurra, und Anne-Marie traten die Tränen in die Augen, und zugleich lächelte sie. Und natürlich mussten ihr alle vom ersten Augenblick an gut sein, allein schon wegen der Art, wie sie Moritz ansah. Denn sie dachte ja, dass sie alle seinetwegen da seien, und sie musste ihre Blicke von dem ganzen Staat abwenden, nur um ihn anzusehen, wie er mit einer großen Geste den Hut abnahm und so schön und königlich grüßte. Ach, was für einen Blick sie ihm da zuwarf! Onkel Theodor blieb fast im Hurra stecken und geriet in einen Fluch, als er ihn sah. Nein, das Flaumvögelchen wünschte gewiss keinem Menschen auf Erden etwas Böses, aber wenn es wirklich so gewesen wäre, dass das Ganze Moritz gehört hätte, so würde es wirklich gut gepasst haben. Es war weihevoll zu sehen, wie er da auf der Schwelle stand und sich zu den Leuten wendete, um zu danken. Onkel Theodor war ja auch stattlich, aber was hatte er für ein Auftreten gegen Moritz. Er half ihr nur aus dem Wagen und nahm ihren Schal und ihren Hut wie ein Bedienter, während Moritz den Hut von seiner weißen Stirn lüftete und sagte: »Habt Dank, meine Kinder!« Nein, Onkel Theodor hatte wirklich gar kein Benehmen, denn als er jetzt von seinen Onkelrechten Gebrauch machte und sie in die Arme nahm und küsste und merkte, dass sie mitten im Kusse Moritz ansah, da fluchte er wirklich, fluchte sehr hässlich. Das Flaumvögelchen war es nicht gewohnt, jemanden abstoßend zu finden, aber es würde sicherlich kein leichtes Stück Arbeit sein, Onkel Theodor zu gefallen. »Morgen«, sagte Onkel, »gibt es hier große Abendgesellschaft und Ball, aber heute sollen sich die jungen Herrschaften von der Reise ausruhen. Jetzt essen wir nur zu Abend, und dann gehen wir zu Bett.«

Sie werden in einen Salon geführt und dann allein gelassen. Onkel Theodor schießt hinaus wie ein Pfeil. Fünf Minuten später fährt er in seinem großen Wagen die Allee hinab, und der Kutscher fährt so schnell, dass die Pferde wie gespannte Riemen dem Boden entlang liegen. Es vergehen noch fünf Minuten, aber dann ist Onkel wieder da, und jetzt sitzt eine alte Frau neben ihm im Wagen.

Und herein kommt er, am Arme eine freundliche, gesprächige Dame führend, die er »Frau Bergrätin« nennt. Und diese schließt Anne-Marie gleich in die Arme, aber Moritz begrüßt sie etwas steifer. Und das muss sie ja. Niemand kann sich mit Moritz Freiheiten erlauben.

Auf jeden Fall ist Anne-Marie sehr froh, dass diese gesprächige alte Dame gekommen ist. Sie und Onkel haben eine so lustige Art, miteinander zu scherzen. Sie fühlt sich bald ganz wie daheim in dem fremden Hause. Aber dann, als sie sich gegenseitig gute Nacht gesagt haben, und Anne-Marie in ihr kleines Stübchen gekommen ist, geschieht etwas so Peinliches und Ärgerliches.

Onkel und Moritz gehen unten im Garten auf und ab, und das Flaumvögelchen merkt, dass Moritz seine Zukunftspläne auseinandersetzt. Onkel scheint gar nichts zu sagen, er geht nur und köpft mit seinem Stock Grashalme. Aber Moritz wird ihn schon bald zu überzeugen wissen, dass er nichts Besseres tun kann, als Moritz eine Verwalterstelle auf einem seiner Hammerwerke zu geben, wenn er ihm nicht gleich ein ganzes Hammerwerk geben will. Moritz hat so viel Sinn fürs Praktische, seit er sich verliebt hat. Er pflegt oft zu sagen: »Ist es nicht am besten, wenn ich, da ich doch einmal ein großer Gutsbesitzer werden soll, gleich damit anfange, mich in die Dinge einzuarbeiten? Welchen Zweck hat es für mich, das Hofgerichtsexamen zu machen?«

Sie gehen gerade unter ihrem Fenster, und nichts hindert sie, zu sehen, dass sie dort sitzt, aber da sie sich nicht darum kümmern, kann niemand verlangen, dass sie nicht hören soll, was sie sagen. Es ist wirklich ebenso sehr ihre Angelegenheit wie die Moritz'.

Da bleibt Onkel Theodor plötzlich stehen, und er sieht böse aus. Er sieht ganz wütend aus, findet sie, und sie ist nahe daran, Moritz zuzurufen, er möge sich in acht nehmen. Aber es ist zu spät, denn schon hat Onkel Theodor Moritz an der Brust gepackt, sein Jabot zerknittert und schüttelt ihn so, dass er sich windet wie ein Aal. Dann schleudert er ihn mit solcher Kraft von sich, dass Moritz nach rückwärts stolpert und gefallen wäre, wenn er sich nicht an einen Baum gestützt hätte. Und da bleibt nun Moritz stehen und sagt: »Wie?« Ja, was sollte er wohl sonst sagen?

Ah, nie hat sie Moritz' Selbstbeherrschung so bewundert. Er stürzt sich nicht auf Onkel Theodor, um mit ihm zu kämpfen. Er sieht nur ruhig überlegen aus, nur unschuldig erstaunt. Sie versteht, dass er sich beherrscht, damit die ganze Reise nicht fruchtlos ist. Er denkt an sie und beherrscht sich.

Armer Moritz, es stellt sich heraus, dass Onkel um ihretwillen auf ihn böse ist. Er fragt, ob Moritz nicht weiß, dass sein Onkel Junggeselle ist und sein Haus ein Junggesellenhaus, dass er seine Braut hergebracht hat, ohne ihre Mutter mitzunehmen. Ihre Mutter – das Flaumvögelchen ist für Moritz beleidigt. Mutter hat es sich doch selbst verbeten und gesagt, dass sie die Bäckerei nicht verlassen könne. Das antwortet auch Moritz, aber sein Onkel lässt keine Entschuldigungen gelten. – Na, und die Bürgermeisterin, die hätte ihrem Sohn wohl den Gefallen tun können. Ja, wenn sie zu hochmütig war, dann hätten sie lieber da bleiben können, wo sie waren. Was würden sie denn jetzt angefangen haben, wenn die Bergrätin nicht hätte kommen können? Und wie konnten denn überhaupt Bräutigam und Braut so zu zweien durchs Land ziehen! – So, so, Moritz sei nicht gefährlich. Nein, das hatte er auch nie geglaubt, aber die Zungen der Leute sind gefährlich. – Na, und dann schließlich noch die Kutsche, dieser alte Rumpelkasten. Hatte Moritz nicht das lächerlichste Vehikel in der ganzen Stadt aufgestöbert? Das Kind sechs Meilen in einer alten Kutsche zu rütteln, und ihn, Onkel Theodor, eine Triumphpforte für solch einen Leiterwagen errichten zu lassen! – Wahrhaftig, er hatte nicht übel Lust, ihn ordentlich bei den Ohren zu nehmen! Onkel Theodor für solch einen alten Karren hurra rufen zu lassen! Er dort unten treibt es gar zu bunt, sie bewundert Moritz, der allem so ruhig standhält. Sie hätte eigentlich nicht übel Lust, sich einzumischen und Moritz zu verteidigen, aber sie glaubt nicht, dass es ihm recht wäre.

Und bevor sie einschläft, liegt sie da und rechnet sich vor, was sie alles hätte sagen wollen, um Moritz zu verteidigen. Dann schläft sie ein und fährt wieder auf, und im Ohr klingt ihr ein altes Rätsel:

Es steht ein Hund auf einem Stein
Und bellt wohl in das Land hinein.
Er hieß wie du, wie er, wie sie.
Wie hieß er doch, so sag doch wie!
Wie hieß der Hund?
Der Hund hieß Wie.

Das Rätsel hatte sie als Kind oft geärgert, solch dummer Hund. Aber jetzt im Halbschlummer vermengt sie den Hund »Wie« mit Moritz, und es kommt ihr vor, als habe der Hund seine weiße Stirn. Dann lacht sie. Das Lachen kommt ihr ebenso leicht an, wie das Weinen. Das hat sie von Vater geerbt.

2

Wie ist »das« gekommen? Das, was sie nicht beim Namen zu nennen wagt.

»Das« ist wohl gekommen wie der Tau ins Gras, wie die Farbe in die Rose, wie die Süßigkeit in die Beere, unmerklich und zart, ohne sich vorher anzukündigen. Es ist ja auch gleichgültig, wie »das« gekommen ist und was »das« ist. Gut oder böse, schön oder hässlich, »das« ist das Verbotene, das es gar nicht geben sollte. »Das« macht sie ängstlich, sündhaft, unglücklich. An »das« will sie nie mehr denken. »Das« muss ausgerissen und fortgeschleudert werden, und doch ist es nichts, was sich greifen und fangen lässt. Sie verschließt sich davor, und »das« kommt doch herein. »Das« treibt das Blut aus ihren Adern und fließt selbst darin, es treibt die Gedanken aus dem Hirn und regiert dort, es tanzt durch die Nerven und zittert bis in die Fingerspitzen. Es ist überall in ihr. Wenn sie alles fortnehmen könnte, woraus ihr Körper sonst besteht und nur »das« übrig ließe, würde es einen vollen Abdruck von ihr geben. Und dennoch war »das« nichts. Nie will sie an »das« denken, und stets muss sie an »das« denken. Wie ist sie so schlecht geworden. Und dann forscht sie und grübelt, wie »das« gekommen ist. Ach, Flaumvögelchen! Wie weich ist unser Sinn und wie leicht geweckt unser Herz!

Sie war sicher, dass »das« nicht beim Frühstück gekommen war, nein, ganz gewiss nicht beim Frühstück. Da war sie nur ängstlich und scheu gewesen. Es hatte sie so sehr erschüttert, als sie zum Frühstück hinabkam und Moritz nicht vorfand, nur Onkel Theodor und die Bergrätin.

Es war ja nur klug von Moritz gewesen, dass er auf die Jagd gegangen war, obgleich unmöglich herauszufinden war, was er jetzt zur Mitsommerzeit jagte, wie auch die Bergrätin bemerkte. Aber er wusste natürlich, dass er am besten tat, wenn er sich ein paar Stunden von Onkel fern hielt, bis der wieder gut wurde. Er konnte sich ja gewiss gar nicht denken, dass sie so schüchtern war, dass sie beinahe ohnmächtig wurde, als sie ihn nicht vorfand und sich mit Onkel und der Bergrätin allein sah. Moritz war nie schüchtern gewesen. Er wusste nicht, was für eine Qual das war. Dieses Frühstück, dieses Frühstück! Onkel hatte gleich damit angefangen, die Bergrätin zu fragen, ob sie die Geschichte von Sigrid der Schönen gehört habe. Er fragte nicht das Flaumvögelchen, und sie wäre auch nicht imstande gewesen zu antworten. Die Bergrätin kannte die Geschichte gut, aber er erzählte sie dennoch. Da erinnerte sich Anne-Marie, dass Moritz Onkel ausgelacht hatte, weil er in seinem ganzen Hause nur zwei Bücher habe, und das waren die Sagen von Afzelius und Nösselts »Allgemeine Weltgeschichte für Frauenzimmer«. »Aber die kennt er auch«, hatte Moritz gesagt.

Anne-Marie hatte die Geschichte schön gefunden. Es gefiel ihr, dass Bengt Magnusson Perlen auf den Friesrock nähen ließ. Sie sah Moritz vor sich, wie königlich stolz er ausgesehen haben würde, wenn er befohlen hätte, die Perlen anzunähen. Das war gerade etwas, was Moritz gut zu Gesicht gestanden hätte.

Aber als Onkel in der Geschichte dahin kam, wo erzählt wird, wie Bengt Magnusson in den Wald ritt, um der Begegnung mit seinem erzürnten Bruder auszuweichen und stattdessen seine junge Frau dem Sturm überließ, da wurde es ganz deutlich, dass Onkel verstand, dass Moritz nur auf die Jagd gegangen war, um seinem

Zorn auszuweichen, und dass er wusste, wie sie dasaß und daran dachte, ihn zu gewinnen. – – Ja, gestern, da hatten sie freilich Pläne schmieden können, Moritz und sie, wie sie mit Onkel kokettieren sollte, aber heute war kein Gedanke daran, sie auszuführen. Ah, nie hatte sie sich so dumm benommen! Das ganze Blut schoss ihr ins Gesicht, und Messer und Gabel fielen mit gewaltigem Geklapper aus ihren Händen auf den Teller.

Doch Onkel Theodor hatte kein Erbarmen gezeigt, sondern die Geschichte fortgesetzt, bis er zu dem guten Jarlworte kam: »Hätte mein Bruder dies nicht getan, wahrlich, ich tät es selber.« Das hatte er mit so lustigem Tonfall gesagt, dass sie aufsehen und dem Blick seiner lachenden braunen Augen begegnen musste.

Und als er da die Angst in ihren Augen sah, da hatte er zu lachen angefangen wie ein richtiger Junge. »Was glauben Sie, Frau Bergrätin«, hatte er gerufen, »was Bengt Magnusson sich dachte, als er heimkam und das hörte ›Hätte mein Bruder …‹, ich denke, das nächste Mal ist er daheim geblieben.«

Dem Flaumvögelchen traten die Tränen in die Augen, und als Onkel dies sah, begann er immer heftiger zu lachen. »Ja, das ist eine schöne Mittlerin, die mein Brudersohn sich da ausgesucht hat«, schien er sagen zu wollen. »Du bist ganz aus der Rolle gefallen, mein kleines Mädchen.« Und jedes Mal, wenn sie ihn ansah, hatten die braunen Augen wiederholt: »Hätte mein Bruder dies nicht getan, wahrlich, ich tät es selber.«

Eigentlich war das Flaumvögelchen nicht ganz sicher, ob die Augen Brudersohn sagten. Und nun denke man, wie sie sich betragen hatte. Sie hatte laut zu weinen angefangen und war aus dem Zimmer gestürzt. Aber nicht damals war »das« gekommen, auch nicht auf dem Vormittagsspaziergang.

Da handelte es sich um etwas ganz andres. Da war sie ganz hingerissen vor Freude über die schöne Besitzung und darüber, der Natur so nahe zu sein. Es war, als hätte sie etwas wiedergefunden, was sie vor langer, langer Zeit verloren hatte.

Bäckermamsell, Stadtmädchen, ja dafür hielt man sie. Aber als sie den Fuß auf den Kiesweg gesetzt hatte, war sie auf einmal ein

Landkind geworden. Sie hatte sogleich erkannt, dass sie aufs Land gehörte.

Als sie sich nur ein wenig beruhigt hatte, hatte sie sich auf eigne Faust herausgewagt, um das Gut zu besichtigen. Sie hatte sich unten auf dem Kiesplatz vor dem Eingang umgesehen. Und ganz von selbst war der Hut auf den Arm gewandert, den Schal warf sie ab und begann sich hin und her zu wiegen. Dann stemmte sie die Hand in die Hüfte und zog Luft in die Lungen ein, dass sich die Nasenflügel zusammenzogen.

Ach, wie beherzt hatte sie sich doch gefühlt!

Sie hatte ein paar Versuche gemacht, ruhig und sittig unten im Garten herumzugehen, aber das hatte sie nicht gelockt. Mit einer raschen Wendung hatte sie sich zu den großen angebauten Wirtschaftsgebäuden begeben. Sie war einer Stallmagd begegnet und hatte ein paar Worte mit ihr gesprochen. Sie war erstaunt zu hören, wie frisch ihre eigne Stimme klang. Und sie fühlte, wie flott es sich ausnahm, wie sie, den Kopf stolz erhoben und zur Seite gewandt, mit raschen nachlässigen Bewegungen, eine kleine sausende Gerte in der Hand, in den Stall trat.

Der war jedoch nicht so, wie sie ihn sich gedacht hatte. Keine langen Reihen gehörnter Wesen gab es da, denen sie imponieren konnte, denn die waren alle draußen auf der Weide. Ein einsames Kälbchen stand da und sah ihr erwartungsvoll entgegen. Sie ging auf das Tierchen zu, stellte sich auf die Zehenspitzen, hielt das Kleid mit der einen Hand gerafft und berührte mit der äußersten Spitze der andern die Stirn des Kalbes.

Da das Kalb aber nicht der Ansicht zu sein schien, dass es damit genug sei, sondern seine lange Zunge herausstreckte, überließ sie ihm gnädigst ihren kleinen Finger zum Ablecken. Aber dabei hatte sie nicht umhin können, sich umzusehen, gleichsam einen Bewunderer dieser Heldentat suchend, und da hatte sie Onkel Theodor lachend in der Stalltüre stehen sehen.

Dann hatte er sie auf ihrem Spaziergang begleitet. Aber da war »das« gewiss nicht gekommen. Da war nur das höchst Merkwürdige und Seltsame eingetroffen, dass sie vor Onkel Theodor keine Angst mehr hatte. Es war mit ihm wie mit Mutter, er schien alle ihre Fehler und Schwächen zu kennen, und das war ein so beruhigendes Gefühl. Da brauchte man sich nicht besser zu zeigen, als man war.

Onkel Theodor hatte sie in den Garten führen wollen und zu den Terrassen am Teich, aber das war nicht nach ihrem Geschmack. Sie wollte wissen, was in allen diesen großen Gebäuden war.

Da ging er geduldig mit ihr in die Milchkammer und in den Eiskeller, in den Weinkeller und in den Kartoffelkeller. Er nahm alles der Reihe nach durch und zeigte ihr die Speisekammer und die Holzkammer und den Wagenschuppen und die Rollkammer. Dann führte er sie durch den Stall der Arbeitspferde und durch den der Wagenpferde, er ließ sie die Sattelkammer und das Bedientenzimmer sehen und die Knechtestube und die Werkstatt. Sie war ein wenig verwirrt von allen diesen Räumen, die Onkel Theodor nötig gefunden hatte, in seinem Hause einzurichten, aber ihr Herz glühte vor Entzücken bei dem Gedanken, wie herrlich es sein musste, über dies alles zu walten und zu schalten, sodass sie gar nicht müde wurde, obgleich sie auch die Schafställe und die Schweineställe durchwanderten und zu den Hühnern und den Kaninchen hineinguckten. Sie untersuchte gewissenhaft die Webekammer und die Molkerei, die Räucherkammer und die Schmiede, alles in wachsender Begeisterung. Dann gingen sie über große Dachböden, Trockenböden für Wäsche und Trockenböden für Holz, Heuböden und Böden für trocknes Laub, das die Schafe zu fressen bekommen. Die schlummernde Hausmutter in ihr erwachte beim Anblick dieser Vollkommenheit zu Leben und Bewusstsein. Aber den tiefsten Eindruck machten ihr das große Bräuhaus und die zwei niedlichen Backstuben mit dem weiten Ofen und den großen Tischen.

»Das sollte Mutter sehen«, sagte sie.

Dort in der Backstube hatten sie gesessen und sich ausgeruht, und sie hatte von daheim erzählt. Das konnte sie Onkel gegenüber so leicht. Er war schon wie ein Freund, obwohl seine braunen Augen über alles lachten, was sie sagte.

Daheim war es so still, kein Leben, keine Abwechslung. Sie war als Kind kränklich gewesen, und darum behüteten die Eltern sie so und ließen sie gar nichts tun. Nur zum Spaß durfte sie mit in der Backstube oder im Laden sein … Und wie sie so erzählte, war es ihr auch herausgerutscht, dass Vater sie sein Flaumvögelchen nannte. In diesem Zusammenhange hatte sie auch gesagt: »Zu Hause verwöhnen sie mich alle, außer Moritz, darum habe ich ihn so lieb. Er geht so klug mit mir um, er nennt mich auch nie Flaumvögelchen, nur Anne-Marie. Moritz ist so vortrefflich.«

Ach, wie es in Onkels Augen tanzt und lacht. Sie hätte ihn mit der Gerte schlagen können. Und sie wiederholte noch einmal mit tränenerstickter Stimme: »Moritz ist so vortrefflich.«

»Ja, ich weiß, ich weiß«, hatte Onkel da geantwortet. »Er soll ja mein Erbe sein.« Worauf sie ausgerufen hatte: »Ach, Onkel Theodor, warum heiraten Sie nicht? Denken Sie doch, wie glücklich das Mädchen sein müsste, das Frau in einem solchen Schlosse wird?«

»Wie stände es dann mit Moritz' Erbe?«, hatte Onkel ganz gleichmütig gefragt.

Da war sie für lange Zeit verstummt, denn sie konnte Onkel nicht sagen, dass sie und Moritz nicht nach dem Erbe fragten, denn das taten sie doch gerade. Sie grübelte, ob es sehr hässlich war, dass sie es taten. Sie hatte plötzlich das Gefühl, als müsste sie Onkel um Verzeihung bitten für irgendein großes Unrecht, das sie ihm angetan habe. Aber das konnte sie auch nicht.

Als sie wieder ins Haus kamen, lief ihnen Onkels Hund entgegen. Das war ein kleines, kleines Dingelchen auf den allerschmalsten Beinen, mit wedelnden Ohrläppchen und Gazellenaugen, ein Nichts mit einem kleinen gellenden Stimmchen.

»Du wunderst dich wohl, dass ich einen so kleinen Hund habe«, hatte Onkel Theodor gesagt.

»Ja, wirklich«, hatte sie da geantwortet.

»Aber siehst du, nicht ich habe mir Jenny zum Hund gewählt, sondern Jenny hat mich zum Herrn genommen. Willst du die Geschichte hören, Flaumvögelchen?« Von dem Wort hatte er gleich Besitz ergriffen. Ja, das hatte sie gewollt, obgleich sie sich denken konnte, dass wieder irgendeine Neckerei dahinter steckte.

»Ja, siehst du, als Jenny zum ersten Male herkam, lag sie einer feinen Frau aus der Stadt auf dem Schoße und hatte ein Deckchen auf dem Rücken und ein Tüchlein um den Kopf. Pst, Jenny, es ist wahr, das hattest du! Und ich dachte mir, das ist doch ein wahres Jammertierchen. Aber siehst du, als das Hundeviehchen hier auf den Landboden kam, da müssen irgendwelche Kindheitserinnerungen in ihm erwacht sein. Es kratzte und schlug um sich und wollte durchaus die Decke herunterzerren. Und dann betrug sich Jenny ganz wie die großen Hunde hier, sodass wir sagten, sie müsse ganz gewiss auf dem Lande aufgewachsen sein.

Sie legte sich draußen auf die Schwelle und warf nicht einmal einen Blick auf das Salonsofa, und sie jagte die Hühner und stahl der Katze die Milch und kläffte die Bettler an und fuhr den Pferden an die Beine, als Besuch kam. Wir hatten unsre Lust und Freude daran zu sehen, wie sie sich benahm. Denke dir doch, solch ein kleines Ding, das nur in einem Korb gelegen hat und auf dem Arm getragen wurde. Es war ja wunderlich. – Und dann, weißt du, als sie fortfahren sollten, wollte Jenny nicht mit. Sie stand auf der Treppe und winselte so jämmerlich und sprang an mir hinauf und bettelte förmlich, denke dir nur, bleiben zu dürfen. So wussten wir uns keinen andern Rat, als sie da zu lassen. Wir waren ganz gerührt über dies Hündchen, das so klein war und doch ein richtiger Landhund sein wollte. Aber das hätte ich doch nie geglaubt, dass ich mir noch einmal einen Schoßhund halten würde, vielleicht bekomme ich auch noch bald eine Frau.«

Oh, wie schrecklich ist es doch, wenn man so schüchtern, so unerzogen ist. Sie hätte wohl gerne wissen mögen, ob Onkel sehr erstaunt gewesen war, als sie so ungestüm fortstürzte. Aber es war ganz, als hätte er sie gemeint, als er von Jenny sprach. Und das hatte er vielleicht gar nicht. Aber immerhin – ja, ja, sie war so verlegen gewesen. Sie hatte nicht bleiben können. Aber nicht damals war »das« gekommen, nicht damals.

So war es wohl am Abend, bei dem Ball. Noch nie hatte sie sich so gut auf einem Ball unterhalten! Aber wenn jemand gefragt hätte, ob sie viel getanzt habe, dann hätte sie sich wohl besinnen und sagen müssen, das habe sie nicht. Aber das war eben das beste Zeichen, wie gut sie sich unterhalten hatte, dass sie es gar nicht merkte, dass sie ein wenig vernachlässigt worden war.

Es war für sie schon eine solche Unterhaltung gewesen, Moritz anzusehen. Gerade weil sie beim Frühstück ein kleines, kleines bisschen streng gegen ihn gewesen war und gestern Abend über ihn gelacht hatte, war es ihr eine solche Freude gewesen, ihn auf dem Ball zu sehen. Nie war er ihr so schön und so überlegen vorgekommen.

Er hatte gewiss das Gefühl gehabt, dass sie sich zurückgesetzt fühlte, weil er nicht nur mit ihr gesprochen und getanzt hatte. Aber es hatte ihr genug Vergnügen gemacht, zu sehen, wie beliebt Moritz bei allen war. Als ob sie ihre Liebe zur allgemeinen Betrachtung hätte ausstellen wollen! Ah, so dumm war das Flaumvögelchen nicht!

Moritz tanzte viele Tänze mit der schönen Elisabeth Westling. Aber das hatte sie gar nicht beunruhigt, denn Moritz war immer wieder auf sie zugekommen und hatte geflüstert: »Du siehst, ich kann da nicht nein sagen, wir sind Kindheitsfreunde. Und sie sind es hier auf dem Lande so gar nicht gewöhnt, einen Kavalier zu haben, der in der großen Welt gewesen ist und tanzen und konversieren kann. Du musst mich heute Abend schon den Gutsbesitzerstöchtern leihen, Anne-Marie.«

Aber Onkel ging Moritz gewissermaßen aus dem Wege. »Sei du heut Abend Hausherr«, sagte er zu ihm, und das war Moritz. Er kam zu allem, er führte den Tanz an, führte das Trinken an und hielt Reden auf die schöne Gegend und auf die Damen. Er war großartig. Onkel sowohl wie sie hatten die Blicke auf Moritz geheftet, und so hatten sich ihre Blicke getroffen. Da hatte Onkel gelächelt und ihr zugenickt. Onkel war sicherlich stolz auf Moritz. Es hatte sie vorher ein wenig bedrückt, dass Onkel seinen Neffen nicht recht zu schätzen wusste. Gegen Morgen war Onkel recht laut und lärmend geworden. Da hatte er sich am Tanze beteiligen wollen, aber die Mädchen wichen ihm aus, wenn er zu ihnen kam, und taten, als wären sie schon engagiert.

»Tanze mit Anne-Marie«, hatte Moritz zu Onkel Theodor gesagt, und das hatte natürlich ein wenig protegierend geklungen. Sie erschrak so sehr, dass sie förmlich zusammenfuhr.

Onkel war auch verletzt, drehte sich um und ging ins Rauchzimmer.

Aber da war Moritz auf sie zugetreten und hatte mit harter, harter Stimme gesagt:

»Du verdirbst mir aber auch alles, Anne-Marie. Musst du so ein Gesicht machen, wenn Onkel mit dir tanzen will. Wenn du nur wüsstest, was er mir gestern über dich sagte. Du musst auch etwas tun, Anne-Marie. Glaubst du, dass es recht ist, alles mir zu überlassen?«

»Was willst du denn, dass ich tun soll, Moritz?«

»Ach, jetzt nichts, jetzt ist der Karren schon verfahren. Denke, was ich heute Abend alles gewonnen habe! Aber jetzt ist es verloren.«

»Ich bitte Onkel gern um Entschuldigung, wenn du es willst, Moritz.« Und sie meinte es auch. Es tat ihr wirklich leid, Onkel verstimmt zu haben.

»Es wäre natürlich das einzig Richtige, aber von jemandem, der so lächerlich schüchtern ist wie du, kann man ja nichts verlangen.«

Da hatte sie nichts geantwortet, sondern war geradeswegs in das Rauchzimmer gegangen, das jetzt beinahe leer war. Onkel hatte sich in einen Lehnstuhl geworfen.

»Warum wollen Sie nicht mit mir tanzen, Onkel?«, hatte sie gefragt.

Onkel Theodors Augen waren zugefallen. Er schlug sie auf und sah sie lange an. Es war der schmerzvollste Blick, den sie je gesehen hatte. Sie ahnte nun, wie einem Gefangenen zumute sein mag, wenn er an seine Fesseln denkt. Es sah aus, als sei Onkel sehr, sehr traurig. Als brauchte er sie viel nötiger als Moritz, denn Moritz brauchte niemanden. Er war so prächtig, wie er war. Da legte sie ihre Hand ganz leicht und liebkosend auf Onkel Theodors Arm.

Mit einem Male hatte er frisches Leben in den Augen. Er begann mit seiner großen Hand ihr Haar zu streicheln. »Mütterchen«, sagte er.

Da kam »das« über sie, während er ihr Haar streichelte. Es kam geschlichen, es kam gekrochen, es kam gehuscht und geraschelt, so wie die Heinzelmännchen durch den dunklen Wald ziehen.

3

Eines Abends liegen feine, weiche Wölkchen am Himmel, eines Abends ist es still und lau, eines Abends schweben kleine weiße Fläumchen von Espen und Pappeln durch die Luft.

Es ist schon spät, und niemand ist mehr auf, nur Onkel Theodor, der draußen im Garten umhergeht und überlegt, wie er den jungen Mann und das junge Mädchen voneinander trennen könnte.

Denn nie, nie, in alle Ewigkeit soll es geschehen, dass Moritz an ihrer Seite vom Hofe wegfährt, während Onkel Theodor auf der Schwelle steht und ihnen glückliche Reise wünscht.

Ist es denn überhaupt möglich, sie ziehen zu lassen, nachdem sie drei Tage hindurch das Haus mit zwitschernder Fröhlichkeit erfüllt, nachdem sie ihn in ihrer stillen Weise daran gewöhnt hat, dass sie für alle denkt und sorgt, nachdem er sich daran gewöhnt hat, dies weiche geschmeidige kleine Wesen überall umherstreifen zu sehen. Onkel Theodor sagt zu sich selbst, dass das nicht möglich ist. Er kann sie nicht mehr entbehren.

In demselben Augenblick stößt er an einen abgeblühten Löwenzahn, und wie die Entschlüsse der Menschen und die Versprechungen der Menschen zerstreut sich das weiße Flaumbällchen, und die weißen Federchen fliegen eilig davon und verschwinden.

Die Nacht ist nicht kalt, wie die Nächte in dieser Gegend zu sein pflegen. Die Wärme wird unter der grauen Wolkendecke zurückgehalten. Die Winde zeigen ein seltenes Mal Erbarmen und verhalten sich still. Onkel Theodor sieht sie, das Flaumvögelchen. Sie weint, weil Moritz sie verlassen hat. Aber er zieht sie an sich und küsst die Tränen fort.

Weich und fein fliegen die weißen Fläumchen von den großen reifen Kätzchen der Bäume. So leicht, dass die Luft sie kaum fallen lassen will, so klein und zart, dass sie kaum auf dem Boden sichtbar werden.

Onkel Theodor lacht sich ins Fäustchen, als er an Moritz denkt. In Gedanken tritt er am nächsten Morgen in sein Zimmer, als dieser noch im Bette liegt. »Höre, Moritz«, will er ihm sagen. »Ich möchte dir keine falschen Hoffnungen machen. Wenn du dieses Mädchen heiratest, so hast du keinen Pfennig von mir zu erwarten. Ich will nicht mit dazu helfen, deine Zukunft zu vernichten.«

»Missfällt sie Ihnen so sehr, Onkel?«, wird Moritz dann fragen.

»Nein, du, im Gegenteil, es ist ein nettes Mädchen, aber doch nichts für dich. Du musst ein Prachtweib haben wie Elisabeth Westling. Sei nun verständig, Moritz, was wird aus dir, wenn du um dieses Kindes willen deine Studien abbrichst und auf ein Gut gehst. Dazu taugst du nicht, mein Junge. Dazu ist etwas andres nötig, als den Hut schön zu schwingen und zu sagen: ›Habt Dank, meine Kinder!‹ Du bist ja zum Beamten wie geschaffen. Du kannst Minister werden.«

»Wenn Sie eine so gute Meinung von mir haben, Onkel«, antwortet dann Moritz, »so helfen Sie mir doch, mein Examen zu machen, und lassen Sie uns dann heiraten!«

»Nein, das nicht, du, das ganz gewiss nicht. Was, glaubst du, würde aus deiner Karriere werden, wenn du einen solchen Ballast mitschleppen müsstest, wie es eine Frau ist. Das Pferd, das den Brotwagen ziehen muss, galoppiert nicht. Denke dir nun die Bäckermamsell als Ministerfrau! Nein, du darfst dich nicht vor zehn Jahren verloben, nicht bevor du avanciert bist. Was wäre die Folge, wenn ich es euch ermögliche, zu heiraten. Jedes Jahr würdet ihr zu mir kommen und um Geld betteln. Und das würden wir alle bald sattkriegen.«

»Aber Onkel, ich bin doch ein Ehrenmann. Ich habe mich doch verlobt.«

»Höre mich nun an, Moritz! Was ist besser? Dass sie zehn Jahre herumgeht und auf dich wartet und du sie dann doch nicht heiratest oder dass du gleich ein Ende machst. Nein, sei nun entschlossen, stehe auf, steige in deine alte Kutsche und fahre heim, bevor sie aufwacht. Es schickt sich ja ohnehin nicht, dass Bräutigam und Braut so zu zweien über Land ziehen. Ich werde schon für das Mädchen sorgen, wenn du nur von diesem Wahnwitz abstehst. Die Bergrätin wird sie nach Hause bringen, ich werde den schönsten Wagen anspannen lassen. Du sollst von mir ein Jahresgehalt bekommen, sodass du dir wegen der Zukunft keine Sorgen zu machen brauchst. Sieh mal, sei verständig, du machst deinen Eltern Freude, wenn du mir gehorchst. Reise jetzt ab, ohne sie zu sehen! Ich werde ihr schon Vernunft zusprechen. Sie will gewiss deinem Glück nicht im Wege stehen. Versuche nur nicht, sie zu treffen, ehe du fährst, sonst könntest du wieder schwankend werden, denn sie ist reizend.«

Und nach diesen Worten fasst Moritz einen heldenmütigen Entschluss und reist ab.

Und wenn er fort ist, was wird dann geschehen? Ah, er wird sie darauf vorbereiten, dass Moritz fort ist, ihr zeigen, dass Moritz ihrer nicht würdig war, sie dahin bringen, ihn zu verachten. Und wenn sie sich dann an seiner Brust ausgeweint hat, wird er sie ganz behutsam, ganz vorsichtig verstehen lassen, was er fühlt, sie locken, sie gewinnen.

Die Fläumchen fahren fort zu fallen. Onkel Theodor streckt seine große Hand aus und fängt ein Flöckchen auf.

Wie fein, wie leicht, wie zart! Er bleibt stehen und sieht es an.

Sie fahren fort, rings um ihn zu fallen, Flocke um Flocke. Was wird dann mit ihnen geschehen? Sie werden vom Winde gejagt, von der Erde beschmutzt, von schweren Füßen zertreten werden.

Onkel Theodor ist es, als fielen diese leichten Fläumchen mit der größten Schwere auf ihn nieder. Wer will der Wind, wer will die Erde, wer will die Schuhsohle sein, wenn es diesen Kleinen, diesen Wehrlosen gilt? Und infolge seiner Staunen erregenden Kenntnisse in Nösselts Weltgeschichte fällt ihm sofort eine Episode daraus ein, die sich mit seinen Gedanken vergleichen lässt.

Es war anbrechender Morgen, nicht sinkende Nacht wie jetzt. Es war ein Felsenstrand, und unten am Meere saß ein schöner Jüngling mit einem Pantherfell über der Schulter, mit Weinlaub in den

Locken, den Thyrsos in der Hand. Wer er war? Ah, Gott Bacchus selbst.

Und der Felsenstrand war Naxos. Was der Gott sah, war Griechenlands Meer. Das Schiff mit den schwarzen Segeln, das rasch zum Horizont entfloh, ward von Theseus gelenkt, und in der Grotte, deren Eingang sich hoch in einem Absatz der steilen Strandberge öffnete, schlummerte Ariadne.

Und in der Nacht hatte der junge Gott gedacht: »Ist wohl der sterbliche Jüngling würdig der himmlischen Maid?« Und um Theseus zu prüfen, hatte er ihn in einem Traume mit dem Verluste des Lebens bedroht, wenn er nicht sogleich Ariadne verließ. Da hatte sich dieser ungesäumt erhoben, war zum Schiffe geeilt und über die Wellen geflohen, ohne auch nur die Jungfrau zu wecken, um ihr Lebewohl zu sagen.

Nun saß Gott Bacchus lächelnd da, von den süßesten Hoffnungen gewiegt und harrte Ariadnes. Die Sonne ging auf, der Morgenwind erhob sich. Er überließ sich lächelnden Träumen. Er würde die Verlassene schon zu trösten wissen, er, Gott Bacchus selbst.

Da kam sie. Mit strahlendem Lächeln trat sie aus der Grotte. Ihre Augen suchten Theseus, sie irrten immer weiter fort, zum Ankerplatz des Schiffes, über die Wellen – zu den schwarzen Segeln –

Und dann mit einem schneidenden Schrei, ohne Besinnung, ohne Zaudern, hinab ins Meer, hinab in Tod und Vergessenheit.

Und da saß nun Gott Bacchus, der Tröster.

So ging es zu. So war es geschehen. Onkel Theodor erinnert sich freilich, dass Nösselt ein paar Worte hinzufügt, dass mitleidige Dichter behaupten, Ariadne hätte sich von Bacchus trösten lassen. Aber die Mitleidigen hatten sicherlich unrecht. Ariadne ließ sich nicht trösten.

Lieber Gott, weil sie so gut und süß ist, dass er sie lieben muss, darum soll sie unglücklich gemacht werden! Zum Lohn für das schöne, sanfte Lächeln, das sie ihm geschenkt hat, weil ihre kleine weiche Hand sich vertrauensvoll in die seine gelegt, weil sie nicht gezürnt hat, wenn er sie neckte, darum soll sie ihren Bräutigam verlieren und unglücklich gemacht werden.

Für welches Verbrechen soll sie verurteilt werden? Weil sie ihn dazu gebracht hat, im Allerinnersten seiner Seele einen Raum zu entdecken, der bis dahin ganz rein und unbesetzt gewesen ist und nur auf solch ein kleines, zartes und mütterliches Frauenwesen gewartet zu haben scheint, oder weil sie schon jetzt über ihn Macht hat, sodass er kaum wagt, einmal zu fluchen, wenn sie es hört. Warum soll sie gestraft werden?

Ach, armer Bacchus, armer Onkel Theodor! Es ist nicht gut, es mit diesen Feinen, Lichten, Daunenweichen zu tun zu haben. – Sie springen ins Meer, wenn sie die schwarzen Segel sehen.

Onkel Theodor flucht in aller Stille darüber, dass das Flaumvögelchen nicht schwarzhaarig, rotwangig, grobgliedrig ist.

Da fällt wieder ein Flöckchen, und es fängt an zu sprechen: »Ich hätte dir all dein Lebtag folgen sollen. Ich hätte dir am Spieltisch eine Warnung ins Ohr geflüstert. Ich hätte das Weinglas fortgerückt. Von mir würdest du es geduldet haben.« – »Das hätte ich«, flüstert er, »das hätte ich.«

Ein andres kommt und spricht ebenfalls: »Ich hätte dein großes Haus regieren und es traulich und warm machen sollen. Ich hätte dich durch die öden Gefilde des Alters geleitet. Ich hätte dein Herdfeuer entzündet, wäre dir Auge und Stab gewesen. Wurde ich nicht dazu getaugt haben?« – »Liebes, kleines Fläumchen«, antwortet er, »freilich hättest du das.«

Noch ein Flöckchen kommt geflogen, und es spricht: »Wie bin ich doch zu beklagen. Morgen fährt mein Bräutigam von mir fort, ohne mir auch nur Lebewohl zu sagen. Morgen werde ich weinen, den ganzen Tag weinen, denn ich werde es als solch eine Schmach empfinden, dass ich für Moritz nicht gut genug bin. Und wenn ich heimkomme, wie werde ich da über meines Vaters Schwelle treten können. Das ganze Hintergässchen entlang wird man flüstern und zischeln, wenn ich mich zeige. Alle werden sich fragen, was ich wohl Böses verbrochen habe, weil ich so schlecht behandelt worden bin. Kann ich dafür, dass du mich liebst?« Er antwortet mit erstickter Stimme: »Sprich nicht so, kleines Fläumchen! Es ist noch zu früh, um so zu sprechen.«

Die ganze Nacht geht er draußen umher, und endlich gegen Mitternacht kommt ein wenig Dunkelheit. Da gerät er in große Angst; diese dumpfe schwüle Luft scheint stille zu stehen, aus Angst vor irgendeiner Missetat, die am Morgen begangen werden soll. Da sucht er die Nacht zu beschwichtigen, indem er ganz laut sagt: »Ich werde es nicht tun.«

Aber da begibt sich das Seltsamste. Die Nacht gerät in solch eine zitternde Angst. Jetzt sind es nicht mehr die kleinen Fläumchen, die fallen, nein, rings um ihn rauschen große und kleine Flügel. Er hört, dass etwas entflieht, aber er weiß nicht, wohin.

Das Fliehende streicht an ihm vorbei, es berührt seine Wange, es streift seine Kleider und seine Hände, und er begreift, was es ist. Es sind die Blätter, die von den Bäumen fallen, die Blumen, die auf ihren Stängeln welken, die Flügel, die von den Schmetterlingen fortfliegen, der Gesang, der die Vögel verlässt.

Und er weiß, wenn die Sonne aufgeht, wird sein Lustgarten ganz verwüstet sein. Leerer, kahler, stummer Winter wird da herrschen, kein Schmetterlingsspiel, kein Vogelgezwitscher.

Er bleibt im Freien, bis das Licht wiederkehrt, und er ist beinahe erstaunt, als er die dunklen Laubmassen der Ahornbäume sieht. »Ja so«, sagt er, »was war es dann, was verwüstet wurde, wenn nicht der Garten? Hier fehlt ja nicht einmal ein Grashälmchen. Potztausend, ich selber bin es, der fortab durch Kälte und Winter wandern muss, nicht der Garten. Es ist, als wäre der ganze Lebensmut entflohen. Ah, du alter Narr, das geht wohl auch vorüber, wie alles andre. Das ist doch wahrlich zu viel Aufhebens um so ein kleines Frauenzimmerchen.«

4

Wie schrecklich unbescheiden »das« sich an dem Morgen beträgt, an dem sie fortfahren sollen. An den zwei Tagen, die sie nach dem Balle hier gewesen sind, ist »das« eher etwas Anfeuerndes, etwas Belebendes gewesen, aber jetzt, wo das Flaumvögelchen fort soll, wo »das« einsieht, dass es im Ernst aus ist, dass es keine Rolle in ihrem Leben spielen darf, da verwandelt es sich in eine Todesschwere, in eine Todeskälte. Es ist, als müsste sie einen versteinerten Körper über die Treppen hinab ins Frühstückszimmer schleppen. Sie reicht eine schwere kalte Hand aus Stein, als sie grüßt, sie spricht mit einer trägen Steinzunge, sie lächelt mit harten Steinlippen. Das ist eine Arbeit. Aber wer wird sich nicht freuen, wenn er daran denkt, dass alles an diesem Morgen so abgemacht wird, wie es die gute alte Treue und Ehre erfordert.

Onkel Theodor wendet sich beim Frühstück an das Flaumvögelchen und erklärt mit wunderlich ungefüger Stimme, dass er sich entschlossen hat, Moritz die Verwalterstelle in der Laxahütte zu geben; aber da der genannte junge Mann, fährt Onkel mit einem angestrengten Versuch, seinen gewöhnlichen Gesprächston beizubehalten, fort, in praktischen Beschäftigungen nicht allzu bewandert ist, so kann er den Platz nicht früher antreten, ehe er nicht eine Gattin an seiner Seite hat. Hat sie, Mamsell Flaumvögelchen, ihre Myrte so gut gepflegt, dass sie im September Kranz und Krone tragen kann?

Sie fühlt, wie er dasitzt und ihr ins Gesicht sieht. Sie weiß, dass er einen Blick zum Dank haben will, aber sie sieht nicht auf.

Moritz hingegen springt in die Höhe. Er umarmt Onkel und treibt es ganz schrecklich. »Aber, Anne-Marie, warum dankst du Onkel nicht? Du musst Onkel Theodor streicheln, Anne-Marie. Die Laxahütte ist das herrlichste auf der Welt. Nun, Anne-Marie!«

Jetzt schlägt sie die Augen auf. Es stehen Tränen darin, und durch diese fällt auf Moritz ein Blick, voll Angst und Vorwurf. Dass er nicht versteht, dass er durchaus mit bloßem Licht in den Pulverkeller gehen muss.

Dann wendet sie sich an Onkel Theodor, aber nicht in der schüchternen, kindlichen Art wie zuvor, sondern mit einer Grandezza im Benehmen, wie eine gefangene Königin.

»Sie tun zu viel für uns, Onkel«, sagt sie nur.

Damit ist alles nach den Forderungen der Ehre und des Anstandes abgemacht. Es ist kein Wort mehr über die Sache zu verlieren.

Er hat ihr nicht den Glauben an den Mann, den sie liebt, geraubt. Sie hat sich nicht verraten. Sie ist dem Manne treu, der sie zu seiner Braut gemacht hat, obgleich sie nur ein armes Mädchen aus einem kleinen Bäckerladen im Hintergässchen ist.

Und jetzt kann der Wagen vorfahren, der Mantelsack geschnürt, der Esskorb gefüllt werden.

Onkel Theodor steht vom Tisch auf. Er stellt sich an das Fenster. Von dem Moment an, da sie sich mit tränenvollem Blick ihm zugewendet hat, ist er ganz von Sinnen. Er ist ganz toll, imstande, sich auf sie zu stürzen, sie an seine Brust zu ziehen und Moritz zuzurufen, er möge nur kommen und sie von dort losreißen, wenn er es kann.

Er hält die Hände in den Taschen. Die geballten Fäuste zucken krampfhaft.

Kann er es zulassen, dass sie den Hut aufsetzt, dass sie der Bergrätin Lebewohl sagt?

Da steht er wieder auf dem Felsen von Naxos und will die Geliebte stehlen. Nein, nicht stehlen! Warum nicht ehrlich und männlich vortreten und sagen: »Ich bin dein Nebenbuhler, Moritz. Deine Braut mag zwischen uns wählen. Ihr seid noch nicht verheiratet, es ist keine Sünde, wenn ich versuche, sie dir abwendig zu machen. Hüte sie wohl, ich will alle Mittel anwenden.«

Dann wäre Moritz gewarnt, und sie wüsste, wonach sie sich zu richten hätte.

Es knackt in den Knöcheln, als er wieder die Fäuste ballt. Wie würde Moritz über den alten Onkel lachen, wenn er vorträte und dies erklärte! Und wozu sollte es dienen? Sollte er sie erschrecken, damit es ihm dann nicht einmal mehr gestattet war, ihnen in Zukunft zu helfen?

Aber wie wird es jetzt gehen, wenn sie herankommt, um ihm Lebewohl zu sagen? Er ist nahe daran, ihr zuzuschreien, sich vor ihm zu hüten und sich drei Schritt entfernt zu halten.

Er bleibt am Fenster stehen und wendet ihnen den Rücken, während sie mit dem Ankleiden und dem Füllen des Esskorbes beschäftigt sind. Werden sie denn nie fertig? Jetzt hat er es schon tausendmal durchlebt. Er hat ihr die Hand gegeben, sie geküsst, ihr in den Wagen geholfen. Er hat es so oft getan, dass er sie schon fort glaubt.

Er hat ihr auch Glück gewünscht. Glück … Kann sie mit Moritz glücklich werden? Sie hat diesen Morgen nicht glücklich ausgesehen. Oh, doch gewiss. Sie weinte ja vor Freude.

Während er so dasteht, sagt Moritz plötzlich zu Anne-Marie: »Was für ein Dummkopf ich bin. Ich habe ja ganz vergessen, mit Onkel von Papas Aktien zu sprechen.«

»Ich denke, es wäre am besten, du ließest es«, antwortet das Flaumvögelchen. »Es ist vielleicht nicht recht.«

»Ach Unsinn, Anne-Marie. Die Aktien tragen gerade augenblicklich nichts. Aber wer weiß, ob sie nicht eines Tages besser werden? Und übrigens, was macht das Onkel? Solch eine Kleinigkeit …«

Sie unterbricht mit ungewöhnlicher Heftigkeit, beinahe mit Angst. »Ich bitte dich, Moritz, tue es nicht! Lass mich dieses einzige Mal recht behalten.«

Er sieht sie an, ein bisschen verletzt. »Dieses einzige Mal. Als wenn ich dir gegenüber ein Tyrann wäre. Nein, weißt du, das kann ich nicht, schon wegen dieses Wortes finde ich, dass ich nicht nachgeben darf.«

»Hänge dich nicht an ein Wort, Moritz. Hier handelt es sich um mehr als um Höflichkeit und Phrasen. Ich finde es nicht schön von dir, Onkel übervorteilen zu wollen, wo er so gut gegen uns war.«

»Aber ich bitte dich, Anne-Marie! Was verstehst du von Geschäften?« – Sein ganzes Wesen ist noch aufreizend ruhig und überlegen. Er sieht sie an, wie ein Schulmeister einen guten Schüler, der sich gerade am Prüfungstage dumm anstellt.

»Dass du gar nicht verstehst, um was es sich handelt«, ruft sie aus. Und sie ringt verzweifelt die Hände.

»Ich muss wirklich jetzt mit Onkel sprechen«, sagt Moritz, »wenn schon aus keinem andern Grunde, so um ihm zu zeigen, dass es sich hier um keinen Betrug handelt. So wie du dich benimmst, könnte Onkel wirklich glauben, dass wir, mein Vater und ich, ein paar Schurken sind.«

Und er kommt auf Onkel Theodor zu und erklärt ihm, welche Bewandtnis es mit diesen Aktien hat, die sein Vater ihm verkaufen will. Onkel Theodor hört so gut zu, wie er kann. Er versteht sogleich, dass sein Bruder, der Bürgermeister, eine schlechte Spekulation gemacht hat und sich vor Verlusten schützen will. Aber was weiter, was weiter? Solche Gefälligkeiten pflegt er ja der ganzen Familie zu erweisen. Aber eigentlich denkt er nicht daran, sondern an das Flaumvögelchen. Er wüsste zu gern, was in dem empörten Blick liegt, den sie Moritz zuwirft. Liebe ist es gerade nicht.

Und nun, mitten in seiner Verzweiflung über das Opfer, das er bringen musste, beginnt ein schwacher Hoffnungsstrahl vor ihm aufzudämmern. Er steht da und starrt wie ein Mann, der in einem Zimmer, in dem ein Geist umgeht, liegt und sieht, wie ein heller Nebel aus dem Boden emporsteigt, sich verdichtet und wächst und zu greifbarer Wirklichkeit wird.

»Komm mit mir in mein Zimmer, Moritz«, sagt er, »dann kannst du das Geld gleich haben.«

Aber während er spricht, ruht sein Blick auf dem Flaumvögelchen, um zu sehen, ob »das Geistchen« zum Sprechen bewogen werden kann. Aber noch sieht er sie nur in stummer Verzweiflung.

Doch kaum sitzt er am Pult in seinem Zimmer, als die Türe sich öffnet und Anne-Marie hereinkommt. »Onkel Theodor«, sagt sie sehr fest und entschlossen, »kaufen Sie doch diese Papiere nicht.«

Ach, welcher Mut, Flaumvögelchen! Wer hätte dir so etwas zugetraut, der dich vor drei Tagen an Moritz' Seite im Wagen sah, wo du bei jedem Wort, das er sagte, zusammenzuschrumpfen und immer kleiner zu werden schienst.

Jetzt braucht sie auch ihren ganzen Mut, denn jetzt wird Moritz ernstlich böse.

»Schweig«, zischt er sie an und brüllt darauf, um von Onkel Theodor, der am Pult sitzt und Banknoten zählt, richtig gehört zu werden. »Was fällt dir denn ein? Die Aktien tragen jetzt keine Zinsen, das habe ich Onkel gesagt, aber Onkel weiß ebenso gut wie ich, dass sie welche tragen werden. Glaubst du, dass Onkel sich so von einem, wie ich, übers Ohr hauen lässt? Onkel wird von diesen

Dingen wohl mehr verstehen als irgendjemand von uns. Ist es je meine Absicht gewesen, diese Aktien für gut auszugeben? Habe ich je etwas anderes gesagt als dass dies für jemanden, der in der Lage ist, zu warten, ein gutes Geschäft werden kann?«

Onkel Theodor sagt nichts, er reicht Moritz nur ein paar Banknoten. Er möchte wissen, ob dies den Geist zum Sprechen bringen wird.

»Onkel«, sagt die kleine, unerbittliche Wahrheitsverkünderin – denn es ist ja eine bekannte Sache, dass niemand unerbittlicher sein kann, als diese Daunenweichen, diese Zartbesaiteten, wenn sie einmal so weit sind – »diese Aktien sind keinen Pfifferling wert und werden nie etwas wert sein. Das wissen wir zu Hause alle.«

»Anne-Marie, du stempelst mich zu einem Schurken –«

Sie fährt mit den Augen über ihn hin, so, als wären ihre Blicke die Schneiden einer Schere, und sie schneidet ihm Lappen um Lappen alles ab, womit sie ihn herausstaffiert hat, und als sie ihn zuletzt in der ganzen Nacktheit seiner Eigenliebe und seines Eigennutzes sieht, fällt ihr schreckliches kleines Zünglein das Urteil über ihn:

»Was bist du denn anderes?«

»Anne-Marie!«

Ja, was sind wir alle beide anderes«, fährt das unbarmherzige Zünglein fort, das, nun es in Gang ist, es am besten findet, die Dinge klarzulegen, die ihr Gewissen zermartern, seit sie angefangen hat, daran zu denken, dass auch der reiche Mann, dem dieses große Schloss gehört, ein Herz hat, das leiden und sich sehnen kann. Und nun, wo die Zunge so vortrefflich in Gang ist und alle Scheu gewichen zu sein scheint, sagt sie:

»Als wir uns daheim in die Kutsche setzten, was dachten wir da? Wovon sprachen wir auf dem Wege? Wie wir ihn dort für uns gewinnen wollten. ›Du musst flott sein, Anne-Marie‹, sagtest du. ›Und du musst schlau sein, Moritz‹, sagte ich. Wir dachten nur daran, uns einzuschmeicheln. Viel wollten wir haben, und nichts wollten wir geben, nichts anderes als Verstellung. Wir wollten nicht sagen: Hilf uns, weil wir arm sind und uns lieb haben, sondern wir wollten schmeicheln und heucheln, bis Onkel in dich oder in mich vernarrt war, das war unsere Absicht. Aber wir wollten nichts zurückgeben, weder Liebe noch Achtung, nicht einmal Dankbarkeit. Und warum bist du nicht allein gefahren, warum musste ich mit? Du wolltest mich ihm zeigen, du wolltest, dass ich, dass ich …« Onkel Theodor springt auf, als er sieht, wie Moritz die Hand gegen sie erhebt. Denn jetzt hat er fertig gerechnet und verfolgt das, was geschieht, mit einem Herzen, in dem die Hoffnung wächst. Und es ist, als flöge sein Herz nun weit auf, um sie zu empfangen, als sie jetzt aufschreit und in seine Arme flieht, in seine Arme flieht ohne Zaudern und Bedenken, ganz, als gäbe es keinen anderen Platz auf Erden, zu dem sie fliehen könnte.

»Onkel, er will mich schlagen!«

Und sie schmiegt sich fest, fest an ihn.

Aber Moritz ist jetzt wieder ganz ruhig. »Verzeih meine Heftigkeit, Anne-Marie«, sagt er. »Es regte mich auf, dich in Onkels Gegenwart so kindisch sprechen zu hören. Aber Onkel wird auch verstehen, dass du eben nur ein Kind bist. Dennoch gebe ich zu, dass keine, wenn auch noch so gerechte Empörung einem Manne das Recht gibt, eine Frau zu schlagen. Komm jetzt her und küsse mich. Du brauchst bei niemandem Schutz gegen mich zu suchen.«

Sie rührt sich nicht, sie wendet sich nicht um, sie klammert sich nur fest.

»Flaumvögelchen, soll ich ihn dich nehmen lassen?«, flüstert Onkel Theodor.

Und sie antwortet nur mit einem Zittern, das auch seinen ganzen Körper durcheilt.

Aber Onkel Theodor fühlt sich so frisch, so gehoben. Er ist jetzt ganz außerstande, den vollkommenen Neffen wie früher im richtigen Licht seiner Vollkommenheit zu sehen. Er wagt es, mit ihm zu scherzen. »Moritz«, sagt er, »du überraschst mich. Die Liebe macht dich schwach. Kannst du so mir nichts dir nichts verzeihen, dass sie dich einen Schurken nennt? Du musst sogleich mit ihr brechen. Deine Ehre, Moritz, denke an deine Ehre! Nichts in der Welt kann einer Frau gestatten, einen Mann zu beleidigen. Setze dich in deine Kutsche, mein Junge, und fahre ohne dieses verlorne Wesen von hier fort. Das ist nur Recht und Gerechtigkeit nach einer solchen Beschimpfung.«

Und während er seine Rede beschließt, legt er seine großen Hände um ihr Köpfchen und richtet es empor, sodass er ihre Stirn küssen kann.

»Verlasse dieses verlorene Wesen«, wiederholt er. Aber jetzt fängt auch Moritz zu verstehen an. Er sieht, wie es in Onkel Theodors Augen funkelt, und wie ein fortwährendes Lächeln um seine Lippen spielt. »Komm, Anne-Marie.«

Sie zuckt zusammen. Jetzt ruft er sie als der, dem sie sich anverlobt hat. Es ist, als müsste sie gehen. Und sie lässt Onkel Theodor so hastig los, dass er es nicht verhindern kann, aber sie kann auch nicht zu Moritz gehen, darum gleitet sie zu Boden, und da bleibt sie sitzen und schluchzt.

»Fahre allein in deinem Leiterwagen nach Hause, Moritz«, sagt Onkel Theodor scharf. »Diese junge Dame ist bis auf Weiteres in meinem Hause zu Gast, und ich gedenke sie vor deinen übergriffen in Schutz zu nehmen.«

Und er denkt nicht mehr an Moritz, sondern ist nur darauf bedacht, sie emporzuziehen, ihre Tränen zu trocknen und ihr zuzuflüstern, dass er sie liebt.

Und Moritz, der sie so sieht, die eine weinend, den andern tröstend, ruft aus: »Ach, das ist alles abgekartet. Ich bin betrogen. Das ist eine Komödie. Man stiehlt mir meine Braut, und man verhöhnt mich obendrein. Man lässt mich nach einer rufen, die gar nicht kommen will. Ich beglückwünsche dich zu diesem Handel, Anne-Marie.«

Und während er hinausstürzt und die Türe zuwirft, ruft er aus: »Glückssucherin!«

Onkel Theodor macht eine Bewegung, wie um ihm nachzueilen und ihn zu züchtigen, aber das Flaumvögelchen hält ihn zurück.

»Ach, Onkel Theodor, lass doch immerhin Moritz das letzte Wort behalten. Moritz hat immer recht. Eine Glückssucherin, das bin ich ja gerade, Onkel Theodor.«

Und sie schmiegt sich wieder an ihn, ohne zu zögern, ohne zu fragen. Und Onkel Theodor ist ganz verwirrt, eben weinte sie noch und jetzt lacht sie, eben sollte sie den einen heiraten und jetzt küsste sie einen andern. Da hebt sie das Köpfchen und lächelt: »Jetzt bin ich dein kleines Hündchen. Du kannst mich nicht loswerden.«

»Flaumvögelchen«, sagt der Gutsherr mit seiner barschesten Stimme. »Das hast du schon die ganze Zeit gewusst.«

Sie begann zu flüstern: »Hätte mein Bruder …«

»Und du wolltest doch, Flaumvögelchen … Moritz kann froh sein, dass er dich los wird. Solch ein dummes, lügnerisches, heuchelndes Flaumvögelchen, solch ein ungerechtes, kleines, wetterwendisches Fläumchen, solch ein, solch ein …«

*

Ach Flaumvögelchen, ach Seidenblümchen! Du warst wohl nicht nur eine Glückssucherin, du warst wohl auch eine Glücksbringerin, sonst würde wohl nicht so viel von deinem lieblichen Frieden den Platz umschweben, wo du gewohnt hast. Noch heute wird das Haus von großen Ahornbäumen beschattet, und die Birkenstämme stehen weiß und fleckenlos von der Wurzel bis zum Wipfel da. Noch heute sonnt sich die Natter friedlich auf ihrem Hügel, und im Parkteich schwimmt ein Kühling, der so alt ist, dass kein Junge es über das Herz bringt, ihn zu angeln. Und wenn ich hinkomme, da fühle ich, dass Feierfriede in der Luft liegt, und es ist, als sängen Vogel und Blumen noch ihre schönen Lieder dir zum Preise.

Der Hochzeitsmarsch

Nun will ich eine schöne Geschichte erzählen.

Vor vielen Jahren sollte im Kirchspiel Svartsjö in Värmland eine sehr große Hochzeit gefeiert werden. Zuerst die kirchliche Trauung, nachher drei Tage lang eine große Schmauserei. Und an jedem der drei Tage sollte vom frühen Abend bis tief in die Nacht hinein getanzt werden.

Da es so viel Tanz geben sollte, war es natürlich sehr wichtig, einen guten Spielmann herbeizuschaffen. Darüber machte sich der Großbauer Nils Olofson, der die Hochzeit ausrichtete, fast mehr Sorge als über irgendetwas anderes. Den Spielmann, den sie in Svartsjö hatten, wollte er nämlich nicht laden. Der hieß Jan Oester, und der Großbauer wusste wohl, dass Jan in großem Ruf stand; doch der Musikant war so arm, dass er manchmal in zerrissenem Wams und barfuß zum Hochzeitsfest kam. Und einen solchen zerlumpten Kerl wollte der Großbauer nicht an der Spitze des Brautzuges sehen.

Endlich entschloss er sich, einen Boten zu einem Burschen im Jössesprengel zu schicken, der allgemein Spiel-Martin genannt wurde, und ihn zu fragen, ob er kommen und bei der Hochzeit aufspielen wolle.

Spiel-Martin bedachte sich keinen Augenblick, sondern antwortete sogleich, dass er nicht nach Svartsjö fahren und dort spielen wolle, weil in diesem Kirchspiel ein Spielmann wohne, der tüchtiger sei als alle anderen in ganz Värmland. Solange sie den hätten, brauchten sie keinen andern zu laden.

Als Nils Olofson diesen Bescheid erhalten hatte, ließ er sich ein paar Tage Bedenkzeit. Dann schickte er einen Boten zu einem

Spielmann, der im Storakilskirchspiel wohnte und Olle aus Säby hieß, und fragte, ob er kommen und zur Hochzeit seiner Tochter aufspielen wolle. Aber Olle aus Säby antwortete wie Spiel-Martin. Er bat, Nils Olofson zu sagen, solange es in Svartsjö einen so vortrefflichen Spielmann gebe wie Jan Oester, werde er dort nicht spielen.

Nils Olofson passte es nun gar nicht, dass ihm die Spielleute den aufzwingen wollten, den er nicht haben mochte. Er fand, gerade jetzt sei es eine Ehrensache für ihn, einen anderen Spielmann zu bekommen als Jan Oester.

Ein paar Tage, nachdem er die Antwort von Olle aus Säby erhalten hatte, sandte er seinen Knecht zu dem Spielmann Lars Larson, der auf der Peterswiese im Kirchspiel Ullerud wohnte.

Das war ein wohlbestallter Mann, der einen schönen Hof sein Eigen nannte. Er war klug und bedächtig, kein Brausekopf wie die andern Spielleute. Aber ihm kam, wie den andern, gleich Jan Oester in den Sinn, und er fragte, warum denn der nicht auf der Hochzeit spielen solle. Nils Olofsons Knecht hielt es für das Klügste, zu erwidern, dass Jan Oester in Svartsjö daheim sei, dass man ihn also alle Tage hören könne. Wenn Nils Olofson eine so große Hochzeit ausrichte, wolle er den Leuten etwas Besseres und Selteneres bieten.

»Ich bezweifle, dass er etwas Besseres bekommen kann«, sagte Lars Larson.

»Ach, Ihr wollt wohl dasselbe antworten, wie Spiel-Martin und Olle aus Säby«, sagte der Knecht und erzählte, wie es ihm da ergangen war.

Lars Larson hörte die Erzählung des Knechtes aufmerksam an; dann saß er lange schweigend und grübelte. Endlich gab er doch seine Einwilligung. »Bestelle deinem Herrn, dass ich für die Einladung danke und kommen werde«, sagte er zu dem Knecht.

Am nächsten Sonntag fuhr Lars Larson nach der Svartsjöer Kirche. Er fuhr gerade über den Kirchenhügel, als die Hochzeitsschar sich aufzustellen begann, um nach der Kirche zu ziehen. Er kam in seinem eigenen Wagen mit einem guten Pferde gefahren, war in einen schwarzen Tuchanzug gekleidet und nahm die Violine aus einem polierten Futteral. Nils Olofson begrüßte ihn freundlich und dachte bei sich, das sei doch ein Spielmann, mit dem er Ehre einlegen werde.

Gleich nach Lars Larson kam auch Jan Oester, mit der Geige unterm Arm, zur Kirche herauf. Er ging geraden Weges auf die Schar zu, die die Braut umstand, ganz, als sei er geladen, bei der Hochzeit aufzuspielen.

Jan Oester kam in der alten grauen Friesjacke, die man schon seit vielen Jahren an ihm kannte; weil es aber eine so große Hochzeit war, hatte sein Weib versucht, die Löcher an den Ellbogen auszubessern, und große grüne Flicken darauf gesetzt. Jan Oester war ein großer, schöner Kerl und hätte sich stattlich an der Spitze des Hochzeitszuges ausgenommen, wenn er nicht so schlecht gekleidet und sein Gesicht nicht von Sorgen und hartem Kampf mit dem Unglück so zerfurcht gewesen wäre.

Als Lars Larson Jan Oester kommen sah, schien er ein wenig missmutig. »Ja so, Ihr habt Jan Oester auch herbestellt«, sagte er halblaut zu Nils Olofson. »Na, es kann ja nicht schaden, wenn wir zwei Spielleute sind. Bei einer so großen Hochzeit!«

»Ich habe ihn nicht hergerufen!«, beteuerte Nils Olofson. »Ich begreife nicht, warum er gekommen ist. Warte nur: Ich will ihn gleich wissen lassen, dass er hier nichts zu suchen hat.«

»Dann hat ihn irgendein Störenfried herbestellt«, sagte Lars Larson. »Aber wenn Ihr meinem Rat folgen wollt, dann tut nichts dergleichen, sondern geht hin und heißt ihn willkommen. Ich habe gehört, er sei ein jähzorniger Bursche, und niemand kann wissen, ob er nicht Zank und Händel anstiften würde, wenn Ihr ihm sagtet, dass er nicht geladen ist.«

Das sah auch der Großbauer ein. Jetzt, da der Hochzeitszug sich gerade auf dem Kirchenhügel ordnete, durfte es keinen Zank geben. Nils ging deshalb auf Jan Oester zu und hieß ihn willkommen. Darauf stellten sich die beiden Spielleute an die Spitze des Zuges. Das Brautpaar ging unter dem Baldachin, die Ehrenjungfrauen und Führer der Braut folgten, Paar hinter Paar, dann kamen die Eltern und die Verwandten. Ein langer, ansehnlicher Zug. Als alles bereit war, ging ein Brautführer zu den Musikanten und bat sie, den Hochzeitsmarsch anzustimmen. Beide Spielleute setzten die Geigen ans Kinn, aber weiter kamen sie nicht: So blieben sie stehen. Es war nämlich ein alter Brauch in Svartsjö, dass der vornehmste der Spielleute den Hochzeitsmarsch anstimmte.

Der Brautführer sah Lars Larson an, als erwarte er, dass er anfange. Doch Lars Larson sah Jan Oester an und sagte: »Jan Oester muss anfangen.« Jan Oester konnte aber nicht begreifen, dass der andre, der so fein gekleidet war wie nur irgendein vornehmer Herr, nicht mehr sein solle, als er, der in seinem zerrissenen Frieskittel aus der elenden Hütte kam, aus Armut und Not.

»Nein! Um Gottes willen!«, sagte er nur. »Nein! Um Gottes willen!« Er sah, wie der Bräutigam den Arm ausstreckte, Lars Larson anstieß und rief: »Lars Larson soll anfangen!«

Als Jan Oester den Bräutigam das sagen hörte, nahm er sogleich die Geige vom Kinn und trat einen Schritt zurück. Lars Larson rührte sich aber nicht vom Fleck, sondern blieb ruhig und selbstzufrieden auf seinem Platz stehen. Aber auch er hob den Bogen nicht.

»Jan Oester soll anfangen«, wiederholte er. Er sagte die Worte eigensinnig und beharrlich wie einer, der gewohnt ist, seinen Willen durchzusetzen.

Im Hochzeitszug entstand Unruhe über die Verzögerung. Der Brautvater kam heran und bat Lars Larson, anzufangen. Der Küster wäre schon in die Kirchentür getreten und winke ihnen, sich zu sputen. Der Geistliche stünde schon am Altar und warte.

»Dann musst du Jan Oester bitten, dass er zu spielen anfängt«, sagte Lars Larson. »Wir Spielleute halten ihn nun einmal für den Tüchtigsten unter uns.«

»Das mag wohl sein«, sagte der Bauer, »aber wir Bauern halten wieder dich, Lars Larson, für den Trefflichsten.«

Auch die andern Bauern versammelten sich um sie. »Fangt nun an!«, sagten sie; »der Pfarrer wartet schon. Die Gemeinde lacht uns ja aus.«

Lars Larson stand ebenso hartnäckig und unerschütterlich da wie zuvor. »Ich verstehe nicht, warum die Leute dieses Kirchspiels durchaus nicht wollen, dass ihr eigener Spielmann über alle andern gestellt wird«, sagte er.

Nils Olofson raste vor Wut darüber, dass alle sich verschworen hatten, ihm Jan Oester aufzuzwingen. Er trat dicht an Lars Larson heran und flüsterte: »Jetzt merke ich, dass du es bist, der Jan Oester gerufen hat, und dass du das Ganze angezettelt hast, um ihn zu ehren. Aber nun spute dich und fange zu spielen an, sonst jage ich den Lumpenkerl mit Schimpf und Schande vom Kirchenhügel fort.«

Lars Larson sah ihm gerade ins Gesicht und nickte ihm zu, ohne den geringsten Groll zu zeigen. »Ja, ihr habt recht«, antwortete er. »Das muss ein Ende nehmen.« Er winkte Jan Oester, an seinen früheren Platz zurückzukehren. Hierauf ging er selbst ein paar Schritte vor und drehte sich um, sodass alle ihn sehen konnten. Dann schleuderte er den Bogen weit von sich, zog sein Messer aus der Tasche und schnitt alle vier Geigensaiten durch; sie sprangen mit scharfem Klang.

»Man soll nicht von mir sagen, dass ich mich mehr dünke als Jan Oester«, rief er.

Mit Jan Oester aber verhielt es sich so: Seit drei Jahren ging er einher und grübelte über eine Weise, von der er fühlte, dass sie in ihm lebe, die er aber nicht über die Saiten brachte, weil er daheim immer von grauen Sorgen bedrückt war und ihm nie etwas widerfuhr, das ihn über die tägliche Plage hinausheben konnte. Als er jetzt Lars Larsons Saiten springen hörte, warf er den Kopf zurück und sog die Luft in tiefen Zügen ein. Seine Gesichtszüge waren gespannt, als lausche er Tönen, die aus weiter, weiter Ferne zu ihm klängen. Dann begann er zu spielen. Die Weise, über die er drei Jahre gegrübelt hatte, stand auf einmal klar vor ihm; und während sie ertönte, ging er mit stolzen Schritten zur Kirche hinab. Nie zuvor hatte die Hochzeitsschar solche Weise vernommen. Sie zog sie so unwiderstehlich mit sich fort, dass niemand stehen bleiben konnte.

Und alle waren so froh über Jan Oester und Lars Larson, dass der ganze Hochzeitszug mit feuchten Augen in die Kirche kam.

Die Vogelfreien

Ein Bauer, der einen Mönch ermordet hatte, floh in den Wald und wurde geächtet. In der Wildnis fand er einen anderen friedlosen Mann, einen Fischer von den äußersten Schären, der beschuldigt war, ein Heringsnetz gestohlen zu haben. Diese beiden taten sich zusammen, wohnten in einer Erdhöhle, legten Fallen, schnitzten Pfeile, buken Brot auf einem Stein und wachten gegenseitig über ihr Leben. Der Bauer verließ den Wald niemals, aber der Fischer, der kein so furchtbares Verbrechen begangen hatte, nahm zuweilen die erlegten Tiere über die Schultern und schlich sich zu den Menschen hinunter. Da bekam er für den schwarzen Auerhahn und das blau glänzende Birkhuhn, für den langohrigen Hasen und das feingliedrige Reh Milch und Butter, Pfeile und Kleider. So war es den Friedlosen möglich, ihr Leben zu fristen.

Die Höhle, in der sie hausten, war in einen Hügelabhang gegraben. Breite Steinplatten und dornige Schlehenbüsche deckten den Eingang. Auf dem Dach stand eine Tanne. An ihrer Wurzel war der Schornstein der Erdhöhle. Der emporsteigende Rauch wurde durch die dichten, nadelreichen Zweige des Baumes gesiebt und verschwand unmerklich in der Luft.

Die Männer pflegten von und zu ihrer Wohnstatt zu gehen, indem sie den Waldbach durchwateten, der unter dem Bergabhang entsprang. Niemand suchte die Spur der Friedlosen unter dem rieselnden Wasser. Anfangs wurden sie gejagt wie wilde Tiere. Die Bauern versammelten sich wie zur Treibjagd auf Bär und Wolf. Der Wald wurde von Bogenschützen umringt, Lanzenträger gingen dort umher und ließen keine dunkle Kluft, kein dichtes Gestrüpp unerforscht. Während die lärmende Treibjagd durch den Wald zog, lagen die Vogelfreien in ihrer dunklen Höhle atemlos lauschend, vor Angst keuchend. So hielt es der Fischer einen ganzen Tag aus; er aber, der gemordet hatte, wurde von unerträglicher Angst ins Freie getrieben, wo er seinen Feind sehen konnte. Da wurde er entdeckt und gejagt, aber dies schien ihm tausendmal besser, als in ohnmächtiger Untätigkeit still dazuliegen. Er entfloh seinen Verfolgern, rutschte über Abhänge, sprang über Ströme, erkletterte kerzengerade Felswände. Alle verborgene Kraft und Geschicklichkeit in ihm wurde von der Gefahr hervorgelockt. Sein Körper war elastisch wie eine Stahlfeder, der Fuß sprang nicht fehl, die Hand ließ nicht locker, Augen und Ohren beobachteten doppelt so scharf als sonst. Er verstand das Flüstern des Laubes und die Warnungen der Steine. Wenn er eine Anhöhe erklettert hatte, wendete er sich gegen seine Verfolger und sandte ihnen Spottlieder mit beißenden Reimen nach. Wenn die sausenden Lanzen zischten, packte er sie blitzschnell und warf sie auf die Feinde hinab. Wenn er sich zwischen peitschenden Zweigen durchdrängte, sang jemand in seinem Innern ein Loblied auf seine Großtaten.

Mitten im Wald war ein kahler Bergrücken, und einsam auf seiner Höhe stand eine himmelhohe Föhre. Der braunrote Stamm war kahl, aber in der astreichen Krone wiegte sich der Raubvogelhorst. So tollkühn war jetzt der Fliehende, dass er dort hinaufkletterte, während die Verfolger ihn auf den bewaldeten Abhängen suchten. Da saß er und drehte den Jungen des Sperbers den Hals um, während tief unter ihm die Jagd dahinzog. Sperber und Sperberweibchen schossen voll Rachgier auf den Räuber hinab. Sie flatterten um sein Gesicht, sie richteten die Schnäbel auf seine Augen, sie schlugen ihn mit den Flügeln und kratzten mit den Klauen blutige Streifen in seine wettergebräunte Haut. Lachend kämpfte er gegen sie an. In dem schwankenden Neste aufrechtstehend, hackte er mit seinem scharfen Messer nach ihnen und vergaß über der Lust des Spieles die Lebensgefahr und die Verfolger. Als er Zeit fand, sich nach ihnen umzusehen, hatten sie sich nach einer anderen Richtung entfernt. Niemandem war es in den Sinn gekommen, die Jagdbeute auf dem kahlen Bergrücken zu suchen. Keiner hatte den Blick zu den Wolken erhoben, um ihn Knabenstreiche und Schlafwandlertaten vollbringen zu sehen, während sein Leben in äußerster Gefahr schwebte.

Der Mann zitterte, als er sich gerettet sah. Mit bebender Hand griff er nach einer Stütze; schwindelnd maß er die Höhe, die er erklettert hatte. Und stöhnend vor Angst, hinabzustürzen, in ständiger Furcht vor den Vögeln, vor Entdeckung, alles fürchtend, glitt er den Stamm hinab. Er legte sich auf den Berg nieder, um nicht gesehen zu werden und schleppte sich über das Geröll weiter, bis das Unterholz ihn verdeckte. Dann barg er sich unter den verschlungenen Zweigen der jungen Tannen; schwach und kraftlos sank er in das Moos. Ein einziger Mann hätte ihn jetzt fangen können.

Tord war der Name des Fischers. Er zählte nicht mehr als sechzehn Jahre, aber er war stark und kühn. Er hatte schon ein Jahr im Walde gelebt.

Der Bauer hieß Berg, mit dem Beinamen der Riese. Er war der größte und stärkste Mann in der Gegend und dazu schön und wohlgewachsen. Er war breit um die Schultern und schlank um die Mitte. Seine Hände waren so wohlgebildet, als hätten sie niemals harte Arbeit verrichtet. Das Haar war braun und das Antlitz zartgefärbt. Nachdem er einige Zeit im Walde verbracht hatte, veränderte sich sein ganzes Aussehen in merkwürdiger Weise. Seine Blicke wurden stechend, die Augenbrauen wuchsen buschig, und die Muskeln, die sie runzelten, lagen fingerdick an der Nasenwurzel. Es trat auch deutlicher als früher hervor, dass der obere Teil seiner mächtigen Stirne über den unteren vorragte. Die Lippen schlossen sich jetzt fester als einst, das ganze Gesicht wurde magerer, die Grübchen an der Stirn wurden sehr tief, und die gewaltigen Kinnladen traten merkbar hervor. Sein Körper wurde weniger voll, aber seine Muskeln ballten sich eisenhart. Das Haar ergraute rasch.

An diesem Mann konnte der junge Tord sich nicht sattsehen. Etwas so Schönes und Gewaltiges hatte er nie zuvor geschaut. Vor seiner Fantasie stand er hoch wie der Wald, stark wie die Meeresbrandung. Er diente ihm wie einem Herrn und betete ihn an wie einen Gott. Es verstand sich ganz von selbst, dass Tord den Jagdspeer trug, das Wildbret heimschleppte und das Feuer anmachte. Berg, der Riese, nahm alle seine Dienste an, gönnte ihm aber fast nie ein freundliches Wort. Er verachtete ihn, weil er ein Dieb war. Die Vogelfreien führten kein Räuber- oder Wegelagererleben, sondern ernährten sich durch Jagd und Fischerei. Wenn Berg, der Riese, nicht einen heiligen Mann ermordet hätte, würden die Bauern wohl bald aufgehört haben, ihn zu verfolgen, und hätten ihn oben im Gebirge in Frieden gelassen. Aber nun fürchteten sie großes Unheil für die Gegend, weil der Mann, der Hand an einen Diener Gottes gelegt hatte, noch ungestraft umherging. Wenn Tord mit dem erlegten Wild ins Tal hinabkam, boten sie ihm große Belohnungen und Vergebung seines eignen Verbrechens, wenn er ihnen den Weg zu der Höhle Bergs zeigen wollte, damit sie diesen greifen konnten, während er schlief. Aber der Knabe weigerte sich immer, und wenn ihm jemand in den Wald nachschleichen wollte, dann führte er ihn so schlau auf falsche Fährte, dass er die Verfolgung aufgeben musste.

Einmal fragte ihn Berg, ob die Bauern ihn nicht zum Verrat bewegen wollten, und als er hörte, welchen Lohn sie ihm boten, sagte er hohnvoll, dass Tord ein Einfaltspinsel wäre, wenn er solch ein Anerbieten nicht annähme.

Da sah ihn Tord mit einem Blicke an, wie ihn Berg, der Riese, nie zuvor gesehen hatte. Nie hatte ein schönes Weib in seiner Jugend, nie hatten seine Frau und seine Kinder ihn je so angesehen. »Du bist mein Herr, mein freigewählter Herrscher«, sagte der Blick, »wisse, dass du mich schlagen und beschimpfen kannst, so viel du willst. Ich bleibe doch treu.«

Von nun an achtete Berg, der Riese, mehr auf den Jungen und merkte, dass er mutig im Handeln, aber schüchtern im Reden war. Vor dem Tode hatte er keine Furcht. Wenn die Seen eben zugefroren waren, oder wenn das Moor im Frühling am gefährlichsten war, wenn die Moräste sich unter reich blühendem Wollgras und Sumpfbrombeeren verbargen, dann nahm er am liebsten den Weg darüber. Es schien ihm ein Bedürfnis zu sein, sich Gefahren auszusetzen, gleichsam zum Ersatz für die Stürme und Schrecknisse auf dem

Meere, denen er nicht mehr begegnete. Doch nachts fürchtete er sich im Walde, und selbst am helllichten Tage konnten ein dunkles Dickicht oder die weit ausgestreckten Wurzeln einer umgestürzten Föhre ihn erschrecken. Aber wenn Berg ihn darüber befragte, war er zu scheu, um auch nur zu antworten. Tord pflegte nicht auf dem hinten in der Höhle, nahe dem Feuer aufgeschlagenen Lager zu schlafen, das weich von Moos und warmen Fellen war, sondern er kroch jede Nacht, nachdem Berg eingeschlafen war, zum Eingang hin und legte sich dort auf eine Steinplatte. Berg entdeckte dies, und obgleich er den Grund erraten konnte, fragte er, was dies zu bedeuten habe. Tord erklärte es ihm nicht. Um allen Fragen auszuweichen, lag er zwei Nächte lang nicht mehr in der Türe, dann nahm er seinen Wachtposten wieder ein. Eines Nachts, als der Schneesturm durch die Baumwipfel wehte und in das windgeschützte Dickicht wirbelte, drangen die tanzenden Schneeflöckchen auch in die Höhle der Friedlosen. Tord, der dicht an dem von Steinplatten verschlossenen Eingang lag, war, als er am Morgen erwachte, in eine schmelzende Schneewehe gebettet. Einige Tage später wurde er krank. Die Lungen pfiffen, und wenn sie sich dehnten, um Luft einzuatmen, fühlte er stechende Schmerzen. Er hielt sich so lange auf den Beinen, als die Kräfte reichten. Aber als er sich eines Abends bückte, um das Feuer anzufachen, fiel er um und blieb liegen.

Berg, der Riese, kam zu ihm und sagte ihm, er möge sich in sein Bett legen. Tord stöhnte vor Schmerz und konnte nicht aufstehen. Da schob Berg die Arme unter ihn, und trug ihn zu seinem Lager. Aber es war ihm, als hätte er eine schlüpfrige Schlange berührt, und auf der Zunge hatte er einen Geschmack, als hätte er von dem unheiligen Pferdefleisch gegessen, so ekelte es ihn, diesen elenden Dieb anzurühren.

Er breitete sein eignes, großes Bärenfell über ihn und reichte ihm Wasser, mehr konnte er nicht tun. Es war auch nicht gefährlich. Tord wurde bald gesund. Aber dadurch, dass Berg dessen Pflichten übernommen hatte und ihn bedienen musste, waren sie einander nähergekommen. Tord wagte zu ihm zu sprechen, wenn er abends in der Höhle saß und Pfeile schnitzte. »Du bist aus gutem Stamm,

Berg«, sagte Tord. »Die Reichsten im Tal sind deine Verwandten. Deine Vorfahren haben Königen gedient und in ihren Burgen gekämpft.«

»Meistens haben sie in den Aufrührerscharen gekämpft und den Königen allen Schaden getan«, erwiderte Berg, der Riese.

»Deine Väter gaben zu Weihnachten große Gelage, und das tatest auch du, als du auf deinem Hofe saßest. Hunderte von Männern und Frauen konnten auf den Bänken deiner großen Halle Platz finden, die schon erbaut war, ehe noch der heilige Olof hier in Viken taufte. Du hattest uralte Silberbecher und große Trinkhörner, die, mit Met gefüllt, von Mann zu Mann wanderten.«

Wieder musste Berg den Knaben ansehen. Er saß mit herabhängenden Beinen auf dem Bette, und der Kopf ruhte in den Händen, mit denen er zugleich die wilde Haarmasse zurückdrängte, die ihm in die Stirn fiel. Das Gesicht war durch die Krankheit bleich und fein geworden. In den Augen leuchtete noch das Fieber. Er lächelte die Bilder an, die er heraufbeschwor: die geschmückte Halle, die Silberbecher, die festlich gekleideten Gäste und Berg, den Riesen, der in seiner Vater Saal auf dem Hochsitze thronte. Der Bauer dachte, dass ihn noch niemand mit solchen vor Bewunderung leuchtenden Augen angesehen oder ihn in seinen Festkleidern so herrlich gefunden hatte, wie ihn der Knabe hier in dem abgescheuerten Fellwams fand.

Er wurde gerührt und zornig zugleich. Dieser elende Dieb hatte kein Recht, ihn zu bewundern.

»Wurden denn in deinem Hause keine Gelage abgehalten?«, fragte er.

Tord lachte. »Dort draußen auf der Schäre bei Vater und Mutter! Vater ist ja ein Wrackplünderer und Mutter eine Hexe! Zu uns will niemand kommen!«

»Deine Mutter ist eine Hexe?«

»Das ist sie«, antwortete Tord ohne jede Befangenheit. »Bei stürmischem Wetter reitet sie auf einem Seehund zu den Schiffen, über die Sturzwellen hinspülen, und wer dann in das Meer geschleudert wird, der gehört ihr.«

»Was fängt sie mit ihnen an?«, fragte Berg.

»Ach, eine Hexe braucht immer Leichen. Sie kocht wohl Salben aus ihnen, oder isst sie vielleicht. In Mondscheinnächten sitzt sie draußen in der Brandung, wo sie ganz weiß ist, und der Schaum sprüht über sie hin. Es heißt, dass sie da sitzt und nach den Fingern und Augen ertrunkener Kinder sieht.«

»Das ist abscheulich«, sagte Berg.

Der Knabe antwortete mit großer Zuversicht: »Es ist abscheulich für andere, aber nicht für Hexen. Die müssen es so machen.«

Berg schien es, dass dies eine neue Art war, Welt und Dinge zu betrachten.

»Müssen Diebe auch stehlen, ebenso wie Hexen zaubern müssen?«, fragte er scharf.

»Ja, gewiss«, antwortete der Knabe, »jeder muss tun, wozu er bestimmt ist.« Aber dann fügte er mit einem versteckten Lächeln hinzu: »Es gibt aber auch Diebe, die niemals gestohlen haben.«

»Sag doch gerade heraus, was du meinst«, sagte Berg. Der Knabe lächelte geheimnisvoll, stolz, ein unlösbares Rätsel zu sein. »Es ist, als spräche man von Vögeln, die nicht fliegen, wenn man von Dieben spricht, die nicht stehlen.«

Berg, der Riese, stellte sich dumm, um mehr zu erfahren. »Man kann doch niemanden einen Dieb nennen, der nicht gestohlen hat«, sagte er.

»Nein, freilich nicht«, sagte der Knabe und kniff die Lippen zusammen, wie um die Worte nicht durchzulassen. »Wenn einer aber einen Vater hätte, der stiehlt«, warf er nach einem Weilchen hin.

»Geld und Gut erbt man«, wandte Berg ein, »aber den Namen Dieb trägt keiner, der ihn nicht erworben hat.«

Tord lachte leise. »Und wenn einer eine Mutter hat, die einen bittet und anfleht, des Vaters Verbrechen auf sich zu nehmen. Und wenn einer dann dem Henker ein Schnippchen schlägt und in den Wald flieht. Und wenn man dann vogelfrei erklärt wird, wegen eines Fischnetzes, das man gar nie gesehen hat?«

Berg, der Riese, schlug mit geballter Faust auf den Tisch. Er war zornig. Da war nun dieses schöne junge Blut hingegangen und hatte sein ganzes Leben fortgeworfen. Nicht Liebe, nicht Reichtum, nicht Ansehen unter Männern konnte er in Zukunft gewinnen. Die elende Sorge um Speise und Trank war alles, was ihm übrig blieb. Und dieser Tor hatte es geschehen lassen, dass er, Berg, umherging und einen Unschuldigen verachtete. Er schalt ihn mit strengen Worten, aber Tord hatte nicht einmal so viel Angst wie das kranke Kind vor der Mutter, wenn sie es schilt, weil es sich erkältet hat, als es durch den Frühlingsbach watete.

*

Auf einem der breiten, bewaldeten Berge lag ein dunkler See. Er war viereckig, mit so geraden Ufern und so scharfen Winkeln, als wäre er von Menschen gegraben. Auf drei Seiten war er von steilen Felswänden umgeben, an denen sich die Tannen mit ihren dicken Wurzeln festklammerten. Unten am See, wo das Erdreich so allmählich weggeschwemmt worden war, ragten diese Wurzeln aus dem Wasser, nackt und gekrümmt, und seltsam ineinander verschlungen. Es war wie eine ungeheure Menge Schlangen, die zugleich aus dem Sumpfsee kriechen wollten, aber sich ineinander verwickelt hatten und so erstarrt waren. Oder es war eine Menge dunkler Skelette ertrunkener Riesen, die der See ans Land hatte werfen wollen. Arme und Beine verschlangen sich ineinander, die langen Finger krallten sich in den harten Fels ein, die ungeheuren Rippen bildeten Rundbogen, die uralte Bäume trugen. Es war doch vorgekommen, dass die eisernen Arme, die stahlharten Riesenfinger, mit denen die Tannen sich festklammerten, nachgegeben hatten. Und ein gewaltiger Nordwind hatte eine Tanne in einem weiten Bogen vom Berghang bis in den Sumpfsee geschleudert. Mit dem Wipfel voran war sie tief in den Schlammgrund eingedrungen und dort hängen geblieben. Jetzt hatte die Fischbrut einen guten Zufluchtsort zwischen ihren Zweigen, aber die Wurzeln ragten über das Wasser hinaus, wie ein vielarmiges Ungeheuer, und dies trug mit dazu bei, den Sumpfsee hässlich und erschreckend zu machen.

Auf der vierten Seite des Sees senkte sich das Gebirge. Da entführte ein kleiner, schäumender Bach sein Wasser. Ehe dieser Bach den einzig möglichen Weg finden konnte, musste er zwischen Steinen und Erdhügeln suchen und bildete so eine kleine Welt von Inseln, einige nur eine Scholle groß, andere etwa zwanzig Bäume tragend.

Hier, wo die umgebenden Berge nicht alle Sonne ausschlossen, gediehen auch Laubbäume. Hier standen durstige graugrüne Erlen und glattblättrige Weiden. Die Birke war da, wie sie überall zur Stelle ist, wo es gilt, den Nadelwald zu verdrängen, und der Faulbaum und die Eberesche, diese beiden, die gewöhnlich die Waldwiesen mit ihrem Duft erfüllen und sie reizvoll umkränzen.

Hier beim Ausfluss war auch ein mannshoher Schilfwald, durch den das Sonnenlicht grün über das Wasser fiel, wie es im richtigen Walde über das Moos fällt. Im Schilfe gab es offene Stellen, kleine, runde Teiche, und da schwammen die Seerosen. Die hohen Halme sahen mit mildem Ernst auf diese zarten Schönheiten herab, die verdrießlich ihre weißen Blätter und gelben Stempel in lederharten Hüllen verwahrten, wenn die Sonne sich nicht zeigen wollte.

An einem sonnigen Tage kamen die Vogelfreien an diesen See, um zu fischen. Sie wateten zu ein paar großen Steinen im Binsenwalde und saßen da und warfen den grün gestreiften Hechten, die im Wasser schliefen; Köder hin.

Diese Männer, die stets im Walde und im Gebirge umherstreiften, waren, ohne dass sie selbst darum wussten, ebenso sehr unter die Herrschaft der Naturmächte geraten, wie Pflanzen und Tiere. Bei Sonnenschein wurden sie offenherzig und mutig, doch abends, sobald die Sonne verschwunden war, verstummten sie, und die Nacht, die ihnen viel größer und gewaltiger vorkam, als der Tag, machte sie ängstlich und ohnmächtig. Jetzt versetzte sie das grüne Sonnenlicht, das durch das Schilf einfiel und das Wasser gold gestreift, braun und schwarzgrün färbte, in eine Art Wunderstimmung. Die Aussicht war ganz versperrt. Zuweilen wogte das Schilf in einem unmerklichen Wind, die Halme raschelten und die langen, bandähnlichen Blätter flatterten ihnen ins Gesicht. Sie saßen in grauen Fellgewändern auf den grauen Steinen. Die Färbung des

Felles ahmte die Tönung des verwitterten, bemoosten Steines nach. Jeder sah den Gefährten in seinem Schweigen und seiner Regungslosigkeit in ein Steinbild verwandelt. Aber drinnen durch das Schilf huschten Riesenfische mit regenbogenfarbenen Rücken. Als die Männer die Angelhaken auswarfen und sahen, wie sich die Ringe im Schilf fortpflanzten, wurde die Bewegung immer stärker und stärker, bis sie merkten, dass sie nicht nur von ihrem Wurf kam. Eine Nixe, halb Weib, halb glitzernder Fisch, lag in den Wellen und schlief. Sie lag auf dem Rücken, mit dem ganzen Leibe unter dem Wasserspiegel. Die Wellen schlossen sich so eng an den Körper an, dass sie sie vorher nicht bemerkt hatten. Ihre Atemzüge ließen die Wellen nicht ruhen. Doch es war nichts Wunderliches darin, dass sie dalag, und als sie im nächsten Augenblick verschwunden war, wussten sie nicht recht, ob es nicht nur eine Sinnestäuschung gewesen war.

Das grüne Licht drang wie ein süßer Rausch durch die Augen in das Hirn. Die Männer saßen da und starrten stumm vor sich hin, im Schilf Gesichte sehend, die sie einander nicht anzuvertrauen wagten. Der Fang fiel schlecht aus, der Tag gehörte Träumen und Offenbarungen.

Da ertönten Ruderschläge im Schilf, und sie schreckten wie aus dem Schlummer auf. Im nächsten Augenblick zeigte sich ein Eichenstamm, schwer, ohne jede Kunstfertigkeit ausgehöhlt, moosbewachsen und mit Rudern, schmal wie Stäbchen. Ein junges Mädchen, das Seerosen geholt hatte, ruderte ihn. Sie hatte dunkelbraunes Haar, das in schwere Zöpfe geflochten war, und große dunkle Augen, und sie war seltsam bleich. Aber ihre Blässe schimmerte rosig und nicht grau. Die Wangen waren nicht lebhafter gefärbt als das übrige Gesicht, kaum die Lippen. Sie trug ein weißes Leinenleibchen und einen Ledergürtel mit goldener Schließe. Der Rock war blau mit rotem Saum. Sie ruderte dicht an den Friedlosen vorbei, ohne sie zu sehen. Sie verhielten sich atemlos still, doch nicht aus Furcht, gesehen zu werden, sondern nur, um sie so recht sehen zu können. Sobald sie verschwunden war, verwandelten sie sich gleichsam wieder aus Steinbildern in Menschen.

Sie sahen einander lächelnd an. »Sie ist weiß wie die Seerosen«, sagte der eine. »Sie ist dunkeläugig wie das Wasser drüben unter den Tannenwurzeln.«

Sie waren so übermütig, dass sie lachen wollten, richtig lachen, wie man nie zuvor an diesem See gelacht hatte, lachen, dass die Felswände von dem Echo erzittern und die Wurzeln der Tannen sich vor Schrecken lösen sollten.

»Schien sie dir schön?«, fragte Berg, der Riese.

»Ach, ich weiß nicht, ich sah sie ja so kurz. Vielleicht.«

»Du wagtest wohl nicht, sie anzusehen? Du dachtest wohl, sie sei die Seejungfrau?«

Und wieder schüttelte sie dieselbe törichte Lachlust.

*

Tord hatte einmal als Kind einen Ertrunkenen gesehen. Er hatte die Leiche am helllichten Tage am Strand gefunden und war gar nicht erschrocken, aber nachts hatte er furchtbar geträumt. Er sah ein Meer, in dem jede Welle einen toten Mann zu seinen Füßen rollte. Er sah auch alle Inseln der Schären mit Ertrunkenen bedeckt, die tot waren und dem Meere gehörten, aber dennoch sprechen und sich bewegen konnten und ihm mit ihren welken, weißen Händen drohten.

So ging es ihm auch jetzt. Das Mädchen, das er im Schilfe gesehen hatte, kam in seinen Träumen wieder. Er traf sie auf dem Grunde des Sumpfsees, wo das Sonnenlicht noch grüner war als im Schilf, und er hatte Zeit, zu sehen, dass sie schön war. Er träumte, dass er auf der großen Tannenwurzel mitten in dem dunklen See kauerte, aber die Tanne schwankte und wiegte sich so, dass er zuweilen ganz unter Wasser kam. Da erschien sie auf dem kleinen Inselchen. Sie stand unter den roten Ebereschen und lachte ihn aus. Im letzten Traumbild brachte er es so weit, dass sie ihn küsste. Es ward früher Morgen, und er hörte, dass Berg aufgestanden war, aber er schloss hartnäckig die Augen, um weiterzuträumen. Als er erwachte, war er ganz wirr und betäubt von dem, was ihm in der

Nacht widerfahren war. Er dachte jetzt viel mehr an das Mädchen, als am Tage vorher.

Gegen Abend fiel es ihm ein, Berg, den Riesen, zu fragen, ob er ihren Namen wisse.

Berg sah ihn prüfend an. »Vielleicht ist es am besten, wenn du es gleich erfährst«, sagte er. »Es war Unn. Wir sind Verwandte.«

Da wusste Tord, dass wegen dieser bleichen Maid, Berg, der Riese, friedlos durch Wald und Gebirge zog. Tord versuchte sich in Erinnerung zu rufen, was er von ihr wusste.

Unn war eines reichen Bauern Tochter. Ihre Mutter war tot, sodass sie das Regiment auf ihres Vaters Hof führte. Dies gefiel ihr, denn sie war herrschsüchtig, und sie hatte keine Lust, einen Mann zu nehmen.

Unn und Berg, der Riese, waren Geschwisterkinder, und es hieß schon lange, dass Berg lieber bei Unn und ihren Mägden saß und mit ihnen scherzte, als daheim auf seinem Hof nach dem Rechten zu sehen. Als nun das große Weihnachtsgelage bei Berg gefeiert wurde, hatte seine Frau einen Mönch aus Draksmark eingeladen, denn sie wollte, dass dieser Berg Vorwürfe mache, weil er sie wegen einer anderen Frau vernachlässigte. Dieser Mönch war Berg und auch vielen anderen wegen seines Aussehens verhasst. Er war sehr feist und ganz weiß. Das kurze Haar um seinen kahlen Scheitel, die Augenbrauen über seinen wässerigen Augen, die Gesichtsfarbe, die Hände und die Kutte, alles war weiß. Viele konnten ihn kaum ansehen.

Bei der Tafel nun, sodass alle Gäste es hören konnten, sagte dieser Mönch – denn er war unerschrocken und meinte, dass seine Worte besser wirken würden, wenn viele sie vernahmen –: »Man pflegt zu sagen, dass der Kuckuck der schlechteste Vogel ist, weil er seine Jungen nicht im eignen Neste aufzieht, aber hier sitzt ein Mann, der nicht für Heim und Kinder sorgt, sondern seine Lust bei einem fremden Weibe sucht. Ihn will ich den schlechtesten Mann nennen.« – Da stand Unn auf. »Dies, Berg, geht auf dich und mich«, sagte sie. »Nie bin ich so beschimpft worden, aber freilich, mein Vater ist ja auch nicht mit beim Gelage.« Sie wendete sich, um zu gehen, aber Berg eilte ihr nach. »Rühre mich nicht an«, rief sie. »Nie mehr will ich dich sehen.« Er erreichte sie in der Vorhalle und fragte sie, was er tun solle, damit sie bliebe. Da hatte sie mit flammenden Augen geantwortet, das müsse er selbst am besten wissen. Da ging Berg hin und erschlug den Mönch. Jetzt waren Berg und Tord in dieselben Gedanken versunken, denn nach einem Weilchen sagte Berg: »Du hättest sie, Unn, sehen sollen, als der weiße Mönch gefallen war. Meine Frau versammelte die kleinen Kinder um sich und fluchte ihr. Sie wendeten ihre Gesichter Unn zu, um sich auf ewige Zeit die einzuprägen, die ihren Vater zum Mörder gemacht hatte. Aber Unn stand gelassen da und so schön, dass die Männer erbebten. Sie dankte mir für die Tat und hieß mich sogleich in den Wald ziehen. Sie ermahnte mich, kein Räuber zu werden und nicht eher zum Messer zu greifen, als bis ich es für eine ebenso gerechte Sache nötig hätte.«

»Deine Tat hatte sie erhöht«, sagte Tord.

Hier stand nun Berg, der Riese, vor einem Rätsel: Der Knabe war wie ein Heide, schlimmer als ein Heide, er verurteilte niemals das, was unrecht war. Er kannte keine Verantwortlichkeit. Was geschehen musste, das geschah. Gott, Christus und die Heiligen kannte er, aber nur dem Namen nach, so wie man die Götter fremder Länder kennt. Die Gespenster der Schären waren seine Götter. An die Geister der Toten hatte seine zauberkundige Mutter ihn glauben gelehrt.

Da machte sich Berg, der Riese, an ein Werk, das ebenso töricht war, als hätte er einen Strick für seinen eignen Hals gedreht. Er stellte dem Unwissenden den großen Gott vor Augen, den Herrn der Gerechtigkeit, den Rächer der Missetaten, der die Schuldigen in ewige Pein hinabstürzt. Und er lehrte ihn Christus und seine Mutter lieben, und die heiligen Männer und Frauen, die mit gefalteten Händen vor Gottes Thron knien, um den Zorn des großen Rächers von den sündigen Scharen abzuwenden. Er lehrte ihn alles, was die Menschen tun, um Gottes Zorn zu versöhnen. Er zeigte ihm die Pilgerscharen, die zu heiligen Stätten ziehen, die selbstquälerischen Büßer und die Flucht der Mönche aus dem Weltleben.

Und während er sprach, wurde der Knabe eifriger und blasser, seine Augen öffneten sich weit wie vor furchtbaren Gesichten. Berg, der Riese, wollte aufhören, aber der Strom der Gedanken riss ihn fort, und er sprach weiter. Die Nacht senkte sich auf sie herab, die schwarze Waldesnacht, in der die Käuzchen schreien. Gott kam ihnen so nahe, dass sie sahen, wie sein Thron die Sterne verdeckte, und wie die strafenden Engel sich auf die Waldwipfel herabsenkten.

Aber unter ihnen loderten die Flammen der Unterwelt zu der platten Scheibe der Erde empor und beleckten gierig diesen schwanken Zufluchtsort qualbedrückter Menschengeschlechter.

*

Der Herbst war gekommen, und ein scharfer Sturm wehte. Tord ging allein durch den Wald, um Schlingen und Fallen zu untersuchen. Berg, der Riese, saß daheim und besserte seine Kleider aus. Tords Weg führte hinauf zu einer bewaldeten Höhe. Der Pfad war breit.

Jeder Windstoß, der durch die dichten Bäume dringen konnte, fegte das trockne Laub in raschelnden Wirbeln den Pfad hinan. Tord kam es einmal ums andere vor, als ob jemand hinter ihm ginge. Er sah sich oft um. Zuweilen blieb er stehen, um zu lauschen, aber dann merkte er, dass es die Blätter und der Wind waren, und er ging weiter. Sobald er wieder zu gehen begann, hörte er jemanden auf leisen Sohlen den Hügel hinauftanzen. Kleine Kinderfüße kamen getrippelt. Elfen und Waldgeister spielten hinter ihm. Wenn er sich umwendete, war niemand da, gar niemand. Er ballte die Faust gegen die raschelnden Blätter und ging weiter. Sie verstummten nicht, aber sie nahmen einen anderen Ton an. Sie begannen hinter ihm zu zischen und zu schnauben. Eine große Natter glitt heran, die gifttriefende Zunge hing ihr aus dem Munde, und der blanke Leib hob sich leuchtend von den verschrumpften Blättern ab. Neben der Schlange schlich ein Wolf, ein großer, magerer Geselle, der sich bereit hielt, ihm an den Nacken zu fahren, wenn die Natter sich zwischen seine Füße schlängelte und ihn in die Ferse stach. Manchmal waren sie beide ganz still, wie um ihm unbemerkt zu nahen, aber gleich darauf verriet sie das Zischen und Schnauben, und zuweilen schlugen die Wolfsklauen klirrend an einen Stein. Tord ging unwillkürlich immer rascher, aber die Tiere eilten ihm nach. Als er glaubte, dass sie nur zwei Schritte entfernt wären und zum Sprunge ansetzten, drehte er sich um. Es war niemand da, und das hatte er die ganze Zeit gewusst.

Er setzte sich auf einen Stein, um sich auszuruhen. Da gaukelten die trocknen Blätter zu seinen Füßen, wie um ihn zu ergötzen. Da waren sie, alle Blätter des Waldes: lichtgelbes, zartes Birkenlaub, rot gesprenkelte Ebereschenblätter, die trocknen schwärzlich-braunen Blätter der Ulme, die zähen lichtroten der Espe, und die goldgrünen der Palmweide. Verwandelt und verschrumpft, narbig und abgestoßen waren sie, sehr verschieden von den daunenweichen, lichtgrünen, fein geformten Blättchen, die sich vor ein paar Monaten aus den Knospen entrollt hatten.

»Sünder«, sagte der Knabe, »Sünder, nichts ist rein vor Gott. Die Flammen seines Zornes haben euch schon erreicht.«

Als er seine Wanderung fortsetzte, sah er den Wald unter sich wogen wie ein sturmgepeitschtes Meer, doch unten auf dem Pfade war es still und ruhig. Er hörte nun, was er nie vernommen hatte. Der Wald war voll Stimmen.

Es klang wie Flüstern, wie Klagelieder, wie barsche Drohungen, wie dröhnende Flüche. Es lachte, und es klagte, es war wie das Lärmen von vielen Menschen. Dieses, was hetzte und aufreizte, was raschelte und zischte, was etwas zu sein schien und doch nichts war, machte seine Gedanken wild. Er fühlte wieder Todesangst wie damals, als er auf dem Boden seiner Höhle lag und die Menschenjagd durch den Wald zog. Wieder hörte er das Knacken von Zweigen, die schweren Schritte der Volksmenge, das Klirren der Waffen, die dröhnenden Rufe, das wilde blutdürstige Gemurmel, das aus der Menge aufstieg.

Doch nicht nur dies allein lag im Waldsturm. Etwas anderes, noch Schrecklicheres, Stimmen, die er nicht deuten konnte, ein Gewirr von Stimmen, die eine fremde Sprache zu sprechen schienen. Er hatte gewaltigere Stürme als diesen durch das Takelwerk brausen gehört. Aber nie zuvor hatte er den Wind auf einer so vielstimmigen Harfe spielen hören. Jeder Baum hatte seine Stimme, die Tanne rauschte nicht wie die Espe, die Pappel nicht wie die Eberesche. Jede Kluft hatte ihren Ton, das Echo jeder Felswand seinen eignen Klang. Und das Rieseln der Bäche und der Schrei des Fuchses mischten sich in den wunderlichen Waldsturm. Doch alles das konnte er deuten, es ertönten andere, wunderbarere Laute. Und diese bewirkten es, dass es anfing, in ihm mit dem Sturm um die Wette zu schreien, hohnzulachen und zu jammern.

Er hatte sich immer gefürchtet, wenn er allein im Waldesdunkel war. Er liebte das offne Meer und die nackten Klippen. Zwischen den Bäumen schlichen Geister und Schatten einher.

Mit einem Male hörte er, wer es war, der im Sturme sprach. Gott war es, der große Rächer, der Gott der Gerechtigkeit. Er verfolgte ihn des Freundes wegen. Er verlangte, dass er den Mörder des Mönches seiner Rache ausliefere.

Da begann Tord mitten im Sturme zu sprechen. Er sagte Gott, was er hatte tun wollen, aber nicht vermocht hatte. Er hatte Berg, den Riesen, bitten wollen, sich mit Gott zu versöhnen, aber er war zu schüchtern gewesen. Die Scheu hatte ihn stumm gemacht. »Als ich erfuhr, dass die Erde von einem gerechten Gott gelenkt wird«, rief er, »da erkannte ich, dass er ein verlorener Mann sei. Nächtelang habe ich dagelegen und über meinen Freund geweint. Ich wusste, dass Gott ihn finden muss, wo er sich auch verbergen mag. Aber ich konnte nicht sprechen. Ich fand keine Worte, weil ich ihn zu sehr liebe. Verlange nicht, dass ich mit ihm spreche, verlange nicht, dass das Meer sich so hoch wie die Berge erhebe.«

Er verstummte, und im Sturme verstummte die tiefe Stimme, die für ihn Gottes Stimme gewesen war. Mit einem Male kam Windstille und greller Sonnenschein und ein Plätschern wie von Rudern und ein leises Rascheln wie von steifen Schilfblättern. Diese sanften Laute zauberten ihm Unns Bild vor die Seele. – Der Friedlose kann nichts gewinnen, nicht Hab und Gut, nicht Frauen, nicht Ansehen unter den Männern. Wenn er Berg verriet, kam er wieder unter den Schutz der Gesetze. – Aber Unn musste Berg lieben, nach dem, was er für sie getan hatte. Aus alledem gab es keinen Ausweg.

Als der Sturm zunahm, hörte er wieder Schritte hinter sich und ab und zu ein atemloses Keuchen. Jetzt wagte er nicht sich umzusehen, denn er wusste, dass der weiße Mönch hinter ihm war. Er kam von dem Feste in Bergs Hause, blutbespritzt, mit einer klaffenden Wunde in der Stirn. Und er flüsterte: »Gib ihn an, verrate ihn, rette seine Seele. Überliefere seinen Leib dem Scheiterhaufen, auf dass seine Seele verschont werde. Überantworte ihn der langen Qual der Folterbank, auf dass seine Seele Zeit habe, zu bereuen.«

Tord eilte weiter. All das Erschreckende, das an und für sich nichts war, wuchs, da es so unaufhörlich seine Seele verfolgte, zu etwas Großem, Entsetzlichem an. Er wollte ihm entfliehen, doch wie er zu laufen begann, ertönte wieder die furchtbare Stimme, die Stimme Gottes. Gott selbst jagte ihn mit Schreckschüssen, damit er den Mörder ausliefere. Verabscheuungswürdiger denn je stand Bergs Verbrechen vor ihm. Ein waffenloser Mann war ermordet, ein Gottesmann mit blankem Stahl durchbohrt worden. Das hieß dem Herrn der Welten trotzen. Und der Mörder wagte, zu leben. Er freute sich des Sonnenlichtes und der Früchte der Erde, als wäre der Arm des Allmächtigen zu kurz, um ihn zu erreichen.

Er blieb stehen, ballte die Fäuste und schrie drohende Worte. Dann eilte er wie ein Wahnsinniger aus dem Walde, aus dem Schreckensreich in das Tal hinab.

*

Tord brauchte sein Anliegen nur auszusprechen, so waren sogleich zehn Männer bereit, ihm zu folgen. Es wurde beschlossen, dass Tord allein in die Höhle gehen sollte, damit Berg nicht misstrauisch werde. Aber unterwegs sollte er Erbsen ausstreuen, damit die Männer den Weg finden konnten.

Als Tord in die Höhle trat, saß der Vogelfreie auf der Steinbank und nähte. Der Feuerschein war matt, und die Arbeit schien schlecht vonstatten zu gehen. Das Herz des Knaben schwoll von Mitleid.

Der herrliche Berg deuchte ihm arm und unglücklich. Und das Einzige, was er sein eigen nannte, das Leben, sollte ihm nun genommen werden. Tord begann zu weinen.

»Was hast du?«, fragte Berg. »Bist du krank? Bist du erschrocken?«

Zum ersten Male erzählte da Tord von seiner Angst. »Es war unheimlich im Walde. Ich hörte Geister und sah Gespenster. Ich sah weiße Mönche.«

»Gottes Tod, Junge!«

»Sie lasen mir die ganze Zeit die Messe, den ganzen Weg zum Bredfelsen hinauf. Ich lief, so rasch ich konnte, aber sie kamen mit und sangen. Kann ich das Unwesen nicht loswerden? Was habe ich mit ihnen zu schaffen? Ich meine, sie könnten einem die Messe lesen, der es nötiger hat.«

»Bist du heute Abend ganz toll, Tord?«

Tord sprach und wusste kaum, welche Worte er benutzte. Alle Scheu war von ihm gewichen. Unbehindert strömte die Rede von seinen Lippen.

»Es sind lauter weiße Mönche, weiß, leichenblass. Alle haben sie Blut auf der Kutte. Sie ziehen die Kapuze tief in die Stirn, aber die Wunde leuchtet doch hervor. Die große, rote, klaffende Wunde nach dem Axthieb. Habe ich sie vielleicht geschlagen? Warum muss ich sie sehen?«

»Das mögen die Heiligen wissen, Tord«, sagte Berg, der Riese, bleich und mit düsterm Ernst, »was es bedeutet, dass du eine Wunde von einem Axthieb siehst. Ich habe den Mönch mit ein paar Messerstichen getötet.«

Tord stand nun zitternd vor Berg und rang die Hände. »Sie verlangen dich von mir. Sie wollen mich zwingen, dich zu verraten.«

»Wer? Die Mönche?«

»Ja, gewiss, die Mönche. Sie zeigen mir Gesichte. Sie zeigen mir sie, Unn. Sie zeigen mir das glitzernde, sonnenblanke Meer. Sie zeigen mir die Lagerplätze der Fischer, wo Tanz und Fröhlichkeit herrscht. Ich schließe die Augen, aber ich sehe dennoch. Lasst mich in Frieden, sage ich. Mein Freund hat gemordet, aber er ist nicht böse. Lasst mich gehen, und ich will mit ihm sprechen, damit er bereut und Buße tut. Er wird seine Sünde gestehen und zu Christi Grab pilgern. Wir beide werden zu den Stätten wallfahrten, die so heilig sind, dass alle Sünde von dem genommen wird, der ihnen naht.«

»Was antworteten da die Mönche?«, fragte Berg. »Sie wollen meine Rettung nicht. Sie wollen mich auf den Scheiterhaufen und auf die Folterbank bringen.«

»Soll ich den treuesten Freund verraten, fragte ich sie«, fuhr Tord fort. »Er ist mein alles auf Erden. Er hat mich vom Bär errettet, dessen Pranken auf meiner Kehle lagen. Wir haben zusammen gefroren und alles Ungemach erduldet. Er hat sein eignes Bärenfell über mich gebreitet, als ich krank lag. Ich habe Holz und Wasser für ihn getragen, ich habe seinen Schlummer bewacht, ich habe seine Feinde hinters Licht geführt. Warum glauben sie, dass ich solch einer bin, der einen Freund verrät? Mein Freund wird bald aus freien Stücken zum Priester gehen und beichten, dann ziehen wir zusammen in das Land der Versöhnung.«

Berg lauschte ernst. Seine Augen durchforschten scharf Tords Gesicht. »Du sollst selbst zum Priester gehen und ihm die Wahrheit sagen«, sagte er. »Du musst wieder hinab zu den Menschen.«

»Was hilft es mir, wenn ich allein gehe?! Um deiner Sünde willen verfolgen mich der Tote und alle Schatten. Siehst du nicht, wie mir vor dir graut? Du hast deine Hand gegen Gott selbst erhoben. Kein Verbrechen ist so wie deines. Es ist mir, als müsste ich mich freuen, wenn ich dich an Rad und Galgen sähe. Wohl dem, der in dieser Welt seine Strafe empfängt und dem künftigen Zorn entgeht. Warum sprachst du zu mir von dem gerechten Gott? Du zwingst mich, dich zu verraten. Hilf mir von dieser Sünde. Gehe zum Priester.« Und er fiel vor Berg auf die Knie.

Der Mörder legte die Hand auf seinen Kopf und sah ihn an. Er musste seine Sünde an der Angst des Gefährten messen. Und sie stand groß und grauenvoll vor seiner Seele. Er sah sich im Kampfe gegen den Willen, der die Welt lenkt. Die Reue hielt Einzug in sein Herz.

»Weh mir, dass ich tat, was ich getan«, sagte er. »Was meiner harrt, das ist zu schwer, um es freiwillig auf sich zu nehmen. Liefere ich mich den Priestern aus, so werden sie mich in stundenlangen Qualen martern. Sie werden mich auf langsamem Feuer braten. Und ist nicht dieses Leben des Elends, das wir in Angst und Not führen, Buße genug? Habe ich nicht Hof und Heim verloren? Lebe ich nicht fern von Freunden, fern von allem, was eines Mannes Freude ist? Was braucht es noch?«

Als er so redete, sprang Tord in wildem Entsetzen auf. »Kannst du bereuen?«, rief er. »Können meine Worte dein Herz rühren? Oh, dann komm gleich! Wie konnte ich dies glauben! Komm mit und fliehe! Noch ist es Zeit!«

Berg, der Riese, sprang auch auf. »Du hast es also getan –«

»Ja, ja, ja. Ich habe dich verraten. Aber komm jetzt rasch, da du bereuen kannst! Sie werden uns ziehen lassen! Wir müssen ihnen entkommen!«

Da beugte sich der Mörder zum Boden herab, wo seine von den Vätern ererbte Streitaxt zu seinen Füßen lag. »Du Sohn eines Diebes«, sagte er, die Worte hervorzischend. »Dir habe ich getraut. Dir bin ich gut gewesen.«

Aber als Tord sah, wie er sich nach der Axt bückte, da wusste er, dass es nun sein Leben galt. Er riss seine eigne Axt aus dem Gürtel und schlug nach Berg, ehe dieser sich noch aufrichten konnte. Die Schneide fuhr zischend durch die Luft und drang in den herabgebeugten Kopf. Berg, der Riese, fiel mit dem Kopfe nach vorn zu Boden, der ganze Körper taumelte nach. Blut und Hirn spritzten heraus, die Axt fiel aus der Wunde. In dem struppigen Haar sah Tord ein großes, rotes, klaffendes Loch nach einem Axthieb.

Jetzt stürzten die Bauern herein. Sie freuten sich und priesen die Tat.

»Jetzt steht deine Sache gut«, sagten sie zu Tord.

Tord sah auf seine Hände herab, als sähe er da die Fesseln, mit denen er herangeschleift worden war, um den zu töten, den er liebte. Sie waren wie die des Fenriswolfes, aus nichts geschmiedet. Aus den grünen Lichtern des Schilfes, aus dem Spiel der Waldschatten, aus dem Gesang des Sturmes, aus dem Rascheln des Laubes, aus dem Zauber der Träume waren sie gewoben. Und er sagte laut: »Gott ist groß!«

Aber wieder verfiel er in seine früheren Gedanken. Er sank neben der Leiche auf die Knie und legte seinen Arm unter den Kopf des Freundes.

»Tut ihm nichts zuleide«, sagte er. »Er bereut, er will zum Heiligen Grabe pilgern. Er ist nicht tot, aber fesselt ihn nicht. Wir waren gerade bereit, zu gehen, da fiel er. Der weiße Mönch wollte wohl nicht, dass er bereue, aber Gott, der Gott der Gerechtigkeit, liebt die Reue.«

Er blieb neben der Leiche liegen, sprach mit ihr, weinte und flehte den Toten an, aufzuwachen. Die Bauern bereiteten aus einigen Speeren eine Bahre. Sie wollten die Leiche des Bauern herab auf seinen Hof tragen. Sie hatten Ehrfurcht vor dem Toten und sprachen leise in seiner Nähe. Als sie ihn auf die Bahre hoben, stand Tord auf, schüttelte die Haare aus dem Gesicht und sprach mit einer Stimme, die vor Schluchzen zitterte: »So saget denn Unn, die Berg, den Riesen, zum Mörder machte, dass er von Tord, dem Fischer, dessen Vater ein Wrackplünderer und dessen Mutter eine Hexe ist, erschlagen ward, weil er ihn lehrte, dass die Grundfeste dieser Erde Gerechtigkeit heißt.«

Der Roman einer Fischersfrau

Am äußersten Ende des kleinen Fischerdorfes stand ein kleines Hüttchen auf einem niedrigen Hügel aus weißem Meersand. Es war nicht so gebaut, dass es in einer Reihe mit den gleichmäßigen, schmucken, regelrechten Häusern stehen konnte, die den breiten grünen Platz umgaben, wo die braunen Fischernetze trockneten, sondern es schien gleichsam aus der Reihe geschoben und auf den Sandhügel hingestellt zu sein. Die arme Witwe, die es gebaut hatte, war ihr eigner Baumeister gewesen, und sie hatte die Wände ihres Hüttchens niedriger gemacht als die aller anderen Hütten und sein steiles Strohdach höher als irgendein anderes Dach im Fischerdorf. Der Fußboden senkte sich tief in die Erde, das Fenster war weder hoch noch groß, aber reichte dennoch vom Dachsims bis zum Erdboden. Für den Herd und den Gänsestall war schließlich in dem einzigen engen Raume kein Platz geblieben, sondern dafür hatte man kleine viereckige Vorsprünge anmauern müssen. Diese Hütte hatte nicht wie andere Häuschen ihr Gärtchen mit Stachelbeerbüschen, von Winden umschlungen, und mit halb von Kletten erstickten Holundersträuchern. Von der ganzen Pflanzenwelt des Fischerdorfes waren nur die Kletten mit auf den Sandhügel gekommen. Im Sommer, wenn sie frische, dunkelgrüne Blätter hatten und die stacheligen Körbchen sich mit hochroten Blumen füllten, waren sie schmuck genug. Aber gegen Herbst, wenn die Stacheln hart geworden und die Samen gereift waren, dann vernachlässigten sie ihr Aussehen und standen furchtbar hässlich und trocken da, die zerfetzten Blätter in ein Trauerkleid von staubigen Spinngeweben gehüllt.

Die Hütte hatte ihren zweiten Besitzer, doch länger als zwei Generationen vermochte sie nicht, mit ihren Wänden aus Rohr und Lehm das schwere Dach zu tragen. Solange sie stand, war sie im Besitze von armen Witwen. Die zweite Witwe, die da wohnte, hatte ihre Freude daran, die Kletten zu betrachten, namentlich im Herbst, wenn sie trocken wurden und sich überall anhängten. Sie schienen ihr dann der ähnlich, die diese Hütte erbaut hatte. Sie war auch runzelig und trocken gewesen und hatte die Gabe gehabt, sich anzuklammern und hängen zu bleiben, und alle ihre Kraft hatte sie für das Kind verwendet, das es in der Welt weit bringen sollte. Sie, die nun allein dasaß, musste bei diesem Gedanken bald lachen, bald weinen. Wenn die Alte nicht diese Klettennatur gehabt hätte, wie anders wäre dann alles gekommen. Aber wer weiß, ob es besser gekommen wäre?

Die einsame Frau saß oft da und grübelte über das Schicksal nach, das sie an die flache Küste Schoonens geführt hatte, zu diesem schmalen Sund und diesen stillen Menschen. Denn sie war in einer norwegischen Seestadt geboren, die auf einem schmalen Uferstreifen zwischen steilen Felsen und dem offenen Meere lag, und wenn sie auch, seit ihr Vater, der Kaufmann, gestorben und sie in Armut zurückgelassen, in bescheidenen Verhältnissen gelebt hatte, so war sie doch an Leben und Fortschritt gewöhnt. Sie pflegte sich selbst ihre Geschichte wieder und wieder vorzuerzählen, so wie man ein schwer verständliches Buch oft liest, um seinen Sinn zu ergründen.

Ihre merkwürdigen Erlebnisse hatten damit begonnen, dass sie eines Abends auf dem Heimwege von der Schneiderin, bei der sie arbeitete, von zwei Seeleuten überfallen und von einem dritten gerettet worden war. Dieser kämpfte mit wirklicher Lebensgefahr für sie und brachte sie dann nach Hause. Sie führte ihn zu der Mutter und den Geschwistern und erzählte ihnen begeistert, was er getan habe. Es war, als hätte das Leben neuen Wert für sie, weil ein anderer so viel gewagt hatte, um es zu verteidigen. Er war von ihren Angehörigen sogleich freundlich aufgenommen und gebeten worden, so bald und so oft er konnte, wiederzukommen.

Sein Name war Börje Nilsson, und er war Matrose auf der schoonischen Jacht Albertina. Solange das Schiff im Hafen lag, kam er beinahe jeden Tag zu ihnen, und sie konnten es bald nicht mehr glauben, dass er nur ein simpler Matrose sein sollte. Er glänzte immer in reinem Umlegekragen und trug einen blauen Marineanzug aus feinem Tuch. Frisch und freimütig war er gegen sie, als wäre er es gewohnt, sich in derselben Gesellschaftsklasse wie sie zu bewegen. Ohne dass er es geradeheraus sagte, erhielten sie den Eindruck, dass er aus einem angesehenen Hause war, der einzige Sohn einer reichen Witwe, den eine unbezwingliche Lust zum Seemannsberufe dazu gebracht hatte, sich als einfachen Matrosen zu verdingen, um seine Mutter zu überzeugen, dass er es ernst meinte. Wenn er seine Prüfungen gemacht hatte, würde sie ihm wohl ein eigenes Schiff kaufen.

Die einsame Familie, die sich von allen früheren Freunden zurückgezogen hatte, empfing ihn ohne das leiseste Misstrauen. Und er beschrieb leichten Herzens und mit fließender Beredsamkeit sein Heim mit dem hohen, spitzen Dach, dem offnen Kamin im Esssaal und den kleinen Fensterscheiben. Er schilderte auch die stillen Straßen seiner Vaterstadt und die langen Reihen gleichmäßiger hoher Häuser, in denen sein Heim mit den unregelmäßigen Vorsprüngen und Erkern eine angenehme Unterbrechung bildete. Und seine Zuhörer glaubten, dass er aus einem jener alten Bürgerhäuser komme, die mit ihrem bildergeschmückten Giebel und dem vorragenden Obergeschoss einen so mächtigen Eindruck von Reichtum und ehrwürdigem Alter machen.

Sehr bald hatte sie es heraus, dass er ihr gut war. Und dies machte der Mutter und den Geschwistern große Freude. Der junge, reiche Schwede kam gleichsam, um sie alle aus der Armut emporzuheben. Selbst wenn er ihr nicht so gut gefallen hätte als er es tat, wäre sie gar nicht auf den Gedanken gekommen, seine Werbung abzuweisen. Hätte sie einen Vater oder einen erwachsenen Bruder gehabt, so würden diese sich wohl genauer nach Herkunft und Lebensstellung des Fremdlings erkundigt haben, doch weder sie noch die Mutter dachten daran, ernstliche Nachforschungen anzustellen. Später erkannte sie, dass sie ihn förmlich zum Lügen gezwungen hatten. Anfangs hatte er sie ohne böse Absicht dazu gebracht, sich so große Vorstellungen von seinem Reichtum zu machen, aber als er später merkte, wie froh sie darüber waren, da hatte er es nicht mehr gewagt, die Wahrheit zu sagen, aus Furcht, sie zu verlieren.

Bevor er abreiste, waren sie verlobt, und als die Jacht zurückkam, hielten sie Hochzeit. Es war eine Enttäuschung für sie, dass er auch bei seiner Rückkehr als Matrose auftrat, aber er war durch seinen Kontrakt gebunden. Er brachte auch keine Grüße von seiner Mutter mit. Diese hätte erwartet, dass er eine andere Wahl treffe, aber sie würde schon zufrieden sein, sagte er, wenn sie nur Astrid erst sähe. – Trotz aller seiner Lügen wäre es ein Leichtes gewesen, zu sehen, dass er ein armer Mann war, wenn sie nur die Augen aufgemacht hätte.

Der Schiffer erbot sich, ihr seine Kajüte zu überlassen, wenn sie die Überfahrt auf seiner Jacht machen wollte, und sie nahm das Anerbieten mit Freuden an. Börje wurde da fast ganz von seinem Dienst befreit und saß meistens mit seiner Frau plaudernd auf dem Achterdeck. Und jetzt schenkte er ihr das Glück der Einbildung, von dem er selbst sein ganzes Leben lang gezehrt hatte. Je mehr er an das kleine Hüttchen dachte, das zur Hälfte im Sandhügel begraben lag, desto höher erbaute er den Palast, den er ihr gerne geboten hätte. Er ließ sie im Geiste in einen Hafen gleiten, der zu Ehren der Braut Börje Nilssons mit Flaggen und Blumen geschmückt war. Er ließ sie die Begrüßungsrede des Bürgermeisters hören. Er ließ sie durch eine Triumphpforte fahren, während die Augen der Männer ihr folgten und die Frauen vor Neid erblassten. Und er führte sie in das stattliche Haus, wo silberlockige, sich verneigende Diener an dem breiten Treppengeländer aufgereiht standen und der zur festlichen Mahlzeit gedeckte Tisch sich unter dem alten Familiensilber bog.

Als sie die Wahrheit entdeckte, glaubte sie zuerst, dass der Schiffer im Bunde mit Börje gewesen war, um sie zu betrügen, aber dann erkannte sie, dass es sich nicht so verhalten hatte. Sie hatten sich dort auf der Jacht daran gewöhnt, von Börje wie von einem großen Herrn zu reden. Es war an Bord der Hauptspaß, so recht im vollsten Ernst von seinen Reichtümern und seiner vornehmen Familie zusprechen. Sie dachten, Börje hätte ihr die Wahrheit gesagt, und sie scherzte mit ihm wie sie alle, wenn sie von seinem großen Hause sprach. So war es möglich, dass sie, noch als die Jacht in dem Hafen Anker warf, der neben Börjes Heimatdorf lag, es nicht anders wusste, als dass sie eines reichen Mannes Gattin war.

Börje bekam für einen Tag Urlaub, um seine Frau in ihr künftiges Heim einzuführen und sie mit dem neuen Leben bekannt zu machen. Als sie nun an dem Kai landeten, wo Flaggen wehen und Menschenscharen den Neuvermählten entgegenjubeln sollten, herrschte da nur Leere und Alltagsruhe, und Börje merkte, dass seine Frau sich mit einer gewissen Enttäuschung umsah.

»Wir sind zu früh gekommen«, hatte er da gesagt. »Die Fahrt ist bei diesem schönen Wetter merkwürdig rasch gegangen. Jetzt haben wir auch keinen Wagen da, und wir haben einen weiten Weg, denn das Haus liegt außerhalb der Stadt.«

»Das tut nichts, Börje«, hatte sie geantwortet, »das Gehen wird uns gut tun, nachdem wir so lange an Bord still gesessen haben.«

Und so traten sie ihre Wanderung an, diese schreckensvolle Wanderung, an die sie noch in ihren alten Tagen nicht denken konnte, ohne vor Angst zu stöhnen und schmerzlich die Hände zu ringen. Sie gingen über weite, menschenleere Straßen, die sie sogleich nach seiner Beschreibung erkannte. Sie glaubte in der dunklen Kirche und in den gleichmäßigen Holzhäusern alte Freunde zu begrüßen, doch wo blinkten die bildergeschmückten Giebel und die Marmortreppe mit dem breiten Geländer?

Da hatte Börje ihr zugenickt, so, als erriete er ihre Gedanken. »Es ist noch weit hin«, hatte er gesagt.

Wäre er doch barmherzig gewesen. Hätte er doch ihrer Hoffnung auf einmal den Todesstoß gegeben. Sie hatte ihn damals so lieb gehabt. Wenn er ganz aus freien Stücken alles gesagt hätte, so wäre in ihrer Seele kein Groll gegen ihn aufgekeimt. Aber dass er ihre Angst, betrogen zu werden, sah, und dennoch fortfuhr, sie zu täuschen, das hatte ihr allzu schweren Schmerz bereitet. Das hatte sie ihm nie ganz verzeihen können.

Sie konnte sich freilich sagen, dass er sie so weit wie möglich führen wollte, damit sie ihm nicht entfliehen konnte, aber sein Betrug rief eine solche Todeskälte in ihr hervor, dass keine Liebe sie ganz aufzutauen vermochte.

Sie gingen durch die Stadt und kamen auf die angrenzende Ebene. Da zeigten sich mehrere Reihen dunkler Wallgräben und hoher, grüner Erdwälle, Überreste aus jener Zeit, als die Stadt befestigt gewesen war, und an dem Punkt, wo das alles sich zu einer Festung zusammenschloss, sah sie ein paar altertümliche Bauten und große, runde Türme. Sie warf einen scheuen Blick hin, doch Börje bog zu den Wällen ein, die am Meeresufer entlangführten.

»Das ist ein Abkürzungsweg«, sagte er, denn sie schien sich zu wundern, dass hier nur ein schmaler Pfad war.

Er war sehr einsilbig geworden, sie begriff dann, dass er es nicht so ergötzlich fand, als er es sich gedacht hatte, mit seiner Frau zu der armseligen, kleinen Hütte im Fischerdorf zu kommen. Es schien ihm jetzt nicht so herrlich, eines besseren Mannes Kind heimzuführen. Er hatte große Angst vor dem, was sie tun würde, wenn sie die Wahrheit erfuhr.

»Börje«, sagte sie endlich, als sie lange den scharfen Winkeln der Strandwälle gefolgt waren, »wohin gehen wir?«

Da erhob er die Hand und deutete auf das Fischerdorf, wo seine Mutter in dem Hüttchen auf dem Sandhügel wohnte. Sie aber glaubte, er wiese auf eines der schönen Landgüter, die am Rande der Ebene auftauchten, und wurde wieder heiterer.

Sie stiegen zu den öden Gemeindeweiden hinab, und da überfiel sie wieder die alte Angst. Da, wo jedes Erdhügelchen, wenn man nur einen Blick dafür hat, Schönheit und Abwechslung bietet, sah sie nur ein hässliches, sumpfiges Feld. Und der Wind, der draußen in steter Bewegung war, fuhr ihnen pfeifend entgegen und flüsterte von Unglück und Verrat.

Börje beschleunigte seine Schritte immer mehr, und schließlich erreichten sie das Ende der Weiden und waren bei dem Fischerdörfchen angelangt. Sie, die es zuletzt gar nicht mehr gewagt hatte, irgendwelche Fragen zu stellen, fasste wieder neuen Mut. Hier war abermals eine einförmige Häuserreihe, und diese erkannte sie noch besser als die in der Stadt. Vielleicht, vielleicht hatte er doch nicht gelogen.

Aber ihre Erwartungen waren so herabgestimmt, dass sie seelenvergnügt gewesen wäre, wenn sie bei einer der schmucken Wohnstätten hätte halt machen können, wo Blumen und weiße Gardinen hinter blanken Fensterscheiben blinkten. Es war ihr schmerzlich, an ihnen vorbeigehen zu müssen.

Da erblickte sie mit einem Male am äußersten Ende des Fischerdorfes eine elende Hütte, und es war ihr, als hätte sie diese schon längst in ihren Träumen so vor sich gesehen, wie sie jetzt in Wirklichkeit war.

»Ist es hier?«, sagte sie und blieb gerade am Fuße des kleinen Sandhügels stehen.

Er nickte fast unmerklich mit dem Kopf und fuhr fort, auf die kleine Hütte zuzugehen.

»Warte«, rief sie ihm nach. »Wir müssen zuerst miteinander sprechen, bevor ich dein Heim betrete. Du hast mich belogen«, fuhr sie drohend fort, als er sich ihr zuwendete. »Du hast mich ärger betrogen, als wenn du mein größter Feind wärest. Warum hast du das getan?«

»Ich wollte dich zur Frau«, antwortete er mit leiser, unsicherer Stimme.

»Wenn du mich doch nur mit Maß zum Besten gehalten hättest! Warum musstest du alles so reich und so prächtig schildern? Was wolltest du mit Bedienten und Triumphpforten und all der anderen Herrlichkeit? Glaubtest du, ich sei so erpicht auf Geld? Sahst du nicht, dass ich ohnehin verliebt genug in dich war, um überallhin mit dir zu gehen? Dass du glaubtest, mich hinters Licht führen zu müssen! Dass du das Herz haben konntest, bis zuletzt bei deinen Lügen zu beharren!«

»Willst du nicht hereinkommen und Mutter begrüßen?«, fragte er ganz hilflos.

»Nein, ich gehe nicht hinein.«

»Willst du also nach Hause fahren?«

»Wie könnte ich nach Hause kommen? Wie sollte ich ihnen den Schmerz bereiten, zurückzukehren, wenn sie mich für glücklich und reich halten? Aber bei dir bleibe ich auch nicht. Für den, der arbeiten kann, findet sich immer ein Auskommen.«

»Bleib«, bat er, »ich tat es nur, um dich zu gewinnen.«

»Wenn du mir die Wahrheit gesagt hättest, so wäre ich geblieben.«

»Ware ich ein reicher Mann gewesen und hätte mich für arm ausgegeben, so bliebest du schon.«

Sie zuckte die Achseln und wandte sich zum Gehen, als die Tür der Hütte aufgerissen wurde und Börjes Mutter herauskam. Sie war ein kleines vertrocknetes altes Weiblein mit wenig Zähnen und viel Runzeln, aber nicht so alt an Jahren und Gemüt wie sie aussah. Sie hatte wohl einiges gehört und das Übrige erraten, denn sie wusste, worüber sie zankten. »So«, sagte sie, »dies ist die feine Schwiegertochter, die du mir gebracht hast, Börje. Und du hast es wieder nicht mit der Wahrheit gehalten, wie ich höre.« Aber auf Astrid ging sie freundlich zu und streichelte ihr die Wangen. »Komm du mit mir herein, du armes Kind. Ich kann mir denken, dass du müde und erschöpft bist. Siehst du, dies ist meine Hütte. Er darf nicht herein. Aber komm du nur. Jetzt bist du meine Tochter, und ich kann dich nicht zu fremden Leuten gehen lassen.«

Sie streichelte die Schwiegertochter und gab ihr Koseworte und schob und zog sie ganz unmerklich zur Tür hin. Schritt für Schritt lockte sie sie weiter und bekam sie schließlich in die Hütte, aber Börje schloss sie wirklich aus. Und drinnen begann nun die Alte zu fragen, wer sie sei und wie alles zugegangen wäre. Und sie weinte über sie und brachte sie dazu, auch über sich selbst zu weinen. Furchtbar streng war die Alte gegen ihren Sohn. Sie, Astrid, täte ganz recht, nein, bei einem solchen Manne könnte sie nicht bleiben. Es stimmte wohl, dass er zu lügen pflegte, ja, ganz gewiss stimmte es.

Sie erzählte ihr, wie es ihr mit dem Sohne ergangen war. Er war schon als kleines Kind so schön von Gesicht und Gestalt gewesen, dass sie sich immer darüber wundern musste, dass er armer Leute

Kind war. Er war wie ein kleiner verirrter Prinz gewesen. Und später hatte es immer so ausgesehen, als wäre er nicht auf seinem richtigen Platze. Er sah alles so groß. Er konnte nicht den richtigen Maßstab finden, wenn es sich um ihn selbst handelte. Seine Mutter hatte deswegen schon viele Tränen vergossen. Aber nie zuvor hatte er mit seinen Lügen etwas Böses angestellt. Hier, wo er bekannt war, lachten ihn die Leute nur aus. – Aber jetzt war er wohl so sehr in Versuchung geführt worden … Schien es ihr, Astrid, nicht selbst wunderlich, wie sie dieser Fischerjunge hatte hinters Licht führen können? Er hatte immer so viel von feinen Dingen gewusst, als wäre es ihm angeboren. Er war wohl ganz verkehrt in die Welt gekommen. Das sah man ja auch daran, dass er nie daran gedacht hatte, sich eine Frau aus seinem eignen Stande zu wählen. Die Alte redete und redete. Astrid schwieg und dachte. »Sieh«, sagte die Alte unter anderem, »mir kann es nie gelingen, ihm den Hochmut und die Prahlsucht abzugewöhnen, aber eine, die klüger wäre als ich, könnte es vielleicht. Und er ist tüchtig und gut, mein Junge. Es lohnte wohl der Mühe. Aber du kannst morgen gehen. Ja, du sollst gehen.«

»Wo schläft er heute Nacht?«, fragte Astrid plötzlich.

»Ich denke, er liegt hier draußen im Sande. Er hat wohl nicht die Ruhe, von hier fortzugehen.«

»Es wäre wohl am besten, wenn er hereinkäme«, sagte Astrid.

»Liebstes Kind, du kannst ihn doch nicht sehen wollen. Er wird sich draußen schon behelfen, wenn ich ihm eine Decke gebe.«

Sie ließ ihn wirklich diese Nacht draußen im Sande schlafen und schickte ihn am nächsten Tage in aller Frühe in die Stadt, da sie es für das Beste hielt, wenn Astrid ihn nicht sah. Und mit ihr redete und redete sie und hielt sie fest, nicht mit Zwang, sondern mit Klugheit, nicht mit Schmeichelei, sondern mit wirklicher Güte.

Doch als sie es endlich erreicht hatte, dass die Schwiegertochter blieb und dem Sohne erhalten war, und als sie die jungen Leute versöhnt und Astrid gelehrt hatte, dass es gerade ihre Lebensaufgabe war, Börje Nilssons Frau zu sein und ihm so viel Gutes zu tun wie sie konnte – und dies war nicht die Arbeit einer Abendstunde, sondern die Mühe vieler Tage gewesen –, da hatte sich die Alte zum Sterben hingelegt.

Und in diesem Leben mit seiner treuen Fürsorge lag ein Sinn, dachte Börje Nilssons Frau.

Aber in ihrem eigenen Leben sah sie keinen Zweck. Der Mann ertrank nach einigen Jahren der Ehe, und ihr einziges Kind starb ganz jung. Sie hatte bei ihrem Mann keine Veränderung herbeiführen können. Ernst und Wahrhaftigkeit hatte sie ihn nicht zu lehren vermocht. Eher hatte sie sich verändert, denn sie war immer mehr wie die Fischersleute geworden. Sie wollte keinen der Ihren sehen, denn sie schämte sich, dass sie jetzt in allen Stücken einer Fischersfrau glich.

Wenn nur dies alles irgendetwas genützt hätte! Wenn sie, die ihren Lebensunterhalt durch das Ausbessern der Fischernetze bestritt, nur wüsste, warum sie überhaupt lebte! Wenn sie doch jemanden glücklich oder besser gemacht hätte!

Nie kam es ihr in den Sinn, zu denken, dass, wer sein Leben für verfehlt hält, weil er anderen nichts Gutes getan habe, vielleicht durch diesen Gedanken der Demut seine Seele gerettet hat.

Der Fuhrmann des Todes

I

Eine arme junge Heilsarmeeschwester lag im Sterben. Ihre Tätigkeit hatte sie in die »slums«, die verrufenen Viertel der Stadt, geführt; dann hatte sie die galoppierende Schwindsucht bekommen, und jetzt nach einem Jahr ging es zu Ende. Solange wie irgend möglich war sie ihren gewohnten Pflichten nachgekommen, und als alle ihre Kräfte aufgebraucht waren, schickte man sie in ein Sanatorium. Dort hatte sie einige Monate gelegen und war gut gepflegt worden; aber es wurde nicht besser mit ihr, und als sie schließlich begriff, wie hoffnungslos krank sie war, verlangte sie nach Hause zu ihrer Mutter, die in einer der Vorstädte in einem eigenen Häuschen wohnte. Nun lag sie in ihrer Kammer, derselben Kammer, die sie als Kind und als ganz junges Mädchen bewohnt hatte, und wartete auf den Tod.

Angstvoll und betrübt saß die Mutter an ihrem Bett; aber sie ging in all der Pflege, deren die Tochter bedurfte, so vollständig auf, dass sie keine Ruhe zum Weinen fand.

Eine andere Heilsarmeeschwester, die Arbeitsgefährtin der Kranken, stand am Fußende des Bettes und weinte ganz leise vor sich hin. Ihre Augen waren voller Liebe auf das Gesicht der Sterbenden gerichtet, und wenn ihr die Tränen den Blick verdunkelten, wischte sie sie mit einer heftigen Bewegung ab.

Auf einem niederen unbequemen Stuhl, den die Kranke besonders lieb gehabt und den sie überall hin mitgenommen hatte, wo auch immer ihre Wohnstätte gewesen war, saß eine hochgewachsene

Frau, auf deren Halskragen ein großes H eingestickt war. Man hatte ihr einen anderen Sitzplatz angeboten; aber sie blieb eigensinnig auf dem schlechten Stühlchen sitzen, als hielte sie das für eine Aufmerksamkeit gegenüber der Kranken.

Der Tag, an dem unsere Erzählung beginnt, war nicht ein Tag wie alle anderen, sondern es war Silvesterabend. Draußen hing der Himmel schwer und grau herab, und solange man im Zimmer war, meinte man, das Wetter sei unfreundlich und kalt. Wenn man aber hinauskam, fand man es überraschend warm und mild. Auf den Wegen lag kein Schnee, kahl und schwarz verloren sie sich in der Dunkelheit. Ganz vereinzelte Schneeflocken fielen sacht auf die Straße herab, wo sie sofort schmolzen. Es sah aus, als hänge der Himmel voller Schnee, der sich aber nicht recht losmachen könnte, ja es schien fast, als fänden es der Wind und der Schnee nicht der Mühe wert, sich im alten Jahre noch anzustrengen, und als wollten sie lieber ihre Kräfte für das neu heraufziehende Jahr sparen.

Und ungefähr ebenso war es bei den Menschen, auch sie schienen sich nichts mehr vornehmen zu wollen. Auf den Straßen war kein Getriebe und in den Häusern keine eifrige Arbeit im Gang. Gerade vor dem Häuschen, wo die Sterbende lag, war ein Platz, auf dem ein Haus gebaut werden sollte. Am Morgen waren ein paar Arbeiter dahergekommen und hatten den großen Rammbock unter den gewöhnlichen grellen Arbeitsrufen heraufgezogen und wieder hinunterfallen lassen. Aber sie waren der Arbeit bald überdrüssig geworden, und so hatten sie sie eingestellt und waren ihres Weges gegangen.

Und bei allem anderen war es geradeso. Eine Zeit lang waren Frauen mit Körben vorübergeeilt, die zum morgigen Feste einkaufen wollten; aber schon nach Kurzem hatte diese Geschäftigkeit wieder aufgehört. Kinder, die auf der Straße spielten, waren hereingerufen worden, weil sie ihre Sonntagskleider anziehen und dann zu Hause bleiben sollten. Pferde, die sonst Lastwagen zogen, wurden an dem Häuschen vorbei nach dem am äußersten Ende der Vorstadt gelegenen Stall geführt, damit sie da einen vollen Tag ausruhen konnten. Je weiter der Tag voranschritt, desto stiller wurde es draußen, und sooft ein Geräusch verstummte, fühlten die in dem Krankenzimmer Anwesenden eine wahre Erleichterung.

»Wie gut, dass sie beim Herannahen eines Festtages sterben darf!«, sagte die Mutter. »Bald hört man nichts mehr, das sie stören könnte.«

Die Kranke hatte schon seit dem Morgen bewusstlos dagelegen, und die drei, die um ihr Lager versammelt waren, mochten sagen, was sie wollten, sie hörte es nicht. Trotzdem sahen alle drei wohl, dass die Leidende nicht in einem starren Schlummer befangen war. Ihr Gesicht hatte während des Vormittags mehrere Male den Ausdruck gewechselt; es hatte überrascht und ängstlich ausgesehen, hatte bald einen flehenden, bald einen äußerst gequälten Ausdruck angenommen; jetzt trug es seit einer guten Weile die Zeichen einer heftigen, zornigen Erregung; ihre Züge wurden bedeutender und schöner.

Die junge Heilsarmeeschwester sah dadurch so verändert aus, dass sich ihre Freundin, die am Fußende des Bettes stand, zu der großen Frau, die auch zur Heilsarmee gehörte, niederbeugte und flüsterte:

»Sehen Sie, Hauptmännin, wie schön Schwester Edith wird! Sie sieht aus wie eine Königin.«

Die hochgewachsene Frau stand von dem niederen Stuhl auf, um besser sehen zu können.

Sie hatte die kranke Heilsarmeeschwester bis jetzt sicherlich noch nie anders als mit der demütig frohen Miene gesehen, die sie, wie müde und krank sie sich auch fühlen mochte, immerfort beibehalten hatte, und sie war jetzt so überrascht über die Veränderung in dem Gesicht der Kranken, dass sie sich nicht mehr niedersetzte, sondern unwillkürlich stehen blieb.

Die Kranke hatte sich mit einer ungeduldigen Bewegung so hoch auf das Kissen hinaufgeschoben, dass sie nun halb aufgerichtet im Bett saß. Auf ihrer Stirne lag ein Zug unbeschreiblicher Hoheit, und obgleich sie den Mund geschlossen hielt, sah es aus, als drängen Worte der Strafe und der Verachtung über ihre Lippen.

Die Mutter richtete ihren Blick auf die beiden überraschten Gefährtinnen.

»So abwesend ist sie auch schon in den letzten Tagen gewesen«, sagte sie. »Hat sie nicht für gewöhnlich um diese Tageszeit ihre Runde gemacht?«

Die andere jüngere Heilsarmeeschwester warf einen Blick auf die kleine abgenützte Uhr der Kranken, die auf dem Tischchen neben dem Bett tickte.

»Jawohl«, sagte sie, »um diese Zeit pflegte Schwester Edith zu den Elenden zu gehen.«

Doch sie hielt rasch inne und führte das Taschentuch an die Augen; sobald sie etwas zu sagen versuchte, konnte sie die Tränen fast nicht mehr zurückhalten. Die Mutter nahm eine der harten kleinen Hände ihres kranken Kindes zwischen die ihrigen und streichelte sie zärtlich.

»Es ist wohl eine allzu schwere Aufgabe für sie gewesen, in diesen Höhlen Sauberkeit und Ordnung zu schaffen und den Armen wegen ihrer Schlechtigkeiten Vorwürfe zu machen«, sagte sie mit einem gewissen unterdrückten Ärger in der Stimme. »Wenn man eine zu schwere Aufgabe zu verrichten gehabt hat, gelingt es einem nicht, die Gedanken davon abzuwenden. Sie meint, sie gehe jetzt wieder bei den Verworfenen umher.«

»So geht es einem manchmal auch bei einer Arbeit, die man allzu sehr geliebt hat«, warf die Hauptmännin der Heilsarmee leise ein.

Die um das Bett Versammelten sahen jetzt, wie sich die Oberlippe der Kranken kräuselte, wie ihre Brauen zuckten und sich zusammenzogen, sodass sich die senkrechte Falte zwischen ihnen immer mehr vertiefte, und alle drei waren ganz darauf gefasst, sogleich von einem zornflammenden Blick aus den geöffneten Augen der Kranken getroffen zu werden. »Sie sieht aus wie ein Engel des Gerichts«, sagte die Heilsarmeehauptmännin in begeistertem Ton.

»Was können sie denn gerade heute da draußen vorhaben?«, fragte Schwester Maria, die Mitarbeiterin der Kranken, indem sie sich zwischen den beiden anderen am Bett Stehenden durchdrängte, sodass sie der Sterbenden beruhigend über die Stirne streichen konnte.

»Du brauchst dich nicht mehr um Sie zu sorgen, Schwester Edith«, fuhr sie fort und strich ihr noch einmal zart über die Stirn. »Du hast genug für sie getan.«

Diese Worte schienen die Kraft zu haben, die Kranke von dem im Geiste geschauten Auftritte, der sie offenbar festgehalten hatte, abzulenken. Die Spannung, die hochgradige zornige Erregung wich aus ihren Zügen, und der sanfte leidende Ausdruck, den ihr Gesicht während der Krankheit beständig getragen hatte, kehrte zurück.

Sie öffnete die Augen, und als sie das Gesicht ihrer Mitschwester über sich gebeugt sah, legte sie dieser die Hand auf den Arm und suchte sie näher zu sich heranzuziehen.

Schwester Maria konnte kaum ahnen, was diese leichte Berührung bedeuten sollte, aber sie verstand den flehenden Ausdruck in den Augen der Kranken, und so beugte sie sich dicht zu den Lippen der Kranken herab.

»David Holm!«, flüsterte die Sterbende.

Schwester Maria schüttelte den Kopf; sie war nicht ganz sicher, ob sie recht gehört hatte.

Da strengte sich die Kranke aufs Äußerste an, um sich verständlich zu machen, und sie sprach nun die Worte ganz langsam aus.

»Lass Da–vid – Holm – ho–len!«

Dabei hielt sie die Augen unverwandt auf die Freundin gerichtet, bis sie sicher war, dass diese sie verstanden hatte. Dann legte sie sich wieder zurück, wie um zu ruhen; und schon nach ein paar Minuten war ihr Geist wieder weit weg, und sie war nun offenbar Zeuge eines hässlichen Auftritts, der sie mit Zorn und Angst erfüllte.

Die Heilsarmeeschwester richtete sich aus ihrer vorgebeugten Stellung auf. Jetzt weinte sie nicht mehr, sie war von einer Gemütsbewegung ergriffen, die mächtiger war als die Tränen.

»Schwester Edith will, dass wir David Holm holen lassen«, sagte sie.

Aber mit diesem Wunsche schien die Kranke etwas ganz Entsetzliches begehrt zu haben. Die große grobknochige Hauptmännin wurde nun ebenso erregt wie die anwesende Freundin.

»David Holm!«, wiederholte sie. »Das ist doch wohl nicht möglich! Zu einer Sterbenden kann man David Holm nicht kommen lassen.«

Die Mutter der Kranken hatte bisher still am Bett gesessen und hatte auch gut gesehen, wie das Gesicht ihrer Tochter den Ausdruck der Entrüstung und Verurteilung annahm. Jetzt wendete sie sich an die beiden ratlosen Frauen und fragte, was es gebe.

»Schwester Edith verlangt, dass wir David Holm herbeiholen«, klärte sie die Hauptmännin auf. »Aber wir wissen nicht, ob das richtig ist.«

»David Holm?«, fragte die Mutter der Kranken in unsicherem Ton. »Wer ist David Holm?«

»Es ist einer von denen, die Schwester Edith in ihrem Bezirk sehr viel Not und Arbeit gemacht haben, und um den sie sich besonders bemüht hat; aber der Herr hat sie keine Macht über ihn gewinnen lassen.«

»Ach, Hauptmännin, vielleicht ist es Gottes Absicht, gerade jetzt in diesen letzten Stunden durch sie zu wirken!«, sagte Schwester Maria zögernd.

Doch die Mutter sah die Freundin ihrer Tochter unfreundlich an und sagte:

»Ihr habt ja meine Tochter so lange gehabt, als noch ein Funke von Leben in ihr war. Darum könntet ihr sie wenigstens jetzt, wo es zum Sterben geht, mir überlassen.«

Damit war die Sache entschieden, und Schwester Maria nahm ihren vorigen Platz am Fußende des Bettes wieder ein. Die Hauptmännin ließ sich wieder auf dem kleinen Stuhl nieder, schloss die Augen und versank in ein leise gemurmeltes Gebet. Ab und zu drang ein etwas lauteres Wort an das Ohr der anderen, und sie verstanden, dass die Hauptmännin Gott bat, die Seele der jungen Schwester in Frieden von dieser Welt scheiden zu lassen, ohne dass sie noch von den Pflichten und Sorgen, die der Welt der Prüfungen angehörten, gequält würde.

Als die Heilsarmeeoffizierin so im Gebet versunken dasaß, wurde sie plötzlich aus ihrer Andacht gerissen, weil ihr die junge Heilsarmeeschwester die Hand auf die Schulter legte.

Sie schaute hastig auf und sah, dass die Kranke noch einmal zum Bewusstsein gekommen war. Aber jetzt sah sie nicht mehr so freundlich und demütig aus wie zuvor. Etwas drohend Düsteres lag auf ihrer Stirne. Die junge Schwester beugte sich rasch über die Sterbende und hörte nun ganz deutlich die vorwurfsvolle Frage: »Schwester Maria, warum hast du David Holm nicht holen lassen?«

Höchstwahrscheinlich wollte die Freundin Einwendungen machen, aber in den Augen der Kranken stand ein Ausdruck, der sie zum Schweigen zwang. »Ich werde ihn zu Schwester Edith holen«, sagte sie dann, und sich wie entschuldigend an die Mutter wendend, fuhr sie fort: »Ich habe Edith nie etwas abschlagen können, wenn sie mit einer Bitte zu mir kam, und ich kann es auch heute nicht.«

Da schloss die Kranke die Augen mit einem Seufzer der Erleichterung, und die junge Heilsarmeeschwester verließ die kleine Kammer, in der nun dieselbe Stille herrschte wie zuvor. Die Heilsarmeehauptmännin verharrte angsterfüllt in stillem Gebet. Die Brust der Sterbenden arbeitete immer härter, und die Mutter rückte näher an das Bett heran, wie um einen Versuch zu machen, ihr armes Kind vor Qualen und dem Tod zu beschützen.

Nach einer kleinen Weile schaute die Kranke wieder auf. Ihr Gesicht trug noch immer denselben ungeduldigen Ausdruck; aber als sie den Platz, wo die Freundin gestanden hatte, leer sah und also begriff, dass ihr Wunsch auf dem Wege der Erfüllung war, nahmen ihre Züge einen weicheren Ausdruck an. Sie machte keinen Versuch mehr zu sprechen und versank auch nicht wieder in die frühere Bewusstlosigkeit, sondern hielt sich wach.

Jetzt hörte man die äußere Tür gehen, und da richtete sich die Sterbende beinahe aufrecht im Bett auf. Gleich darauf erschien Schwester Maria an der Tür, die sie aber nur einen ganz kleinen Spalt breit öffnete. »Ich wage nicht hereinzukommen, denn ich bin zu kalt«, sagte sie. »Würden Sie nicht so gut sein, einen Augenblick zu mir herauszukommen, Hauptmännin Andersson?«

Sie sah wohl, wie erwartungsvoll die Augen der Kranken auf sie gerichtet waren, und so fügte sie noch hinzu:

»Ich hab' ihn nicht finden können, bin aber mit Gustavsson und ein paar anderen von den unsrigen zusammengetroffen, und sie haben mir versprochen, ihn herbeizuschaffen. Wenn es überhaupt möglich ist, so bringt ihn Gustavsson zu dir, Schwester Edith.«

Sie hatte kaum ausgesprochen, als die Sterbende schon wieder die Augen schloss und erneut in den hellseherischen Zustand versank, in dem sie schon den ganzen Tag befangen gewesen war.

»Sie sieht ihn ganz gut«, sagte die Heilsarmeeschwester, und ihre Stimme hatte einen etwas entrüsteten Klang; aber sie fasste sich rasch und fuhr fort: »Halleluja, es ist kein Unglück, wenn das geschieht, was Gottes Wille bestimmt hat.«

Damit zog sie sich leise ins äußere Zimmer zurück, und die Hauptmännin folgte ihr dahin.

Da draußen stand eine Frau, die kaum dreißig Jahre alt sein mochte, aber ein so graues und gramdurchfurchtes Gesicht, so dünnes Haar und eine so abgemagerte Gestalt hatte, dass sie viel älter und gebrochener aussah als manche Greisin. überdies war sie äußerst ärmlich gekleidet, und es sah fast aus, als hätte sie sich in ihre jämmerlichsten Lumpen gehüllt, weil sie die Absicht gehabt hatte, zu betteln.

Als die Heilsarmeehauptmännin diese Frau betrachtete, stieg plötzlich ein heftiges Angstgefühl in ihr auf. Nicht die Lumpen, in die das Weib gehüllt war, und nicht die vorzeitig gealterte Gestalt waren das Schlimmste an der ganzen Erscheinung, sondern die starre Teilnahmslosigkeit ihrer Gesichtszüge. Diese Frau war allerdings ein Mensch, der sich bewegte, der ging und stand, aber sie schien durchaus nicht zu wissen, wo sie sich befand. Sie hatte offenbar so entsetzlich gelitten, dass ihre Seele jetzt vor einer Art Wendepunkt stand; im nächsten Augenblick schon konnte der Wahnsinn ausbrechen.

»Dies ist David Holms Frau«, sagte die junge Heilsarmeeschwester. »Ich habe sie in diesem Zustand in ihrer Wohnung gefunden, als ich den Mann holen wollte; da wagte ich nicht, sie allein zu lassen, und so nahm ich sie mit hierher.«

»Ist das David Holms Frau?«, rief die Heilsarmeehauptmännin. »Ich muss sie bestimmt früher schon gesehen haben, kann mich aber nicht erinnern, wo. Was mag ihr denn geschehen sein?«

»Oh, man sieht wohl, was ihr geschehen ist«, erwiderte Schwester Maria heftig, wie von übermächtigem Zorn erfasst. »Der Mann quält sie einfach zu Tode.«

Die Heilsarmeehauptmännin betrachtete die Frau immer wieder prüfend: Die Augen der Unglücklichen standen weit offen, und die Pupillen starrten fortgesetzt geradeaus ins Leere. Sie hielt die Hände zusammengepresst, einige ihrer Finger drehten sich unaufhörlich umeinander, und ab und zu drang ein schwaches zitterndes Stöhnen über ihre Lippen.

»Was hat er ihr getan?«, fragte die Hauptmännin.

»Ich weiß es nicht«, antwortete die junge Schwester. »Als ich kam, saß sie auf einem Stuhl und stöhnte gerade wie jetzt. Die Kinder waren nicht daheim, und so konnte ich niemand fragen. Ach, du lieber Gott, dass dies auch gerade heute kommen muss! Wie soll ich jetzt für sie sorgen, wenn ich doch an nichts anderes denken kann als an Schwester Edith.«

»Er hat sie wohl geschlagen?«, fragte die Hauptmännin.

»Ach, es muss etwas viel Schlimmeres gewesen sein. Ich habe oft solche gesehen, die geschlagen worden waren, aber so sahen sie nicht aus. Nein, nein, es muss etwas viel Schlimmeres gewesen sein«, wiederholte sie mit zunehmendem Entsetzen. »Wir haben ja auf Schwester Ediths Gesicht gesehen, dass etwas Furchtbares geschehen ist.«

»Allerdings«, stimmte jetzt auch die Hauptmännin bei. »Nun können wir auch verstehen, dass sie das gesehen hat. Und Gott sei Dank, dass Schwester Edith es gesehen hat, dadurch bist du, Schwester Maria, noch hingekommen, ehe es zu spät war. Ja, Gott sei Lob und Dank! Es ist sicher seine Absicht, dass wir ihren Verstand vor dem Untergang bewahren sollen.«

»Aber was soll ich denn mit ihr anfangen?«, fragte Schwester Maria. »Sie folgt mir wohl, wenn ich sie bei der Hand nehme, aber sie hört nicht, was ich sage. Die Seele ist entflohen, wie sollen wir sie wieder einfangen? Ich habe keine Macht über sie. Vielleicht gelingt es Ihnen besser, Hauptmännin Andersson.«

Die hochgewachsene Hauptmännin nahm das arme Weib bei der Hand und redete mit ihr; sie versuchte es mit freundlichen und versuchte es mit strengen Worten, aber auf dem Gesicht der Ärmsten zeigte sich keine Spur von Bewusstsein.

Mitten unter diesen fruchtlosen Bemühungen steckte die Mutter der Kranken den Kopf durch die Tür und sagte: »Edith wird unruhig; es wäre gut, wenn Sie wieder hereinkämen.«

Die beiden Heilsarmeeschwestern eilten zurück in die kleine Kammer, wo sich die Kranke jetzt unruhig in ihrem Bett hin und her warf. Aber ihre Aufregung schien viel eher von einer seelischen Anfechtung als von körperlichen Leiden herzukommen. Sie wurde auch sofort ruhiger, als sie ihre beiden Freundinnen auf den gewohnten Plätzen sah, und ihre Augen schlossen sich aufs Neue.

Die Hauptmännin machte Schwester Maria ein Zeichen, bei der Kranken zu bleiben, sie selbst aber stand leise auf, um sich wieder hinauszuschleichen. In demselben Augenblick öffnete sich indes die Tür, und David Holms Frau trat ein.

Sie näherte sich dem Bett der Kranken und blieb da mit ausdruckslosen starren Augen stehen, sie schauderte und stöhnte noch immer wie zuvor und verdrehte ihre harten Finger, dass sie in den Gelenken knackten. Eine gute Weile war nicht zu merken, ob sie wusste, was sie vor sich sah, aber ganz allmählich milderte sich die Starrheit ihres Blicks. Sie beugte sich vor und neigte ihr Gesicht immer tiefer über die Sterbende.

Dann aber bemächtigte sich etwas Drohendes, Unheimliches der Frau. Ihre Finger öffneten sich und krallten sich wieder zusammen, und die beiden Heilsarmeeschwestern sprangen rasch auf, voller Angst, sie würde sich auf die Sterbende stürzen.

Nun schlug die junge sterbende Schwester die Augen auf, und ihr Blick fiel auf die fürchterliche, halb wahnsinnige Gestalt, die sich über sie beugte. Da richtete sie sich im Bett auf, umschlang sie mit beiden Armen, zog sie mit der ganzen Kraft, deren sie noch fähig war, zu sich herab und küsste sie, küsste sie auf Stirne, Wangen und Mund, während sie dabei flüsternd hervorbrachte:

»Ach, arme Frau Holm! Arme, arme Frau Holm!«

Die arme, vom Unglück geschlagene Frau schien zuerst zurückweichen zu wollen, aber dann lief ein Zittern durch ihren Körper. Sie brach in heftiges Schluchzen aus und sank, den Kopf noch immer dicht an der Wange der Sterbenden, neben dem Bett in die Knie.

»Sie weint, Schwester Maria, sie weint!«, flüsterte die Hauptmännin bewegt. »Sie wird nicht wahnsinnig.« Schwester Maria presste die Hand fest um das Taschentuch, mit dem sie ihre Tränen getrocknet hatte, und erwiderte mit einer verzweifelten Anstrengung, ihre Stimme fest zu machen:

»Sie allein kann so etwas tun, Hauptmännin Andersson. Ach, was wird aus uns werden, wenn sie nicht mehr da ist!«

Im nächsten Augenblick fingen die beiden einen flehenden Blick von der Mutter der Kranken auf und verstanden ihn.

»Ja, gewiss, wir müssen sie fortschaffen«, sagte die Hauptmännin. »Und es wäre wohl auch nicht gut, wenn sie der Mann hier anträfe, falls er noch kommen sollte. Nein, nein, Schwester Maria«, fuhr sie fort, als die junge Heilsarmeeschwester gleich das Zimmer verlassen wollte, »bleibe du hier bei deiner Freundin, ich werde für sie sorgen.«

2

An demselben Silvesterabend, aber so spät, dass es finstere Nacht ist, sitzen drei Männer in der kleinen Anlage, die die Stadtkirche umgibt, und trinken eifrig Bier und Branntwein.

Die drei haben sich unter einer Lindengruppe, deren schwarzes Geäst vor Feuchtigkeit glänzt, auf einem verdorrten Rasenplatz niedergelassen. Zuvor haben sie in einem Bierkeller gesessen; aber da dieser zur Polizeistunde geschlossen worden ist, zechen sie nun im Freien weiter. Sie wissen recht wohl, dass es Silvesterabend ist, und gerade deshalb haben sie sich hierher in die Kirchenanlagen begeben. Sie wollen nämlich der Kirchturmuhr so nahe sein, dass sie es ganz sicher hören, wenn es Zeit ist, Prosit Neujahr zu rufen und darauf anzustoßen.

Die drei Zechbrüder sitzen da nicht im Dunkeln, sondern sind von dem Schein, den die hohen elektrischen Lampen der anliegenden Straßen auf die Kirchenanlage werfen, ziemlich hell beleuchtet. Zwei von ihnen sind von kleiner Gestalt, alt und abgelebt, ein paar unglückliche Landstreicher, die sich in die Stadt geschlichen haben, um ihre erbettelten Kupfermünzen zu vertrinken. Der dritte ist ein Mann Anfang der Dreißiger. Auch er ist wie die anderen sehr unordentlich gekleidet, aber groß und gut gewachsen und scheint noch im Besitze seiner vollen ungebrochenen Kraft zu sein.

Sie haben Angst hier, von einem Schutzmann entdeckt und fortgejagt zu werden, und um sich recht leise, ja fast flüsternd unterhalten zu können, sitzen sie ganz nahe beieinander. Der jüngere von ihnen führt das Wort, und die beiden anderen hören ihm so aufmerksam zu, dass sie die Flaschen schon eine gute Weile ganz unberührt neben sich liegen haben.

»Ich habe einmal einen Kameraden gehabt«, sagt der Sprecher, und seine Stimme hat dabei einen ernsten, fast geheimnisvollen Klang, während ein arglistiger Funke in seinen Augen aufleuchtet, »der am Silvesterabend immer wie umgewandelt war. Nicht etwa, dass er an diesem Tag große Berechnungen angestellt hätte und etwa von dem Jahresverdienst unbefriedigt gewesen wäre; o nein, sondern weil er gehört hatte, dass einem an diesem Tag etwas Fürchterliches und Unheimliches widerfahren könnte. Ich versichere euch, ihr Herren, dass er sich an dem Tag vom Morgen bis Abend ganz still und ängstlich verhielt und von einem Schnaps nicht einmal etwas hören, geschweige denn einen trinken wollte. Sonst war er gar kein Spielverderber, aber es wäre völlig unmöglich gewesen, ihn an einem Neujahrsabend zu so einem kleinen Spaß wie diesem hier verleiten zu wollen, gerade wie es für euch, ihr Herren, eine Unmöglichkeit wäre, mit dem Landeshauptmann Schmollis zu trinken.

Ja so, meine Herren, ihr fragt, wovor er sich denn gefürchtet habe? Ja, das war nicht so leicht aus ihm herauszubringen, aber einmal hat er es doch verraten. Aber ihr möchtet es wohl heute lieber nicht hören, wie? Es ist ein wenig gruselig in so einer Kirchenanlage, die einst sicher ein Kirchhof gewesen ist, oder meint ihr etwa nicht?«

Die beiden Landstreicher erklären natürlich sofort, dass sie von Gespensterfurcht nichts wüssten, und so fährt der dritte fort:

»Er, von dem ich spreche, stammte von besseren Leuten ab. Er hatte einst auf der Universität zu Uppsala studiert, sodass er ein bisschen mehr wusste als wir. Und seht nun, ihr Herren, am Neujahrsabend hielt er sich vollständig nüchtern, nur damit er nicht zufällig in eine Schlägerei verwickelt werden oder ihm sonst ein Unglück zustoßen sollte, das ihn an diesem Tag das Leben kosten könnte. An jedem anderen Tag wäre ihm das ziemlich einerlei gewesen; aber an einem Neujahrsabend durfte ihm nichts Tödliches zustoßen, denn er glaubte, dass er sonst gezwungen wäre, den Totenkarren zu fahren.«

»Den Totenkarren?«, wiederholen die beiden Zuhörer zugleich in fragendem Tone.

Der große Mann macht sich ein Vergnügen daraus, die Neugier seiner Gefährten aufzustacheln, indem er noch einmal fragt, ob sie denn auch wirklich beim Gedanken an den Ort, wo sie säßen, die Geschichte hören wollten; aber sie verlangten eifrig die Fortsetzung, und so nimmt der andere wieder das Wort.

»Nun also, dieser mein Kamerad behauptete ganz fest, es gäbe einen alten, alten Karren von der Art, wie ihn die Bauern gebrauchen, wenn sie ihre Waren auf den Markt fahren, er sei aber in so trostlosem Zustande, dass er sich eigentlich auf einer Landstraße gar nicht sehen lassen dürfte. Erstens sei er von Lehm und Straßenstaub so überzogen, dass man kaum noch sehen könne, aus welchem Material er gemacht sei. Dann seien die Radachsen gebrochen, die Radkränze säßen so lose, dass sie klapperten, die Räder seien seit Ewigkeit nicht geschmiert worden und knirschten und ächzten, dass es einen verrückt machen könnte. Der Karrenboden sei verfault und der Polstersitz zerlumpt und die halbe Einfassung um den Wagensitz sei weggerissen. Zu dem Karren gehöre ein alter, alter Gaul, eine einäugige Schindmähre, die so mager sei, dass das Rückgrat wie ein Sägeblatt unter der Haut aufrage und man alle ihre Rippen zählen könne. Sie sei steifbeinig und faul und störrisch und bewege sich nicht rascher als ein Kind, das auf dem Boden kriecht. Und zu dem Gaul gehöre ein Geschirr, das ganz abgeschabt und zerfressen sei und alle seine Schnallen und Haken verloren habe, sodass die Riemen jetzt nur noch mit alten Schnüren und Birkenweiden zusammengebunden seien. Nicht ein einziger silberner oder messingener Beschlag sei noch daran, nur noch ein paar spärliche, schmutzige Garntroddeln, die mehr zur Unzier als zur Zier dienten. Und die Leitseile passten genau zum Geschirr, denn sie bestünden aus lauter Knoten, einer am anderen, und seien so oft wieder zusammengeknüpft worden, dass nun niemand mehr etwas daran ausbessern könnte.«

Hier schweigt der Erzähler und streckt die Hand nach der Flasche aus, vielleicht hauptsächlich um den Zuhörern Zeit zu lassen, sich so recht klar zu machen, was sie gehört haben.

Dann nimmt er wieder das Wort und sagt:

»Nun, ihr Herren, das klänge vielleicht nicht gar so merkwürdig; aber seht, die Sache ist die, dass zu diesem Geschirr und den lumpigen Zügeln auch ein Fuhrmann gehört, der gebückt und jammervoll auf dem wackeligen Brett sitzt und den alten Gaul lenkt. Er hat blauschwarze Lippen und fahle Wangen, und die Augen sind dunkel und wie ein zerbrochener Spiegel. Er trägt einen langen, schwarzen, verfleckten Mantel mit einer großen Kapuze, die er tief ins Gesicht hereingezogen hat, und in der Hand hält er eine rostige schartige Sense an einem langen Stiel. Und seht, ihr Herren, der Mann, der da auf dem Karren sitzt und den Gaul an den zerlumpten Zügeln lenkt, ist kein gewöhnlicher Fuhrmann, sondern steht im Dienst eines gestrengen Herrn, der der Tod genannt wird. Tag und Nacht muss dieser Fuhrmann die Aufträge seines Herrn ausrichten. Versteht ihr wohl, ihr Herren, sobald es bei jemand ans Sterben geht, muss er zur Stelle sein, und dann kommt er auch mit seinem knirschenden alten Karren dahergerasselt, so rasch, wie der lahme Gaul den Karren nur ziehen kann.«

Wieder macht der Erzähler eine Pause und versucht, die Gesichter seiner Kameraden zu unterscheiden, und als er merkt, dass sie ihm so gebannt zuhören, wie er nur verlangen kann, fährt er fort: »Ihr habt doch gewiss schon irgendein Bild gesehen, das den Tod vorstellen soll, und da habt ihr wohl gemerkt, dass er meistens zu Fuß geht. Aber dieser hier auf dem Karren ist auch nicht der Tod selbst, sondern nur sein Fuhrknecht. Seht, man könnte sich ja denken, dass so ein hoher Herr vielleicht nur die vornehmste Ernte bergen wollte, und für die kleinen erbärmlichen Gräser und Kräuter, die am Wegrand stehen, für die muss dann der Fuhrknecht sorgen. Aber nun, ihr Herren, nun gebt wohl acht, denn jetzt kommt das Allermerkwürdigste an der ganzen Geschichte. Ja, es scheint sich nämlich so zu verhalten, dass bei diesem Geschäft zwar immer derselbe Karren von demselben Gaul gezogen wird, der Fuhrknecht dagegen nicht immer derselbe bleibt. Der letzte Mensch, der in dem laufenden Jahre stirbt, also der Mensch, der in dem Augenblick den Geist aufgibt, wo die Glocke in der Neujahrsnacht die Mitternacht verkündigt, ist im Voraus dazu bestimmt, der Fuhrknecht des Todes zu werden. Sein Leichnam wird zwar begraben, wie der aller anderen Toten auch, aber sein Geist muss den Mantel anziehen und ein ganzes Jahr lang mit der Sense von Haus zu Haus fahren, wo immer ein Toter liegt, bis er in der nächsten Neujahrsnacht endlich abgelöst wird.«

Der Erzähler schweigt und betrachtet die beiden anderen mit einem boshaft erwartungsvollen Blick. Er sieht, dass sie die Augen nach oben gerichtet haben und sich vergeblich bemühen, herauszubringen, welche Zeit die Zeiger der Turmuhr angeben.

»Es hat eben erst drei Viertel auf zwölf geschlagen«, klärt er die Gefährten auf. »Ihr braucht euch also nicht die geringste Sorge zu machen, dass der gefährliche Augenblick schon herangekommen sei. Aber jetzt versteht ihr doch vielleicht, warum mein Kamerad so große Angst hatte. Ja, vor nichts weiter fürchtete er sich, als eben davor, der Tod könnte ihn möglicherweise in dem Augenblick überraschen, wo die Glocke in der Neujahrsnacht zwölf Uhr schlüge, und dass er dann gezwungen wäre, dessen Fuhrknecht zu werden.

Ich glaube, dass er sich am letzten Tage des Jahres immerfort einbildete, er höre das Rasseln und Knirschen des Totenkarrens. Und wisst ihr wohl, ihr Herren, was das Merkwürdigste war? Er scheint tatsächlich im letzten Jahre gerade in der Neujahrsnacht gestorben zu sein.«

»Was, ist er wirklich gerade vor dem Anbruch des neuen Jahres gestorben?«

»Ich weiß nichts weiter, als dass er in der Neujahrsnacht starb; aber bei welchem Glockenschlage, ist mir nicht bekannt. Nun, ich hätte ihm eigentlich prophezeien können, dass er gerade an diesem Tag ins Gras beißen müsste; er hat ja doch nichts anderes getan, als auf den Tod gewartet. Wenn ihr Herren euch so etwas fest einbilden würdet, ginge es euch genauso.«

Die beiden anderen Männer haben, während der dritte erzählte, wie auf gemeinsame Verabredung rasch den Hals ihrer Flasche umfasst und trinken nun einen langen Schluck. Darauf stehen sie langsam und schwerfällig auf.

»Ach, die Herren werden doch nicht aufbrechen wollen, ehe es Mitternacht geschlagen hat«, sagt der Große, der die Geschichte erzählt hat, als er merkt, dass es ihm gelungen ist, den beiden anderen einen Schrecken einzujagen. »Ihr werdet doch einem solchen alten Ammenmärchen keinen Glauben schenken, nein, das ist doch wohl nicht möglich! Mein Kamerad war auch viel schwächer als ihr, nicht von dem alten urgesunden schwedischen Schlag wie wir. Kommt, nun trinken wir einen tüchtigen Schluck, und dann setzen wir uns wieder!« –

»Es ist nur gut, dass man uns hier ungestört sitzen lässt«, fährt er fort, nachdem er die anderen wieder neben sich auf dem Rasen hat. »Dies ist heute den lieben langen Tag hindurch der erste Ort, wo man mich in Ruhe lässt. Denn wo ich mich heute sehen ließ, bin ich immerfort von Heilsarmeesoldatinnen überfallen worden, die mich zu Schwester Edith, die im Sterben zu liegen scheint, mitnehmen wollten. Aber ich hab' mich dafür bedankt; das fehlte gerade noch, man setzt sich doch nicht freiwillig einer so widerlichen Predigt aus.«

Als die beiden kleineren Männer den Namen der Schwester Edith hören, fahren sie, trotzdem ihr Gehirn von dem fortgesetzten Trinken umnebelt ist, heftig zusammen und fragen, ob es die Schwester sei, die der Rettungsstation vorstehe.

»Jawohl, die ist es«, antwortet der jüngere Mann. »Während dieses ganzen Jahres hat sie sich ganz besonders um mich gekümmert, und ich hoffe, sie gehört nicht zu euren näheren Bekannten, ihr Herren, damit ihr nicht zu sehr um sie trauern müsst.«

In den Herzen der beiden Landstreicher musste indes irgendeine Erinnerung an eine von Schwester Edith empfangene Wohltat lebendig sein, denn beide erklären mit größter Bestimmtheit und Übereinstimmung, wenn Schwester Edith nach jemand verlange, so müsste er sich, wer er auch immer sei, unverzüglich zu ihr begeben.

»So, das ist eure Meinung, ihr Herren?«, versetzt der dritte. »Nun, ich würde auch gleich hingehen, wenn ihr mir ungefähr sagen wolltet, welche Freude Schwester Edith an einem Zusammensein mit mir haben könnte.«

Keiner der beiden Landstreicher lässt sich auf die Beantwortung dieser Frage ein, aber beide versuchen ihn zu überreden, jetzt noch zu Schwester Edith zu gehen. Und als er sich fortgesetzt weigert, geraten sie in heftigen Zorn und erklären, wenn er nicht gutwillig gehe, würden sie ihn mit Gewalt hinschleppen.

Sie stehen auch gleich auf und krempeln ihre Rockärmel zurück, um zum Angriff überzugehen.

Ihr Widersacher, der wohl weiß, dass er der größte und stärkste Mann in der ganzen Stadt ist, hat plötzlich Mitleid mit den beiden schwächlichen Tröpfen.

»Wenn die Herren es denn durchaus nicht anders haben wollen, so bin ich selbstverständlich sofort bereit«, sagt er. »Aber ich muss gestehen, meiner Ansicht nach sollten wir uns lieber gütlich vertragen, besonders beim Gedanken an das, was ich erzählt habe.«

Die beiden betrunkenen Männer wissen wohl kaum noch, was sie in Zorn versetzt hat; aber jetzt ist ihre Streitsucht geweckt, und sie gehen mit geballten Fäusten auf den dritten los. Dieser ist sich aber seiner Überlegenheit so bewusst, dass er es nicht einmal der Mühe wert findet, aufzustehen, sondern ruhig sitzen bleibt. Er streckt nur die Arme aus und schleudert seine Angreifer wie ein paar junge Hunde nach rechts und links weg. Aber wie junge Hunde kommen sie auch gleich wieder heran, und dabei gelingt es dem einen, dem großen starken Mann einen heftigen Stoß auf die Brust zu versetzen. Im nächsten Augenblick fühlt dieser, dass ihm etwas Warmes die Kehle heraufsteigt und den Mund füllt. Und da er weiß, wie angegriffen sein einer Lungenflügel ist, ahnt er, dass dies der Anfang eines Blutsturzes ist. Er gibt den Kampf auf und wirft sich auf den Boden zurück, während ihm ein breiter Blutstrom über die Lippen quillt. Dies ist ja an und für sich schon ein schwerer Unfall, aber das Schlimmste und Verhängnisvollste dabei ist, dass die Kameraden, als ihnen das warme Blut auf die Hände spritzt und sie den Mann zurücksinken sehen, meinen, sie hätten ihn ermordet, sinnlos und in wilder Flucht davonjagen und den Verletzten ganz allein zurücklassen. Der Blutsturz lässt freilich allmählich nach, aber sobald der Mann den allergeringsten Versuch macht, sich aufzurichten, quillt das Blut von Neuem hervor.

Es ist keine besonders kalte Nacht; aber als der Mann so auf der Erde ausgestreckt liegt, fühlt er sich bedrohlich der Feuchtigkeit und Kälte ausgesetzt, und nach und nach wird es ihm zur Gewissheit, dass er zugrunde gehen muss, wenn ihm nicht bald jemand zu Hilfe kommt und ihn unter Dach und Fach schafft. Er liegt hier so gut wie mitten in der Stadt, und da es Neujahrsnacht ist, sind auch noch eine Menge Menschen unterwegs; er hört sie auf den Straßen hin und her gehen und um den Kirchplatz herumwandern, aber niemand kommt in die Anlagen herein. Ja, die Menschen sind gar nicht weit weg, er kann ganz deutlich ihre Stimmen hören, und er denkt, es sei doch sehr hart, hier ohne Hilfe zugrunde gehen zu müssen und sie doch greifbar nahe zu wissen.

Wieder wartet er eine Weile, ob vielleicht jemand kommt. Die Kälte plagt ihn immer mehr; aber er kann sich nicht allein aufrichten, das merkt er wohl, und so beschließt er, wenigstens einen Versuch zu machen, jemand herbeizurufen.

Aber auch diesmal hat er kein Glück, denn gerade als er einen Notschrei ausstößt, fängt die Glocke im Turme über ihm an, zwölf Uhr zu schlagen. Die menschliche Stimme wird von dem starken Erzklang vollkommen übertönt, kein Mensch gibt auf sie acht. Der Kranke kann auch keinen zweiten Versuch machen, denn nach der Anstrengung fließt das Blut von Neuem, und zwar diesmal so heftig, dass er kaum noch den Gedanken fassen kann, auf diese Weise verliere er alles Blut aus seinem Körper bis auf den letzten Tropfen, als es auch schon geschehen zu sein scheint. Wie, werd' ich am Ende sterben, während die Glocke da droben Mitternacht schlägt, denkt er. Das kann doch nicht möglich sein! – Aber zugleich hat er das Gefühl, als verlösche er wie ein ausgebranntes Licht. Und in demselben Augenblick, als der letzte dröhnende Glockenschlag verhallt und den Anbruch des neuen Jahres verkündigt, versinkt der Mann in Finsternis und Bewusstlosigkeit.

3

Gleich nachdem die Turmuhr zwölf weithin hallende Schläge dröhnend über die Landschaft hingeschickt hat, dringt ein kurzes scharfes Ächzen und Knirschen durch die Luft.

Nach wenigen Augenblicken ertönt es aufs Neue, und dann wiederholt es sich unaufhörlich in ganz kurzen Zwischenräumen von nur wenigen Augenblicken, gerade als käme es von einem ungeschmierten Wagenrad her; aber es ist ein noch viel schärferer, widerwärtigerer Laut, als ihn ein noch so elendes Fuhrwerk hervorbringen könnte. Und mit diesem Laut kommt die Angst; er erweckt Angst vor allem, was man sich an Schmerz und Qual nur ausdenken kann.

Es ist ein Glück, dass von denen, die hergekommen sind, den Jahreswechsel an der Kirche zu erwarten, keiner dieses Geräusch hören kann. Wenn es vernehmlich wäre, würden alle frohen jungen Leute, die während der ganzen Nacht auf den Straßen um den Platz und die Kirchenanlagen herumgewandert sind und sich nun lustig

Prosit Neujahr zurufen, ihre Glückwünsche in Jammern und Klagen verwandelt haben über all das Schlimme, das sie selbst und ihre Freunde erwarte. Wenn das Geräusch vernehmlich gewesen wäre, würde die kleine Gemeinde in dem Vereinshause, die eben jetzt das Neujahrslied anstimmte, um Gott im Himmel Lob und Dank darzubringen, gemeint haben, es mischten sich höhnisches Pfeifen und Zischen gefallener Geister in den heiligen Gesang. Wenn das Geräusch vernehmlich gewesen wäre, würde der Redner, der mit dem Champagnerglas in der Hand in einer frohen Gesellschaft eben seine Glückwünsche zum neuen Jahr ausbrachte, verstummt sein, weil er ein widerwärtiges Rabengekrächze zu hören glaubte, das ihm für alles, was er hoffte und wollte, Misserfolg und Unglück anzukündigen schien. Ja, wenn das Geräusch vernehmlich gewesen wäre, würden die Herzen aller derer, die in dieser Nacht in ihren stillen Heimstätten wachten und sich Rechenschaft über ihr Tun und Lassen im vergangenen Jahr ablegten, im Bewusstsein ihres Unvermögens und ihrer Schwachheit von Verzweiflung zerrissen worden sein!

Es ist ein Glück, dass dieses Geräusch nur ein einziger Mensch hören kann, und dass dieser eine Mensch zu denen gehört, die es sehr nötig haben, in Angst, Gewissensqual und Selbstverachtung gestürzt zu werden, wenn es überhaupt noch möglich ist.

4

Der Mann, der den schweren Blutsturz gehabt hat, liegt noch auf dem Boden und gibt sich alle Mühe, wieder zum Bewusstsein zu kommen. Es ist ihm, als wecke ihn etwas, als fliege ein Vogel, oder was es sonst sein mag, mit lautem Geschrei über seinen Kopf hin. Aber es umgibt ihn eine schöne, angenehme Ruhe, aus der er sich nicht losreißen kann.

Gleich darauf ist er überzeugt, dass das Geräusch nicht von einem Vogelschrei herrühren kann, sondern dass es der Totenkarren ist, dessen Geschichte er den beiden Landstreichern erzählt hat; dieser fährt jetzt durch die Kirchenanlagen und knirscht und rasselt so schrecklich, dass der Mann nicht schlafen kann. Aber halb unbewusst weist er, während er ruhig auf dem Boden liegt, den Gedanken, es könnte der Totenkarren sein, doch von sich. So etwas bildet er sich ja nur ein, weil er erst vorhin an ihn gedacht hatte.

Er versinkt von Neuem in eine Art Schlummerzustand, aber das hartnäckige Knirschen dringt wieder schneidend durch die Luft und lässt ihm keine Ruhe. Jetzt wird ihm auch plötzlich klar, dass das, was er hört, von einem wirklichen Gefährt herrührt. Nein, das ist keine Einbildung, es ist volle Wirklichkeit, und so kann er nicht hoffen, dass es bald aufhören werde. Und da wird ihm etwas klar; es hilft alles nichts, er muss sich entschließen, aufzuwachen.

Er merkt sofort, dass er noch immer auf demselben Rasenplatz liegt wie zuvor und ihm also niemand zu Hilfe gekommen ist. Alles scheint noch unverändert zu sein, nur wiederholt dringt ein ächzender, knirschender Ton durch die Luft. Der Ton scheint aus weiter Ferne zu kommen, ist aber überaus lang gezogen und dringt ihm schneidend scharf in die Ohren, und er weiß nun auch genau, dass ihn dieser Laut geweckt hat. Er fragt sich, ob er wohl lange bewusstlos dagelegen habe, was ihm aber nicht möglich erscheint. Er hört, wie sich die Leute, die in nächster Nähe umherwandern, Prosit Neujahr zurufen, und schließt daraus, dass es noch nicht lange nach Mitternacht sein kann.

Der ächzende, knirschende Ton dringt immer wieder an sein Ohr, und da der Mann von jeher sehr empfindlich gegen gellende, kreischende Töne gewesen ist, denkt er, es wäre gut, wenn er versuche aufzustehen und fortzugehen, damit er dieses Unwesen nicht mehr hören müsste. Ja, einen Versuch könnte er doch wenigstens machen, jetzt beim Aufwachen fühlt er sich wieder ganz wohl. Er hat nicht mehr das Gefühl, als habe er eine offene, klaffende Wunde in der Brust. Es friert ihn nicht mehr, und er fühlt sich auch nicht mehr matt, fühlt überhaupt seinen Körper gar nicht, sondern es ist ihm ganz so zumute, wie es zu sein pflegt, wenn man vollkommen gesund ist.

Er liegt noch immer auf der Seite, wie er sich hingeworfen hat, als der Blutsturz anfing, und nun will er sich zuerst auf den Rücken legen und versuchen, was sein gebrechlicher Körper aushalten kann.

›Jetzt richte ich mich vorsichtig auf den Ellbogen auf, drehe mich um und lasse mich wieder zurücksinken‹, denkt er.

Der Mann ist, wie alle anderen Menschen auch, gewohnt, sobald der Gedanke sagt: »Nun tue ich dies oder das«, es auch in demselben Augenblick vollbracht zu haben. Aber diesmal widerfährt ihm etwas Seltsames: Sein Körper bleibt ganz ruhig liegen, ohne die vorgeschriebenen Bewegungen auszuführen; vollkommen unbeweglich liegt er da.

›Wäre es denn möglich, dass ich sehr lange dagelegen habe und nun zu Eis erstarrt bin?‹, denkt der Mann. Aber wenn er so hart gefroren wäre, müsste er ja tot sein, und er lebt doch, er sieht und hört ja. Und außerdem herrscht auch gar keine eigentliche Kälte, denn von den Bäumen über ihm tropft und nieselt es ja auf ihn herunter.

Der Mann ist von dem Gedanken, was für eine seltsame Lähmung sich seiner bemächtigt habe, ganz erfüllt, und so hat er eine Weile das quälende Knirschen vergessen. Aber plötzlich hört er es aufs Neue.

›Ja, nun kannst du dir alle weitere Überlegung, wie du dieser Musik entgehen könntest, sparen, David‹, denkt er. ›Jetzt musst du es eben aushalten, so gut es geht.‹

Für jemand, der sich eben noch frisch und tatkräftig und kein bisschen krank gefühlt hat, ist es nicht leicht, ruhig und geduldig daliegen zu müssen, und der Mann macht unaufhörliche Versuche, wenigstens einen Finger zu bewegen oder die Augenlider zu heben. Aber das eine ist ihm ebenso unmöglich wie das andere, und er fragt sich unwillkürlich, wie er es denn früher gemacht habe, wo er seine Glieder voll gebrauchen konnte. Er denkt, er müsse diese Kunst durch irgendeinen Unfall vergessen haben.

Während der ganzen Zeit kommt das Knirschen immer näher. Jetzt ist es nicht mehr weit entfernt; er hört, dass es von einem Gefährt herrührt, das ganz langsam durch die Langestraße nach dem

Marktplatz fährt. Und ein elender Schinderkarren muss es sein, so viel ist sicher. Jetzt hört man nicht nur das Knirschen der ungeschmierten Räder, sondern auch das Krachen im Holz und wie das Pferd bei jedem Schritt auf dem Straßenpflaster ausgleitet. Wahrhaftig, wenn der erbärmliche Totenkarren, vor dem sein alter Kamerad so eine Heidenangst gehabt hatte, dahergefahren käme, es könnte sich nicht schlimmer anhören.

›Du und ich, David‹, denkt der Mann, ›wir beide brauchen zwar keine besondere Sehnsucht nach der Polizei zu haben; aber wenn sie jetzt aufpassen und dem Unwesen ein Ende machen würde, so würden wir uns doch recht schön bei ihr bedanken.‹

Der Mann pflegt sich mit seinem stark ausgeprägten Sinn fürs Komische zu brüsten, aber jetzt fängt er doch an zu fürchten, diese Knirschmusik im Verein mit allem anderen, was ihm in dieser Nacht widerfahren ist, könnte seinem Humor den Garaus machen. Allerlei widerwärtige Überlegungen gehen ihm durch den Kopf: wenn er jetzt, wie er so daliegt, gefunden wird, könnte er für tot gehalten und lebendig eingesargt und begraben werden.

»Und dann musst du alles, was um deinen Leichnam herum gesprochen wird, mit anhören, und das klingt vielleicht auch nicht schöner als der Spektakel, den du jetzt anhören musst«, sagt er zu sich selbst.

Höchstwahrscheinlich ist dieses Knirschen die Ursache, warum er plötzlich an Schwester Edith denken muss, zwar nicht mit Gewissensbissen, aber mit dem empörten Gefühl, dass sie auf irgendeine Weise den Sieg über ihn davongetragen habe.

Das Knirschen erfüllt die Luft, und es zerreißt ihm die Ohren; aber es erweckt in dem daliegenden Manne keine Reue über das Unrecht, das er anderen zugefügt hat, sondern nur zornige Erinnerungen an alles Böse und Widerwärtige, das ihm andere angetan haben.

Aber gerade wie er sich so recht in diese Anklagen hineingesteigert hat, bricht er jäh ab und horcht eine ganze Minute lang angestrengt in die Nacht hinein. Das Gefährt ist zwar die Langestraße hinuntergefahren, aber nicht in den Marktplatz eingebogen. Das

Pferd gleitet nicht mehr auf den runden spitzigen Pflastersteinen aus, jetzt schreitet es über einen Sandweg. Es nähert sich dem Platz, wo der Mann liegt, es ist in die Kirchhofanlagen hereingefahren.

In seiner Freude über die Möglichkeit, Hilfe zu erlangen, macht der Mann noch einen Versuch, sich aufzurichten. Aber es geht ihm dabei genau wie bei den vorhergehenden Malen. Nur allein seine Gedanken bewegen sich, der Körper nicht.

Dagegen hört er, dass das Gefährt tatsächlich näher herankommt. Das Holzwerk kracht immerfort, das Geschirr knarrt, und die ungeschmierten Räder quietschen und knirschen, und zwar so erbärmlich, dass der Mann allmählich Angst bekommt, sie könnten auseinanderfallen, ehe ihn das Gefährt erreichte.

Das Gefährt bewegt sich unglaublich langsam, und der Mann, der von dem einsamen und hilflosen Daliegen gereizt und ungeduldig geworden ist, meint, es dauere noch viel länger, bis das Gefährt ihn erreicht, als es tatsächlich der Fall ist. Und er kann auch gar nicht daraus klug werden, was denn das für ein Gefährt sein kann, das mitten in der Neujahrsnacht in die Kirchenanlagen hereinfährt. Der Kutscher ist vielleicht betrunken, wenn er solche Wege einschlägt, aber dann kann er ja keine Hilfe von ihm erwarten. ›Das Knirschen ist es, das dich so niederdrückt, David‹, denkt er. ›Das Gefährt hat gewiss nicht die andere Allee eingeschlagen, wie du dir jetzt einbildest, sondern kommt gerade auf dich zu.‹

Jetzt kann das Gefährt nur noch ein paar Schritte von ihm entfernt sein, aber das entsetzliche Knirschen, das er weniger als irgendein anderer aushalten kann, hat den Mann ganz mutlos gemacht.

›Du hast heute Unglück, David‹, denkt er. ›Und du wirst sehen, dass hier nichts als ein neues Unglück heranrückt. Es ist gewiss eine schwere Straßenwalze, die über dich wegfährt, oder irgendetwas Ähnliches.‹

Im nächsten Augenblick sieht der Mann, was es ist, auf das er so eifrig gewartet hat, und obgleich es durchaus keine Straßenwalze ist, die ihn zu zermalmen droht, verliert er bei dem Anblick doch fast die Besinnung vor Schrecken.

Er kann seine Augen ebenso wenig bewegen wie irgendein anderes Glied seines Körpers, und deshalb sieht er nichts weiter, als was gerade vor ihm ist. Da nun das knirschende Gefährt von der Seite hergefahren kommt, taucht es erst allmählich in seinem Sehfeld auf. Das erste, was sich dem Manne zeigt, ist ein alter Pferdekopf mit ergrautem Stirnhaar und einem erblindeten Auge, das ihm zugewendet ist. Dann erscheint die vordere Hälfte eines Pferdes, das statt des einen Beins nur noch einen kurzen Stumpf aufzuweisen hat, und das in ein mit schlechten Schnüren und Birkenweiden zusammengebundenes und mit schmutzigen Garntroddeln verziertes Geschirr gespannt ist. Dann erscheint der ganze elende Gaul und der ganze elende Karren mit der zerbrochenen Holzeinfassung und den losen, wackeligen Rädern, ein gewöhnlicher, aber so schrecklich mitgenommener Marktkarren, der so aussieht, als könne man nichts mehr darauf laden. Der Fuhrmann sitzt auf dem Sitzbrett, und er stimmt ganz genau mit der Beschreibung überein, die der Mann vor einer kleinen Weile selbst von ihm und seinem Gefährt und allem anderen gemacht hatte. Die Zügel, an denen der Fuhrmann den Gaul leitet, sind so oft zusammengebunden, dass ein Knoten am anderen sitzt, die Mantelkapuze hat er tief ins Gesicht hereingezogen, und er sitzt zusammengesunken auf dem Karren, wie von einer Müdigkeit gebeugt, von der er sich niemals genügend ausruhen darf.

Als der Mann nach dem heftigen Blutsturz in Ohnmacht sank, war es ihm, als sei seine Seele aus seinem Leibe entwichen und ausgeflackert wie eine verlöschende Flamme. Aber so ist es jetzt nicht mehr, jetzt ist ihm, als werde sie so geschüttelt und verrenkt und herumgewirbelt, dass sie nie wieder zur Ruhe kommen könnte.

Man sollte nun eigentlich meinen, der Mann hätte nach allem, was der Ankunft des Gefährts vorausgegangen war, darauf gefasst sein müssen, etwas Übernatürliches daherkommen zu sehen; aber wenn ihm auch so ein Gedanke aufgestiegen war, so hatte er ihm keine Bedeutung beigelegt. Und als er jetzt das wirklich vor sich sieht, was ihm als eine alte Sage erzählt worden war, will es sich durchaus nicht mit irgendeinem seiner flüchtigen Erlebnisse in Einklang bringen lassen.

›Dies wird dich noch verrückt machen, David‹, denkt er mitten in seiner Verwirrung. ›Nicht allein mein Körper ist zugrunde gerichtet, nun komme ich auch noch um meinen Verstand.‹

Was ihn in diesem Augenblick hauptsächlich beschäftigt, ist das Gesicht des Fuhrmanns. Das Pferd ist dicht vor ihm stehen geblieben, und da hat sich der Fuhrmann aufgerichtet, als erwache er aus einem Traum. Mit einer müden Bewegung hat er die Kapuze zurückgeschlagen und schaut sich nun suchend nach allen Seiten um. Dabei sieht ihm der am Boden Liegende in die Augen, und er erkennt in dem Fuhrmann einen alten Bekannten.

›Ei, das ist ja der Georg!‹, denkt er. ›Er ist zwar höchst seltsam ausstaffiert, aber ich erkenne ihn doch, ich erkenne ihn!‹

›Kannst du mir sagen, David, wo er sich wohl diese ganze Zeit über aufgehalten hat?‹, fragt er im Stillen weiter. ›Ich glaube, ich bin während des ganzen letzten Jahres nicht ein einziges Mal mit ihm zusammengetroffen. Aber weißt du, David, der Georg ist ein freier Mann und nicht an Frau und Kinder gebunden. Er hat wohl eine große Reise gemacht, ja vielleicht kommt er vom Nordpol, er sieht so erfroren aus.‹

Er betrachtet den Fuhrmann genau, denn in dessen Ausdruck liegt etwas, was er bisher nicht an ihm gekannt hat. Aber es muss der Georg sein, sein alter Kamerad und Saufkumpan, es ist nicht anders möglich. Er erkennt ihn an dem großen Kopf und der Adlernase, an dem mächtigen schwarzen Schnurrbart und dem spitzen Kinnbart. Wer ein Aussehen hat wie ein flotter Sergeant, ja man könnte sagen, ein Aussehen, auf das jeder General stolz sein würde, darf sich nicht der Hoffnung hingeben, von einem alten Bekannten nicht wiedererkannt zu werden.

›Was sagst du da, David?‹, beginnt der Mann von Neuem. ›Hast du sagen hören, Georg sei im vorigen Jahr gerade in der Neujahrsnacht in einem Krankenhaus zu Stockholm gestorben? Weißt du, mir ist, als habe ich es auch gehört, aber wir beide haben uns nicht zum ersten Mal getäuscht. Denn der Fuhrknecht hier ist der Georg, wie er leibt und lebt. Sieh ihn nur an, jetzt, wo er aufsteht. Ist das vielleicht nicht der Georg mit dem kleinen ärmlichen Körper, der nie mit seinem Korporalskopf übereinstimmte? Ja, was sagst du nun, David? Hast du gesehen, als er vom Karren heruntersprang, flog sein Mantel so weit auseinander, dass sein alter langer zerlumpter Rock, der ihm immer bis auf die Fersen herunterhing, zum Vorschein kam? Und zugeknöpft bis zum Hals hinauf war er, David, genau wie immer, und das große rote Halstuch wedelte ihm um den Hals, aber ebenso wie früher hatte er weder Hemd noch Weste an.‹

Der Gelähmte fühlte sich ganz aufgemuntert. Er hätte laut lachen können, wenn es ihm überhaupt möglich gewesen wäre, ein Lachen hervorzubringen.

›Wenn wir beide, du und ich, David, einmal wieder zu Kräften kommen, wollen wir dem Georg diesen Spaß heimzahlen. Es ist ihm mit diesem Aufzug fast gelungen, mir den Verstand in die Luft zu sprengen, als hätte er Dynamit darunter gelegt. Aber es gehörte auch so ein Kerl wie der Georg dazu, um darauf zu verfallen, sich so einen Gaul und so einen Karren zu verschaffen und damit bis zur Kirche herzufahren. Nicht einmal du, David, wärst imstande gewesen, so einen schnurrigen Aufzug auszuhecken. Ja, ja, der Georg ist dir immer über gewesen.‹

Der Fuhrmann ist indessen zu dem am Boden Liegenden getreten und betrachtet ihn. Sein Gesicht ist starr und ernst. Es ist ihm durchaus nicht anzusehen, ob er weiß, wen er vor sich hat.

›Ein paar Punkte sind doch noch da, über die ich durchaus nicht ins Reine kommen kann‹, denkt der Mann. ›Erstens, wie der Georg herausgebracht hat, dass ich und die Kameraden uns hier auf dem Rasen niedergelassen haben, sodass er auf die Idee kam, hierher zu fahren, um uns zu erschrecken. Zweitens, dass er es gewagt hat, sich als Fuhrknecht des Todes zu verkleiden, vor dem er doch immer so große Angst hatte.‹

Jetzt beugt sich der Fuhrmann über den Daliegenden, aber immer noch mit demselben fremden Ausdruck. »Der Ärmste hier wird nicht sehr froh sein, wenn er erfährt, dass er mich ablösen muss«, hört David ihn vor sich hinmurmeln.

Auf die Sense gestützt, beugt er das Gesicht immer tiefer herab, und im nächsten Augenblick erkennt er seinen Kameraden. Da bückt er sich ganz hinunter und sieht ihm in die Augen.

»Ach, ach, es ist David Holm!«, ruft er aus. »Das war das Einzige, von dem ich hoffte, dass es mir erspart bleiben würde, ihn zu holen.«

»Ach, David, dass du es bist, dass du es bist!«, stöhnt er, indem er die Sense wegwirft und neben dem Daliegenden in die Knie sinkt. »Während dieses ganzen Jahres«, fährt er mit großer Herzlichkeit und tiefer Betrübnis fort, »hab' ich immer gewünscht, Gelegenheit zu bekommen, dir nur ein einziges Wort zu sagen, ehe es zu spät ist. Einmal wäre es mir beinahe geglückt, aber du hast mir widerstanden, sodass ich nicht bis zu dir hingelangen konnte. Ich glaubte, ich würde es jetzt in der nächsten Stunde, gleich wenn ich von meinem Dienst abgelöst wäre, tun können, aber nun liegst du schon hier! Und jetzt komme ich zu spät, um dir zu sagen, du sollest dich in acht nehmen.«

David Holm hört dies alles mit unbeschreiblichem Erstaunen.

›Was meint er nur?‹, denkt er. ›Er redet ja, als wäre er tot. Und wann soll denn das gewesen sein, wo er mir nahe war und ich ihm widerstanden hätte? Aber es ist wahr‹, beruhigt er sich, ›er muss ja so reden, wie es zu seiner Verkleidung passt.‹

Nun fängt der Fuhrmann wieder an zu sprechen, und zwar mit tief bewegter Stimme.

»Ach, David, meinst du, ich wisse nicht, wie viel Schuld ich daran trage, dass es ein solches Ende mit dir genommen hat? Wenn du mir nicht begegnet wärst, hättest du auch fernerhin ein ruhiges, rechtschaffenes Leben geführt. Du hättest dich mit deiner Frau zum Wohlstand heraufgearbeitet; nichts hätte euch daran gehindert, denn ihr wart beide junge, tüchtige Leute. Du kannst versichert sein, David, während dieses ganzen letzten endlosen Jahres ist nicht ein einziger Tag vergangen, ohne dass ich voller Angst darüber nachgedacht hätte, dass ich es war, der dich von deinem fleißigen Lebenswandel weggelockt und dich meine eigenen schlechten Gewohnheiten gelehrt hat. Ach«, fährt er fort, indem er dem

Freunde zärtlich übers Gesicht streicht, »ich fürchte, du bist noch weiter vom Guten abgekommen, als ich tatsächlich weiß. Wie hätten sich sonst diese furchtbaren Linien um deine Augen und deinen Mund eingraben können?«

David Holms gute Laune fängt an, sich in Ungeduld zu verwandeln.

›Hör jetzt auf zu scherzen, Georg‹, denkt er. ›Geh lieber und hole jemand herbei, der dir helfen kann, mich auf den Karren zu heben, und fahr' mich so rasch du kannst nach dem Lazarett.‹

»Ich nehme an, dass du weißt, was ich in diesem Jahr zu tun gehabt habe, David«, sagt der Fuhrmann. »Und du weißt auch, was das für ein Karren und was es für ein Pferd ist, die mich hergebracht haben. Ich brauche dir auch nicht erst zu sagen, wer nach mir die Sense hier ergreifen und die Zügel führen soll. Aber, David, bedenke wohl und vergiss es nicht, ich bin es nicht, der dich zu diesem Schicksal bestimmt hat. Denk doch, während dieses ganzen entsetzlichen Jahres, das dich erwartet, nie und nimmer, ich hätte meinen eigenen Willen gehabt und es vermeiden können, heute Nacht mit dir zusammenzutreffen. Sei überzeugt, wenn es möglich gewesen wäre, hätte ich alles getan, um es dir zu ersparen, dasselbe durchmachen zu müssen wie ich.«

›Vielleicht ist Georg tatsächlich verrückt geworden‹, denkt David Holm. ›Sonst müsste er doch begreifen, dass es sich für mich um Leben und Tod handelt, und er nicht auf diese Weise saumselig sein dürfte.‹ Doch in diesem Augenblick, in dem David Holm denkt, sieht ihn der Fuhrmann unsagbar wehmütig an.

»Du brauchst dich nicht aufzuregen, weil du nicht ins Lazarett gebracht wirst, David. Wenn ich zu einem Kranken komme, ist es zu spät für ärztliche Hilfe.«

›Ich glaube, heute Nacht sind alle Teufel losgelassen, um ihren Spuk mit mir zu treiben‹, denkt David Holm. ›Wenn nun endlich ein Mensch daherkommt, der mir helfen könnte, dann ist er entweder verrückt oder so heimtückisch, dass es ihm ganz einerlei ist, ob ich zugrunde gehe.‹

»Ich möchte dich an den vorigen Sommer erinnern, David«, fährt der Fuhrmann fort. »Es war an einem Sonntagnachmittag, da bist du durch ein schönes, breites Tal gewandert, wo dir überall, so weit das Auge reichte, große Acker und schöne Höfe mit blühenden Baumwipfeln entgegenlachten. Es war ein erstickend heißer Nachmittag, wie sie manchmal im Hochsommer vorkommen, und ich glaube, es fiel dir auf, dass du in der ganzen Umgegend das einzige Wesen warst, das sich bewegte. Die Kühe standen regungslos auf den Weiden und wagten sich nicht von den Schatten spendenden Bäumen weg, und die Menschen waren alle miteinander verschwunden. Sie mussten sich unters Dach geflüchtet haben, um der Hitze zu entgehen. Sag, war es nicht so, David?«

›Das ist wohl möglich‹, denkt der Mann. ›Aber ich bin doch oft bei Hitze und Kälte unterwegs gewesen, wie soll ich mich da an ein einzelnes Mal erinnern können?‹

»Und, David, gerade als die Stille ringsum am größten war, hast du dicht hinter dir plötzlich ein Knirschen gehört. Du hast dich umgedreht, weil du glaubtest, es fahre jemand hinter dir her, konntest aber niemand sehen. Du hast dich mehrere Male umgeschaut und dachtest, das sei doch das Sonderbarste, was dir je vorgekommen sei. Du hörtest das Knirschen ganz deutlich, konntest aber nirgends etwas sehen. Es war heller Tag, nach allen Seiten hin lag die Landschaft offen da, und es war so still, dass dich nicht irgendein anderer Laut getäuscht haben konnte. Es war dir ganz unbegreiflich, wie man das Knirschen eines Wagenrades so deutlich hören könnte, ohne ein Gefährt zu sehen. Aber du wolltest dem Gedanken, es möchte etwas Übernatürliches mit im Spiel sein, durchaus keinen Platz einräumen. Ach, wenn du das nur getan hättest, David, dann hätte ich mich dir damals sichtbar machen können, ehe es zu spät war!«

Ja, jetzt fiel David Holm alles wieder ein. Er erinnerte sich, wie er hinter die Zäune und die Gräben geguckt hatte, um herauszubringen, was denn da hinter ihm herkam. Schließlich hatte er wahrhaftig ein bisschen Angst bekommen und war in einen Bauernhof hineingegangen, nur um dem Unwesen zu entrinnen. Und als er später seinen Weg fortsetzte, war alles wieder still ringsum.

»Dies war das einzige Mal, da ich dir während dieses ganzen Jahres begegnet bin«, berichtete der Fuhrmann weiter. »Ich tat alles, was ich konnte, damit du mich sehen solltest, war aber nicht imstande, näher zu dir heranzukommen. Du konntest nur das Knirschen hören. Ach, wie ein Blinder bist du neben mir hergegangen!«

›Ja, ja, es ist ganz wahr, ich habe das Knirschen wirklich gehört‹, denkt David Holm. ›Aber was will er damit beweisen? Will er, ich solle glauben, er sei da hinter mir auf dem Wege gefahren? Ich habe die Geschichte vielleicht jemand erzählt, und von dem hat sie Georg wieder erfahren.‹

Der Fuhrmann beugt sich vor über David Holm und sagt in einem Ton, als wolle er einem kranken Kind zureden:

»Es nützt alles nichts, wenn du dich auch sträubst, David. Du kannst freilich jetzt nicht begreifen, was mit dir vorgegangen ist, das kann man auch nicht von dir verlangen, aber du weißt nur zu gut, dass der, der jetzt mit dir spricht, kein lebendiger Mensch ist. Du hast zwar meinen Tod erfahren, hast aber nicht daran glauben wollen. Und selbst wenn du ihn nicht erfahren hättest, so hast du mich ja jetzt auf dem Karren hierher fahren sehen. Auf diesem Karren, David, fahren keine Lebendigen.«

Damit deutet der Fuhrmann auf das Gefährt, das noch mitten in der Allee steht, und sagt:

»Sieh aber nicht allein den Karren an, David, sondern betrachte auch die Bäume, die dahinter stehen!«

David Holm folgt der Aufforderung, und jetzt zum ersten Mal muss er zugeben, dass er etwas sieht, was er nicht erklären kann. Er sieht die jenseits des Weges stehenden Baumstämme der Allee durch den Karren hindurch.

»Du hast früher meine Stimme oft genug gehört«, sagt der Fuhrmann, »und es muss dir darum auffallen, dass ich anders spreche als früher.«

Darin muss David Holm dem Fuhrmann unbedingt beistimmen. Georg hatte immer eine schöne Stimme gehabt, und dies ist zwar bei diesem Fuhrmann auch der Fall, aber jedenfalls hat sie einen anderen Ton. Sie klingt dünn und hoch und ist nicht leicht zu verstehen. Es ist derselbe Spielmann, der spielt, aber er hat ein anderes Instrument bekommen.

Der Fuhrmann streckt die Hand aus, und David Holm sieht einen klaren Wassertropfen darauffallen, der von den nassen Baumzweigen über ihm herabsinkt. Aber der Tropfen wird nicht aufgehalten, sondern fällt mitten durch die Hand auf die Erde.

Auf dem Sandweg, gerade vor den beiden, liegt ein abgebrochener Zweig. Der Fuhrmann steckt seine Sense darunter und fährt mit ihr aufwärts durch den Zweig, um ihn zu zerschneiden. Aber dieser fällt nicht in zwei Teilen zu Boden, sondern bleibt ganz wie zuvor.

»Fass es nicht falsch auf, David, sondern suche es zu verstehen«, sagt der Fuhrmann. »Hier siehst du mich, und du meinst, ich sei noch der frühere Mensch; aber der Körper, den ich jetzt habe, ist so bestellt, dass nur solche, die in den letzten Zügen liegen oder schon gestorben sind, mich sehen können. Deshalb aber denke ja nicht, mein Körper sei nichts. O nein, er dient einer Seele zur Wohnung, gerade wie dein eigener Körper und die der andern Menschen. Du darfst ihn dir nur nicht fest oder schwer oder stark denken. Du musst ihn dir wie ein Bild vorstellen, das du in einem Spiegel gesehen hast, und dir einzubilden versuchen, es sei aus dem Glas herausgestiegen und könne selbstständig sprechen und sehen und sich bewegen.«

David Holms Gedanken leisten keinen Widerstand mehr. Er sieht der Wahrheit gerade in die Augen und findet es nicht mehr der Mühe wert, zu versuchen, ihr aus dem Wege zu gehen. Der Schemen eines Toten ist es, der mit ihm spricht, und sein eigener Körper ist ein Leichnam. Aber in dem Augenblick, wo er das zugibt, fühlt er einen rasenden Zorn in sich aufsteigen.

›Ich will nicht tot sein! Ich will nicht nur ein Schemen und ein Nichts sein!‹, denkt er. ›Ich will eine Faust haben, mit der ich zuschlagen, und einen Mund, mit dem ich essen kann.‹

Und damit ballt sich die Wut in ihm zu einer schweren, düsteren Wolke, die in Ekel und Überdruss hin und her treibt und vorerst keinen andern quält als nur ihn allein, aber, sobald sich eine Gelegenheit bietet, sich entladen kann.

»Um etwas möchte ich dich bitten, David, weil wir früher gute Freunde gewesen sind«, sagt der Fuhrmann. »Du weißt ebenso gut wie ich, dass für jeden Menschen ein Augenblick kommt, wo sein Körper verbraucht ist, sodass die Seele, die darin gewohnt hat, gezwungen ist, ihn zu verlassen. Aber da zittert und bebt die Seele vor Angst, weil sie sich in ein Land hinauswagen soll, das ihr unbekannt ist. Wie ein kleines Kind, das am Badestrand steht und sich davor fürchtet, sich in die Wogen hinauszuwagen, so ungefähr ist es der Seele zumute. Um sich schließlich hinauszugetrauen, muss sie eine Stimme vernehmen von jemand, der schon die Ewigkeit erreicht hat, damit sie begreift, dass keine Gefahr dabei ist, und sich losreißt. Eine solche Stimme bin ich nun ein ganzes Jahr lang gewesen, David, und eine solche Stimme musst du nun in dem eben angebrochenen auch sein. Und um was ich dich bitten möchte, ist, dass du dich gegen das, was dir bestimmt ist, nicht auflehnst, sondern es mit Ergebung hinnimmst, sonst bringst du schweres Leiden über dich und auch über mich.«

Der Fuhrmann senkt, als er dies sagt, den Kopf, um David Holm in die Augen zu sehen. Es sieht fast aus, als erschrecke er beim Anblick des Trotzes und Widerstandes, der ihm da entgegenschlägt.

»Vergiss nicht, David«, fährt er in dem Versuch, ihn zu überzeugen, noch eindringlicher fort, »dies ist nicht etwas, dem du entgehen kannst. Ich weiß noch nicht viel davon, wie es sich mit den Dingen des Jenseits verhält, bis jetzt habe ich mich sozusagen nur an der Grenze aufgehalten, aber so viel hab ich erkannt, dass es da keine Schonung gibt. Man muss das tun, was einem aufgetragen wird, ob man es mit oder gegen den Willen tut.«

Wieder schaut er David Holm in die Augen, aber nichts anderes sieht ihm daraus entgegen als maßloser Zorn.

»Ach, David, vielleicht ist es wirklich die grässlichste Aufgabe, die jemand zugeteilt werden kann, auf diesem Karren zu sitzen und mit diesem Gaul von Hof zu Hof zu fahren. Wo immer der Fuhrmann hinkommt, überall erwarten ihn Tränen und Klagen, nichts anderes bekommt er zu sehen als Krankheit und Zerstörung, Wunden und Blut und Schrecken. Und das ist vielleicht noch lange nicht das Schwerste. Viel schlimmer ist der Anblick dessen, was im Innern verborgen ist, das, was sich windet, sich in Reue verzehrt und sich vor dem fürchtet, was kommen wird. Ja noch mehr: Ich habe dir gesagt, dass der Fuhrknecht nur an der Grenze steht; ihm geht es wie den Menschen, er meint nur Ungerechtigkeit und Enttäuschungen und ungleiche Verurteilung und erfolgloses Streben und Willkür zu sehen. Er kann nicht so weit ins Jenseits hineinschauen, um zu erkennen, ob sich dort eine Absicht und eine planmäßige Lenkung findet. Manchmal sieht er einen Schimmer davon, aber meistens muss er sich durch Dunkel und Zweifel hindurchkämpfen. Und noch etwas sollst du bedenken, David: Nur ein Jahr lang muss der Fuhrknecht den Totenkarren fahren; aber dabei wird die Zeit nicht nach irdischen Stunden und Minuten gemessen, sondern damit er überall hingelangen kann, wo ihn seine Vorschrift hinruft, wird die Zeit in die Länge gezogen, und das eine Jahr wird so lang wie hundert und tausend andere. Und dazu kommt noch etwas: Obgleich der Fuhrmann weiß, dass er nur das tut, was ihm zu tun befohlen ist, so kann sich niemand einen Begriff davon machen, wie widerwärtig, wie überdrüssig er sich selbst ist und für wie verworfen er sich seiner Aufgabe wegen hält. Aber am schlimmsten, am allerschlimmsten, David, ist doch, dass der Fuhrmann bei seinen Fahrten auch den Folgen von vielem Bösen begegnet, das er während seiner irdischen Wanderschaft begangen hat, denn wie sollte er dem entgehen können.«

Die Stimme des Fuhrmanns geht fast in ein Schreien über, und er faltet die Hände in großer Angst. Gleich darauf muss er indes gemerkt haben, dass ihm nur kalter Hohn von seinem früheren Freund entgegenströmt, und er zieht den Mantel zu, als friere er. Dann fährt er noch eindringlicher fort:

»Aber, David, ich sage dir, wie schwer das, was dich erwartet, auch immer sein mag, so solltest du dich doch nicht dagegen auflehnen, wenn du es für dich und auch für mich nicht schlimmer machen willst, als es schon ist. Denn ich darf dich jetzt nicht dir selbst überlassen, sondern es ist meine Aufgabe, dich in deine Tätigkeit einzuführen, und ich fürchte, dies ist das Schwerste, was mir auferlegt worden ist. Du kannst mir Widerstand leisten, solange du willst, du kannst mich wochen- und monatelang bei der Sense festhalten, ja, sogar bis zur nächsten Neujahrsnacht. Mein Jahr ist abgelaufen, aber ich bekomme meine Freiheit nicht eher, als bis ich dich gelehrt habe, dein Amt gutwillig zu tun.«

Während all dieser Mitteilungen hat der Fuhrmann immer noch neben David Holm auf den Knien gelegen, und alle seine Worte haben durch die große Eindringlichkeit, mit der sie ausgesprochen worden sind, ein noch größeres Gewicht bekommen. Er wartet noch einen Augenblick und forscht nach einem Zeichen, dass seine Worte gewirkt haben; aber bei dem früheren Kameraden ist nur der feste Entschluss lebendig, bis aufs Äußerste Widerstand zu leisten. ›Ich muss am Ende doch tot sein, und daran kann ich ja nichts ändern‹, denkt er; ›aber nichts soll mich dazu bringen, etwas mit dem Totenkarren und dem Totengaul zu schaffen zu haben. Sie müssen eine andere Arbeit für mich ersinnen; mit diesem Zeug will ich mich nicht befassen.‹ Der Fuhrmann ist im Begriff aufzustehen, als ihm plötzlich noch etwas einfällt, das er David Holm noch sagen müsste.

»Bedenke, David, bis jetzt hat nur der Georg mit dir gesprochen; aber jetzt bekommst du es mit dem Fuhrmann zu tun. Du weißt recht wohl von früher her, an wen man denkt, wenn man von dem spricht, der kein Verschonen kennt.«

Und im nächsten Augenblick steht er mit der Sense in der Hand und die Kapuze übers Gesicht hereingezogen aufrecht da.

»Gefangener, komm aus deinem Gefängnis heraus!«, ruft er mit lauter, eherner Stimme.

Sofort richtet sich David Holm vom Boden auf. Er weiß nicht, wie es zugegangen ist, aber plötzlich steht er aufrecht da. Er schwankt, und die Bäume und die Kirche scheinen sich vor ihm im Kreise zu drehen, aber er findet doch rasch das Gleichgewicht wieder.

»Sieh dich um, David Holm!«, befiehlt ihm eine starke Stimme; und er gehorcht in der Verwirrung des Augenblicks.

Vor ihm auf der Erde liegt lang ausgestreckt ein großer Mann von kräftigem Körperbau, der aber in schmutzige Lumpen gehüllt ist. Von Blut und Erde beschmiert, von leeren Flaschen umgeben, mit einem erhitzten, aufgedunsenen Gesicht, von dessen ursprünglichen Zügen man sich keine rechte Vorstellung mehr machen kann, liegt der Mann am Boden. Ein flackernder Lichtschein von den ziemlich entfernten Laternen wirft einen hasserfüllten widerwilligen Glanz in die schmalen Augenöffnungen.

Vor dieser liegenden Gestalt aber steht David Holm selbst. Auch er ist ein großer Mann von prächtigem Körperbau. Die alten hässlichen, schmutzigen Kleidungsstücke, die der Tote trägt, hat auch er an. Er steht vor diesem andern als sein Doppelgänger.

Aber doch nicht ganz ein Doppelgänger, denn er ist ein Nichts. Oder es ist vielleicht unrichtig, wenn man ein Nichts sagt, nein, besser ist der Ausdruck: ein Bild. Ein Bild von dem andern, das sich in einem Spiegel gezeigt hat und nun aus dem Glas herausgestiegen ist und lebt und sich bewegt.

David Holm wendet sich hastig ab. Da steht Georg, und nun sieht er, dass auch dieser ein Nichts ist, nur ein Abbild von dem Körper, den er einmal besessen hat.

»Du Seele, die du in dem Augenblick die Herrschaft über deinen Körper verloren hast, wo die Glocke in der Neujahrsnacht zwölf Uhr schlug, musst mich jetzt in meinem Amt ablösen!«, sagt Georg. »Du musst während des eben angebrochenen Jahres die Seelen aus dem Irdischen befreien!«

Bei diesen Worten findet David Holm sich selbst wieder. In wütendem Zorn stürzt er sich auf den Fuhrmann; er greift nach dessen Sense, um sie zu zerbrechen, und nach dessen Mantel, um ihn zu zerreißen. Da fühlt er, wie seine Hände niedergedrückt und die Beine unter ihm weggerissen werden. Dann werden seine Handgelenke mit etwas Unsichtbarem umwunden, das sie zusammenfesselt, und ebenso auch seine Fußgelenke.

Darauf fühlt er sich emporgehoben und wie eine tote Ware gefühllos in den Karren geworfen, wo man ihn liegen lässt, ohne dass jemand fragt, wie er zu liegen gekommen sei.

Im nächsten Augenblick setzt sich der Karren in Bewegung.

5

Es ist ein schmales, niederes aber ziemlich geräumiges Zimmer in einem Haus der Vorstadt, einem Haus, das so klein ist, dass es von diesem einen Raum sowie einem zweiten kleineren, der als Schlafstube dient, ganz eingenommen wird. Das Zimmer wird von einer Hängelampe erhellt, und bei deren Schein kann man sehen, dass es ein behaglich und freundlich ausgestattetes Gemach ist. Und nicht genug damit: Es ist auch ein vergnügliches Zimmer, das meist ein Lächeln auf die Lippen dessen ruft, der es zum ersten Mal betritt. Man sieht nämlich gleich, dass die Bewohner sich ein Vergnügen daraus gemacht haben, es so zu möblieren, dass es eine ganze Wohnung vorstellen soll. Der Eingang ist auf der einen Giebelseite, und dicht neben der Tür steht ein kleiner Kochherd. Hier ist also die Küche, und da ist alles beisammen, was zur Kücheneinrichtung gehört. Die Mitte des Zimmers ist als Esszimmer eingerichtet, mit einem runden Esstisch, einigen eichenen Stühlen, einer hohen Kastenuhr und einem kleinen Schrank für Porzellan und Glas. Hierher gehört natürlich auch die Hängelampe, die gerade über dem runden Tisch hängt, aber auch zur Erleuchtung der guten Stube dient, dem innersten Teil des Raumes mit dem Mahagonisofa und dem kleinen Tisch davor, dem geblümten Tischteppich, der Palme in ihrer prachtvollen Porzellanvase und den unzähligen Fotografien.

Meistens denken die Leute, die in diesen Raum eintreten, zu wie viel Scherz und Fröhlichkeit diese Art von Möblierung Veranlassung gegeben haben muss. Wenn ein guter Bekannter von der Straße hereinkam, hatte man sich den Spaß gemacht, ihn durch den ganzen Raum hindurch bis in die gute Stube zu führen und dann um Entschuldigung gebeten, dass man ihn allein lasse, während man selbst gezwungen sei, in die Küche zu gehen. Am Mittagstisch, der so nahe an der Küchenabteilung steht, dass man da die Hitze vom Herd recht wohl fühlt, hatte man wohl oftmals mit großer Feierlichkeit gesagt: »Nein, nun müssen Sie klingeln, damit das Mädchen kommt und die Teller abräumt.« Und wenn ein Kind in der Küche weinte, hatte man es mit dem Witz zum Lachen gebracht, dass es doch ja nicht so laut schluchzen soll, damit der Vater, der in einem der inneren Zimmer sitze, es nicht höre.

Ja, wie gesagt, solche Gedanken stiegen gewöhnlich bei den Leuten, die das Zimmer zu sehen bekamen, auf; aber bei denen, die in der Neujahrsnacht, eine kleine Weile nach dem Jahreswechsel, in diesen Raum treten, erweckt der Anblick ganz gewiss keine solchen leichten, fröhlichen Betrachtungen. Denn herein kommen zwei so verkommene und zerlumpte Männer, dass man sie für gewöhnliche Landstreicher hätte halten können, wenn nicht der eine einen langen schwarzen Mantel über seinen Lumpen getragen und in der Hand eine lange schartige Sense gehalten hätte. Dies ist eine ungewöhnliche Ausstattung für einen Landstreicher, und noch eigentümlicher ist die Art, wie er hereinkommt; denn er dreht nicht den Schlüssel um und öffnet die Tür auch nicht den kleinsten Spalt, sondern geht geradenwegs durch sie hindurch, obgleich sie fest geschlossen ist.

Der andere Mann trägt kein erschreckendes Abzeichen; aber als er hereinkommt, und zwar nicht selbst gehend, sondern auf ganz seltsame Weise von seinem Gefährten hereingeschleppt, macht er einen noch erschreckenderen Eindruck als der erste. Obgleich er an Händen und Füßen gefesselt ist und von seinem Kameraden mit äußerster Verachtung auf den Boden geschleudert wird, wo er wie ein dunkler Haufen Lumpen und Elend liegen bleibt, flößt er doch durch die wilde Wut, die aus seinen Augen funkelt und sein Gesicht verzerrt, Entsetzen ein.

Die beiden Männer finden bei ihrem Eintritt das Zimmer nicht leer, sondern sehen, dass an dem runden Tisch in der Esszimmerabteilung ein junger Mann mit weichen Zügen und einem kindlich treuherzigen Blick, sowie eine etwas ältere aber kleine zarte Frau sitzen. Der Mann trägt ein rotes Trikotüberhemd, auf dem mit großen, in die Augen fallenden Buchstaben das Wort »Heilsarmee« quer über die Brust gestickt ist. Die Frau ist schwarz gekleidet und ohne ein Abzeichen, aber vor ihr auf dem Tisch liegt ein Hut von der gewohnten Form, wie ihn die Leute der Heilsarmee tragen, er ließ vermuten, dass auch die Frau zu dieser gehört.

Die beiden sind tief betrübt; die Frau weint leise vor sich hin und wischt sich einmal übers andere mit einem schon ganz nassen, zerknüllten Taschentuch die Augen. Sie tut es ungeduldig, als wären ihr die Tränen im Wege und hinderten sie an etwas anderem, das sie zu besorgen hat. Auch die Augen des Mannes sind vom Weinen gerötet, aber jetzt, in Gegenwart eines anderen, lässt er seinen Schmerz nicht Herr werden. Die beiden sagen ab und zu ein paar Worte zueinander, und aus diesen Worten ersieht man, dass ihre Gedanken in einem andern Zimmer bei einer Kranken sind, die sie eine Weile verlassen haben, damit ihre Mutter mit ihr allein sein könne. Aber so sehr sie auch mit der Kranken beschäftigt sind, erscheint es doch merkwürdig, dass keines von ihnen auf irgendeine Weise Notiz von den beiden eben hereingekommenen Männern nimmt. Diese verhalten sich allerdings vollkommen still und ruhig, der eine steht aufrecht, sich an den Türpfosten lehnend, da, der andere liegt vor ihm auf dem Boden. Aber man sollte doch meinen, die beiden am Tisch hätten sich über diese Gäste, die mitten in der Nacht durch verschlossene Türen hereingekommen sind, verwundern müssen.

Wenigstens verwundert sich der am Boden liegende Mann, dass die beiden einmal ums andere nach der Seite hinsehen, wo er und sein Gefährte sich befinden, ohne dass sie sie wahrzunehmen scheinen. Er selbst sieht alles, und als er vorhin durch die Stadt fuhr, kam ihm noch alles ganz so vor, wie er es mit seinen menschlichen Augen gesehen hatte; ihn aber kann niemand sehen. Der Mann hat in seiner Wut auch daran gedacht, sich seinen Feinden unter den Menschen so zu zeigen, wie er jetzt ist, um ihnen einen Schrecken einzujagen, aber er merkt, dass er sich ihnen nicht einmal sichtbar machen kann.

Er ist früher noch nie in diesem Zimmer gewesen, erkennt aber die beiden, die am Tisch sitzen, und ist deshalb nicht im allergeringsten Zweifel darüber, wo er sich befindet. Wenn etwas seine Wut noch steigern kann, so ist es das Bewusstsein, nun doch gegen seinen Willen an den Ort geführt worden zu sein, wohin zu gehen er sich den ganzen Tag hindurch gesträubt hat. Plötzlich schiebt der Heilsarmeesoldat am Tisch drüben seinen Stuhl zurück.

»Es ist jetzt Mitternacht vorüber«, sagt er. »Die Frau meinte, er werde um diese Zeit heimkommen. Ich will jetzt hingehen und noch einen Versuch machen, ihn hierherzubringen.«

Damit steht er langsam und widerwillig auf und greift nach seinem Rock, der hinter ihm auf dem Stuhl hängt, um ihn anzuziehen.

»Ich begreife wohl, dass Sie meinen, es habe keinen Wert, noch einmal nach ihm zu gehen«, sagt die junge Person, die noch immer mit den hervorbrechenden Tränen kämpft, die ihre Stimme zu ersticken drohen.

»Aber, Gustavsson, Sie müssen bedenken, dies ist der letzte Dienst, den Schwester Edith von uns begehrt.«

Der Heilsarmeesoldat hält in dem Augenblick, da er den Arm ins Armloch stecken will, inne und sagt:

»Schwester Maria, es kann ja wahr sein, dass dies der letzte Dienst ist, den ich Schwester Edith erweisen kann; aber es wäre mir jedenfalls am liebsten, wenn David Holm nicht daheim wäre, oder wenn er nicht mit mir ginge. Ich habe ihn heute mehrere Male aufgesucht und ihn gebeten, mit mir zu kommen, weil Sie und Hauptmännin Andersson es mir befohlen haben, aber ich bin die ganze Zeit froh gewesen, dass er es mir abgeschlagen hat, und dass es weder mir noch einem der andern gelungen ist, ihn herzubringen.«

Die am Boden liegende Gestalt fährt zusammen, als sie ihren Namen hört, und ein hässliches Lächeln fliegt über ihr Gesicht.

›Dieser scheint doch ein bisschen mehr Verstand zu haben als die andern‹, murmelt er.

Schwester Maria betrachtet den Heilsarmeesoldaten und sagt nun ziemlich scharf mit fester, nicht von Tränen erstickter Stimme:

»Es wäre am besten, Gustavsson, wenn Sie David Holm den Auftrag diesmal so ausrichteten, dass er nicht anders kann und kommen muss.«

Der Heilsarmeesoldat geht mit dem Ausdruck eines Menschen, der gehorcht, ohne überzeugt zu sein, nach der Tür.

»Soll ich ihn herführen, auch wenn er sinnlos betrunken ist?«, fragt er noch vor dem Hinausgehen.

»Ja, bringen Sie ihn her, Gustavsson, lebend oder tot, hätte ich beinahe gesagt. Im schlimmsten Falle kann er hier übernachten und seinen Rausch ausschlafen. Die Hauptsache ist, dass wir ihn zu fassen kriegen.«

Der Heilsarmeesoldat hat schon die Hand auf die Türklinke gelegt, als er sich plötzlich wieder umwendet und aufs Neue an den Tisch tritt.

»Es gefällt mir nicht, dass so ein Kerl wie David Holm hierherkommen soll«, sagt er, und sein Gesicht ist jetzt ganz bleich vor Erregung. »Sie wissen wohl ebenso gut wie ich, was er für ein Unmensch ist, Schwester Maria? Meinen Sie etwa, er passe hierher? Oder meinen Sie, er passe da hinein?«, fährt er fort, indem er auf eine Tapetentür drüben an der Wohnzimmerabteilung deutet.

»Ob ich meine – – –«, beginnt Schwester Maria, aber er lässt sie nicht ausreden.

»Wissen Sie nicht, Schwester Maria, dass er uns nur verspotten wird? Er wird damit prahlen und sagen, eine von den Heilsarmeeschwestern sei so verliebt in ihn gewesen, dass sie nicht habe sterben können, ohne ihn noch einmal gesehen zu haben.«

Schwester Maria sieht rasch auf und öffnet schon die Lippen zu einer heftigen Antwort, unterdrückt diese aber und überlegt.

»Es ist mir unerträglich, dass er sie ins Gerede bringen soll, und vollends wenn sie tot ist!«, ruft Gustavsson.

Gleich darauf erwidert Schwester Maria ernst und nachdrücklich:

»Wissen Sie auch ganz gewiss, Gustavsson, ob David Holm nicht am Ende recht hätte, wenn er das sagte?«

Der am Boden liegende, gefesselte Schemen an der Tür fährt zusammen, und ein Gefühl der Freude durchzuckt ihn bei diesen Worten. Er ist selbst höchst überrascht und wirft einen hastigen Blick auf Georg, um zu sehen, ob dieser seine Bewegung wahrgenommen hat. Der Fuhrmann steht unbeweglich da, aber um ganz sicher zu sein, murmelt David Holm vor sich hin, wie schade es sei, dass er das nicht bei Lebzeiten gewusst habe. Das wäre etwas gewesen, mit dem er bei den Kameraden hätte ordentlich großtun können. Der Heilsarmeesoldat wird von dem, was er gehört hat, so verwirrt, dass er unwillkürlich nach der Stuhllehne greift, denn das Zimmer dreht sich vor ihm im Kreise.

»Warum sagen Sie das, Schwester Maria?«, fragt er. »Sie werden mich doch nicht glauben machen wollen – – –«

Die Heilsarmeeschwester befindet sich in großer Aufregung. Sie presst das Taschentuch in ihrer Hand krampfhaft zusammen, während sie ihre Antwort leidenschaftlich und hastig hervorstößt, als ob sie es sehr eilig hätte, sie auszusprechen, ehe die Überlegung sie daran hindern könnte.

»Wen sollte sie sonst lieb haben? Wir beide, Gustavsson, und alle anderen, die sie kennengelernt haben, haben uns von ihr bekehren und von ihr gewinnen lassen. Wir haben ihr nicht bis aufs Äußerste widerstanden. Wir haben sie nicht ausgelacht und verspottet. Unseretwegen braucht sie weder Gewissensqual zu leiden noch Reue zu fühlen. Weder Sie noch ich, Gustavsson, sind die Ursache, dass sie nun so daliegt.«

Der Heilsarmeesoldat scheint sich bei diesem Ausbruch zu beruhigen.

»Ich hatte vorhin nicht gedacht, dass Sie von der Liebe zu den Sündern sprechen, Schwester Maria.«

»Das tue ich auch nicht, Gustavsson.«

Bei dieser bestimmten Versicherung durchbebt den einen der Schemen aufs Neue ein Gefühl der Freude, das er sich nicht erklären kann. Aber aus Angst, dass sein Zorn, sein wütendes Begehren, Widerstand zu leisten, sich verflüchtigen könnte, sucht er das Gefühl sofort wieder zu unterdrücken. Die Überraschung hat ihn übermannt, er hatte geglaubt, hier würden ihn nur Predigten erwarten, und er beschließt, sich künftig besser vorzusehen.

Schwester Maria hat sich auf die Lippen gebissen, um ihre Gemütsbewegung zu überwinden; jetzt scheint sie rasch einen Entschluss zu fassen.

»Es schadet nichts, wenn ich mit Ihnen darüber rede, Gustavsson«, sagt sie. »Jetzt, wo sie am Sterben ist, schadet es nichts mehr.

Setzen Sie sich noch eine Weile, dann will ich Ihnen erklären, wie ich es meine.«

Der Heilsarmeesoldat zieht seinen Rock wieder aus und setzt sich aufs Neue an den Tisch. Ohne ein Wort zu sagen, betrachtet er die Schwester erwartungsvoll mit seinen schönen treuherzigen Augen, und Schwester Maria beginnt:

»Zuerst will ich Ihnen erzählen, wie Schwester Edith und ich den letzten Silvesterabend verbracht haben. Im vorhergehenden Herbst war vom Hauptquartier bestimmt worden, dass hier in der Stadt eine Rettungsstation errichtet werden soll, und wir beide waren hergeschickt worden, um sie in Gang zu setzen. Wir hatten ungeheuer viel Arbeit gehabt; aber die Brüder und Schwestern hatten uns so gut wie nur möglich geholfen, und am Silvesterabend waren wir so weit, dass wir einziehen konnten. Die Küche und Schlafsäle waren schon in Ordnung, und wir hatten gehofft, die Rettungsstation am Neujahrsfest selbst eröffnen zu können, aber es ging nicht, weil der Desinfektionsofen und die Waschküche noch nicht fertig waren.«

Schwester Maria hat zuerst nur mit großer Anstrengung das Weinen zurückhalten können; aber je weiter sie in ihrer Erzählung kommt und von der Gegenwart weggeführt wird, desto mehr wird sie Herr ihrer Tränen, und ihre Stimme wird immer deutlicher.

»Sie gehörten damals noch nicht zur Armee, Gustavsson, sonst hätten Sie auch an dem frohen Silvesterabend teilnehmen dürfen«, sagt sie. »Einige von den Brüdern und Schwestern waren zu uns gekommen, und wir luden sie zum ersten Mal in dem neuen Heim zum Tee ein. Sie können sich gar nicht denken, wie glücklich Schwester Edith war, dass sie hier eine Rettungsstation hatte errichten dürfen, hier, wo sie daheim war und alle armen Leute kannte und wusste, wo jeder Einzelne wohnte. Sie ging umher, betrachtete unsere wollenen Decken und Matratzen und unsere frisch gestrichenen Wände und unsere blanken Kochtöpfe mit solcher Freude, dass wir sie ein wenig auslachten. Ach, sie war glücklich wie ein Kind, wie man zu sagen pflegt. Und Sie wissen wohl, Gustavsson, wenn Schwester Edith froh ist, werden es alle andern auch.«

»Ja, das weiß ich«, sagt Gustavsson.

»Die Freude dauerte so lange, wie die Gäste da waren«, fuhr Schwester Maria fort. »Aber als sie sich verabschiedet hatten, überkam Schwester Edith große Angst vor all dem Bösen, das es auf der Welt gibt, und sie sagte zu mir, ich solle mit ihr beten, dass es nicht zu übermächtig werde. Wir knieten dann nieder und beteten für unsere Station und für uns selbst und für alle die, denen wir zu helfen hofften. Und während wir noch im Gebet auf den Knien lagen, klingelte es an der Haustüre.

Die andern waren noch nicht lange gegangen, und wir sagten zueinander, vielleicht habe jemand etwas vergessen und komme nun, es zu holen; der Vorsicht halber aber gingen wir miteinander ans Tor hinunter. Als wir aufmachten, stand jedoch keiner von den Freunden vor uns, sondern einer von denen, für die unser Haus eingerichtet worden war.

Und ich sage Ihnen, Gustavsson, als er da am geöffneten Tor stand, zerlumpt und groß und so betrunken, dass er schwankte, machte er mir einen ganz entsetzlichen Eindruck, und mir wurde angst und bange. Ich hätte es auch fürs Beste gehalten, wenn wir gesagt hätten, die Station sei noch nicht eröffnet, und ihn unter diesem Vorwand nicht aufgenommen hätten. Aber Schwester Edith freute sich und meinte, Gott habe ihr einen Gast geschickt. Sie glaubte, der Herr wolle uns damit zeigen, dass er in Gnaden auf unsere Arbeit sehe, und so ließ sie den Mann eintreten. Sie bot ihm ein Abendessen an; aber er fluchte und sagte, er wolle nur schlafen. Er durfte dann in den Schlafsaal, wo er sich gleich auf eine Pritsche warf, dann den Rock wegschleuderte und schon im nächsten Augenblick fest schlief.«

»So, du hast dich damals vor mir gefürchtet«, sagt David Holm vor sich hin, aber nicht, ohne zu hoffen, dass er noch immer derselbe David Holm sei wie vorher. »Es ist doch schade, dass du mich nicht so sehen kannst, wie ich jetzt bin. Da würde ich dir wohl einen tödlichen Schrecken einjagen.«

»Schwester Edith wollte dem Ersten, der zu uns auf die Station kam, eine ganz besondere Freundlichkeit erweisen«, fährt Schwester Maria fort, »und ich sah, dass sie enttäuscht war, als der Mann so schnell einschlief. Aber im nächsten Augenblick war sie schon wieder froh, denn ihr Blick war auf seinen Rock gefallen. Ach, Gustavsson, ich glaube, ich habe in meinem ganzen Leben keinen so schmutzigen, zerlumpten Rock gesehen. Er roch nach Schnupftabak und Branntwein, ja, er war so, dass man ihn nicht mit einem Stecken hätte anfassen mögen. Als nun Schwester Edith näher trat und den Rock betrachtete, überfiel mich die vorige Angst aufs Neue, und ich bat sie, ihn doch liegen zu lassen, da wir weder den Ofen noch die Waschküche soweit in Ordnung hätten, dass wir die Bakterien unschädlich machen könnten.

Aber Sie begreifen, Gustavsson, dieser Mann war für Schwester Edith vom ersten Augenblick an wie von Gott geschickt, und es schien ihr eine schöne Arbeit, wenigstens eines seiner Kleidungsstücke herzurichten. Es gelang mir nicht, sie davon abzuhalten, und ich durfte ihr auch nicht dabei helfen. Nein, ich hätte ja selbst gesagt, der Rock könnte Ansteckungsstoffe in sich tragen, deshalb dürfe ich ihn unter keinen Umständen anrühren. Sie sei verantwortlich für mich, weil ich ihr unterstellt sei, und sie müsse aufpassen, dass ich nichts Gesundheitsschädliches vornehme. Sie selbst aber setzte sich hin und flickte und nähte die ganze Neujahrsnacht hindurch an dem Rock.«

Der Rettungssoldat auf der anderen Seite des Tisches hebt die Hände empor und schlägt sie begeistert zusammen. »Halleluja!«, sagt er. »Gott sei Lob und Dank für Schwester Edith.«

»Amen, Amen!«, fällt Schwester Maria ein, und ihr Gesicht strahlt in plötzlicher Verzückung. »Ja, Gott sei Lob und Dank für Schwester Edith – das sollten wir immer sagen, in der Freude und im Leid. Gott sei Lob und Dank, dass sie so war! Da saß sie die ganze Nacht hindurch über diesen Rock gebeugt und nähte ebenso glücklich daran, als sei es ein Königsmantel.«

Dem Schemen, der David Holm war, ist es, als liege eine seltsame Ruhe und Beruhigung in der Vorstellung, das junge Mädchen da habe in der stillen Nacht aufgesessen und an dem Rock des verkommenen Landstreichers genäht. Nach allem, was ihn geärgert und empört hat, enthält dies etwas Heilendes und Stärkendes. Wenn nur der Georg nicht hinter ihm stünde, düster und unbeweglich, aber jede seiner Bewegungen scharf beobachtend, dann hätte er gerne lange darüber nachgedacht.

»Gott sei Lob und Dank«, fährt die Rettungsschwester fort, »Schwester Edith hat nie bereut, dass sie in jener Nacht aufgesessen und bis morgens vier Uhr Knöpfe angenäht und Risse zugestopft hat, ohne an all den Schmutz und die ansteckenden Bakterien zu denken, die sie da einatmete! Gott sei Lob und Dank, sie hat es nie bereut, dass sie in einem Zimmer saß, in das die strenge Winterkälte hereindrang, und sie, als sie zu Bett ging, durch und durch fror. Sie war ganz starr und steif, als sie endlich aufhören konnte. Ich hörte, wie sie sich mehrere Stunden lang in ihrem Bett drehte und wendete, ohne warm zu werden. Schließlich war sie kaum eingeschlafen, als es auch schon wieder Zeit zum Aufstehen war; aber da überredete ich sie, liegen zu bleiben und mich für den Gast sorgen zu lassen, falls er aufstünde, ehe sie ausgeschlafen hätte.«

»Sie sind ihr immer eine treue Freundin gewesen, Schwester Maria«, wirft Gustavsson ein.

»Es fiel Schwester Edith schwer, das weiß ich wohl«, fährt Schwester Maria mit dem Anflug eines Lächelns fort, »aber sie tat es meinetwegen. Sie durfte indes nicht sehr lange liegen bleiben, denn als der Mann seinen Kaffee trank, fragte er, ob ich seinen Rock genäht hätte, und als ich es verneinte, bat er mich, doch die Schwester zu holen, die ihm geholfen habe.

Er war da nüchtern und friedfertig und wusste seine Worte besser zu setzen, als solche Leute es sonst tun; und da ich wusste, welche Freude es für Schwester Edith wäre, wenn er ihr selber danken würde, ging ich, sie zu holen. Als sie kam, sah sie nicht aus, als habe sie die ganze Nacht gewacht; ein zartes Rot lag auf ihren Wangen, und sie sah in ihrer frohen Erwartung so schön aus, dass den Mann bei ihrem Anblick eine Art Bestürzung überkam. Er hatte mit einem so boshaften Ausdruck an der Tür gestanden, dass ich gefürchtet hatte, er wolle sie schlagen; als aber Schwester Edith eintrat, klärte sich sein Gesicht auf. ›Das ist nicht gefährlich‹, dachte ich. ›Er tut ihr nichts. Ihr kann niemand etwas zuleide tun.‹«

»Halleluja!«, stimmte der Heilsarmeesoldat bei. »Aber plötzlich verfinsterte sich sein Gesicht wieder, und als Schwester Edith vor ihm stand, riss er den kurzen Rock, den er trug, so jäh auf, dass die neu angenähten Knöpfe absprangen. Dann steckte er die Hände so hastig in die geflickten Taschen, dass wir hörten, wie sie zerrissen, und zuletzt zerfetzte er das Rockfutter, dass es nun zerlumpter herunterhing als früher, ehe es geflickt worden war.

›Sehen Sie, Fräulein, so bin ich's gewohnt, so und nicht anders‹, sagte er. ›So finde ich es am leichtesten und bequemsten. Es ist recht schade, dass Sie sich so viel Mühe gegeben haben, aber ich kann es nicht ändern.‹«

Der am Boden liegende Schemen sieht ein glückstrahlendes Gesicht vor sich, das sich plötzlich verdunkelt, und er ist nahe daran, zuzugeben, dass dieser Bubenstreich grausam und undankbar gewesen war, als der Gedanke an Georg ihn aufs Neue überkommt.

›Es ist gut, dass Georg zu hören bekommt, wie ich bin, falls er es noch nicht wissen sollte‹, denkt er. ›David Holm ist nicht der Mann, der auf den ersten Angriff nachgibt. Er ist hart und boshaft, und es macht ihm Spaß, solche gefühlsduseligen Leute zu ärgern.‹

»Erst in diesem Augenblick wurde ich mir bewusst, wie der Mensch eigentlich aussah«, sagt Schwester Maria. »Als er da drüben stand und das, was Schwester Edith unter so schönen Gedanken geflickt hatte, zerriss, betrachtete ich ihn unwillkürlich. Und da sah ich, dass er ein sehr großer und sehr gut gewachsener Mann war, ein wahres Meisterwerk der Natur. Er hatte auch eine gute freie Haltung und einen großen wohlgebildeten Kopf, und sein Gesicht mochte früher einmal schön gewesen sein, obgleich es jetzt rot und aufgedunsen war, mit verschwommenen Zügen, und man nicht wissen konnte, wie es eigentlich hätte aussehen sollen.

Aber trotz allem, was er in diesem Augenblick tat und wozu er noch ein lautes hässliches Gelächter ausstieß, und obgleich seine Augen gelb und boshaft zwischen den verschwollenen Lidern hervorfunkelten, dachte Schwester Edith wohl nur allein daran, dass sie etwas Großangelegtes vor sich hätte, das auf dem Weg des Verderbens war. Zuerst wich sie zurück, als sei sie ins Gesicht geschlagen worden, dann aber leuchtete ein helles Licht in ihren Augen auf, und sie trat einen Schritt näher auf ihn zu.

Sie sagte nichts weiter als: Ehe er gehe, möchte sie ihn bitten, doch auch in der nächsten Silvesternacht wieder bei ihr einzukehren. Und als er sie darauf ganz verwundert anstarrte, fügte sie noch hinzu: ›Sehen Sie, ich habe Jesus heute Nacht gebeten, dem ersten Gast in diesem Rettungsheim ein gutes neues Jahr zu schenken, und nun möchte ich Sie wiedersehen, damit ich erfahre, ob er mich erhört hat.‹

Als der Mann nun begriff, was Schwester Edith meinte, brach er in Verwünschungen aus und rief: ›Ja, das will ich Ihnen versprechen. Ich werde kommen und Ihnen zeigen, dass Jesus sich nicht das Allergeringste um Sie und Ihre Gefühlsduselei gekümmert hat.‹«

Der am Boden Liegende, der auf diese Weise an das Versprechen erinnert worden ist, das er gegeben, aber ganz vergessen hatte und nun doch erfüllt hat, fühlt sich einen Augenblick wie ein schwaches Rohr in einer stärkeren Hand und fragt sich, ob nicht am Ende sein Widerstand völlig sinnlos sei? Aber er unterdrückt den Gedanken rasch wieder; er will sich nicht unterwerfen. Sich sträuben und dagegen ankämpfen will er, wenn es sein muss, bis zum Jüngsten Gericht.

Der Heilsarmeesoldat ist, während Schwester Maria von dieser Begegnung am Neujahrsmorgen berichtet, immer aufgeregter geworden. Jetzt kann er sich nicht länger zurückhalten, er springt auf und ruft:

»Sie haben mir den Namen dieses Menschen nicht gesagt, aber ich bin überzeugt, dass es David Holm war!«

Schwester Maria nickt.

»Aber lieber Gott im Himmel droben, Schwester Maria!«, ruft er und streckt entsetzt beide Hände abwehrend aus. »Warum wollen Sie denn dann, dass ich ihn holen soll? Haben Sie etwa seit jenem Morgen irgendeine Besserung an ihm bemerkt? Es ist, als wollten Sie ihn hier haben, damit Schwester Edith sehen soll, dass sie Gott vergebens angefleht hat. Warum wollen Sie ihr ein solches Leid zufügen?«

Schwester Maria betrachtet ihren Mitarbeiter mit einer Ungeduld, die an Zorn grenzt, und sagt:

»Ich bin noch nicht fertig – – –«

Aber er unterbricht sie sofort.

»Wir müssen uns vor den Tücken der Rachsucht in acht nehmen, Schwester Maria!«, mahnt er. »Auch in mir ist noch ein Rest von dem alten Adam lebendig, der David Holm gerade in dieser Nacht herbeiholen, ihn der Sterbenden da drinnen zeigen und ihr sagen möchte, dass gerade er schuld daran sei, dass sie von uns gehen muss. Schwester Maria, ich glaube, es ist Ihre Absicht, David Holm zu sagen, Schwester Edith sei beim Flicken seines Rockes, den er in seiner Undankbarkeit gleich wieder zerrissen hat, tödlich angesteckt worden. Ich habe Sie sagen hören, Schwester Edith habe seit der letzten Neujahrsnacht nicht einen gesunden Tag mehr gehabt. Aber wir müssen uns in acht nehmen, Schwester Maria. Wir, die mit Schwester Edith zusammengelebt haben und sie noch so deutlich vor uns sehen, müssen uns davor in acht nehmen, der Härte unserer Herzen nachzugeben.«

Schwester Maria beugt sich über den Tisch vor und redet nun, ohne aufzusehen, als hätte sie ihre Worte in Reih und Glied auf dem Tischtuch aufgestellt.

»Rache?«, sagt sie. »Ist es Rache, wenn man einem Menschen zu verstehen gibt, dass er das Herrlichste besaß und es verloren hat? Oder ist es Rache, wenn ich das rostige Eisen ins Feuer lege, damit es aufs Neue frisch und blank werde – ist das Rache?«

»Ja, ja, ich wusste es wohl, Schwester Maria«, fällt ihr der Rettungssoldat mit derselben Aufregung ins Wort. »Sie haben gehofft, David Holm bekehren zu können, indem Sie ihm die Bürde der Gewissensqualen aufladen. Aber haben Sie auch recht bedacht, ob es nicht unsere eigene Rache ist, die wir pflegen und nähren wollen? Dies hier ist eine lauernde Schlinge, Schwester Maria, ach, man kann sich so leicht täuschen!«

Die kleine bleiche Rettungsschwester sieht den Gefährten mit einem Blick an, aus dem ihm die Begeisterung der Selbstverleugnung entgegenstrahlt.

»Heute Nacht suche ich nicht das meinige«, sagt dieser Blick ganz deutlich. »Es gibt bei so etwas allerdings viele lauernde Schlingen«, wiederholt sie mit großem Nachdruck laut.

Der Rettungssoldat wird dunkelrot; er versucht zu antworten, aber er kann die Worte nicht finden. Im nächsten Augenblick wirft er sich über den Tisch, verbirgt das Gesicht in den Händen und fängt, von dem langen, zurückgehaltenen Kummer überwältigt, zu weinen an.

Die Rettungsschwester stört ihn nicht, über ihre Lippen dringt ein Gebet.

»Ach lieber Gott, lieber treuer Heiland, hilf uns durch diese schwere Nacht! Gib mir Kraft, allen meinen Freunden zu helfen, mir, die ich die Schwächste bin und am wenigsten verstehe!«

Der Gefesselte hat der Anklage, dass er die Heilsarmeeschwester angesteckt habe, fast gar keine Aufmerksamkeit geschenkt; aber als der junge Rettungssoldat in Tränen ausbricht, macht er eine heftige Bewegung. Er hat eine Entdeckung gemacht, die ihn mächtig ergreift, und gibt sich gar keine Mühe, seine Erregung vor dem Fuhrmann zu verbergen. Es gefällt ihm recht gut, dass die, die dieser schöne junge Mensch liebt, ihn selbst vorgezogen hat.

Als das Schluchzen des Rettungssoldaten an Heftigkeit abnimmt, hört die Schwester zu beten auf und sagt mit weicher Stimme:

»Sie denken an das, was ich vorhin von Edith und David Holm gesagt habe, Gustavsson.«

Ein ersticktes Ja dringt zwischen den Rockärmeln hervor, und der ganze Körper des Mannes wird von heftigem Schmerz erschüttert.

»Und es tut Ihnen sehr weh, das begreife ich gut«, fährt Schwester Maria fort. »Ich kenne einen anderen, der Schwester Edith auch von ganzer Seele liebte, und als sie es merkte, sagt sie zu sich selbst, sie könne das nicht begreifen. Sie meinte, wenn sie jemand lieben würde, so müsste es einer sein, der hoch über ihr stünde, und das denken Sie auch, Gustavsson. Wir können wohl unser Leben drangeben, um den Elenden zu dienen, aber es wäre uns nicht möglich, unsere natürliche und menschliche Liebe einem von ihnen zu schenken. Wenn ich Ihnen nun aber sage, dass Schwester Edith anders angelegt ist, so meinen Sie, das sei etwas Entwürdigendes, und es quält und schmerzt Sie, Gustavsson.«

Der Rettungssoldat rührt sich nicht; sein Kopf liegt noch auf der Tischplatte. Die unsichtbare Gestalt dagegen macht einen Versuch, sich den beiden am Tisch zu nähern, wie um besser hören zu können, erhält aber sofort von Georg den Befehl, sich ruhig zu verhalten.

»Wenn du dich bewegst, David, muss ich dir eine so schwere Strafe auferlegen, wie du dir noch nie eine hast träumen lassen«, sagt er. Und David Holm, der nun weiß, dass Georg Wort hält, bleibt unbeweglich liegen.

»Halleluja!«, ruft Schwester Maria mit verzücktem Ausdruck im Gesicht. »Halleluja! Wer sind wir, dass wir sie verurteilen wollten? Haben Sie es nicht auch schon gesehen, Gustavsson; wenn ein Herz von Hochmut erfüllt ist, dann gibt es seine Liebe einem der Mächtigen und Großen in dieser Welt, wenn aber in einem Herzen nur Demut und Erbarmen wohnen, wem sollte es dann seine größte Liebe geben, wenn nicht dem, dessen Herz sich am stärksten verhärtet hat, der am tiefsten in Verkommenheit und Verirrung versunken ist?«

Bei diesen Worten fühlt David Holm einen Stich von Unbehagen.

›Aber du bist doch heute Nacht recht sonderbar!‹, denkt er im Stillen. ›Warum kümmerst du dich darum, was diese Menschen da über dich sagen? Hast du erwartet, sie würden dir ihre ganz besondere Hochachtung aussprechen?‹

Jetzt hebt der Rettungssoldat den Kopf vom Tisch auf, sieht die Schwester prüfend an und sagt:

»Es ist nicht allein das, Schwester Maria.«

»Ja, ja, ich verstehe wohl, was Sie meinen, Gustavsson. Aber Sie dürfen eins nicht vergessen; Schwester Edith wusste zuerst nicht, dass David Holm verheiratet war. Und jedenfalls«, fährt sie nach einem kurzen Zögern fort, »– es ist wenigstens sehr schwer, etwas anderes zu denken – ging meiner Ansicht nach ihre ganze Liebe darauf aus, ihn zu bekehren. Wenn er auf dem Podium gestanden und bekannt hätte, dass er gerettet sei, dann wäre sie befriedigt gewesen.«

Gustavsson hat Schwester Marias Hand ergriffen, und sein Blick hängt an ihrem Mund. Bei ihren letzten Worten dringt ein Seufzer der Erleichterung über seine Lippen.

»Aber dann war es doch nicht die Liebe, die ich meine«, sagt er.

Die Schwester zuckt die Achseln ein wenig und seufzt über diese Hartnäckigkeit, dann sagt sie:

»Schwester Edith hat mir in dieser Sache nie ihr Vertrauen geschenkt, und es wäre ja möglich, dass ich mich täuschte.«

»Wenn Sie aus Schwester Ediths eigenem Mund nichts gehört haben, dann glaube ich, dass Sie sich täuschen, Schwester Maria«, versetzt der junge Mann mit großem Ernst.

Der am Boden Liegende drüben an der Tür verdüstert sich; die Wendung, die das Gespräch jetzt genommen hat, gefällt ihm nicht.

Nun redet die junge Schwester wieder.

»Ich sage nicht, Schwester Edith habe beim ersten Mal, als sie David Holm sah, etwas anderes als Mitleid mit ihm gefühlt, und sie hat ihn wohl auch später noch nicht geliebt, denn er widerstand ihr andauernd, so oft er auch ihren Weg kreuzte. Frauen kamen zu uns, die sich an uns wendeten und jammerten, seit David Holm in die Stadt gekommen sei, hätten sich ihre Männer verführen lassen, von der Arbeit wegzulaufen. Und man spürte eine zunehmende Frechheit in Gewalttaten und im Laster. Wo immer wir unter den Elenden umhergingen, bekamen wir das zu spüren. Und es war uns, als könnten wir immer David Holms Spuren erkennen. Aber so wie Schwester Edith war, ist es nur natürlich, dass sie gerade das ansporte, ihn für die Sache Gottes gewinnen zu wollen. Er war wie ein Wild, das sie mit starken Waffen verfolgte, und je mehr es sich gegen sie wendete, desto heftiger fiel sie es an in ihrer Zuversicht, dass sie doch schließlich den Sieg gewinnen werde, weil sie die Stärkere sei.

»So war es«, ruft der Rettungssoldat, »ja so war es, Schwester Maria! Erinnern Sie sich noch, wie Sie und Schwester Edith eines Abends in eine Wirtschaft kamen, da umhergingen und Flugblätter über die neue Rettungsstation austeilten? Da sah Schwester Edith an einem Tisch David Holm in Gesellschaft eines jungen Mannes, der eifrig zuhörte, wie sich der Landstreicher über die Rettungsstation lustig machte, und dann laut in dessen Gelächter einstimmte. Schwester Edith fiel der junge Mann auf, ihr Herz wurde gerührt, und sie sagte ein paar warnende Worte zu ihm, dass er sich nicht ins Verderben stürzen lassen solle. Der junge Mann erwiderte kein Wort und folgte ihr nicht gleich. Aber er brachte kein Lachen mehr über die Lippen, obgleich er noch in derselben Gesellschaft sitzen blieb und sich sein Glas füllte, das er aber nicht mehr an den Mund führen konnte. David Holm und die andern lachten ihn aus und sagten, er habe sich von der Rettungsschwester ins Bockshorn jagen lassen; aber das war nicht richtig, Schwester Maria, nein, so war es nicht, sondern was ihn gerührt und bezwungen hatte, dass er die andern verlassen und ihr folgen musste, war einzig und allein ihr Erbarmen gewesen, das sie nicht ohne eine Warnung an ihm hatte vorübergehen lassen. Sie wissen, dies ist die Wirklichkeit, Schwester Maria, und Sie wissen auch, wer der Mann war.«

»Ja, ich weiß, wer der Mann war, der von diesem Tag an unser bester Freund geworden ist«, sagt die Rettungsschwester, indem sie dem Heilsarmeesoldaten freundlich zunickt. »Ich will auch nicht sagen, Schwester Edith habe nicht ein paarmal über David Holm den Sieg davongetragen; aber in den meisten Fällen zog sie doch den Kürzeren. Sie hatte sich auch in der Neujahrsnacht erkältet und war beständig von einem Husten geplagt, der nicht weichen wollte und der auch bis zum heutigen Tag nicht wieder gut geworden ist. Die Mutlosigkeit des Krankseins bedrückte sie, und das war vielleicht auch schuld daran, dass Schwester Edith nicht mit der alten Sieghaftigkeit kämpfte.«

»Schwester Maria«, unterbrach sie Gustavsson. »Von dem, was Sie mir sagen, deutet nichts darauf hin, dass sie ihn lieb gehabt hätte.«

»Nein, Gustavsson, da haben Sie recht; am Anfang deutete gar nichts darauf hin. Aber ich will Ihnen sagen, was mich auf den Gedanken brachte. Wir kannten eine arme Näherin, die an Schwindsucht litt, aber tapfer gegen die Krankheit kämpfte und vor allem fast übermenschliche Anstrengungen machte, jede Art von Ansteckungsstoff zu vertilgen, weil sie ein Kind hatte, das sie vor der Krankheit bewahren wollte. Diese Frau erzählte uns, als sie eines Tages auf der Straße von dem Husten überfallen worden war, sei eben ein Landstreicher an ihr vorübergegangen und habe sie wegen ihrer übertriebenen Vorsicht ausgescholten. ›Ich bin auch lungenkrank‹, hatte er gesagt, ›und der Doktor will, ich soll mich in acht nehmen; aber das tue ich nicht. Im Gegenteil, ich huste den Leuten gerade ins Gesicht, weil ich hoffe, sie werden dadurch angesteckt. Warum sollen sie es besser haben als wir? Das möchte ich wohl wissen?‹

Mehr hatte er nicht gesagt, aber die Näherin war so in Schrecken versetzt worden, dass sie sich den ganzen Tag sehr elend fühlte. Sie beschrieb den Landstreicher als einen großen Mann, der recht stattlich aussah, obgleich seine Kleider ärmlich und zerlumpt waren. An das Gesicht erinnerte sie sich nicht ganz deutlich, aber stundenlang hatte sie immerfort seine Augen auf sich gerichtet gesehen, die wie zwei gelbe feurige Streifen zwischen den verschwollenen Lidern brannten. Aber am meisten entsetzt hatte sie sich darüber, dass er weder betrunken noch ganz verkommen ausgesehen hatte, und trotzdem so sprach, wie er es tat, und einen so furchtbaren Hass gegen seine Nebenmenschen hegte. An dieser Beschreibung erkannte Schwester Edith David Holm sofort, und das war ja nicht besonders schwierig. Sie suchte die Frau zu überzeugen, dass der Mann sich nur einen Scherz gemacht habe, um sie zu erschrecken, und sagte: ›Sie werden doch begreifen, dass ein Mann, der so kräftig aussieht, keine Tuberkulose haben kann? Ich glaube, er hat euch nur erschrecken wollen, und dazu ist er schlecht genug; aber so schlecht ist er doch nicht, dass er, wenn er wirklich krank wäre, mit Wissen und Willen hinginge und die Leute ansteckte. Er ist doch auch kein Unmensch.‹

Wir andern widersprachen und sagten, wir glaubten, er würde sich nicht schlechter machen, als er sei; aber sie verteidigte ihn immer eifriger und wurde fast böse auf uns, weil wir ihm etwas so Gemeines zutrauten.«

Zum zweiten Mal macht der Fuhrmann ein Zeichen, dass er dem, was um ihn her vorgeht, folgt. Er bückt sich über seinen Gefährten und sieht ihm in die Augen. ›Ich glaube, die Rettungsschwester hat recht, David. Wer sich dagegen sträubte, alles Böse von dir zu glauben, muss dich gewiss sehr lieb gehabt haben.‹

»Es ist ja möglich, Gustavsson, dass es nichts bedeutet«, fährt Schwester Maria fort; »und was mir ein paar Tage später auch aufgefallen ist, bedeutet vielleicht noch weniger. Aber sehen Sie, als Schwester Edith eines Abends nach Hause ging und über verschiedene Widerwärtigkeiten, die ihre Schützlinge betroffen hatten, niedergeschlagen und bedrückt war, kam David Holm auf sie zu und redete sie an. Er wolle ihr nur mitteilen, sagte er in seiner wegwerfenden Weise, dass sie es nun besser und ruhiger bekomme, da er die Stadt verlassen werde.

Ich hatte erwartet, Schwester Edith werde sich über die Nachricht freuen, merkte aber an ihrer Antwort, dass es ihr nicht recht war. Sie sagte ihm auch gerade heraus, es wäre ihr lieber, wenn er dabliebe, damit sie noch eine Weile mit ihm kämpfen könnte.

Er erwiderte, er beklage das sehr, könne aber trotzdem nicht länger in der Stadt bleiben, denn er sei genötigt, eine Reise durch Schweden zu machen, um eine Person zu suchen, über deren Ergehen er notwendig Bescheid haben müsse. Er finde weder Ruhe noch Rast, bis er diese Person gefunden habe.

Und wissen Sie, Gustavsson, Schwester Edith fragte mit so offenbarer Angst, wer denn diese Person sei, dass ich nahe daran war, ihr zuzuflüstern, sie solle sich in acht nehmen und sich dem Gespött eines solchen Mannes nicht preisgeben. Aber er schien nichts zu merken, sondern antwortete nur, wenn er die fragliche Person gefunden habe, werde es ihr sicher nicht unbekannt bleiben, und er hoffe, sie werde sich dann mit ihm freuen, dass er nicht mehr als armer Landstreicher im Reiche umherziehen müsse.

Damit ging er, und er musste Wort gehalten haben, denn wir sahen und hörten nichts mehr von ihm. Ich hoffte, wir würden nun nie mehr etwas mit ihm zu tun haben müssen, denn es war ja, als bringe er überall, wohin er auch kam, Unglück mit. Aber da geschah es eines Tages, dass eine Frau bei Schwester Edith auf der Rettungsstation erschien und sich nach David Holm erkundigte. Sie teilte Schwester Edith mit, sie sei David Holms Frau, die es wegen seiner Trunksucht und seines schlechten Lebenswandels nicht mehr bei ihm ausgehalten, sondern ihn verlassen hätte. Sie hatte sich ganz heimlich fortgestohlen, die Kinder auch mitgenommen und sich in unsere Stadt begeben, die von ihrem früheren Aufenthaltsort so weit entfernt war, dass es ihm nicht eingefallen sei, sie hier zu suchen. Hier habe sie nun in einer Fabrik Arbeit gefunden, und überdies so gut bezahlte, dass sie sich und die Kinder versorgen könne. Sie war eine gut gekleidete Frau, die Achtung und Vertrauen einflößte; sie war überdies eine Art Vorsteherin für die jungen Fabrikarbeiterinnen geworden und verdiente nun so viel, dass sie sich eine behagliche Wohnung mit den nötigen Möbeln und Hausgeräten hatte verschaffen können. Früher, solange sie noch bei ihrem Manne gewohnt hatte, waren sie bettelarm gewesen; sie hatte nicht das Nötigste für sich und die Kinder gehabt, und sie hatten oft hungern müssen.

Nun hatte sie jedoch gehört, dass ihr Mann sich in der Stadt aufhielt, und dass die Rettungsschwestern ihn kannten, und so war sie gekommen, um zu hören, wie es ihm ginge.

Wenn Sie damals dabei gewesen wären, Gustavsson, und Schwester Edith gehört und gesehen hätten, so würden Sie dies nie wieder vergessen können. Zuerst, als die Frau kam und uns sagte, wer sie war, erblasste Schwester Edith und sah aus, als sei sie zu Tode getroffen; aber sie fasste sich bald wieder, und in ihre Augen trat ein geradezu überirdischer Ausdruck. Es war, als habe sie sich selbst überwunden und begehre nun für sich nichts mehr von allem, was dieser Welt angehörte. Und mit seiner Frau sprach sie mit einer, fast möchte ich sagen, seligen Verklärtheit, dass diese zu Tränen gerührt wurde. Sie sagte ihr nicht ein einziges Wort des Vorwurfs und brachte sie doch dahin, zu bereuen, dass sie ihren Mann verlassen hatte. Ich glaube, sie brachte die Frau so weit, dass sie sich für einen wahren Ausbund von Härte hielt. Ja, noch mehr, Gustavsson, Schwester Edith verstand es, die alte Liebe in ihr zu erwecken, die jugendliche, die sie in der ersten Zeit ihrer Ehe für ihren Mann gefühlt hatte. Sie brachte die Frau dazu, ihr zu erzählen, wie es in der ersten Zeit ihres Ehestandes gewesen war, ja sogar, dass sie sich wieder nach ihrem Mann sehnte.

Aber, Gustavsson, Sie dürfen nicht glauben, Schwester Edith habe der Frau verborgen, wie ihr Mann jetzt war; o nein, aber sie wusste in ihr den Wunsch zu erwecken, David Holm wieder zu einem rechten Menschen zu machen, wie Schwester Edith es selbst so sehr wünschte.«

Der Fuhrmann an der Tür hat sich während dieser Rede aufs Neue über den Gefesselten gebeugt und ihn betrachtet, diesmal aber richtet er sich wieder auf, ohne etwas zu sagen. Um seinen früheren Kameraden zieht sich etwas Düsteres, Unheimliches zusammen, das dem Fuhrmann unerträglich zu sein scheint. Er lehnt sich hoch aufgerichtet an die Wand und zieht die Kapuze tief über die Augen herein, um ihn nicht mehr sehen zu müssen.

»Sicherlich hatte die Frau schon vorher Gewissensbisse gehabt, weil sie ihren Mann seiner eigenen Torheit und Bosheit überlassen hatte«, fährt Schwester Maria fort. »Und während sie nun mit Schwester Edith redete, schlug all das Neue, das sie hörte, rasch Wurzel. Bei diesem ersten Mal sprachen sie jedoch noch nicht davon, dass sie ihren Mann wissen lassen solle, wo sie sei, dieser Beschluss wurde erst nach anderen, langen Unterredungen gefasst. Und, Gustavsson, ich will nicht sagen, Schwester Edith habe sie dazu überredet, auch nicht, sie habe ihr große Hoffnungen gemacht, aber ich weiß, sie wünschte innig, die Frau solle ihn wieder zu sich rufen. Sie glaubte, das würde ihn retten, und so riet sie nicht ab. Ich muss zugeben, es war Schwester Ediths Werk, dass es schließlich so weit kam, ja, sie ist es gewesen, die den Mann wieder mit denen vereinigte, die zu verderben er die Macht hatte. Ich habe viel darüber nachgedacht und mich oft darüber gewundert, und ich konnte nicht verstehen, woher Schwester Edith den Mut genommen hätte, eine solche Verantwortung auf sich zu nehmen, wenn sie ihn nicht geliebt hätte.«

Schwester Maria sprach diese Worte mit tiefster Überzeugung aus; aber die beiden, die sich vorher aufgeregt hatten, als sie von der Liebe der kranken Rettungsschwester gesprochen hatte, verhielten sich nun ganz ruhig. Der Heilsarmeesoldat saß mit der Hand über den Augen unbeweglich da, und der am Boden Liegende hatte den Ausdruck düsteren Hasses wieder angenommen, den er gezeigt hatte, als er zuerst ins Zimmer hereingeschleppt worden war.

»Keine von uns wusste, wohin David Holm gewandert war«, begann Schwester Maria aufs Neue; »aber Schwester Edith schickte ihm durch andere fahrende Leute die Nachricht, wir könnten ihm Auskunft geben, wo seine Frau und Kinder seien, und da dauerte es nicht lange, bis er sich einfand. Und Schwester Edith führte ihn und seine Frau zusammen, nachdem sie ihm zuerst eine ordentliche Kleidung und einen Platz an einem städtischen Bau verschafft hatte. Sie verlangte keine Gelübde und Versprechungen von ihm, sie wusste, so einer wie David Holm konnte nicht mit Gelübden gebunden werden; aber sie wollte die Saat, die bisher zwischen den Dornen aufgegangen war, in gute Erde verpflanzen und war überzeugt, dass es ihr gelingen würde.

Und wer weiß, ob Schwester Edith nicht ihr Ziel erreicht hätte, wenn nicht das große Unglück über sie hereingebrochen wäre. Zuerst bekam sie Lungenentzündung, und als diese behoben war und wir sie bald hergestellt zu sehen hofften, magerte sie im Gegenteil immer mehr ab, und wir mussten sie ins Sanatorium schicken.

Aber wie David Holm gegen seine Frau war, das brauche ich Ihnen wohl nicht erst zu sagen, Gustavsson. Sie wissen es ebenso gut wie ich und alle andern. Die Einzige, die wir in Unkenntnis darüber zu halten versuchten, ist Schwester Edith, weil wir barmherzig gegen sie sein wollten. Wir hofften, sie werde sterben dürfen, ohne es zu erfahren; aber jetzt bin ich nicht ganz sicher, wie es sich damit verhält. Ich glaube, sie weiß es.«

»Woher sollte sie es wissen?«

»Das Band, das sie mit David Holm verbindet, ist so stark, dass sie sich wohl auf anderen Wegen als den gewöhnlichen Nachricht von ihm zu verschaffen gewusst hat. Und weil sie alles weiß, deshalb hat sie ihn den ganzen Tag zu sprechen verlangt. Sie hat unsagbares Elend über seine Frau und Kinder gebracht, und sie hat nur noch diese wenigen Stunden zur Verfügung, um es wiedergutzumachen, wir aber sind so schwerfällig, dass wir ihr nicht einmal dabei helfen können, indem wir ihn herbeischaffen.«

»Aber was hätte es für einen Wert?«, fragt Gustavsson hartnäckig. »Sie kann ja gar nicht mit ihm reden, sie ist zu schwach dazu.«

»Ich kann in ihrem Namen mit ihm reden«, versetzt Schwester Maria zuversichtlich. »Und er würde auf die Worte hören, die an ihrem Sterbebett zu ihm gesagt würden.«

»Was wollten Sie zu ihm sagen, Schwester Maria? Wollten Sie ihm sagen, Schwester Edith habe ihn geliebt?«

Die Rettungsschwester steht rasch auf. Sie faltet die Hände über der Brust und betet mit aufgehobenem Gesicht und geschlossenen Augen also:

»Ach lieber Gott, lass es doch geschehen, dass David Holm herkommt, ehe Schwester Edith stirbt! Guter Gott, lass es geschehen, dass er deine Liebe erkennt, und dass das Feuer ihrer Liebe sein Herz erweicht! Guter Gott, ist nicht deine Liebe ihr geschickt worden, dass sie seine Seele läutere? Guter Gott, mache mich mutig, dass ich nicht daran denke, sie zu schonen, sondern es wage, seine Seele in die Glut ihrer Liebe hineinzulegen! Guter Gott, lass ihn diese Liebe empfinden wie ein sanftes Säuseln, das durch seine Seele zieht, wie die Berührung einer Engelsschwinge, wie das rote Licht, das am Morgen im Osten aufleuchtet und die Finsternis der Nacht vertreibt! Guter Gott, lass ihn nicht glauben, dass ich mich an ihm rächen wolle! Guter Gott, lass ihn erkennen, dass Schwester Edith nur den innersten Kern seines Wesens geliebt hat, das, was er selbst zu ersticken und zu ertöten gesucht hat! Guter Gott – –«

Schwester Maria fährt zusammen und schaut auf. Der Rettungssoldat zieht eben seinen Rock an.

»Ich hole ihn, Schwester Maria«, sagt er mit halb erstickter Stimme. »Und ich kehre nicht ohne ihn zurück.«

Aber jetzt wendet sich die an der Tür auf dem Boden liegende Gestalt zu dem Fuhrmann und redet ihn an: ›Georg, ist es noch nicht genug? Als ich zuerst hier hereinkam, wurde ich von dem, was sie sprachen, ergriffen. Auf diese Weise hättest du mich vielleicht erweichen können; aber du hättest sie warnen müssen. Sie hätten nicht von meiner Frau sprechen sollen.‹

Der Fuhrmann gibt keine Antwort, sondern deutet nur mit einer leichten Bewegung nach dem inneren Zimmer. Eine alte Frau ist durch die Tapetentür, die sich ganz hinten in der Wohnzimmerabteilung des Gemachs befindet, eingetreten. Mit leisen Schritten tritt sie zu den beiden, die sich so lange unterhalten haben, und sagt mit einer Stimme, die im Bewusstsein der Wichtigkeit dessen, was sie mitzuteilen hat, bebt: »Sie will nicht mehr da drinnen bleiben, sondern hier heraus. Jetzt ist es bald zu Ende.«

6

Die arme kleine Rettungsschwester, die in den letzten Zügen liegt, fühlt sich mit jedem Augenblick schwächer und kraftloser werden. Sie hat keine Schmerzen, kämpft aber noch mit dem Tod, wie sie in so mancher Nacht bei einer Krankenwache mit dem Schlaf gekämpft hat.

»Ach, wie schön du lockst! Aber du darfst mich nicht übermannen!«, hat sie da zum Schlaf gesagt. Und wenn sich dieser auch einmal einige Augenblicke auf sie herabgesenkt hatte, so war sie doch immer rasch wieder aufgefahren und zu ihren Pflichten zurückgekehrt.

Jetzt ist es ihr, als ob irgendwo in einem kühlen Zimmer mit unbeschreiblich reiner, frischer Luft, die einzuatmen für ihre Lungen ein wahres Labsal wäre, ein tiefes breites Bett mit weichen schwellenden Daunenkissen hergerichtet würde. Sie weiß, dass dieses Bett für sie bestimmt ist, und sie sehnt sich danach, hineinzusinken und ihre unaussprechliche Mattigkeit wegzuschlafen; aber sie hat das Gefühl, sie würde dann in einen so tiefen Schlaf sinken, dass sie nie mehr daraus erwachen könnte. Und sie widersteht dem Locken der Ruhe noch immer, die ihr jetzt noch nicht zuteilwerden darf.

Als die kleine Rettungsschwester jetzt die Augen wieder aufschlägt, liegt ein Vorwurf darin. Sie sieht strenger aus als je zuvor.

»Wie hart seid ihr doch, dass ihr mir zu dem Einzigen nicht verhelfen wollt, nach dem ich mich sehne!«, scheint sie zu klagen. »Habe ich doch, solange ich gesund war, so viele Schritte gemacht, um euch allen zu dienen, sodass ihr euch jetzt wohl die Mühe machen könntet, den hierher zu holen, den ich sprechen möchte.«

Meist liegt sie jedoch mit geschlossenen Augen da und wartet und lauscht so eifrig, dass ihr kein Geräusch in dem Häuschen entgeht. Plötzlich hat sie den Eindruck, ein Gast sei ins äußere Zimmer getreten, der nun dort darauf warte, zu ihr hereingeführt zu werden. Sie schlägt die Augen auf und sieht ihre Mutter flehend an.

»Er steht ja draußen an der Küchentür. Kannst du ihn nicht hereinlassen, Mutter?«

Die Mutter steht auf, tritt an die Tapetentür, öffnet sie und schaut in das große Zimmer hinaus, kommt aber gleich wieder an das Bett her und schüttelt den Kopf.

»Es ist niemand draußen, Kind«, sagt sie. »Niemand als Schwester Maria und Gustavsson.«

Da seufzt die Kranke tief und schließt die Augen aufs Neue. Aber noch einmal hat sie das Gefühl, dass er da drinnen dicht an der Tür sitzt. Wenn nur ihre Kleider wie gewöhnlich auf einem Stuhl am Fußende des Bettes lägen, dann würde sie sich anziehen, hineingehen und mit ihm sprechen können. Aber die Kleider liegen nicht da, und sie fürchtet auch, ihre Mutter würde ihr nicht erlauben aufzustehen.

Sie überlegt und überlegt, wie sie in das vordere Zimmer hinausgelangen könnte, denn sie ist ganz sicher, dass er da draußen ist. Die Mutter will ihn nur nicht zu ihr hereinlassen, wahrscheinlich weil sie meint, er sehe zu schrecklich aus, und sie dürfe mit so einem Menschen nicht reden.

›Mutter meint, es hätte keinen Wert, wenn ich noch mit ihm zusammenträfe‹, denkt die Kranke. ›Sie meint, jetzt, wo ich am Sterben bin, könnte es mir ja einerlei sein, wie es ihm weiter ergeht.‹

Schließlich denkt sie sich etwas aus, das ihr äußerst schlau vorkommt.

›Ich werde Mutter bitten, mich in das große Zimmer hinauszuschaffen, weil ich so gerne dort liegen möchte. Ich werde sagen, ich sehne mich, es noch einmal zu sehen. Dagegen wird Mutter nichts einzuwenden haben.‹

Sie bringt ihren Wunsch vor, fragt sich aber gleich, ob die Mutter am Ende ihre verborgene Absicht durchschaut habe, denn diese hat viel dagegen einzuwenden.

»Liegst du denn hier nicht gut?«, fragt sie. »Du warst ja bisher ganz zufrieden hier.«

Die Mutter tut nichts, um der Kranken zu gehorchen, sondern bleibt ruhig bei ihr sitzen. Der kleinen Heilsarmeeschwester ist es zumute wie einst, wenn sie, solange sie noch ein Weltkind gewesen war, die Mutter um etwas gebeten hatte, was diese nicht richtig fand. Und gerade wie ein kleines Kind fängt sie nun an zu bitten und zu betteln, um die Geduld der Mutter zu erschöpfen.

»Mutter, ich möchte so gern in das große Zimmer; Gustavsson und Schwester Maria tragen mich schon hinaus, wenn du sie hereinrufst. Ach Mutter, mein Bett wird nicht mehr lange dort stehen!«

Aber die Mutter erwidert: »Du wirst sehen, sobald du draußen bist, verlangst du wieder herein.« Aber sie steht doch auf und kehrt gleich darauf mit Gustavsson und Schwester Maria zurück.

Es ist ein Glück, dass Schwester Edith in der kleinen hölzernen Bettstelle liegt, in der sie schon als Kind geschlafen hat, sodass die drei, Schwester Maria, Gustavsson und die Mutter, sie recht gut hinaustragen können. Sobald sie durch die Tür gekommen ist, wirft sie einen raschen Blick auf die Küche des großen Raumes und ist ganz erstaunt, als sie David Holm nicht dort erblickt; diesmal war sie ihrer Sache so ganz gewiss gewesen.

Sie fühlt sich sehr enttäuscht, und anstatt sich in dem dreiteiligen Zimmer, das so viele Erinnerungen enthält, umzusehen, schließt sie die Augen. Und da hat sie sofort wieder das Gefühl, dass sich an der Eingangstür jemand befindet, der wartet.

›Es ist unmöglich, dass ich mich täusche‹, denkt sie. ›Irgendjemand muss dort sein, entweder er oder ein anderer.‹

Sie öffnet die Augen aufs Neue und lässt ihre Blicke sehr aufmerksam im Zimmer umherlaufen. Mit großer Mühe entdeckt sie, dass drüben an der Tür etwas steht; aber es ist ganz undeutlich, nicht einmal wie ein Schatten. Sie hätte sagen können, es sei der Schatten eines Schattens.

Die Mutter beugt sich über sie und fragt:

»Ist es dir nun leichter, seit du hier bist?«

Sie nickt und flüstert, sie sei sehr froh, dass man sie herausgebracht habe. Aber sie denkt nicht an das Zimmer, sondern starrt immerfort nach der Tür. ›Was mag das dort drüben nur sein?‹, fragt sie sich, und es ist ihr, als hänge ihr Leben daran, dies herauszubringen.

Schwester Maria stellt sich zufälligerweise so auf, dass sie der Kranken die Tür verdeckt, und mit Aufbietung aller ihrer Kräfte bringt Schwester Edith sich in eine andere Stellung.

Man hat die Kranke in den Teil des Zimmers gestellt, den sie und ihre Mutter die gute Stube zu nennen pflegen, und diese Abteilung liegt am weitesten entfernt von der Tür. Nachdem die Kranke nun eine Weile dagelegen hat, flüstert sie ihrer Mutter zu:

»Jetzt hab' ich gesehen, wie es in der guten Stube aussieht, aber nun möchte ich auch ins Esszimmer.« Sie merkt wohl, dass ihre Mutter einen bekümmerten Blick mit den beiden andern wechselt und dass diese den Kopf schütteln; sie legt sich das auf ihre Art aus und denkt, sie seien ängstlich, sie noch näher zu dem an der Tür stehenden Schatten hinzubringen. Allmählich ist eine Ahnung in ihr aufgestiegen, wer es ist, der dort steht; aber sie fürchtet sich nicht vor ihm, sondern wünscht nur, ihm näher zu kommen.

Sie sieht ihre Mutter und die beiden Freunde flehend an; und alle drei gehorchen ihr ohne weitere Einwendungen.

Als sie sich nun in der Abteilung befindet, die früher das Esszimmer genannt worden war, ist sie der Türe näher und kann unterscheiden, dass dort eine dunkle Gestalt steht, die irgendein Werkzeug in der Hand hält. Das kann also nicht er sein, aber es ist jedenfalls jemand, mit dem zusammenzutreffen für sie außerordentlich wichtig ist.

Sie muss ihm noch näher kommen, sie muss; und indem sie sich alle Mühe gibt, ein entschuldigendes Lächeln hervorzubringen, macht sie ein Zeichen, dass sie auch noch in die Küche gebracht werden möchte. Sie sieht, wie betrübt ihre Mutter bei diesem Ansinnen wird, sieht, wie sie zu weinen anfängt, und ein flüchtiger Gedanke zieht durch ihre Seele, dass ihre Mutter sich wohl jetzt daran erinnere, wie die Tochter früher, während die Mutter das Abendessen kochte, vor dem Herd auf dem Boden gesessen und, von dem Feuerschein rot übergossen, von allem lustig plauderte, was in der Schule vorgekommen war; sie begreift auch, dass die Mutter tatsächlich ihr Kind auf allen den gewohnten Plätzen zu sehen vermeint und unter dem Gefühl der Leere und des Alleinseins, das sie überkommt, fast zusammenbricht.

Aber sie darf jetzt nicht an ihre Mutter denken, sie darf ihre Aufmerksamkeit auf nichts anderes richten als auf das Wichtige, das sie während der kurzen Zeit, die ihr noch zugemessen ist, ausrichten muss.

Jetzt, wo sie in der äußersten Abteilung des Zimmers angekommen ist, kann sie endlich das Undeutliche, was an der Tür steht, erkennen. Es ist die Gestalt eines Mannes in einem schwarzen Mantel mit einer Kapuze, die über das Gesicht herabgezogen ist. In der Hand hält er eine lange Sense; die Kranke braucht keinen Augenblick im Zweifel zu sein, wer es ist.

›Es ist der Tod‹, denkt sie. Und sie erschrickt, weil er zu früh für sie gekommen ist.

Während die arme Kranke immer näher zur Tür herangetragen wurde, hat sich der am Boden liegende gefesselte Schemen zusammengekrümmt, als wollte er versuchen, der Aufmerksamkeit der Kranken zu entgehen. Er sieht, dass sie unaufhörlich nach der Tür schaut, und er vermutet, dass sie da etwas unterscheiden kann. Aber sie soll ihn nicht sehen, das wäre eine zu große Demütigung für ihn. Ihre Blicke sind auch nicht auf ihn gerichtet, sondern auf den andern, und da denkt er, wenn sie überhaupt etwas sehe, so sei nicht er es, sondern Georg.

Kaum ist die Kranke indes ganz nahe herangekommen, als er sieht, dass sie mit einer leichten Kopfbewegung Georg an ihr Bett herruft. Georg zieht, als friere er, den Mantel fester um sich zusammen und tritt an ihr Lager. Sie sieht ihn mit einem herzbewegenden Lächeln an.

»Du siehst, dass ich keine Angst habe«, flüstert sie fast lautlos. »Ich folge deinem Rufe gerne, möchte dich aber fragen, ob du mir nicht bis morgen Aufschub gewähren kannst, damit ich die Aufgabe vollenden kann, für die mich Gott in die Welt geschickt hat.«

Während sie auf diese Weise von ihrer Unterredung mit Georg ganz erfüllt ist, hat David Holm den Kopf aufgehoben und sieht sie an; und da sieht er, dass ihr die heilige Erhabenheit ihres Geistes eine Schönheit verliehen hat, die sie früher nie gehabt hatte, etwas so Stolzes, Hohes, Unerreichbares, aber so unwiderstehlich Anziehendes, dass er seine Augen nicht mehr abwenden kann.

»Du verstehst mich vielleicht nicht«, sagt sie zu Georg. »Neige dich näher zu mir her. Ich muss mit dir reden, aber die anderen sollen nicht hören, was ich sage.«

Georg beugt sich so weit vor, dass seine Kapuze fast ihr Gesicht berührt. »Sprich so leise, wie du willst«, sagt er. »Ich werde es doch verstehen.«

Da fängt sie in ganz leisem Flüsterton an, und keiner von den dreien, die um ihr Bett stehen, hat eine Ahnung, dass sie überhaupt etwas sagt. Nur der Fuhrmann und der andere Schemen hören sie.

»Ich weiß nicht, ob du dir auch bewusst bist, um was es sich für mich handelt«, sagt sie zu Georg. »Ich brauche notwendig einen Aufschub bis morgen, damit ich mit dem zusammentreffen kann, den ich auf den rechten Weg führen muss. Du weißt, wie schlecht ich gehandelt habe. Ich bin eigenmächtig und verwegen gewesen. Wie sollte ich vor Gottes Angesicht treten können, ich, die ein so großes Unglück verschuldet hat?«

Ihre Augen öffnen sich vor Angst weit, und sie ringt schwer nach Atem, fährt dann aber gleich fort, ohne eine Antwort abzuwarten.

»Ich muss dir wohl mitteilen, dass der Mann, mit dem ich noch reden möchte, eben der ist, den ich liebe. Du verstehst mich doch wohl? Der Mann, den ich liebe.«

»Aber Schwester Edith«, erwidert der Fuhrmann, »der Mann – – –«

Sie will jedoch seine Antwort nicht hören, ehe sie alles vorgebracht hat, was ihn erweichen soll.

»Ach, du begreifst, wie schwer es für mich ist, das zu sagen. Die Erkenntnis, dass ich gerade diesen Mann liebe, bedrückt mich schwer. Oh, wie hab' ich mich geschämt, dass ich so heruntergekommen sein soll, einen Mann zu lieben, der an eine andere gebunden ist. Ich habe dagegen gekämpft und gestritten, und es war mir, als sei ich, die eine Führerin und Helferin der Elenden sein sollte, schlechter als die schlechtesten unter ihnen geworden.«

Georgs eine Hand streicht ihr wie beruhigend über die Stirne; aber er sagt nichts, sondern lässt sie fortfahren.

»Aber die größte Demütigung liegt doch nicht darin, dass ich einen verheirateten Mann liebe. Die tiefste Erniedrigung liegt darin, dass er ein böser und schlechter Mensch ist. Ich weiß nicht, warum ich mich an einen solchen Lumpen weggeworfen habe. Ich hatte gehofft, hatte geglaubt, es sei etwas Gutes an ihm, aber ich bin immer enttäuscht worden. Ach, ich muss selbst schlecht sein, da sich mein Herz so hat verirren können! Kannst du nicht begreifen, dass es ganz unmöglich für mich ist, fortzugehen, ohne noch einen Versuch gemacht zu haben, ihn zu einem anderen Menschen zu machen?«

»Du hast ja schon so viele Versuche gemacht«, antwortet Georg ausweichend.

Sie schließt die Augen und überlegt, schlägt sie aber bald wieder auf, und jetzt leuchtet eine neue Zuversicht aus ihrem Gesicht.

»Du meinst, ich bitte nur meinetwegen, und denkst wie die anderen, es könne mir einerlei sein, wie es ihm weiter ergeht, ich müsse ja doch alles Irdische hinter mir lassen. Ich muss dir aber noch etwas sagen, was ich heute erlebt habe, damit du verstehst, dass ich den Aufschub brauche, um anderen zu helfen.«

Sie schließt die Augen und spricht weiter, ohne sie wieder zu öffnen: »Siehst du, es war heute Vormittag. Ich verstehe jetzt nicht mehr recht, wie es geschehen konnte, aber ich war mit einem Korb am Arm unterwegs, um einem Notleidenden Essen zu bringen. Plötzlich stand ich auf einem Hof, wo ich noch niemals gewesen war. Er war rings von hohen Häusern eingeschlossen, die ordentlich und gut aussahen, als wohnten wohlhabende Leute darin. Ich wusste nicht, was ich an diesem Ort zu tun haben sollte, und sah mich unschlüssig um; da entdeckte ich an der einen Häusermauer eine Art Anbau, der eigentlich aussah, als sei er ursprünglich zu einem Geflügelhaus bestimmt gewesen, den man aber neuerdings für eine menschliche Wohnung herzurichten versucht hatte. Da und dort waren einzelne Bretter und Stücke von Pappe aufgenagelt, auch ein paar schiefe Fenster eingesetzt, und aus dem Dach ragten zwei Ofenrohre heraus.

Aus dem einen dieser Rohre stieg ein dünner Rauch empor, und da ich daran erkannte, dass dieser Bau bewohnt war, sagte ich zu mir: ›Da muss ich selbstverständlich hin.‹

Ich stieg eine hölzerne Treppe hinauf, die steil wie eine Leiter war und mir noch einmal den Eindruck machte, als begebe ich mich in eine Art Taubenschlag, und legte die Hand auf die Klinke der Eingangstür. Sie war unverschlossen, und da ich Stimmen drinnen hörte, trat ich ein, ohne anzuklopfen.

Niemand wendete sich nach mir um, als ich hereinkam. Ich zog mich in einen Winkel an der Tür zurück und blieb da stehen, bis man mich brauchen würde. Denn ich wusste ganz bestimmt, dass ich wegen einer ganz besonders wichtigen Sache hergekommen war. Während ich nun da wartete, drängte sich mir unwillkürlich der Gedanke auf, dass ich hier in irgendein Wirtschaftsgebäude und nicht in eine menschliche Wohnung gekommen sei. Es war kaum ein Möbelstück zu sehen, nicht einmal ein Bett. In einer Ecke lagen ein paar schmutzige Matratzen, die offenbar als Betten dienten. Keine Stühle waren da, wenigstens keine in einem

Zustand, dass man sie hätte verkaufen können, und nur ein plumper roher Tisch.

Plötzlich wurde mir klar, wo ich mich befand. Die Frau mitten im Zimmer war ja David Holms Frau. Sie waren also ausgezogen, während ich im Sanatorium gelegen hatte. Aber warum waren sie nur so erbärmlich und unbequem eingerichtet? Und wo waren ihre Möbel? Wo waren der schöne Schrank und die Nähmaschine und –

Ich konnte nicht noch mehr aufzählen, es fehlte einfach alles, in diesem Raum war ja fast nichts.

›Wie verzweifelt die Frau aussieht!‹, dachte ich. ›Und wie ärmlich sie angezogen ist! Sie ist ja seit dem Frühjahr eine ganz andere geworden.‹

Ich wollte rasch vortreten, um sie zu fragen, hielt mich aber doch zurück, denn es waren noch zwei fremde Damen im Zimmer, die sich lebhaft mit David Holms Frau unterhielten.

Alle drei sahen sehr ernst aus, und ich verstand bald, um was es sich handelte. Die Damen wollten die beiden Kinder des armen Weibes in ein Kinderasyl bringen, damit sie nicht von dem Vater, der die Schwindsucht hatte, angesteckt würden.

Mir war, als höre ich nicht recht. ›David Holm kann doch wohl keine Tuberkeln haben‹, dachte ich. Ich hatte zwar schon einmal davon reden hören, wollte es aber nicht glauben.

Und noch etwas konnte ich mir nicht erklären. Die Damen sprachen nur von zwei Kindern, und ich war doch der Meinung, es seien drei gewesen.

Es dauerte nicht lange, bis ich Aufklärung darüber erhielt. Die eine der Damen vom Wohltätigkeitsverein sah, dass die arme Mutter weinte, und sagte ihr mit freundlichen Worten, für die Kinder würde in einem Asyl in jeder Weise gesorgt, und sie hätten es da ebenso gut, wie sie es daheim haben könnten.

›Ach, kümmern Sie sich nicht um meine Tränen, Frau Doktor‹, hörte ich jetzt die Frau erwidern. ›Ich würde noch mehr weinen, wenn ich die Kinder nicht wegschicken dürfte. Mein jüngstes ist schon im Spital, und als ich sah, wie sehr es leiden muss, hab' ich mir gelobt, wenn ich die beiden anderen vom Hause wegbringen könnte, würde ich kein Wort darüber sagen, sondern nur froh und dankbar sein.‹

Als die Frau dies sagte, überfiel mich eine beklemmende Angst. Was hatte David Holm seiner Frau, seinem Heim, seinen Kindern angetan? Oder besser gesagt, was hatte ich getan? Ich, ich hatte sie hierhergeschleppt.

Ich stand noch in meiner Ecke und konnte die Tränen nicht zurückhalten, ja, ich schluchzte laut, und es war mir unbegreiflich, dass die anderen nicht aufmerksam auf mich wurden; aber keine von den dreien schien mich zu bemerken.

Jetzt wendete sich die Frau zur Tür, indem sie sagte: ›Ich will auf die Straße hinuntergehen, um die Kinder zu holen, sie sind nicht weit weg.‹

Sie ging so dicht an mir vorüber, dass ihr ärmliches geflicktes Kleid meine Hand streifte. Da sank ich auf die Knie nieder, zog ihren Rock an meine Lippen und küsste ihn weinend. Aber ich brachte kein Wort heraus. Das Unrecht, das ich dieser Frau angetan hatte, war zu groß.

Sie kümmerte sich jedoch nicht im Geringsten um mich, und das verwunderte mich über die Maßen; aber es war mir auch wohl verständlich, dass sie mit der, die sie und ihre Kinder ins Unglück gestürzt hatte, nicht reden wollte.

Die arme Mutter kam jedoch nicht dazu, das Zimmer zu verlassen, denn eine der Damen sagte, ehe sie die Kinder hereinrufe, müsse noch etwas in Ordnung gebracht werden. Damit nahm sie ein Papier aus ihrer Handtasche und las es Frau Holm vor. Es war ein Schein, in dem stand, dass die Eltern ihre Kinder der Obhut der Dame anvertrauten, solange in ihrer Wohnung Gefahr vorhanden sei, von Tuberkulose angesteckt zu werden, und er sollte von beiden Eltern unterschrieben werden.

An dem entgegengesetzten Ende des Zimmers war noch eine Tür. Jetzt öffnete sich diese, und David Holm trat ein. Ich war fest überzeugt, dass er horchend hinter der Tür gestanden und nur darauf gewartet hatte, sich im rechten Augenblick zu zeigen. Er trug den alten verflickten Anzug, und in seinen Augen funkelte der frühere boshafte Glanz, und ich konnte mir nicht verhehlen, dass er sich mit offenbarer Freude umsah, als sei er von dem in seinem Zimmer herrschenden Elend befriedigt.

Dann fing er an zu reden und sagte, er habe seine Kinder von Herzen lieb und finde es höchst grausam, dass man ihm auch noch die beiden anderen nehmen wolle, nachdem das eine schon ins Spital gebracht worden sei.

Die beiden Damen nahmen sich kaum die Mühe, ihn anzuhören, sondern sagten, wenn er die Kinder nicht hergebe, würden sie umso sicherer zugrunde gehen.

Während die Damen mit David Holm redeten, wendete ich meine Augen von diesem ab und richtete sie auf seine Frau. Sie war an die eine Wand zurückgewichen und sah ihren Mann mit einem Ausdruck an, bei dem mir schauderte: So muss ein armer Verurteilter, der ausgepeitscht und aufs Rad geflochten worden ist, seinen Henker ansehen.

Da begann ich zu begreifen, dass ich ein noch viel größeres Unrecht getan hatte, als mir bisher bewusst gewesen war. Ich erkannte, dass David Holm einen geheimen Hass gegen diese Frau im Herzen tragen musste, und dass sein Wunsch, wieder mit ihr vereinigt zu werden, nicht aus der Sehnsucht nach einer behaglichen Heimat, sondern aus der Begierde, sie zu quälen, hervorgegangen war.

Ich hörte zu, wie er bei den vornehmen Damen seine Vaterliebe ins Feld führte. Sie erwiderten, diese könnte er jetzt beweisen, indem er die Vorschriften des Arztes genau befolge und sich Mühe gebe, die Ansteckung nicht zu verbreiten. Wenn er das tue, würden sie ihm die Kinder natürlich lassen.

Aber keine von den beiden ahnte, was er tatsächlich im Sinne hatte; ich begriff es zuerst und dachte seufzend: ›Er will die Kinder behalten, weil es ihm einerlei ist, ob sie angesteckt werden oder nicht.‹

Seiner Frau war indessen auch ein Licht über seine Absicht aufgegangen. Wild und außer sich schrie sie: ›Der Mörder! Er will mich die Kinder nicht fortschicken lassen! Er will sie zu Hause behalten, damit er sie anstecken kann! Er will, dass sie sterben! Er will sich dadurch an mir rächen!‹

David Holm drehte seiner Frau mit einem Achselzucken den Rücken.

›Ganz recht, ich will den Schein nicht unterschreiben‹, sagte er zu den beiden Damen.

Nun entspann sich ein heftiger Wortwechsel; die Frau drang mit leidenschaftlichen Worten auf David Holm ein, und selbst die beiden Damen bekamen erhitzte Wangen und sagten scharfe Worte.

Er aber stand ganz ruhig da und blieb dabei, er könne seine Kinder nicht entbehren.

Ich hörte mit unbeschreiblicher Angst zu. Keinem der anderen konnte der Auftritt so qualvoll sein wie mir, denn ich liebte ja den Mann, der diese Schandtat beging. Da stand ich und hoffte immer noch, die Damen würden das richtige, ihn erweichende Wort finden, aber ein sonderbarer Bann hielt mich gefangen, und ich konnte nicht von der Stelle.

›Ach, was hilft das Streiten und Überredenwollen? Einem Mann wie David Holm muss man Angst einjagen‹, dachte ich. Weder die Frau noch die beiden fremden Damen sagten ein Wort von Gott, keine drohte ihm mit dem Zorn des ewig Gerechten. Mir war, als hätte ich den strafenden Blitz in meiner Hand, aber ich konnte ihn nicht fortschleudern.

Plötzlich wurde es still im Zimmer, und die beiden vornehmen Damen standen auf, um zu gehen. Sie hatten nichts erreicht, so wenig wie die Frau. Diese stritt nicht mehr, sie war verzweifelt zusammengesunken. Noch einmal machte ich eine übermenschliche Anstrengung, um mich zu bewegen und zu reden. Die Worte brannten mir auf der Zunge.

›O du Heuchler!‹, wollte ich sagen. ›Meinst du, ich sehe nicht, was du denkst und beabsichtigst? Ich, die Sterbende, ich lade dich vor Gottes Richterstuhl, mit mir sollst du dort erscheinen. Ich klage dich vor dem höchsten Richter an, deine eigenen Kinder ermorden zu wollen. Ich werde gegen dich zeugen.‹

Aber als ich mich aufrichtete, um dies zu sagen, war ich nicht mehr in David Holms Wohnung, sondern hier in meinem Zimmer und lag kraftlos in meinem Bett. Und seither hab' ich gerufen und gerufen, David Holm aber ist nicht gekommen!«

Die Heilsarmeeschwester hatte, während sie all dies erzählte, mit geschlossenen Augen dagelegen. Jetzt schlug sie diese weit auf und sah Georg mit unbeschreiblicher Angst an.

»Du kannst mich doch nicht sterben lassen, ehe ich mit ihm geredet habe?«, sagte sie flehend. »Denk an die Kinder und an die Frau!«

Der am Boden liegende Schemen verwunderte sich über Georg. Er hätte die Sterbende ja mit einem Wort beruhigen können, indem er ihr gesagt hätte, David Holm habe ausgespielt und könne seiner Frau und seinen Kindern keinen Schaden mehr zufügen; aber er hielt mit dieser Nachricht zurück. Stattdessen entmutigte er sie noch mehr.

»Was könntest du für eine Macht über David Holm haben?«, fragt er. »Er ist nicht der Mann, der sich erweichen lässt. Was du heute gesehen hast, ist nur die Rache, die er sich seit Jahren ausgedacht und auf die er sich die ganze Zeit gefreut hat.«

»Ach, sag das nicht, sag das nicht!«, ruft die arme Kranke aus.

»Ich kenne ihn besser als du«, erwidert der Fuhrmann. »Und ich will dir sagen, was David Holm zu dem gemacht hat, was er jetzt ist.«

»Das möchte ich gerne hören!«, sagt die Kranke. »Es wäre gut für mich, wenn ich ihn verstehen lernte.«

»Dann musst du mit mir in eine andere Stadt kommen, und wir müssen dort vor dem Zellengefängnis warten«, sagt der Fuhrmann. »Es ist gegen Abend, und ein Mann, der wegen Trunksucht acht bis vierzehn Tage gesessen hat, wird soeben freigelassen. Niemand erwartet ihn am Gefängnistor; aber er bleibt stehen und schaut sich um, in der Hoffnung, jemand kommen zu sehen, denn das hat er sich so sehr gewünscht.

Der Mann, der aus dem Gefängnis kommt, hat kurz zuvor eine große seelische Erschütterung erfahren. Während er da drinnen saß, ist sein jüngerer Bruder ins Unglück geraten. Er hat im Rausch einen anderen erschlagen und ist nun im Gefängnis. Der ältere

Bruder hat nichts von der ganzen Sache gewusst, bis ihn der Gefängnisgeistliche in die Zelle des Mörders geführt und ihm den jungen Mann gezeigt hat, der noch Handschellen trug, denn er hatte sich beim Festnehmen heftig gewehrt.

›Kennst du den, der da drinnen sitzt?‹, hat ihn der Pfarrer gefragt. Der Mann erkennt seinen Bruder und ist tief erschüttert, denn diesen Bruder hatte er immer herzlich lieb gehabt.

›Der Ärmste muss nun viele Jahre lang im Gefängnis sitzen‹, sagte der Pfarrer; ›aber, David Holm, wir alle hier sagen, eigentlich müsstest du statt seiner bestraft werden, denn du bist derjenige, der ihn verlockt und verführt hat, bis er ein solcher Trunkenbold geworden ist, der nicht mehr weiß, was er tut.‹

Nur mit knapper Not hatte David sich ruhig verhalten können, bis er wieder in seiner Zelle war; da aber war er in einen Tränenstrom ausgebrochen und hatte so geweint, wie er es seit seiner Kindheit nicht mehr getan hatte. Und dann hatte er sich gesagt, nun wolle er seine bösen Wege verlassen. Er hat früher nicht gewusst, wie schrecklich das Bewusstsein auf einem lastet, einen anderen, den man lieb hat, ins Unglück gestürzt zu haben. Dann waren seine Gedanken von seinem Bruder auf seine Frau und Kinder übergegangen, und er hatte plötzlich begriffen, wie schwer sie leiden mussten, und hatte sich gelobt, von nun an sollten sie sich nicht mehr über ihn zu beklagen haben. Und in dieser Stunde nun, wo er aus dem Gefängnis entlassen ist, sehnt er sich nach seiner Frau, um ihr zu sagen, dass er ein neues Leben beginnen wolle.

Aber sie erwartet ihn nicht vor dem Gefängnistor, und er begegnet ihr auch nicht auf dem Wege. Ja, als er an ihrer Wohnung anlangt und anklopft, öffnet sie ihm nicht die Tür weit, wie sie es sonst zu tun pflegte, wenn er lange fort gewesen war. Da durchzuckte ihn eine Ahnung, wie sich die Sache verhält; aber er will es nicht glauben. Es ist unmöglich, dass dies gerade jetzt, wo er ein neuer Mensch werden will, eintreffen sollte.

Seine Frau pflegt, wenn sie ausgeht, den Türschlüssel immer unter den Türvorleger zu stecken. David Holm bückt sich nieder und findet ihn an dem gewohnten Platz. Er öffnet die Tür, sieht sich in seiner Wohnung um und fragt sich, ob er am Ende falsch gegangen ist; denn das Zimmer ist vollkommen leer, das heißt, es ist eigentlich nicht leer, die meisten Möbel stehen noch drin, aber kein Mensch ist zu sehen.

Nein, kein Mensch, und auch keine Lebensmittel, kein Brennholz und keine Vorhänge an den Fenstern! Unfreundlich und kalt und verkommen sieht es in dem Raum aus, als wäre er seit mehreren Jahren nicht mehr bewohnt.

Er geht zu den Nachbarn und fragt, ob seine Frau während seiner Abwesenheit krank geworden sei. Er versucht sich einzubilden, sie sei vielleicht ins Spital gebracht worden.

Aber die Nachbarn antworten:

›O nein, sie war ganz gesund, als sie fortging.‹

›Aber wo ist sie denn hingegangen?‹, fragt er.

Ja, das weiß niemand.

Er sieht, dass die Nachbarn neugierig und schadenfroh sind, und er ahnt wieder, dass es nur eine Erklärung gibt. Ja, seine Frau hat die Gelegenheit benutzt, während er im Gefängnis saß, und ist auf und davon gegangen. Sie hat die Kinder und das Notwendigste mitgenommen, ihn aber hat sie nicht im Geringsten darauf vorbereitet, sondern ihn in diese Öde heimkehren lassen. Und er, er hat mit einer so großen Freude zu ihr kommen wollen! Er hat sich genau eingeprägt, was er zu ihr sagen wollte, hat sie so recht von Herzen um Verzeihung bitten wollen! David Holm hatte einen Freund, einen Mann, der der gebildeten Gesellschaftsklasse angehört hat, aber ganz verkommen ist. Nun hat er fest versprechen wollen, dessen Gesellschaft nicht mehr aufzusuchen, obwohl er nicht nur von dem Schlechten in diesem Menschen angezogen wird, sondern auch, weil dieser Bildung und Kenntnisse hat. Am nächsten Tag hat er zu seinem alten Meister hingehen und diesen bitten wollen, ihn wieder in Arbeit zu nehmen. Er ist bereit gewesen, für seine Frau und Kinder wie ein Sklave zu arbeiten, damit sie hübsche Kleider bekommen und nicht einen einzigen sorgenvollen Tag mehr gehabt hätten. Und jetzt, jetzt, wo er sich das alles ausgedacht hat, ist sie auf und davon gegangen!

Es überläuft ihn heiß und kalt, es graust ihm vor ihrer Herzlosigkeit. Ja, er hätte es verstehen können, wenn sie nur offen und ehrlich von ihm gegangen wäre. Dann hätte er gar kein Recht gehabt, böse darüber zu sein, denn es ist ihr bei ihm wahrhaftig sehr schlecht ergangen. Aber dass sie sich so fortgestohlen hat und ihn ohne Benachrichtigung in die verlassene Wohnung hat kommen lassen, das würde er ihr nie verzeihen. Er war vor allen Menschen entehrt. In diesem Augenblick verspottete man ihn im ganzen Straßenviertel. Aber den Leuten sollte das Lachen vergehen, das gelobte er sich. Er würde seine Frau schon wiederfinden, und dann würde er sie so unglücklich machen, wie er selbst war, ja doppelt so unglücklich. Er wollte sie lehren, wie das ist, wenn man so bis ins innerste Herz hinein fror, wie er gerade jetzt.

Die einzige Linderung, die er sich verschaffen konnte, war, sich auszudenken, wie er seine Frau strafen wollte, wenn er sie wiedergefunden hätte. Dann hat er drei Jahre lang nach ihr gesucht und gesucht und seinen Hass immer an dem Gedanken geschürt, was sie ihm angetan hatte, sodass es in seinen Augen schließlich zu einem maßlosen Verbrechen wurde. Allein war er auf einsamen Wegen umhergezogen, und während dieser Zeit hatten Hass und Rachsucht bei ihm immer zugenommen. Er überlegte und sinnierte so lange, bis er sich so recht spitzfindig ausgedacht hatte, wie er sie quälen könnte, wenn sie wieder beisammen wären.«

Die junge Heilsarmeeschwester hat bis dahin geschwiegen, ist aber der Erzählung mit lebhaftem Mienenspiel gefolgt. Doch jetzt unterbricht sie die düstere Gestalt mit ängstlicher Stimme:

»Ach nein, sag nichts mehr! Es ist zu schrecklich. Wie soll ich verantworten können, was ich getan habe? Ach, dass ich sie zusammengeführt habe! Seine Sündenschuld wäre nicht so groß geworden, wenn ich nicht gewesen wäre!«

»Nein, ich werde nichts mehr sagen«, versetzt der Fuhrmann. »Ich will dir ja nur begreiflich machen, dass es gar keinen Zweck hat, wenn du um Aufschub bittest.«

»Ach, aber ich möchte es trotzdem!«, ruft sie in großer Seelenangst. »Ich kann nicht sterben, ich kann nicht! Gib mir nur noch einige Augenblicke! Du weißt ja, dass ich ihn liebe. Ich habe ihn noch nie so geliebt.«

Der Schemen an der Tür zuckt zusammen. Während der ganzen Unterhaltung zwischen dem Fuhrmann und Schwester Edith hat er die Sterbende betrachtet. Jedes Wort hat er ihr förmlich von den Lippen gesogen, und jeder Wechsel in ihrem Ausdruck wird ihm ewig unvergesslich sein. Alles, was sie gesagt hat, auch als sie ihn am härtesten verurteilte, klang ihm zart in den Ohren, ihre ganze Angst und ihr Mitleid, als Georg seine Geschichte erzählte, hat seine Wunden geheilt. Er könnte dem, was er für sie fühlt, noch keinen Namen geben, er weiß nur, dass er von ihr alles ertragen könnte. Die Tatsache, dass sie ihn gerade so geliebt hat, wie er gewesen ist, scheint ihm etwas übermenschlich Herrliches zu sein. So oft sie es ausspricht, dass sie ihn liebt, geht ein Entzücken durch seine Seele, wie er es nie für möglich gehalten hätte. Er versucht, die Aufmerksamkeit des Fuhrmanns auf sich zu lenken; dieser sieht aber gar nicht nach der Seite, wo er liegt. Da versucht er sich aufzurichten, fällt aber sofort unter unsäglichen Schmerzen wieder zurück. Jetzt sieht er, wie sich die Kranke ängstlich und unruhig im Bett bewegt. Sie hebt flehend die gefalteten Hände zu Georg auf; aber dessen Gesicht bleibt streng und unerbittlich.

»Ich würde dir Aufschub geben, wenn er dir etwas nützen könnte«, sagt er zu ihr. »Aber ich weiß, dass du keine Macht über diesen Mann hast.«

Darauf neigt er sich über sie, um die Worte auszusprechen, die die Seele aus der irdischen Hülle befreien. Doch in diesem Augenblick kommt eine dunkle Gestalt auf dem Boden zu der Sterbenden herangekrochen. Mit unerhörter Anstrengung und trotz der unsäglichsten Schmerzen, wie er sie niemals hätte ahnen können, hat David Holm seine Fesseln zerrissen, um zu ihr hinzugelangen. Er ist überzeugt, dass er für diese Widersetzlichkeit durch endlos andauernde Schmerzen gestraft werden wird; aber Schwester Edith soll nicht noch länger umsonst auf ihn warten, wenn er sich mit ihr in demselben Zimmer befindet. Er hat sich auf die andere Seite des Bettes geschlichen, wo sein Feind Georg ihn nicht sehen kann, und er kommt der Sterbenden wirklich so nahe, dass er eine ihrer Hände ergreifen kann.

So unmöglich es ihm auch ist, nur den allergeringsten Druck auf diese Hand auszuüben, so empfindet sie doch seine Nähe, und mit einer hastigen Bewegung wendet sie sich nun David Holm zu. Sie sieht ihn neben sich, auf den Knien, ja noch mehr, er hat den Kopf bis auf den Boden gedrückt und wagt nicht zu ihr aufzusehen, nur mit der Hand, die die ihrige umfasst, teilt er ihr seine Liebe, seine Dankbarkeit, die beginnende Reue seines Herzens mit.

Da fliegt der Glanz seligsten Glücks über ihr Antlitz hin. Sie hebt die Augen und sieht ihre Mutter, sieht die beiden Freunde an, als hätte sie erst jetzt Zeit ihnen zum Abschied ein letztes Wort zu sagen, mit dem sie deren Mitgefühl für das Herrliche, das ihr widerfahren ist, gewinnen kann. Mit ihrer freien Hand deutet sie auf den Boden. Die anderen sollten David Holm bußfertig und reuevoll zu ihren Füßen liegen sehen und ihre unaussprechliche Freude teilen. Aber in demselben Augenblick beugt sich der schwarz Gekleidete über sie und sagt:

»Du Gefangene, du Holdselige, tritt heraus aus deinem Gefängnis!«

Da sinkt die Kranke in ihr Kissen zurück, und das Leben verlässt sie.

In demselben Augenblick wird David Holm von einer harten Hand weggerissen. Die Fesseln, die er nicht sehen, sondern nur fühlen kann, legen sich aufs Neue um seine Arme, während seine Füße frei bleiben, und Georg ihm mit zornigem Flüstern sagt, dass David Holm nur um der alten Freundschaft willen jetzt nicht mit fürchterlichen Qualen gestraft werde. »Komm jetzt fort von hier!«, setzt er hinzu. »Wir beide haben hier nichts mehr zu tun. Die sie aufnehmen sollen, sind da.«

Mit harter Gewalt reißt er David Holm mit sich. Dieser meint noch zu sehen, dass sich das ganze Gemach rasch mit lichten Gestalten füllt. Er meint, diesen Gestalten auf der Treppe und vor dem Hause zu begegnen, wird aber mit so schwindelnder Eile fortgeführt, dass er nichts deutlich unterscheiden kann.

7

David Holm liegt wieder ausgestreckt auf dem Totenkarren. Er ist zornig, nicht allein auf die ganze Welt, sondern auch auf sich selbst. Was war doch das für ein Wahnsinn, der ihn vorhin überfallen hatte? Warum hatte er sich wie ein reuevoller und bußfertiger Sünder Schwester Edith zu Füßen geworfen? Georg lachte ihn gewiss aus. Ein rechter Mann muss für seine Taten einstehen können. Er weiß ja, warum er sie begangen hat. Sicherlich wird ein rechter Mann nicht sich selbst aufgeben, nur weil ein junges Mädchen behauptet, sie sei in ihn verliebt.

Was war ihn nur angekommen? War das Liebe? Aber er war ja tot. Er war tot. Was für eine Liebe sollte das denn sein?

Der lahme Gaul hat sich wieder in Bewegung gesetzt. Jetzt geht es durch eine der äußeren Straßen der Stadt, ja, es geht zur Stadt hinaus. Die Häuser liegen immer vereinzelter, und die Straßenlaternen stehen immer weiter auseinander. Man kann jetzt schon die Stadtgrenze sehen.

Je näher das Gefährt der letzten Laterne kommt, desto mehr wird David Holm von einer sonderbaren Beklommenheit erfasst, von einer unerklärlichen Angst, die Stadtgrenze zu überschreiten. Er fühlt, dass er nun von etwas fortgeführt wird, das er nie hätte verlassen sollen.

Und in demselben Augenblick, wo er diese Angst fühlt, hört er durch das entsetzliche Knirschen und Rasseln des Karrens hindurch den Laut sprechender Stimmen. Er senkt den Kopf, um zu lauschen. Es ist Georg, der mit jemand spricht, der offenbar mit im Karren fährt, ein Fahrgast, den David Holm bis jetzt nicht bemerkt hat.

»Jetzt darf ich nicht weiter mitkommen«, sagt eine sanfte, aber vor Schmerz und Leid kaum vernehmbare Stimme. »Ich hätte ihm so viel zu sagen gehabt; aber er liegt so böse und aufgebracht da, dass ich mich ihm weder sichtbar noch vernehmlich machen kann. Du musst ihm deshalb meinen Gruß überbringen und ihm sagen, dass ich hier war, um mit ihm zu reden; aber von diesem Augenblick an ziehe ich fort, und ich darf mich ihm so nicht zeigen, wie ich jetzt bin – –«

»Aber wenn er sich bessert und bereut?«, fragt Georg.

»Du hast ja selbst gesagt, er könne sich nicht mehr bessern«, sagt die Stimme in bebendem Schmerz. »Du sollst ihn von mir grüßen und ihm sagen, ich hätte geglaubt, wir würden ewig zusammengehören; aber jetzt, von diesem Augenblick an, wird er mich nie wiedersehen.«

»Aber wenn er seine bösen Taten sühnt?«, sagt Georg.

»Nicht wahr, du wirst ihn von mir grüßen und ihm sagen, dass ich ihn nicht weiter als bis an die Grenze der Stadt habe begleiten dürfen«, klagt die Stimme. »Und du bringst ihm mein Lebewohl?«

»Aber wenn er sich ändert und ein anderer wird«, versetzt Georg.

»Grüß ihn und sag ihm, ich werde ihn immer lieben. Eine andere Hoffnung kann ich ihm nicht geben«, sagt die Stimme mit noch wehmütigerem Klang als vorher.

David hat sich im Karren auf die Knie aufgerichtet. Bei diesen Worten strengt er sich aufs Äußerste an, und plötzlich steht er in seiner vollen Größe aufrecht da. Er fasst nach etwas, das ihm zwischen dem unsicheren Griff seiner gefesselten Hände hindurchflattert. Er kann es nicht deutlich unterscheiden, aber es hinterlässt den Eindruck von etwas schimmernd Hellem und nie geahnter Schönheit.

David Holm will sich losreißen und der entfliehenden Erscheinung nacheilen; aber jetzt wird er von etwas zurückgehalten, das ihn mehr lähmt als Fesseln und Bande.

Die Liebe ist es, die Liebe der Geister, von der die Liebe irdischer Menschen nur eine schwache Nachbildung ist. Sie ist es, die ihn, gerade wie vorhin an dem Sterbebette, auch jetzt wieder überwältigt. Sie hat ihn langsam durchglüht, wie ein auflodernes Feuer, das langsam das Brennholz durchglüht. Man merkt kaum etwas von ihrer Arbeit, aber ab und zu schickt sie doch eine lodernde Flammenzunge aus, die beweist, dass sie dabei ist, das ganze Wesen in volle Glut zu versetzen. Und eine solche Flammenzunge ist jetzt in David Holm aufgelodert. Sie leuchtet nicht mit voller Stärke, aber ihr Licht genügt ihm, die Geliebte so herrlich zu sehen, dass er niedersinken muss, von seiner Machtlosigkeit erschüttert. Und er erkennt, dass er es nicht wagen darf, es nicht wagen wollte und es nicht ertragen würde, sich ihr zu nähern.

8

Der Fuhrmann lenkte seinen Karren in tiefer Dunkelheit dahin. Auf beiden Seiten ragte dichter hoher Wald auf, und der Weg war so schmal, dass man den Himmel über sich nicht wahrnehmen konnte. Hier schien sich das Pferd noch langsamer zu bewegen als sonst, und das Knirschen der Räder wurde noch schriller. Die Gedanken der Selbstanklage regten sich immer eindringlicher, die hoffnungslose Einförmigkeit wurde größer als bisher. Einmal zog Georg an den Zügeln, das Knirschen hörte einen Augenblick auf, und er rief mit lauter durchdringender Stimme: »Was ist all die Qual, die ich leide, was all die Qual, die mich erwartet, gegen das Bewusstsein, dass ich nicht mehr in Ungewissheit über das bin, das zu wissen von größtem Wert ist? Ich danke dir, Gott, dass ich aus der Finsternis der Welt herausgekommen bin. Ich lobe und preise dich in all meinem Elend, weil ich nun weiß, dass du mir die Gabe des ewigen Lebens geschenkt hast.«

Die Fahrt begann aufs Neue mit dem Gerassel und Knirschen, aber die Worte des Fuhrmanns klangen noch lange in David Holms Ohren. Jetzt zum ersten Male fühlte er ein bisschen Mitleid mit seinem alten Kameraden.

›Georg ist ein tapferer Mann‹, denkt er. ›Er klagt nicht, obwohl es für ihn keine Hoffnung gibt, seiner Qual zu entgehen.‹

*

Das war eine lange Reise, die kein Ende nehmen wollte.

Als die Fahrt so lange gedauert hatte, dass David Holm annahm, sie müssten einen vollen Tag gefahren sein, erreichten sie eine weite

Ebene, über der sich jetzt ein klarer wolkenloser Himmel ausspannte, an dem ein glänzender Halbmond gerade zwischen dem Aronsstab und den Plejaden dahinsegelte.

Mit kriechender Langsamkeit hinkte der lahme Gaul über die Ebene hin, und als diese endlich hinter ihnen lag, schaute David Holm zum Mond empor, um zu sehen, wie weit er inzwischen auf seiner Bahn gekommen sei. Da bemerkte er, dass er gar nicht vorgerückt war, und David Holm verwunderte sich sehr darüber. Sie fuhren weiter. In langen Zwischenräumen warf David Holm einen Blick zum Himmel empor; aber immer noch blieb der Mond zwischen dem Aronsstab und den Plejaden und rührte sich nicht.

Da erkannte David plötzlich, dass sie nur scheinbar einen vollen Tag lang gefahren waren, während in Wirklichkeit kein Wechsel von Nacht zum Morgen und nicht von Tag zum Abend eingetreten war, sondern dieselbe Nacht die ganze Zeit geherrscht hatte. Stundenlang, stundenlang, schien es ihm, fuhren sie immer weiter, aber an dem großen Zifferblatt des Himmels bewegte sich keiner der Zeiger, sondern alles blieb an demselben Platz.

Er hätte glauben können, die Welt sei in ihrem Lauf aufgehalten worden, wenn ihm jetzt nicht eingefallen wäre, dass ihm Georg gesagt hatte, die Zeit werde ausgedehnt und ausgedehnt, damit der Fuhrmann an alle die Orte, die er erreichen müsse, hingelangen könne. Mit Zittern fühlte er, dass das, was sich für ihn zu halben und ganzen Tagen ausdehnte, nach menschlicher Berechnung höchstens ein paar Minuten sein konnten.

In seiner Kindheit hatte er einmal von einem Mann erzählen hören, der zu den Seligen im Himmel gekommen war. Als dieser Mann dann wieder zurückgekehrt war, hatte er gesagt, hundert Jahre im Himmel seien so schnell vergangen wie ein Tag auf Erden.

Aber wer den Totenkarren fahren musste, für den wurde vielleicht ein einziger Tag ebenso lang wie hundert Jahre auf Erden.

Da fühlte David Holm aufs Neue ein bisschen Mitleid mit Georg.

›Es wundert mich nicht, dass er sich nach Ablösung sehnt‹, denkt er. ›Dies ist ein sehr langes Jahr für ihn gewesen.‹ – – –

Während sie einen hohen Hügel hinauffuhren, bemerkten sie eine Person, die noch langsamer vorwärts kam als der Karren, und die sie also einholen konnten.

Es war eine alte buckelige, gebrechliche Frau, die sich mithilfe eines dicken Stocks vorwärts schleppte und trotz ihrer Schwäche ein sehr schweres Bündel trug, das die Ärmste ganz auf die eine Seite herabzog.

Es sah aus, als habe die Alte die Fähigkeit, den Totenkarren wahrzunehmen, denn sie ging ihm aus dem Weg, als er sie eingeholt hatte, und blieb am Grabenrand stehen.

Dann ging sie ein wenig rascher vorwärts und hielt Schritt mit dem Karren, den sie die ganze Zeit prüfend betrachtete, um herauszubringen, was für ein Fuhrwerk das war.

In dem hellen Mondschein blieb ihr nicht lange verborgen, dass eine alte blinde Schindmähre davorgespannt, dass das Wagengeschirr mit Weiden und alten Schnüren zusammengebunden und dass der Karren ganz ausgeleiert und in beständiger Gefahr war, seine beiden Räder zu verlieren.

»Das ist aber doch sonderbar!«, murmelte sie vor sich hin, ohne zu ahnen, dass die Insassen sie hören konnten. »Wie kann jemand mit so einem Fuhrwerk und so einem Gaul umherfahren? Ich hatte gemeint, ich könnte den Fuhrmann bitten, mich eine Strecke weit mitzunehmen; aber das arme Tier kann sich ja kaum selbst weiter schleppen, und der Karren würde vollends zusammenbrechen, wenn ich aufstiege.«

Aber kaum hatte sie das gesagt, als Georg sich über den Karren herausbog und sein Fuhrwerk zu loben begann.

»Ach, der Karren und das Pferd sind gar nicht so schlecht, wie Ihr meint«, sagte er. »Ich bin mit ihm über brausende Meere gefahren, wo haushohe Wogen dahergerollt kamen, die große Schiffe zum Sinken brachten, während sie mir nichts anhaben konnten.«

Die Alte war ein bisschen verblüfft, dachte aber, da sei sie mit einem spaßigen Fuhrmann zusammengetroffen, und sie war nicht faul mit ihrer Antwort.

»Ihr seid vielleicht Leute, die sich besser auf das brausende Meer verstehen als auf das Land«, erwiderte sie; »denn es sieht mir aus, als kämt ihr hier nur sehr mühsam vorwärts.«

»Ich bin durch jäh hinabführende Grubenschächte geradenwegs in die Eingeweide der Erde hineingefahren, ohne dass der Gaul ausgeglitten ist«, nahm der Fuhrmann wieder das Wort. »Und ich bin mitten durch brennende Städte gefahren, wo das Feuer auf allen Seiten wie ein Feuermeer loderte. Kein Feuerwehrmann hat sich so weit ins Feuer und in den Rauch hineingetraut wie dieses Pferd, ohne zurückzuscheuen.«

»Ihr wollt Euch über eine alte Person lustig machen, Fuhrmann«, sagte die Frau.

»Manchmal hab' ich auf den höchsten Bergen zu tun gehabt, wo nirgends ein gebahnter Pfad war«, fuhr der Fuhrmann fort. »Aber das Pferd ist Felswände hinaufgeklettert und hat sich bis über den Rand von Abgründen hinausgewagt, und der Karren hat doch zusammengehalten, wenn auch der Weg an manchen Stellen ganz mit Felsblöcken übersät war. Ich bin über Moore gefahren, auf denen man nirgends festen Fuß fassen konnte, weil keine Erdscholle herausragte, die auch nur ein Kind getragen hätte, und Schneewehen, die mannshoch aufgetürmt in meinem Weg lagen, haben mich nicht aufhalten können; deshalb glaube ich keinen Grund zu haben, mich über mein Gefährt zu beklagen.«

»Ja, wenn es so ist, wie Ihr sagt, dann wundere ich mich nicht, wenn Ihr zufrieden seid«, sagte die Alte, dem Fuhrmann beipflichtend. »Ihr seid wohl selbst ein richtiger großer Herr, da Ihr so ein prächtiges Fuhrwerk habt.«

»Ich bin der Starke, der Gewalt über die Menschenkinder hat«, erwiderte der Fuhrmann, und nun hatte seine Stimme einen vollen und tiefen Klang. »Ich bezwinge sie, mögen sie in hohen Sälen oder in niederen Kellerlöchern wohnen. Dem Sklaven gebe ich die Freiheit, und ich reiße die Könige von ihren Thronen. Keine Burg ist so mächtig, dass ich ihre Mauern nicht erklimmen könnte. Keine Wissenschaft ist so tief, dass sie einen Damm gegen mein Vordringen aufwerfen könnte. Ich schlage die Sicheren, gerade wenn sie sich in ihrem Glück sonnen, und ich schenke Schätze und Güter den Elenden, die in Armut verschmachtet sind.«

»Hab' ich mir's nicht gedacht, dass ich hier mit einem großen Herrn zusammengetroffen bin«, rief die Alte lachend. »Aber da du so mächtig bist und ein so prächtiges Fuhrwerk hast, könntest du mich auch eine Strecke weit mitfahren lassen. Ich bin auf dem Weg zu meiner Tochter, um den Silvesterabend bei ihr zu verbringen, habe mich aber verirrt und fürchte, ich muss die ganze Nacht auf der Landstraße umherwandern, wenn du mir nicht hilfst.«

»Nein, darum sollt Ihr mich nicht bitten«, versetzte der Fuhrmann. »Es ist immer noch besser für Euch, Ihr geht auf der Landstraße weiter, als dass Ihr in meinem Karren fahrt.«

»Ja, da muss ich dir recht geben«, sagte die Alte. »Dein Pferd würde sicher zusammenbrechen, wenn es mich auch noch ziehen müsste. Aber mein Bündel will ich hier hinten hineinlegen, so viel könntest du mir doch helfen.«

Ohne eine Erlaubnis abzuwarten, hob sie ihr Bündel auf und legte es in den Karren hinein. Aber als hätte sie es auf wallenden Rauch oder wogenden Nebel gesetzt, sank es ohne den geringsten Widerstand auf die Erde herab.

Zugleich musste jedoch die Alte die Kraft verloren haben, den Karren zu sehen, denn sie blieb ratlos und zitternd auf dem Weg stehen, ohne noch einen Versuch zu machen, mit dem Fuhrmann zu reden.

Diese Unterhaltung flößte David Holm abermals ein wenig Mitleid mit Georg ein.

›Er hat gewiss allerhand durchmachen müssen‹, denkt er. ›Ich kann mich nicht mehr darüber wundern, dass er sich verändert hat.‹

9

Der Fuhrmann hat David Holm in ein Gemach mit hohen, aber vergitterten Fenstern und kahlen, hellen Wänden ohne den geringsten Schmuck geführt. Mehrere Betten stehen an den Wänden, von denen aber nur eines besetzt ist. Ein schwacher Arzneigeruch schlägt David Holm entgegen, ein Mann in der Uniform eines Gefangenenwärters sitzt neben dem Bett, und David Holm begreift, dass er in das Krankenzimmer eines Gefängnisses gekommen ist.

An der Decke brennt eine kleine elektrische Lampe, und bei deren Schein sieht David Holm in dem einen Bett einen jungen kranken Menschen mit einem schönen, aber abgezehrten Gesicht. Aber kaum hat er einen Blick auf den Gefangenen geworfen, als er auch schon vergisst, dass er vorhin milder gegen Georg gestimmt gewesen war, und er ist nahe daran, sich mit der vorigen Wut auf Georg zu stürzen.

»Was hast du hier zu tun?«, bricht er los. »Wenn du dem, der da im Bett liegt, etwas zuleide tust, dann sind wir Feinde für ewige Zeiten, das lass dir gesagt sein!«

Der Fuhrmann sieht David Holm mit einem Blick an, der eher mitleidsvoll als strafend ist.

»Ich begreife nun, wer es ist, der da liegt, David; aber ich hab' es nicht gewusst, als wir herfuhren.«

»Ob du es gewusst hast oder nicht, ist ganz einerlei, Georg, wenn du nur begreifst – – –« Doch jäh bricht er ab. Georg hat nur eine befehlende Bewegung mit der Hand gemacht, und David Holm versinkt, von einer unwiderstehlichen Angst bezwungen, in Schweigen.

»Für uns beide gibt's nichts anderes als Unterwerfung und Gehorsam«, sagt der Fuhrmann. »Du hast nichts zu wünschen oder zu verlangen, sondern nur ruhig auf Aufklärung zu warten.«

Damit zieht Georg seine Kapuze tief übers Gesicht herein, zum Zeichen, dass er vorderhand kein Wort mehr wechseln will, und in der nun eintretenden Stille hört David Holm, dass der kranke Gefangene mit seinem Wärter zu reden angefangen hat.

»Herr Aufseher, glauben Sie, dass ich wieder recht werden kann?«, fragt er mit einer schwachen, aber durchaus nicht mutlosen oder traurigen Stimme.

»Freilich, freilich können Sie das, Holm«, sagt der Aufseher freundlich, obgleich mit etwas unsicherem Ton. »Sie müssen sich nur ein wenig erholen und das Fieber überwinden.«

»Sie wissen wohl, dass ich nicht an das Fieber gedacht habe«, erwidert der Kranke. »Ich meine, ob Sie, Herr Aufseher, glauben, ich könne wieder aufkommen. Das ist nicht so leicht, wenn man wegen Totschlag im Gefängnis gesessen hat.«

»Es wird schon gehen, Holm, da Sie jemand haben, zu dem Sie gehen können«, antwortet der Aufseher. »Sie haben mir wenigstens gesagt, Sie wüssten einen Ort, wo Sie aufgenommen würden.«

Ein Lächeln fliegt über das Gesicht des Kranken.

»Wie hat mich der Herr Doktor heute Abend gefunden?«, fragt er dann.

»Keine Gefahr, Holm, keine Gefahr! Der Doktor sagt immer das Gleiche. ›Wenn ich ihn nur außerhalb dieser Mauern hätte, dann würde ich ihn bald wieder auf die Beine bringen‹, sagt er.«

Der Gefangene dehnt die Brust und zieht die Luft durch die Zähne ein.

»Außerhalb dieser Mauern, ja«, murmelt er leise vor sich hin.

»Ich wiederhole nur, was der Doktor zu mir zu sagen pflegt«, fährt der Aufseher fort. »Aber Sie dürfen das nicht so genau nehmen, Holm, damit Sie uns nicht wieder auf und davon gehen wie im Herbst vor einem Jahr. Dadurch ziehen Sie es nur selbst in die Länge, verstehen Sie, Holm?«

»Oh, Sie brauchen keine Angst zu haben, Herr Aufseher. Ich bin jetzt viel klüger als damals. Jetzt bin ich nur noch darauf aus, bald von hier entlassen zu werden. Und nachher fange ich ein neues Leben an.«

»Ja, da haben Sie recht, Holm, es wird ein neues Leben für Sie werden«, sagt der Wächter mit einem etwas feierlichen Ton.

David Holm sitzt dabei und ängstigt sich mehr als der Kranke.

»Er ist hier im Gefängnis angesteckt worden«, murmelt er, während er den Körper angstvoll hin und her wiegt. »Und jetzt ist er hoffnungslos zugrunde gerichtet, er, der so schön und stark und so froh war!«

»Herr Aufseher, haben Sie nicht – – –«, fängt der Kranke wieder an; da er aber in demselben Augenblick eine leichte Bewegung der Ungeduld bei seinem Wärter wahrnimmt, fragt er hastig: »Vielleicht ist es gegen die Vorschrift, wenn ich rede?«

»Nein, nein, heute Nacht dürfen Sie reden, so viel Sie wollen, Holm.«

»Heute Nacht – – –«, wiederholt der Kranke nachdenklich. »Ja so, vielleicht weil es Neujahrsnacht ist.«

»Ja«, antwortet der Aufseher. »Ja, weil ein gutes neues Jahr für Sie beginnt, Holm.«

»Der Mann da weiß, dass er heute Nacht sterben wird«, klagt in seiner Machtlosigkeit der Bruder des kranken Gefangenen. »Das ist der Grund, warum er so freundlich zu ihm ist.«

»Herr Aufseher, haben Sie nicht seit jener Flucht eine Veränderung an mir wahrgenommen?«, nimmt der Kranke die vorhin unterbrochene Frage wieder auf. »Sie haben doch seither keine Mühe mehr mit mir gehabt, nicht wahr, Herr Aufseher?«

»Ganz recht, Sie sind seither so folgsam wie ein Lamm gewesen, und ich habe gar keinen Grund gehabt, unzufrieden mit Ihnen zu sein. Aber ich rate Ihnen aufs Neue, tun Sie das nicht noch einmal.«

Der Kranke lächelt.

»Herr Aufseher, haben Sie sich nicht gefragt, was der Grund für diese Veränderung sein könnte?«, fragt er dann. »Vielleicht haben Sie gedacht, sie komme nur daher, weil ich nach der Flucht kränker geworden bin?«

»Ja, das haben wir uns ungefähr gedacht.«

»Aber es war durchaus nicht deshalb, es hat einen ganz anderen Grund«, versetzt der Kranke. »Ich habe mich noch nie davon zu reden getraut, aber heute Nacht will ich es Ihnen erzählen, Herr Aufseher.«

»Nun fürchte ich fast, dass Sie doch zu viel reden, Holm«, erwidert der Aufseher; als er aber sieht, dass sich das Gesicht des Kranken umwölkt, fügt er freundlich hinzu: »Ja, nicht weil ich es müde wäre, Ihnen zuzuhören, es geht mir dabei nur um Sie, Holm.«

»Haben Sie alle hier im Gefängnis es nicht merkwürdig gefunden, dass ich freiwillig wiedergekommen bin?«, fährt der Kranke fort. »Niemand hat eine Ahnung gehabt, wo ich mich aufhielt, und ich selbst ging auf das Schultheißenamt und meldete mich aus ganz freien Stücken. Nun, Herr Aufseher, was glauben Sie, warum ich so etwas Ungewöhnliches getan habe?«

»Wir dachten natürlich, es sei Ihnen so schlecht gegangen, dass Sie es fürs Beste hielten, sich gutwillig wieder einzufinden.«

»Ja, in den ersten Tagen, da war's mir freilich herzlich schlecht gegangen, das ist wahr. Aber ich war ja drei Wochen fortgewesen. Haben Sie denn alle gemeint, ich hätte die ganze Zeit im wilden Walde zugebracht und überdies mitten im Winter?«

»Wir mussten es ja glauben, da Sie es doch sagten, Holm.«

Der Gefangene sieht außerordentlich vergnügt aus, als er sagt:

»Ja, man muss ja der hohen Obrigkeit manchmal so etwas weismachen, damit die, die einem geholfen haben, nicht in die Patsche kommen. Also darf man ja gar nichts anderes sagen. Wenn einer den Mut hat, einen ausgebrochenen Gefangenen aufzunehmen und gut gegen ihn zu sein, dann muss man ihn doch nachher schützen, so gut man kann. Damit sind Sie doch wohl einverstanden, Herr Aufseher?«

»Holm, jetzt fragen Sie mich mehr, als ich beantworten darf«, antwortet der Wächter mit derselben Geduld, die er die ganze Zeit gezeigt hat.

Der Gefangene stößt einen tiefen, sehnsüchtigen Seufzer aus.

»Wenn ich nur so lange durchhalte, bis ich wieder dorthin kommen kann!«, beginnt er wieder. »Es war eine Familie, die ganz am Waldessaum wohnte.« Er unterbricht sich und ringt eine Weile nach Luft. Der Aufseher sieht ihn besorgt an. Dann greift er nach der Arzneiflasche, und als er sieht, dass sie leer ist, steht er auf.

»Ich muss noch etwas von diesem hier holen«, sagt er und verlässt das Zimmer.

Im nächsten Augenblick sitzt der Fuhrmann auf seinem Platz neben dem Bett. Die Kapuze hat er zurückgeschlagen und die Sense so hingestellt, dass sie der Kranke nicht sehen kann.

Als David Holm den Fürchterlichen so nahe bei seinem Bruder sieht, bricht er in ein Wimmern aus, das fast wie das eines weinenden Kindes klingt; aber der Bruder selbst zeigt keine Aufregung. Da er hohes Fieber hat, merkt er gar nicht, dass ein anderer sich auf den Stuhl neben seinem Bett gesetzt hat, sondern meint, er habe noch immer denselben Aufseher vor sich.

»Es war ein ganz kleines Haus«, sagt er, keucht aber zwischen jedem Wort vor lauter Anstrengung.

»Sie sollten sich nicht so sehr mit dem Reden anstrengen«, sagt der Fuhrmann. »Was Sie denken, weiß die hohe Obrigkeit bis aufs Tüpfelchen genau; wir haben es nur nicht zeigen wollen.«

Der Kranke sperrt vor Verwunderung die Augen auf. »Ja, Sie sehen mich groß an, Holm«, sagt der Fuhrmann. »Warten Sie nur, dann sollen Sie es hören. Meinen Sie, wir hätten nicht gewusst, dass sich an einem Nachmittag ein Mann in ein Häuschen hineingeschlichen hat – es war das allerletzte vor dem langen Dorf –, weil er meinte, es sei niemand daheim. Er hatte lange am Waldrand gelegen und gelauert, ob die Frau nicht weggehen würde; ihr Mann war ja natürlich bei der Arbeit draußen, und Kinder hatte er keine gesehen. – Jetzt endlich kam die Frau mit einem Milchtopf im Arm heraus, und der Mann, der genau achtgegeben hatte, wo sie den Schlüssel versteckte, schlich sich ins Haus hinein.«

»Woher wissen Sie das, Herr Aufseher?«, fragt der Kranke und will sich in seiner Überraschung im Bett aufsetzen.

»Bleiben Sie ruhig liegen, Holm«, sagt der Fuhrmann überaus gutmütig, »und haben Sie keine Angst um Ihre Freunde. Auch wir beim Gefängniswesen sind doch wohl noch Menschen. Nun will ich Ihnen sagen, was ich noch weiter weiß. Als der Mann in die Stube hineinkam, erschrak er, weil sie nicht leer war, wie er geglaubt hatte. In einem großen breiten Bett an der hinteren Wand lag ein krankes Kind und sah ihn an. Der Mann ging leise auf das Kind zu; aber da schloss es die Augen und lag ganz ruhig wie tot da.

›Warum liegst du hier mitten am Tag?‹, fragte der Mann. ›Bist du krank?‹ Aber das Kind rührte sich nicht. ›Du brauchst keine Angst vor mir zu haben‹, sagte der Mann wieder. ›Sag' mir nur, wo ich am raschesten etwas zu essen finden kann, dann gehe ich gleich wieder meiner Wege.‹

Da aber das Kind unbeweglich liegen blieb und keine Antwort gab, zog der Mann einen Strohhalm aus dem Bettstroh und kitzelte das Kind damit unter der Nase. Da musste das Kind niesen, und der Mann fing an zu lachen. Das Kind sah ihn zuerst verwundert an, dann aber fing es auch an zu lachen. ›Ich habe versuchen wollen, mich tot zu stellen‹, sagte es. – ›Aber warum denn, wozu sollte das dienen?‹ – ›Ach, du hast doch wohl gehört, was du tun sollst, wenn du im Walde einem Bären begegnest?‹, sagte das Kind. ›Du sollst dich auf den Boden werfen und tun, als ob du schon tot wärst. Dann geht der Bär fort, um eine Grube zu graben, in die er dich hineinlegen kann, und inzwischen kannst du entfliehen.‹

Der Mann wurde dunkelrot. ›Aha, du hast gemeint, ich werde fortgehen, um die Grube zu graben, in die ich dich hineinstopfen wollte?‹, fragte er. – ›Ja, aber das war recht dumm von mir, denn ich hätte jedenfalls nicht davonlaufen können‹, erwiderte das Kind. ›Ich habe Schmerzen in der Hüfte und kann nicht gehen.‹«

Der kranke Gefangene scheint ganz aufgeregt vor Verwunderung.

»Vielleicht soll ich nicht weiter erzählen, Holm?«, fragt der Fuhrmann.

»Doch, doch, ich höre so gern zu, ich freue mich, wenn ich gerade daran erinnert werde. Aber es ist mir unbegreiflich – – –«

»Ach, es ist gar nicht so merkwürdig. Denn hören Sie, Holm, ein gewisser Landstreicher namens Georg – von ihm haben Sie doch wohl reden hören – hat die Geschichte auf einer seiner Wanderungen gehört und sie dann weitererzählt. Ich glaube, er wusste nicht einmal, wie der Mann, der sich in die Stube hineingeschlichen hatte, hieß.«

Nach diesen Worten entsteht eine kleine Pause; aber schon nach Kurzem fragt der Kranke mit schwacher Stimme:

»Wie ging es dann weiter mit dem Mann und dem Kind?«

»Nun, der Mann bat noch einmal um etwas zu essen. ›Es kommt doch wohl öfter vor, dass ein Armer in euer Haus hereinkommt und um etwas zu essen bittet‹, sagte er. – ›O ja, das kommt öfter vor‹, erwiderte das Kind. – ›Und deine Mutter gibt ihm dann wohl auch etwas?‹ – ›Ja, wenn sie etwas im Haus hat, gibt sie ihm davon.‹ – ›Siehst du‹, sagte der Mann, ›und auch jetzt handelt es sich um gar nichts anderes. Ein Armer ist zu dir hereingekommen, und bittet dich um etwas zu essen. Sag' mir, wo etwas Essbares ist, ich nehme gewiss nicht mehr, als zum Sattwerden nötig ist.‹

Das Kind sah den Mann mit einer lustigen, kindlich schlauen Miene an, dann sagte es: ›Mutter hat an den Flüchtling gedacht, der sich im Wald herumzutreiben scheint, und darum alles Essbare weggestellt und im Schrank verschlossen.‹ – ›Aber du hast doch wohl gesehen, wo sie den Schlüssel hingelegt hat, sodass du es mir sagen kannst; sonst muss ich ja das Schloss aufbrechen.‹ – ›Oh, das ist nicht so leicht‹, versetzte das Kind. ›Wir haben feste Schlösser an den Schränken.‹ Der Mann ging im Zimmer herum und suchte nach dem Schlüssel. Er suchte auf dem Kaminschoß und in der Tischlade, konnte ihn aber nicht finden. Das Kind hatte sich indessen im Bett aufgesetzt und zum Fenster hinausgesehen. Jetzt sagte es: ›Es kommen Leute daher; Mutter und viele andere mit ihr.‹

Mit einem Sprung stand der Flüchtling an der Tür. – ›Wenn du da hinausläufst, rennst du ihnen gerade in die Hände. Es wäre besser, du verstecktest dich in unserem Schrank‹, sagte das Kind. – Der Mann zögerte an der Tür. ›Das ist wohl möglich, aber ich hab' den Schlüssel zu dem Schrank nicht.‹ – ›Aber ich hab' ihn!‹, rief das Kind, und zugleich streckte es die Hand aus, in der ein großer Schlüssel lag.

Der Flüchtling nahm den Schlüssel und eilte nach dem Schrank. ›Wirf mir den Schlüssel wieder her‹, rief das Kind, als der Mann den Schrank öffnete, ›und zieh die Tür von innen zu!‹ Der Flüchtling tat, wie ihm geheißen war, und im nächsten Augenblick war er eingesperrt!

Man kann sich denken, wie dem Manne das Herz klopfte, während er da drinnen stand und auf seine Verfolger lauschte. Er hörte, wie die Tür zum äußeren Zimmer aufgemacht wurde, und dass viele Leute hereinkamen. Eine Frauenstimme schrie laut und gellend: ›Ist jemand hier gewesen?‹ – ›Ja‹, antwortete das Kind. ›Sobald du fortgegangen warst, Mutter, ist ein Mann hereingekommen.‹ – ›Ach Gott, ach Gott!‹, jammerte die Frau. ›Die Leute haben also recht gehabt. Sie sagten, sie hätten jemand aus dem Wald herauskommen und hier hineingehen sehen.‹

Der Flüchtling verwünschte in Gedanken das Kind, das ihn verriet. Der verschlagene Bengel hatte ihn wie in einer Mausefalle gefangen. Er versuchte schon die Tür zurückzuschieben, um mit einem Satz herauszustürzen und sich vielleicht durchzuschlagen. Da hörte er, dass jemand fragte, wo denn der Flüchtling hingekommen sei.

›Jetzt ist er nicht mehr im Hause‹, antwortete die helle Kinderstimme. ›Er bekam Angst, als er euch daherkommen sah.‹

›Hat er nichts mitgenommen?‹, fragte die Mutter. – ›Nein, er wollte etwas zu essen haben, aber ich konnte ihm nichts geben.‹ – ›Und er hat dir auch nichts getan?‹ – ›Doch, er hat mich unter der Nase gekitzelt‹, sagte das Kind, und der Flüchtling hörte, wie es dabei lachte. – ›Was, hat er das getan?‹, rief die Mutter, und nun lachte auch sie nach der ausgestandenen Angst. ›Nun, wenn er nicht mehr hier ist, dann wollen wir nicht länger hierbleiben und die Wände anstarren‹, sagte jetzt eine Männerstimme, und gleich darauf hörte der Flüchtling, dass die Leute das Zimmer verließen. – ›Ihr bleibt jetzt wohl daheim, Lisa?‹, sagte gleich darauf eine Stimme. – ›Ja, ich lasse Bernhard heute nicht mehr allein‹, antwortete die Stimme der Mutter.

Der Flüchtling hörte, wie die Haustür geschlossen wurde, und erriet, dass die Mutter und das Kind nun allein im Hause waren. ›Wie wird es mir nun gehen?‹, dachte er. – In demselben Augenblick hörte er Schritte auf den Schrank zukommen, und die Stimme der Mutter rief: ›Ihr in dem Schrank habt keine Angst, sondern kommt heraus, damit ich mit Euch reden kann.‹ Zugleich wurde der Schlüssel ins Schloss gesteckt und die Tür aufgemacht. Der Mann war ganz verzagt. ›Der dort drüben hat gesagt, ich solle mich hier verstecken‹, stammelte er, indem er auf das Kind deutete.

Der Junge lachte und war so aufgeräumt über das Abenteuer, dass er in die Hände klatschte. ›Er wird ganz pfiffig von dem ständigen Zubettliegen und der Beschäftigung mit seinen eigenen Gedanken‹, sagte die Mutter stolz. ›Man kann nächstens nicht mehr mit ihm fertig werden.‹ – Nun merkte der Flüchtling, dass die Mutter ihn nicht ausliefern wollte, weil der Junge sich seiner angenommen hatte. – ›Ja, da habt Ihr ganz recht. Ich will Euch gestehen, dass ich hereinkam, um mir etwas zum Essen zu verschaffen, aber ich habe nichts ergattern können. Das Kind hat mir den Schlüssel nicht gegeben. Er ist tüchtiger als viele, die auf ihren Beinen herumlaufen.‹ Die Mutter begriff wohl, was der Flüchtling mit seinen Schmeicheleien ausrichten wollte, aber sie hörte es jedenfalls gern. ›Nun will ich Euch zuerst etwas zu essen geben‹, sagte sie.

Während der Flüchtling aß, fragte ihn der Junge über seine Flucht aus, und der Mann berichtete alles ganz aufrichtig von Anfang bis zum Ende. Die Flucht war nicht vorbereitet gewesen, sondern es hatte sich ihm eine Gelegenheit gezeigt, als er im Gefängnishof arbeitete und das Tor offen stand, weil einige Fuhren Kohle hereingefahren werden sollten. Der Junge fragte und fragte und konnte gar nicht genug hören. Alles wollte er wissen. Wie der Flüchtling zur Stadt hinausgekommen, und wie es ihm dann im Wald ergangen war. Ein paarmal sagte der Mann, jetzt müsse er gehen; aber davon wollte der Junge nichts hören. ›Nun, Ihr könnt ja ebenso gut heute Abend hier sitzen bleiben und Euch mit Bernhard unterhalten‹, sagte die Frau schließlich. ›Es sind so viele Leute unterwegs, die auf Euch lauern. Ihr werdet auf jeden Fall ergriffen, ob Ihr hierbleibt oder Euch fortschleicht.‹ Als der Mann heimkam, saß der Flüchtling noch da und erzählte dem Jungen. Es war jetzt dunkel im Zimmer, und der Häusler meinte zuerst, es sei einer der Nachbarn, der sich mit dem Kinde unterhalte. ›Seid Ihr es, Petter, der hier sitzt und Bernhard Geschichten erzählt?‹, fragte er. – Das Kind fing in seiner Ausgelassenheit laut zu lachen an. ›Nein, Vater, das ist nicht Petter, sondern was viel Besseres. Komm nur her, dann sollst du hören!‹ Der Vater trat ans Bett, aber er bekam nicht eher etwas zu hören, als bis er sein Ohr ganz dicht an den Mund des Jungen gelegt hatte. – ›Es ist der Flüchtling‹, flüsterte der Junge. – ›Um Himmels willen, Bernhard, red' nichts!‹, sagte der Vater. – ›Es ist aber doch wahr‹, erwiderte der Junge. ›Er hat mir erzählt, wie er sich zum Gefängnistor herausgeschlichen hat und dann tief drinnen im Wald in einer alten Blockhütte drei Nächte lang versteckt war. Ich weiß alles genau.‹

Die Mutter hatte in aller Eile ein Lämpchen angezündet, und der Häusler betrachtete jetzt den Flüchtling, der sich neben der Tür aufgestellt hatte. – ›Nun sagt mir zuerst genau, wie alles zusammenhängt‹, sagte der Häusler. Da fingen seine Frau und sein Kind an zu berichten, und in ihrem Eifer nahmen sie einander wiederholt das Wort vom Munde weg. Der Häusler war ein älterer Mann und sah klug und bedächtig aus. Aufmerksam betrachtete er sich den ausgebrochenen Sträfling, während die anderen erzählten. – ›Der Ärmste sieht ja aus, als wäre er todkrank‹, dachte er. ›Wenn er noch eine Nacht in der Blockhütte zubringen muss, ist es um ihn geschehen.‹

›Auf der Landstraße begegnet man vielen, die gefährlicher aussehen als Ihr, ohne dass es jemand einfällt, sie gefangen zu nehmen‹, sagte er, als die anderen schwiegen. – ›Ich bin auch gar nicht so gefährlich‹, erwiderte der Flüchtling. ›Aber es hatte mich einer gereizt, als ich betrunken war.‹ – Der Häusler wollte nicht, dass der Flüchtling im Beisein des Jungen mehr von der Sache erzählte, und so unterbrach er ihn: ›Ja, ich kann mir wohl denken, dass es derartig zugegangen ist‹, sagte er.

Nun herrschte vollkommenes Schweigen in der Stube. Der Häusler saß nachdenklich da, und die anderen sahen ihn ängstlich an. Niemand wagte, noch ein weiteres Wort zugunsten des Flüchtlings zu sagen. Endlich wandte sich der Häusler an seine Frau. ›Ich weiß nicht, ob ich unrecht tue‹, sagte er. ›Aber es geht mir wie dir; da sich der Junge nun seiner angenommen hat, kann ich ihn nicht aus dem Hause jagen.‹

Somit wurde beschlossen, der Flüchtling solle über Nacht dableiben und am frühen Morgen weitergehen. Aber am nächsten Morgen hatte er so hohes Fieber, dass er sich nicht auf den Füßen halten konnte. Und auf diese Weise sahen sich die Leute genötigt, ihn ein paar Wochen bei sich zu behalten.«

Als der Fuhrknecht mit seinem Bericht soweit gekommen ist und erzählt, wie der Flüchtling in der Wohnung behalten wurde, bieten die beiden Brüder, die der Erzählung lauschen, einen merkwürdigen Anblick. Der Kranke hat sich in seinem Bett zu sanfter Ruhe ausgestreckt. Die Schmerzen scheinen von ihm gewichen zu sein, und er lebt völlig in einer glücklichen Vergangenheit. Aber misstrauisch sitzt der andere da, er ahnt, dass sich hinter all diesem eine geheime Falle verbirgt. Einmal ums andere versucht er dem Bruder ein Zeichen zu machen, nicht so ruhig dazuliegen, aber es gelingt ihm nicht, seine Aufmerksamkeit zu erregen.

»Sie wagten es nicht, einen Arzt zu holen«, setzte der Fuhrknecht seine Erzählung weiter fort. »Und sie wagten auch nicht, um Arznei in die Apotheke zu gehen. Der Kranke musste sich ohne Mittel behelfen. Wenn jemand vorbeikam und Anstalten machte, in die Kate zu treten, so stellte sich die Frau auf die Schwelle und erzählte, Bernhard habe einen so sonderbaren Ausschlag am ganzen Körper, sie fürchte fast, es sei das Scharlachfieber. Und sie könne die Verantwortung nicht auf sich nehmen, jemand ins Haus hereinkommen zu lassen.

Als sich der Flüchtling nach vierzehn Tagen allmählich etwas erholte, sagte er sich, er könne nun nicht länger bei seinen freundlichen Wirtsleuten bleiben, sondern müsse sich davonmachen; unter keinen Umständen dürfe er den armen Leuten noch länger zur Last fallen.

Um diese Zeit fingen seine Wirtsleute ein Gespräch mit ihm an, das ihm das Herz schwer machte. Eines Abends fragte ihn nämlich Bernhard, wohin er sich wenden wolle, wenn er von ihnen fortgehe. – ›Ich gehe wohl am besten wieder hinaus in den Wald‹, antwortete er. – ›Ich will Euch etwas sagen‹, fiel die Frau ein. ›Das hat keinen Sinn, wenn Ihr in den Wald hinausgeht. An Eurer Stelle würde ich danach trachten, wieder mit dem Gesetz ins Reine zu kommen. Es kann doch kein Vergnügen für Euch sein, wie ein wildes Tier im Walde zu hausen.‹ – ›Es ist aber auch kein Vergnügen für mich, im Loch zu sitzen.‹ – ›Nein, aber wenn das doch einmal durchgemacht sein muss, so ist es gewiss am besten, es je eher je lieber überstanden zu haben.‹ – ›Ach, ich hätte gar nicht mehr so lange sitzen müssen, als ich durchging‹, sagte er. ›Aber jetzt bekomme ich wahrscheinlich noch mehr aufgebrummt.‹ – ›Ja, diese Flucht ist ein rechtes Elend‹, meinte die Frau. – ›Nein‹, entgegnete rasch der Flüchtling. ›Es ist das Beste, was ich in meinem Leben getan habe.‹ Als er das sagte, schaute er dem Jungen in die Augen und lächelte ihn an, und dieser lachte und nickte ihm zu. Dieses Kind war ihm ans Herz gewachsen. Am liebsten hätte er es aus dem Bett herausgeholt, auf seine Schultern gehoben und es mit sich fortgenommen, wenn er nun weitergehen musste. ›Es wird Euch schwerfallen, wieder mit Bernhard zusammenzutreffen, wenn Ihr Euer ganzes Leben lang als armer Flüchtling umherschweifen müsst‹, sagte die Frau. – ›Aber es würde noch viel schwieriger sein, wenn ich mich wieder einsperren ließe‹, versetzte er.

Der Häusler, der eben in der Stube anwesend war, mischte sich nun auch ins Gespräch. ›Wir haben uns recht an Euch gewöhnt‹, sagte er in seiner bedächtigen Art. ›Aber da Ihr nun wieder auf seid, können wir Euch nicht länger vor den Nachbarn verborgen halten. Wenn Ihr Eure richtige Entlassung aus dem Gefängnis hättet, wäre es etwas anderes.‹ Den Flüchtling durchzuckte plötzlich ein Verdacht. Vielleicht sollte er überredet werden, sich selbst zu stellen, damit die Leute keine Unannehmlichkeiten mit dem Gesetze zu gewärtigen hätten. Hastig gab er zur Antwort: ›Ich fühle mich so gesund, dass ich gut morgen meines Weges gehen kann.‹ – ›Das war es nicht, was ich sagen wollte‹, erwiderte der Häusler. ›Aber wenn Ihr frei gewesen wäret, hätte ich Euch angeboten, bei uns zu bleiben und uns bei der Feldarbeit zu helfen.‹ Der Flüchtling wusste, wie schwer einer, der im Zuchthaus gewesen ist, wieder Arbeit findet, und wurde darum bei diesem Anerbieten ganz gerührt. Aber es widerstrebte ihm sehr, in die Gefangenschaft zurückzukehren, und so blieb er schweigend sitzen.

An diesem Abend war der Junge weniger wohl als sonst. ›Sollte man ihn nicht lieber ins Spital bringen, damit er dort behandelt werde?‹, fragte endlich der Flüchtling. – ›Ach, er ist schon mehrere Male dort gewesen, aber die Ärzte sagen, es helfe alles nichts, wenn er nicht Seebäder nehmen könne; aber wer kann das bezahlen?‹, versetzte die Mutter. – ›Es ist wohl eine sehr weite Reise?‹, fragte der Flüchtling. – ›Es ist nicht allein die Reise, denn wo sollten wir das Geld für Kost und Wohnung hernehmen?‹ – ›Nein, dies ist natürlich gänzlich unmöglich‹, sagte der Flüchtling. Wieder saß er eine Weile schweigend da, aber in seinem Herzen spielte er mit dem Gedanken, wie er vielleicht eines Tages imstande wäre, Bernhard das Geld zu einer Badereise zu verschaffen.

Dann wendete er sich an den Häusler und nahm selbst das frühere Gespräch wieder auf: ›Es ist keine leichte Sache, einen Sträfling in Dienst zu nehmen‹, streckte er zuerst einen Fühler aus. – ›Oh, das würde schon recht werden‹, erwiderte der Häusler. ›Aber Ihr seid vielleicht einer von denen, die auf dem Lande nicht recht gedeihen und auf alle Fälle in der Stadt sein wollen?‹ – ›An die Stadt denke ich niemals, wenn ich in meiner Zelle sitze‹, antwortete der Sträfling. ›Da denke ich nur immer an die grünen Fluren und die Wälder.‹

›Wenn Ihr Eure Strafe abgesessen hättet, so bekämt Ihr das Gefühl, als sei ein großer Teil der Last, die jetzt Euer Gemüt bedrückt, von Euch abgefallen‹, meinte der Häusler. – ›Ja, das sage ich auch‹, stimmte die Frau mit ein.

›Könntest du uns nicht etwas vorsingen, Bernhard? Aber du fühlst dich vielleicht heute Abend zu schwach dazu?‹ – ›Ach nein‹, erwiderte der Junge. – ›Deinem Freund würde es gewiss Freude machen‹, sagte die Mutter. Dem Sträfling wurde ganz ängstlich zumute, fast als stünde ihm ein Unheil bevor. Er wollte den Jungen bitten, das Singen lieber zu unterlassen; aber da hatte dieser schon angefangen. Er sang mit weicher, heller Stimme, und es war höchst merkwürdig: Erst wenn er sang, wurde einem so recht klar, dass auch er ein Gefangener auf Lebenszeit war, der sich nach Freiheit und Bewegung sehnte.

Der Sträfling barg das Gesicht in den Händen, aber die Tränen tropften ihm zwischen den Fingern hindurch. ›Ich, aus dem doch nie etwas Rechtes werden kann, will versuchen, etwas dazu beizutragen, dieses Kind aus seinen Banden zu befreien‹, dachte er.

Am nächsten Tag nahm er Abschied und ging fort. Niemand fragte ihn, wohin er sich wende. Alle drei sagten nur: ›Auf Wiedersehen!‹«

»Ja, das taten sie«, sagte der Kranke, der nun endlich den Fuhrknecht unterbricht. »Wissen Sie, Herr Aufseher, dass dies das Schönste ist, was ich je erlebt habe.« Er liegt ganz still da, während ihm sachte ein paar Tränen über die Wangen laufen. »Ich bin froh, dass Sie, Herr Aufseher, das wissen«, fährt er fort. »Nun kann ich doch mit Ihnen von Bernhard reden – – – Es ist mir zumute, als hätte ich meine Freiheit wieder gehabt – – Es ist mir, als sei ich bei ihm gewesen – – Ich hätte nie geglaubt, dass ich heute Nacht noch so glücklich werden könnte – – –«

Der Fuhrknecht beugte sich nun tief über den Kranken.

»Hört mich an, Holm!«, sagt er. »Was würdet Ihr dazu sagen, wenn ich es nun so einrichten könnte, dass Ihr gleich wieder zu Euren Freunden kämet, wenn auch auf andere Weise, als Ihr Euch gedacht hattet. Wenn ich Euch nun das Anerbieten machte, Euch die langen Jahre der Sehnsucht abzukürzen und Euch noch in dieser Nacht frei zu machen; wäret Ihr bereit zu gehen?«

Während der Fuhrknecht das sagt, hat er die Kapuze heraufgezogen und die Sense ergriffen.

Der Kranke liegt da und sieht ihn mit großen Augen an, aus denen immer größere Sehnsucht spricht.

»Versteht Ihr, wie ich es meine, Holm?«, fragt der Fuhrmann. »Ist es Euch klar, dass ich der bin, der alle Gefängnisse aufschließen kann, dass ich der bin, der Euch auf eine Flucht zu geleiten vermag, wo kein Verfolger Euch einholen kann?«

»Ich verstehe wohl, was du meinst«, antwortet der Gefangene. »Aber wäre das nicht wie ein Unrecht gegen Bernhard? Du weißt, ich bin hierher zurückgekehrt, damit ich auf ehrenhafte Weise frei würde und ihm dann helfen könnte.«

»Du hast ihm das größte Opfer gebracht, das du überhaupt bringen konntest«, erwidert ihm der Fuhrknecht. »Und zum Lohn dafür wird deine Strafzeit abgekürzt und dir die große unverlierbare Freiheit schon jetzt angeboten. Und um Bernhard brauchst du dir keine Gedanken mehr zu machen.«

»Aber ich hatte ihn doch ans Meer führen wollen«, sagt der Kranke. »Als wir Abschied nahmen, hab' ich ihm zugeflüstert, ich käme wieder und würde ihn dann ans Meer bringen. Ein Versprechen, das man einem Kinde gegeben hat, muss man doch halten.«

»Du willst also die Freiheit, die ich dir zu bieten habe, nicht annehmen?«, fragt der Fuhrknecht und richtet sich wieder auf.

»Ach doch, doch!«, ruft der Kranke eifrig und fasst nach dem Mantel des Fuhrmanns. »Geh nicht fort! Du weißt nicht, wie mich die Sehnsucht verzehrt. Wenn sich nur ein anderer fände, der Bernhard helfen könnte! Aber er hat ja niemand als mich.«

Plötzlich sieht er mit einem leisen Ausruf der Freude auf.

»Da sitzt ja mein Bruder David!«, sagt er. »Jetzt hat es keine Not mehr. Ihn kann ich bitten, Bernhard zu helfen.«

»Dein Bruder David!«, sagt der Fuhrknecht voll Verachtung. »Nein, ihn kannst du nicht bitten, ein Kind zu beschützen. Du solltest nur sehen, wie er seine eigenen Kinder behandelt.«

Er bricht ab, denn da sitzt David Holm schon auf der anderen Bettkante und beugt sich über seinen Bruder. »David«, sagt der Kranke, »ich sehe grüne Fluren und das freie offene Meer vor mir. Ach, David, bedenke, ich habe gar so lange hier eingesperrt gesessen! Ich kann der Versuchung nicht widerstehen, wenn mir die Freiheit winkt und ich sie annehmen kann, ohne ein Unrecht damit zu begehen. Aber da ist das Kind! Du weißt doch, ich habe es ihm versprochen.«

»Mach' dir keine Sorgen!«, sagt David Holm. »Ich sage dir, diesem Kind, diesen Leuten, die dir geholfen haben, werde auch ich helfen. Geh du nur hinaus in die Freiheit! Geh, wohin du willst! Ich werde für sie sorgen. Verlasse du nur ruhig dein Gefängnis!«

Bei diesen Worten fällt der Kranke in seine Kissen zurück.

»Du hast ihm das Todeswort gesagt, David«, spricht der Fuhrknecht. »Komm fort von hier! Es ist Zeit für uns zu gehen. Der Befreite soll uns nicht treffen, uns, die wir in Finsternis und Knechtschaft gebunden sind.«

10

›Wenn es mir möglich wäre, mich bei dem entsetzlichen Knirschen und Quietschen verständlich zu machen, würde ich Georg gern ein Wort des Dankes dafür sagen, dass er den beiden, Schwester Edith und meinem Bruder, in ihrem schwersten Augenblick geholfen hat‹, denkt David Holm. ›Ich würde mich zwar nicht dazu bereitfinden, ihn in seinem Amt abzulösen, aber ihm zeigen, dass ich wohl weiß, was er bei dieser Gelegenheit getan hat, möchte ich doch.‹

Kaum hat David Holm dies gedacht, als der Fuhrmann am Leitseil zieht und das Pferd anhält, ganz als seien ihm Davids Gedanken bekannt geworden.

»Ich bin nur ein elender Stümper von einem Fuhrmann«, sagt er. »Ab und zu gelingt es mir ja wohl, jemand zu helfen, aber ebenso oft misslingt es. Diese beiden waren leicht über die Grenze zu befördern, weil sich die eine so innig nach dem Himmel sehnte und der andere so wenig hatte, was ihn an diese Welt fesselte. Weißt du, David«, fährt er fort und schlägt dabei rasch den alten kameradschaftlichen Ton an, »oft, wenn ich hier auf meinem Karren saß und hinausschaute, hab' ich gedacht, wenn ich doch nur einen sicheren Boten hätte, durch den ich den Menschen Botschaft zukommen lassen könnte, dann würde ich ihnen einen Gruß schicken.«

»Ja, das kann ich mir wohl denken«, versetzt David Holm.

»Weißt du, David«, fährt der Fuhrmann fort, »wenn auf dem Acker reife Frucht steht, dann ist es nicht schwer, Schnitter zu sein; wenn aber ein Erntearbeiter aufs Feld hinausgehen und arme Gewächse niedermähen müsste, die kaum zu ihrer halben Höhe herangewachsen sind, so würde ihn das eine grausame Arbeit dünken. Der Herr nun, dem ich diene, ist sich auch viel zu gut für solche Arbeit, und darum überlässt er das alles mir armem Fuhrmann.«

»Ich sehe ein, dass es so sein muss«, sagt David Holm.

»Ach, wenn die Menschen nur wüssten, wie leicht es ist, denen über die Grenze zu helfen, die ihre Arbeit getan, ihre Pflicht erfüllt und ihre Fesseln schon fast durchgescheuert haben, wie schwer aber dagegen der zu befreien ist, der nichts Abgeschlossenes, nichts Vollendetes aufweisen kann, der alle, die er lieb hat, hinter sich zurücklassen muss, dann würden sie sich vielleicht Mühe geben, die Arbeit des armen Fuhrknechts zu erleichtern.«

»Wie meinst du das, Georg?«

»Denk nur an eins, David! Seit du jetzt bei mir bist, hast du eigentlich immer nur von einer einzigen Krankheit reden hören, und ich kann dir versichern, dass dies bei mir das ganze Jahr hindurch so gewesen ist. Aber das kommt nur daher, weil sich diese Krankheit unter der unreifen Saat ausbreitet, und meine Aufgabe ist es, die Saat, die vor der Reife fallen muss, einzuheimsen. Ach, wenn doch nur diese Krankheit aus der Welt geschafft wäre, dann wäre meine Arbeit nicht so schwer.«

»Ist das die Botschaft, die du den Menschen schicken möchtest, Georg?«

»Nein, David. Jetzt weiß ich besser als früher, was die Menschen ausrichten können, und sie werden sich in absehbarer Zeit durch ihre Kenntnisse und ihre Ausdauer von dieser Krankheit befreien. Sie werden nicht ruhen, bis sie sich von dieser und von allen den anderen volksverheerenden Krankheiten frei gemacht haben. Nein, daran hängt die Sache nicht.«

»Wie könnten sie denn die Arbeit des Fuhrmanns erleichtern?«

»Die Menschen sind überaus mächtig«, antwortet Georg, »und deshalb glaube ich, dass der Tag kommen wird, wo man von Armut und Trunksucht oder all dem Elend, das das Leben verkürzt, nichts mehr weiß. Aber es ist nicht gesagt, dass die Arbeit des Fuhrmanns dadurch weniger mühselig sein wird.«

»Aber wie lautet denn dann die Botschaft, die du den Menschen schicken möchtest, Georg?«

»Der Neujahrsmorgen bricht bald an, David, und wenn die Menschen nun erwachen, denken sie zuerst an das neue Jahr und an alles, was es ihnen an Wünschen und Hoffnungen erfüllen soll, und dann denken sie an die Zukunft. Aber da möchte ich ihnen sagen können, sie sollen sich nicht Liebesglück oder Erfolg oder Reichtum oder Macht oder ein langes Leben, ja nicht einmal Gesundheit wünschen; ich möchte, dass sie ihre Hände falteten und ihre Gedanken in dem einen Gebet vereinigten:

›Gott, großer Gott, lass meine Seele zur Reife kommen, ehe sie geerntet wird!‹«

II

Zwei Frauen sitzen in eine ernste Unterhaltung vertieft, die schon stundenlang gedauert hat, beisammen. Das Gespräch war gegen Abend eine Weile unterbrochen worden, weil beide in einem Saal der Heilsarmee dem Gottesdienst beiwohnten, aber danach ist es wieder aufgenommen worden. Die ganze Zeit über hat die eine der Frauen sich angestrengt, bei der anderen Mut und Vertrauen zu erwecken; aber es sieht aus, als sei sie noch weit von ihrem Ziel entfernt.

»Wissen Sie, Frau Holm«, sagt die eine und versucht, der anderen Trost und Aufmunterung zu geben, »so sonderbar es auch klingen mag, so glaube ich doch, dass Sie es von jetzt an besser bekommen werden. Ich glaube, jetzt hat er sein Schlimmstes getan. Er hatte sich es wohl vorgenommen, um die Rache zu befriedigen, mit der er Ihnen seit Ihrer Wiedervereinigung immerfort gedroht hatte. Aber sehen Sie, Frau Holm, es ist eine Sache für sich, sich an einem Tag hart zu machen und zu sagen, die Kinder dürfen nicht fortgenommen werden; aber etwas anderes ist es, mit so einem Mordgedanken im Herzen umherzugehen und ihn Tag für Tag durchzuführen, und ich glaube nicht, dass das jemand auf die Dauer aushalten könnte.«

»Es ist sehr gut von Ihnen, Hauptmännin, dass Sie mich zu trösten versuchen«, sagt Frau Holm.

Aber die Hauptmännin merkt wohl, was die arme Frau dabei denkt. Sie denkt: ›Wenn die Hauptmännin der Heilsarmee auch niemand kennt, der so etwas aushalten könnte, so kenne ich einen, der es kann.‹

Die Hauptmännin sieht aus, als sei sie nun fast an der Grenze ihrer Überredungskunst angekommen, aber rasch beschließt sie, noch einen Versuch zu machen.

»Und nun will ich Ihnen noch etwas sagen, Frau Holm«, sagt sie. »Ich weiß nicht, ob es eine so große Sünde gewesen ist, als Sie Ihren Mann vor ein paar Jahren verlassen haben, aber ich erkenne, es war ein Versäumnis. Damals haben Sie ihn preisgegeben, und die bösen Folgen zeigten sich rasch. Aber jetzt haben Sie es wieder gutzumachen versucht; da haben Sie getan, was Gottes Wille von Ihnen forderte, und deshalb glaube ich, dass nun eine Wendung zum Besseren eintreten wird. Ein starker Sturm war erregt worden, und der konnte nicht mit einem Schlag wieder beruhigt werden; aber was Sie, Frau Holm, und Schwester Edith angefangen haben, ist trotz allem ein Werk von guter Art, das die Früchte der guten Werke tragen wird.«

Als die Hauptmännin dies gesagt hat, ist sie nicht mehr allein mit David Holms Frau. David Holm und sein Kamerad Georg, oder besser gesagt, die Schemen dieser beiden sind in das Zimmer eingedrungen und an der Tür stehen geblieben.

David Holm ist jetzt weder an den Füßen noch an den Händen gefesselt. Er folgt dem Fuhrmann, ohne gezwungen werden zu müssen; aber als er jetzt sieht, wohin er geführt worden ist, steigt heftige Entrüstung in ihm auf. Hier soll doch wohl niemand sterben! Warum ihn also zwingen, seine Wohnung und seine Frau wiederzusehen?

Er will sich eben mit einer heftigen Frage an Georg wenden, als dieser ihm durch ein Zeichen bedeutet, sich still und ruhig zu verhalten.

Jetzt hebt David Holms Frau den Kopf, wie von der festen Überzeugung der anderen etwas gestärkt.

»Ach, wer doch glauben könnte, dass es wahr wäre!«, seufzt sie.

»Es ist wahr«, bekräftigt die Hauptmännin, indem sie Frau Holm ermutigend zulächelt. »Von dem morgigen Tag an tritt eine Wendung ein, und Sie werden sehen, die Hilfe kommt mit dem neuen Jahre.«

»Mit dem neuen Jahre – – –«, versetzt Frau Holm. »Freilich, es ist ja Neujahrsnacht, das hatte ich fast vergessen. Wie spät mag es denn sein, Hauptmännin Andersson?«

»Wir sind schon ein gutes Stück im neuen Jahr drinnen«, antwortet die Gefragte, indem sie auf ihre Uhr sieht. »Es ist jetzt ein Viertel vor zwei Uhr.«

»Aber dann dürfen Sie nicht noch länger bei mir sitzen«, sagt Frau Holm, »sondern müssen nach Hause gehen und sich zu Bett legen. Sie sehen ja, ich bin jetzt ganz ruhig.«

Die Hauptmännin sieht die Frau prüfend an.

»Mit der Ruhe ist es wohl noch nicht weit her«, sagt sie dann.

»Sie können meinethalben ganz beruhigt sein, Hauptmännin«, versichert Frau Holm. »Ich weiß wohl, dass ich heute Nacht schreckliche Reden geführt habe, aber nun ist das mit Gottes Hilfe vorüber.«

»Glauben Sie, dass Sie jetzt alles in Gottes Hand legen und ihm vertrauen können, dass er alles zum Besten lenkt?«, fragt die Hauptmännin.

»Ja, ja, ich kann es«, antwortet Frau Holm.

»Ich wäre gern noch bis zum Morgen bei Ihnen geblieben, aber ich sehe Ihnen an, dass es Ihnen lieber ist, wenn ich jetzt gehe.«

»Es war mir eine große Hilfe, dass Sie bei mir gewesen sind, Hauptmännin; aber jetzt kommt er bald nach Hause, und dann ist es besser, ich bin allein.«

Nach einigen weiteren Worten verlassen beide Frauen das Zimmer, und David Holm errät, dass seine Frau die Hauptmännin hinausbegleitet, um die Tür für sie aufzuschließen.

»David, hast du alles gehört?«, fragt der Fuhrmann. »Erkennst du nun, dass die Leute schon alles wissen, was ihnen zu wissen nötig ist? Sie müssen nur noch in dem Verlangen, gesund und lange zu leben, gestärkt werden.«

Der Fuhrmann hat seine Worte kaum ausgesprochen, als Frau Holm wieder eintritt. Man sieht, dass sie im Sinne hat, ihr Wort zu halten und zu Bett zu gehen. Sie setzt sich auf einen Stuhl, bückt sich vor und fängt an, einen Stiefel aufzuschnüren.

Während sie so vorgebeugt dasitzt, fährt die Haustür mit einem heftigen Schlag zu; da richtet sie sich auf und lauscht.

»Kommt er?«, fragt sie. »Ja, er wird es wohl sein.« Sie läuft ans Fenster und versucht in den dunklen Hof hinunterzusehen. Ein paar Minuten steht sie so, atemlos hinausspähend. Als sie sich dem Zimmer wieder zuwendet, ist ihr Gesicht seltsam verändert. Es ist aschgrau geworden, die Augen, die Lippen, alles miteinander ist wie mit Asche überschüttet. Ihre Bewegungen sind jetzt steif und schleppend, und ein schwaches Stöhnen dringt über ihre Lippen.

»Ich kann es nicht aushalten«, flüstert sie. »Ich kann es nicht aushalten.« –

»Ich soll an Gott glauben«, stößt sie nach einer kleinen Pause hervor und bleibt mitten im Zimmer stehen. »Sie sagen, ich soll an Gott glauben. Sie meinen vielleicht, ich hätte nicht zu ihm gebetet und nicht um Hilfe geschrien. Was soll ich tun, wie soll ich es anfangen, um Hilfe von ihm zu erlangen?«

Sie weint nicht, aber ihre Worte sind ein fortgesetztes Wimmern. Sie ist von einer solchen Verzweiflung beherrscht, dass sie offenbar nicht mehr für ihr Tun verantwortlich gemacht werden kann.

David Holm beugt sich vor, sieht sie scharf an, und ein Gedanke steigt plötzlich in ihm auf, vor dem ihm graust.

Die Frau geht nicht zu Bett, sie schleppt sich langsam bis zu dem Lager in der Ecke hin, wo ihre beiden Kinder schlafen.

»Es ist schade um sie«, sagt sie, indem sie sich zu ihnen niederbeugt. »Sie sind so schön.«

Sie setzt sich neben dem Lager auf den Boden und sieht die Kinder, eins nach dem anderen, lange an. »Aber ich muss fort, und ich kann sie nicht hinter mir zurücklassen.«

Sie streicht ihnen unbeholfen und ungelenk übers Haar.

»Ihr dürft mir für das, was ich tue, nicht böse sein«, sagt sie. »Ich bin nicht schuld daran.«

Während sie noch auf dem Boden sitzt und die Kinder liebkost, schlägt unten die Tür aufs Neue. Sie zuckt wieder zusammen, bleibt aber unbeweglich sitzen, bis so viel Zeit vergangen ist, dass ihr Mann hereingekommen sein müsste, wenn er es drunten gewesen wäre. Dann steht sie rasch auf.

»Ich muss mich beeilen«, sagt sie geheimnisvoll flüsternd zu den Kindern. »Es wird bald geschehen sein, wenn er nur nicht kommt und mich daran hindert.«

Sie richtet sich auf, tut aber nichts, sondern wandert ruhelos im Zimmer hin und her.

»Irgendetwas sagt mir, ich solle bis morgen warten«, murmelt sie halblaut. »Aber was hätte das für einen Wert? Der morgige Tag ist ein Tag wie alle anderen. Warum sollte er da milder gestimmt sein als heute?«

David Holm denkt an seinen Körper, der als Leichnam drüben in den Kirchenanlagen liegt und nun bald in die Erde vergraben wird, da er zu nichts zu gebrauchen war. Fast steigt das Verlangen in ihm auf, seine Frau doch auf irgendeine Weise wissen zu lassen, dass sie keine Angst mehr vor ihm zu haben brauche.

Wieder hört man ein schwaches Getöse. Im Haus wird eine Tür geöffnet und wieder zugemacht, und aufs Neue zittert die arme Frau und erinnert sich daran, welches Vorhaben sie ausführen will. Schleppend und stöhnend geht sie an den Herd hin und schichtet Holz hinein, um Feuer anzumachen.

»Es tut nichts, wenn er auch kommt und sieht, dass ich Feuer mache«, sagt sie, gleichsam als Antwort auf eine stumme Einwendung. »Ich muss doch wohl am Neujahrsmorgen Kaffee kochen dürfen, um etwas zu haben, das mich wach hält, während ich aufsitze und auf ihn warte.«

David Holm fühlt sich außerordentlich erleichtert, als sie dies sagt. Und nun fragt er sich wieder, ob Georg am Ende eine besondere Absicht gehabt habe, als er ihn hierherführte? Hier soll ja niemand sterben. Hier ist ja niemand krank.

Die Kapuze tief hereingezogen, ganz verschlossen und wie in tiefe Gedanken versunken, steht der Fuhrmann da. David Holm merkt wohl, dass es gar keinen Wert hätte, wenn er jetzt das Wort an ihn richten würde.

›Er will, ich soll die Meinigen noch ein letztes Mal sehen‹, denkt er. ›Vielleicht komme ich nie wieder in ihre Nähe.‹

»Das macht mir gerade keinen Kummer«, sagt er im nächsten Augenblick, und es ist ihm, als sei in seinem Herzen nur noch Raum für eine Einzige; aber er geht doch nach der Ecke hin, wo die beiden Kinder schlafen. Während er vor ihnen steht und sie betrachtet, fällt ihm der Junge ein, den sein Bruder so innig lieb gehabt hat, dass er seinetwegen freiwillig ins Gefängnis zurückgekehrt ist, und nun empfindet er es als einen bedrückenden Mangel, dass er seine Kinder nicht auf diese Weise lieb haben kann.

›Möchte es ihnen jedenfalls gut gehen!‹, denkt er überaus freundlich. ›Sie werden morgen froh sein, wenn sie hören, dass sie keine Angst mehr vor mir zu haben brauchen.

Ich möchte wohl wissen, was später aus ihnen wird?‹, denkt er dann mit lebhafterer Teilnahme, als er bisher je für sie gefühlt hatte, und zugleich durchzuckt ihn eine plötzlich aufsteigende Angst, sie könnten geradeso werden wie er.

›Denn ich bin ein sehr unglücklicher Mensch gewesen‹, denkt er.

›Ich weiß nicht‹, denkt er weiter, ›warum ich mich nicht früher um sie gekümmert habe. Wenn es eine Rückkehr gäbe, würde ich gerne zurückkommen, um rechte Menschen aus den beiden hier zu machen.‹

Er bleibt stehen und prüft sein Herz.

»Wie merkwürdig, ich hege keinen Hass mehr gegen sie!«, murmelt er. »Und ich möchte, dass sie nach allem, was sie hat erdulden müssen, doch noch glücklich werde. Wenn es mir möglich wäre, würde ich ihr ihre Möbel wieder verschaffen, und ich möchte sie gerne sonntags in hübschen Kleidern in die Kirche gehen sehen. Aber jetzt, wo ich nicht mehr da bin, bekommt sie es ja gut. Ich glaube, Georg hat mich hierhergeführt, damit ich mich darüber freue, zu den Entschlafenen zu gehören.«

Plötzlich fährt er heftig zusammen. Er ist so versunken in seine Gedanken gewesen, dass er nicht darauf achtgab, was sich seine Frau indessen vornahm. Aber jetzt hat sie einen leisen Angstschrei ausgestoßen. »Es kocht, das Wasser kocht, nun ist es bald soweit! Jetzt muss es geschehen, nun gibt es keinen Aufschub mehr.«

Sie nimmt eine Büchse, die auf einem Brett dicht neben dem Herd steht, und schüttet daraus gemahlenen Kaffee in die Kaffeemaschine. Dann holt sie ein ganz kleines Päckchen hervor, das ein weißes Pulver enthält, und mischt dieses in das Wasser.

David steht unbeweglich da und starrt seine Frau an, ohne zu verstehen, was sie eigentlich tut und beabsichtigt.

»Du wirst sehen, dass es genügt, David«, sagt sie und wendet sich zugleich dem Zimmer zu, als sähe sie ihn. »Es reicht für beide Kinder und für mich. Ich kann es ja nicht aushalten, ein ganzes Jahr mit ansehen zu müssen, wie sie dahinsiechen. Wenn du nur noch eine Stunde fortbleibst, wird bei deiner Rückkehr alles so bestellt sein, wie du es haben willst.«

Doch jetzt steht der Mann nicht mehr ruhig da und hört ihr zu, sondern er ist auf den Fuhrknecht zugeeilt.

»Georg!«, sagt er atemlos. »Ach, lieber Gott, Georg, hörst du nicht?«

»Doch, David«, antwortet der Fuhrknecht. »Hier stehe ich ja. Ich muss ja mit dabei sein, und ich versäume meine Pflicht nicht.«

»Aber du musst es nicht verstanden haben, Georg! Es handelt sich nicht um sie allein, sondern auch um die Kinder. Sie hat die Absicht, sie mitzunehmen.«

»Ja, David«, bekräftigt der Fuhrmann. »Sie hat die Absicht, deine Kinder mitzunehmen.«

»Aber das darf nicht geschehen, Georg! Es ist ja unnötig. Kannst du sie denn nicht wissen lassen, dass es unnötig ist?«

»Nein, ich kann mich ihr nicht vernehmbar machen. Sie ist zu weit weg.«

»Aber kannst du nicht jemand herbeirufen, Georg, jemand, der ihr sagt, dass es unnötig ist?«

»Du verlangst Unmögliches, David. Welche Macht hätte ich über die Lebenden?«

Aber David Holm lässt sich nicht abschrecken, sondern wirft sich vor dem Fuhrknecht auf die Knie. »Denk daran, Georg, dass du früher mein Freund gewesen bist, und lass dies hier nicht geschehen! Lass dies nicht über mich kommen! Lass die armen unschuldigen Geschöpfe nicht sterben!«

Er richtet den Blick auf Georg, um eine Antwort zu erhalten; aber dieser schüttelt nur verneinend den Kopf.

»Ich will alles für dich tun, Georg, was nur in meiner Macht steht. Ich weigerte mich, als du mir befahlst, nach dir Fuhrknecht zu werden; aber ich übernehme das Amt mit Freuden, wenn ich nur das hier nicht durchmachen muss. Alle beide sind noch so klein, und eben jetzt, als ich da vor ihnen stand, hab' ich gewünscht, noch am Leben zu sein, um rechte Menschen aus ihnen zu machen. Und sie ist ja heute Nacht von Sinnen. Sie weiß nicht, was sie tut. Habe Erbarmen mit ihr, Georg!«

Da aber der Fuhrmann noch immer unbeweglich und ungerührt dasteht, wendet sich David etwas von ihm ab.

»Ich bin so allein, so allein, und weiß nicht, wohin ich mich wenden soll«, seufzt er. »Ich weiß nicht, ob ich zu Gott oder zu Christus beten soll. Wie ganz neu in die Welt gekommen bin ich. Wer, wer hat die Macht? Wer kann mir sagen, wohin ich mit meinem Gebet gehen soll?

Oh, ich armer, sündiger Mensch, ich bete zu dem, der Herr über Leben und Tod ist! Wer bin ich, dass ich mich unterfange, vor dich zu treten! Gegen alle deine Gebote und Vorschriften hab' ich mich vergangen. Mich verdamme in die äußerste Finsternis! Vernichte mich ganz! Tu' mit mir, was du willst, wenn nur diese drei verschont werden!«

Er schweigt und lauscht auf eine Antwort. Aber er vernimmt nichts; nur seine Frau redet vor sich hin. »Jetzt ist es zerschmolzen und hat aufgekocht, nun muss ich es nur noch etwas abkühlen lassen.«

Da beugt sich Georg zu David Holm nieder. Seine Kapuze ist zurückgeschlagen und sein Gesicht wird von einem Lächeln erhellt.

»David«, sagt er, »wenn es dir wirklich ernst ist, dann gibt es vielleicht doch noch einen Ausweg, sie zu retten. Du selbst, David, musst deine Frau wissen lassen, dass sie keine Angst mehr vor dir zu haben braucht.«

»Aber ich kann mich ihr ja nicht vernehmbar machen. Oder kann ich es, Georg?«

»Nein, nicht in deiner jetzigen Gestalt. Du musst zu dem David Holm zurückkehren, der drüben in den Kirchenanlagen liegt. Kannst du das?«

David Holm erschrickt, und ein Schauder erfasst ihn. Das menschliche Leben steht jetzt vor ihm als etwas ihn Erdrückendes, etwas Ertötendes. Wird nicht dies frische Wachstum der Seele ersticken, wenn er wieder ein Mensch wird? Sein ganzes Glück erwartet ihn in einer anderen Welt. Aber er zögert keinen Augenblick.

»Wenn ich kann, wenn ich frei bin – – – Ich glaubte, ich müsste – – –«

»Ja, du hast recht«, versetzt Georg, und sein Antlitz strahlt immer schöner. »Dieses Jahr hindurch musst du der Fuhrknecht des Todes sein, wenn nicht ein anderer für dich eintritt und das Amt für dich verwaltet.«

»Ein anderer?«, wiederholt David Holm fragend. »Wer würde sich für einen solchen armen Kerl, wie ich einer bin, aufopfern wollen?«

»David«, sagt Georg. »Du weißt, es gibt einen, der nie aufgehört hat, darüber zu trauern, dass er dich verleitet hat, vom guten Wege abzuweichen. Dieser Mann wird vielleicht vor lauter Freude, dass er nicht mehr über dich trauern muss, deine Arbeit übernehmen.«

Und ohne David Holm Zeit zu lassen, sich so recht klarzumachen, was der andere meint, beugt sich Georg tief zu ihm herab und sieht ihm mit herrlich strahlenden Augen ins Gesicht.

»Alter Freund, David Holm, mach' es, so gut du kannst! Ich bleibe hier, bis du zurückkommst. Du hast nicht mehr viel Zeit.«

»Aber du, Georg – – –«

Doch der Fuhrmann unterbricht ihn mit der gebieterischen Handbewegung, der sich David Holm zu unterwerfen gelernt hat. In demselben Augenblick richtet sich Georg auf, zieht die Kapuze über die Stirn herein und sagt mit lauter, eherner Stimme:

»Du Gefangener, tritt wieder ein in dein Gefängnis.«

12

David Holm richtete sich auf den Ellbogen auf und sah sich um. Alle Laternen waren gelöscht; aber das Wetter hatte sich aufgehellt, und ein klarer Halbmond stand hell leuchtend am Himmel. David Holm wurde es nicht schwer, sich zu vergewissern, dass er noch in der Kirchenanlage auf dem vom schwarzen Geäste der Linden überschatteten Rasenplatz lag.

Ohne sich einen Augenblick zu bedenken, versuchte er sich aufzurichten. Er fühlte sich zwar außerordentlich matt; sein Körper war von der Kälte ganz erstarrt, und der Kopf schwindelte ihm, aber es gelang ihm doch, auf die Beine zu kommen. Er machte einige schwankende Schritte die Allee entlang, musste aber gleich wieder anhalten und sich gegen einen Baum lehnen, weil er am Umsinken war.

›Ich kann es nicht‹, dachte er. ›Es ist ganz unmöglich für mich, noch zu rechter Zeit hinzukommen.‹

Nicht einen einzigen Augenblick hatte er das Gefühl, dass all das, was er eben durchgemacht hatte, nicht volle Wirklichkeit sei. Er hatte einen vollkommen klaren Eindruck von den Ereignissen der Nacht.

›Der Fuhrmann steht in meiner Wohnung, ich muss mich beeilen‹, dachte er.

Er verließ den stützenden Baum und machte wieder ein paar Schritte; er war jedoch so jammervoll schwach, dass er in die Knie sank.

Da, in seiner grenzenlosen Verlassenheit, berührte etwas seine Stirne. Er wusste nicht, war es eine Hand oder ein Lippenpaar, oder vielleicht nur der Zipfel eines schleierartigen Gewandes, aber es genügte, sein ganzes Wesen mit seliger Freude zu durchrieseln.

»Sie ist zu mir zurückgekehrt!«, jubelte er. »Sie ist mir wieder nahe. Sie beschützt mich!«

Hingerissen streckte er die Arme empor, vor Entzücken, dass die Liebe der Geliebten ihn umgab, vor Entzücken, dass die Liebe zu der Geliebten sein Herz mit ihrer Holdseligkeit auch jetzt noch, wo er wieder ins Irdische zurückgekehrt war, erfüllte.

Jetzt ertönte hinter ihm ein Schritt durch die stille Nacht. Eine kleine Gestalt, den Kopf von einem der großen Hüte der Heilsarmee verborgen, kam dahergeschritten.

»Schwester Maria«, sagte er, als sie an ihm vorbeigehen wollte. »Schwester Maria, helfen Sie mir!«

Die Rettungsschwester musste David Holms Stimme erkannt haben, denn ihr Gesicht wurde streng, und sie ging weiter, ohne sich um ihn zu kümmern.

»Schwester Maria, ich bin nicht betrunken, sondern krank. Helfen Sie mir, dass ich nach Hause kommen kann!«

Sie glaubte ihm wohl kaum, aber ohne ein Wort der Erwiderung trat sie zu ihm, half ihm vom Boden auf und stützte ihn beim Weitergehen.

Nun war er also doch noch einmal auf dem Weg nach Hause. Aber wie langsam es ging! Daheim konnte ja jetzt schon alles vorbei sein. Keuchend blieb er stehen. »Schwester Maria, es wäre eine außerordentlich große Hilfe, wenn Sie vorausgehen würden und meiner Frau sagten – – –«

»Soll ich vorausgehen und ihr sagen, dass Sie wie gewöhnlich betrunken nach Hause kommen? Das ist ihr wohl nichts Ungewöhnliches.«

David Holm presste die Lippen zusammen und ging schweigend weiter, indem er sich aufs Äußerste anstrengte, rascher vorwärts zu kommen; aber sein von der Kälte erstarrter Körper wollte ihm nicht gehorchen.

Schon nach einer kleinen Weile machte er einen neuen Versuch, sie zum Vorausgehen zu überreden.

»Während ich dort auf dem Rasen lag, hatte ich einen Traum«, sagte er. »Ich habe Schwester Edith sterben sehen. Ich habe Schwester Edith auf ihrem Sterbebette gesehen – – – Und ich habe auch die Meinigen daheim gesehen. Meine Frau ist heute Nacht nicht bei Sinnen. Ich sage Ihnen, Schwester Maria, wenn Sie nicht vorauseilen, geschieht ein Unglück.«

Seine Worte kamen nur schwach und abgerissen über seine Lippen. Die Rettungsschwester erwiderte nichts. Sie war noch immer der Ansicht, es mit einem Betrunkenen zu tun zu haben.

Aber sie half ihm treulich weiter. Er merkte wohl, welche Überwindung es sie kostete, dem zu helfen, den sie für das Werkzeug hielt, das Schwester Ediths Tod verursacht hatte.

Während David Holm weiter schwankte, wurde er von einer neuen Angst ergriffen. Wie sollte er es anstellen, dass seine Frau, die sich vor ihm fürchtete, ihm glaubte, wenn nicht einmal Schwester Maria –

Endlich standen sie vor dem Hoftor, wo er wohnte, und die Rettungsschwester half ihm beim Öffnen. »Nun können Sie vollends allein gehen, Holm«, sagte sie, indem sie sich zum Gehen wendete.

»Ach, es wäre sehr gut von Ihnen, Schwester Maria, wenn Sie meine Frau rufen würden, damit sie herunterkommt und mir hinaufhilft.«

Die Schwester zuckte die Schultern. »Wissen Sie, Holm, in einer anderen Nacht würde ich Sie vielleicht hinaufgeleitet haben, aber heute habe ich keine Lust dazu. Nun muss es genug sein.«

Ihre Stimme erstarb in einem Schluchzen, und sie eilte davon.

Als er sich die steile Treppe hinaufmühte, war ihm zumute, als sei es nun jedenfalls zu spät; und außerdem, wie könnte er seine Frau dazu bringen, ihm zu glauben?

Während er vor Schwäche und Mutlosigkeit fast auf der Treppe umsank, fühlte er aufs Neue die leichte liebkosende Berührung an der Stirne.

›Sie ist mir nahe‹, dachte er. ›Sie wacht über mich!‹ Und er fand die Kraft, sich bis zur obersten Stufe hinaufzuschleppen.

Als er die Tür öffnete, stand seine Frau dicht davor, als sei sie herbeigeeilt, um sie zuzuriegeln, damit er nicht hereinkommen könnte. Als sie sah, dass sie es nicht mehr hatte verhindern können, zog sie sich nach dem Herd zurück und blieb, diesem den Rücken zugewendet, davor stehen, ganz als hätte sie dort etwas, was sie verbergen und wegtun möchte. Ihr Gesicht hatte noch immer den starren Ausdruck wie vorher, und David Holm sagte sich rasch: »Sie hat es nicht getan. Ich bin noch zu rechter Zeit gekommen.«

Mit einem raschen Blick auf die Kinder versicherte er sich, dass es tatsächlich so war.

»Sie schlafen noch. Sie hat es nicht getan. Ich bin noch zu rechter Zeit gekommen«, sagte er noch einmal zu sich selbst.

Er streckte die Hand nach der Seite aus, wo Georg vor seinem Fortgehen gestanden hatte, und da vermeinte er zu fühlen, dass eine andere Hand die seinige fasste und drückte.

»Ich danke dir«, sagte er leise, aber seine Stimme zitterte, und ein Nebel legte sich ihm plötzlich vor die Augen. Er schwankte ins Zimmer hinein und sank auf einen Stuhl. Er sah, dass seine Frau alle seine Bewegungen beobachtete, wie sie es getan haben würde, wenn ein wildes Tier in die Stube hereingekommen wäre.

›Sie meint, ich sei betrunken, auch sie meint es‹, dachte er.

Aufs Neue überfiel ihn große Mutlosigkeit, weil er so grenzenlos müde war und nicht ausruhen durfte. Im nächsten Zimmer stand allerdings ein Bett, und er sehnte sich unaussprechlich, sich dort ausstrecken zu dürfen und sich nicht noch länger aufrecht halten zu müssen; aber er wagte es nicht, dort hineinzugehen.

Sobald er den Rücken kehrte, würde seine Frau das tun, was sie im Sinn hatte; er musste also hierbleiben und sie bewachen.

»Schwester Edith ist tot, und ich bin noch bei ihr gewesen«, versuchte er zu sagen. »Ich hab' ihr versprochen, gut gegen dich und die Kinder zu sein. Morgen darfst du sie ins Asyl schicken.«

»Warum lügst du?«, fragte seine Frau. »Gustavsson ist hier gewesen und hat Hauptmännin Andersson mitgeteilt, dass Schwester Edith gestorben ist, und sie sagte, du seiest nicht mehr gekommen.«

David sank auf dem Stuhl zusammen, und zu seiner eigenen großen Verwunderung fing er an zu weinen. Die Erkenntnis der Nutzlosigkeit seiner Rückkehr in diese Welt der langsamen Gedanken und der kurzsichtigen Augen drückte ihn nieder. Die lähmende Überzeugung, dass er nie über die Mauern hinauskommen könnte, die seine eigenen Taten um ihn aufgerichtet hatten, die Sehnsucht, die grenzenlose Sehnsucht, nun sogleich mit der Seele vereint zu werden, die ihn umschwebte und doch unerreichbar für ihn war, das, das brachte seine Tränen zum Fließen.

Während er so noch heftig weinte und schluchzte, hörte er die Stimme seiner Frau.

»Er weint?«, sagte sie im Tone allerhöchster Verwunderung vor sich hin. Und nach einer Weile sagte sie noch einmal: »Er weint!«

Sie trat vom Herd weg und kam mit einer gewissen Angst näher zu ihm heran.

»Weinst du, David?«, fragte sie.

Er hob das tränenüberströmte Gesicht zu ihr auf. »Ich will mich bessern«, sagte er mit zusammengebissenen Zähnen, sodass man fast hätte meinen können, er sei zornig. »Ich will ein guter Mensch werden, aber niemand will es mir glauben. Soll ich da nicht weinen?«

»Ach, David, das ist sehr schwer zu glauben«, versetzte sie noch unschlüssig. »Aber jetzt, wo du weinst, glaube ich dir. Jetzt glaube ich dir.«

Und wie um ihm einen Beweis zu geben, dass sie ihm glaube, setzte sie sich auf den Boden und lehnte ihren Kopf an seine Knie.

So saß sie einen Augenblick ganz still da; aber bald begann auch sie zu schluchzen.

Er fuhr zusammen.

»Weinst du jetzt auch?«, fragte er.

»Ich kann nicht anders. Ich kann nicht glücklich werden, ehe ich das ganze Leid, das mich erfüllt, weggeweint habe.«

In diesem Augenblick fühlte David Holm jene Berührung noch einmal wie einen leichten frischen Hauch, der über seine Stirne strich. Seine Tränen versiegten und verwandelten sich in ein nach innen gerichtetes, geheimnisvolles Lächeln.

Er hatte das erste vollendet, das ihm durch die Ereignisse der Nacht vorgeschrieben worden war. Nun musste er noch dem Jungen helfen, den sein Bruder so lieb gehabt hatte. Nun musste er noch solchen Menschen, wie Schwester Maria, beweisen, dass Schwester Edith nicht unrecht gehabt hatte, als sie ihm ihre Liebe geschenkt. Nun musste er noch sein eigenes Heim aus dem Verfall wieder heraufbringen. Nun musste er noch den Menschen den Gruß des Fuhrmanns überbringen. Dann, wenn dies alles getan war, dann, dann durfte er zu der Geliebten, der Ersehnten gehen!

Er saß da und fühlte sich unaussprechlich alt. Er war geduldig und ergeben geworden, so wie die Alten es zu sein pflegen. Er wagte es nicht mehr, etwas zu hoffen oder zu wünschen, er faltete nur seine Hände und flüsterte den Neujahrswunsch des Fuhrmanns: *»Gott, großer Gott, lass meine Seele zur Reife kommen, ehe sie geerntet wird.«*

Eine Geschichte aus Halland

Vor ungefähr hundert Jahren gab es im südlichen Halland einen alten Bauernhof, der an einer einsamen Stelle nahe der Küste lag. Er bestand aus kleinen, altertümlichen Häuschen mit grauschwarzen Strohdächern, und das Wohnhaus selbst war so uralt, dass es noch Dachfenster hatte.

Dieser Hof hieß Bredane. Es gehörten große Grundstücke dazu; aber nur rings um das Haus konnten sie bestellt werden. Das Übrige bestand aus unfruchtbaren Flugsandfeldern.

Alte Leute wussten zu erzählen, dass früher einmal rings um den einsamen Hof ein ganzes Dorf gestanden habe. Das sei zu der Zeit gewesen, als es in Halland noch viele Bäume gab, als gewaltige Eichen- und Buchenwälder von der Meeresküste bis hinauf zur Grenze von Småland wuchsen. Damals hatte das Dorf mit seinen Feldern wie in einer Lichtung gelegen, und die Bäume hatten rings herum gestanden und es beschützt. Aber dann war der Wald gefällt worden, und nicht nur der Wald, der rings um das Dorf stand, sondern alle Wälder in der ganzen Gegend, ja alle Wälder von ganz Halland.

Es heißt, dass die Bauern von Bredane sich zuerst darüber freuten, dass sie den Wald losgeworden waren – nun konnten sie ihre Felder viel weiter ausdehnen und ihre Herden auf offenen Wiesen weiden lassen, wo sie leicht zu hüten waren. Hier und da klagte zwar einer, dass nie ruhiges Wetter sei, seit die Bäume den Wind nicht mehr aufnahmen, und andere jammerten, weil sie bis nach Småland fahren mussten, um Holz zu holen. Aber eigentlich war niemand ernstlich unzufrieden. Niemand glaubte, es könnte eine Gefahr darin liegen, dass der Wald nun dahin war.

Aber das Dorf Bredane lag, wie gesagt, dicht am Meer, und die großen Felder erstreckten sich bis zum Wasser hinunter. Und nun sagt man, es habe sich einige Jahre, nachdem der Wald gefällt war, eines Herbstes begeben, dass der Sturm ein paar verwelkte Grashügelchen unten am Ufer aufriss. Unter diesen Grashügelchen lag feiner, leichter Meersand. Er bestand eigentlich nur aus Schalen von Muscheln und Schnecken, die die große Mühle des Meeres zu feinstem Mehl gemahlen hatte; und der wurde nun vom Wind empor gehoben und begann umherzuflattern. Seitdem war es, als könne der Wind den Strand nicht mehr in Ruhe lassen. Die Grashügelchen waren verdorrt, seit der Wald die Feuchtigkeit nicht mehr festhielt, und sie wurden vom Wind fortgewirbelt, eines nach dem andern. Auf diese Weise kam immer mehr Sand ans Tageslicht und trieb mit dem Sturm fort. Er wirbelte in die Luft, tanzte ein Weilchen und fiel dann in harten weißen Haufen nieder, ungefähr so wie treibender Schnee.

Als die Bauern von Bredane dieses Spiel zum ersten Mal sahen, dachten sie sich nichts Böses dabei. Aber im nächsten Frühling merkten sie, dass die Felder, die dem Meer zunächst lagen, versandet waren.

Es war nur eine dünne Sandschicht, und sie schien der Ernte nicht viel anhaben zu können. Aber der ganze Sommer war ungemein trocken und windig. Das Getreide konnte nicht wachsen, es verwelkte, es verkümmerte zu einem Nichts. Darunter lag die Erde trocken wie Zunder, und jeden Tag riss der Wind ganze Wolken heraus und trug sie fort. Aber unter dieser dünnen Erdschicht lag wieder der leichte Meersand, fein gemahlen wie Mehl und bereit, mit dem Wind zu tanzen. Als der Sommer zu Ende war, hatte der Sturm ganze große Felder, mit denen er sein Spiel treiben konnte. Oben im Dorf Bredane saßen die Bauern und mussten mit ansehen, wie er die Sandmassen emporhob, sie gen Himmel schleuderte, mit ihnen umhertanzte und sie in Haufen und Hügelchen zu Boden warf, die der nächste Tag wieder umformte.

Jahr um Jahr ließ der Wind immer mehr Felder versanden, und die Bauern hatten immer weniger Erde zu bestellen. Sie führten zwar einen Kampf gegen den Sand, sie errichteten Zäune und gruben Deiche, aber nichts schien zu helfen. Wenn sie pflügten und harkten, war es, als hülfen sie dem Wind nur, den Sand aufzuwirbeln. Und ließen sie die Erde in Frieden liegen, dann war sie bald so versandet, dass kein grünes Hälmchen mehr hervorsprießen konnte.

Nicht genug, dass der Flugsand die Felder zerstörte: Er richtete auch sonst allerlei Schaden an. Wenn man am Morgen die Hüttentür öffnete, lag er in Haufen vor der Schwelle, er peitschte einem ins Gesicht, wenn man ausging, er rieselte durch den Schornstein und mischte sich ins Essen – und auf Wegen und Stegen lag er so tief, dass alles Gehen und Fahren unendlich mühselig wurde.

Bald konnten es die Dorfbewohner nicht länger aushalten. Nach einigen Jahren rissen ein paar von ihnen ihre Häuser ein und bauten sie tiefer im Land wieder auf. Jeden Frühling zog jemand fort, und schließlich war vom ganzen Dorf nur noch ein einziger Hof übrig.

Nun glaubte man ja, dass auch dieser Hof nicht lange inmitten der Flugsandfelder stehen bleiben würde. Aber da täuschte man sich. Der Bauer, der ihn besaß, war von jenem Menschenschlag, der sich nicht vertreiben lässt. Nicht, weil er die Gegend so sehr liebte, dass er anderswo nicht hätte leben können, weigerte er sich, seinen Wohnort zu ändern – er konnte es nicht ertragen, dass er gezwungen werden sollte, gegen seinen Willen fortzuziehen. Lieber wollte er da bleiben, wo er war, und mit dem Sand kämpfen.

Und dann kam es so, dass sein Sohn und alle, die nach ihm den Hof besaßen, derselben Gesinnung waren. Sie wollten nichts davon hören, dass der Sand sie zwingen konnte, den Hof zu verlassen, solange sie noch einen Spaten heben konnten, um dagegen anzukämpfen. Und es war kein leichter Kampf, den sie zu führen hatten, vor allem deshalb, weil niemand sie lehrte, wie er geführt werden musste. Niemand sagte ihnen, wie sie den Sand binden sollten, damit er sich still verhalte. Sie begnügten sich damit, dichte Zäune um die Felder zu ziehen, die dem Wohnhaus zunächst lagen, um doch wenigstens diese zu bewahren.

Diese Menschen fragten nicht danach, dass sie um ihres Starrsinns willen in Not und Armut leben mussten. Sich nicht vertreiben zu lassen stellten sie über alles andere. Anstatt der großen Viehherden, die sie früher besessen hatten, hielten sie jetzt nur einige wenige Kühe und ein einziges Pferd. Doch solange sie die füttern konnten, waren sie immerhin imstande, da wohnen zu bleiben.

Was sie bestärkte, war wohl der Umstand, dass ein solcher Kampf ihnen Ansehen brachte. Den Leuten gefiel es, dass sie sich nicht vertreiben ließen. Und wenn der Bauer aus Bredane sich in einer Volksversammlung zeigte, dann drehte sich immer jemand um, um den zu betrachten, der die Kraft hatte, im Flugsand auszuharren.

Aber vor hundert Jahren, als der Kampf zwischen den Menschen und dem Sand am heftigsten tobte, sah es plötzlich aus, als sollte der Sand die Oberhand gewinnen. Der Bauer auf Bredane starb plötzlich im besten Mannesalter, und der Sohn, den er hinterließ, zählte nicht mehr als fünfzehn Jahre, sodass er unter die Vormundschaft seiner Mutter kam. Sie musste also nun den Kampf gegen den Sand führen. Und obgleich sie sich bisher wacker gehalten hatte, glaubte doch niemand, dass sie die Ausdauer haben würde, einen solchen Feind zu überwinden.

Der Sohn hieß Sigurd. Er geriet nach der Mutter, die blond und schön war. Seine Natur war von heiterer Gemütsart, doch solange der Vater lebte, hatte ihm dieser alle seine Sorgen anvertraut, sodass er für sein Alter ein wenig bedrückt und allzu ernst war. Er und die Mutter waren gut Freund. Sie waren darin eines Sinnes, dass sie versuchen wollten, sich auf Bredane zu halten und den früheren Besitzern nicht nachzustehen.

Als der Bauer auf Bredane ein Jahr tot war, kam ein neuer Knecht auf den Hof. Sigurd sah den Knecht erst, als er beim großen Herbstwechsel seinen Dienst antrat. Die Bäuerin hatte ihn im vorigen Sommer auf einer Hochzeit getroffen und ihn sogleich eingestellt, ohne den Sohn um Rat zu fragen. Der Knecht hieß Jan. Er war groß und schlank, hatte braunrotes Haar, blasse Wangen und schwarze Augen. Die Mutter nahm ihn besonders freundlich auf. Als er ins Haus kam, war ein großer Begrüßungsschmaus aufgetischt: Haferkuchen, frisches Brot, frische Butter, Käse, Wurst und Branntwein. Auf dem Tisch lag eine Decke wie am Feiertagsabend. Der Knecht aß unheimlich viel, und Sigurd fand es wunderlich, dass er so zeigte, dass er ausgehungert auf den Hof kam. Während der Mahlzeit und auch später plauderte er unaufhörlich, der Mund stand ihm keinen Augenblick still. Er war sehr scherzhaft, und sowohl die Mutter wie das Gesinde unterhielten sich so gut, dass sie sich vor Lachen gar nicht zu helfen wussten. Auch Sigurd ließ ihn den ganzen Abend nicht aus den Augen, aber er lachte nicht.

Der Knecht ging einen Augenblick in den Stall hinaus, um nach dem Pferd zu sehen. Und da benützte die Mutter die Gelegenheit, Sigurd zu fragen, wie ihm der Neuankömmling gefalle. Sigurd wusste, dass die Mutter sich sehr freuen würde, wenn er sagte, dass er mit ihm zufrieden sei, doch er konnte sich nicht dazu entschließen.

»Ist er nicht ein Zigeuner?«, fragte er nur.

»Ein Zigeuner«, sagte die Mutter. »Warum sollte er ein Zigeuner sein? Weißt du nicht, dass alle Zigeuner dunkel sind? Der hat doch rote Haare.«

»Ja, aber er hat Silberknöpfe an der Weste.«

»Die kann er doch haben, ohne deshalb gleich ein Zigeuner zu sein«, sagte die Mutter und schien erzürnt.

In den nächsten Tagen war Sigurd immer mit dem neuen Knecht zusammen. Was er auch von seiner Abstammung dachte, eines konnte er nicht leugnen: Dass er arbeitete. Er war so flink, dass er an einem Tag mehr ausrichtete als der frühere Knecht in vier. Dazu war er so willig, dass er mehr Arbeit auf sich nahm, als man von ihm verlangte. Nicht genug, dass er das Holz im Holzschuppen hackte, er trug es auch ins Haus. Da war ein Türchen im Stall, das seit Jahr und Tag schräg in den Angeln hing, ohne dass es jemand beachtet hatte – aber nun wurde es instand gesetzt. Er schmierte alte rostige Schlösser, er hämmerte Dauben auf den Braubottich und verstopfte alle Löcher in den Zäunen. Und alle Arbeit ging unter Scherzen und Lachen vonstatten. Es ließ sich nicht leugnen, dass es seit seinem Kommen viel behaglicher im Hause war.

Auf einem Wandbrett in der Wohnstube stand ein alter Kaffeekessel, der schon seit Jahren unbrauchbar war. Eines Tages wandte sich Sigurd an Jan und fragte ihn, ob er ihn nicht vielleicht instand setzen könnte.

»Ich glaube schon. Darf ich ihn einmal ansehen?«, sagte Jan.

Da nahm ihn die Hausmutter vom Wandbrett und reichte ihn Jan, aber sie machte ihm zugleich ein kleines Zeichen. Jan hob den Deckel ab und guckte in den Kessel, stellte ihn aber gleich wieder weg.

»Den wollen wir ausbessern lassen, wenn einmal Zigeuner vorbeikommen«, sagte er. »Es fehlt ihm weiter nichts, er muss nur verlötet werden.«

Bei diesen Worten Jans empfand Sigurd eine große Erleichterung. Er wusste, dass alle Zigeuner dergleichen können; und wenn Jan sich auf diese Kunst nicht verstand, so gehörte er wohl nicht zu ihrem Stamm. Es war so gekommen, dass der Knabe eine große Zuneigung zu dem Knecht gefasst hatte. Darum war er froh, dass Jan kein Zigeuner war und auf dem Hof bleiben konnte.

Aber nach ein paar Tagen wurde Sigurd wieder unruhig, denn da fing Jan an, Geige zu spielen. Die Bäuerin hatte davon gesprochen, welch herrliches Geigenspiel sie in ihrer Jugend gehört hatte, und da hatte Jan seine Geige geholt und angefangen zu spielen. Zuerst hatte er zögernd und unsicher gespielt, als wäre er in der Kunst nicht sonderlich bewandert, doch plötzlich hatte er den Kopf zurückgeworfen, seine Augen begannen zu glänzen, und der Bogen fuhr mit Schwung und Kraft über die Saiten. Es zeigte sich, dass er ein Meisterspielmann war. Wenn er so recht in Fahrt kam, konnten sich die Weibsleute nicht still halten, sondern fingen an zu tanzen. Sigurd hingegen saß regungslos und lauschte nur. Er hatte früher noch keinen so guten Spielmann gehört, und er fand solche Freude an der Musik, dass er nicht tanzen wollte, sondern nur ganz still dasaß und die Töne mit den Ohren einsog. Aber während er so saß und lauschte, geschah ihm etwas Sonderbares. Eine trübe Erinnerung tauchte in seinen Gedanken auf und störte ihn im Genuss. Er sah solch eine Zigeunerbande vor sich, wie sie durch das Land zu ziehen pflegten. Sie kamen in ihren Hof gefahren: ein paar große Wagen, die nur mit Fetzenbündeln beladen schienen und von elenden, ausgehungerten Mähren gezogen wurden. Mit diesen Wagen kamen lange, magere Männer, die Gesichter voll Narben und Schrammen, hässliche gelbe Frauen und eine Unzahl schwarzäugiger Kinder, die überall herumliefen und um alles bettelten, was sie nur sahen. Der Vater war nicht daheim gewesen, als sie gekommen waren, und die Mutter hatten sie eingeschüchtert und sie gezwungen, ihnen alles zu geben, was sie verlangten. Sie mussten ihnen Essen, Branntwein, Heu, Wolle und Kleider geben, sodass das Haus wie geplündert war, als sie endlich ihrer Wege zogen. Und all das fiel ihm jetzt ein, während Jan spielte. Er versuchte, es sich aus dem Sinn zu schlagen, aber es war etwas in dem Spiel, das ihn an die gellenden, schrillen Stimmen der Landstreicher erinnerte.

Ein paar Tage später kam Sigurd in die Wohnstube gestürzt, wo die Mutter saß und spann.

»Nun muss ich dir aber sagen, dass Jan doch ein Zigeuner ist«, rief er.

Die Mutter beugte sich ein wenig vor, aber hörte nicht auf zu spinnen.

»Nein, was du nicht sagst«, erwiderte sie. »Das ist aber eine merkwürdige Neuigkeit.«

Es lag etwas in ihrem Ton, als machte sie sich über ihn lustig.

»Eben jetzt kam ein Wagen voll Zigeuner vorbeigefahren, gerade als Jan und ich im Hof standen. Und sie riefen ihn an, und er antwortete ihnen.«

»Es ist doch nicht verboten, mit Zigeunern zu sprechen«, sagte die Mutter und tat ganz gleichgültig.

»Nein, aber sie haben ihn in der Zigeunersprache angerufen, und er hat ihnen ebenso geantwortet. Ich konnte kein Wort verstehen.«

»Und jetzt meinst du wohl, weil Jan die Zigeunersprache spricht, muss er selber ein Zigeuner sein«, sagte die Mutter in dem sorglosesten Ton der Welt, und ohne mit der Arbeit aufzuhören.

»Glaubst du es denn nicht?«, fragte der Knabe.

Er konnte sich nicht genug wundern, dass die Mutter die Sache so ruhig nahm.

»Musst du ihn denn nicht vom Hof wegschicken?«, fragte er. Denn er hatte immer gehört, dass es unmöglich sei, einen Zigeuner im Dienst zu haben. Er erinnerte sich an die Verzweiflung des Vaters, als die Zigeuner damals dagewesen waren und er bei seiner Heimkehr das Haus geplündert fand.

»Ich glaubte, dieser Hof sei schon heimgesucht genug«, hatte er damals gesagt. »Ich glaubte, es sei an dem Sande genug. Müssen nun auch noch die Zigeuner über uns kommen!«

Später am Abend hatte der Vater Sigurd zu sich gerufen. Er hatte ihn zwischen seine Knie gestellt und angefangen, mit ihm von den Zigeunern zu sprechen. »Merke dir, was ich dir sage«, hatte er gesagt, »und vergiss es nie! Hüte dich, etwas mit Zigeunern zu schaffen zu haben. Denn sie sind nicht wie die anderen, und sie werden nie wie wir. Sie haben etwas Wildes in sich, sodass sie nicht unter einem Dach wohnen können, sondern immer auf der Landstraße herumstrolchen müssen. Sie können nicht so zahm werden, dass sie eine ordentliche Arbeit verrichten, sondern sie wollen nur von Rosstausch und Kartenspiel leben, wenn sie nicht betteln oder stehlen. Und kommt ein Zigeuner so weit, dass er arbeitet, dann wirst du nie sehen, dass er etwas Neues macht, sondern er will immer nur etwas Altes sticken und ausbessern.«

Sigurd sah den Vater ganz deutlich vor sich, wie er damals aussah, als er dies sagte. Er war sehr feierlich gewesen, und die Worte hatten schwer und drohend geklungen. »Merke dir, du sollst nie einem Zigeuner vertrauen, denn sie sind nicht von unserem Stamm, und sie wollen uns immer betrügen! Sie sind mehr dem Troll, dem Nix, dem Nöck verwandt als uns. Darum sind sie auch bessere Wahrsager und Spielleute als wir anderen, aber darum können sie auch nie ehrliche Christenmenschen werden. Sie sind auch darin wie das Hexengesindel, dass sie sich gern ins Dorf schleichen und sich einschmeicheln, sodass sie bei uns Bauern einen Dienstplatz bekommen und später unsere Töchter heiraten und unsere Höfe an sich bringen. Aber wehe dem, der solch einen ins Haus bekommt, denn schließlich kommt doch der Troll in ihm hervor! Sie mögen sich noch so sehr dagegen wehren, schließlich bringen sie Elend über alle, die an sie geglaubt haben.«

Sigurd stand schweigend neben der Mutter und dachte an dies. Sie schwieg auch und zögerte, ihm zu antworten.

»Es wird wohl das Beste sein, wenn ihr Jan ziehen lasst, sobald es sich machen lässt«, sagte er noch einmal.

Jetzt ließ die Mutter die Arbeit sinken, hob den Kopf und sah Sigurd in die Augen.

»Es hat nichts zu sagen, von welchem Stamm Jan ist«, sagte sie. »Ich werde ihn heiraten. Am nächsten Freitag fahren wir zum Pfarrer und bestellen das Aufgebot.«

Sigurd erstarrte zu Eis. Aber was ihn am tiefsten verletzte, war, dass man ihn von allem ferngehalten hatte – dass die Mutter alles bestimmt hatte, ohne nach seiner Meinung zu fragen.

»Wenn zwischen euch schon alles im Reinen ist, so hat es ja keinen Zweck, dass ich noch etwas sage«, brach er los und wandte sich zum Gehen.

Aber als er die Tür aufriss, stand er dem Knecht gegenüber. Jan kam ins Zimmer, mit furchtbar düsterem Gesichtsausdruck. Der hoffnungsloseste Schmerz war in seinen Zügen zu lesen.

»Ich höre, Sigurd will, dass ich von hier fortgehe, weil ich ein Zigeuner bin«, sagte er und ging mit ausgestreckter Hand auf die Bäuerin zu, wie um ihr Lebewohl zu sagen.

»Da bleibt mir wohl nichts anderes übrig, als wieder über die Landstraße zu ziehen.«

»Du brauchst dich nicht um Sigurd zu kümmern«, sagte die Bäuerin. »Ich habe ihm schon gesagt, dass wir zum Pfarrer gehen, um unser Aufgebot zu bestellen.«

»Daran ist nicht zu denken«, sagte der Knecht. Er sank auf eine Bank, als hätte er nicht die Kraft, sich aufrecht zu halten, heftete die Augen hartnäckig auf den Fußboden und schlug sich mit der Mütze über die Hand.

»Es hilft nichts, wenn man versucht, davon loszukommen«, sagte er. »Und wenn einer sein Bestes tut, wenn man arbeitet, bis einem das Blut aus den Nägeln spritzt: Immer wird man zurückgestoßen. Wer aus Bauerngeschlecht stammt, der kann sich nicht denken, was es heißt, kein anderes Erbe zu haben als den Landstreicherwagen. Es gibt keine Rettung für mich, ich muss eben wieder davon leben, alten Kram zu verlöten und Pferde zu tauschen.«

Nun ging die Bäuerin auf den Knecht zu. »Ich habe gesehen, welche Mühe du dir gegeben hast. Ich glaube, Sigurd muss es auch gesehen haben. Ich denke, er wird edelmütig genug sein, dir zu vertrauen.«

»Nein, das kann man nicht verlangen«, rief der Knecht.

»Aber vorerst habe ich hier zu befehlen«, fuhr die Bäuerin fort.

»Es ist ganz ausgeschlossen, dass ich auch nur einen Tag gegen Sigurds Willen hier bleibe. Der Hof gehört doch ihm, und es würde nur Zwietracht zwischen Euch und ihm geben, wenn ich bliebe.«

Als Jan dies gesagt hatte, entstand ein langes Schweigen. Sigurd begriff, dass die Mutter jetzt von ihm erwartete, er solle Jan bitten, zu bleiben – und er war selbst so gerührt über dessen Worte, dass er sehr geneigt war, dies zu tun. Aber dann musste er an die Worte des Vaters über die Zigeuner denken. Da entstand ein solcher Kampf und eine solche Unruhe in ihm, dass er kein Wort zu sagen vermochte. Er hätte so gerne gewusst, ob es nicht auch unter den Zigeunern einen ehrlichen, tüchtigen Kerl geben könne, und ob nicht Jan ganz anders geartet sei als die Übrigen.

Jan verhielt sich ganz still. Er hatte aufgehört, sich mit der Mütze über die Hand zu schlagen und starrte mit düsteren Blicken vor sich hin, so als sehe er über endlose Abgründe des Unglücks.

Endlich brach die Mutter das Schweigen.

»Ich weiß, was für ein Mann aus dir geworden wäre, wenn du hier bei uns hättest bleiben dürfen«, sagte sie. »Und ich will nicht, dass du wieder ins Elend gestoßen wirst. Darum will ich mit dir gehen, wenn du uns verlässt.«

»Nein, das dürft Ihr nicht«, rief der Knecht rasch. »Ihr solltet nicht als Landstreicherin umherziehen, Ihr, die Ihr eine Bäuerin gewesen seid!«

»Darein muss ich mich finden, wenn du nicht hierbleiben willst.«

»Nein, darauf gehe ich nie ein«, rief der Knecht. »Habt Dank, dass Ihr das tun wolltet. Aber Euch will ich nicht mit ins Unglück ziehen.«

Sigurd schwieg noch immer. Aber er fing an, sich ein wenig zu schämen: Die anderen beiden waren zu allem bereit, was nur schön und edel war, während er daneben stand und hart und misstrauisch blieb.

Endlich stand der Zigeuner auf, trat auf Sigurd zu und reichte ihm die Hand.

»Lebwohl, Sigurd«, sagte er. »Du darfst nicht glauben, dass ich dir böse bin. Du hast wohl so viel Schlechtes über uns Zigeuner gehört, dass ich es begreife, wenn du keinem von uns etwas Gutes zutraust.«

Sigurd gab ihm nicht die Hand, er sagte auch kein Wort. Er war jetzt so von dem Edelmut der anderen überwältigt und so beschämt über seine eigene Härte, dass er fühlte, dass er im nächsten Augenblick in Tränen ausbrechen müsste. Aber er wollte nicht, dass jemand dies sehe, sondern lief zur Tür hinaus. Schon draußen im Flur überwältigten ihn die Tränen, sodass er laut aufschluchzte.

Am nächsten Tag war Sigurd sehr still und in sich gekehrt. Er saß auf dem Eichenbrett vor der Haustür, ohne irgendetwas vorzunehmen. Jan ging seinen Arbeiten nach und der Knabe folgte ihm mit den Blicken, aber näherte sich ihm nicht. Jan rief ihn zu sich und sprach freundlich und heiter mit ihm, wie immer. Da wurde Sigurd froh und folgte ihm den ganzen Tag. Auch die Mutter war gut zu Sigurd, aber daraus schien er sich nicht so viel zu machen. Er war einer von jenen, die nicht mehr als einen auf einmal lieben können. Und alle Liebe, die er früher für die Mutter empfunden hatte, übertrug er nun auf Jan.

Es war nun klar, dass Sigurd sich der Heirat nicht mehr widersetzte. Das Aufgebot wurde verkündet und die Hochzeit gefeiert wie es bestimmt war. Es war eine sehr stille Hochzeit. Nur die nächsten Nachbarn waren eingeladen und gar niemand von Jans Familie. Jan selbst war sehr ernst, er gesellte sich nicht zur Jugend, sondern saß bei den älteren Männern und sprach verständig mit ihnen. Die Leute begannen, gut von ihm zu denken, und auf dem Heimweg vom Hochzeitshaus sagten einige, es sei vielleicht doch denkbar, dass ein Zigeuner ein ordentlicher und tüchtiger Mann werden könne.

Als Jan ein paar Wochen verheiratet war, begannen er und Sigurd eines Tages einen neuen Brunnen zu graben. Als sie etwas tiefer kamen, stießen sie auf mehrere verschiedene Erdschichten. Zuoberst lag eine dünne Schicht Gartenerde, darunter eine Lage Meersand und darunter wieder grober Kies und Lehm. Ab und zu stießen sie auf alte Messerklingen und Schlüssel, die irgendein Zufall vor Jahr und Tag in die Erde gebettet hatte. Je länger die Arbeit dauerte, desto mehr Freude machte sie ihnen. Sie gruben eifrig, um zu sehen, was sie wieder finden würden, und scherzten miteinander, sie würden vielleicht noch auf Gold und Silber stoßen. Als sie ein paar Ellen tief gekommen waren, trafen sie wieder auf Meersand, und darunter fand sich eine neue Art von Lehm. Sowie Jan ihn erblickte, stieß er einen Schrei aus, beugte sich hinab und nahm ein wenig davon in die Hand. Er rollte den Lehm zwischen den Fingern, und schließlich kostete er ihn sogar.

»Habe ich es nicht gesagt, dass wir Gold finden würden«, rief er.

»Was hast du denn gefunden?«, fragte Sigurd.

»Ich sage nichts, bevor ich meiner Sache sicher bin«, erwiderte der Zigeuner.

Im selben Augenblick zeigte sich die Bäuerin und rief Jan. »Du musst heraufkommen und mir helfen, Jan«, sagte sie. Jan und Sigurd blickten zugleich über den Brunnenrand und sahen, dass ein paar Zigeunerwagen in den Hof eingefahren waren. Die dunklen Männer mit den Gesichtern voll Narben und Schrammen, die hässlichen Frauen und die schreienden zudringlichen Kinder waren auch dabei. Sigurd wurde bei diesem Anblick ganz ängstlich zumute, und es schien ihm, dass auch Jans Gesicht sich umdüsterte.

»Kannst du sie nicht fortschicken, Jan?«, fragte die Frau mit bekümmerter Stimme.

»Das kann ich wohl nicht«, sagte Jan und lachte. »Das sind ja Vater und Mutter und meine Geschwister, die kommen, um zu sehen, wie es mir geht.«

Er sprang aus der Grube und ging auf die Ankömmlinge zu. In seiner Haltung lag noch ein gewisses Zaudern, aber je näher er den Seinen kam, desto rascher ging er, und als er mitten unter ihnen stand, da rief er laut und fuhr heftig mit den Armen durch die Luft, wie jemand, der aus einem Gefängnis entronnen ist. Er schien so außer sich vor Freude, dass er alle möglichen Tollheiten anstellte. Er sprang mit einem Satz auf das eine Pferd, stand eine Sekunde auf dem Pferderücken und balancierte und hüpfte dann wieder zu Boden. Er fing an, mit dem ältesten seiner Brüder zu ringen, und im nächsten Augenblick war er mitten in der Kinderschar, warf sich zu Boden und wälzte sich mit all den wilden Kindern herum.

Dann wurde den ganzen Tag geschmaust und Jan spielte Geige. Es war ein großes Trinkgelage, aber Jan selbst trank nicht viel – er spielte nur immerzu. Am Abend wurde getanzt, und Jan tanzte mit und spielte dabei.

Sigurd saß mit in der Stube. Die anderen Zigeuner waren ihm ebenso zuwider wie immer, aber er konnte der Lust nicht widerstehen, Jan zuzusehen und seinem Spiel zu lauschen. Und je länger er lauschte, desto leichter und sorgloser wurde ihm zumute. Zum allerersten Mal in seinem Leben begann er zu verstehen, dass es eine Freude sein kann, zu leben. Immer hatte es auf ihm gelastet und ihn bedrückt, dass er mit dem Flugsand kämpfen sollte wie seine Vorväter, dass er den Hof erhalten musste wie sie. Aber es hieß ja nicht gleich den Hof vergessen, wenn man sich einmal eine vergnügte Stunde gönnte.

Das Seltsame war, dass der Zigeuner-Jan nie dazu kam, mit dem Graben des Brunnens fortzufahren. Am nächsten Tag, als seine Angehörigen fort waren, legte er sich schlafen. Und als er am Nachmittag erwachte, stand da ein Bote vom reichsten Bauern im Kirchspiel, der Jan bitten ließ, zu kommen und ihm aus der Not zu helfen. Er feierte die Hochzeit seiner Tochter, aber der Spielmann, den er gebeten hatte, war erkrankt. Nun hatte er das Haus voll Leute, die darauf versessen waren, zu tanzen – aber keinen Spielmann. Jan kam mit und Sigurd auch. Sie blieben drei Tage fort. Als sie wieder heimkamen, waren sie müde und missmutig, und hatten keine Lust, irgendeine Arbeit anzufangen. Sigurd hatte getanzt und getrunken, gespielt und gescherzt. Ganz schlaftrunken ging er herum und konnte sich nicht von seinem Staunen erholen, dass das Leben solche Herrlichkeiten zu bieten hatte.

Es sah aus wie verhext. Jedes Mal, wenn sie davon sprachen, weiter an dem Brunnen zu graben, kamen Gäste. Meistens waren es Verwandte von Jan. Er schien mit allen Zigeunern in Halland verschwägert zu sein, und alle nahm er so gastlich auf wie nur möglich. Das setzte den Vorräten in den Speisekammern und Kornspeichern tüchtig zu. Wenn Jan mit seinem Weib und Sigurd allein war, klagte er darüber, dass seine eigenen Leute ihn an den Bettelstab brächten. Aber wenn sie wieder kamen, zögerte er doch nie, sie aufs Beste zu bewirten. Manchmal verlockten sie ihn, Karten zu spielen. Einmal gelang es einem Zigeuner, ihm im Spiele eine Kuh abzugewinnen. Der Frau und Sigurd sagte er, er hätte die Kuh verkauft, aber sie erfuhren von anderen, wie sich die Sache verhielt.

Die Kuh gehörte ja Sigurd wie alles andere auch, und als er erfuhr, dass Jan sie verspielt hatte, wurde er sehr zornig. Dieser Vorfall hatte ihm plötzlich die Augen geöffnet. Jetzt sah er erst, wie es um den Hof stand.

Bredane war ja ohnehin arm, sodass es der größten Sparsamkeit bedurft hatte, dort zu leben. Aber unter dem Regiment des Zigeuner-Jan war der Hof noch ärmer geworden. Es schien Sigurd, als sei das ganze letzte Jahr wie im Traum verflogen. Jetzt sah er, wie versandet die Felder waren. Es gab kaum noch einen Acker, der sich bebauen ließ. Im Frühling hatte Jan in den nackten Sand gesät, und nur einige wenige Hälmchen waren hervorgekommen. Sigurds ganzes väterliches Erbe ging zugrunde.

Sigurd trat in die Wohnstube, um mit Jan zu sprechen. Aber Jan stand da und spielte, und Sigurd konnte sich nicht entschließen, ihn zu unterbrechen, sondern saß mit schwerem Herzen da und lauschte. Wie immer, wenn er Jan spielen hörte, wurde ihm allmählich leichter ums Herz. Er dachte an das strenge, karge Leben, das sie geführt hatten, bevor der Zigeuner ins Haus kam, und er fragte sich, ob er denn selbst wollte, dass das jetzt von Neuem beginnen solle.

Ganz plötzlich brach Jan mitten im Spiel ab.

»Sag mir nur eines, Sigurd«, begann er mit ungewöhnlich sanfter Stimme. »Willst du, dass ich meiner Wege gehe und dich und das Deinige in Frieden lasse?«

Sigurd war ganz betroffen, denn er hatte eben darüber nachgesonnen, wie er es anstellen sollte, ihn fortzubringen. Er wusste nichts zu erwidern.

»Sag nur ein Wort, wenn du mich los werden willst«, sagte Jan.

Da fühlte Sigurd, wie sich sein Herz zusammenkrampfte bei dem Gedanken, dass Jan und er sich trennen sollten.

»Nein, ich will, dass du bleibst«, sagte er.

»Dann mache mich nicht dafür verantwortlich, wie es mit deinem Erbteil ergehen wird«, sagte Jan. »Denn das, was ich dir jetzt anbot, war ehrlich gemeint.«

Und es dauerte auch nicht lange, so kam der Tag, an dem Sigurd mit dem Zigeunerwagen fortziehen musste. Es war kein Bissen mehr in der Vorratskammer, kein Dienstbote im Haus, keine Kuh im Stall. Nichts anderes war da als ein Arbeitswagen und ein Pferd, denn das hatte Jan nicht losschlagen wollen. An dem Tag, an dem sie nichts mehr zum Leben hatten, spannte Jan das Pferd ein und belud den Wagen mit Pfannen und Töpfen, mit alten Decken und Kissen und mit seinen Werkzeugen. Zuletzt rief er die Bäuerin. Sie kam heraus, mit einem kleinen Kind auf dem Arm, und setzte sich obendrauf.

Sigurd hatte sich an all den Zurüstungen nicht beteiligt. Er saß da und sah zu, wie die anderen sich bereit machten, zu fahren, ohne sich selbst von der Stelle zu rühren.

»Wie es auch kommen mag, ich weiche nicht von Haus und Hof«, dachte er. »Und wenn ich hier verhungern soll, ich bleibe bis zum Letzten.«

Jan und die Mutter schienen es auch für ausgemacht zu halten, dass er bliebe. Keiner von ihnen sagte ein Wort, dass er mitkommen solle. Aber je näher die Stunde ihrer Abfahrt kam, desto weher wurde Sigurd ums Herz. Doch er ließ sie Lebewohl sagen und vom Hof wegfahren, ohne sich zu rühren. Aber als der Wagen durch die Zauntür fuhr, kam das Grauen der Einsamkeit mit solcher Macht über Sigurd, dass er mit den Händen die Bank umklammerte, um sich festzuhalten und ihm nicht nachzueilen. Im selben Augenblick drehte sich Jan noch einmal um und sah Sigurd an. Sigurd stand auf, und als Jan dies merkte, fing er an, ihm zu winken, und mit ein paar langen Sprüngen war Sigurd beim Wagen und auch schon drinnen.

Seither begleitete Sigurd Jan ein paar Jahre lang auf seinen Reisen durch das Land. Sie zogen gewöhnlich so, dass Jan und Sigurd neben dem Wagen wanderten, während die Frau und das Kind fuhren. Wenn sie in die Nähe eines Bauernhofs kamen, hielten sie am Wegrand an. Und Sigurds Mutter ging dann ins Haus, um Essen zu erbetteln und die Leute zu fragen, ob sie nicht Kupferkessel zu flicken hätten, aber die Männer blieben beim Wagen. Am Schwersten war es für sie, nachts ein Obdach zu finden. Oft mussten sie unter freiem Himmel schlafen – aber bald gewöhnten sie sich auch daran. Wo ein Markt abgehalten wurde, und war es noch so tief in Småland oder noch so weit unten in Schoonen, immer wussten sie es so einzurichten, dass sie dabei waren. Da trafen sie mit ganzen Scharen des übrigen Wandervolks zusammen, mit denen sie dann ein paar Tage in Saus und Braus lebten. Jan trank an solchen Markttagen viel, und Sigurd nahm auch die Gewohnheit an, zu trinken.

Um die Weihnachtszeit, wenn es ernstlich kalt wurde, pflegten sie das Herumstreifen aufzugeben und kehrten nach Bredane zurück. Da blieben sie, solange noch etwas von den Esswaren übrig war, die sie sich auf ihren Fahrten erbettelt hatten. Dann zogen sie wieder aus.

Diese Lebensweise hatte das Zigeunervolk geführt, seit es nach Schweden gekommen war, und Jan wünschte sich auch nichts Besseres, als es so weiter zu treiben. Er sagte jetzt ein übers andere Mal, es sei eine Torheit von ihm gewesen, zu versuchen, ansässig zu werden. Er müsse frei sein, müsse jederzeit dahin ziehen können, wo es ihm beliebte.

Es sah so aus, als wäre auch Sigurd ganz zufrieden, und als sei die Freundschaft zwischen ihm und Jan so innig wie zuvor. Doch manches Zeichen deutete darauf hin, dass Sigurd von einer inneren Unruhe verzehrt wurde. Er trank viel, aber nicht wie einer, der am Trinken Freude hat, sondern wie jemand, der nur trinkt, um einen Kummer zu betäuben. Er war auch reizbar geworden, und der geringste Anlass konnte ihn in heftigen Zorn versetzen.

Während sie so kreuz und quer durch Halland zogen, kamen sie oft zu großen Flugsandfeldern, und da wurde Sigurd immer schwermütig gestimmt. Als sie eines Tages über solch ein unermessliches Sandfeld wanderten, sagte Jan: »Hier war einmal Wald. Das habe ich meinen Vater erzählen hören. Wie merkwürdig, dass alles so zugrunde gehen konnte.«

»Die Leute sind wohl ihrer Wege gegangen und haben alles dem Zufall überlassen, anstatt gegen den Sand zu kämpfen, wie es ihre Pflicht gewesen wäre«, antwortete Sigurd bitter.

»Meinst du«, sagte Jan rasch. »Dann will ich dir eines sagen: Du kannst ja noch immer heimgehen und den Sand von deinen Feldern vertreiben, wenn du willst. Niemand hält dich hier zurück.«

»Du weißt ganz gut, dass ich nicht mehr heimgehen und arbeiten kann«, erwiderte Sigurd. »Ich bin schon bald ein ebenso guter Zigeuner wie du. Ich liebe Branntwein und Kartenspiel und ich will nichts arbeiten. Ich bin ganz so, wie du mich haben wolltest.«

An einem anderen Tag gingen sie über einen Weg, der am Rand eines großen Sandfelds lief. Hier hatte man versucht, den Sand zu binden, und eine Menge Tannenschösslinge waren gepflanzt worden. Einer davon wuchs dicht am Wegrand. Als Jan vorbeiging, riss er ihn mit dem Fuß aus dem Boden.

»Was tust du da?«, rief Sigurd mit scharfer Stimme. Er runzelte die Stirn und sah aus, als hätte er Lust, sich auf den Zigeuner zu stürzen.

»Ich werfe diesen Besen um, und ich hätte Lust, es mit all den anderen ebenso zu machen«, antwortete Jan.

»Welche Freude kann dir das bereiten?«, sagte Sigurd.

»Ich kann dir nicht sagen, was es ist«, sagte Jan. »Aber in den Ländern, wo große nackte Felder und große offene Heiden sind, da fühlen sich die Zigeuner wohl. Aber wo der Bauer geht und sät und pflügt, da können wir es auf die Dauer nicht aushalten.«

»Das kann schon sein«, sagte Sigurd. »Aber jetzt wirst du doch dieses Tannenpflänzchen wieder in die Erde stecken …«

Jan schien ihn nicht recht zu verstehen. Er stand nur da und starrte ihn an.

»Steck die Tanne hinein, sonst hüte dich vor dem Tag, an dem ich volljährig werde!«, schrie Sigurd. Jan beugte sich hinab und steckte das Pflänzchen hinein. Als er sich wieder erhob, sah er Sigurd mit einem heimtückischen Blick an, sagte aber kein Wort.

Unter Sigurds Nachbarn herrschte große Verwunderung darüber, dass er, der von so gutem Stamme war, es unter den Zigeunern aushalten konnte. Viele erwarteten, dass er sich von ihnen trennen würde, wenn er endlich volljährig war. Aber wenn das seine Absicht gewesen war, so kam sie doch nicht zur Ausführung, denn am Tage seiner Mündigkeit wurde er wegen Diebstahls verhaftet.

Er, Jan und die Mutter waren auf einem ihrer gewohnten Streifzüge unterwegs. Am Morgen hatte Jan Sigurd geweckt und ihn gebeten, an diesem Tag den Wagen zu kutschieren, weil er, Jan, auf einem Fest zum Tanz aufspielen sollte.

»Wenn du nicht gar zu rasch fährst, werde ich euch morgen früh schon wieder einholen«, hatte er gesagt.

Sigurd dachte an diesem Tag an so mancherlei, während er die Straße entlang fuhr. Früher hatte er versucht, sich weiszumachen, er werde heimkehren und seines Vaters Werk wieder in Angriff nehmen, sowie er nur mündig sei. Aber jetzt fühlte er, dass er nicht die Kraft dazu hatte. Der ganze Besitz war ja versandet, nicht ein Fuß breit Erde war übrig, und um das Wohnhaus herum lagen die Sandhaufen bis zu den Fenstern hinauf. Er konnte sich gar nicht denken, was er daheim anfangen sollte. Was nützte es, Arbeit an eine Sache zu verschwenden, die sie ihm doch nie lohnen würde.

Sigurd hatte sich eben entschlossen, den Hof seinem Schicksal zu überlassen, als er von ein paar fremden Männern angerufen wurde. Er hielt an, und sie traten näher und betrachteten sein Pferd. Es war ein neues Pferd. Jan hatte es am vorigen Abend gebracht und Sigurd gesagt, dass er es von einem Bauer in Frillesas gekauft habe. Nun zeigte es sich aber, dass das Pferd gestohlen war, und Sigurd, der es eingespannt hatte, wurde als Pferdedieb verhaftet.

Sigurd machte sich darüber keine großen Sorgen. Er konnte eine ganze Menge Leute als Zeugen anführen, dass er am vorhergehenden Tag gar nicht in Frillesas gewesen war. Ohne Sträuben ließ er sich in den Kotter führen und war überzeugt, dass er freigesprochen werden würde, sobald die Sache nur vor Gericht käme.

Der erste, den Sigurd sah, als er den Thingsaal betrat, war Jan, der mitten in einem Haufen Zigeuner saß.

»Jan ist hergekommen, um mir zu helfen«, dachte er, denn er wusste, dass alle diese Männer wussten, wo er sich den ganzen Tag, an dem der Diebstahl geschehen war, aufgehalten hatte. Aber als dann die Zeugen aufgerufen wurden, und auszusagen begannen, da zeigte es sich, dass einer nach dem anderen ihn auf dem Weg nach Frillesas gesehen haben wollte, ja sogar im Dorf selbst. Einige waren ihm mitten in der Nacht begegnet, als er mit dem gestohlenen Pferd herangefahren kam.

Jan selbst durfte nicht aussagen, aber Sigurd wartete die ganze Zeit, dass er in der einen oder anderen Weise eingreifen und all diesen Lügen ein Ende machen würde. Aber Jan tat nichts, um ihm beizustehen, und je schlechter sich die Sache für Sigurd entwickelte, desto tieferen Gram drückte Jans Gesicht aus. Einmal begegneten sich ihre Blicke, und da sah Jan Sigurd so an, wie ein guter Vater einen missratenen Sohn ansieht, der auf Abwege geraten ist.

Als Sigurd diesem Blick begegnete, da war er zuerst wie versteinert, aber bald begann ein Lächeln seine Lippen zu umspielen. Er hatte gesehen, dass alles, was in Jans Gesicht zu lesen stand, Lüge war. Er hatte gesehen, dass Jan sich freute, dass Jan derjenige war, der ihn ins Unglück gebracht hatte, und dass Jan es so einzurichten wissen würde, dass er verurteilt werden musste.

Aber das Merkwürdige war, dass, als Sigurd sich über all dies klar wurde, ein Gefühl der Freude sein ganzes Wesen anfüllte. Er wunderte sich über sich selbst, dass er so fühlen konnte. Er wusste, man würde ihn zu mehreren Jahren Zuchthaus verurteilen, und dennoch fühlte er sich wie jemand, der die Freiheit wiedererlangt.

Als Sigurd ins Gefängnis zurückgeführt wurde und da allein blieb, hatte er das Gefühl, ganz plötzlich ein anderer Mensch geworden zu sein. Von dem Augenblick an, in dem er dem Zigeuner-Jan in die Seele geblickt und gesehen hatte, dass er im tiefsten Innern falsch und hart war, war er wie aus einer jahrelangen Verzauberung erlöst. Er hatte unter der Gewalt eines anderen gestanden, und nun herrschte Freude in seiner Seele, dass sie wieder frei wurde. Aber während er so aufwachte, sah er sich selbst, wie er gewesen war, und großes Entsetzen bemächtigte sich seiner.

Als Sigurd das nächste Mal vor Gericht kam, suchte er sich kaum zu verteidigen. Was hatte es zu sagen, ob er an dem Pferdediebstahl unschuldig war! Er fühlte sich doch als ein großer Verbrecher. Er war in einer Gemütsverfassung, in der es ihn beglückte, zu leiden. Und er war es auch zufrieden, dass er auf diese Art von all dem Alten losgerissen wurde, von allem, was ihn gelockt und verführt hatte.

Als das Urteil fiel, dachte er kaum daran, was es bedeutete. Er stand nur da und verurteilte sich selbst zu lebenslänglicher Strafarbeit. Er wollte den Kampf seiner Vorväter wieder aufnehmen, so hoffnungslos er auch erscheinen mochte.

Und es kam der Tag, an dem Sigurd in sein Heim zurückkehrte und die Arbeit in Angriff nahm. Er hatte es so eingerichtet, dass er im Winter als Drescher in Schoonen arbeitete, und im Frühling kehrte er heim, mit so viel Lebensmitteln versehen, dass er bis zum nächsten Herbst auf Bredane aushalten konnte.

Er versuchte, Strandroggen und Tannen zu pflanzen, um den Sand zu binden. Er hatte keinen rechten Erfolg damit, aber er arbeitete unverdrossen weiter, wie er es sich auferlegt hatte.

Eines Tages kam ihm der Gedanke, dass es gut wäre, einen Brunnen in der Nähe zu haben, und da begann er ungefähr an derselben

Stelle, wo er und Jan einmal gearbeitet hatten, einen zu graben. Als er ein paar Ellen tief gekommen war, stieß er auf eine Mergelschicht. Unten in Schoonen hatte er gelernt, wozu Mergel gut ist, und obgleich er jetzt ein sehr stiller Mann war, geriet er doch vor Freude ganz außer sich.

Jetzt wusste er nicht nur, wie er Macht über den Sand bekommen sollte, sondern auch, wie er ihn fruchtbar machen konnte. Jetzt war es aus mit der Strafarbeit: Jetzt begann eine Arbeit voll Freude und Hoffnung. Er sah sich schon in Gedanken als Besitzer eines großen und reichen Hofs.

Mit einem Mal fiel es ihm jetzt ein, wie er und Jan einen Brunnen gegraben hatten und wie Jan ein Klümpchen Lehm in die Hand genommen und gesagt hatte, er hätte Gold gefunden.

Er hat das mit dem Mergel gewusst. Er hat es die ganze Zeit gewusst, dachte Sigurd. Und hat es vorgezogen, als Bettler herumzuziehen, anstatt daheim zu bleiben und zu arbeiten und uns alle reich zu machen!

Aber dieser Gedanke erregte keinerlei Hass oder Bitterkeit in ihm – nur großes Mitleid. Er begriff, dass der Zigeuner nicht so denken und handeln konnte, wie er hätte sollen. Er war von einer anderen Art, und er musste so leben, wie seine Art es ihm gebot. Ob es für ihn selbst und für andere zum Glück oder zum Unglück ausschlug – er musste doch so sein, wie die Natur ihn geschaffen hatte.

Der dienstbare Geist

Krus Erik Erson, der Dorfschuster, und sein Lehrling, Konstantin Karlsen, hatten die ganze Woche im Pfarrhof gesessen und Schuhe gemacht. Nun, so etwa um neun Uhr am Samstagabend, waren sie auf dem Heimweg zu ihren an der äußersten Grenze des Kirchspiels gelegenen Behausungen.

Es war Herbst und die Sonne war schon längst untergegangen, dennoch wanderten sie nicht durch die Dunkelheit, sondern vielmehr durch klare Luft und Mondschein. Es war so schön, wie man es sich nur denken konnte. Der See unterhalb des Pfarrhofs lag spiegelblank da – eine silberne Straße ging darüber hinweg, und auf den Feldern sah man an jedem Halm Tautropfen hängen, die im Mondschein zu weißen Perlen wurden. Nur hier und da, wenn sie ein Gehölz zu durchkreuzen hatten, wurde es dunkel um sie. Der Herbst war noch nicht weit vorgeschritten, die Bäume waren noch belaubt und ihre Kronen breiteten sich wie tiefschwarze Wölbungen über den Köpfen der Wanderer aus.

Es fühlte sich ein bisschen ungewohnt an, zu gehen, nachdem sie sechs Tage über die Schusterbank gebückt dagesessen hatten. Sie pusteten unter der Last ihrer Ränzel und keiner von ihnen sprach ein Wort.

Aber der Weg aus dem Pfarrhaus führte am Friedhof vorbei, und als Krus Erik Erson die alten Grabkreuze über die Kirchhofmauer schimmern sah, da kamen ihm plötzlich allerlei Gedanken.

»Ja, Konstantin«, sagte er, und seine Stimme klang ängstlich und sehnsüchtig zugleich, so etwa, wie man, nachts an einem fremden Obstgarten vorbeigehend, davon spricht, wie schön es wäre, ein paar Äpfel mitnehmen zu können. »Das wäre doch prächtig, wenn man ein bisschen Graberde kriegen könnte.«

»Graberde?«, fragte der Lehrling und war so verdutzt, dass er stehen blieb. »Davon könnt Ihr doch haben, soviel Ihr mögt. Aber was wollt Ihr denn damit anfangen?«

Krus Erik blieb ebenfalls stehen. Er war jetzt so ergriffen von dem, wovon sie sprachen, dass er kein lautes Wort herausbringen konnte, sondern flüstern musste.

»Auf diese Art bekommt man nämlich einen ›Spirrtus‹. Und wer einen Spirrtus hat, der kann alles haben, was er will. Da bräuchte unsereins nie mehr ein Paar Schuhe zu machen. Man könnte sich ein Haus bauen, so hoch wie der Glockenturm, und sich Pferde und Wagen anschaffen und bräuchte keinen Schritt mehr zu gehen.«

Der Lehrling stammte aus einem Hause, wo große Frömmigkeit und Gottesfurcht herrschte und aller Aberglaube in Acht und Bann getan war. Er stand in dumpfem Staunen da und konnte gar nicht glauben, dass Krus Erik das ernst meinte.

»Es ist doch wohl nicht möglich, dass Ihr an derlei glaubt, Meister Erik«, sagte er.

»Und ob ich es glaube«, sagte der andere.

Und wie sie so vor dem Gottesacker standen, begann er von diesem und jenem zu erzählen, der sich einen Spirrtus verschafft und sich seiner bedient habe.

Aber es gelang ihm nicht, den Lehrling zu überzeugen. Der war ein hoch aufgeschossener schöner siebzehnjähriger Bursche von gutmütigem, aber ein wenig schläfrigem Aussehen. Er fragte in aller Unschuld:

»Wenn Ihr so fest dran glaubt, warum verschafft Ihr Euch nicht selbst einen solchen Helfer?«

Doch Krus Erik antwortete düster: »Das kann ich nicht. Es geht über meine Kraft.«

Und seufzend schob er sein Ränzel höher auf die Schulter und setzte seinen Weg fort.

Konstantin blieb stehen. Es sah aus, als sei in ihm ein leises Interesse an der Sache erwacht.

Als Krus Erik ein paar Schritte gegangen war, blieb er auch stehen und drehte sich nach dem Lehrling um.

»Du kannst doch nicht meinen, Konstantin«, und die Stimme zitterte bei dem bloßen Gedanken an etwas so Unerhörtes, »du meinst doch nicht etwa, ich könnte auf den Friedhof gehen und dort Erde einsammeln?«

»Nein«, sagte der Lehrling nachdenklich. »Wenn Ihr wirklich daran glaubt, begreife ich schon, dass Ihr es nicht könnt.«

»Ich kann nie nachts an einem Friedhof vorbeigehen, ohne mir einen Spirrtus zu wünschen«, sagte Krus Erik. »Aber ich kann mir keinen verschaffen. Drum lohnt es nicht, dass wir noch länger hier stehen bleiben, Konstantin.«

Und er setzte seine Wanderung fort, aber langsam, gleichsam in der Hoffnung, aufgehalten zu werden.

Der Lehrling folgte ihm auch jetzt nicht. Die Sache war nämlich so: Wenn es jemand auf Erden gab, dem er so recht von Herzen gut war, so war es Krus Erik. Die Eltern daheim waren so streng, dass sie weder Scherz noch Spiel duldeten. Der Schuster hingegen war voll Späßchen und Schnurren, und es ließ sich so leicht mit ihm umgehen, als zählte er selbst erst siebzehn Jahre. Und als Konstantin ihn nun so alt und gebeugt am Weg stehen sah, da bekam er Lust, ihm eine Freude zu machen.

Er stieß mit dem Fuß an ein Rasenstück, sodass die Tauperlen in die Luft sprühten.

»Seht Ihr, Krus Erik, ich habe vor einer Erdscholle so wenig Angst wie vor der anderen, und wenn Ihr nur ein kleines Weilchen auf mich warten wollt, sollt Ihr haben, was Ihr Euch wünscht.«

Er hatte, während er so sprach, sein Ränzel abgenommen und es auf die Straße geworfen. Nun war er mit einem Satz über den Straßengraben und die Mauer gesprungen und stand schon auf dem Kirchhof, ehe Krus Erik ihm befehlen konnte, von seinem Vorhaben abzulassen.

Es war auch notwendig, dass alles für den Meister so überraschend kam. Denn Krus Erik lag das Wohl seiner Lehrlinge ebenso sehr am Herzen wie sein eigenes. Er hätte, wenn er gefragt worden wäre, Konstantin nie und nimmer erlaubt, bei Nacht einen Kirchhof zu betreten.

Es wäre für Konstantin ein Leichtes gewesen, ein wenig Erde aus einem Grab in der Nähe der Friedhofsmauer zu nehmen. Aber das wollte er nicht. Es bot sich ihm nicht so oft Gelegenheit, sich irgendwie auszuzeichnen, aber Mut hatte er, und es war ihm nicht unerwünscht, dass Krus Erik sich davon überzeugte.

Endlich machte er bei einem Grabhügel halt, der mitten auf dem Friedhof lag, lockerte mit dem Fuß ein Rasenstück und grub dann mit den Händen die oberste Erdschicht ab.

Als er glaubte, tief genug gekommen zu sein, nahm er ein paar Hände voll Erde und füllte die Taschen seines Kittels damit. Wie viel Erde für einen brauchbaren Spirrtus nötig war, konnte er freilich nicht so genau wissen, aber er dachte, zwei Taschen voll würden schon reichen.

Die ganze Zeit war er mit Eifer bei der Sache und verspürte nicht die leiseste Furcht. Seine Gedanken waren bei Krus Erik, was würde der wohl anfangen, wenn er einen Spirrtus in seiner Gewalt hatte?

Ganz totenstill war es rings um ihn. Er fand es beinahe schade, dass er nichts von alledem sah und hörte, was Leute auf Kirchhöfen zu hören und zu sehen pflegen. Nun konnte er mit gar keinem Abenteuer prahlen, wenn er zum Meister zurückkam.

Er schüttete die aufgeworfenen Erdschollen wieder in die Grube und legte den Rasen zurecht. Er tat dies ganz langsam, damit es noch ein Weilchen dauerte. Krus Erik sollte ja nicht glauben, er hätte Eile fortzukommen.

Mitten in der Arbeit hielt er inne und wurde ganz still, aber es war kein Gespenst, das ihn erschreckt hatte, nur ein wunderlicher, kleiner Gedanke.

Er kam sich mit einem Mal recht dumm vor, dass er sich so abmühte, um Krus Erik einen Spirrtus zu verschaffen. Warum behielt er ihn denn nicht selber? Er hatte ihn wahrhaftig ebenso nötig wie der Meister.

Blitzschnell sah er eine kleine graue Hütte mit einer einzigen Stube vor sich, das war sein Heim, einen mageren, traurigen, todkranken Mann, das war sein Vater, eine abgearbeitete blasse Frau, das war seine Mutter. Weiß Gott, er brauchte einen Spirrtus nötiger als irgendjemand sonst.

Während er noch so dachte, fiel ein Blatt von einem Baum. Es raschelte, als es an seinem Kopf vorbeiflatterte, und er sprang hastig auf.

Mit verwirrten Blicken sah er sich um. War etwas geschehen, während er über das Grab gebeugt dagestanden hatte? Wachten die Toten am Ende auf? Es ging bestimmt ein Flüstern von Grab zu Grab. Dort in dem schwarzen Schatten der Bäume schimmerte etwas Weißes. Da standen die Toten in hellen Scharen. Sie waren die ganze Zeit dagewesen. Im nächsten Augenblick würde er sie sehen.

Er war erschrocken, einen Augenblick, aber er lief nicht davon, sondern blieb stehen. Er zwang seine Blicke. Die durften nicht nach allen Seiten irren und nach Gespenstern ausspähen. Er wollte sich nicht einschüchtern lassen, wollte nicht atemlos und zitternd zu Krus Erik zurückkommen.

Und vor den festen Blicken verschwand alles. Die Luft wurde gleichsam von Spuk und Gespenstern gesäubert, und er konnte ruhig den Rückweg antreten.

Die Graberde für sich zu behalten, daran dachte er gar nicht mehr. Wozu sollte das gut sein? Es war ja nur Erde.

Es kam ihm recht seltsam vor, dass ein so kluger Mann wie Krus Erik sich sein ganzes Leben lang in Sehnsucht nach solchen Kindereien hatte verzehren können.

Das war auch was Rechtes, um sich danach zu sehnen. Konstantin steckte die Hände in seine wohlgefüllten Taschen. Nur ein bisschen Erde.

Aber im selben Augenblick stieß Konstantin einen schrillen, gellenden Schrei aus, so wild und angstvoll, als hätte ein Gespenst sich auf ihn gestürzt.

Als seine Hände sich in die Taschen versenkten, da hatte er gefühlt, dass das, was da lag, nicht Erde war, sondern die Überreste toter Menschen. Es waren Finger, Zehen, glatte Augäpfel, verrunzelte Haut, verfilztes Haar, Fleisch, Knochensplitter, Sehnen.

Und all das war klebrig, kalt, weich, in Auflösung begriffen. Er riss die Hände heraus, und in wildester Flucht fetzte er über die Mauer und eilte der Landstraße zu, während er zugleich versuchte, seine Taschen umzukehren, um sich von ihrem entsetzlichen Inhalt zu befreien. Die ganze Zeit schrie er, weniger aus Angst als aus Ekel.

Als er wieder auf dem Weg stand und sich nach Krus Erik umsah, merkte er, dass dieser schon weit über die Kirche hinaus gelaufen war.

Konstantin packte in aller Eile sein Ränzel und warf es über die Schulter. Am liebsten wäre er so rasch gelaufen wie die Beine ihn tragen wollten, aber er mochte sich nicht auslachen lassen. Und so biss er die Zähne zusammen und schlug seinen gewohnten gemächlichen Trab ein, bis er schließlich beim Meister anlangte, der an der Ecke des Gemeindehauses stand und auf ihn wartete.

»Nun, wie steht es mit dir?«, fragte Krus Erik. Und als Konstantin antwortete, mit ihm stände es ganz gut, stellte er keine weiteren Fragen. Denn, seht ihr, Krus Erik wusste ja, wenn man den Verdacht hegt, dass jemand etwas Wunderliches gesehen hat, dann ist es nicht ratsam, gleich mit ihm darüber zu sprechen, sondern man muss erst einige Zeit verstreichen lassen.

Wie es mit dem Einsammeln der Graberde gegangen war, das sah er nur zu gut an Konstantins umgestülpten Taschen.

Im Sommer und so tief in den Herbst hinein wie nur möglich schlief Konstantin auf dem Dachboden, wo er sich mit ein paar Brettern einen Verschlag abgeteilt hatte, den er seine Kammer nannte. Groß war sie freilich nicht – eine schmale kleine Bettstatt nahm fast den ganzen Raum ein, aber sie hatte das Gute, dass er sich am Sonntagmorgen da ausschlafen konnte. Hätte er unten in der Stube bei den Eltern gelegen, dann hätte er beizeiten aufstehen müssen, damit die Mutter das Bett zurechtmachen konnte, ehe sie zur Kirche ging.

Seit er bei Krus Erik zu arbeiten begonnen hatte, war es keine Seltenheit, dass er am Sonntag schlief, bis die Wanduhr unten in der Stube zwölf schlug. Aber am Tag nach dem Abenteuer auf dem Kirchhof passierte ihm das nicht: An diesem Morgen erwachte er schon vor neun. Sogleich erinnerte er sich an alles. Er spürte den Ekel noch in den Fingerspitzen. Es kribbelte in ihnen, wenn er nur daran dachte, was sie berührt hatten.

Natürlich war es alles nur Einbildung gewesen, pure Angst. Er wusste ja, es war nichts anderes als Erde gewesen, was er in die Taschen gesteckt hatte.

Aber Krus Erik hatte doch recht gehabt. Es war kein Spaß, nachts auf den Friedhof zu gehen und da Graberde zu holen.

Plötzlich war er mit einem Satz aus dem Bett. Man denke, wenn Mutter und Krus Erik sich auf dem Weg zur Kirche träfen, und wenn nun der Meister erzählte, dass Konstantin gestern Abend auf dem Friedhof gewesen sei, um dort einen Spirrtus zu holen. Er musste gleich mit dem Meister sprechen und ihn bitten, den Mund zu halten – Mutter würde ja ganz außer sich geraten.

So eilig er es auch hatte, konnte er es doch nicht über sich bringen, die Schuhe so staubig und schmutzig anzuziehen, wie sie waren. Er nahm Schuhlack und Bürste aus dem Ränzel und zog den Schuh über die Hand.

Da fiel eine ganze Menge Erde heraus.

Konstantin zog heftig den Atem ein und stieß ihn mit einem Pfeifen wieder aus. Er wusste, wie es dazu kam, dass er Erde in den Schuhen hatte. Sie musste hineingefallen sein, als er auf dem Friedhof seine Taschen ausgeleert hatte. Die Schuhe waren ja oben so weit. Jaja, es konnte gar nicht anders zugegangen sein.

Er sah sich die Erdschollen an. Sie waren ganz wie andere Erde. Ja gewiss, alles andere war nur Einbildung gewesen.

Er leerte beide Schuhe aus und scharrte die Erde mit dem Fuß zusammen.

Viel war es nicht, aber – vielleicht konnte es doch zu einem Spirrtus reichen.

Wieder öffnete er das Ränzel, zog eine kleine Blechdose heraus, in der er Nägel und Pflöckchen zu verwahren pflegte, leerte sie aus und fegte die Graberde hinein.

Krus Erik sollte seinen Spirrtus haben. Er sollte sehen, dass Konstantin Manns genug gewesen war, ihn heimzubringen. –

Obgleich Konstantin sich kaum die Zeit genommen hatte, das Brot und die Milch zu kosten, die die Mutter ihm hingestellt hatte, kam er doch nicht rechtzeitig zu Krus Erik. Der Meister war schon in die Kirche gegangen. Konstantin eilte ihm nach, um ihn womöglich auf dem Weg einzuholen. Und das wäre ihm wohl auch gelungen, wären die Schuhe nicht gewesen.

Er wusste nicht, was in die gefahren war. Sie schlappten bei jedem Schritt wie nie zuvor und rieben den Fuß auf. Die Haut begann so zu brennen, dass er stehen bleiben musste.

Er legte die Schuhe ab und setzte sich am Wegesrand nieder.

Barfuß zu gehen konnte er sich nicht entschließen, und mit den Schuhen kam er nicht vom Fleck – er hatte schon wunde Stellen an beiden Füßen.

Während er noch so ratlos auf der Erde saß, kam ein Wagen herangefahren. Darin saßen Oest Samuel Andersson und ein Fremder, der wie ein Stadtherr aussah. Sie fuhren ganz langsam, was ihn wunderte, denn Oest Samuel war Pferdehändler und pflegte sonst immer wie ein Wilder zu fahren.

Oest Samuel war ein guter alter Freund von Konstantins Eltern. Ihre Hütte lag auf einer Trift unter dem Oesthof, und er hatte ihnen manches liebe Mal mit Rat und Tat beigestanden, namentlich seit Vater die schlimme Krankheit hatte, die ihn fast immer ans Bett fesselte.

Als Oest Samuel Konstantin sah, zog er die Zügel an und fragte ihn, wohin er wolle.

Ja, er wolle zur Kirche, aber er habe wunde Füße, und so müsse er wohl wieder umkehren.

Da bot ihm Oest Samuel an, hinten aufzusitzen. Er fuhr nicht zur Kirche, sondern zum Kirchenvorsteher in Aspnäs, aber Konstantin sparte doch immerhin den halben Weg.

So sprang er hinten auf den Wagentritt. Dies war ja immerhin eine gute Fügung.

Vorne im Wagen sprachen sie über Konstantin. Zuerst sagte der Fremde etwas, aber in so leisem Ton, dass er es nicht hören konnte. Oest Samuel hingegen hatte eine dröhnende Stimme, und er verstand es nicht, sie zu dämpfen. Konstantin hörte, wie er zugab, der Junge sehe nicht so übel aus und sei ganz ordentlich, aber er habe keinen rechten Schneid, und das wäre doch so nötig. Der Vater läge beständig krank, die Mutter rackere sich fast zu Tode, aber der Junge ginge am liebsten herum und stähle unserem lieben Herrgott den Tag. Jetzt hätten sie ihn zu einem Schuster in die Lehre gegeben, und der Meister sage, er sei brav und willig. Aber er glaube doch nicht, dass ein rechter Schuster aus ihm werden könne, er hätte keine glückliche Hand und wäre langsam.

Wieder sagte der Fremde mit seiner leisen Stimme etwas. Er musste wohl daran erinnert haben, dass Konstantin vielleicht hörte, was sie sagten.

Doch Oest Samuel antwortete ganz unbekümmert, dieser Bursche höre nichts. Der gehe immer herum wie im Schlaf.

Woher es nun kommen mochte, aber an diesem Tag schlief Konstantin nicht. Er hörte nicht nur dies, sondern auch alles andere, was die beiden Gefährten sprachen.

Dort wo der Weg nach Aspnäs von der Landstraße abzweigte, hielt Oest Samuel das Pferd an. Konstantin stieg aus, und die anderen fuhren weiter zu dem Bauernhof.

»Du musst dich aber tüchtig sputen, wenn du noch in die Kirche kommen willst, bevor der Pfarrer von der Kanzel steigt«, rief Oest Samuel ihm nach.

Aber weiß Gott, es war für Konstantin nicht so leicht, sich zu sputen. Jeder Schritt tat ihm weh. Er kam nicht rascher vom Fleck als eine Schnecke. Vielleicht wollte der Spirrtus nicht, dass er ihn hergebe.

Und so waren der Gottesdienst zu Ende und die Kirchenbesucher auf dem Heimweg, als Konstantin noch kaum das Kirchdorf erreicht hatte.

Einer der ersten, denen er begegnete, war der Kirchenvorsteher aus Aspnäs, der mitten über die Straße geschritten kam, so groß und breit, als wollte er sie für sich allein behalten.

Der Schuhmacherlehrling, der auf jedem Hof im Kirchspiel gearbeitet hatte, erkannte den Kirchenvorsteher sofort. Er stellte sich gerade vor ihn hin, streckte die Hand aus und sagte Guten Tag.

Der Kirchenvorsteher reichte ihm die rechte Hand, in der er den Stock mit dem großen Silberknopf hielt. Er nahm den Stock nicht in die andere Hand, sondern ließ Konstantin, so gut dies eben gehen wollte, die zusammengeballte Faust und den Stockgriff schütteln.

Aber der Junge störte sich nicht daran und sagte rasch:

»Ich meinte, ich müsste Euch doch sagen, dass Ihr daheim Besuch habt. Oest Samuel und ein Herr aus Falun sind zu Euch gefahren. Ich weiß es, weil ich hinten auf dem Wagen aufsitzen durfte.«

»Soso, soso, das sind ja große Neuigkeiten. Ist es schon lange her, dass sie gefahren kamen?«

»Es wird wohl eine Stunde sein. Aber sie warten schon, bis Ihr heimkommt, denn sie wollen Eure graue Stute kaufen.«

Es war seltsam. Konstantin verspürte an diesem Tage keinen Respekt vor dem Kirchenvorsteher, keine Scheu. Er wagte sogar, ein wenig mit ihm zu scherzen.

»Ich hörte auch, um wie viel sie Euch voriges Jahr übers Ohr gehauen haben, als sie Euch ein Pferd abkauften, und ich weiß, was die Stute wert ist und wie viel Ihr dafür kriegen könnt, wenn Ihr nicht nachgebt.«

Im selben Augenblick, in dem er das hervorgestoßen hatte, ging er auch schon weiter, der Kirche zu. Er ging rasch, ohne sich um seinen wunden Fuß zu kümmern.

Der Kirchenvorsteher rief ihm nach, aber Konstantin tat, als höre er nicht, und schritt rüstig aus. Da kam der große schwere Mann hinter ihm hergelaufen.

Konstantin ging nur umso rascher. Es war ganz gut, wenn der Kirchenvorsteher es für ein anderes Mal lernte, den Stock in die andere Hand zu nehmen, wenn er jemand begrüßte.

Endlich befand er es für gut, stehen zu bleiben. Der Kirchenvorsteher kam ganz außer Atem und keuchend auf ihn zu.

Es könne doch nicht möglich sein, dass er so viel wisse, wie er da flunkerte. Es habe ihm wohl nur Spaß gemacht, dass ein alter Kerl sich zuschanden lief, um ihn einzuholen.

Konstantin machte ein beleidigtes Gesicht. Es lohnte sich ja nicht, zu sagen, was er wusste, wenn der Kirchenvorsteher glaubte, er löge.

Der Kirchenvorsteher musterte ihn mit einem raschen Blick. Dann steckte er die Hand in die Brusttasche, zog die Brieftasche heraus und zeigte ihm einen Fünfkronenschein.

»Ich glaube nicht, dass du lügst«, sagte er. »Erzähle, was du gehört hast, dann sollst du den haben.«

Der Schuhmacherlehrling, der noch ohne Lohn arbeitete, wurde ganz heiß vor Eifer, als er einen so großen Schein erblickte. Das hätte Oest Samuel sehen sollen, er, der glaubte, dass Konstantin weder sehe noch höre, sondern nur im Schlaf umhergehe.

Nun erzählte er natürlich, was er wusste, und bekam auch die versprochene Belohnung.

Als er mit dem Fünfkronenschein in der Tasche weiterwanderte, begegnete er endlich Krus Erik.

Gleich fiel ihm der Spirrtus ein. Dies war die allerbeste Gelegenheit, ihn dem Meister zu geben. Die beiden waren jetzt mutterseelenallein auf dem Weg, und niemand sah und hörte sie.

Aber Konstantin ging an Krus Erik vorbei, ohne stehen zu bleiben – er grüßte nur und fügte hinzu, er wolle Barsche fischen gehen. Er habe sich gestern mit den Jungen vom Pfarrhof verabredet.

Der Spirrtus steckte in seiner Tasche, als wäre er festgenietet. Er sagte sich, ehe er ihn weggebe, müsse er doch erst selbst erproben, ob er etwas tauge.

Am Montagmorgen, als Konstantin wieder an dem niedrigen schmalen Schustertisch Krus Erik gegenübersaß, war ihm so jämmerlich zumute wie nie zuvor in seinem ganzen Leben.

Er war sich nun ganz klar darüber, dass er Krus Erik den Spirrtus abtreten müsse. Er wollte nichts mehr damit zu tun haben.

Den ganzen Sonntagnachmittag hatte er beim Fischen ganz merkwürdiges Glück gehabt. Einen großen Barsch nach dem anderen hatte er heraufgezogen, während die anderen Jungen, die mit ihm im Boot waren, gar nichts gefangen hatten.

Es war nicht so leicht zu sagen, woher das kam. Er wusste nur, dass er die ganze Zeit eifrig und wachsam gewesen war, während die anderen geplaudert und an weiß Gott was gedacht hatten.

Schließlich hatten die anderen sich geärgert, dass sie nichts fingen, und waren mitten in seinem besten Fischerglück heimgerudert. Und da das Boot und die Fischgeräte ihnen gehörten, hatten sie auch alle Barsche behalten. Wenn sie sich nicht darüber geärgert hätten, dass er allein Glück hatte, würden sie ihm vielleicht ein paar Fische gelassen haben. So aber musste er mit leeren Händen abziehen.

Dies war schon recht verdrießlich gewesen, aber noch Schlimmeres erwartete ihn, als er nach Hause kam. Oest Samuel war bei den Eltern gewesen und hatte sich über ihn beklagt. Er hatte einem guten Freund behilflich sein wollen, ein Pferd zu kaufen, das ganz so wie eines war, das er einmal gehabt hatte. Aber nun hatten sie für des Kirchenvorstehers graue Stute viel zu viel bezahlen müssen, und das war Konstantins Schuld.

Der Kirchenvorsteher hatte nämlich nicht den Verstand gehabt, über den Handel zu schweigen, sondern kaum war der Kauf glücklich abgeschlossen, erzählte er Oest Samuel, woher er wusste, wie hoch die Käufer gehen wollten. Und nun wussten die Eltern von dem Fünfkronenschein und der ganzen Sache.

Sie waren ganz verängstigt, weil er Oest Samuel erzürnt hatte. Was sollten sie anfangen, wenn er ihnen nicht mehr wohlgesinnt war?

Mutter konnte gar nicht verstehen, was in ihn gefahren war. Nie hatte er so etwas getan. Wie konnte es ihm einfallen, anderer Leute Geheimnisse zu verraten und sich dafür noch obendrein bezahlen zu lassen? Er war ein rechter Judas.

Die fünf Kronen hatte die Mutter an sich genommen, um sie dem Kirchenvorsteher zurückzugeben. Solches Sündengeld konnten sie nicht behalten.

Konstantin suchte sich noch selbst weiszumachen, er glaube gar nicht, dass diese Graberde irgendwelche Macht habe. Aber im tiefsten Innern war er doch überzeugt, dass sie die Schuld an allem trug.

Heute Morgen, als er von daheim fortgegangen war, war er fest entschlossen gewesen, sich des Teufelszeugs zu entledigen, sowie er nur Krus Erik träfe. Aber das Seltsame war, dass er es nicht vermocht hatte. Schon mehrere Male war er mit der Hand in die Tasche gefahren und hatte die Dose gefasst, um sie herzugeben. Aber immer wieder hatte es ihm leidgetan. Es war doch etwas daran, ein solches Ding sein eigen zu nennen und sich den Kopf darüber zu zerbrechen, ob es wirklich Macht hatte. Bisher hatte es nur Elend über ihn gebracht, aber dennoch schien es ihm ganz unmöglich, sich davon zu trennen.

Er war von diesen Gedanken so benommen, dass er schlechter arbeitete als sonst, und Krus Erik merkte es. Aber Krus Erik hatte eine prächtige Art, mit seinen Lehrlingen umzugehen. Er schalt sie nie, sondern er hatte seine kleinen Finten, die er anwendete, um sie zur Arbeit anzuhalten.

»Du, Konstantin«, sagte er, »ich habe nun zwei Paar Schuhe bezeichnet, die wollen wir heute fertig machen. Was meinst du, wenn wir um die Wette arbeiteten? Du machst das eine Paar und ich das andere, und dann wollen wir sehen, wer zuerst fertig wird.«

Der Spirrtus glitt wieder in die Tasche. Konstantin ging mit Feuereifer auf den Vorschlag ein. Das war einmal eine gute Gelegenheit zu erproben, ob das Teufelszeug zu etwas taugte.

Sie nahmen Messer, Hammer, Zangen, Leisten, Leder, Schuhgarn, Nägel, Pfriem, Ahle, kurz alles, was zur Schusterei nötig ist, und legten es vor sich hin. Dann zählte der Meister feierlich: »Eins, zwei, drei«, und der Wettkampf begann.

Sie schnitten das Oberleder zu, kleisterten das Futter mit Roggenmehlmasse fest, und während dies dann auf dem Herd trocknete, drehten sie das Schuhgarn zu hartem Draht und befestigten an den Enden Schweineborsten.

Damit wurden sie alle beide zugleich fertig, aber Krus Erik wunderte sich nicht wenig, als er sah, wie behänd Konstantin sich anstellte, als er den Faden drehte und die Borsten befestigte. Dies waren andere Griffe als seine gewöhnlichen.

Dann hieß es, die Sohle zuschneiden und einweichen, um dann leichter damit hantieren zu können.

Es war merkwürdig zu sehen, wie rasch Konstantins Messer durch das harte Leder schnitt.

Erik Erson hatte anfangs etwas langsamer gearbeitet als gewöhnlich, damit Konstantin nicht missmutig werde und die Hoffnung zu gewinnen aufgeben solle. Aber nun merkte er, dass er sich etwas mehr beeilen musste, wollte er nicht selbst zurückbleiben.

Sie nahmen nun Ahle und Pechdraht, um das Oberleder zusammenzunähen. Die Hände des Lehrlings bewegten sich so rasch wie Vogelflügel. Krus Erik verlangte die Arbeit zu sehen. Er fürchtete, dass Konstantin vor lauter Eile etwas zusammenpfuschte.

Doch Konstantin zeigte ihm eine Naht, die ganz gerade und gleichmäßig war, eine rechte Perlsticharbeit.

Keinen Augenblick war es Krus Erik in den Sinn gekommen, er könnte am Ende nicht Sieger in diesem Kampf bleiben. Aber nun begann er ein wenig nachdenklich zu werden.

Konstantin hatte schon einen Vorsprung. Und seine Finger bewegten sich so rasch wie bei einem, der auf einem Jahrmarkt Zauberkünste macht.

Als es zur Mittagsrast läutete, hatte Konstantin schon den ersten Schuh auf dem Leisten und klopfte jetzt auf die Sohle, um sie glatt und hart zu machen. Krus Erik war noch lange nicht so weit. Keiner von ihnen sah von der Arbeit auf, obgleich jetzt ihre freie Zeit war.

Konstantin dachte ganz flüchtig daran, wie er sich sonst zu freuen pflegte, wenn er ausruhen durfte, aber heute war es etwas anderes, heute ging die Arbeit ganz von selbst. Er wurde nicht müde, und nichts fiel ihm schwer. Er hatte früher gar nicht gewusst, dass es ein Spaß sein kann, zu arbeiten.

Sie wurden zum Mittagessen in die Küche gerufen. Als sie ein paar Bissen heruntergewürgt hatten, liefen sie, einer an dem anderen vorbei, wieder in die Gesindestube, wo sie ihre Werkstatt aufgeschlagen hatten.

Das andere Hofgesinde merkte, was da vorging. Und statt ihre Mittagsrast zu halten, stellten sich die Leute hin und sahen den zwei Schustern zu.

Alle hielten es zuerst für ausgemacht, dass Krus Erik als Erster fertig werden würde. Aber als sie ein Weilchen zugesehen hatten, begannen sie, ihre Meinung zu ändern. Einer nach dem anderen sagte zu Krus Erik, einen so tüchtigen Lehrling wie diesen habe er gewiss noch nie gehabt.

Krus Erik saß jetzt da und hämmerte Nägel in die Sohle. Er schlug ungleich und heftig, und alle sahen, dass er keine so gute Arbeit machte wie sonst.

Für Konstantin hingegen legte sich alles zurecht. Alles passte an die richtige Stelle. Jeder Hammerschlag traf.

»Das werden schöne Schuhe«, sagten die Leute. »Du kannst bald dein eigener Herr sein.«

Die Knechte gingen ihrer Wege, und die Schuhmacher arbeiteten, klopften und hämmerten schweigend weiter. Plötzlich stieß Krus Erik einen leisen Schrei aus. Er hatte daneben geschlagen, der Hammer hatte den Daumennagel getroffen.

Konstantin warf einen raschen Blick zu Krus Erik hinüber. Es gab niemanden, der so gut zu ihm gewesen war, so viel Geduld mit ihm gehabt hatte. Jetzt erst fiel ihm ein, dass es dem Meister vielleicht wehtun würde, wenn es sich zeigte, dass der Lehrling rascher und besser Schuhe machen konnte als er.

Der Alte sah ganz elend aus, wie er da saß und sich abrackerte.

Es war auch vielleicht kein ganz ehrlicher Kampf, Konstantin musste zugeben, dass er an einem anderen Tag, wo er keinen Spirrtus in der Tasche hatte, nicht so hätte arbeiten können.

Er merkte, dass Krus Erik sich nicht einmal die Zeit nahm, den Daumen ins Wasser zu stecken. Er hatte natürlich Angst, dass Konstantin einen zu großen Vorsprung gewinnen könnte.

Der Lehrling fühlte wohl, dass er den Meister schonen und ein bisschen langsamer arbeiten sollte, aber er konnte sich nicht daran halten – es war eine solche Arbeitslust über ihn gekommen.

Als die Uhr fünf schlug, standen beide Schuhe fertig vor ihm. Er schob sie zu Krus Erik hinüber.

Der Meister legte den Schuh, den er in der Hand hielt und der noch nicht fertig gesohlt war, beiseite. Er prüfte die Arbeit des Lehrlings lange und eingehend.

»Du brauchst heute nichts mehr zu machen. Du kannst nach Hause gehen«, sagte er still.

»Arbeiten wir morgen auch hier?«

»Ja, ich arbeite hier«, sagte Krus Erik. Und als er nun den Kopf hob, flog ein scharfer, hasserfüllter Blick zu Konstantin hinüber, »aber du nicht. Ich kann doch nicht mit einem Lehrling dasitzen, der besser arbeitet als ich selber.«

Konstantin erwiderte nichts, er nahm nur seine Mütze und ging auf die Tür zu. Auf der Schwelle drehte er sich um. Die Hand fuhr unwillkürlich in die Tasche, aber sie verblieb da, sie kam nicht wieder in die Höhe.

»Schönen Dank auch, behüte Euch Gott«, sagte er und schloss sachte die Tür hinter sich.

Konstantin stand im Mondschein daheim auf dem Hof und schoss mit einer Armbrust nach der Scheibe.

Er hatte sie sich vor langer Zeit einmal gemacht, als er etwa zwölf, dreizehn Jahre alt war, aber damals hatte er nie rechtes Glück mit dem Schießen gehabt. Es war noch nie vorgekommen, dass er das traf, worauf er zielte.

Jetzt hingegen schoss er einmal ums andere ins Schwarze einer kleinen Schießscheibe, die er auf die Scheunenmauer gezeichnet hatte.

Er sah prächtig aus, wie er dastand und schoss, und eine der Schwestern war herausgekommen, um ihm zuzusehen. Er prahlte und rühmte sich seiner Geschicklichkeit, wie er dies nie getan hatte.

Er fühlte eine unbändige Lust, sich auszuzeichnen, zu zeigen, wie behände und stark und geschmeidig er war. Er hoffte, dass auch Mutter ans Fenster treten und sehen würde, wie gut er schoss.

Aber im tiefsten Herzen hatte er eine Todesangst. Auf dieses Schießen war er nur verfallen, um nicht an Krus Erik und den Spirrtus und das ganze Elend denken zu müssen.

So unglücklich er auch war, fühlte er doch, dass er den Spirrtus mehr liebte als alles andere auf Erden. Es ging ihm wohl so wie den Leuten, die den Branntwein liebten. Sie konnten nicht davon lassen, wenn sie auch wussten, dass er sie zugrunde richtete.

Der Spirrtus hatte ihm nichts anderes als Unglück eingetragen. Aber dennoch fühlte er sich stolz und stark und zu allem Möglichen fähig, solange er ihn in der Tasche hatte.

Er hätte gern jemanden gefragt, ob es böse oder unrecht war, dass er den Spirrtus behielt. Doch mit Mutter getraute er sich nicht von so etwas zu sprechen, und Krus Erik war ihm ja böse.

Plötzlich hörte er zu schießen auf und wandte sich an die Schwester, die daneben stand und ihn betrachtete. Und in fliegender Eile erzählte er ihr all das Seltsame, das ihm widerfahren war.

Sie saß schweigend da, solange er sprach. Sie glich so ganz der Mutter, wie sie da saß und mit deutlichem Missfallen zuhörte.

Als er geschlossen hatte, drang sie darauf, das Ganze der Mutter zu erzählen.

»Du willst es ihr petzen?«

»Nein, aber ich will Mutter bitten, herauszukommen, damit du es ihr sagen kannst.«

Er verbot es ihr in höchster Unruhe, aber sie hielt an ihrem Vorhaben fest und stand auf, um ins Haus zu gehen.

»Tu das nicht, ich schieße auf dich«, rief er und hob den Bogen.

Sie drehte sich um, als er das rief. Er hatte schon den Pfeil auf den Bogen gelegt. Doch sie lachte ihn aus. Der Bogen war klein und schwach und der Pfeil ein Holzpflöckchen ohne Spitze. Nicht einmal einen Sperling hätte er mit dieser Waffe erlegen können.

»Schieße nur, so viel du willst, ich gehe doch zur Mutter«, sagte sie eigensinnig.

Im selben Moment kam der Pfeil herangeschwirrt und traf sie gerade ins Auge …

Sie lag lange krank, mehrere Monate musste sie im Hospital verbringen.

Als sie wieder heimkam, hatte sie nur ein Auge.

Während ihrer Abwesenheit war Konstantin wieder der Alte geworden. Er ging wieder zu Krus Erik in die Lehre. Er war artig und bescheiden, ein bisschen ungeschickt und gleichmütig, ganz wie früher.

»Du darfst nicht glauben, dass ich auf dein Auge gezielt habe«, sagte er. »Ich schoss auf den Dachfirst, aber als der Pfeil abflog, da war es, als hätte eine Hand darauf geschlagen, sodass er gerade auf dich losflog.«

»Ich habe gesehen, dass du nicht nach meiner Richtung geschossen hast«, sagte sie.

»Ich bin nachts mit ihm auf den Kirchhof gegangen. Ich hatte solche Angst vor ihm.«

Sie saß da und grübelte. Sie war seit dem Unglück ganz wie ein alter kluger Mensch geworden. Sie war kein Kind mehr.

»Ich möchte wissen, was es war«, sagte sie.

»Es war wohl nichts. Aber ich sehne mich nach ihm. Jeden Tag sehne ich mich nach ihm.«

»Ich denke«, sagte sie zögernd, »wenn du nur glauben würdest – wenn du dir nur einbilden könntest, dass du ihn hast, dann könntest du ebenso gut schießen und Schuhe machen, wie damals, als du ihn noch in der Tasche hattest.«

»Nein«, sagte er, »ich habe es versucht, aber es geht nicht. Es ist dasselbe, als wollte dir jemand sagen: Wenn du dir nur einbildetest, dass du dein Auge noch hast, würdest du ebenso gut sehen wie früher. Das sind Dinge, über die man selbst keine Macht hat.«

Eine alte Almgeschichte

Es war einmal eine Sennerin, die stand in ihrer Sennhütte und machte gerade Käse. Sie hatte beide Hände in dem Käseschaff und drückte zu so fest sie konnte, um die Molke aus dem Käse zu pressen.

Neben ihr auf dem Herd stand ein großer Kessel, der voll Molke war. Der quirlte und brodelte, sodass das Mädchen das Gefühl hatte, er leistete ihr gleichsam Gesellschaft in der tiefen Einsamkeit. Der Hirtenbub war mit den Kühen im Wald, und die Magd, die sie während des Sommers zur Hilfe gehabt hatte, war vor ein paar Tagen mit einem Teil der Herde heimgewandert. Eigentlich hätte sie auch schon im Tal sein sollen. Der Herbst war schon angebrochen, und alle anderen Sennhütten waren verlassen. Aber sie hatte bleiben müssen, denn bei der besten Kuh hatte sich das Kalben verzögert.

Während sie so dastand und dem Kessel zuhörte, kam es ihr vor, als ob er plötzlich seinen Ton änderte. Während er früher ganz freundlich und ruhig gebrodelt hatte, klang es nun unruhig und klagend. Es machte ganz den Eindruck, als wäre er über irgendetwas ungehalten.

»Was ist dir denn?«, fragte sie, während sie ihren Käse bearbeitete. »Stehst du nicht fest auf deinen Beinen, oder hast du nicht genug Feuer unter dir?«

Sie bückte sich und sah nach, aber der Kessel schien sich ganz vortrefflich auf dem Herd zu befinden. Ja, ein Herd war es nun eigentlich nicht, sondern nur eine große Steinplatte, die auf ein paar kleineren Steinen ruhte, aber sie pflegte ihn auf jeden Fall so zu nennen.

Es ist eine recht langwierige Arbeit, einen Käse zu machen. Und da das Mädchen gerade nichts anderes zu denken hatte, horchte sie wieder auf den Kessel. Noch immer klang es, als hätte er es schwer, er stand da und jammerte förmlich.

»Du liebe Zeit, so etwas habe ich doch den ganzen Sommer nicht von dir gehört«, sagte das Mädchen und lachte. »Es ist dir gewiss nicht recht, dass du hier im Wald bleiben musst, wo alle die Alm schon verlassen haben und Leute und Gerätschaften unten im Tal sind.«

Der Kessel ließ gar nicht mit sich reden. Er brummte und brodelte, zornig und böse. Und plötzlich kam der Sennerin der Gedanke, dass er doch ganz wie das alte Großmütterchen unten im Bauernhof war. Das ging auch immer herum und warnte und eiferte und ärgerte sich, weil keiner sich darum kümmerte, was sie sagte.

Wieder fing sie zu lachen an.

»Du musst doch selbst einsehen, dass mir nichts anderes übrig blieb, wenn doch die Schellenkuh nicht gekalbt hatte und man es jeden Augenblick erwarten konnte«, sagte sie. »Aber jetzt ist ja alles glücklich überstanden, und wenn das Kalb erst so weit ist, dass es auf seinen Beinen stehen kann, dann packen wir zusammen.«

Aber der Kessel kam nicht in bessere Laune. Er brodelte und brummte weiter, von den langen, dunklen Abenden, von dem ewigen Regnen, von den durchweichten Wegen und von den Kühen, die sich im Nebel verirrten und im Moor versanken.

»Ich weiß wirklich nicht, warum Ihr so unwirsch seid«, sagte das Mädchen schließlich, und sie war jetzt so ganz in der Vorstellung befangen, zu ihrer alten Herrin zu sprechen, dass sie den Kessel nicht mehr duzte. »Ihr wisst doch, mir war es wahrhaftig nicht darum zu tun, allein im Wald droben zu bleiben, und Ihr wisst auch, wem zuliebe ich versuche, euch zu zeigen, dass ihr euch auf mich besser verlassen könnt als auf die anderen Dienstleute.«

Aber aus dem Kessel kam nur Lärmen und Tosen zurück.

»Jetzt ist sie mit allem anderen fertig«, sagte die Sennerin, »jetzt fängt sie von den Kobolden an. Das kann ich am Ton hören.«

Das Mädchen hatte, so wie andere auch, schon oft gehört, dass die Kobolde darauf lauerten, in die Sennhütten einzuziehen, sobald die Menschen sie im Herbst geräumt hätten. Das war ja auch nicht verwunderlich. Sie hatten es da in jeder Hinsicht besser als auf den Steinhalden und Reisighaufen, wo sie sich sonst aufzuhalten pflegten. Aber sie hatte keine rechte Angst vor den Kobolden. So viel Verstand mussten die doch wohl haben, dass sie sich fern hielten, solange noch Menschen und Herden auf den Almen waren.

Aber der Kessel beruhigte sich nicht. Es war wirklich die Stimme des Großmütterchens, das ihr einprägen wollte, was für gefährliche Kobolde es hier im Wald gab. Denn sie, das Großmütterchen, war einmal in ihrer Jugend nach den anderen auf der Alm zurückgeblieben, um auf eine Kuh zu warten, ganz wie jetzt sie selbst. Aber eines Abends, als sie draußen auf der Wiese gewesen war, um zu melken, hatte sie von einem Berg, der etwas weiter nördlich von der Weide lag, ein lautes Gebrüll gehört. Es kam wieder und wieder und wieder, und schließlich hatte sie die folgende Frage verstanden:

Du, du Bullidaus
Wann kommst aus dem Ameisenhaufen raus?

Das Großmütterchen merkte gleich, dass es der Kobold vom Nordfelsen war, der einen anderen Kobold, der in einem Ameisenhaufen wohnte, fragte, wann er in eine der Sennhütten einziehen würde. Und sie horchte genau nach der Antwort, um herauszubekommen, von welcher der Sennhütten die Rede war. Und richtig! Sie hörte, wie Bullidaus wie aus einer tiefen Grube antwortete. Es war nicht leicht, ihn zu verstehen, denn die Kobolde haben so brüllende, heisere Stimmen, dass man nur schwer die Worte von all den anderen Lauten unterscheiden kann. Aber sie brachte doch heraus, dass er ungefähr so sagte:

Kein Kalbel hat noch die Kuh
Und die Sigrid sperrt nicht zu.

Sigrid, das war eben sie, das Großmütterchen. Jetzt lauschte sie noch gespannter nach dem nächsten Ruf. Und sie hörte, wie der erste Kobold den zweiten unterwies:

Mit den Klauen zerreißen,
Auf den Ofen den heißen,
Dann gibt's was zu beißen.
Junges Mädel fett und frisch
Schmeckt besser als ein trockner Fisch.

Nun wusste das Großmütterchen, dass es die Absicht der Kobolde war, sie zu braten und zu essen, und wer nicht länger allein in der Sennhütte blieb, das war sie. Noch in derselben Nacht war sie mit der Herde daheim.

Zu Hause im Bauernhof hatten die Knechte und Mägde alle Mühe, das Lachen zu verkneifen, wenn das Großmütterchen von den Kobolden erzählte, die sie hatten braten wollen. Aber jetzt, wo die Sennerin mutterseelenallein dastand und an das Abenteuer dachte, schüttelte sie ein Schauer.

»Gott tröste uns«, sagte sie zum Kessel. »Ich glaube, Ihr wollt mir bange machen.«

Im selben Augenblick schnellte sie in die Höhe wie ein Fisch im See, denn sie hörte draußen Schritte.

Im ganzen Wald war kein Mensch außer ihr und dem Hirtenbuben, und der war weit weg. So war es wohl doch ein Kobold, der da herankam.

Nein, ein Kobold war es nicht, der die Tür aufriss und über die Schwelle trat. Es war schon ein Mensch, aber ob das nun besser sein sollte? Ein großer, langer Geselle, mit zottigem Haar und wirrem Bart. Nicht ein gewebtes Stück Zeug hatte er auf dem Leib, der Wald hatte alles hergeben müssen. Der Bär hatte ihm die Jacke geliefert, der Elch die Hosen, das Eichhörnchen die Mütze und die Birke die Rindenschuhe.

Er hatte einen langen Spieß in der Hand, und den schleppte er mit in die Stube herein. Nicht weniger als drei Messer staken in dem Bärenpelz.

Das Mädchen sah sofort, dass das einer der Bösewichte war, die vogelfrei im Wald lebten. An einen Gefährlicheren hätte sie kaum geraten können. Das war etwas anderes als dieser Bullidaus, der das Großmütterchen hatte auffressen wollen.

Da stand sie in der Stube, die nur ein einziges kleines Fensterchen und nicht mehr als eine Tür hatte, und konnte nicht entrinnen. Ihre Gedanken flogen hin und her, und es kam ihr in den Sinn, dass der Räuber vielleicht, gerade so wie die Kobolde, nur darauf aus sei, im Winter unter ein Dach zu kommen, und dass er gekommen sei, um nachzusehen, ob die Sennhütte schon verlassen wäre. Aber er konnte auch ein gefährlicheres Anliegen haben. Das Einzige, was dem Mädchen klar wurde, war, dass sie nicht rufen oder um Erbarmen bitten oder ihre Angst zeigen dürfe, denn dann war bei solchen Gesellen alles verloren.

Sie beugte sich daher über den Käse und arbeitete ohne aufzusehen aus Leibeskräften weiter drauflos.

Aber sie hörte, wie er zu ihr hergeschlichen kam, und plötzlich streckte er eine große, hässliche, haarige Hand aus, die den Griff eines langen Messers umklammert hielt.

»Hast du schon einmal ein schärferes Messer gesehen?«, fragte er zugleich mit jener Neckerei, wie sie die Katze gegenüber der Maus zu zeigen pflegt, wenn sie weiß, dass sie sie schon ganz in ihrer Gewalt hat.

War die Sennerin bisher nur ängstlich gewesen, so wurde sie jetzt auch zornig. Und daher kam es wohl, dass sie plötzlich ein Mittel fand, sich zu verteidigen. Sie griff nach dem Käseschöpfer, den sie verwendet hatte, um den Käse aus dem Topf zu schöpfen.

»Hast du schon einmal heißere Molke verspürt?«, rief sie zurück und schleuderte dem Waldräuber einen ganzen Schöpflöffel kochender Molke gerade ins Gesicht.

Messer und Spieß fielen ihm aus den Händen, und er taumelte zurück, bis er an der Wand eine Stütze fand. Da blieb er stehen, beide Handrücken auf die Augen gepresst, und stieß ein wildes Geheul aus.

Das Mädchen hob rasch das Messer auf und steckte es in ihr Kleid. Dann blieb sie neben dem Kessel stehen, da sie sah, dass dies ihr bester Schutz und Schirm war.

Schweigend hörte sie eine Zeit lang sein Geheul an, aber als es gar kein Ende zu nehmen schien, sagte sie ganz leise:

»Wenn du jetzt nicht gleich schweigst und dich trollst, kannst du noch einen Schöpfer voll haben.«

»Zu Hilfe, zu Hilfe!«, schrie da der Mann in höchstem Entsetzen. »Zu Hilfe, Toste! Hilf, Bärenheiner! Helft mir, Luder und Broms! Zu Hilfe, zu Hilfe!«

Im selben Augenblick glaubte das Mädchen zu spüren, wie das Getrappel schwerer Füße den Boden erschütterte, und jetzt hielt es sie nicht länger hinten beim Kessel, sondern sie eilte zur Fensterluke.

Da sah sie, dass fünf, sechs Kerle derselben Art wie der, den sie in der Stube hatte, in vollem Galopp den Wiesenabhang zum Wald hinuntereilten. Sie begriff nun, dass es eine ganze Räuberbande war, und dass einer von ihnen in die Hütte vorausgegangen war, um nachzusehen, ob sie leer sei. Als nun dieser schrie und um Hilfe rief, glaubten die anderen, dass er einem gefährlichen Feind begegnet sei, und anstatt ihm zu Hilfe zu kommen, liefen sie in den Wald.

»Die du rufst, laufen nur um so geschwinder, je mehr du schreist«, sagte das Mädchen zu dem Räuber.

Er verstummte plötzlich und stürzte mit ausgestreckten Armen auf sie zu, um sie einzufangen und zu zermalmen.

Der Angriff kam so plötzlich, dass sie ihn nicht mit einem neuen Schöpflöffel Molke empfangen konnte. Das Einzige, was sie zu tun vermochte, war, sich niederzuducken, und zu versuchen, unter seinem Arm durchzuschlüpfen, ungefähr so, wie man sich beim Blindekuhspiel flüchtet.

Er stürzte bis zur Wand vor und blieb da stehen und tastete, anstatt ihr nachzulaufen. Aber sie war nicht die, die sich erst lange den Kopf zerbrach, warum er sich so wunderlich anstellte. Sie dachte einzig und allein daran, dass der Weg zur Tür nun frei war und lief ohne viel Federlesens ins Freie. Glücklich draußen, warf sie flink die Tür zu, schob den Riegel vor, so gut sie konnte und floh dann in rasender Eile talwärts.

Sie glaubte nicht anders, als dass sie ihn auf den Fersen habe, denn der Riegel, den sie vor die Tür geschoben hatte, konnte einen großen starken Mann wohl nicht länger gefangen halten, als er selbst wollte. Und sie konnte sich ja denken, dass er versuchen würde, sie einzuholen. Er würde sie nicht ins Tal hinabkommen lassen, damit sie dort erzählte, dass eine ganze Räuberbande sich im Wald aufhielt.

Sie nahm sich nicht die Zeit stehen zu bleiben und sich umzusehen, ob er ihr nachkam, sondern lief nur immer weiter und weiter. Und die ganze Zeit war es ihr, als hörte sie ihn auf weichen Rindenschuhen hinter ihr herschleichen. Jeden Augenblick erwartete sie, dass er ihr Haar, das hinter ihr her flatterte, packen, sie zurückreißen und ihr das Messer an die Kehle setzen würde. Wenn sie die Herde zu treiben hatte, dann brauchte sie mehr als einen halben Tag, um ins Tal hinunterzukommen. Aber jetzt, wo sie allein war, ging es natürlich viel rascher. Jetzt ringelte sie sich durch das Gestrüpp wie eine Schlange und machte Sätze über die Moore wie ein Frosch und schoss über den Weg wie ein Hase. Jetzt glaubte sie, dass sie um die Mittagszeit unten sein würde.

Aber wie sie so an die Heimkehr dachte, machte sie plötzlich halt. Denn sie wusste, zu allererst würden sie sie fragen, was mit dem Hirtenbuben und den Kühen geschehen sei.

Sie biss die Zähne aufeinander und zog die Augenbrauen zusammen. Ein Weilchen stand sie da und überlegte, aber dann machte sie kehrt. Das Großmütterchen war nicht ohne die Herde heimgekommen, dazumal, als sie vor den Kobolden geflüchtet war.

Nie mehr würde man ihr wichtigere Aufgaben als dem anderen Gesinde anvertrauen, wenn sie nicht zuerst an die Kühe dachte.

Wieder klomm sie den Berg hinan, den sie eben in so großer Eile hinuntergestürzt war. Sie wagte es nicht, über den gebahnten Pfad zu gehen, sondern sie schlich sich durch die Waldwildnis, und dies machte den Weg nicht leichter. Wer konnte auch wissen, an welcher Stelle im Wald der Hirtenbub sich mit der Herde aufhielt.

Sie fand ihn jedoch schließlich. Die Kühe weideten ruhig und friedlich, und kein Räuber hatte sich in der Nähe gezeigt. Nun hieß es, die Wanderung ins Tal noch einmal antreten. Es war unendlich mühselig, die Herde durch offenes Wiesenland zu treiben, wenn man schnell vorwärts kommen wollte. Eine Kuh nach der anderen irrte ab, sodass sie ihr nachlaufen, sie rufen und locken musste. Das kleine Kälbchen konnte nicht den ganzen langen Weg laufen, sie und der Hirtenbub mussten es abwechselnd tragen.

Sie war ganz bleich und erschöpft, als sie schließlich daheim in der Hütte stand. Es war schon dunkel geworden, und die Leute saßen in guter Ruh' beim Abendbrot. Sie wäre am liebsten jemandem um den Hals gefallen und hätte geweint, als sie herein zu den Menschen kam, die sie beschützen konnten. Aber jetzt war keine Zeit, an derlei zu denken. Jetzt musste sie erst rasch erzählen, was sich begeben hatte, damit sie ihr dann hülfen, die Kühe im Stall anzubinden.

Alle Leute in der Stube sprangen vom Tisch auf, als sie hereinstürzte. Sie brauchten ja nur einen Blick auf sie zu werfen, wie sie da in die Stube hereingeschossen kam, mit gelöstem Haar, ein blankes Messer in der Hand, um zu wissen, dass sich etwas Schlimmes im Wald begeben haben musste. Anfangs wagte niemand, sie zu fragen, was ihr widerfahren war, sondern sie warteten darauf, dass sie von selber zu reden anfing. Aber sie war so außer Atem, dass sie nur dastand und keuchte, ohne ein Wort hervorbringen zu können.

»Hat sich eine Kuh unten im Schwarzsumpf verlaufen?«, fragte das Großmütterchen. Sie war die Einzige, die sich entschloss, eine Frage zu stellen.

Das Mädchen konnte noch immer nicht antworten. Sie schüttelte nur den Kopf und wehrte mit der Hand ab.

»Du siehst aus wie meine Tochter, als sie unser bestes Pferd über die Almwiese rennen sah, mit einem Bären auf dem Rücken«, sagte das Großmütterchen.

Nein, nein, das Mädchen zeigte durch deutliche Zeichen, dass es auch nichts der Art war.

Da musste das Großmütterchen das Schlimmste vermuten.

»Sind die Kobolde über dich gekommen?«

Aber das sagte sie mit einem solchen Gesicht, dass das Mädchen beinahe in Lachen ausgebrochen wäre, und damit kam sie wieder zu sich, sodass sie erzählen konnte, was sie eigentlich so erschreckt hatte.

»Es war schon was Ärgeres als die Kobolde«, sagte sie. »Droben auf der Alm ist eine ganze Räuberbande.«

Und sie erzählte, wie der Räuber in die Sennhütte gekommen war, und wie wunderbar es sich gefügt hatte, dass sie hatte entkommen können.

Sie waren alle ganz erstaunt und voll Besorgnis um sie. Sie vergaßen ganz, nach der Herde zu fragen. Sie waren nur froh, dass sie einer so großen Gefahr entronnen war, ohne Schaden zu leiden.

Aber plötzlich sah sie, wie der Sohn des Großmütterchens, der Bauer, seine Axt von der Wand nahm. »Jetzt müssen wir aber alle in den Wald hinauf, wir anderen, die Herde und den Hirtenbuben heimholen«, sagte er.

»Die Herde«, sagte die Sennerin, und jetzt war sie so froh, dass sie hätte lachen können, »die steht hier unten vor dem Gatter, ich möchte euch nur bitten, dass ihr sie in den Stall bringen lasst. Denn ich glaube, heute kann ich's nimmer.«

Nun sahen sie sie alle mit großen Augen an. Sie kamen auf sie zu und gaben ihr die Hand und dankten ihr, das Großmütterchen und ihr Sohn, der der Bauer war, und ihr Enkel, der es eines Tages werden sollte. Sie begegneten ihr mit solcher Achtung, als hätte sie ihnen plötzlich verraten, dass sie die Tochter des höchsten Mannes im Lande war.

Es war Frühling, und Ragnhild wanderte den Weg zur Alm hinauf. Sie war jetzt keine Sennerin mehr, sondern eine wohlbestallte Bauersfrau. Am zweiten Weihnachtsfeiertag war sie mit Egil, dem Enkel des Großmütterchens getraut worden, und nun ritt sie auf einem Pferd, an der Spitze des Zugs. Sie saß rücklings auf dem Pferd, mitten unter Kochgeschirr und Milchbutten und lockte die Kuhherde mit hohen Hirtenrufen. Egil ging daneben und führte ihr das Pferd. Der Hirtenbub, die Magd und ein paar Knechte gingen hinter der Herde einher, schwere Lasten auf dem Rücken tragend.

Als sie alle Weideplätze hinter sich gelassen hatten und durch den Föhrenwald kamen, gingen die Kühe williger vorwärts, ohne dass man sie erst locken musste. Da begann Egil mit Ragnhild zu sprechen:

»Ich kann's nicht recht begreifen, Ragnhild, dass du auch in diesem Jahr durchaus auf der Alm sein willst«, sagte er. »Manchmal glaube ich, du vergisst ganz, dass du mein Weib bist, und dich nicht mehr zu plagen brauchst wie die Dienstleute.«

Aber Ragnhild streckte die starken Arme in die Luft und lachte. »Was sollte ich mit denen da anfangen, wenn ich nicht arbeiten würde?«, fragte sie. »Glaub mir, es ist gerade heute recht nötig, dass ich auf die Alm komme. Die Leute würden immer nur an die Räuber denken, und ich glaube kaum, dass wir sie in den Wald hinauf gebracht hätten, wenn ich mich nicht entschlossen hätte, selbst oben zu bleiben.«

»Das kann schon wahr sein«, gab er zu, »aber wenn ich es mir so recht überlege, wie gefährlich das für dich werden kann, dann glaube ich nicht, dass es recht von mir ist, wenn ich dir deinen Willen lasse. Du kannst dir doch denken, dass der Räuber noch im Wald ist und versuchen wird, sich an dir zu rächen.«

Die Frau lachte nur. »Es soll Leute geben, die ganz bange werden, wenn sie nur in einen Wald kommen«, scherzte sie, »und mir scheint, du gehörst zu denen. Aber ich sage dir, mir wär's eine rechte Freude, wenn ich diesem Räuber begegnen könnte. Ich möchte ihm danken, weil er mein ganzes Glück begründet hat. Dir wäre es doch nie im Leben eingefallen, mich zu heiraten, wenn er mir nicht zu Hilfe gekommen wäre.«

»Wenn wir doch lieber gleich hinaufgegangen wären«, fuhr der Mann fort, ohne sich von seinen Befürchtungen losmachen zu können, »und versucht hätten, ihn zu fangen. Aber Vater und Großmutter waren ja dagegen und sagten, dass es besser für uns Bauern ist, mit den Waldräubern nicht in Streit zu kommen. Jetzt werde ich den ganzen Sommer herumgehen und diesen Kerl nicht aus meinen Gedanken bringen.«

»Was fällt dir ein«, sagte die Frau, »du weißt doch, ich habe immer Glück.«

»Ja, du, das Glück«, sagte der junge Ehemann immer niedergeschlagener, »das ist oft nur wie solch ein Fleischstück, das ich den Wölfen zur Lockung hinlege, damit sie mir so nahe kommen, dass ich sie erschießen kann. Gerade, wenn einem alles nach Wunsch gegangen ist, soll man aufpassen, ob das Unglück nicht im Hinterhalt liegt, um einen zu Fall zu bringen.«

»Ich glaube, du siehst Gespenster – gerade wie das Großmütterchen«, sagte die Frau. »Das ist das erste Mal, dass ich merke, dass ich einen rechten Hasenfuß zum Mann habe.«

Sie kamen jetzt zu einer scharfen Steigung, Ragnhild sprang vom Pferd, und sie gingen schweigend, bis der Weg ebener wurde. Die Frau begann nun zu merken, dass der Mann ernstlich bekümmert war, und sie überlegte, wie sie ihn beruhigen sollte.

»Sage mir doch, ob du findest, dass ich mein Glück missbraucht habe«, sagte sie.

»Nein, nein, so meine ich es nicht«, sagte er. »Aber ich habe so oft an das mit den Wölfen gedacht. Es ist ganz, als wären sie blind, wenn sie das große Stück Fleisch sehen. Sie sollten doch den Verdacht haben, dass etwas, das so offen in ihrem Weg liegt, gefährlich sein könnte, aber sie sagen gewiss zueinander: Heute haben wir Glück, und stürzen sich darauf.«

»Aber du meinst doch nicht, dass es mit uns Menschen ebenso ist«, sagte die Frau und sah ihn fast erschrocken an. »Sollte es jemanden geben, der uns das Glück hinlegt, nur damit wir alle Vorsicht vergessen und in eine Falle gehen?«

»Ja, ja, mir scheint, es sieht manchmal so aus«, sagte der Mann.

Wieder wurde der Weg steinig und steil. Auch Ragnhild begann es schwer ums Herz zu werden. Sie ging ganz langsam und ließ einen Knecht das Pferd führen. Die Kühe mochten vorausgehen, sie wollte Zeit haben zu überlegen, was am besten zu tun war, denn sie begann schon zu merken, dass sie dem Mann zuliebe darauf verzichten musste, auf der Alm zu bleiben. Er würde sich sonst so sehr ängstigen, dass er jede Stunde des Tages unglücklich sein würde.

»Wenn du mich nicht auf der Alm arbeiten lassen willst, dann muss ich wohl nach Hause zurückkehren«, sagte sie schließlich. Als sie ihm dieses Versprechen gegeben hatte, wurde der Mann sogleich sehr froh. Am liebsten hätte er sie sofort mit heimgenommen, ohne auch nur bis zur Alm zu gehen, aber das war ja unmöglich. Er musste sich damit zufrieden geben, dass sie am nächsten Tage mit hinunter in den Bauernhof kam.

Ragnhild war ein wenig ärgerlich darüber, dass sie hatte nachgeben müssen. Und um dem Mann zu zeigen, wie wenig Angst sie vor dem Räuber hatte, begann sie ihm zu erzählen, dass sie in diesem Winter öfter daran gedacht hatte, wie es wohl ihm und seinen Kameraden oben in ihrer Sennhütte ergehen mochte. Ja, sie hatte sogar nicht übel Lust gehabt, ihm Proviant hinaufzuschicken. Wohl zum Teil aus Dankbarkeit, weil er ihr dazu verholfen hatte, das zu erreichen, was sie sich am Inbrünstigsten gewünscht hatte.

»Das hätte ein gefährlicher Spaß für dich werden können«, sagte der Mann. »Es heißt, Bären wissen, was Dankbarkeit ist, aber nie habe ich gehört, dass diese wilden Waldräuber etwas davon verstehen.«

»Es war auch nicht nur deshalb«, sagte Ragnhild. »Auch, damit ich aufhörte, von ihm zu träumen. Er kam manchmal im Traum zu mir und setzte mir das Messer an die Kehle und befahl mir, ihm etwas zu essen zu geben. Eines Nachts träumte mir, ein Hund stehe vor unserer Tür und bellte. Ich öffnete, aber da hatte der Hund plötzlich das Gesicht dieses Mannes bekommen. Und ich machte ganz geschwind die Tür wieder zu und sperrte ihn aus. Da heulte er vor Hunger so grässlich, dass ich den Laut noch im Ohr hatte, als ich aufwachte.«

»Nun ja, das ist ja nicht zu verwundern, dass du von dem, der dich so erschreckt hat, träumtest«, sagte der Mann, aber er beschleunigte dabei seine Schritte und sah nun wieder unruhig und ängstlich aus.

»Wir sind zurückgeblieben«, fuhr er fort, »wir sollten doch zugleich mit den anderen in die Sennhütte kommen, damit es beim Auspacken keine Unordnung gibt.«

Ragnhild folgte ihm, während sie weitererzählte.

»Ein paarmal habe ich daran gedacht, dich zu bitten, dass du Leute mitnimmst und auf die Alm hinaufgehst.«

»Ja, das hättest du tun sollen«, sagte der Mann rasch.

»Aber du kannst doch begreifen, dass ich es nicht sagen wollte. Ich wollte doch nicht, dass du einer Räuberbande entgegen gehst, damit ich meine bösen Träume los werde.«

Der Mann beschleunigte seine Schritte noch mehr, und es ging jetzt so steil aufwärts, dass die Frau ganz außer Atem kam, wenn sie sprach, aber sie redete doch weiter.

»Einmal, da ging ich wie im Schlaf herum und wusste nichts von mir. Da steckte ich, ohne dass es jemand merkte, Proviant in ein Ränzel und hängte es über den Rücken und ging in den Wald hinauf. Erst als ich auf dem Hügel über unserem Hof war, wachte ich auf. Ich begriff nicht, wie es mir hatte einfallen können, aber ich wusste, dass ich die Absicht gehabt hatte, den Räubern oben in der Sennhütte etwas zu essen zu bringen. Natürlich kehrte ich gleich wieder um und lief heim, so rasch ich nur konnte.«

Der Mann antwortete nichts. Er eilte nur immer weiter. Sie musste förmlich laufen, um mit ihm Schritt halten zu können.

»Hätte ich dir das vielleicht früher erzählen sollen?«, fragte sie, als sie seine Unruhe bemerkte.

»Ja«, sagte er beinahe hart. »Das hättest du mir viel früher erzählen sollen.«

»Nie kam ein Holzhauer oder Köhler aus dem Wald herunter«, fuhr sie fort, »ohne dass ich ihn fragte, ob er nicht an unserer Sennhütte vorbeigekommen sei und die Räuber gesehen habe. Aber alle antworteten mir, dass sich dort kein Mensch habe sehen lassen.«

»Weißt du noch, was ich vorhin sagte?«, fragte Egil. »Nun glaube ich, ist es dir ergangen wie den Wölfen. Du hast nicht auf das geachtet, was dir zur Warnung gesandt war. Du bist zu sicher gewesen. Du bist in die Falle gegangen.«

Er eilte jetzt so rasch vorwärts, dass sie kaum folgen konnte, und erklärte seine Worte nicht weiter. Sie begriff nicht, was er fürchtete, aber seine Angst steckte auch sie an, während sie sich anstrengte, ihm zu folgen.

Endlich waren sie so weit, dass sie die Almwiese sahen. Die kleinen Hütten lagen gerade so da, wie sie sie im vorigen Herbst verlassen hatten, und nichts Schlimmes schien vorgefallen zu sein. Herde und Hirten zogen eben in guter Ordnung über den Weg zu den Hütten.

Doch nun merkten Mann und Frau plötzlich etwas Wunderliches. Als die Kühe auf die Wiese zwischen den Häuschen kamen, begannen sie einander mit den Hörnern zu stoßen, nicht zum Spaß, sondern wild und zornig, als wollten sie sich gegenseitig töten. Sie kämpften gegeneinander und stießen sich in lichter Raserei zu Boden.

»Was ist denn in die Kühe gefahren?«, schrie Ragnhild. Aber Egil antwortete nicht. Er eilte nur in großen Sprüngen den Weg hinauf und stürzte sich mitten in den Haufen.

»Nur fort mit ihnen! Treibt sie wieder in den Wald!«, schrie er den Leuten zu, und mit wütenden Hieben gelang es ihm endlich, die Schar zu zerstreuen und fortzutreiben. Sobald sie von der Wiese fort waren, beruhigten sie sich und gingen still wie gewöhnlich den Weg hinunter.

Als die Herde vertrieben war, ging Egil auf die Sennhütte zu und öffnete die Tür, aber er trat nicht über die Schwelle. In einem Augenblick stand er wieder bei Ragnhild, er war sehr bleich.

Ragnhild hatte nun auch die Almwiese erreicht. Sie war auf einen Stein niedergesunken, ihr war, als könnte sie kein Glied mehr rühren.

»Sag, Egil, was ist das für ein Geruch, den ich hier spüre?«, fragte sie. »So pflegt es doch nie im Wald zu riechen.« Er wagte nicht zu antworten. Aber sie fragte gleich darauf: »Warum sitzt so eine lange Reihe Raben auf dem Dach, Egil?«

»Ragnhild«, sagte der Mann, und seine Stimme zitterte vor Schmerz, weil er ihr etwas so Schweres sagen musste. »Wir wollen gleich wieder nach Hause wandern. Wir können die Sennhütte in diesem Jahr nicht benützen. Dieser Mann, dem du die Molke ins Gesicht geschüttet hast, ist sicherlich gleich blind geworden. Er hat aus der Hütte nicht herauskommen können, und seine Kameraden sind ihm nicht zu Hilfe gekommen. – Liebste, du darfst es dir nicht zu Herzen nehmen. Es war ein böser Räuber. Er kam herein, um dich zu töten. Du hast keine Schuld daran, dass es so gekommen ist. Nein, geh nicht in die Sennhütte! Er ist den ganzen Winter drinnen gewesen. Er ist noch da.«

Die Frau sprang auf. Der Mann griff nach ihr, aber sie war ihm zu rasch. Sie erreichte die Sennhütte, riss die Tür auf und sah hinein.

Gleich darauf erklang ihr Lachen schrill und schneidend. Sie stürzte laut lachend heraus, mit hocherhobenen Armen.

»Hast du schon einmal ein stärkeres Glück gesehen?«, schrie sie. »Hast du je ein stärkeres Glück gesehen?«

Sie stürzte in den dunklen Wald, und als der Mann sie fand, da war sie wahnsinnig.

Das Wasser in der Kirchenbucht

Vor einigen hundert Jahren lebte im Jössesprengel in Värmland ein ungewöhnlich starker, strenger Propst, der sich nach besten Kräften mühte, die Jösseháringer zu frommen und gottesfürchtigen Menschen zu machen. Nicht genug damit, dass er ihnen Trunksucht und Rauflust abzugewöhnen trachtete, auch das Schmuggeln nach Norwegen und anderes Unrecht – das hatten schon viele Geistliche vor ihm versucht – nein, er verbot ihnen auch, die mächtigen Geister in Feld und Wald und Wasser anzubeten und zu fürchten, und dies war etwas, woran die geistlichen Herren sich sonst hüteten zu rühren.

Die früheren Pfarrer hatten wohl gedacht, wo es nun einmal Hexen im Wald und Nixe im Strom und Heinzelmännchen im Hause gab, so könne man es auch den Leuten nicht verwehren, sich vor ihrer Arglist zu schützen – entweder durch Opfer oder dadurch, dass man einen Vertrag mit ihnen abschloss. Aber von solchen Dingen wollte der jetzige Propst nichts hören. Gott und sein Wort, das war das Einzige, woran die Menschen sich zu halten hatten. Tat man dies, so brauchte man nicht zu glauben, dass es etwas anderes gebe, das die Macht habe, einem zu schaden oder einen ins Verderben zu stürzen.

Obgleich der Propst ein gewaltiger Prediger war, so war es doch von Anfang an klar, dass all seine Reden gegen die Unterirdischen in den Wind gesprochen sein mussten. Die meisten Zuhörer fürchteten nur, dass er die Naturgeister gegen sie aufreizen würde, und es entstand eine solche Feindschaft gegen ihn, dass er auch in allem anderen, wofür er eiferte, keinerlei Erfolg hatte. Schließlich kam es so weit, dass alles, dem er entgegenwirken wollte, geschätzt und geehrt wurde – aber um Gottes Sache stand es mit jedem Tag, den er im Kirchspiel blieb, nur immer schlimmer.

Gerade um die Zeit, als er von all dem Misserfolg, der ihn getroffen hatte, ganz niedergeschlagen war, ging er eines Abends aus, um sich durch einen Spaziergang zu erquicken. Sein Haus lag am Seeufer, und er ging seinen gewöhnlichen Weg über die Landstraße zur Kirche und wieder zurück. Zu wiederholten Malen sah er über den See hin, der gefroren und schneebedeckt dalag, und dachte dabei an die Mühe, die die Frühlingssonne sich geben musste, um das Eis zu schmelzen. Es war damit noch nicht weit gediehen. Er sah sogar, dass ein paar Schlitten über den blankgefahrenen Weg glitten, der vom Pfarrhof abzweigte und quer über den See zum benachbarten Kirchspiel führte.

Aber was sollte es die Sonne verdrießen, wenn es auch langsam ging, das Eis aufzutauen? Sie war doch auf jeden Fall sicher, dieses Vorhaben zustande zu bringen. Wenn er für sein Teil nur diese Zuversicht gehabt hätte, dass auch seine Arbeit von Erfolg gekrönt sein würde, dann wollte er nicht nach Widerstand oder Beschwerden irgendwelcher Art fragen.

Mitten auf dem Weg faltete er die Hände und wandte den Blick zum Himmel. »Oh Gott«, sagte er, »wenn du siehst, dass meine Arbeit nie Früchte tragen wird, so gib mir ein Zeichen, und ich will aufhören, Priester zu sein. Ich schwöre dir, ich bin bereit, Tagelöhner zu werden und mein täglich Brot durch meiner Hände Arbeit zu verdienen, wann immer du mir zeigst, dass mein Werk nicht so wirken kann, dass es dir zum Wohlgefallen dient.«

Es war seltsam. Kaum hatte er dies gesagt, als er merkte, dass es wunderlich still um ihn wurde. Oder richtiger gesagt, es dünkte ihm, dass seine Ohren sich allem verschlossen, was sie sonst vernahmen, und dass er stattdessen gleichsam eine neue Art von Gehör bekam. Er hörte seine eigenen Schritte nicht, nicht das Knirschen der Schlittenkufen, nicht das Klappern der Dreschflegel, die in den benachbarten Bauernhöfen auf den Tennenboden aufschlugen. Aber dafür konnte er Laute und Stimmen vernehmen, wie sie sonst nicht zu Menschenohren dringen, und mit dieser neuen Gabe hörte er, wie es dreimal hintereinander unten vom See her rief:

»Die Zeit ist erfüllt, aber der Mann ist nicht gekommen.«

»Die Zeit ist erfüllt, aber der Mann ist nicht gekommen.«

»Die Zeit ist erfüllt, aber der Mann ist nicht gekommen.«

Es kam dumpf und gedämpft, nicht von der Eisrinde, die den See deckte, sondern aus der Tiefe darunter. Es war wie das unheimliche Heulen ausgehungerter Wölfe und kam so wild und schaurig unter dem Eise herangerollt, als stände dort unten ein wildes, blutdürstiges Tier und schrie nach Beute.

Sowie der dritte Ruf verklungen war, dünkte es dem Lauscher, dass eine Luke in seinem Kopf sich schloss, und nun hörte er wiederum nichts anderes als jene Laute, die man gewöhnlich vernimmt. Der Wind säuselte ganz sachte im Schilf des Strandes, der Schnee knirschte unter dem Fuß, und von einem hochbeladenen Wagen, der eben vorbeifuhr, klingelte leise ein schwaches Glöckchen.

Aber die Erinnerung an den Ruf vom Seegrund war in ihm lebendig. Ein ums andere Mal vermeinte er, den raubgierigen, tierischen Laut zu hören, und all die Angst, die er in seiner Kindheit vor Nöck und Nix empfunden hatte, stieg von Neuem in ihm auf und ließ ihn vom Scheitel bis zur Sohle erbeben. Sie bekam solche Macht über ihn, dass er anfing zu laufen, dem Pfarrhof zu. Aber nach ein paar Schritten hielt er inne und suchte seines Schreckens Herr zu werden. »Du bist ein Christenmensch und ein Diener Gottes«, sagte er zu sich selbst, »die unreinen Geister in Wald und Feld und See sollen nicht die Freude haben, zu sehen dass du sie fürchtest.«

Er zwang sich, langsam zu gehen, aber unwillkürlich duckte er Kopf und Schultern, wie man es tut, wenn man eines Überfalls von rückwärts gewärtig ist. Bald jedoch richtete er sich empor. Sein Herz schlug nun mit gleichmäßigen Schlägen, und ein Gefühl neubelebter Hoffnung durchströmte ihn.

»Du hast ja Gott um ein Zeichen gebeten«, sagte er zu sich selbst, »du hast ja Gott um ein Zeichen gebeten.«

Als er in den Pfarrhof zurückkehrte, trug er den Kopf hoch und ging seinen gewöhnlichen, festen Schritt.

Ehe er sich in sein Arbeitszimmer begab, öffnete er die Küchentür und bedeutete dem Gesinde, falls sie einen Wanderer sähen, der vom Weg abweiche, um sich auf den See zu begeben, so sollten sie ihn zurückrufen und ihm sagen, der Propst wünsche mit ihm zu sprechen.

Es währte nicht lange, so hörte man fremde Schritte im Hausflur. Die Tür zum Zimmer des Propstes öffnete sich, und ein junger Bursche trat herein. Er trug eine Friesjacke und gelbe Beinkleider aus Sämischleder, wie alle anderen Bauernburschen im Sprengel, aber aus einer gewissen Zierlichkeit und Schmuck in der Kleidung glaubte der Propst schließen zu können, dass er einen wohlhabenen Mann vor sich habe.

Der Propst sah den Eintretenden lange und prüfend an, bevor er etwas sagte. Er fühlte sich sogleich zu ihm hingezogen. Es war ein ziemlich kleiner, aber schlanker und gut gewachsener Mann, schön, mit grauen Augen, die wie leichtgekräuseltes Wasser bei starkem Sonnenschein glitzerten, und mit einem Lächeln, so hell, dass es den ganzen Menschen überstrahlte.

»Wenn ich diesen Mann davor bewahren kann, heute Nacht über das Eis zu gehen und zu ertrinken«, dachte der Propst, »so soll mir dies ein Zeichen von Gott sein, dass ich fortfahren darf, ihm zu dienen.«

Volle zwei Stunden hatte der Propst mit dem Fremden gesprochen. Nun stockte das Gespräch schon eine Zeit lang, und es war still in der Stube. Draußen war es schon längst dunkel geworden, aber auf dem Schreibtisch brannte ein Talglicht, und in seinem Schein konnte man die zwei Männer unterscheiden. Der Bauer saß auf dem äußersten Rande eines Stuhls, noch immer sein glitzerndes Lächeln im Gesicht, während der Propst, der vor seinem Schreibtisch saß, sich sichtlich in einem Zustand großer Angst befand. Er hatte die Arme auf die Tischplatte gestützt und saß vorgebeugt da, den Kopf in den Händen. Hier und da stieß er einen Seufzer aus, so tief, dass er seine ganze Gestalt erschütterte.

Mit all seinem Reden hatte er nun doch nicht vermocht, dem anderen das bestimmte Versprechen abzuringen, dass er über die Landstraße heimkehren werde. Er machte nur Ausflüchte, bald sagte er, sie erwarteten ihn zu einer bestimmten Zeit daheim, dann wieder, er sei zu müde, den langen Umweg rings um den See herum zu machen ... Der Propst erbot sich, ihn über die Landstraße nach Hause zu kutschieren, aber er wollte nicht darauf eingehen. Er hatte Angst, jetzt zu fahren, wo die Wege so schlecht waren – er hatte Angst vor allem, nur nicht davor, über das Eis heimzugehen.

Da saß nun der Propst und überdachte alles, was sie gesprochen hatten. Er musste herausfinden, wie er den Mann anzupacken hatte, um ihn zu retten. Das war ja das Wunderliche an ihm, dass er dem Propst immer wieder entglitt und sich nicht fangen ließ. Es war so gewesen, als steckte man die Hand in rinnendes Wasser und versuchte es festzuhalten.

Der Propst hatte damit begonnen, ihm zu sagen, dass er ihn deshalb gebeten habe, hereinzukommen, um ihm davon abzuraten, den Seeweg zu nehmen. Er wisse, dass das Eis hier vorne in der Kirchenbucht unsicher sei. Darauf hatte der Fremde nur geantwortet, heute Morgen, bei seinem Aufbruch von daheim, sei das Eis eine Elle dick gewesen. In einem Tag könne es wohl nicht aufgetaut sein, wenn die Sonne auch stark geschienen habe. Nein, draußen auf dem See habe es keine Gefahr, das glaubte der Propst auch gar nicht, aber in der Bucht, da wo der Fluss mündete. Da hatte der Bursche ausgesehen, als hätte er alle Mühe, nicht hell aufzulachen. Er war doch Fischer und hatte all sein Lebtag hier an diesem See gehaust, da konnte sich der Propst doch denken, dass er klug genug war, sich vor einer Flussmündung in Acht zu nehmen.

Aber nun war da noch ein besonderer Grund, weshalb er sich hüten sollte, gerade an diesem Abend über das Eis zu gehen. Und der Propst erzählte ihm, was er eben erst auf der Landstraße gehört hatte. Es war merkwürdig, wie wenig der Mann darauf gab, nicht mehr als auf ein Liedchen, das die Leute alle Tage trällern. Wollte man sich um derlei kümmern, hatte er gesagt, dann könnte man sich nie auf einen See wagen.

Der Propst hatte ihn gefragt, ob er ihm denn nicht glaube. Ja, gewiss glaubte er ihm. Er hatte sie auch schon in der Tiefe brüllen und toben hören, aber er wusste, dass das nur Schreckschüsse waren. Es waren die kleinen Seekobolde, die Allotria trieben. Sie waren eben auch Jössehäringer und liebten es, zu spielen und zu tollen.

Die ganze Zeit stand er da und lächelte, und er war unmöglich dazu zu bringen, die Warnung ernst zu nehmen. Da stieg in dem Propst die Angst auf, dass es ihm nie gelingen würde, ihn davon zu überzeugen, dass ihm Gefahr drohe. Es sah aus, als könnte das gar keine so schwere Sache sein, aber hier stellte sich offenbar etwas Besonderes in den Weg. Der Propst sagte sich selbst, dass er herausfinden müsse, was dies sei, wenn er Macht über den Mann gewinnen sollte.

Der Fischer war übrigens recht mitteilsam und schwatzte, wie man so sagt, das Blaue vom Himmel herunter. Der Propst hatte schon erfahren, dass er Gille Folkesson hieß und am anderen Seeufer wohnte. Verheiratet war er auch, hatte eine junge schöne Frau, auf die er nicht wenig stolz war. Sie stammte nicht von Kleinhändlern ab, wie er selbst, nein, sie war die Tochter eines Großbauern. Nun, er stand also gut da, wenn er auch nur ein Fischer war. Sie hätte es als Bäuerin nicht besser treffen können.

»Sie wird es nicht mehr so gut haben, wenn du hingehst und dich ertränkst«, hatte der Propst gesagt. Aber das nahm Gille wiederum nur als Spaß und hätte laut gelacht, wenn er sich nur getraut hätte.

Er war der zufriedenste Mensch unter der Sonne, und es lässt sich nicht leugnen, dass er ein klein wenig prahlte. Er hatte sein Boot selbst gemacht, und es war so leicht, dass es nur so übers Wasser flog, wenn er die Ruder auch noch so leise berührte. Er hatte auch größeres Fischerglück, als irgendein anderer. So kam es, dass er in Wohlstand lebte, obgleich er kein Land besaß. Es war gar nichts Seltenes, dass er auf einen Zug so viele Fische in seine Netze bekam, dass sie im Boot gar keinen Platz fanden.

Diese Reden von seinem Fischerglück hatten den Propst stutzig gemacht. »Du bist wohl einer, der sich ganz auf sein Glück verlässt, wie?«, hatte er ganz plötzlich gefragt. »Ja freilich«, kam die Antwort, und dabei glitzerte es noch stärker als früher in den Augen des Fischers, »ich habe wohl auch guten Grund dazu.«

Er hatte sich ein wenig gesträubt, zu erklären, was er damit meinte, aber der Propst hatte es bald aus ihm herausbekommen. Es kam ihn auch schwer an, darüber zu schweigen. Er schien nun bei dem angelangt, was ihm näher lag als alles andere.

Er erzählte dem Propst, wie seine Mutter, ein paar Monate ehe er, Gille, auf die Welt kam, in einer schönen Sommernacht einen Weg gewandert war, der durch einen dichten Wald führte. Die Äste hatten sich so eng über ihr verflochten, dass sie beinahe in der Dunkelheit ging, obgleich es kurz nach Johannis war, wo die Nächte doch hell sind. Ganz plötzlich hatte sich der Wald gelichtet, und der Pfad hatte jäh abfallend zu einer großen halbkreisförmigen Bucht hinabgeführt – fast ebenso schön wie die Kirchenbucht hier vor dem Pfarrhof. Sie war von grünen, üppigen Wiesen umgeben, und auf diesen Wiesen, die voll großer Blumen waren und von Tau glitzerten, hatte ein weißes Pferd gegrast. Es war das schönste Tier, das sie je gesehen hatte. Die Mähne war so lang, dass sie auf die Hufe herabhing, der ganze Leib apfelfarben, die Beine schmal und biegsam wie die Sehne eines Bogens, und der Schwanz so dick wie eine Roggengarbe und so lang, dass er auf dem Boden nachschleifte. Kaum mehr als einen Augenblick durfte sie sich an dem Anblick erfreuen. Denn als sie sich durch die hochblumigen Strandpflanzen näher an das Pferd heranschleichen wollte, erblickte es sie und floh. Aber nicht dem Land zu, sondern gerade hinaus in den See. Es sprang durch das seichte Wasser, sodass der Schaum um seinen Bug sprühte. Als es in die Tiefe kam, tauchte es unter, ohne einen Versuch zu machen, zu schwimmen. Da wusste die Mutter, dass dies niemand anderes gewesen sein konnte, als der Nöck, der sich, wenn er ans Land geht, in Gestalt eines Pferdes zu zeigen pflegt. Die Mutter hatte für sich selbst keine Angst gehabt, aber sie dachte an das Kind, das sie unter dem Herzen trug, und war besorgt, dass diese Begegnung ihm Nachteil bringen könnte. Um sicher zu gehen, war sie zu einem »weisen Mann« gegangen, hatte ihn gefragt und den Bescheid erhalten, dass dies dem Kind nicht schaden würde. Wenn sie einen Sohn bekäme, sollte sie einen Fischer aus ihm machen, denn der Nöck würde sich sicherlich seiner annehmen, sodass er gutes Fischerglück haben würde. Aber würde aus dem Kind wirklich ein Fischer, dann müsste er sich vor einer einzigen Sache in Acht nehmen, und das war, niemals Wasser aus dem See zu trinken, in dem er seine Fische fing.

Dies hatte Gille auch immer vermieden, obgleich es manchmal gar nicht so leicht gewesen war. Es war schwer, sich mit keinem einzigen Tropfen Wasser zu laben, wenn man an heißen Sommertagen in seinem Boot auf dem See lag. Wenn er zu Fremden kam, wagte er es kaum, ein Glas zum Mund zu führen. Es gab Leute, die über derlei nur lachten, und die versuchten, ihn aus purem Unverstand zu verleiten, Seewasser zu trinken. Sie konnten nicht glauben, dass dies etwas für ihn bedeuten würde. Es kam auch hier und da vor, dass die Seekobolde kleine Versuche machten, ihn zu verlocken, Seewasser zu trinken. Aber bisher hatte er sich tapfer gehalten, und es war ihm in jeder Hinsicht gut gegangen, wie es ihm vorausgesagt worden war. Und viele, ja unzählige Male hatte er gesehen, dass die kleinen Seejungfern, die nicht größer waren als Barsche und die holdseligste Gestalt bis zu den Hüften hatten, wo der Fischschwanz anfing, in ganzen Schwärmen um sein Boot geschwommen waren, wenn er an schönen Sommerabenden still lag und angelte, und sie hatten ihm einen Fisch nach dem anderen an den Angelhaken gehängt. Und ebenso hatte er auch im Herbst bei Sturm und Unwetter, wenn sein Garn sich verwirrte, bei ihnen Hilfe gefunden.

Als der Propst diese Geschichte aus Gilles eigenem Mund hörte, da hatte sie ihn nicht so erregt wie jetzt, wo er nur daran dachte. Während Gille sprach, hatte er ganz deutlich die lieblichen kleinen Värmlandseen vor sich gesehen mit ihrem Badestrand und ihren Angelstellen, wo er als Knabe seine fröhlichsten Stunden verbracht hatte. Er sah das Wasser blinken und spiegeln, es ging bis in seine

Kammer hinein, es wogte sanft und schmeichelnd rings um ihn. Er hatte das Gefühl gehabt, als gehörten Gille und seine Zaubergeschichten und das Fischen und das sorglose Leben auf dem See zusammen. Er hatte nichts Anstößiges darin sehen können. Er war wie vom Wellenrauschen eingelullt gewesen. Auch hatte er nicht recht gewusst, ob Gille es ernst meinte oder im nächsten Augenblick sagen würde, er habe nur gescherzt. Und so hatte er nur ganz sanftmütig gesagt, es könne gefährlich sein, Hilfe von solchen anzunehmen, die nicht unserer Welt angehören.

Aber Gille hatte wieder gesagt, für ihn gebe es keine Gefahr, solange er das Wasservolk nicht dadurch herausforderte, dass er Wasser aus dem See trank wo er fischte. Täte er das, geriete er freilich in ihre Gewalt. Wie es jetzt war, hatte er nur Hilfe und Nutzen von ihnen.

Um dies zu beweisen, erzählte er dem Propst eine Geschichte von seiner Hochzeit.

Als Gille vor den Traualtar treten sollte, da war es ihm so schlimm ergangen, dass er sich fast nicht zur rechten Zeit im Hochzeitshaus hätte einfinden können. Einer der Nachbarn hatte versprochen, ihm ein Pferd zu leihen, aber am selben Tage war dies Pferd krank geworden, und da stand nun Gille, und guter Rat war teuer. Da hatte er plötzlich ein Pferd erblickt, das auf der Strandwiese ging und graste. Es war ein schönes Tier, ein rosigweißer Apfelschimmel, die Mähne so lang, dass sie bis zur Erde reichte, wenn das Pferd den Kopf senkte, und der Schwanz dick wie eine Roggengarbe. Gille hatte das Pferd nie zuvor gesehen und wusste nicht, wem es gehörte – aber er meinte, Not kennt kein Gebot. Er musste ein Pferd haben, gleich wo er es hernahm, sonst konnte er nicht rechtzeitig zur Trauung kommen. Er versuchte das fremde Pferd einzufangen – und siehe da, es ging kinderleicht. Es ließ sich auch vor das Wägelchen spannen und zog es, ohne zu murren. Gille glaubte freilich zu merken, dass es einen wunderlichen Gang hatte und nicht recht eingefahren war, sodass es sich nicht auf Zeichen und Zurufe verstand, aber er war ja in seine Bräutigamsgedanken versunken und achtete nicht groß auf das Pferd, sondern war schon zufrieden, wenn es nur vorwärts ging. Aber als er in das Haus der Braut kam, da liefen die Leute heraus, um sein Pferd anzusehen, und vergaßen Braut und Bräutigam darüber, es zu loben und zu rühmen. Niemand konnte sich erklären, wo Gille ein solches Tier herbekommen habe. Das musste mindestens im Stall des Königs aufgewachsen sein. Gille beeilte sich, es abzuschirren und stellte das Pferd zu den anderen. Er legte ihm schönes Futter vor, sagte ihm Dank für seine guten Dienste, aber band es nur mit einer Schleife fest. Als die Trauung vorüber war, gingen die Leute wieder heraus, um sich das Pferd anzusehen, aber da war es verschwunden. Gille gab sich selbst die Schuld, weil er es nicht sicher genug angebunden hatte, und sagte, es wäre vermutlich heimgelaufen. Dort im Hochzeitshaus hatte er sich nicht anmerken lassen wollen, dass ihm die Sache nicht recht geheuer vorkam, aber er war zur Überzeugung gelangt, dass es niemand anderes als der Nöck sein konnte, der ihm den Dienst erwiesen hatte, ihm auf seiner Bräutigamsfahrt das Pferd zu ersetzen.

Er hatte auch noch andere Begebenheiten erzählt, aber es war vor allem dieses, das ihn in dem Glauben bestärkt hatte, dass er in dem Wasservolk Freunde hatte und es nicht zu fürchten brauchte.

Der Propst fand Gefallen an dem Mann, und seine Geschichten hatten ihn, wie schon gesagt, an sein Jugendleben im Wald und auf dem See erinnert, und das war es, was ihn gleichsam zur Ruhe bewogen und ihn daran gehindert hatte, Gille zuzurufen, doch einzuhalten und in seiner Gegenwart nicht von solchen Dingen zu sprechen.

Es gab Menschen genug, die nicht an diese Wesen glaubten, die das Volk in der Natur gesehen zu haben vorgab, doch der Propst gehörte nicht zu dieser Zahl. Aber es war eines, zu glauben, dass sie da waren, ein anderes, Hilfe und Beistand von ihnen anzunehmen, wie es dieser Fischer tat. Diese Wesen waren ihrer Natur nach böse, und für den, der sich mit ihnen einließ, nahm es immer ein schlechtes Ende. Das wusste die Kirche, und aus diesem Grund verbot sie allen Umgang mit ihnen. Auch Gille Folkesson würden sie Unglück bringen, wenn der Propst nicht imstande war, ihn aus den Fesseln seines Aberglaubens zu lösen.

Tausenderlei Geschichten hatte der Propst von dem Treiben dieser Geschöpfe gehört. Alle endeten sie so, dass sie sich auf den, welcher eine Zeit lang in ihrer Gunst gestanden und ihre Wohltaten genossen hatte, stürzten, wenn er ihnen ganz blind vertraute, und ihn zugrunde richteten. Alles an ihnen war List, Tücke und Bosheit. Sie gehörten in die Unterwelt, und ihr einziges Trachten war es, die Menschen in ihre Dunkelheit hinabzuziehen.

Nun erkannte er, der Propst, dass dies ihre deutliche Absicht mit diesem Fischer war. Er war in Sicherheit eingelullt, er glaubte an ihre freundliche Gesinnung. Keine Warnung hatte mehr die Macht, ihn abzuschrecken, und in dieser Nacht sollte er in das Netz fallen, das von seiner Geburt an für ihn ausgespannt war. Ja, so musste es kommen, wenn der Propst nicht imstande war, ihn zu retten.

Der Propst stand da und erwog diese Aufgabe in Gedanken hin und her. Eins gab es, worauf Gille sein Vertrauen und seine Zuversicht setzte, und das war, dass er noch nie Wasser aus dem See getrunken hatte, in dem er seine Angeln und Netze auswarf. Aber was war nun das für ein Glaube, konnte man darauf vertrauen? Eine falsche Stütze war das, eine, die in dieser Nacht versagen würde. Denn der Propst hatte gehört, dass man unten in der Tiefe auf Gille wartete. Eine morsche Planke war es, die ihn nicht tragen konnte. Wenn er fortfuhr, darauf zu bauen, musste er elendiglich zugrunde gehen.

Der Propst sah deutlich, dass diese Planke Gille Folkesson entrissen werden musste, ehe es zu spät war. Wenn er nicht mehr auf sie bauen konnte, dann würde er auch nicht mehr seine Hoffnung auf Nix und Nöck setzen, sondern auf den lebendigen Gott. Konnte er nicht mehr auf sie bauen, dann war er an Leib und Seele errettet und kam glücklich und wohlbehalten heim zu seinem jungen Weib.

In seiner ganzen Gemeinde kannte der Propst keinen Menschen, zu dem er sich so hingezogen fühlte, wie zu diesem Gille Folkesson. Er konnte ihn ob seiner Verbindung mit den unreinen Geistern nicht so tadeln, wie er sollte, aber es entwickelte sich eine große

Sehnsucht, ihn aus ihrer Gewalt zu erretten. Das Herz tat ihm in der Brust weh, wenn er diesen Mann ansah, der da jung, schön und sorglos vor ihm saß und doch verurteilt war, in der selbigen Nacht zu sterben.

Der Propst sah einen Weg, ihn zu erretten, hatte ihn von Anfang an gesehen, aber er wusste nicht, ob er nicht eine Sünde und eine Entheiligung beging, wenn er dieses Mittel anwendete. Aber konnte es eine größere Sünde geben, als einen Menschen mit Leib und Seele der Gewalt der dunklen Mächte zu überantworten? Vielleicht war es erlaubt, in einem solchen Fall zu diesem Ausweg zu greifen? Es lockte ihn und es widerstrebte ihm doch wieder. Er war in furchtbarer Pein. Er brauchte einen Fingerzeig Gottes.

Wenn der Mann da vor ihm von seinem Glauben an die morsche Planke frei werden könnte, frei in der Art, dass er eine neue Stütze, eine neue Hoffnung bekam? Wenn er so ganz und gar befreit werden könnte, dass er sich nicht in Gefahr zu fühlen brauchte, sondern im Gegenteil gesichert und beschützt, wäre das nicht die größte Wohltat, die man ihm erweisen könnte?

Plötzlich schrak der Propst aus seinen Gedanken auf. Der Fischer war es müde geworden, zu warten und stand nun von seinem Stuhl auf. Im selben Augenblick war auch der Entschluss des Propstes gefasst. Er konnte den Mann nicht in sein Verderben rennen lassen. Er musste ihn aufhalten, musste tun, was in seinen Kräften stand, um ihn zu retten.

»Ich sehe, du willst gehen, Gille«, sagte er. Dabei erhob er sich, und Gille wich in aller Eile zur Tür zurück, wie um leichter entkommen zu können. »Du darfst nicht glauben, Gille, dass ich dich mit Gewalt zurückhalten werde, wenn ich gleich Lust dazu hätte. Du kannst gehen, wohin du willst, und ich sehe schon, es wird der Seeweg sein.«

»Das wird es wohl, Herr Propst. Ich komme schon auf jeden Fall heim.«

»Aber du musst wissen, Gille, wenn ich dich jetzt, so wie du willst, den Seeweg gehen lasse, dann ist dies für mich, als schickte ich dich geradewegs in den Tod. Ich bin so sicher, Gille, dass du den nächsten Morgen nicht erlebst, wenn du dich heute Nacht aufs Eis begibst, wie ich es wäre, wenn ich wüsste, dass blutdürstige Mörder dir vor meinem Haus auflauerten. Darum, Gille, will ich dich auf den Tod vorbereiten, so wie ich es täte, wenn du in den letzten Zügen lägest. Ich will dir das heilige Abendmahl geben.«

Gille legte unwillkürlich die Hand auf die Türklinke. Er hätte sich dem, was kommen sollte, am liebsten entzogen, doch der Propst hielt ihn zurück.

»Du darfst nicht gehen, Gille«, rief er mit einer mächtigen Stimme, die vor Gemütsbewegung brach. »Ich bin dein Seelsorger, und ich muss dir gegenüber meine Pflicht tun, sonst kann ich es nicht vor dem verantworten, der Herr ist über dich wie über mich.«

Der Fischer sah drein wie ein gegen seinen Willen hin und her gezerrter und gezwungener Mann, doch war er nun so sehr von Ehrfurcht vor dem Propst befangen, dass er stehen blieb. Und sobald dieser merkte, dass Gille ihm zu gehorchen gedachte, begann er seine Vorbereitungen. Er nahm die kleinen Abendmahlskelche hervor, deren er sich bediente, wenn er zu Sterbenden gerufen wurde, entzündete noch eine Kerze und hing seinen Talar um.

Es war kein Wein in der Flasche, die er neben dem Kelch verwahrte, doch er schickte nicht in den Keller, um sie füllen zu lassen. »Möge Gott mir gnädig sein«, dachte er. »Ich fülle seinen Kelch mit dem Nass, das heilig genug ist, in seinem zweiten Sakrament zu dienen.«

Er ließ Gille vor seinem Stuhl niederknien, erteilte ihm die Absolution, las die Worte des heiligen Abendmahls, reichte ihm das Brot und führte den Kelch an seine Lippen.

Im nächsten Augenblick sprang der Fischer schreckensbleich auf. »Was hast du mir im Kelch gegeben, Pfaffe?«, rief er und packte den Propst hart am Arm. – »Ich habe dir das gegeben, was du in deinem heidnischen Aberglauben nie zu kosten gewagt hast«, sagte der Propst. »Ich habe dir Wasser aus der Kirchenbucht gegeben, aber ich habe es geheiligt und geweiht. Jetzt ist es über deine Lippen geströmt, nicht als Wasser, sondern als Christi Blut. Möge es die

Macht des natürlichen Wassers überwinden! Möge es deine Seele befreien von …«

Er kam nicht weiter. Gille Folkesson hörte ihn nicht. »Wasser aus der Kirchenbucht«, schrie er so jammervoll wie ein Verwundeter. »Wasser aus der Kirchenbucht.«

Ich nächsten Augenblick war er aus dem Zimmer und lief durch den Flur in den Hof.

Der Propst eilte ihm nach, aber Gille stürmte dahin wie ein Tollhäusler, und es war unmöglich, ihn einzuholen. Während er so lief, rief er mit einer Stimme, die nicht weniger schaurig klang als die Stimme vom Seegrund, die der Propst am Abend vernommen hatte:

»Die Zeit ist erfüllt, und der Mann kommt.«

Die halbe Nacht war der Propst mit Knechten und Nachbarsleuten auf dem Eis gewesen und hatte nach Gille Folkesson gesucht, der den Pfarrhof in Sinnesverwirrung verlassen hatte. Endlich hatte man in der Nähe der Flussmündung ein Loch in dem schwachen Eis entdeckt, ein Mann war ganz vorsichtig hingekrochen und halte Gilles Hut auf dem Wasser schwimmend gefunden. Da brauchte man nicht weiter zu suchen sondern konnte heimgehen.

Auf dem Nachhauseweg sprachen die Männer natürlich von Gille. Sie kannten ihn gut und erzählten einander von dem Bündnis, das zwischen ihm und dem Wasservolk bestanden haben sollte.

»Es ist sicher, dass die dort unten ihm dienten«, sagte ein Bursche und stampfte auf das Eis. »Aber jetzt ist es so ausgegangen, wie derlei immer ausgeht. Er ist schließlich doch in ihre Gewalt geraten.«

»Er muss sich wohl doch nicht genug in Acht genommen haben«, sagte einer. »Er muss Seewasser getrunken haben.«

In demselben Augenblick, in dem dies gesagt war, hörten sie aus ihrer Mitte eine Stimme, die zu reden und zu erzählen begann. Es war eine schwache zitternde Stimme, die Stimme eines alten, gebrochenen Mannes. Die Leute konnten sich anfangs gar nicht denken, wem sie angehörte, sie blieben verwundert stehen. Es war kein schwacher oder alter Mann unter ihnen gewesen, als sie sich aufs Eis begeben hatten.

Aber da merkten sie, dass es der Propst war, der sprach, und sie scharten sich dicht um ihn, um zu hören, was er sagte. Sie sahen sein Antlitz nicht, aber es dünkte ihnen, dass er gebeugt und zitternd dastand und sich kaum aufrecht zu halten vermochte.

Noch nie hatten sie einen Menschen so vernichtet gesehen. Es war junges, sorgloses Volk – jedenfalls die meisten von ihnen, aber sie standen rings um den gebrochenen Mann und weinten wie Kinder, während er so sprach.

Als er ihnen gesagt hatte, was er an diesem Abend erlebt hatte, ging er einsam ans Land. Die anderen schlichen stumm hinter ihm her, gerade nur soweit, dass sie ihn im Auge behielten und sahen, dass er heim zu wanken vermochte und nicht auf dem Weg liegen blieb.

»Mit dem ist es zu Ende«, flüsterten sie einander zu. »Der kommt nie mehr auf seine Kanzel.«

Der Weg zwischen Himmel und Erde

Es war einmal ein alter Oberst namens Beerencreutz, der hatte viele Jahre auf Ekeby bei der Majorin gelebt und im Kavaliersflügel gewohnt.

Aber als die Majorin tot war und das fröhliche Kavaliersleben ein Ende hatte, da mietete sich der Oberst in einem Bauernhof im Kilser Kirchspiel ein, das am Südende des langen Lövensees liegt. Hier bewohnte er zwei Stuben im oberen Stockwerk, eine große, in die man zuerst kam, und eine kleinere. Die Bauersleute wohnten im Erdgeschoss, und außer Beerencreutz hielt sich niemand im Obergeschoss auf.

Hier lebte er lange Zeit, bis er sein fünfundsiebzigstes Jahr erreichte. Er war ganz allein, er hatte nicht einmal einen Diener, der für ihn sorgte. Er räumte selbst seine Zimmer auf, kochte sein Essen, so gut es eben ging, und striegelte und fütterte sein Pferd. Er sagte, dass er all dies selbst verrichten wolle, weil er so besser mit all seiner freien Zeit fertig werde, aber es mag wohl eher sein, dass der wirkliche Beweggrund der war, dass er zu arm war, um sich jemand zur Hilfe zu halten. An Beschäftigung schien es ihm nie zu fehlen. Es fiel ihm sogar schwer, mit all den vielfältigen Arbeiten, die er zu verrichten hatte, zurande zu kommen.

In dem großen Zimmer hatte der Oberst jenen merkwürdigen Teppich aufgezogen, über den man im ganzen Kilser Kirchspiel sprach und staunte. Der wurde nicht auf einem Webstuhl gewebt, sondern die Fäden waren von Wand zu Wand gespannt, sodass jeder, der ins Zimmer kam, nicht anders glauben konnte, als dass er in ein riesengroßes Spinnennetz geraten sei. An diesem Gewebe kroch der Oberst ein gut Teil des Tages hin und her, setzte ein Garnende hier ein und eins dort und prüfte und wählte, um die rechten Fäden zu finden. Wenn der Oberst den Teppich fertiggestellt hätte, so würde er sich wohl an Schönheit mit den Teppichen aus Kandahar und Buchara haben messen können, aber die Art der Verfertigung war so langwierig, dass er nicht mehr als ein paar Felder so zustande bringen konnte, wie er sie haben wollte.

In dem inneren Zimmer hatte der Oberst sein Bett stehen. Er lag immer in einem kleinen Feldbett, das er im Krieg benutzt hatte, als er in Deutschland gegen Napoleon gekämpft hatte. Aber sonst hatte er große, ansehnliche Möbel in diesem Zimmer. Da war unter anderem ein mächtiges Mahagonisofa, ein alter Klapptisch auf schwarzen Ebenholzbeinen, ein Sekretär mit Messingbeschlägen und ein großer Spiegel in bauchigem Glasrahmen, mit zierlicher Vergoldung geschmückt. All diese Stücke waren aus dem Elternhaus des Obersten, und sie legten Zeugnis darüber ab, dass, wenn er jetzt auch arm war, er doch in einem reichen, vornehmen Haus aufgewachsen sein musste.

Hier in diesem Zimmer lag der Oberst in einer Sommernacht und schlief, als er plötzlich dadurch erwachte, dass jemand mit schweren Schritten die Treppe zum Obergeschoss heraufkam. Der nächtliche Wanderer stampfte so auf, dass es durchs ganze Haus dröhnte, dabei fest und sicher, als wäre es ein alter Soldat.

Als der Oberst die Augen aufschlug, merkte er an der Dämmerung um ihn herum, dass es noch mitten in der Nacht sein musste. Aber so recht dunkel war es nicht in der Stube, denn es war ja die helle Zeit des Jahres, und da der Oberst eine Treppe hoch wohnte und keine Nachbarn hatte, hatte er sich weder Läden noch Rollgardinen angeschafft.

»Das ist doch merkwürdig mit diesen Bauern, nie können sie es lernen, die Haustür zuzuschließen«, dachte der Oberst. Er war ein Mann der Ordnung und lag beständig im Krieg mit den Hausleuten, weil sie sich meistens zum Schlafen hinlegten, ohne zuzusperren. So hatten sie es wohl auch an diesem Abend gemacht, und nun war ein Unbefugter ins Haus eingedrungen.

Ein Dieb konnte es wohl kaum sein, der mit so schweren Schritten einhertrabte. Und wohl auch kein Betrunkener, der sich einen Ort suchte, wo er seinen Rausch ausschlafen konnte. Aber jemand, der da nichts zu suchen hatte, war es auf jeden Fall, denn der Oberst wusste, dass keiner von den Hausleuten in dieser taktfesten Weise auftreten konnte.

Der Oberst lag da und wartete, dass der Nachtwanderer bis auf den Dachboden hinaufgehen würde, aber da hatte er sich verrechnet. Sowie die schweren Schritte die Treppe hinaufgekommen waren, marschierten sie auf seine eigene Tür los, und er glaubte sogar zu hören, wie der Schlüssel sich im Schloss drehte.

»Ja, damit kannst du dich vergnügen, solange du willst«, dachte der Oberst, »davon wirst du nicht viel haben.«

Denn er wusste natürlich, dass er am Abend vorher seine Tür mit Haken und Riegel versperrt hatte. Gerade weil die Flurtür unten fast nie verriegelt wurde, achtete der Oberst so genau darauf, dass oben bei ihm alles ordentlich verschlossen war.

Aber jetzt hörte er zu seinem großen Staunen, wie der Fremde die Tür so leicht aufschob, als wäre sie mit einem Wollfaden befestigt gewesen, und ins Arbeitszimmer trat.

Da war das große Teppichgewebe ausgespannt, es war also nicht so leicht, hindurch zu wandern, namentlich jetzt, wo der Raum im Halbdunkel lag.

»Jetzt wird sich der Halunke in meinen Teppich verwickeln und eine schreckliche Wirrnis anrichten«, dachte der Oberst und war schon im Begriff, aus dem Bett zu springen und den Kerl hinauszuwerfen. Aber da hörte er, wie der Fremde durch das ganze Zimmer zur Schlafzimmertür ging, mit Schritten, so gleichmäßig, als marschierte er im Takt zu einem Militärmarsch auf dem Trossnäser Feld, und sich in keiner Weise von Kette oder Einschlag behindern ließ.

Die Blicke des Obersten flogen zur Tür. Es war nicht so dunkel, als dass er nicht mit Sicherheit sehen konnte, dass der Riegel vorgeschoben war.

»Ja, jetzt wirst du aber doch nicht weiterkommen, du ver…«

Er blieb mitten im Fluche stecken, denn die Tür sprang auf und schlug an die Wand, ganz so, als wäre sie unversperrt gewesen, und ein heftiger Windstoß aus einem offenen Fenster hätte sie aufgerissen.

Da setzte sich der Oberst im Bett auf und rief mit seiner alten dröhnenden Kommandostimme: »Wer da?«, sodass es von den Wänden widerhallte.

Noch einmal war er drauf und dran, aus dem Bett zu springen, um den Fremdling hinauszuweisen, noch einmal war er so starr vor Staunen, dass er still sitzen blieb. Er sah nämlich den, der ins Zimmer gekommen war, gar nicht. Die Tür stand sperrangelweit offen, der Oberst konnte ins nächste Zimmer sehen, sogar bis zu den gegenüberliegenden Fenstern. Hell genug war es, aber er sah nicht einmal den Schatten eines Menschen.

Aber dass jemand in seinem Zimmer war, daran konnte kein Zweifel sein. Er hatte die Schritte gehört, bis sie hinter der Schwelle haltmachten. Und jetzt hörte er, wie der Fremde die Hacken zusammenschlug, den Degen schulterte, sodass das Gehänge klirrte und rasselte, und seinen »Wer da?«-Ruf mit einem »Der Tod, Oberst« beantwortete. Es war eine wunderliche Stimme, die da gesprochen hatte. Gar nicht menschlich, aber dabei weder unheimlich, noch erschreckend. Es dünkte den Oberst, dass die Worte aus einer Orgel oder einem anderen großen Instrument gekommen sein könnten. Sie klangen ernst und streng, aber mit so großem Wohllaut, dass eine Sehnsucht in seiner Seele entzündet wurde, bald in jenes Land hinübergeführt zu werden, dem diese Töne entstammten.

»Dann mach doch gleich ein Ende«, rief der Oberst und riss das Hemd auf, so, als erwartete er einen Degenstich mitten durchs Herz.

Aber der Fremde scherte sich nicht um die Aufforderung.

»Komme vor nächster Mitternacht wieder, Oberst«, erklang die Stimme.

Dann klappten die Hacken zusammen, der Degen wurde mit starkem Klirren geschultert, und es wurde rechtsum kehrtgemacht. Die schweren Schritte entfernten sich, die Tür schlug zu, der Riegel schnappte von selbst ein, und alles war wieder wie zuvor.

Der Oberst war in seiner Bestürzung in die Kissen zurückgesunken. Er lag still da und horchte den schweren Schritten, folgte ihnen die Treppe hinunter, über den unteren Flur und hinaus durch die Flurtür.

In dem Augenblick, wo der Fremde das Haus verlassen und in den Hof treten musste, wo es so viel heller war als in den Zimmern, sprang der Oberst aus dem Bett und eilte an ein Fenster. Jetzt musste er den Fremden sehen können, wenn er überhaupt zu unterscheiden war. Er drückte das Gesicht an die Scheibe und spähte. Alles auf dem Hof, die Gehpfade zwischen den Häusern, den Brunnen und den Brunneneimer, die Karren und die Holzhaufen konnte er sehen, aber niemanden, der sich dazwischen bewegte. Der Fuß des nächtlichen Wanderers trat den Boden mit solcher Kraft, dass der Oberst auf die Stelle weisen zu können vermeinte, wo er sich befinden musste, aber sehen konnte er ihn nicht.

Der Oberst zuckte die Achseln. Er hatte die ganze Zeit über gewusst, dass es so sein würde. Er hatte versucht, sich einzubilden, dass das Ganze nur der Streich eines übermütigen Jungen sei, der sich den Spaß machen wollte, ihn zu erschrecken. Aber im tiefsten Inneren wusste er es besser. Es hatte ja nichts Menschliches in der Stimme gelegen, die er eben gehört hatte.

Er war sich also ganz klar darüber, was der nächste Tag bringen würde, und obgleich er es mit großer Ruhe aufnahm, wie es einem alten Krieger geziemt, verspürte er doch keine Lust mehr, diese Nacht weiterzuschlafen. Er kleidete sich deshalb an und verwendete darauf ebenso große Sorgfalt, als wäre er zur Musterung einberufen worden: weißes, gestärktes Hemd, Vatermörder und seine besten schwarzen Kleider. Das weiße Haar kämmte er, bis es wie Silber glänzte und kratzte die Bartstoppeln von Wangen und Kinn. Er dachte daran, dass schon bald nicht mehr er selbst, sondern ein anderer sich seiner irdischen Hülle annehmen würde, und da wollte er, dass sie sich in guter Verfassung befände.

Dann rückte der Oberst einen Lehnstuhl an ein Fenster, holte die alte Bibel seiner Mutter hervor, und setzte sich mit ihr auf den Knien nieder, um zu warten, bis es so hell wurde, dass es zum Lesen reichte. Es währte auch nicht allzu lange, da kamen ein paar rote Wölkchen im Osten zum Vorschein, und bald war die Finsternis verjagt, wenn es auch noch eine geraume Weile dauern musste, bis man die Sonne selbst zu Gesicht bekam.

Nun setzte der Oberst die Brille auf die Nase und las ein paar Seiten. Dann sah er vom Buch auf und grübelte. Es war ja kein Geistlicher zur Hand, der ihm helfen konnte – er saß ganz allein da und versuchte mit unserem Herrgott irgendwie ins Reine zu kommen.

In seinem langen Leben hatte der Oberst eine ganze Reihe von Dingen mitgemacht, die nicht gerade so beschaffen waren, dass er in einer solchen Stunde gerne daran zurückdachte. Wie er so in dem Buch las, vernahm er starke, drohende Worte von jenem Gott, der die Sünde hasst. Dabei stieg eine drückende Erinnerung nach der anderen in ihm auf. Es waren große Dinge und kleine. Manche konnte er ohne Weiteres herausgreifen und sagen, was daran war. Aber da waren auch andere, mit denen er nicht so rasch fertig werden konnte. Auf welche Seite des Rechenschaftsbuches sollte er solches aufschreiben, das übel ausgegangen war, obwohl er es ursprünglich nicht böse gemeint hatte – oder solches, das er auf Befehl ausgeführt hatte, oder solches, das er sich selbst nie als Sünde angerechnet hatte, aber das nach diesem Buch hier wohl so genannt werden musste?

Er hatte wohl auch allerlei auf der Haben-Seite zu verbuchen, aber auch damit ging es ihm nicht anders. Je länger er an die Sache dachte, desto unsicherer wurde er, was er sich zugute schreiben durfte. Er sah keine Möglichkeit, mit klarer, geordneter Rechnung vortreten zu können. Und da der Oberst ein stolzer und ehrlicher Mann war, litt er unter der Schmach, sich vor seinem Schöpfer als ungetreuer Hausvogt zeigen zu müssen und nicht vor ihm bestehen zu können.

Er wurde immer düsterer und missmutiger, je länger er in seiner Seelenprüfung fortfuhr. Ein eiskalter, pechschwarzer Strom der Sünde und Erbärmlichkeit wälzte sich heran und überflutete ihn. Er war schon drauf und dran, den Humor zu verlieren, und das war das letzte, das er an einem solchen Tag einbüßen wollte.

Unterdessen hatte sich der Himmel immer mehr erhellt, und plötzlich kamen die ersten Sonnenstrahlen herangeeilt und vergoldeten die schwarzen Buchstaben in der Bibel des Obersten.

Da hob der Alte den Kopf und blickte nach Osten, wo der große Sonnenball den Himmel hinanrollte, glänzend und majestätisch – und von der Welt Besitz ergriff.

Und vor diesem Schauspiel musste er wohl irgendwie zu der Erkenntnis gekommen sein, dass er bald einem Wesen entgegentreten würde, von so wunderbarer Herrlichkeit, dass es ihm nicht möglich war, es zu erfassen oder zu begreifen. Er, der der Sonne ihre Bahn vorschrieb, er war einer, der nicht rechnete, wie wir rechnen, nicht maß, wie wir messen. Es lohnte nicht, hier zu sitzen und sich zu ängstigen und zu bangen. Vor ihm kam doch alles zu kurz, der die Kraft und das Licht war, die Freude und das Wunder.

Der Oberst klappte das Buch zusammen, erhob sich und legte die geballte Faust darauf. »Mit dir kann ich nicht zurechtkommen«, sagte er. »Aber vielleicht ist es leichter, die Sache in Ordnung zu bringen, wenn ich zum König komme, als wenn ich's beim Untergericht versuche.«

Damit begab sich der Oberst mit wiedergewonnener Seelenruhe zum Schreibtisch, nahm Feder und Papier zur Hand und zeichnete auf, wie er sein Begräbnis angeordnet haben wollte. Auch verfügte er, dass sein altes Pferd erschossen werden sollte, und der, der den Schuss abgab, sollte einen kleinen Silberbecher für die Mühe haben.

Er schloss auch seine Rechnungen ab, zeichnete auf, was er besaß und was er schuldig war, und bestimmte, wem seine Möbel und Hausgeräte zufallen sollten. Das meiste schenkte er einem kleinen Mädchen, dem jüngsten Kind des Hauses, in dem er wohnte. Dieses Kind hatte dem Obersten immer große Liebe bewiesen und hatte stets bei ihm in der Stube sitzen wollen, wenn er arbeitete. Dies wollte er nun vergelten, so gut er es konnte.

Bis alles niedergeschrieben und geordnet war, zeigte die Uhr schon acht, und dann hatte der Oberst seine gewöhnlichen Morgenarbeiten zu verrichten. Er fegte die Zimmer, sah nach dem Pferd und bereitete seinen Morgenimbiss. Aber als es gegen zehn ging, war er mit allem fertig, und nun stand es ihm frei, diesen seinen letzten Tag so zu gestalten, wie es ihn gut dünkte.

Er sagte sich selbst, dass er den Tag in irgendeiner besonders festlichen Weise verleben müsse. Er konnte ihn doch nicht so hingehen lassen wie alle anderen.

Lange saß er auf einem Schaukelbrett vor dem Bauernhof und grübelte nach. »Nein, heute habe ich keine Lust, mich hinzusetzen, und Fäden in mein Gewebe zu knüpfen«, dachte er. »Der Teppich wird ja doch auf keinen Fall fertig. Ich will das Karriol anspannen und irgendwohin fahren. Mein letzter Tag! Es schickt sich nicht für jemanden, der so Großes erlebt hat wie ich, ihn in einem Bauernhof zu verbringen, unter Leuten, die nicht einmal wissen, wer ich gewesen bin.«

Die Lebenslust flammte mit der ganzen einstigen Kraft in dem Obersten auf. Er sagte sich, er wolle diesen Tag reich und glänzend machen.

Er wollte in die Welt hinausfahren, wollte noch einmal die früheren Freuden genießen. Von allen konnte er ja nicht mehr kosten, aber eine oder einige, die besten, die süßesten.

Der Oberst sprang eilig auf, ging in den Stall, spannte das Pferd ein und holte seinen alten Uniformmantel, der trotz lebenslänglichen Dienstes noch nicht abgetragen war, legte ihn hinter sich in das Karriol und fuhr vom Hof weg. Er fuhr geradeaus, bis zu einer Stelle, wo nicht weniger als fünf Wege sich begegneten.

Hier hielt der Oberst das Pferd an, denn gerade hier musste es sich entscheiden, von welcher Art die Freude sein sollte, die er an seinem letzten Tag genießen wollte. Diese fünf Wege konnten ihn zu all dem führen, was für ihn noch irgendwelche Lockung barg.

Gerade vor ihm lag die große Landstraße, die nach Karlstad ging. Er konnte sie einschlagen und in ein paar Stunden dort sein. Ein paar gute Freunde aus alter Zeit hatte er noch in der Stadt. Er konnte sie im Gasthof versammeln und ein Fest feiern. Sie würden miteinander scherzen und sich tolle Geschichten erzählen, sie würden edlen Wein trinken und Bellman singen. Und zuletzt würden sie auch ein Spielchen machen. Zitterte der Oberst nicht vor Sehnsucht, noch einmal die blanken Karten zwischen seinen Fingern zu halten? Er war ja einmal der wilde Beerencreutz gewesen, der unverbesserliche Spieler, der ein ganzes Vermögen auf eine Karte setzen konnte! Sehnte er sich nicht nach dem Anreiz des Spiels mehr als nach irgendetwas anderem von all dem, was er in den Jahren seiner Armut hatte entbehren müssen?

Aber der Oberst saß still im Karriol, ohne das Pferd zu mahnen, auf den Weg zur Stadt einzubiegen. Es war solch ein wunderlicher Wunsch in ihm, an diesem Tag. Er hätte einen Weg einschlagen mögen, der nicht bei irgendeinem Ziel aufhörte, das er schon kannte. Er wollte zu etwas Unbekanntem kommen. Er wollte einem Weg folgen, der ihn weit fort in das Unendliche führte. Das war ein ungereimter Wunsch vom Obersten, aber er bewirkte es doch, dass er sich von dem Weg nach Karlstad ab- und einem anderen zuwandte.

Rechts vom Karlstader Weg lief ein anderer, der ihn nach Trossnäs führen würde, dem großen Exerzierfeld, wo die Värmländerjäger in diesen Tagen zu Waffenübungen versammelt waren. Der Oberst wusste, wenn er, der alte Kommandant, hinkäme, das Regiment ihn, zur Parade aufgestellt, empfangen würde – die Gesichter der jungen grünen Jäger würden ihm entgegenstrahlen, denn sie kannten sehr wohl den Ruf der Tapferkeit, der ihn umgab. Die Regimentsmusik würde schmettern, die Trommeln wirbeln und die liebe Fahne in der Luft über seinem Haupt wehen. Er würde alte Offiziere treffen, die noch zu seiner Zeit in den Dienst getreten waren, und mit ihnen würde er die Tage seines Ruhms wieder durchleben und seine alten Heldentaten wieder erzählen und preisen hören. Wollte der Oberst nicht an seinem letzten Tag die Zeiten wieder beleben, wo er vor Lust glühte, sich fürs Vaterland zu opfern? Wollte er nicht noch einmal in diesen Reihen stehen, die er einst zu blutigem Kampf und ruhmvollem Sieg geführt hatte? Gab es eine stattlichere Art für ihn, dem Tod zu begegnen als dort drüben, wo noch Menschen lebten, die von der Zeit seiner Größe und seines Ruhms Zeugnis ablegen konnten?

Einen Augenblick sah es so aus, als wollte der Oberst das Pferd in die Richtung von Trossnäs lenken, aber nur einen Augenblick. Diese seltsame Sehnsucht, die sich seiner bemächtigt hatte, nach einem Weg, der kein Ende hatte, der zu etwas unsäglich Fernem führte, zwang ihn, sich nach einer anderen Seite zu wenden.

Links von dem Weg nach Karlstad stand eine Allee mit schönen Bäumen, die Beerencreutz in kürzester Zeit zu dem größten Herrenhof der Gegend führen konnte, wenn er es nur wollte. Und in diesem Herrenhof regierte noch heute die schöne, die gefährliche, die unwiderstehliche hohe Dame, die Beerencreutz einmal geliebt hatte. Sie war jetzt alt, auch sie, aber sie war doch viele Jahre jünger als er, und überdies konnte eine Frau wie sie nie aufhören, reizend zu sein.

Beerencreutz wusste, dass, wenn er sie nach all den langen Jahren der freiwilligen Trennung an diesem letzten Tag seines Lebens aufsuchte, sie diesen zu einem Tag im Paradies gestalten würde. Wie in seiner Jugend würde er mit ihr durch hohe Säle über spiegelblankes Parkett gehen. Reichtum und Überfluss würde ihn umgeben, wie sie sie umgaben. Er würde einmal wieder aus der Armut und dem Elend seines einsamen Alters herauskommen. Wollte er nicht noch einmal Menschen sehen, mit feinen Sitten, mit weich klingenden Stimmen, mit schönen Gewändern, mit verbindlichen Redewendungen? Wollte er nicht noch einmal unter seinesgleichen leben? Wollte er nicht den einzigen kurzen Liebestraum seines Lebens noch einmal träumen?

Beerencreutz wandte das Pferd nach dieser Seite, aber er zog auch diesmal die Zügel wieder an. Auch dieser Weg führte zu einem bestimmten Ziel. Er konnte sehen, wo er aufhörte. Er führte nicht weit fort zu dem Unbekannten, zu dem, wovon er einen süßen Vorgeschmack auf den Lippen fühlte, obgleich er nicht wusste, was es war, oder wie er es finden sollte.

Da war ein anderer Weg, der ging nach Nordwesten, und wenn Beerencreutz ihn einschlug, dann kam er zu dem Haus, das er geliebt hatte, zu dem größten Eisenwerk im Värmland, zu dem Ekeby der Majorin und der Kavaliere. Da wohnte heute wohl niemand mehr, den er kannte, aber er wusste, dass alle Türen weit aufspringen würden, wenn der berühmte Kavalier käme, einer der letzten aus der Schar, die den Hof zu einem Heim der Freude und des Gesangs gemacht hatten, zu einem Reich des Tanzes und der Abenteuer. Der Kavaliersflügel würde ihn mit einer ganzen Welt von Erinnerungen empfangen. Der stolze Gießbach donnerte noch drohend an einer Schmiede vorbei, die Beerencreutz miterbaut hatte. Wollte der Oberst nicht noch einmal Ekebys Schönheit und die Herrlichkeit der Natur am langen Lövensee anschauen? Wollte er nicht fühlen, wie seine Augen bei der Erinnerung an die Menschen feucht wurden, die sein Leben reich und seine Tage kurz gemacht hatten? Wollte er sie nicht aufs Neue vor die Augen seiner Seele treten sehen, die stolze Majorin, die schöne Marianne, den bösen Sintram, den großen Bezauberer, Gösta Berling?

Noch einmal schüttelte Beerencreutz den Kopf. »Ich hätte einmal hingehen sollen«, dachte er, »aber nicht heute. Jetzt muss ich dahin fahren, wo ich jenen Durst stillen kann, den ich in mir fühle, jenen Durst nach etwas, das unmöglich zu erreichen ist.«

Er wandte die Augen dem letzten Weg zu. Wenn er diesen wählte, so kam er, wenn der Tag sich neigte, zu einem kleinen Häuschen, das Lövdala hieß und Liljecrona, dem großen Geiger gehörte. Es war ein kleines, unscheinbares Gehöft. Das Einzige, was er da genießen konnte, war ein bisschen Musik.

Aber als der Oberst diesen Weg sah, fühlte er, dass er in diese Richtung fahren musste. Diese Sehnsucht, die den ganzen Tag in ihm gelebt hatte, zog ihn dorthin.

Der Oberst wunderte sich beinahe selbst darüber, dass er so wählte, aber er fuhr auf jeden Fall den Weg weiter. Ziemlich spät am Tag kam er nach Lövdala, und wurde dort wohl aufgenommen und bewirtet. Liljecrona freute sich, einen Mann aus jenen denkwürdigen Ekebyer Tagen zu treffen, und wie immer, wenn er sich irgendwie bewegt fühlte, nahm er die Geige hervor und fing an zu spielen.

Aber Liljecrona war jetzt alt, auch er, und er spielte nicht mehr wie einstmals in der Welt. Es klang jetzt, als wäre sein Spiel suchend und zögernd. Man hätte sagen können, dass er zu etwas Neuem hintasten wollte, dass er sich in irgendetwas zur Klarheit spielen wollte, worüber er nachgrübelte und das auszusprechen Worte nicht hinreichten.

Es gab Leute, die sagten, Liljecronas Musik tauge jetzt nicht so viel wie ehedem, und auch der Oberst hatte das Gerücht gehört, dass er zurückgefallen sei. Aber wie er nun da saß und ihm lauschte, fühlte er mit einem Mal auf seinen Lippen einen Vorgeschmack von etwas unbeschreiblich Süßem und Lockendem. Er, der in wenigen Stunden sterben sollte, begriff, dass Liljecrona daran war, einen Weg zu bahnen, der nie zu einem Ziel kommen konnte, einen Weg, den er weiterbauen wollte, immer weiter, bis in die Unendlichkeit.

Und während er lauschte, wie die Musik sich durch Zweifel und Hindernisse hindurchkämpfte, um weiter zu dringen, als Gedanke und Ahnung, wurde ihm so weich ums Herz, dass er anfing, seinem Gastfreund zu erzählen, was für einen Besuch er in dieser Nacht gehabt hatte, und wie er nun sicher wüsste, dass dieser Tag sein letzter sei.

Das rührte Liljecrona.

»Und weil du das wusstest, Bruderherz, darum bist du heute zu mir gekommen?«, fragte er.

»Ich fuhr nicht deinethalben hierher, Bruderherz«, sagte Beerencreutz, und seine Augen starrten mit einem wunderlich leeren Blick vor sich hin. »Es wird wohl so sein, dass ich nach Lövdala gefahren bin, um dein Spiel zu hören, Bruder. Jetzt, wie ich so hier saß und dir zuhörte, dachte ich mir, dass es dies und nichts anderes gewesen sein kann, was ich an einem solchen Tag hören wollte. Siehst du, Bruderherz, es ist etwas Eigenes um die Musik.«

»Ja, gewiss«, sagte Liljecrona, »da hast du recht, Bruder. Es ist etwas Eigenes um die Musik.«

»Ja«, sagte der Oberst, »vielleicht ist es das, dass sie nicht recht auf der Erde daheim ist. Herrgott, Bruder, wenn man es so recht bedenkt, so ist sie doch rein nichts. Man kann sie nicht zu fassen kriegen, und sie kann einem nichts sagen, was man versteht und begreift. Glaubst du nicht, Bruderherz, dass die Musik die Sprache ist, die dort droben gesprochen wird«, fuhr er fort und wies mit der Hand nach oben, »wenn auch nur ein schwacher Widerhall zu uns hinunterdringt?«

»Du meinst, Bruderherz …«, sagte Liljecrona, dem es nicht leicht fiel, die Worte zu finden, wenn es sich um Dinge handelte, die besser gespielt wurden.

»Ich meine, dass sie der Erde und dem Himmel angehört«, sagte Beerencreutz. »Sie ist wohl als ein Weg für uns zu jenem anderen hinüber gedacht. Und nun sollst du weiter an diesem Weg bauen, sodass ich noch ein Weilchen dem zuwandern kann, das kein Ende hat.«

Das tat Liljecrona. Er spielte sein eigenes Suchen und sein eigenes bebendes Wundern, und der alte Oberst saß an dem stillen Sommerabend da und lauschte. Plötzlich sank er zusammen und fiel zu Boden.

Liljecrona eilte zu ihm hin. Er wurde aufgehoben und auf ein Bett gelegt.

»Mir geht es gut«, sagte er, »ich gehe auf dem Weg zwischen Himmel und Erde. Ich danke dir! Danke, Bruderherz.«

Mehr sagte er nicht. Und ein paar Stunden darauf war er tot.

Der Stein im See

Es war einmal im siebzehnten Jahrhundert ein armer Geistlicher, der auf der Kanzel der Broer Kirche in Värmland stand und seine Predigt las. Die Bankreihen unter ihm waren voll von Leuten, die ganz stumm und andächtig dasaßen. Die Frühlingssonne schien durch die kleinen Fensterscheiben und verjagte die Winterkälte aus dem ungeheizten Gotteshaus. Der Küster stand Wache, um einen jeden zu wecken, der es sich einfallen lassen sollte, einzuschlummern. Alles ging, wie es sollte, und dem Prediger war froh ums Herz wie dem Sämann, wenn er gute Saat in wohlgepflügte Erde streut.

Der Prediger war groß und grobschlächtig, mit starker Stimme und gewaltigen Fäusten – ein ganzer Kerl. Er war so dunkel, dass, wer ihn sah, ohne zu wissen, wer er war, beinahe vor ihm erschrecken konnte. Das schwarze Haar fiel ihm nach Bauernart bis auf die Schultern und hing ihm tief in die Stirn. Die Augenbrauen zogen sich grob wie Stricke über die strengen Augen, und kaum wurde die Haut der Wangen ein bisschen lichter, so fing auch schon der buschige schwarze Bart an und verdeckte den ganzen unteren Teil des Gesichts.

Als der Geistliche ungefähr zur Mitte seiner Predigt gekommen war, hörte er vor der Kirche Pferdegetrappel und laute Menschenstimmen. »Da sind welche, die zum Gottesdienst zu spät kommen. Wenn sie doch den Verstand hätten, draußen zu bleiben«, dachte er bei sich selbst, »bis die Predigt aus ist. Wenn sie jetzt hereinkommen, so stören sie doch nur, und sie haben ja auch keine Erbauung davon, eine halbe Predigt zu hören.«

Aber es ging nicht so, wie es sich der Geistliche wünschte. Die Neuankömmlinge kamen vielmehr gleich darauf über den Steinboden des Wappenhauses getrappelt, geradeswegs auf die Kirchentür zu. Sie gingen schwer, und sie sprachen laut. Es sah aus, als wollten sie so viel Lärm machen, als ihnen nur möglich war.

Obgleich er ruhig weitersprach, merkte der Prediger doch, dass dieser und jener unter seinen Zuhörern schon aus seiner Andacht gerissen war und den Kopf zur Tür drehte. Er wünschte inbrünstig, dass die Kommenden sich doch wenigstens auf einer der hintersten Bänke niederlassen und nicht in die Nähe der Kanzel vordringen mochten.

Aber auch diese Hoffnung erfüllte sich nicht. Die Kirchentüren wurden mit Lärm und Getöse aufgerissen, und den großen Gang hinauf kam ein Zug von gut zwanzig Menschen. Nach all dem Lärm, den sie gemacht hatten, hätte man eine Schar betrunkener Kriegsknechte erwarten können, doch nein, es war eine hochgewachsene junge Bauerstochter, die an der Spitze des Zugs ging, und lauter friedliche Bauersleute folgten ihr nach. Sie war blond und schön, trug pelzverbrämte Kleider aus weißem Fries und hatte so viel Silbergeschmeide um Hals und Mitte, dass es wohl seine zwölf, dreizehn Pfund wiegen mochte. Die hinterher kamen, waren alle dunkel gekleidet. Es war Alt und Jung darunter, Mannsbilder und Weibsleute. Der Geistliche sah, dass es Herrschaft und Gesinde eines großen Bauernhofs sein musste, die da zur Kirche gekommen waren.

Es fiel dem Geistlichen schwer, in seiner Predigt fortzufahren, denn jetzt hatte die ganze Gemeinde ihre Gedanken von dem Gottesdienst abgewandt und starrte nur immerzu die Neuankömmlinge an. Und das war auch nicht zu verwundern, denn sie betrugen sich nicht so, wie sie sollten, wenn sie in ein Gotteshaus betraten. Sie verhielten sich wohl jetzt, nachdem sie unter die Kirchenwölbung getreten waren, schweigend, aber gerade wie sie an der Kanzel vorbeigehen sollten, blieb die junge stattliche Bauerntochter stehen und fing an, den Geistlichen anzugaffen, als hätte sie nie seinesgleichen gesehen. Sie machte die anderen auf ihn aufmerksam, und nun blieben sie allesamt stehen und betrachteten ihn mit erstaunten Gebärden, ganz so als wäre er ein wunderliches Tier in einer Jahrmarktbude.

Der Prediger war sich wohl bewusst, dass er ein geringer Mann war. Er war nicht Propst, er war nicht Pastor, er war nur ein armer Hilfsgeistlicher, der von Kirchspiel zu Kirchspiel geschickt wurde. Er war an Demütigungen und Verachtung gewöhnt, aber dieses Angaffen war doch etwas, was er nicht dulden zu müssen glaubte. Hier stand er als ein Verkünder von Gottes Wort, und hier durfte ihm niemand Missachtung bezeigen. Die grobe Faust erhob sich und fiel mit solcher Wucht auf die Kanzel nieder, dass es in der ganzen Kirche widerhallte.

Er gedachte, sich nicht damit zu begnügen. Er wollte dem Faustschlag auch noch ein paar strenge Worte an die Friedensstörer folgen lassen. Aber dazu kam es nicht. Er sah noch einmal in das trotzige Gesicht der Bauerstochter, bevor er zu reden anfing, und dann wurde nichts aus der Strafpredigt. Er beugte sich über sein Heft und predigte zu Ende, ohne auch nur einen einzigen Blick mehr in die Kirche zu werfen.

Als der Geistliche dann in die Sakristei kam, war kein Mensch drinnen. Er setzte sich auf ein kleines schmales Bänkchen, stützte den Kopf in die Hände und starrte vor sich hin. Er sah ganz verstört aus.

Das Unglück war, dass er dieser Tage mit dem Küster darüber gesprochen hatte, wie kümmerlich er es hatte. Denn er bekam ja für seine Arbeit so gut wie keinen Lohn. Er war der Hilfsgeistliche eines armen Vikars, der selbst kaum genug zum Leben hatte. Er konnte nichts verlangen, wo nichts zu holen war.

Auch war er kein alleinstehender Mann. Er war verheiratet gewesen und hatte für drei kleine Kinder zwischen zwei und fünf Jahren zu sorgen. Er hatte es so schwer, dass er schon an das Konsistorium geschrieben hatte, man möchte ihm doch um Gottes Barmherzigkeit willen eine andere Stelle beschaffen. Hier wohnte er ja in einer kleinen Hütte, die aus einem einzigen Raum bestand, er hatte nicht die Mittel, sich Knecht oder Magd zu halten, und der Hunger war täglicher Gast bei ihm. Niemandem in der ganzen

Gemeinde ging es so erbärmlich schlecht wie ihm. Er musste von hier fort.

Da hatte ihm der Küster gesagt, er könne doch etwas tun, das besser sei, als seiner Wege zu gehen. Der Prediger hatte zu wissen verlangt, was dies wäre, und darauf hatte der Küster zurückgefragt, ob er denn etwas dagegen habe, noch einmal zu heiraten.

Hier im Kirchspiel war eine reiche Bauerstochter. Die hatte noch keinem Freier ihr Jawort gegeben, sondern führte ihre große Wirtschaft selbst. Aber wer konnte wissen, was sie sagen würde, wenn nun der Prediger …

Sie war ja nicht mehr so ganz jung, aber ein stattliches Frauenzimmer. Der Prediger hatte sie wohl noch nicht gesehen, denn sie wohnte in einem entlegenen Winkel des großen Kirchspiels. Sie hatte mehrere Meilen zur Kirche und kam auch höchstens zweimal im Jahr hin. Zu seinen Zeiten war sie noch nicht da gewesen.

Der Küster hatte die Sache so gut darzustellen gewusst, dass der Prediger ihm die Erlaubnis gegeben hatte, nicht gerade zu freien, aber doch sich ein wenig zu erkundigen, ob sie, Gudrun Ivarsdotter, daran denken würde, ihn zu heiraten.

Er hatte ja begriffen, dass sie alt und hässlich sein musste, und vielleicht war sie auch noch obendrein böse, aber danach hatte er nicht gefragt. Er hatte nur daran gedacht, dass, wenn er sie bekäme, er die kleinen Kinder nicht mehr klagen zu hören brauchte, weil sie nicht genug zu essen hatten.

Nun, in der Kirche, gerade als er seine Strafpredigt beginnen wollte, war es ihm klar geworden, dass das die reiche Bauerntochter war, um die er geworben hatte, und die nun gekommen war, um ihm Bescheid zu geben.

Sie war in dieser Weise gekommen, um dem armen Geistlichen zu zeigen, um wie viel besser sie als er war, und darin musste er ihr recht geben. Wenn er doch nur dem Küster nicht aufs Wort geglaubt hätte! Hätte er nur gewusst, dass sie noch jung und schön war, so wäre er dieser neuen Demütigung entgangen!

Er blieb lange in der Sakristei sitzen, um Gudrun Ivarsdotter und all den anderen Zeit zu lassen, sich wegzubegeben, bis er über den

Kirchenhügel ging. Aber sie hatte sich offenbar nicht beeilt, denn als er die Sakristeitür öffnete, war sie noch da. Sie wollte sich eben in den Sattel schwingen und war auf einen Stein gestiegen, der zur Bequemlichkeit der Reitenden gerade vor das Kirchentor gelegt worden war. Ihr Knecht, der das Pferd hielt, konnte es nicht still halten, sodass es ihr ein ums andere Mal misslang, auf den hohen Quersattel hinaufzukommen.

Da trat der Prediger rasch heran. Er fasste Gudrun mit seinen starken Armen, hob sie hoch in die Höhe und setzte sie dann derb in den Sattel.

»Reite nun, so weit der Weg führt«, sagte er. »Und komm mir nie mehr unter die Augen!«

Sie war wahrlich nicht auf den Mund gefallen, aber sie fand kein Wort der Erwiderung, sondern ritt schweigend davon.

Nach diesem Frühlingssonntag begann für den armen Hilfsgeistlichen wie für die ganze Gemeinde eine Zeit, die schlimmer war als alles, was sie je miterlebt hatten.

Der Frühling hatte schon im April so schön begonnen, dass es beinahe sommerlich warm gewesen war. Schnee und Eis verschwanden, der Boden grünte, die Bäume schlugen aus, und die Leute mussten sich sputen, so sehr sie nur konnten, um die Saat in die Erde zu bringen. Es fiel merkwürdig wenig Regen, dafür dass es doch April war, aber umso mehr würde wohl im Mai nachkommen. Regen bekam man immer noch genug, da brauchte einem nicht bange zu sein. Von der Ware gab es eher zu viel als zu wenig.

Aber der Mai wurde trocken und windig, nur hier und da ein kurzer Schauer. Die Leute erwarteten, dass der Regen zu Pfingsten kommen würde, wenn schon nicht früher, aber der Pfingstsonntag brach blank und klar an wie alle anderen Tage, und in der Nacht zum Pfingstmontag wurde es so kalt, dass es fror. Der Frost griff nicht alles an, wie gewöhnlich. Manche Felder wurden ganz zerstört, aber viele hielten sich noch. Und das Gras auf Wiesen und Angern sah ganz gut aus. Es fehlte eben nur der Regen.

Der Johannistag pflegt ja ebenso große Macht zu haben, den Regen anzuziehen, wie Pfingsten, und am Johannisabend stiegen denn auch dunkle Wolken am Himmel auf. Es gab ein heftiges Gewitter, und etliche Hagelkörner kamen herabgeprasselt – das war alles.

Dann stand die Himmelswölbung ganze zwei Monate lang klar und wolkenlos da. Die Erde wurde so erhitzt wie ein Backofen. Nacht und Tag waren gleich schwül und drückend.

Das Gras auf dem Boden wurde braun gebrannt und schwand gleichsam dahin. Das Korn bekam Ähren, als die Halme noch keine Handbreit aus der Erde standen. Alles wurde frühzeitig reif, und die Ernte war leicht zu bergen. Aber dafür fanden sich auch große klaffende Lücken in Scheunen und Vorratshäusern.

Den ganzen Sommer über wurde die gesamte Gegend von großen Waldbränden bedroht. Es war kaum möglich, ein Feld urbar zu machen, ohne dass das Feuer sich in den Wald verbreitete. Es war gut, dass es auf den Äckern so wenig zu tun gab, denn man musste beständig in den Wald eilen, um dort zu löschen.

Gegen Ende August wurden die Nächte lang und dunkel, die Sonne büßte ihre Kraft ein. Jetzt musste es den Wolken doch endlich möglich sein, sich zu sammeln. Das taten sie auch: Sie ballten sich so dicht und schwer zusammen, dass der Regen gar nicht die Macht hatte, aus ihnen hervorzubrechen.

Um diese Zeit begann das Wasser in Quellen und Bächen zu versiegen. Die Mühlen standen still, und jene, die Getreide zu mahlen hatten, mussten ihre alten Handmühlen hervorholen. Im Wald verdorrte alles Futter, die Herden kehrten von selbst auf die Höfe zurück, als flehten sie die Bauersleute um Hilfe an.

Jetzt waren die Menschen nicht mehr im Zweifel darüber, dass ihnen ein Notjahr bevorstand. Sie wanderten alle aus den Häusern in den Wald, um für ihr Vieh Moos, Flechten und Laub einzusammeln. Ihr eigenes Brot mischten sie bald mit Waldbeeren, bald mit feingehacktem Stroh, bald mit getrockneter, zerstoßener Rinde.

Im Oktober musste schließlich doch Regen kommen. Es konnte der Ernte ja nicht mehr helfen, aber es wäre doch ein Gutes, wenn man Wasser für Mensch und Vieh bekäme und die Mühlen in Gang setzen könnte. Aber der Oktober wurde klar und wolkenlos, nahezu wie ein Sommermonat. In diesen Monat fiel der Jahrmarkt – und der pflegte immer schlechtes Wetter anzuziehen wie alle großen Feiertage. Der Markttag brach auch mit scharfem Nordwind und bitterer Kälte an, aber Regen brachte er keinen.

Jetzt waren es nicht nur die zahmen Tiere, die dem Dorf zustrebten, jetzt kamen auch die Waldtiere zu den Menschenwohnungen geschlichen, um zu sehen, ob es nicht dort etwas zu essen und zu trinken gäbe.

Die Menschen konnten sich auch nicht still verhalten. Sie begannen, auf die Wanderschaft zu gehen wie die Tiere. Ganze Familien griffen zum Bettelstab und zogen fort, um zu sehen, ob es anderswo Bauernhöfe gäbe, wo man genug hatte und noch austeilen konnte.

Im November kam endlich ein wenig Niederschlag. Es war Schnee. Hartgefroren fiel er zu Boden, er langte nicht zur Schlittenbahn, er langte zu gar nichts. Es war gerade nur so viel, dass man die ausgedörrte Erde nicht mehr sah.

Im Dezember, als sich das harte Jahr endlich seinem Ende zuneigte und alles schon so schlimm war, dass es nicht mehr schlimmer werden zu können schien, traf den armen Prediger doch erst seine schwerste Prüfung.

Er wurde eines Tages kurz vor Weihnachten mehrere Meilen weit weg in die Waldgegend zu einer armen Fischerswitwe gerufen. Nach einer langen Wanderung kam er zu einer kleinen Hütte, die am Ufer eines länglichen Sees lag. In der ganzen Umgebung sah er nicht ein Wohnhaus, keine Felder, keine Ställe – nur Wald. Die elende Hütte lag ganz einsam und verlassen da, den öden See vor sich, den stummen Wald im Rücken.

Dort drinnen hatte er eine todkranke Frau gefunden und sechs Kinder, die bald elternlos sein mussten. Ihr Vater war im Sommer vorangegangen, und nun sollten sie auch ohne Mutter bleiben.

Das älteste der Kinder war zehn Jahre, das jüngste nicht mehr als drei. Keines von ihnen war schon so weit, dass es sich nützlich machen oder etwas für seinen Unterhalt verdienen konnte. Alle brauchten sie noch Hilfe, und man musste ihnen Kleider und Nahrung geben, ihnen Wartung und Pflege angedeihen lassen, wenn sie nicht zugrunde gehen sollten.

Alle hatten sie um die Mutter herum gestanden, als sie das heilige Abendmahl empfing, und sie hatte von ihnen zum Prediger geblickt und vom Prediger zu ihnen. Sie hatte die Augen nicht geschlossen, immer nur geblickt und geblickt. Aber sie hatte nicht mit Worten um etwas gebeten. Es gibt Wünsche, die zu groß sind, um sie auszusprechen.

Der Geistliche hatte sie gefragt, ob sie denn keine Nachbarn habe. Doch, das hatte sie. Eine Meile weiter den Rottnesee hinauf lag ein großes Gehöft, das einer gewissen Gudrun Ivarsdotter gehörte. Die Fischersfrau hatte sich vor einigen Tagen zu ihr geschleppt und ihr von den Kindern erzählt, aber sie hatte sich ihrer nicht annehmen wollen.

Dies setzte den Prediger keineswegs in Erstaunen. Es war ja nicht zu erwarten, dass solch eine trotzige, selbstzufriedene Jungfer wie Gudrun einer so großen Kinderschar zu Hilfe kommen würde. Es war wohl auch gar nicht wünschenswert.

Die Augen der kranken Frau hatten mit solcher Herzensangst auf dem Prediger geruht, dass er es schließlich nicht mehr in der Hütte aushalten konnte. Er musste ins Freie gehen, um nicht etwas zu versprechen, das er ja doch beim besten Willen nicht halten konnte.

Er ging von der Hütte zum Seeufer hinunter. Das Wasser stand so tief, dass der Seegrund bis weit hinaus sichtbar war. Zu diesem begann er nun zu wandern.

Er ging allein und hilflos durch das Ödland und fühlte sich zu Tode bedrückt von der neuen Bürde, die er sich auferlegen musste. »Wenn es doch ein anderes Jahr gewesen wäre«, dachte er, »wie kann ich es auf mich nehmen, für noch sechs Schnäbel Essen zu beschaffen, wo ich die drei nicht satt machen kann, für die ich schon zu sorgen habe?«

Er hatte geglaubt, dass er im Frühjahr arm gewesen war. Aber was war das gegen die Armut gewesen, die ihn heute bedrückte? Jetzt war ja auch bei anderen Menschen keine Hilfe zu finden.

Plötzlich bemerkte er einen Stein, der dicht am Wasser lag. Es waren Buchstaben eingehauen, und er ging näher heran, um zu lesen. Er konnte ein M und ein paar X unterscheiden und dachte sich, dass da wohl, in den Stein eingeritzt, eine Jahreszahl gestanden hatte. Irgendjemand hatte in längst vergangenen Zeiten bezeichnen wollen, wie tief das Wasser in diesem Jahr zurückgetreten war, wie es die Menschen in Sommern der Dürre zu tun pflegen.

Der Prediger blieb vor dem Stein stehen und versuchte die Jahreszahl zu entziffern. Es wollte ihm nicht glücken, aber es musste wohl etwas darin liegen, das ihm gleichsam Erleichterung und Trost brachte. Das Wasser hatte ebenso tief gestanden wie heute, aber die Menschen waren doch nicht untergegangen. Sie hatten, was ihnen auferlegt war, getragen und weitergelebt.

Rasch ergriff er einen scharfkantigen Kiesel und begann die Zahl des Notjahrs, das er nun selbst durchlebt hatte, in den Stein zu klopfen.

Er setzte die Jahreszahl 1640 in den Stein, so gut er es ohne Stemmeisen und Hammer konnte. Aber als dies getan war, war es ihm nicht genug.

Jeden Tag hatte er in langen Gebeten zu Gott um Hilfe gefleht. Nun wollte er noch ein Gebet zu ihm emporsenden, aus der großen stummen Einsamkeit hier oben in der Wildnis.

Und er begann in den Stein zu graben, was sein Herz in dieser Unglückszeit täglich und stündlich rief: Gott hilf uns.

Es war eine Arbeit, die seine ganze Kraft erforderte. Aber sie tat ihm wohl. Während er das Gebet in den Stein ritzte, dünkte es ihm, dass der weite graue See, und die schwarzen Tannen der Ufer und der niedrige schwere Winterhimmel zu einem großen Gotteshause wurden.

Es tat ihm gut, all die Angst, die er mit sich herumtrug, in den Stein pressen zu können. Er ritzte die Klageschreie all der Hungernden und Dürstenden ein. Er führte das Wort der Haustiere und der Tiere in der Wildnis, der gewaltigen Tannen, die auf den Bergen an Entbehrung litten, und des kleinsten Hälmchens auf dem Anger.

Mit jedem Buchstaben, den er in den Stein einschrieb, wurde er mutiger. Er fühlte, wie ihm Kraft zuströmte. Es bangte ihm nicht mehr, irgendeine Bürde auf sich zu nehmen, wie schwer sie auch immer sein mochte. Gott würde ihm sicherlich beistehen.

Ein paar Tage darauf war Weihnachtsabend.

An diesem Tag herrschte bei dem Hilfsgeistlichen keinerlei Not. Man hatte ihm vom Pfarrhof und auch von anderen Seiten Weihnachtsspeisen geschickt. Nach dem Mittagsessen war er mit all den neun Kindern bei einem der Nachbarn in der Weihnachtsbadestube gewesen, und dann hatte er sich mit ihnen daheim in der Hütte im Weihnachtsstroh getummelt, bis sie so müde waren, dass sie sich auf dem raschelnden gelben Christusbettlein ausgestreckt hatten und eingeschlummert waren.

Der Prediger hätte auch Lust gehabt, sich ins Stroh zu legen und zu schlafen, aber er hatte an anderes zu denken. Es begann, dunkel zu werden, und er musste die Gerstengrütze aufs Feuer setzen.

Von dem Augenblick an, in dem die Grütze kochte, wagte der Prediger den Kochlöffel nicht fortzulegen, sondern rührte und rührte die ganze Zeit. Hoch aufgeschossen wie er war musste er beim Rühren so gebückt stehen, dass ihn der Rücken vor Müdigkeit schmerzte. Aber er ließ sich das nicht anmerken, sondern schien in vortrefflicher Weihnachtsstimmung zu sein.

Seine Lage war in keiner Weise erfreulicher geworden, er war ebenso elend dran wie zuvor, aber er hatte mehr Zuversicht. Es würde ihm schon in der einen oder anderen Weise Hilfe kommen, dessen war er gewiss.

Mit einem Mal runzelte der Prediger die dichten schwarzen Brauen. Er hörte, dass jemand auf die Türklinke drückte und herein wollte. Freilich war es in der ganzen Gemeinde bekannt, dass er seine eigene Haushälterin sein musste, aber es war ihm doch nicht recht, Besuch zu bekommen, wenn er mit Weiberhantierung beschäftigt war.

Er griff nach den Kesselringen, als wollte er die Gerstengrütze vom Feuer wegstellen, aber er überlegte es sich wieder.

Es war wohl nur der Küster, der kam, um nachzusehen, wie es ihm und den Kindern am Weihnachtsabend erging, und vor ihm brauchte er ja keine Scheu zu haben.

Doch als die Tür aufging, sah er, dass es nicht der Küster war, sondern eine hochgewachsene Weibsperson, die da hereinkam. Er meinte auch sogleich zu wissen, wer sie war, obschon es unten bei der Tür so dunkel war, dass er ihr Gesicht nicht sehen konnte. »Ja, das ist mir eine schöne Bescherung«, dachte er. »So etwas hat sie gewiss noch nicht erlebt. Jetzt hat sie etwas, worüber sie von Weihnachten bis zum Johannistag lachen kann!«

Die Fremde zog sachte die Tür hinter sich zu und kam zum Herd heran, die Hand zum Gruß ausgestreckt. Es war Gudrun Ivarsdotter, aber sie sah gar nicht mehr aus wie die störrische Bauerntochter, die in die Kirche geritten kam, um mit ihrem Freier Spott zu treiben. Sie war sehr bleich, und sie sah schwach und elend drein, so, als wäre sie eben erst von einer schweren Krankheit genesen. Wie es in ihrem Innern aussah, konnte der Prediger nicht wissen, aber sie schien nicht einmal zu merken, was für eine Arbeit er da unter den Händen hatte.

Der Geistliche sagte nichts, um sie willkommen zu heißen, er legte nur ganz geschwind den Kochlöffel weg und beeilte sich, ihr einen Schemel zum Sitzen hinzurücken. Es war eine so große Veränderung mit ihr vorgegangen. Es war ihm eine solche Überraschung, sie so still und schwach vor sich zu sehen. Sie rührte ihn, und die Stimme wollte ihm nicht aus der Kehle hervorkommen.

So musste also Gudrun das Gespräch eröffnen. Und sie sprach wie jemand, der weder scheu noch unruhig ist, weil er eben erst einen großen Schrecken durchgemacht hat, der ihm alle andere Furcht genommen hat. Die ganze Zeit sah sie ins Feuer. Sie konnte die Augen nicht davon weg wenden.

Sie wollte den Prediger nach all den armen Fischerskindern fragen, sagte sie. Konnte es möglich sein, dass er sie alle miteinander zu sich genommen hatte?

Der Prediger hatte den Löffel für die Grütze wieder ergriffen. Aber jetzt legte er ihn abermals fort und riss ein brennendes Scheit aus dem Herd und beleuchtete die Hütte, wo die Kinder im Weihnachtsstroh lagen und schliefen.

»Ich mein' schon, dass sie alle miteinander da sind«, sagte er.

»Aber wie ist das nur möglich?«, wunderte sich Gudrun. Ihre Mutter war in der vorigen Woche bei ihr gewesen und hatte gefragt, ob sie sich der Kinder annehmen könne. Und sie hatte geglaubt, Nein darauf sagen zu müssen. Es war doch ein so schlimmes Jahr, dass sie für ihre eigenen Leute nichts zu essen hatte. Aber immerhin konnte sie doch mehr aufbringen als er.

»So viel wie ihre Mutter habe ich vielleicht auch noch«, sagte der Prediger. »Die Kinder da sind das Hungern gewöhnt.«

Sie sprach weiter, als hätte sie seinen Einwand nicht gehört.

»Ich war nicht imstande, sie aus meinen Gedanken zu bringen. Gestern ritt ich zu dem Fischerhaus, um zu sehen, wie es ihnen ging, aber da waren sie schon fort. Ich traf nur ein paar Männer, die die Leiche holen wollten, und die sagten, dass die Kinder hier beim Hilfsgeistlichen sein sollten.«

»Ja, da sind sie gerade an den Rechten gekommen.«

Jetzt, zum ersten Mal, wandte sie sich ihm zu und sah ihm gerade ins Gesicht. »Er verstand wohl nicht, wie sie es meinte«, sagte sie.

Er rührte rascher und rascher in dem Kessel herum:

»Ach, ich richte es wohl mit Gottes Hilfe«, sagte er kurz.

Es war dieselbe Verlegenheit, die schon früher über den Prediger gekommen war. Er hätte über sie weinen mögen. Was war es wohl, das sie so verändert hatte, dass sie jetzt Mitleid fühlte – auch mit ihm? Er wusste nicht, was er sagen sollte, um seine Rührung nicht zu verraten. Gudrun kam ihm nicht zu Hilfe. Sie saß da, das Gesicht in die Hände gestützt und blickte ins Feuer. Sie dachte wohl an das, was sie so verwandelt hatte.

»Das wird ein seltsamer Weihnachtsabend für deine Leute, Gudrun, wenn du fern bist«, sagte er schließlich.

»Ja, es war auch nicht die Absicht, dass es so kommen sollte. Ich machte mich ganz frühmorgens auf, und ich glaubte, ich würde um diese Zeit längst wieder daheim sein.«

»Bist du auf dem Weg aufgehalten worden?«

»Nur dadurch, dass es zu regnen anfing. Aber der Boden war doch gefroren, und da wurde es so glatt, dass das Pferd nicht vorwärts wollte.«

Wieder fühlte er großes Mitleid mit ihr. Er hätte mit dabei sein mögen, um ihr zu helfen, aber das wollte er nicht sagen.

»Das ist ein merkwürdiges Jahr, in dem es am Weihnachtsabend regnet«, sagte er stattdessen, denn er musste ja seine Worte sorgsam wählen, damit die Stimme nicht ins Schwanken kam.

»Ja, das steht fest, ein schweres und wunderliches Jahr«, sagte sie, »nicht einmal solch eine kleine Fahrt konnte ich machen, ohne dass mir dabei etwas in die Quere kam. Ich bin erst bei Einbruch der Dunkelheit ins Dorf gekommen.«

»Hast du das Pferd hier draußen stehen, Gudrun?«, fragte der Geistliche hastig. Er wäre froh gewesen, wenn er Gelegenheit gefunden hätte, etwas für sie zu tun.

»Nein«, sagte sie, »ich habe es beim Propst eingestellt. Ich bin es gewöhnt, dort einzukehren. Ich habe ja zwei Jahre im Pfarrhof gelernt.«

»Ich glaube, das hat mir der Küster erzählt«, sagte der Prediger.

»Ich werde wohl über Nacht dort bleiben müssen«, fügte sie hinzu, und da sie keine Antwort darauf bekam, fuhr sie fort: »Ich habe den Kindern etwas mitgebracht. Ich bringe es morgen, das Gehen war heut Abend so schwer.«

»Es wird jederzeit willkommen sein.«

Das war nüchterne Rede – der Prediger begann seiner Erregung Herr zu werden. Er musste daran denken, wie wunderlich es doch war, dass Gudrun selbst gekommen war. Wenn sie ihm und den Kindern nur Weihnachtsspeisen schicken wollte, wäre es ja genügend gewesen, einen Knecht auszusenden.

Gudrun hatte dagesessen und mit einem Finger Figuren auf die Herdplatte gezeichnet. Jetzt schlug sie plötzlich die Augen zu ihm auf.

»Damals im Frühling, als ich in die Kirche kam und die Predigt störte, hab' ich mich nicht recht benommen«, sagte sie. – Nun fand der Geistliche Gelegenheit, ein Wort zu sagen, das ihm schon lange auf der Zunge gelegen hatte, und er fiel eifrig ein:

»Niemand hatte mir gesagt, wie du bist, Gudrun. Ich wusste nicht, wie falsch ich lag.«

»Ich habe mich auf jeden Fall falsch benommen«, beharrte sie.

Jetzt wurde er abermals gerührt, weil es mit ihrem Stolz so ganz aus war. Er hätte ihr gerne gesagt, wie schön er es fand, dass sie ihr Unrecht eingestand, aber er konnte es nicht herausbringen.

Auch in ihrer Stimme waren Tränen, aber sie dachte nicht daran, sie zu verbergen, sondern fuhr fort, das auszusprechen, was zu sagen über sie gekommen war.

Sie wollte wissen, ob er sich noch entsinne, was er damals gesagt hatte, als er sie aufs Pferd setzte. Er hatte gewünscht, sie möge so weit fort ziehen, dass sie ihm nie mehr unter die Augen kommen konnte. Sie wollte jetzt wissen, ob er etwas Bestimmtes damit gemeint hatte.

»Nein«, sagte der Prediger, »ich sagte nur so, weil ich zornig war.«

»Ja, zuerst glaubte ich auch nicht, dass es etwas anderes zu bedeuten hätte.«

Nun wandte sie die Augen wieder von seinem Gesicht ab und begann auf der Herdplatte zu zeichnen.

»Es ist dieses Jahr so viel Unglück über mich gekommen«, sagte sie. »Ich bin seit diesem Tag wie verfolgt gewesen.«

»Du siehst aus, als wenn du krank gewesen wärst.«

»Nein, Krankheit war es nicht, die mich heimgesucht hat – ich habe mich gegrämt.«

»Ihr habt wohl auch oben in der Waldgegend viel unter der Dürre zu leiden gehabt?«, warf der Prediger ein.

»Es war die Dürre, und es war allerlei anderes Unglück«, erwiderte Gudrun. »Aber der große Waldbrand war das Ärgste. Mir ist mein ganzer Wald verbrannt, und alles, was im Wald war, ist auch dahin.«

»Du bist doch wohl nicht obdachlos?«, rief er aus.

»Nein, nein, der Hof steht, aber all mein Vieh ist umgekommen. Und das war das Schlimmste.«

»Ah«, sagte er nur, aber nun ließ er endlich den Kochlöffel sinken. Er begriff, dass sie nach all den toten Tieren starrte, wenn sie so ins Feuer sah. Das hatte sie gebrochen.

»Ich habe viele Leute unter mir«, sagte sie. »Es ist hart, nicht zu wissen, was man ihnen zu essen geben soll, wenn es keine Milch und keine Butter gibt.«

»Darum konntest du die Kinder nicht aufnehmen?«

»Ja – nein, nicht nur darum.«

»Ich wundere mich, dass ich nichts davon gehört habe«, sagte der Prediger nachdenklich, »aber es war wohl so, dass ich nicht auf die hören wollte, die von dir gesprochen haben. Ich hatte Angst vor dir.«

Er sah, wie Gudruns Gesicht von einem flüchtigen Lächeln erhellt wurde.

»Ich habe noch mehr Angst vor dir gehabt.«

»Angst?«, sagte er, und war noch verdutzter über dies als über alles andere, was er sie hatte sagen hören. »Du hast Angst vor mir gehabt?«

»Ja, seit diesem Sonntag«, sagte sie und sah wieder ganz erschrocken aus, als sie davon sprach.

»Hast du geglaubt, dass ich dir all das Unglück schickte?«, rief er heftig.

»Ja, ich glaubte, du wolltest mich aus der Gegend verjagen.«

»Aber du hättest doch daran denken müssen, dass ich ein Priester bin.«

»Ja, gerade deshalb. Priester haben ja mehr Macht als wir anderen.«

Der Prediger wusste nicht, ob er lachen oder weinen sollte. Er begann mit eifrigen Einwänden, aber sie unterbrach ihn.

»Daheim im Rottner See ist ein Stein mit Hexenzeichen. Der liegt meistens auf dem Seegrund verborgen, aber in großen Unglückszeiten kommt er zum Vorschein. Meine Leute haben erzählt, du hättest ihn gesehen und noch größere Unglücksrunen eingezeichnet als schon darin standen.«

»Ist dort oben an deinem See niemand, der lesen kann?«, fragte der Prediger.

»Doch, ich kann's«, sagte Gudrun. »Ich habe den Stein gestern gesehen und die Inschrift gelesen.«

Sie stieß einen tiefen Seufzer aus wie bei der Erinnerung an eine schwere Bürde, die von ihr genommen war.

»Nun will ich auch sagen, warum ich mich der armen Fischerkinder nicht annehmen wollte. Ich dachte, all meinen Hausrat zusammenzupacken und zu meinen Verwandten zu ziehen, die drüben auf der anderen Seite des Gebirges in einem anderen Tal wohnen.«

»Aber jetzt willst du bleiben?«

»Ich fürchtete mich nicht mehr so sehr vor dir, als ich sah, was du geschrieben hattest.«

»So hat denn Gott schon geholfen«, sagte der Geistliche.

»Ich dachte, wer dies Gebet eingegraben und sechs arme Kinder zu sich genommen hat, der kann kein harter Mann sein«, sagte Gudrun sanft.

Er stand ein wenig abseits vom Feuer und sah sie an.

»Du hast das mit den Kindern als Vorwand genommen, um herzukommen und mich um Barmherzigkeit zu bitten?«, sagte er ein wenig zögernd, denn es war ja schwer für ihn, es in seinen Kopf zu bringen, dass sie Angst vor ihm gehabt hatte.

»Ja«, sagte sie. Es klang wie ein ängstlicher Seufzer.

»Du willst, dass ich dir verspreche, dich nicht mehr zu verfolgen, dir nicht mehr Unglück zu senden, sodass du es wagen kannst, daheim zu bleiben?«

Sie hielt die Hände vor die Augen und antwortete nichts, bewegte nur den Kopf ein wenig. Es konnte kein Zweifel sein, dass er sie recht verstanden hatte und dass es das war, was sie zu ihm geführt hatte.

»Was soll ich dir nun sagen, damit du mir glaubst und nie mehr Angst vor mir hast?«, sagte er mit einem starken Beben in der Stimme.

»Ich habe dir schon gesagt, dass auch ich Furcht vor dir gehabt habe – ich vor dir, den ganzen Sommer«, fuhr er fort. »Ich wäre froh gewesen, wenn ich gehört hätte, du seist über die Berge in ein anderes Tal gezogen. Denn, wärst du so weit fort gewesen, dann wäre meine Sehnsucht nicht so arg geworden. Es ist schlimmer zu wissen, dass die, der man gut gesinnt ist, ganz nahe ist, ohne trennende Berge.

Jetzt siehst du vielleicht ein, dass du vor mir keine Angst zu haben brauchst?«, fügte er mit einem kleinen Lachen hinzu, das recht wehmütig und mutlos klang.

Er wartete ungeduldig darauf, dass sie etwas sage, aber sie saß ganz still da. Er wusste gar nicht, ob sie hörte und verstand.

»Du warst heute Abend so, dass ich dir dies sagen konnte«, fuhr er fort. »Ich glaube nicht, dass du dich über mich lustig machen wirst.«

Endlich hob sie den Kopf. In ihren Augenwinkeln schimmerten Tränen.

»Ich bin wohl von Sinn und Verstand«, sagte sie, »aber denke nur, ich finde, es war schon wert, all das durchzumachen, was ich diesen Sommer erleiden musste, nur um diese Worte von dir zu hören.«

Er wusste nicht, ob er es wagen sollte, zu glauben, dass er recht gehört hatte.

»Ich will, dass du bleibst, wo du jetzt bist«, rief er dann aus. »Dass du nie von mir gehst! Diesen Fluch will ich über dich verhängen.«

Er trat näher an sie heran, und sie wich nicht zurück. Aber als er gerade ihre eine Hand an sich gezogen hatte, hörte man ein starkes Zischen und Prasseln vom Herd. Es war die Gerstengrütze, die überkochte.

Der Prediger wandte sich so rasch er konnte, dem Feuer zu, aber Gudrun kam ihm zuvor. Sie fasste die Kesselringe und hob den Kessel vom Feuer. Aber es war zu spät. Die Grütze brodelte aus dem Kessel und lief über die Herdplatte. Die brennenden Scheite zischten und prasselten, starker Rauch und furchtbarer Dampf erfüllte die Stube. Die Kinder sprangen erschrocken aus dem Stroh auf, und die Kleinsten begannen zu weinen.

Aber mitten drin fing Gudrun zu lachen an. Das Herz schlug ihr rasch und sorglos in der Brust, und sie fühlte, wie sie wieder die Alte wurde.

»Ja, nun siehst du, wie es in diesem Haushalt zugeht«, sagte er.

»Du musst freilich hexen können, du schwarzer Priester, um eine Frau in dein Haus zu kriegen.«

»Ich weiß schon, wer mir meine Frau geschickt hat«, sagte der Prediger. »Die Hexen nicht.«

Plötzlich wurde Gudrun wieder ernst.

»So ist es wohl er, zu dem du gebetet hast, als du deine Bitte in den Stein schriebst, der mich hierher gesandt hat«, sagte sie.

Es heißt, dass der Stein im Rottner See sich in diesem Jahr der Not und des Schreckens, das wir nun durchleben, wieder gezeigt hat. Die Leute in Värmland glauben, dass er Unheil verkündet, und das mag wohl sein. Aber vielleicht soll uns die Kunde, die er von früherer Zeiten Not und früherer Zeiten Glauben bringt, auch Mut einflößen, Zuversicht zu hegen, Mut, Barmherzigkeit zu üben.

Das Kindlein von Bethlehem

Vor dem Stadttor in Bethlehem stand ein römischer Kriegsknecht Wache. Er trug Harnisch und Helm, er hatte ein kurzes Schwert an der Seite und hielt eine lange Lanze in der Hand. Den ganzen Tag stand er beinahe regungslos, so dass man ihn wirklich für einen Mann aus Eisen halten konnte. Die Stadtleute gingen durch das Tor aus und ein, Bettler ließen sich im Schatten unter dem Torbogen nieder, Obstverkäufer und Weinhändler stellten ihre Körbe und Gefäße auf den Boden neben den Kriegsknecht hin, aber er gab sich kaum die Mühe, den Kopf zu wenden, um ihnen nachzusehen.

Das ist doch nichts, um es zu betrachten, schien er sagen zu wollen. Was kümmere ich mich um euch, die ihr arbeitet und Handel treibt und mit Ölkrügen und Weinschläuchen angezogen kommt! Lasst mich ein Kriegsheer sehen, das sich aufstellt, um dem Feind entgegenzuziehen! Lasst mich das Gewühl sehen und den heißen Streit, wenn ein Reitertrupp sich auf eine Schar Fußvolk stürzt! Lasst mich die Tapferen sehen, die mit Sturmleitern vorwärts eilen, um die Mauern einer belagerten Stadt zu ersteigen! Nichts anderes kann mein Auge erfreuen als der Krieg. Ich sehne mich danach, Roms Adler in der Luft blinken zu sehen. Ich sehne mich nach dem Schmettern der Kupferhörner, nach schimmernden Waffen, nach rot verspritzendem Blut.

Gerade vor dem Stadttor erstreckte sich ein prächtiges Feld, das ganz mit Lilien bewachsen war. Der Kriegsknecht stand jeden Tag da, die Blicke gerade auf dieses Feld gerichtet, aber es kam ihm keinen Augenblick in den Sinn, die außerordentliche Schönheit der Blumen zu bewundern. Zuweilen merkte er, dass die Vorübergehenden stehen blieben und sich an den Lilien freuten, und dann staunte er, dass sie ihre Wanderung verzögerten, um etwas so Unbedeutendes anzuschauen. Diese Menschen wissen nicht, was schön ist, dachte er.

Und wie er so dachte, sah er nicht mehr die grünenden Felder und die Olivenhügel rings um Bethlehem vor seinen Augen, sondern er träumte sich fort in eine glühend heiße Wüste in dem sonnenreichen Libyen. Er sah eine Legion Soldaten in einer langen geraden Linie über den gelben Sand ziehen. Nirgends gab es Schutz vor den Sonnenstrahlen, nirgends einen labenden Quell, nirgends war eine Grenze der Wüste oder ein Ziel der Wanderung zu erblicken. Er sah die Soldaten, von Hunger und Durst ermattet, mit schwankenden Schritten vorwärts wandern. Er sah einen nach dem andern zu Boden stürzen, von der glühenden Sonnenhitze gefällt. Aber trotz allem zog die Truppe stetig vorwärts, ohne zu zaudern, ohne daran zu denken, den Feldherrn im Stich zu lassen oder umzukehren.

Sehet hier, was schön ist!, dachte der Kriegsknecht. Seht, was den Blick eines tapfern Mannes verdient!

Während der Kriegsknecht Tag für Tag an demselben Platz auf seinem Posten stand, hatte er die beste Gelegenheit, die schönen Kinder zu betrachten, die rings um ihn spielten. Aber es war mit den Kindern wie mit den Blumen. Er begriff nicht, dass es der Mühe wert sein könnte, sie zu betrachten. Was ist dies, um sich daran zu freuen?, dachte er, als er die Menschen lächeln sah, wenn sie den Spielen der Kinder zusahen. Es ist seltsam, dass sich jemand über ein Nichts freuen kann.

Eines Tages, als der Kriegsknecht wie gewöhnlich auf seinem Posten vor dem Stadttor stand, sah er ein kleines Knäblein, das ungefähr drei Jahre alt sein mochte, auf die Wiese kommen, um zu spielen. Es war ein armes Kind, das in ein kleines Schaffell gekleidet war und ganz allein spielte. Der Soldat stand und beobachtete den kleinen Ankömmling, beinahe ohne es selbst zu merken. Das Erste, was ihm auffiel, war, dass der Kleine so leicht über das Feld lief, dass er auf den Spitzen der Grashalme zu schweben schien.

Aber als er dann anfing, seine Spiele zu verfolgen, da staunte er noch mehr. »Bei meinem Schwert«, sagte er schließlich, »dieses Kind spielt nicht wie andere! Was kann das sein, womit es sich da ergötzt?«

Das Kind spielte nur wenige Schritte von dem Kriegsknecht entfernt, so dass er darauf achten konnte, was es vornahm. Er sah, wie es die Hand ausstreckte, um eine Biene einzufangen, die auf dem Rande einer Blume saß und so schwer mit Blütenstaub beladen war, dass sie kaum die Flügel zum Fluge zu heben vermochte. Er sah zu seiner großen Verwunderung, dass die Biene sich ohne einen Versuch zu entfliehen, und ohne ihren Stachel zu gebrauchen, fangen ließ. Aber als der Kleine die Biene sicher zwischen seinen Fingern hielt, lief er fort zu einer Spalte in der Stadtmauer, wo ein Schwarm Bienen seine Wohnstatt hatte, und setzte das Tierchen dort ab. Und sowie er auf diese Weise einer Biene geholfen hatte, eilte er sogleich von dannen, um einer andern beizustehen. Den ganzen Tag sah ihn der Soldat Bienen einfangen und sie in ihr Heim tragen.

Dieses Knäblein ist wahrlich törichter als irgendjemand, den ich bis heute gesehen habe, dachte der Kriegsknecht. Wie kann es ihm einfallen, zu versuchen, diesen Bienen beizustehen, die sich so gut ohne ihn helfen und die ihn obendrein mit ihrem Stachel stechen können? Was für ein Mensch soll aus ihm werden, wenn er am Leben bleibt?

Der Kleine kam Tag für Tag wieder und spielte draußen auf der Wiese, und der Kriegsknecht konnte es nicht lassen, sich über ihn und seine Spiele zu wundern. Es ist recht seltsam, dachte er, nun habe ich volle drei Jahre an diesem Tor Wache gestanden, und noch niemals habe ich etwas zu Gesicht bekommen, was meine Gedanken beschäftigt hätte, außer diesem Kind.

Aber der Kriegsknecht hatte durchaus keine Freude an dem Kind. Im Gegenteil, der Kleine erinnerte ihn an eine furchtbare Weissagung eines alten jüdischen Sehers. Dieser hatte nämlich prophezeit, dass einmal eine Zeit des Friedens sich auf die Erde senken würde. Während eines Zeitraums von tausend Jahren würde kein Blut vergossen, kein Krieg geführt werden, sondern die Menschen würden einander lieben wie Brüder. Wenn der Kriegsknecht daran dachte, dass etwas so Entsetzliches wirklich eintreffen könnte, dann durcheilte seinen Körper ein Schauder, und er umklammerte hart seine Lanze, gleichsam um eine Stütze zu suchen.

Und je mehr nun der Kriegsknecht von dem Kleinen und seinen Spielen sah, desto häufiger musste er an das Reich des tausendjährigen Friedens denken. Zwar fürchtete er nicht, dass es schon angebrochen sein könnte, aber er liebte es nicht, an etwas so Verabscheuungswürdiges auch nur denken zu müssen.

Eines Tages, als der Kleine zwischen den Blumen auf dem schönen Feld spielte, kam ein sehr heftiger Regenschauer aus den Wolken herniedergeprasselt. Als er merkte, wie groß und schwer die Tropfen waren, die auf die zarten Lilien niederschlugen, schien er für seine schönen Freundinnen besorgt zu werden. Er eilte zu der schönsten und größten unter ihnen und beugte den steifen Stängel, der die Blüten trug, zur Erde, so dass die Regentropfen die untere Seite der Kelche trafen. Und sowie er mit einer Blumenstaude in dieser Weise verfahren war, eilte er zu einer anderen und beugte ihren Stängel in gleicher Weise, so dass die Blumenkelche sich der Erde zuwendeten. Und dann zu einer dritten und vierten, bis alle Blumen der Flur gegen den heftigen Regen geschützt waren.

Der Kriegsknecht musste bei sich lächeln, als er die Arbeit des Knaben sah. »Ich fürchte, die Lilien werden ihm keinen Dank dafür wissen«, sagte er. »Alle Stängel sind natürlich abgebrochen. Es geht nicht an, die steifen Pflanzen auf diese Art zu beugen.«

Aber als der Regenschauer endlich aufhörte, sah der Kriegsknecht das Knäblein zu den Lilien eilen und sie aufrichten. Und zu seinem unbeschreiblichen Staunen richtete das Kind ohne die mindeste Mühe die steifen Stängel gerade. Es zeigte sich, dass kein einziger von ihnen gebrochen oder beschädigt war. Es eilte von Blume zu Blume, und alle geretteten Lilien strahlten bald in vollem Glanz auf der Flur.

Als der Kriegsknecht dies sah, bemächtigte sich seiner ein seltsamer Groll. Sieh doch an, welch ein Kind!, dachte er. Es ist kaum zu glauben, dass es etwas so Törichtes beginnen kann. Was für ein Mann soll aus diesem Kleinen werden, der es nicht einmal ertragen kann, eine Lilie zerstört zu sehen? Wie würde es ablaufen, wenn so einer in den Krieg müsste? Was würde er anfangen, wenn man ihm den Befehl gäbe, ein Haus anzuzünden, das voller Frauen und Kinder wäre, oder ein Schiff in Grund zu bohren, das mit seiner ganzen Besatzung über die Wellen führe?

Wieder musste er an die alte Prophezeiung denken, und er begann zu fürchten, dass die Zeit wirklich angebrochen sein könnte, zu der sie in Erfüllung gehen sollte. Sintemalen ein Kind gekommen ist wie dieses, ist diese fürchterliche Zeit vielleicht ganz nahe. Schon jetzt herrscht Friede auf der ganzen Welt, und sicherlich wird der Tag des Krieges niemals mehr anbrechen. Von nun an werden alle Menschen von derselben Gemütsart sein wie dieses Kind. Sie werden fürchten, einander zu schaden, ja, sie werden es nicht einmal übers Herz bringen, eine Biene oder eine Blume zu zerstören. Keine großen Heldentaten werden mehr vollbracht werden. Keine herrlichen Siege wird man erringen, und kein glänzender Triumphator wird zum Kapitol hinanziehen. Es wird für einen tapfern Mann nichts mehr geben, was er ersehnen könnte.

Und der Kriegsknecht, der noch immer hoffte, neue Kriege zu erleben und sich durch Heldentaten zu Macht und Reichtum aufzuschwingen, war so ergrimmt gegen den kleinen Dreijährigen, dass er drohend die Lanze nach ihm ausstreckte, als er das nächste Mal an ihm vorbeilief.

An einem andern Tag jedoch waren es weder die Bienen noch die Lilien, denen der Kleine beizustehen suchte, sondern er tat etwas, was den Kriegsknecht noch viel unnötiger und undankbarer deuchte.

Es war ein furchtbar heißer Tag, und die Sonnenstrahlen, die auf den Helm und die Rüstung des Soldaten fielen, erhitzten sich so, dass ihm war, als trüge er ein Kleid aus Feuer. Für die Vorübergehenden hatte es den Anschein, als müsste er schrecklich unter der Wärme leiden. Seine Augen traten blutunterlaufen aus dem Kopf, und die Haut seiner Lippen verschrumpfte, aber den Kriegsknecht, der gestählt war und die brennende Hitze in Afrikas Sandwüsten ertragen hatte, deuchte es, dass dies eine geringe Sache wäre, und er ließ es sich nicht einfallen, seinen gewohnten Platz zu verlassen. Er fand im Gegenteil Gefallen daran, den Vorübergehenden zu zeigen, dass er so stark und ausdauernd war und nicht Schutz vor der Sonne zu suchen brauchte.

Während er so dastand und sich beinahe lebendig braten ließ, kam der kleine Knabe, der auf dem Feld zu spielen pflegte, plötzlich auf ihn zu. Er wusste wohl, dass der Legionär nicht zu seinen Freunden gehörte, und er pflegte sich zu hüten, in den Bereich seiner Lanze zu kommen, aber nun trat er dicht an ihn heran, betrachtete ihn lange und genau und eilte dann in vollem Lauf über den Weg. Als er nach einer Weile zurückkam, hielt er beide Hände ausgebreitet wie eine Schale und brachte auf diese Weise ein paar Tropfen Wasser mit.

Ist dies Kind jetzt gar auf den Einfall gekommen, fortzulaufen und für mich Wasser zu holen?, dachte der Soldat. Das ist doch wirklich ohne allen Verstand. Sollte ein römischer Legionär nicht ein bisschen Wärme ertragen können? Was braucht dieser Kleine herumzulaufen, um denen zu helfen, die keiner Hilfe bedürfen! Mich gelüstet nicht nach seiner Barmherzigkeit. Ich wünschte, dass er und alle, die ihm gleichen, nicht mehr auf dieser Welt wären.

Der Kleine kam sehr behutsam heran. Er hielt seine Finger fest zusammengepresst, damit nichts verschüttet werde oder überlaufe. Während er sich dem Kriegsknecht näherte, hielt er die Augen ängstlich auf das klein bisschen Wasser geheftet, das er mitbrachte, und sah also nicht, dass dieser mit tief gerunzelter Stirn und abweisenden Blicken dastand. Endlich blieb er dicht vor dem Legionär stehen und bot ihm das Wasser.

Im Gehen waren seine schweren, lichten Locken ihm immer tiefer in die Stirn und die Augen gefallen. Er schüttelte ein paarmal den Kopf, um das Haar zurückzuwerfen, damit er aufblicken könnte. Als ihm dies endlich gelang und er den harten Ausdruck in dem Gesicht des Kriegsknechts gewahrte, erschrak er gar nicht, sondern blieb stehen und lud ihn mit einem bezaubernden Lächeln ein, von dem Wasser zu trinken, das er mitbrachte. Aber der Kriegsknecht hatte keine Lust, eine Wohltat von diesem Kind zu empfangen, das er als seinen Feind betrachtete. Er sah nicht hinab in sein schönes Gesicht, sondern stand starr und regungslos und machte nicht Miene, als verstünde er, was das Kind für ihn tun wollte.

Aber das Knäblein konnte gar nicht fassen, dass der andere es abweisen wollte. Es lächelte noch immer ebenso vertrauensvoll, stellte sich auf die Zehenspitzen und streckte die Hände so hoch in die Höhe, als es vermochte, damit der großgewachsene Soldat das Wasser leichter erreiche.

Der Legionär fühlte sich jedoch so verunglimpft dadurch, dass ein Kind ihm helfen wollte, dass er nach seiner Lanze griff, um den Kleinen in die Flucht zu jagen.

Aber nun begab es sich, dass gerade in demselben Augenblick die Hitze und der Sonnenschein mit solcher Heftigkeit auf den Kriegsknecht hereinbrachen, dass er rote Flammen vor seinen Augen lodern sah und fühlte, wie sein Gehirn im Kopf schmolz. Er fürchtete, dass die Sonne ihn morden würde, wenn er nicht augenblicklich Linderung fände.

Und außer sich vor Schrecken über die Gefahr, in der er schwebte, schleuderte er die Lanze zu Boden, umfasste mit beiden Händen das Kind, hob es empor und schlürfte so viel er konnte von dem Wasser, das es in den Händen hielt.

Es waren freilich nur ein paar Tropfen, die seine Zunge benetzten, aber mehr waren auch nicht vonnöten. Sowie er das Wasser gekostet hatte, durchrieselte wohlige Erquickung seinen Körper, und er fühlte Helm und Harnisch nicht mehr lasten und brennen. Die Sonnenstrahlen hatten ihre tödliche Macht verloren. Seine trockenen Lippen wurden wieder weich, und die roten Flammen tanzten nicht mehr vor seinen Augen.

Bevor er noch Zeit hatte, dies alles zu merken, hatte er das Kind schon zu Boden gestellt, und es lief wieder fort und spielte auf der Flur. Nun begann er erstaunt zu sich selber zu sagen: Was war dies für ein Wasser, das das Kind mir bot? Es war ein herrlicher Trank. Ich muss ihm wahrlich meine Dankbarkeit zeigen.

Aber da er den Kleinen hasste, schlug er sich diese Gedanken alsobald aus dem Sinn. Es ist ja nur ein Kind, dachte er, es weiß nicht, warum es so oder so handelt. Es spielt nur das Spiel, das ihm am besten gefällt. Findet es vielleicht Dankbarkeit bei den Bienen oder bei den Lilien? Um dieses Knäbleins willen brauche ich mir keinerlei Ungemach zu bereiten. Es weiß nicht einmal, dass es mir beigestanden hat.

Und er empfand womöglich noch mehr Groll gegen das Kind, als er ein paar Augenblicke später den Anführer der römischen Soldaten, die in Bethlehem lagen, durch das Tor kommen sah. Man sehe nur, dachte er, in welcher Gefahr ich durch den Einfall des Kleinen geschwebt habe! Wäre Voltigius nur um ein weniges früher gekommen, er hätte mich mit einem Kind in den Armen dastehen sehen.

Der Hauptmann schritt jedoch gerade auf den Kriegsknecht zu und fragte ihn, ob sie hier miteinander sprechen könnten, ohne dass jemand sie belauschte. Er hätte ihm ein Geheimnis anzuvertrauen. »Wenn wir uns nur zehn Schritte von dem Tor entfernen«, antwortete der Kriegsknecht, »so kann uns niemand hören.«

»Du weißt«, sagte der Hauptmann, »dass König Herodes einmal ums andere versucht hat, sich eines Kindleins zu bemächtigen, das hier in Bethlehem aufwächst. Seine Seher und Priester haben ihm gesagt, dass dieses Kind seinen Thron besteigen werde, und außerdem haben sie prophezeit, dass der neue König ein tausendjähriges Reich des Friedens und der Heiligkeit gründen werde. Du begreifst also, dass Herodes ihn gerne unschädlich machen will.«

»Freilich begreife ich es«, sagte der Kriegsknecht eifrig, »aber das muss doch das Leichteste auf der Welt sein«.

»Es wäre allerdings sehr leicht«, sagte der Hauptmann, »wenn der König nur wüsste, welches von allen den Kindern hier in Bethlehem gemeint ist.«

Die Stirn des Kriegsknechts legte sich in tiefe Falten. »Es ist bedauerlich, dass seine Wahrsager ihm hierüber keinen Aufschluss geben können.«

»Jetzt aber hat Herodes eine List gefunden, durch die er glaubt, den jungen Friedensfürsten unschädlich machen zu können«, fuhr der Hauptmann fort. »Er verspricht jedem eine herrliche Gabe, der ihm hierin beistehen will.«

»Was immer Voltigius befehlen mag, es wird auch ohne Lohn oder Gabe vollbracht werden«, sagte der Soldat.

»Habe Dank«, sagte der Hauptmann. »Höre nun des Königs Plan! Er will den Jahrestag der Geburt seines jüngsten Sohnes durch ein Fest feiern, zu dem alle Knaben in Bethlehem, die zwischen zwei und drei Jahren alt sind, mit ihren Müttern geladen werden sollen. Und bei diesem Feste – – –«

Er unterbrach sich und lachte, als er den Ausdruck des Abscheus sah, der sich auf dem Gesicht des Soldaten malte.

»Guter Freund«, fuhr er fort, »du brauchst nicht zu befürchten, dass Herodes uns als Kinderwärter verwenden will. Neige nun dein Ohr zu meinem Mund, so will ich dir seine Absichten anvertrauen.«

Der Hauptmann flüsterte lange mit dem Kriegsknecht, und als er ihm alles mitgeteilt hatte, fügte er hinzu:

»Ich brauche dir wohl nicht erst zu sagen, dass die strengste Verschwiegenheit nötig ist, wenn nicht das ganze Vorhaben misslingen soll.«

»Du weißt, Voltigius, dass du dich auf mich verlassen kannst«, sagte der Kriegsknecht.

Als der Anführer sich entfernt hatte und der Kriegsknecht wieder allein auf seinem Posten stand, sah er sich nach dem Kind um. Das spielte noch immer unter den Blumen, und er ertappte sich bei dem Gedanken, dass es sie so leicht und anmutsvoll umschwebe wie ein Schmetterling.

Auf einmal fing der Krieger zu lachen an. »Ja richtig«, sagte er, »dieses Kind wird mir nicht lange mehr ein Dorn im Auge sein. Es wird ja auch an jenem Abend zum Fest des Herodes geladen werden.«

Der Kriegsknecht harrte den ganzen Tag auf seinem Posten aus, bis der Abend anbrach und es Zeit wurde, die Stadttore für die Nacht zu schließen.

Als dies geschehen war, wanderte er durch schmale, dunkle Gässchen zu einem prächtigen Palast, den Herodes in Bethlehem besaß.

Im Innern dieses gewaltigen Palastes befand sich ein großer, steingepflasterter Hof, der von Gebäuden umkränzt war, an denen entlang drei offene Galerien liefen, eine über der anderen. Auf der obersten dieser Galerien sollte, so hatte es der König bestimmt, das Fest für die bethlehemitischen Kinder stattfinden.

Diese Galerie war, gleichfalls auf den ausdrücklichen Befehl des Königs, so umgewandelt, dass sie einem gedeckten Gange in einem herrlichen Lustgarten glich. Über die Decke schlangen sich Weinranken, von denen üppige Trauben herabhingen, und den Wänden und Säulen entlang standen kleine Granat- und Orangenbäumchen, die über und über mit reifen Früchten bedeckt waren. Der Fußboden war mit Rosenblättern bestreut, die dicht und weich lagen wie ein Teppich, und entlang der Balustrade, den Deckengesimsen, den Tischen und den niedrigen Ruhebetten, überall erstreckten sich Girlanden von weißen strahlenden Lilien.

In diesem Blumenhain standen hier und da große Marmorbassins, wo gold- und silberglitzernde Fischlein in durchsichtigem Wasser spielten. Auf den Bäumen saßen bunte Vögel aus fernen Ländern, und in einem Käfig hockte ein alter Rabe, der ohne Unterlass sprach.

Zu Beginn des Festes zogen Kinder und Mütter in die Galerie ein. Die Kinder waren gleich beim Betreten des Palastes in weiße Gewänder mit Purpurborten gekleidet worden, und man hatte ihnen Rosenkränze auf die dunkellockigen Köpfchen gedrückt. Die Frauen kamen stattlich heran in ihren roten und blauen Gewändern und ihren weißen Schleiern, die von hohen kegelförmigen Kopfbedeckungen, mit Goldmünzen und Ketten besetzt, herniederwallten. Einige trugen ihr Kind hoch auf der Schulter sitzend, andere führten ihr Söhnlein an der Hand, und einige wieder, deren Kinder scheu und verschüchtert waren, hatten sie auf ihre Arme gehoben.

Die Frauen ließen sich auf dem Boden der Galerie nieder. Sowie sie Platz genommen hatten, kamen Sklaven herbei und stellten niedrige Tischchen vor sie hin, worauf sie auserlesene Speisen und Getränke stellten, so wie es sich bei dem Fest eines Königs geziemt.

Und alle diese glücklichen Mütter begannen zu essen und zu trinken, ohne jene stolze anmutvolle Würde abzulegen, die die schönste Zier der bethlehemitischen Frauen ist.

Der Wand der Galerie entlang und beinahe von Blumengirlanden und fruchtbeladenen Bäumen verdeckt, waren doppelte Reihen von Kriegsknechten in voller Rüstung aufgestellt. Sie standen vollkommen regungslos, als hätten sie nichts mit dem zu schaffen, was rund um sie vorging. Die Frauen konnten es nicht lassen, bisweilen einen verwunderten Blick auf diese Schar von Geharnischten zu werfen. »Wozu bedarf es ihrer?«, flüsterten sie. »Meint Herodes, dass wir uns nicht zu betragen wüssten? Glaubt er, dass es einer solchen Menge Kriegsknechte bedürfte, um uns im Zaum zu halten?«

Aber andere flüsterten zurück, dass es so wäre, wie es bei einem König sein müsste. Herodes selbst gäbe niemals ein Fest, ohne dass sein ganzes Haus von Kriegsknechten erfüllt wäre. Um sie zu ehren, stünden die bewaffneten Legionäre da und hielten Wacht.

Zu Beginn des Festes waren die kleinen Kinder scheu und unsicher und hielten sich still zu ihren Müttern. Aber bald begannen sie sich in Bewegung zu setzen und von den Herrlichkeiten Besitz zu ergreifen, die Herodes ihnen bot.

Es war ein Zauberland, das der König für seine kleinen Gäste geschaffen hatte. Als sie die Galerie durchwanderten, fanden sie Bienenkörbe, deren Honig sie plündern konnten, ohne dass eine einzige erzürnte Biene sie daran hinderte. Sie fanden Bäume, die mit sanftem Neigen ihre fruchtbeladenen Zweige zu ihnen heruntersenkten. Sie fanden in einer Ecke Zauberkünstler, die in einem Nu ihre Taschen voll Spielzeug zauberten, und in einem andern Winkel der Galerie einen Tierbändiger, der ihnen ein paar Tiger zeigte, so zahm, dass sie auf ihrem Rücken reiten konnten.

Aber in diesem Paradies mit allen seinen Wonnen gab es doch nichts, was den Sinn der Kleinen so angezogen hätte wie die lange Reihe von Kriegsknechten, die unbeweglich an der einen Seite der Galerie standen. Ihre Blicke wurden von den glänzenden Helmen gefesselt, von den strengen, stolzen Gesichtern, von den kurzen Schwertern, die in reich verzierten Scheiden staken.

Während sie miteinander spielten und tollten, dachten sie doch unablässig an die Kriegsknechte. Sie hielten sich noch fern von ihnen, aber sie sehnten sich danach, ihnen nahezukommen, zu sehen, ob sie lebendig wären und sich wirklich bewegen könnten.

Das Spiel und die Festesfreude steigerten sich mit jedem Augenblick, aber die Soldaten standen noch immer regungslos. Es erschien den Kleinen unfasslich, dass Menschen so nah bei diesen Trauben und allen diesen Leckerbissen stehen konnten, ohne die Hand auszustrecken und danach zu greifen.

Endlich konnte einer der Knaben seine Neugierde nicht länger bemeistern. Er näherte sich behutsam, zu rascher Flucht bereit, einem der Geharnischten, und da der Soldat noch immer regungslos blieb, kam er immer näher. Schließlich war er ihm so nahe, dass er nach seinen Sandalenriemen und seinen Beinschien tasten konnte.

Da, als wäre dies ein unerhörtes Verbrechen gewesen, setzten sich mit einem Male alle diese Eisenmänner in Bewegung. In unbeschreiblicher Raserei stürzten sie sich auf die Kinder und packten sie. Einige schwangen sie über ihre Köpfe wie Wurfgeschosse und schleuderten sie zwischen den Lampen und Girlanden über die Balustrade der Galerie hinunter zu Boden, wo sie auf den Marmorfliesen zerschellten. Einige zogen ihr Schwert und durchbohrten die Herzen der Kinder, andere wieder zerschmetterten ihre Köpfe an der Wand, ehe sie sie auf den nächtlich dunkeln Hof warfen.

Im ersten Augenblick nach dem Vorfall herrschte Totenstille. Die kleinen Körper schwebten noch in der Luft, die Frauen waren vor Entsetzen versteinert. Aber auf einmal erwachten alle diese Unglücklichen zum Verständnis dessen, was geschehen war, und mit einem einzigen entsetzten Schrei stürzten sie auf die Schergen.

Auf der Galerie waren noch Kinder, die beim ersten Anfall nicht eingefangen worden waren. Die Kriegsknechte jagten sie, und ihre Mütter warfen sich vor ihnen nieder und umfassten mit bloßen Händen die blanken Schwerter, um den Todesstreich abzuwenden.

Einige Frauen, deren Kinder schon tot waren, stürzten sich auf die Kriegsknechte, packten sie an der Kehle und versuchten Rache für ihre Kleinen zu nehmen, indem sie deren Mörder erdrosselten.

In dieser wilden Verwirrung, während grauenvolle Schreie durch den Palast hallten und die grausamsten Bluttaten verübt wurden, stand der Kriegsknecht, der am Stadttor Wache zu halten pflegte, ohne sich zu regen, am obersten Absatz der Treppe, die von der Galerie hinunterführte. Er nahm nicht am Kampf und am Morden teil; nur gegen die Frauen, denen es gelungen war, ihre Kinder an sich zu reißen und die nun versuchten, mit ihnen die Treppe hinunterzufliehen, erhob er das Schwert, und sein bloßer Anblick, wie er da düster und unerbittlich stand, war so schrecklich, dass die Fliehenden sich lieber die Balustrade hinunterstürzten oder in das Streitgewühl zurückkehrten, als dass sie sich der Gefahr ausgesetzt hätten, sich an ihm vorbeizudrängen.

Voltigius hat wahrlich recht daran getan, mir diesen Posten zuzuweisen, dachte der Kriegsknecht. Ein junger, unbedachter Krieger hätte seinen Posten verlassen und sich in das Gewühl gestürzt. Hätte ich mich von hier fortlocken lassen, so wären mindestens ein Dutzend Kinder entwischt.

Während er so dachte, fiel sein Blick auf ein junges Weib, das sein Kind an sich gerissen hatte und jetzt in eiliger Flucht auf ihn zugestürzt kam. Keiner der Legionäre, an denen sie vorübereilen musste, konnte ihr den Weg versperren, weil sie sich in vollem Kampf mit andern Frauen befanden, und so war sie bis zum Ende der Galerie gelangt.

Sieh da, eine, die drauf und dran ist, glücklich zu entwischen!, dachte der Kriegsknecht. Weder sie noch das Kind ist verwundet. Stünd ich jetzt nicht hier – – –

Die Frau stürzte so rasch auf den Kriegsknecht zu, als ob sie flöge, und er hatte nicht Zeit, ihr Gesicht oder das des Kindes deutlich zu sehen. Er streckte nur das Schwert gegen sie aus, und mit dem Kind in ihren Armen stürzte sie darauf zu. Er erwartete, sie im nächsten Augenblick mit dem Kind durchbohrt zu Boden sinken zu sehen.

Doch in demselben Augenblick hörte der Soldat ein zorniges Summen über seinem Haupt, und gleich darauf fühlte er einen heftigen Schmerz in einem Auge. Der war so scharf und peinvoll, dass er ganz verwirrt und betäubt ward, und das Schwert fiel aus seiner Hand auf den Boden.

Er griff mit der Hand ans Auge, fasste eine Biene und begriff, dass, was ihm den entsetzlichen Schmerz verursacht hatte, nur der Stachel des kleinen Tieres gewesen war. Blitzschnell bückte er sich nach dem Schwert, in der Hoffnung, dass es noch nicht zu spät wäre, die Fliehenden aufzuhalten.

Aber das kleine Bienlein hatte seine Sache sehr gut gemacht. In der kurzen Zeit, für die es den Kriegsknecht geblendet hatte, war es der jungen Mutter gelungen, an ihm vorüber die Treppe hinunterzustürzen, und obschon er ihr in aller Hast nacheilte, konnte er sie nicht mehr finden. Sie war verschwunden, und in dem ganzen großen Palast konnte sie niemand entdecken.

Am nächsten Morgen stand der Kriegsknecht mit einigen seiner Kameraden dicht vor dem Stadttor Wache. Es war früh am Tag und die schweren Tore waren eben erst geöffnet worden. Aber es war, als ob niemand darauf gewartet hätte, dass sie sich an diesem Morgen auftun sollten, denn keine Scharen von Feldarbeitern strömten aus der Stadt, wie es sonst am Morgen der Brauch war. Alle Einwohner von Bethlehem waren so starr vor Entsetzen über das Blutbad der Nacht, dass niemand sein Heim zu verlassen wagte.

»Bei meinem Schwert«, sagte der Soldat, wie er da stand und in die enge Gasse hinunterblickte, die zu dem Tor führte, »ich glaube, dass Voltigius einen unklugen Beschluss gefasst hat. Es wäre besser gewesen, die Tore zu verschließen und jedes Haus der Stadt durchsuchen zu lassen, bis er den Knaben gefunden hätte, dem es gelang, bei dem Fest zu entkommen. Voltigius rechnet darauf, dass seine Eltern versuchen werden, ihn von hier fortzuführen, sobald sie erfahren, dass die Tore offenstehen, und er hofft auch, dass ich ihn gerade hier im Tor fangen werde. Aber ich fürchte, dass dies keine kluge Berechnung ist. Wie leicht kann es ihnen gelingen, ein Kind zu verstecken!«

Und er erwog, ob sie wohl versuchen würden, das Kind in dem Obstkorb eines Esels zu verbergen oder in einem ungeheuern Ölkrug oder unter den Kornballen einer Karawane.

Während er so stand und wartete, dass man versuche, ihn dergestalt zu überlisten, erblickte er einen Mann und eine Frau, die eilig die Gasse heraufschritten und sich dem Tor näherten. Sie gingen rasch und warfen ängstliche Blicke hinter sich, als wären sie auf der Flucht vor irgendeiner Gefahr. Der Mann hielt eine Axt in der Hand und umklammerte sie mit festem Griff, als wäre er entschlossen, sich mit Gewalt seinen Weg zu bahnen, wenn jemand sich ihm entgegenstellte.

Aber der Kriegsknecht sah nicht so sehr den Mann an als die Frau. Er sah, dass sie ebenso hochgewachsen war wie die junge Mutter, die ihm am Abend vorher entkommen war. Er bemerkte auch, dass sie ihren Rock über den Kopf geworfen trug. Sie trägt ihn vielleicht so, dachte er, um zu verbergen, dass sie ein Kind im Arm hält.

Je näher sie kamen, desto deutlicher sah der Kriegsknecht das Kind, das die Frau auf dem Arm trug, sich unter dem gehobenen Kleid abzeichnen. Ich bin sicher, dass sie es ist, die mir gestern Abend entschlüpfte, dachte er. Ich konnte ihr Gesicht freilich nicht sehen, aber ich erkenne die hohe Gestalt wieder. Und da kommt sie nun mit dem Kind auf dem Arm, ohne auch nur zu versuchen, es verborgen zu halten. Wahrlich, ich hatte nicht gewagt, auf einen solchen Glücksfall zu hoffen.

Der Mann und die Frau setzten ihre hurtige Wanderung bis zum Stadttor fort. Sie hatten offenbar nicht erwartet, dass man sie hier aufhalten würde, sie zuckten vor Schrecken zusammen, als der Kriegsknecht seine Lanze vor ihnen fällte und ihnen den Weg versperrte.

»Warum verwehrst du uns, ins Feld hinaus an unsre Arbeit zu gehen?«, fragte der Mann.

»Du kannst gleich gehen«, sagte der Soldat, »ich muss vorher nur sehen, was dein Weib unter dem Kleid verborgen hält.«

»Was ist daran zu sehen?«, sagte der Mann. »Es ist nur Brot und Wein, wovon wir den Tag über leben müssen.«

»Du sprichst vielleicht die Wahrheit«, sagte der Soldat, »aber wenn es so ist, warum lässt sie mich nicht gutwillig sehen, was sie trägt?«

»Ich will nicht, dass du es siehst«, sagte der Mann. »Und ich rate dir, dass du uns vorbeilässt.«

Damit erhob der Mann die Axt, aber die Frau legte die Hand auf seinen Arm.

»Lasse dich nicht in Streit ein!«, bat sie. »Ich will etwas anderes versuchen. Ich will ihn sehen lassen, was ich trage, und ich bin gewiss, dass er ihm nichts zuleide tun kann.«

Und mit einem stolzen und vertrauenden Lächeln wendete sie sich dem Soldaten zu und lüftete einen Zipfel ihres Kleides.

In demselben Augenblick prallte der Soldat zurück und schloss die Augen, wie von einem starken Glanz geblendet. Was die Frau unter ihrem Kleid verborgen hielt, strahlte ihm so blendendweiß entgegen, dass er zuerst gar nicht wusste, was er sah.

»Ich glaubte, du hieltest ein Kind im Arm«, sagte er.

»Du siehst, was ich trage«, erwiderte die Frau.

Da endlich sah der Soldat, dass, was so blendete und leuchtete, nur ein Büschel weißer Lilien war, von derselben Art, wie sie draußen auf dem Feld wuchsen. Aber ihr Glanz war viel reicher und strahlender. Er konnte es kaum ertragen, sie anzusehen.

Er steckte seine Hand zwischen die Blumen. Er konnte den Gedanken nicht loswerden, dass es ein Kind sein müsse, was die Frau da trug, aber er fühlte nur die weichen Blumenblätter.

Er war bitter enttäuscht und hätte in seinem Zornesmut gern den Mann und auch die Frau gefangen genommen, aber er sah ein, dass er für ein solches Verfahren keinen Grund ins Treffen führen konnte.

Als die Frau seine Verwirrung sah, sagte sie: »Willst du uns nicht ziehen lassen?«

Der Kriegsknecht zog stumm die Lanze zurück, die er vor die Toröffnung gehalten hatte, und trat zur Seite.

Aber die Frau zog ihr Kleid wieder über die Blumen und betrachtete gleichzeitig, was sie auf ihrem Arm trug, mit holdseligem Lächeln. »Ich wusste, du würdest ihm nichts zuleide tun können, wenn du es nur sähest«, sagte sie zu dem Kriegsknecht.

Hierauf eilten sie von dannen, aber der Kriegsknecht blieb stehen und blickte ihnen nach, so lange sie noch zu sehen waren.

Und während er ihnen so mit den Blicken folgte, deuchte es ihn wieder ganz sicher, dass sie kein Büschel Lilien im Arm trüge, sondern ein wirkliches, lebendiges Kind.

Indes er noch so stand und den beiden Wanderern nachsah, hörte er von der Straße her laute Rufe. Es waren Voltigius und einige seiner Mannen, die herbeigeeilt kamen.

»Haltet sie auf!«, riefen sie. »Schließe das Tor vor ihnen! Lasse sie nicht entkommen!«

Und als sie bei dem Kriegsknecht angelangt waren, erzählten sie, dass sie die Spur des entronnenen Knaben gefunden hätten. Sie hätten ihn nun in seiner Behausung gesucht, aber da wäre er wieder entflohen. Sie hätten seine Eltern mit ihm forteilen sehen. Der Vater wäre ein starker, graubärtiger Mann, der eine Axt trüge, die Mutter eine hochgewachsene Frau, die das Kind unter den hinaufgenommenen Rockfalten verborgen hielte.

In demselben Augenblick, wo Voltigius dies erzählte, kam ein Beduine auf einem guten Pferd zum Tor hereingeritten. Ohne ein Wort zu sagen, stürzte der Kriegsknecht auf den Reiter zu. Er riss ihn mit Gewalt vom Pferd herunter und warf ihn zu Boden. Und mit einem Satz war er selbst auf dem Pferd und sprengte den Weg entlang.

Ein paar Tage darauf ritt der Kriegsknecht durch die furchtbare Bergwüste, die sich über den südlichen Teil von Judäa erstreckt. Er verfolgte noch immer die drei Flüchtlinge aus Bethlehem, und er war außer sich, dass diese fruchtlose Jagd niemals ein Ende nahm.

»Es sieht wahrlich aus, als wenn diese Menschen die Gabe hätten, in den Erdboden zu versinken«, murrte er. »Wie viele Male bin ich ihnen in diesen Tagen so nah gewesen, dass ich dem Kind gerade meine Lanze nachschleudern wollte, und dennoch sind sie mir entkommen! Ich fange zu glauben an, dass ich sie nun und nimmer einholen werde.«

Er fühlte sich mutlos wie einer, der zu merken glaubt, dass er gegen etwas Übermächtiges ankämpfe. Er fragte sich, ob es möglich sei, dass die Götter diese Menschen vor ihm beschützten.

»Es ist alles vergebliche Mühe. Besser, ich kehre um, ehe ich vor Hunger und Durst in dieser öden Wildnis vergehe!«, sagte er ein Mal ums andere zu sich selber.

Aber dann packte ihn die Furcht davor, was ihn bei der Heimkehr erwartete, wenn er unverrichteter Dinge zurückkäme. Er war es, der nun schon zweimal das Kind hatte entkommen lassen. Es war nicht wahrscheinlich, dass Voltigius oder Herodes ihm so etwas verzeihen würden.

»Solange Herodes weiß, dass eins von Bethlehems Kindern noch lebt, wird er immer unter derselben Angst leiden«, sagte der Kriegsknecht. »Das Wahrscheinlichste ist, dass er versuchen wird, seine Qualen dadurch zu lindern, dass er mich ans Kreuz schlagen lässt.«

Es war eine heiße Mittagsstunde, und er litt furchtbar auf dem Ritt durch diese baumlose Felsgegend, auf einem Weg, der sich durch tiefe Talklüfte schlängelte, wo kein Lüftchen sich regte. Pferd und Reiter waren dem Umstürzen nahe.

Seit mehreren Stunden hatte der Kriegsknecht jede Spur von den Fliehenden verloren, und er fühlte sich mutloser denn je.

Ich muss es aufgeben, dachte er. Wahrlich, ich glaube nicht, dass es der Mühe lohnt, sie weiter zu verfolgen. Sie müssen in dieser furchtbaren Wüstenei ja so oder so zugrunde gehen.

Während er diesen Gedanken nachhing, gewahrte er in einer Felswand, die sich nahe dem Weg erhob, den gewölbten Eingang einer Grotte.

Sogleich lenkte er sein Pferd zu der Grottenöffnung. Ich will ein Weilchen in der kühlen Felshöhle rasten, dachte er. Vielleicht kann ich dann die Verfolgung mit frischer Kraft aufnehmen.

Als er gerade in die Grotte treten wollte, wurde er von etwas Seltsamem überrascht. Zu den Seiten des Eingangs wuchsen zwei schöne Lilienstauden. Sie standen hoch und aufrecht, voller Blüten. Sie verbreiteten einen berauschenden Honigduft, und eine Menge Bienen umschwärmten sie.

Dies war ein so ungewohnter Anblick in dieser Wüste, dass der Kriegsknecht etwas Wunderliches tat. Er brach eine große weiße Blume und nahm sie in die Felshöhle mit.

Die Grotte war weder tief noch dunkel, und sowie er unter ihre Wölbung trat, sah er, dass schon drei Wanderer da weilten. Es waren ein Mann, eine Frau und ein Kind, die ausgestreckt auf dem Boden lagen, in tiefen Schlummer gesunken.

Niemals hatte der Kriegsknecht sein Herz so pochen fühlen wie bei diesem Anblick. Es waren gerade die drei Flüchtlinge, denen er so lange nachgejagt war. Er erkannte sie also gleich. Und hier lagen sie schlafend, außerstande, sich zu verteidigen, ganz und gar in seiner Gewalt.

Sein Schwert fuhr rasselnd aus der Scheide, und er beugte sich hinunter über das schlummernde Kind.

Behutsam senkte er das Schwert zu seinem Herzen und zielte genau, um es mit einem einzigen Stoß aus der Welt schaffen zu können.

Mitten im Zustoßen hielt er einen Augenblick inne, um das Gesicht des Kindes zu sehen. Nun er sich des Sieges sicher wusste, war es ihm eine grausame Wollust, sein Opfer zu betrachten.

Aber als er das Kind sah, da war seine Freude womöglich noch größer, denn er erkannte das kleine Knäblein wieder, das er mit Bienen und Lilien auf dem Feld vor dem Stadttor hatte spielen sehen.

Ja, gewiss, dachte er, das hätte ich schon längst begreifen sollen. Darum habe ich dieses Kind immer gehasst. Es ist der verheißene Friedensfürst.

Er senkte das Schwert wieder, indes er dachte: Wenn ich den Kopf dieses Kindes vor Herodes niederlege, wird er mich zum Anführer seiner Leibwache machen.

Während er die Schwertspitze dem Schlafenden immer näher brachte, sprach er voll Freude zu sich selber: »Diesmal wenigstens wird niemand dazwischen kommen und ihn meiner Gewalt entreißen!«

Aber der Kriegsknecht hielt noch die Lilie in der Hand, die er am Eingang der Grotte gepflückt hatte, und während er so dachte, flog eine Biene, die in ihrem Kelch verborgen gewesen war, zu ihm auf und umkreiste summend ein Mal ums andere seinen Kopf.

Der Kriegsknecht zuckte zusammen. Er erinnerte sich auf einmal der Bienen, denen das Knäblein beigestanden hatte, und ihm fiel ein, dass es eine Biene gewesen war, die dem Kind geholfen hatte, vom Gastmahl des Herodes zu entrinnen.

Dieser Gedanke versetzte ihn in Staunen. Er hielt das Schwert still und blieb stehen und horchte auf die Biene.

Nun hörte er das Summen des kleinen Tierchens nicht mehr. Aber während er so ganz still stand, atmete er den starken süßen Duft ein, der von der Lilie ausströmte, die er in der Hand hielt.

Da musste er an die Lilie denken, denen das Knäblein beigestanden hatte, und er erinnerte sich, dass es ein Büschel Lilien war, die das Kind vor seinen Blicken verborgen und ihm geholfen hatten, durch das Stadttor zu entkommen.

Er wurde immer gedankenvoller, und er zog das Schwert an sich.

»Die Bienen und die Lilien haben ihm seine Wohltaten vergolten«, flüsterte er sich selber zu.

Er musste daran denken, dass der Kleine einmal auch ihm eine Wohltat erwiesen hatte, und eine tiefe Röte stieg in sein Gesicht. »Kann ein römischer Legionär vergessen, einen empfangenen Dienst zu vergelten?«, flüsterte er.

Er kämpfte einen kurzen Kampf mit sich selbst. Er dachte an Herodes und an seine eigene Lust, den jungen Friedensfürsten zu vernichten.

»Es steht mir nicht wohl an, dieses Kind zu töten, das mir das Leben gerettet hat«, sagte er schließlich.

Und er beugte sich nieder und legte sein Schwert neben das Kind, damit die Flüchtlinge beim Erwachen erführen, welcher Gefahr sie entgangen waren.

Da sah er, dass das Kind wach war. Es lag und sah ihn mit seinen schönen Augen an, die gleich Sternen leuchteten.

Und der Kriegsknecht beugte sein Knie vor dem Kind.

»Herr, du bist der Mächtige«, sagte er. »Du bist der starke Sieger. Du bist der, den die Götter lieben. Du bist der, der auf Schlangen und Skorpione treten kann.«

Er küsste seine Füße und ging dann sacht aus der Grotte, indes der Kleine dalag und ihm mit großen, erstaunten Kinderaugen nachsah.

Die Flucht nach Ägypten

Fern in einer der Wüsten des Morgenlandes wuchs vor vielen, vielen Jahren eine Palme, die ungeheuer alt und ungeheuer hoch war. Alle, die durch die Wüste zogen, mussten stehen bleiben und sie betrachten, denn sie war viel größer als andere Palmen, und man pflegte von ihr zu sagen, dass sie sicherlich höher werden würde als Obelisken und Pyramiden.

Wie nun diese große Palme in ihrer Einsamkeit dastand und hinaus über die Wüste schaute, sah sie eines Tages etwas, was sie dazu brachte, ihre gewaltige Blätterkrone vor Staunen auf dem schmalen Stamm hin- und herzuwiegen. Dort am Wüstenrand kamen zwei einsame Menschen herangewandert. Sie waren noch in der Entfernung, in der Kamele so klein wie Ameisen erscheinen, aber es waren sicherlich zwei Menschen. Zwei, die Fremdlinge in der Wüste waren, denn die Palme kannte das Wüstenvolk, ein Mann und ein Weib, die weder Wegweiser noch Lasttiere hatten, weder Zelte noch Wassersäcke.

»Wahrlich«, sagte die Palme zu sich selbst, »diese beiden sind hergekommen, um zu sterben.«

Die Palme warf rasche Blicke um sich.

»Es wundert mich«, fuhr sie fort, »dass die Löwen nicht schon zur Stelle sind, um diese Beute zu erjagen. Aber ich sehe keinen einzigen in Bewegung. Auch keinen Räuber der Wüste sehe ich. Aber sie kommen wohl noch.«

»Ihrer harret ein siebenfältiger Tod«, dachte die Palme weiter. »Die Löwen werden sie verschlingen, die Schlangen sie stechen, der

Durst wird sie vertrocknen, der Sandsturm sie begraben, die Räuber werden sie fällen, der Sonnenstich wird sie verbrennen, die Furcht sie vernichten.«

Und sie versuchte, an etwas anderes zu denken. Dieser Menschen Schicksal stimmte sie wehmütig.

Aber im ganzen Umkreis der Wüste, die unter der Palme ausgebreitet lag, fand sie nichts, was sie nicht schon seit Tausenden von Jahren gekannt und betrachtet hätte. Nichts konnte ihre Aufmerksamkeit fesseln. Sie musste wieder an die beiden Wanderer denken.

»Bei der Dürre und dem Sturm!«, sagte sie, des Lebens gefährlichste Feinde anrufend, »was ist es, was dieses Weib auf dem Arm trägt? Ich glaube gar, diese Toren führen auch ein kleines Kind mit sich.«

Die Palme, die weitsichtig war, wie es die Alten zu sein pflegen, sah wirklich richtig. Die Frau trug auf dem Arm ein Kind, das den Kopf an ihre Schulter gelehnt hatte und schlief.

»Das Kind ist nicht einmal hinlänglich bekleidet«, fuhr die Palme fort. »Ich sehe, dass die Mutter ihren Rock aufgehoben und es damit eingehüllt hat. Sie hat es in großer Hast aus seinem Bett gerissen und ist mit ihm fortgestürzt. Jetzt verstehe ich alles: Diese Menschen sind Flüchtlinge –«

»Aber dennoch sind sie Toren«, fuhr die Palme fort. »Wenn nicht ein Engel sie beschützt, hätten sie lieber die Feinde ihr Schlimmstes tun lassen sollen, statt sich hinaus in die Wüste zu begeben.

Ich kann mir denken, wie alles zugegangen ist. Der Mann stand bei der Arbeit, das Kind schlief in der Wiege, die Frau war ausgegangen, um Wasser zu holen. Als sie zwei Schritte vor die Tür gemacht hatte, sah sie die Feinde angestürmt kommen. Sie ist zurückgestürzt, sie hat das Kind an sich gerissen, dem Mann zugerufen, er solle ihr folgen, und ist aufgebrochen. Dann sind sie tagelang auf der Flucht gewesen, sie haben ganz gewiss keinen Augenblick geruht. Ja, so ist alles zugegangen, aber ich sage dennoch, wenn nicht ein Engel sie beschützt – – –

Sie sind so erschrocken, dass sie weder Müdigkeit noch andere Leiden fühlen können, aber ich sehe, wie der Durst aus ihren Augen leuchtet. Ich kenne doch wohl das Gesicht eines dürstenden Menschen.«

Und als die Palme an den Durst dachte, ging ein krampfhaftes Zucken durch ihren langen Stamm, und die zahllosen Spitzen ihrer langen Blätter rollten sich zusammen, als würden sie über ein Feuer gehalten. »Wäre ich ein Mensch«, sagte sie, »ich würde mich nie in die Wüste hinauswagen. Der ist gar mutig, der sich hierher wagt, ohne Wurzeln zu haben, die hinunter zu den niemals versiegenden Wasseradern dringen. Hier kann es gefährlich sein, selbst für Palmen. Selbst für eine solche Palme wie mich.

Wenn ich ihnen raten könnte, ich würde sie bitten, umzukehren. Ihre Feinde können niemals so grausam gegen sie sein wie die Wüste. Vielleicht glauben sie, dass es leicht sei, in der Wüste zu leben. Aber ich weiß, dass es selbst mir zuweilen schwergefallen ist, am Leben zu bleiben. Ich weiß noch, wie einmal in meiner Jugend ein Sturmwind einen ganzen Berg von Sand über mich schüttete. Ich war nahe daran, zu ersticken. Wenn ich hätte sterben können, wäre dies meine letzte Stunde gewesen.«

Die Palme fuhr fort, laut zu denken, wie alte Einsiedler zu tun pflegen.

»Ich höre ein wunderbar melodisches Rauschen durch meine Krone eilen«, sagte sie. »Die Spitzen aller meiner Blätter müssen in Schwingungen beben. Ich weiß nicht, was mich beim Anblick dieser armen Fremdlinge durchfährt. Aber dieses betrübte Weib ist so schön. Sie bringt mir das Wunderbarste, das ich erlebt, wieder in Erinnerung.«

Und während die Blätter fortfuhren, sich in einer rauschenden Melodie zu regen, dachte die Palme daran, wie einmal, vor sehr langer Zeit, zwei strahlende Menschen Gäste der Oase gewesen waren. Es war die Königin von Saba, die hierher gekommen war, mit ihr der weise Salomo. Die schöne Königin wollte wieder heimkehren in ihr Land, der König hatte sie ein Stück Weges geleitet, und nun wollten sie sich trennen. – »Zur Erinnerung an diese

Stunde«, sagte da die Königin, »pflanze ich einen Dattelkern in die Erde, und ich will, dass daraus eine Palme werde, die wachsen und leben soll, bis im Land Juda ein König ersteht, der größer ist als Salomo.« Und als sie dieses gesagt hatte, senkte sie den Kern in die Erde, und ihre Tränen netzten ihn.

»Woher mag es kommen, dass ich just heute daran denke?«, fragte sich die Palme. »Sollte diese Frau so schön sein, dass sie mich an die herrlichste der Königinnen erinnert, an sie, auf deren Wort ich erwachsen bin und gelebt habe bis zum heutigen Tag?

Ich höre meine Blätter immer stärker rauschen«, sagte die Palme, »und es klingt wehmütig wie ein Totengesang. Es ist, als weissagten sie, dass jemand bald aus dem Leben scheiden müsse. Es ist gut, zu wissen, dass es nicht mir gilt, da ich nicht sterben kann.«

Die Palme nahm an, dass das Todesrauschen in ihren Blättern den beiden einsamen Wanderern gelten müsse. Sicherlich glaubten auch diese selbst, dass ihre letzte Stunde nahe. Man sah es an dem Ausdruck ihrer Züge, als sie an einem der Kamelskelette vorüberwanderten, die den Weg umgrenzten. Man sah es an den Blicken, die sie ein paar vorbeifliegenden Geiern nachsandten. Es konnte ja nicht anders sein. Sie waren verloren.

Sie hatten die Palme und die Oase erblickt und eilten nun darauf zu, um Wasser zu finden. Aber als sie endlich herankamen, sanken sie in Verzweiflung zusammen, denn die Quelle war ausgetrocknet. Das ermattete Weib legte das Kind nieder und setzte sich weinend an den Rand der Quelle. Der Mann warf sich neben ihr hin, er lag und hämmerte mit beiden Fäusten auf die trockene Erde. Die Palme hörte, wie sie miteinander davon sprachen, dass sie sterben müssten.

Sie hörte auch aus ihren Reden, dass der König Herodes alle Kindlein im Alter von zwei und drei Jahren hatte töten lassen, aus Furcht, dass der große, erwartete König der Juden geboren sein könnte.

»Es rauscht immer mächtiger in meinen Blättern«, dachte die Palme. »Diesen armen Flüchtlingen schlägt bald ihr letztes Stündlein.«

Sie vernahm auch, dass die beiden die Wüste fürchteten. Der Mann sagte, es wäre besser gewesen, zu bleiben und mit den Kriegsknechten zu kämpfen, statt zu fliehen. Sie hätten so einen leichteren Tod gefunden.

»Gott wird uns beistehen«, sagte die Frau.

»Wir sind einsam unter Raubtieren und Schlangen«, sagte der Mann. »Wir haben nicht Speise und Trank. Wie soll Gott uns beistehen können?«

Er zerriss seine Kleider in Verzweiflung und drückte sein Gesicht auf den Boden. Er war hoffnungslos, wie ein Mann mit einer Todeswunde im Herzen.

Die Frau saß aufrecht, die Hände über den Knien gefaltet. Doch die Blicke, die sie über die Wüste warf, sprachen von einer Trostlosigkeit ohne Grenzen.

Die Palme hörte, wie das wehmütige Rauschen in ihren Blättern immer stärker wurde. Die Frau musste es auch gehört haben, denn sie hob die Augen zur Baumkrone auf. Und zugleich erhob sie unwillkürlich ihre Arme und Hände.

»O, Datteln, Datteln!«, rief sie.

Es lag so große Sehnsucht in der Stimme, dass die alte Palme wünschte, sie wäre nicht höher als der Ginsterbusch, und ihre Datteln so leicht erreichbar wie die Hagebutten des Dornenstrauchs. Sie wusste wohl, dass ihre Krone voll von Dattelbüscheln hing, aber wie sollten wohl Menschen zu so schwindelnder Höhe hinaufreichen?

Der Mann hatte schon gesehen, wie unerreichbar hoch die Datteln hingen. Er hob nicht einmal den Kopf. Er bat nur die Frau, sich nicht nach dem Unmöglichen zu sehnen.

Aber das Kind, das für sich selbst umhergetrippelt war und mit Hälmchen und Gräsern gespielt hatte, hatte den Ausruf der Mutter gehört.

Der Kleine konnte sich wohl nicht denken, dass seine Mutter nicht alles bekommen könnte, was sie sich wünschte. Sowie man von Datteln sprach, begann er den Baum anzugucken. Er sann und grübelte, wie er die Datteln herunterbekommen sollte. Seine Stirn legte sich beinah in Falten unter dem hellen Gelock. Endlich huschte ein Lächeln über sein Antlitz. Er hatte das Mittel herausgefunden. Er ging auf die Palme zu und streichelte sie mit seiner kleinen Hand und sagte mit einer süßen Kinderstimme:

»Palme, beuge dich! Palme, beuge dich!«

Aber, was war das nur? Was war das? Die Palmenblätter rauschten, als wäre ein Orkan durch sie gefahren, und den langen Palmenstamm hinauf lief Schauer um Schauer. Und die Palme fühlte, dass der Kleine Macht über sie hatte. Sie konnte ihm nicht widerstehen.

Und sie beugte sich mit ihrem hohen Stamm vor dem Kind, wie Menschen sich vor Fürsten beugen. In einem gewaltigen Bogen senkte sie sich zur Erde und kam endlich so tief hinunter, dass die große Krone mit den bebenden Blättern über den Wüstensand fegte.

Das Kind schien weder erschrocken noch erstaunt zu sein, sondern mit einem Freudenruf kam es und pflückte Traube um Traube aus der Krone der alten Palme.

Als das Kind genug genommen hatte und der Baum noch immer auf der Erde lag, ging es wieder heran und liebkoste ihn und sagte mit der holdesten Stimme:

»Palme, erhebe dich, Palme, erhebe dich!«

Und der große Baum erhob sich still und ehrfürchtig auf seinem biegsamen Stamm, indes die Blätter gleich Harfen spielten.

»Jetzt weiß ich, für wen sie die Todesmelodie spielen«, sagte die alte Palme zu sich selbst, als sie wieder aufrecht stand. »Nicht für einen von diesen Menschen.«

Aber der Mann und das Weib lagen auf den Knien und lobten Gott.

»Du hast unsre Angst gesehen und sie von uns genommen. Du bist der Starke, der den Stamm der Palme beugt wie schwankes Rohr. Vor welchem Feinde sollten wir erbeben, wenn deine Stärke uns schützt?«

Als die nächste Karawane durch die Wüste zog, sahen die Reisenden, dass die Blätterkrone der großen Palme verwelkt war.

»Wie kann das zugehen?«, sagte ein Wanderer. »Diese Palme sollte ja nicht sterben, bevor sie einen König gesehen hätte, der größer wäre als Salomo.«

»Vielleicht hat sie ihn gesehen«, antwortete ein anderer von den Wüstenfahrern.

In Nazareth

Einmal zu der Zeit, da Jesus erst fünf Jahre alt war, saß er auf der Schwelle vor seines Vaters Werkstatt in Nazareth und war damit beschäftigt, aus einem Klümpchen geschmeidigen Tons, das er von dem Töpfer auf der anderen Seite der Straße erhalten hatte, Tonkuckucke zu verfertigen. Er war so glücklich wie nie zuvor, denn alle Kinder des Viertels hatten Jesus gesagt, dass der Töpfer ein mürrischer Mann sei, der sich weder durch freundliche Blicke noch durch honigsüße Worte erweichen ließe, und er hatte niemals gewagt, etwas von ihm zu verlangen. Aber siehe da, er wusste kaum, wie es zugegangen war: Er hatte nur auf seiner Schwelle gestanden und sehnsüchtig den Nachbarn betrachtet, wie er da an seinen Formen arbeitete, und da war der aus seinem Laden gekommen und hatte ihm so viel Ton geschenkt, dass er gereicht hätte, um einen Weinkrug daraus zu fertigen.

Auf der Treppenstufe vor dem nächsten Haus saß Judas, der hässlich und rothaarig war und das Gesicht voller blauer Flecke und die Kleider voller Risse hatte, die er sich bei seinen beständigen Kämpfen mit den Gassenjungen zugezogen hatte. Für den Augenblick war er still, er reizte niemand und balgte sich nicht, sondern arbeitete an einem Stück Ton, in gleicher Weise wie Jesus. Aber diesen Ton hatte er sich nicht selbst verschaffen können: Er traute sich kaum, dem Töpfer unter die Augen zu treten, denn dieser beschuldigte ihn, dass er Steine auf sein zerbrechliches Gut zu werfen pflege, und hätte ihn mit Stockhieben verjagt; Jesus war es, der seinen Vorrat mit ihm geteilt hatte.

Wie die zwei Kinder ihre Tonkuckucke fertig machten, stellten sie sie in einem Kreise vor sich auf. Sie sahen so aus, wie Tonkuckucke zu allen Zeiten ausgesehen haben, sie hatten einen großen roten Klumpen als Füße, um darauf zu stehen, kurze Schwänze, keinen Hals und kaum sichtbare Flügel.

Aber wie das auch sein mochte, alsbald zeigte sich ein Unterschied in der Arbeit der kleinen Kameraden. Judas' Vögel waren so schief, dass sie immer umpurzelten, und wie er sich auch mit seinen kleinen harten Fingern mühte, er konnte ihre Körper doch nicht niedlich und wohlgeformt machen. Er sah zuweilen verstohlen zu Jesus hinüber, um zu sehen, wie der es anstellte, dass seine Vögel so gleichmäßig und glatt wurden wie die Eichenblätter in den Wäldern auf dem Berg Tabor.

Mit jedem Vogel, den Jesus fertig hatte, wurde er glücklicher. Einer deuchte ihn schöner als der andere, und er betrachtete sie alle mit Stolz und Liebe. Sie sollten seine Spielgefährten werden, seine kleinen Geschwister, sie sollten in seinem Bett schlafen, mit ihm Zwiesprache halten, ihm ihre Lieder singen, wenn seine Mutter ihn allein ließ. Er hatte sich nie so reich gedünkt, niemals mehr würde er sich einsam oder verlassen fühlen können.

Der hochgewachsene Wasserträger ging vorbei, gebeugt unter seinem schweren Sack, und gleich nach ihm kam der Gemüsehändler, der mitten zwischen den großen leeren Weidenkörben auf dem Rücken seines Esels baumelte. Der Wasserträger legte seine Hand auf Jesus' blondlockigen Kopf und fragte ihn nach seinen Vögeln, und Jesus erzählte, dass sie Namen hätten und dass sie singen könnten. Alle seine kleinen Vögelchen wären aus fremden Ländern zu ihm gekommen und erzählten ihm Dinge, von denen nur sie und er wüssten. Und Jesus sprach so, dass der Wasserträger wie der Gemüsehändler lange ihre Verrichtungen vergaßen, um ihm zu lauschen.

Als sie weiterziehen wollten, wies Jesus auf Judas. »Seht, was für schöne Vögel Judas macht!«, sagte er. Da hielt der Gemüsehändler gutmütig seinen Esel an und fragte Judas, ob auch seine Vögel Namen hätten und singen könnten. Aber Judas wusste nichts hierüber, er schwieg eigensinnig und hob die Augen nicht von seiner Arbeit; der Gemüsehändler stieß ärgerlich einen seiner Vögel mit dem Fuß weg und ritt weiter.

So verstrich der Nachmittag, und die Sonne sank so tief, dass ihr Schein durch das niedrige Stadttor hereinschreiten konnte, das sich, mit einem römischen Adler geschmückt, am Ende der Straße erhob. Dieses Sonnenlicht, das um die Neige des Tages kam, war ganz rosenrot, und als wäre es aus Blut gemischt, gab es seine Farben allem, was ihm in den Weg kam, während es durch das schmale Gässchen rieselte. Es malte die Gefäße des Töpfers ebenso wie die Planke, die unter der Säge des Zimmermanns knirschte, und das weiße Tuch, das Marias Gesicht umgab.

Aber am allerschönsten blinkte der Sonnenschein in den kleinen Wasserpfützen, die sich zwischen den großen holprigen Steinfliesen, die die Straße bedeckten, angesammelt hatten. Und plötzlich steckte Jesus seine Hand in die Pfütze, die ihm zunächst war. Es war ihm eingefallen, dass er seine grauen Vögel mit dem glitzernden Sonnenschein anmalen wollte, der dem Wasser, den Hausmauern, kurz allem ringsum eine so schöne Farbe verliehen hatte.

Da war es dem Sonnenlicht eine Freude, sich auffangen zu lassen wie die Farbe aus einem Malertiegel, und als Jesus es über die kleinen Tonvögelchen strich, da lag es still und bedeckte sie vom Kopf bis zum Fuß mit diamantenähnlichem Glanz.

Judas, der hie und da einen Blick hinüber zu Jesus warf, um zu sehen, ob dieser mehr und schönere Vögel mache als er, stieß einen Ausruf des Entzückens aus, als er sah, wie Jesus seine Tonkuckucke mit Sonnenschein bemalte, den er aus den Wassertümpeln der Gasse auffing. Und Judas tauchte seine Hand auch in das leuchtende Wasser und suchte das Sonnenlicht aufzufangen.

Aber das Sonnenlicht ließ sich nicht von ihm fangen. Es glitt zwischen seinen Fingern hindurch, und wie hurtig er sich auch mühte, die Hände zu regen, um es zu greifen, es entschlüpfte ihm doch, und er konnte seinen armen Vögeln kein bisschen Farbe schaffen.

»Warte, Judas!«, sagte Jesus. »Ich will kommen und deine Vögel malen.«

»Nein«, sagte Judas, »du darfst sie nicht anrühren. Sie sind gut genug, wie sie sind.«

Er stand auf, während seine Stirn sich furchte und seine Lippen sich aufeinanderpressten. Und er setzte seinen breiten Fuß auf die Vögel und verwandelte sie einen nach dem andern in kleine abgeplattete Lehmklumpen.

Als seine Vögel alle zerstört waren, ging er auf Jesus zu, der dasaß und seine kleinen Tonvögel streichelte, die wie Juwelen funkelten. Judas betrachtete sie eine Weile schweigend, aber dann hob er den Fuß und trat einen von ihnen nieder.

Als Judas den Fuß zurückzog und den ganzen kleinen Vogel in grauen Lehm verwandelt sah, empfand er eine solche Wollust, dass er zu lachen begann, und er hob den Fuß, um noch einen zu zertreten.

»Judas«, rief Jesus, »was tust du? Weißt du nicht, sie sind lebendig und können singen?«

Aber Judas lachte und zertrat noch einen Vogel.

Jesus sah sich nach Hilfe um. Judas war groß, und Jesus hatte nicht die Kraft, ihn zurückzuhalten. Er schaute nach seiner Mutter aus. Sie war nicht weit weg, aber ehe sie herankäme, konnte Judas schon alle seine Vögel zerstört haben. Die Tränen traten Jesus in die Augen. Judas hatte schon vier seiner Vögel zertreten, es waren nur noch drei.

Er war seinen Vögeln gram, dass sie so stille standen und sich niedertreten ließen, ohne auf die Gefahr zu achten. Jesus klatschte in die Hände, um sie zu wecken, und rief ihnen zu: »Fliegt, fliegt!«

Da begannen die drei Vögel ihre kleinen Flügel zu regen, und ängstlich flatternd vermochten sie sich auf den Rand des Daches zu schwingen, wo sie geborgen waren.

Aber als Judas sah, dass die Vögel auf Jesus Wort die Flügel regten und flogen, da fing er zu weinen an. Er raufte sein Haar, wie er es die Alten hatte tun sehen, wenn sie in großer Angst und Sorge waren, und warf sich Jesus zu Füßen.

Und da lag Judas und wälzte sich vor Jesus im Staub wie ein Hund und küsste seine Füße und bat, dass er seinen Fuß erheben und ihn niedertreten möge, wie er mit den Tonvögeln getan hatte.

Denn Judas liebte Jesus und bewunderte ihn und betete ihn an und hasste ihn zugleich.

Aber Maria, die die ganze Zeit über das Spiel der Kinder mit angesehen hatte, stand jetzt auf und hob Judas empor und setzte ihn auf ihren Schoß und liebkoste ihn.

»Du armes Kind!«, sagte sie zu ihm. »Du weißt nicht, dass du etwas versucht hast, was kein Geschöpf vermag. Vermiss dich nicht mehr, solches zu tun, wenn du nicht der Unglücklichste aller Menschen werden willst! Wie sollte es wohl dem von uns ergehen, der es unternähme, mit ihm zu wetteifern, der mit Sonnenschein malt und dem toten Lehm den Odem des Lebens einhaucht?«

Im Tempel

Es waren einmal ein paar arme Leute, ein Mann, eine Frau und ihr kleines Söhnlein, die gingen in dem großen Tempel in Jerusalem umher. Der Sohn war ein bildschönes Kind. Er hatte Haare, die in weichen Locken lagen, und Augen, die ganz wie Sterne leuchteten.

Der Sohn war nicht im Tempel gewesen, seit er so groß war, dass er verstehen konnte, was er sah; und jetzt gingen seine Eltern mit ihm umher und zeigten ihm alle Herrlichkeiten. Da waren lange Säulenreihen, da waren vergoldete Altäre, da waren heilige Männer, die saßen und ihre Schüler unterwiesen, da war der oberste Priester mit seinem Brustschild aus Edelsteinen, da waren Vorhänge aus Babylon, die mit Goldrosen durchwebt waren, da waren die großen Kupfertore, die so schwer waren, dass es eine Arbeit für dreißig Männer war, sie in ihren Angeln hin und her zu schwingen.

Aber der kleine Knabe, der erst zwölf Jahre zählte, kümmerte sich nicht viel um das alles. Seine Mutter erzählte ihm, dass, was sie ihm zeigten, das Merkwürdigste auf der Welt sei. Sie sagte ihm, dass es wohl lange dauern würde, ehe er noch einmal so etwas zu sehen bekäme. In dem armen Nazareth, wo sie daheim waren, gab es nichts anderes anzugucken als die grauen Gassen.

Ihre Ermahnungen fruchteten aber nicht viel. Der kleine Knabe sah aus, als wäre er gerne aus dem herrlichen Tempel fortgelaufen, wenn er dafür in der engen Gasse in Nazareth hätte spielen dürfen.

Aber es war wunderlich: je gleichgültiger der Knabe sich zeigte, desto froher und vergnügter wurden die Eltern. Sie nickten einander über seinen Kopf hinweg zu und waren eitel Zufriedenheit.

Endlich sah der Kleine so müde und erschöpft aus, dass er der Mutter leidtat. »Wir sind zu weit mit dir gegangen«, sagte sie. »Komm, du sollst dich ein Weilchen ausruhen!«

Sie ließ sich neben einer Säule nieder und sagte ihm, er solle sich auf den Boden legen und den Kopf in ihren Schoß betten. Und er tat es und schlummerte sogleich ein.

Kaum war er eingeschlafen, da sagte die Frau zu dem Mann: »Ich habe nichts so gefürchtet wie die Stunde, da er Jerusalems Tempel betreten würde. Ich glaubte, wenn er dieses Haus Gottes erblickte, würde er für alle Zeit hierbleiben wollen.«

»Auch mir hat vor dieser Fahrt gebangt«, sagte der Mann. »Zur Zeit, da er geboren wurde, geschahen mancherlei Zeichen, die darauf deuteten, dass er ein großer Herrscher werden würde. Aber was sollte ihm die Königswürde bringen als Sorgen und Gefahren? Ich habe immer gesagt, dass es das Beste für ihn wie für uns wäre, wenn er niemals etwas anderes würde, als ein Zimmermann in Nazareth.«

»Seit seinem fünften Jahr«, sagte die Mutter nachdenklich, »sind keine Wunder um ihn geschehen. Und er selber erinnert sich an nichts von dem, was sich in seiner frühesten Kindheit zugetragen hat. Er ist jetzt ganz wie ein Kind unter andern Kindern. Gottes Wille möge vor allem geschehen, aber ich habe fast zu hoffen begonnen, dass der Herr in seiner Gnade einen andern für die großen Schicksale erwählen und mir meinen Sohn lassen werde.«

»Was mich betrifft«, sagte der Mann, »so bin ich gewiss, dass alles gut gehen wird, wenn er gar nichts von den Zeichen und Wundern erfährt, die sich in seinen ersten Lebensjahren begeben haben.«

»Ich spreche nie mit ihm über etwas von diesem Wunderbaren«, sagte die Frau. »Aber ich fürchte immer, dass ohne mein Hinzutun etwas geschehen könnte, was ihn erkennen lässt, wer er ist. Vor allem hatte ich Angst, ihn in diesen Tempel zu führen.«

»Du kannst froh sein, dass die Gefahr nun vorüber ist«, sagte der Mann. »Bald haben wir ihn wieder daheim in Nazareth.«

»Ich habe mich vor den Schriftgelehrten im Tempel gefürchtet«, sagte die Frau. »Ich fürchtete mich vor den Wahrsagern, die hier auf ihren Matten sitzen. Ich glaubte, wenn er ihnen unter die Augen träte, würden sie aufstehen und sich vor dem Kind beugen und es als den König der Juden grüßen. Es ist seltsam, dass sie seiner Herrlichkeit nicht gewahr werden. Ein solches Kind ist ihnen noch niemals vor Augen gekommen.«

Sie saß eine Weile schweigend und betrachtete das Kind. »Ich kann es kaum verstehen«, sagte sie. »Ich glaubte, wenn er diese Richter sehen würde, die in dem heiligen Haus sitzen und die Zwiste des Volkes schlichten, und diese Lehrer, die zu ihren Jüngern sprechen, und diese Priester, die dem Herrn dienen, so würde er erwachen und rufen: ›Hier unter diesen Richtern, diesen Lehrern, diesen Priestern zu leben bin ich geboren.‹«

»Was sollte dies wohl für ein Glück sein, zwischen diesen Säulengängen eingesperrt zu sitzen?«, fiel der Mann ein. »Es ist besser für ihn, auf den Hügeln und Bergen rings um Nazareth umherzuwandern.«

Die Mutter seufzte ein wenig. »Er ist so glücklich bei uns daheim«, sagte sie. »Wie zufrieden ist er, wenn er die Schafherden auf ihren einsamen Wanderungen begleiten darf, oder wenn er über die Felder geht und der Arbeit der Landleute zusieht! Ich kann nicht glauben, dass wir unrecht gegen ihn handeln, wenn wir versuchen, ihn für uns zu behalten.«

»Wir ersparen ihm nur das größte Leid«, sagte der Mann.

Sie fuhren fort, so miteinander zu sprechen, bis das Kind aus seinem Schlummer erwachte.

»Sieh da«, sagte die Mutter, »hast du dich jetzt ausgeruht? Stehe nun auf, denn der Abend bricht an, und wir müssen heim zum Lagerplatz.«

Sie befanden sich in dem entferntesten Teil des Gebäudes, als sie die Wanderung zum Ausgang antraten.

Nach einigen Augenblicken hatten sie ein altes Gewölbe zu durchschreiten, das sich noch aus der Zeit erhalten hatte, als zum ersten Mal ein Tempel an dieser Stelle errichtet worden war, und da, an eine Wand gelehnt, stand ein altes Kupferhorn von ungeheurer Länge und Schwere gleich einer Säule da, damit man es an den Mund führe und darauf blase. Es stand da, bucklig und verschrammt, innen und außen voll Staub und Spinngeweben, und von einer kaum sichtbaren Schlinge von altertümlichen Buchstaben umgeben. Tausend Jahre mochten wohl vergangen sein, seit jemand versucht hatte, ihm einen Ton zu entlocken.

Aber als der kleine Knabe das ungeheure Horn erblickte, blieb er verwundert stehen. »Was ist das?«, fragte er.

»Das ist das große Horn, das die Stimme des Weltenfürsten genannt wird«, antwortete die Mutter. »Mit ihm rief Moses die Kinder Israels zusammen, als sie in der Wüste zerstreut waren. Nach seiner Zeit hat niemand es vermocht, ihm auch nur einen einzigen Ton zu entlocken. Aber wer dies vermag, wird alle Völker der Erde unter seiner Gewalt sammeln.«

Sie lächelte über dies, was sie für ein altes Märchen hielt, aber der kleine Knabe blieb vor dem großen Horn stehen, bis sie ihn fortrief. Von allem, was er in dem Tempel gesehen, war dieses Horn das Erste, was ihm wohlgefiel. Er hätte gern verweilt, um es lange und genau anzusehen.

Sie waren nicht lange gegangen, als sie in einen großen, weiten Tempelhof kamen. Hier befand sich im Berggrunde selbst eine Kluft, tief und weit, so wie sie von Urzeit an gewesen war. Diese Spalte hatte König Salomo nicht ausfüllen wollen, als er den Tempel baute. Keine Brücke hatte er darüber geschlagen, kein Gitter hatte er vor dem schwindelnden Abgrund errichtet. Stattdessen hatte er über die Kluft eine mehrere Ellen lange Klinge aus Stahl gespannt, scharfgeschliffen, mit der Schneide nach oben. Und nach einer Unendlichkeit von Jahren und Wechselfällen lag die Klinge noch über dem Abgrund. Jetzt war sie doch beinahe verrostet, sie war nicht mehr sicher an ihren Endpunkten befestigt, sondern zitterte und schaukelte sich, sowie jemand mit schweren Schritten über den Tempelhof ging.

Als die Mutter den Knaben über einen Umweg an der Kluft vorbeiführte, fragte er sie: »Was ist dieses für eine Brücke?«

»Die ist von König Salomo hingelegt worden«, antwortete die Mutter, »und wir nennen sie die Paradiesbrücke. Wenn du diese Kluft auf dieser zitternden Brücke zu überschreiten vermagst, deren

Schneide dünner ist als ein Sonnenstrahl, so kannst du gewiss sein, ins Paradies zu kommen.«

Und sie lächelte und eilte weiter, aber der Knabe blieb stehen und betrachtete die schmale, bebende Stahlklinge, bis die Mutter nach ihm rief.

Als er ihr gehorchte, seufzte er, weil sie ihm diese zwei wunderbaren Dinge nicht früher gezeigt hatte, so dass er vollauf Zeit gehabt hätte, sie zu betrachten.

Sie gingen nun ohne Aufenthalt, bis sie den großen Eingangsportikus mit seinen fünffachen Säulenreihen erreichten. Hier standen in einer Ecke ein paar Säulen aus schwarzem Marmor, auf demselben Fußgestell so nahe aneinander aufgerichtet, dass man kaum einen Strohhalm dazwischen durchzuschieben vermochte. Sie waren hoch und majestätisch, mit reich geschmückten Kapitalen, um die eine Reihe seltsam geformter Tierköpfe lief. Aber nicht ein Zoll breit dieser schönen Säulen war ohne Risse und Schrammen, sie waren beschädigt und abgenützt wie nichts anderes im Tempel. Sogar der Boden rings um sie war blankgescheuert und ein wenig ausgehöhlt von den Tritten vieler Füße.

Wieder hielt der Knabe seine Mutter an und fragte sie: »Was sind dies für Säulen?«

»Es sind Säulen, die unser Vater Abraham aus dem fernen Chaldäa hierher nach Palästina gebracht hat und die er die Pforte der Gerechtigkeit nannte. Wer sich zwischen ihnen durchdrängen kann, der ist gerecht vor Gott und hat niemals eine Sünde begangen.«

Der Knabe blieb stehen und sah mit großen Augen die Säulen an.

»Du willst wohl nicht versuchen, dich zwischen ihnen durchzuzwängen?«, sagte die Mutter und lachte. »Du siehst, wie ausgetreten der Boden rings um sie ist, von den vielen, die versucht haben, sich durch den schmalen Spalt zu drängen, aber du kannst es mir glauben, es ist keinem gelungen. Spute dich nun! Ich höre das Donnern der Kupfertore, an die die dreißig Tempeldiener ihre Schultern stemmen, um sie in Bewegung zu setzen.«

Aber die ganze Nacht lag der kleine Knabe im Zelt wach, und er sah nichts anderes vor sich als die Pforte der Gerechtigkeit und die Paradiesesbrücke und die Stimme des Weltenfürsten. Von so wunderbaren Dingen hatte er nie zuvor gehört. Und er konnte sie sich nicht aus dem Kopf schlagen.

Und am Morgen des nächsten Tages erging es ihm ebenso. Er konnte an nichts anderes denken. An diesem Morgen sollten sie die Heimreise antreten. Die Eltern hatten viel zu tun, bis sie das Zelt abgebrochen und einem großen Kamel aufgeladen hatten und bis alles andere in Ordnung kam. Sie sollten nicht allein fahren, sondern in Gesellschaft von vielen Verwandten und Nachbarn, und da so viel Leute fortziehen sollten, ging das Einpacken natürlich sehr langsam vonstatten.

Der kleine Knabe half nicht bei der Arbeit mit, sondern mitten in dem Hasten und Eilen saß er still da und dachte an die drei wunderbaren Dinge.

Plötzlich fiel ihm ein, dass er noch Zeit hatte, in den Tempel zu gehen und sie noch einmal anzusehen. Da war noch viel, was aufgeladen werden musste. Er könnte wohl noch vor dem Aufbruch vom Tempel zurückkommen.

Er eilte von dannen, ohne jemand zu sagen, wohin er sich begab. Er glaubte nicht, dass dies nötig sei. Er wollte ja bald wieder da sein.

Es währte nicht lang, so erreichte er den Tempel und trat in die Säulenhalle, wo die zwei schwarzen Geschwistersäulen aufgestellt waren.

Sowie er sie erblickte, begannen seine Augen vor Freude zu leuchten. Er setzte sich auf den Boden neben sie und starrte zu ihnen empor. Wenn er daran dachte, dass wer sich zwischen diesen zwei Säulen durchdrängen könnte, gerecht vor Gott wäre und niemals eine Sünde begangen hätte, da deuchte es ihn, dass er niemals etwas so Wunderbares geschaut hätte.

Er dachte, wie herrlich es sein müsse, sich zwischen diesen zwei Säulen durchdrängen zu können, aber sie standen so nah nebeneinander, dass es unmöglich war, es auch nur zu versuchen. So saß er wohl eine Stunde regungslos vor den Säulen, aber davon wusste er nichts. Er glaubte, dass er sie nur ein paar Augenblicke betrachtet hätte.

Aber es begab sich, dass in der prächtigen Säulenhalle, in der der Knabe saß, die Richter des Hohen Rats versammelt waren, um dem Volk bei seinen Zwistigkeiten zurechtzuhelfen. Der ganze Portikus war voller Menschen, die wegen Grenzmarken klagten, die man verschoben hatte, über Schafe, die aus der Herde geraubt und mit falschen Zeichen versehen worden waren, über Schuldner, die ihre Schulden nicht bezahlen wollten.

Unter allen den andern kam auch ein reicher Mann, der in schleppende Purpurgewänder gekleidet war und eine arme Witwe vor den Richterstuhl führte, die ihm einige Sekel Silber schuldig sein sollte. Die arme Witwe jammerte und sagte, dass der Reiche unrecht an ihr handele. Sie hätte ihm schon einmal ihre Schuld bezahlt, nun wolle er sie zwingen, es noch einmal zu tun, aber das vermöge sie nicht. Sie wäre so arm, dass sie, wenn die Richter sie verurteilten, zu bezahlen, gezwungen wäre, dem Reichen ihre Töchter als Sklavinnen zu geben.

Der zuhöchst auf dem Richterstuhl saß, wendete sich an den reichen Mann und sprach zu ihm: »Wagst du einen Eid darauf zu leisten, dass diese arme Frau dir das Geld noch nicht bezahlt hat?«

Da antwortete der Reiche: »Herr, ich bin ein reicher Mann. Sollte ich mir die Mühe machen, mein Geld von dieser armen Witwe zu fordern, wenn ich nicht das Recht dazu hätte? Ich schwöre dir, so gewiss niemand je durch die Pforte der Gerechtigkeit wandern wird, so gewiss ist mir diese Frau die Summe schuldig, die ich begehre.«

Als die Richter diesen Eid vernahmen, glaubten sie seinen Worten und fällten den Spruch, dass die arme Witwe ihre Töchter als Sklavinnen hingeben solle.

Aber der kleine Knabe saß dicht daneben und hörte das alles. Er dachte bei sich selbst: Wie gut wäre es doch, wenn jemand sich durch die Pforte der Gerechtigkeit drängen könnte! Dieser Reiche hat sicherlich nicht die Wahrheit gesprochen. Wie jammert mich die alte Frau, die ihre Töchter als Sklavinnen hingeben muss.

Er sprang auf das Fußgestell, von dem die beiden Säulen in die Höhe strebten und blickte durch die Spalte.

Ach, dass es doch nicht so ganz unmöglich wäre!, dachte er.

Er war so betrübt um der armen Frau willen. Nun dachte er gar nicht daran, dass wer sich durch dieses Tor zu drängen vermöchte, gerecht und ohne Sünde wäre. Er wollte nur um des armen Weibes willen hindurchkommen.

Er stemmte seine Schulter in die Vertiefung zwischen den Säulen, gleichsam, um sich einen Weg zu bahnen.

In diesem Augenblick sahen alle Menschen, die in der Säulenhalle standen, zur Pforte der Gerechtigkeit hin. Denn es donnerte in den Gewölben, und es rauschte in den alten Säulen, und sie schoben sich zur Seite, eine nach rechts und eine nach links, und ließen einen so großen Raum frei, dass der schlanke Körper des Knaben zwischen ihnen durchschlüpfen konnte.

Da entstand großes Staunen und Aufsehen. Im ersten Augenblick wusste niemand, was er sagen sollte. Die Leute standen nur und starrten den kleinen Knaben an, der ein so großes Wunder vollbracht hatte. Der Erste, der seine Fassung wieder erlangte, war der Älteste unter den Richtern. Er rief, man solle den reichen Kaufmann ergreifen und ihn vor den Richterstuhl führen. Und er verurteilte ihn, sein ganzes Hab und Gut der armen Witwe zu geben, weil er falsch geschworen hatte in Gottes Tempel.

Als dies abgetan war, fragte der Richter nach dem Knaben, der die Pforte der Gerechtigkeit durchschritten hatte, aber da die Menschen sich nach ihm umsahen, war er verschwunden. Denn in demselben Augenblick, wo die Säulen auseinanderglitten, war er wie aus einem Traum erwacht, und er hatte sich an seine Eltern und die Heimreise erinnert. Jetzt muss ich von hier fort eilen, damit meine Eltern nicht auf mich warten, dachte er.

Aber er wusste gar nicht, dass er eine volle Stunde vor der Pforte der Gerechtigkeit zugebracht hatte, sondern er wähnte, nur ein paar Minuten dort verweilt zu haben, darum meinte er, dass er wohl noch Zeit hätte, einen Blick auf die Paradiesesbrücke zu werfen, ehe er den Tempel verließe.

Und auf leichten Füßen glitt er durch die Volksmenge und kam auf die Paradiesesbrücke, die in einem ganz andern Teil des großen Tempels gelegen war.

Aber als er die scharfe Stahlklinge sah, die sich über die Kluft spannte, und daran dachte, dass der Mensch, der über diese Brücke wandern könnte, gewiss wäre, ins Paradies zu kommen, da deuchte es ihn, dass dies das Merkwürdigste wäre, was er je geschaut hätte, und er setzte sich an den Rand der Kluft, um die Stahlklinge zu betrachten.

Da saß er und dachte, wie lieblich es sein müsste, ins Paradies zu kommen und wie gern er über diese Brücke gehen wolle. Aber zugleich sah er, dass es ganz unmöglich war, dies auch nur zu versuchen.

So saß er zwei Stunden und grübelte, aber er wusste nicht, dass so viel Zeit vergangen war. Er saß nur und dachte an das Paradies.

Aber es war so, dass auf dem Hof, wo die tiefe Kluft sich befand, ein großer Opferaltar stand, und um ihn herum gingen weiß gekleidete Priester, die das Feuer auf dem Altar hüteten und Opfergaben in Empfang nahmen. Auf dem Hof standen auch viele, die opferten, und eine große Menge, die dem Gottesdienst nur zusah.

Kam da auch ein armer, alter Mann gegangen, der ein Lämmchen trug, das sehr klein und mager war und obendrein noch von einem Hund gebissen worden war, so dass es eine große Wunde hatte.

Der Mann ging mit diesem Lamm zu den Priestern und bat sie, es opfern zu dürfen, aber sie schlugen es ihm ab. Sie sagten ihm, eine so armselige Gabe könne er dem Herrn nicht darbringen. Der Alte bat, sie möchten doch um der Barmherzigkeit willen das Lamm annehmen, denn sein Sohn liege krank auf den Tod, und er besitze nichts anderes, was er Gott für seine Genesung opfern könnte. »Ihr müsst es mich opfern lassen«, sagte er, »sonst kommt mein Gebet nicht vor Gottes Angesicht, und mein Sohn stirbt.«

»Du kannst mir glauben, dass ich Mitleid mit dir habe«, sagte der Priester, »aber das Gesetz verbietet uns, ein verletztes Tier zu opfern. Es ist ebenso unmöglich, deiner Bitte zu willfahren, wie es unmöglich ist, die Paradiesesbrücke zu überschreiten.«

Der kleine Knabe saß so nah, dass er das alles hörte. Er dachte gleich, wie schade es doch wäre, dass niemand die Brücke zu überschreiten vermochte. Vielleicht könnte der Arme seinen Sohn behalten, wenn das Lamm geopfert würde.

Der alte Mann ging betrübt vom Tempelhof fort, aber der Knabe erhob sich, schritt auf die zitternde Brücke zu und setzte seinen Fuß darauf.

Er dachte gar nicht daran, hinübergehen zu wollen, um des Paradieses gewiss zu sein. Seine Gedanken weilten bei dem Armen, dem er zu helfen wünschte.

Aber er zog den Fuß wieder zurück, denn er dachte: Es ist unmöglich. Sie ist gar zu alt und rostig, sie könnte mich nicht einmal tragen.

Aber noch einmal schweiften seine Gedanken zu dem Armen, dessen Sohn krank auf den Tod lag. Wieder setzte er den Fuß an die Schwertklinge.

Da merkte er, dass sie zu zittern aufhörte und sich unter seinem Fuß breit und fest anfühlte.

Und als er den nächsten Schritt darauf machte, fühlte er, dass die Luft rings umher ihn unterstützte, so dass er nicht fallen konnte. Sie trug ihn, als wenn er ein Vogel wäre und Flügel hätte.

Aber aus der gespannten Klinge löste sich zitternd ein holder Ton, wie der Knabe darüber hin schritt, und einer von denen, die auf dem Hof standen, wendete sich um, da er den Ton vernahm. Er stieß einen Ruf aus, und jetzt wendeten sich auch alle die andern, und sie gewahrten den kleinen Knaben, der über die Stahlklinge geschritten kam.

Da gerieten alle, die da standen, in große Verwunderung und Bestürzung. Die Ersten, die sich fassten, waren die Priester. Sie sendeten sogleich einen Boten nach dem Armen, und als dieser zurückkam, sagten sie zu ihm: »Gott hat ein Wunder getan, um uns zu zeigen, dass er deine Gabe empfangen will. Gib dein Lamm her, wir wollen es opfern!«

Als dies geschehen war, fragten sie nach dem kleinen Knaben, der über die Kluft gewandert war. Aber als sie sich nach ihm umsahen, konnten sie ihn nicht finden.

Denn gerade, als der Knabe die Kluft überschritten hatte, hatte er an die Heimreise und die Eltern denken müssen. Er wusste nicht, dass der Morgen und der Vormittag schon verstrichen waren, sondern er dachte: Ich muss mich jetzt sputen, heimzukommen, damit sie nicht zu warten brauchen. Ich will nur erst noch forteilen und einen Blick auf die Stimme des Weltenfürsten werfen.

Und er schlich sich zwischen dem Volk durch und eilte auf leichten Sohlen nach dem halbdunkeln Säulengang, wo das Kupferhorn an die Wand gelehnt stand.

Als er es sah und bedachte, dass wer ihm einen Ton entlocken konnte, alle Völker der Erde unter seiner Herrschaft versammeln würde, da deuchte es ihn, dass er niemals etwas so Merkwürdiges gesehen hätte, und er setzte sich daneben nieder und betrachtete es.

Er dachte, wie groß es sein müsste, alle Menschen der Erde zu gewinnen, und wie sehnlichst er sich wünschte, in das alte Horn blasen zu können. Aber er sah ein, dass dies unmöglich wäre, und so wagte er nicht einmal den Versuch.

So saß er mehrere Stunden, aber er wusste nicht, dass die Zeit verstrich. Er dachte nur daran, was für ein Gefühl es sein müsste, alle Menschen der Erde unter seiner Herrschaft zu sammeln.

Aber es war so, dass in diesem kühlen Säulengang ein heiliger Mann saß und seine Schüler unterwies. Und er wendete sich jetzt an einen der Jünglinge, die zu seinen Füßen saßen, und sagte ihm, dass er ein Betrüger sei. Der Geist hätte ihm verraten, sagte der Heilige, dass dieser Jüngling ein Fremder sei und kein Israelit. Und nun fragte ihn der Heilige, warum er sich unter einem falschen Namen unter seine Jünger eingeschlichen hätte.

Da erhob sich der fremde Jüngling und sagte, er sei durch Wüsten gepilgert und über große Meere gezogen, um die wahre Weisheit und die Lehre des einzigen Gottes verkünden zu hören. »Meine Seele verschmachtete vor Sehnsucht«, sagte er zu dem Heiligen. »Aber ich wusste, dass du mich nicht unterrichten würdest, wenn ich nicht sagte, dass ich ein Israelit sei. Darum belog ich dich, auf dass meine Sehnsucht gestillt würde. Und ich bitte dich, lass mich bei dir bleiben.«

Aber der Heilige stand auf und streckte die Arme zum Himmel empor. »Ebenso wenig sollst du bei mir bleiben, als jemand auferstehen wird und auf dem großen Kupferhorn blasen, das wir die Stimme des Weltenfürsten nennen. Es ist dir nicht einmal gestattet, diese Stelle des Tempels zu betreten, weil du ein Heide bist. Eile von hinnen, sonst werden meine andern Schüler sich auf dich stürzen und dich in Stücke reißen, denn deine Gegenwart schändet den Tempel.«

Aber der Jüngling stand still und sprach: »Ich will nirgends hingehen, wo meine Seele keine Nahrung findet. Lieber will ich hier zu deinen Füßen sterben.«

Kaum hatte er dies gesagt, als die Schüler des Heiligen aufsprangen, um ihn zu vertreiben. Und als er sich zur Wehr setzte, warfen sie ihn zu Boden und wollten ihn töten.

Aber der Knabe saß ganz nahe, so dass er alles sah und hörte, und er dachte: Dies ist eine große Hartherzigkeit. Ach, könnte ich doch in das Kupferhorn blasen, dann wäre ihm geholfen.

Er stand auf und legte seine Hand auf das Horn. In diesem Augenblick wünschte er nicht mehr, es an seine Lippen heben zu können, weil wer dies vermöchte, ein großer Herrscher werden würde, sondern weil er hoffte, einem beistehen zu können, dessen Leben in Gefahr war.

Und er umklammerte das Kupferhorn mit seinen kleinen Händchen und versuchte es zu heben.

Da fühlte er, dass das ungeheure Horn sich von selbst zu seinen Lippen hob. Und wie er nur atmete, drang ein starker, klingender Ton aus dem Horn und schallte durch den ganzen großen Tempelraum.

Da wendeten alle ihre Blicke hin, und sie sahen, dass es ein kleiner Knabe war, der mit dem Horn an seinen Lippen dastand und ihm Töne entlockte, die die Wölbungen und Säulen erzittern ließen.

Allsogleich senkten sich da alle Hände, die sich erhoben hatten, um den fremden Jüngling zu schlagen, und der heilige Lehrer sprach zu ihm:

»Komm und setz dich hier zu meinen Füßen, wo du früher gesessen hast! Gott hat ein Wunder getan, um mir zu zeigen, dass es sein Wunsch ist, dass du in seine Anbetung eingeweiht werdest.«

Als der Tag zur Neige ging, wanderten ein Mann und ein Weib mit eiligen Schritten auf Jerusalem zu. Sie sahen erschrocken und unruhig aus, und sie riefen jedem, den sie trafen, zu: »Wir haben unseren Sohn verloren. Wir glaubten, er sei mit unsern Verwandten und Nachbarn gegangen, aber keiner von ihnen hat ihn gesehen. Ist jemand von euch unterwegs an einem einsamen Kind vorbeigekommen?«

Die Leute, die von Jerusalem kamen, antworteten ihnen: »Nein, euern Sohn haben wir nicht gesehen, aber im Tempel haben wir das schönste Kind geschaut. Es war ein Engel des Himmels und es ist durch die Pforte der Gerechtigkeit gewandelt.«

Sie hätten gern dies alles haarklein erzählt, doch die Eltern hatten nicht Zeit, ihnen zuzuhören.

Als sie ein Stück weiter gegangen waren, trafen sie andere Menschen und befragten diese.

Aber die von Jerusalem kamen, wollten nur von dem allerschönsten Kind erzählen, das aussehe, als wäre es vom Himmel herabgestiegen, und das die Paradiesesbrücke überschritten hätte.

Sie wären gern stehen geblieben und hätten bis zum späten Abend davon gesprochen, allein der Mann und die Frau hatten nicht Zeit, ihnen zu lauschen, sondern sie eilten in die Stadt.

Sie gingen straßauf und straßab, ohne das Kind zu finden. Endlich kamen sie zum Tempel.

Als sie dort vorbeigingen, sagte die Frau: »Da wir nun hier sind, so lass uns doch eintreten und sehen, was für ein Kind das ist, von dem sie sagen, es sei vom Himmel herabgestiegen!« Sie traten ein und fragten, wo sie das Kind sehen könnten.

»Geht geradeaus, dorthin, wo die heiligen Lehrer mit ihren Schülern sitzen. Dort ist das Kind. Die alten Männer haben ihn in ihre Mitte gesetzt, sie fragen ihn, und er fragt sie, und sie verwundern sich alle über ihn. Aber alles Volk steht unten auf dem Tempelhof, um nur einen Schimmer dessen zu sehen, der die Stimme des Weltenfürsten an seine Lippen geführt hat.«

Der Mann und die Frau bahnten sich einen Weg durch den Volkshaufen, und sie sahen, dass das Kind, das unter den weisen Lehrern saß, ihr Sohn war.

Aber sowie die Frau das Kind wiedererkannte, fing sie zu weinen an.

Und der Knabe, der unter den weisen Männern saß, hörte, dass jemand weinte, und er erkannte, dass es seine Mutter war. Da stand er auf und kam zu seiner Mutter, und Vater und Mutter nahmen ihn in ihre Mitte und wanderten mit ihm aus dem Tempel fort.

Aber die ganze Zeit hörte die Mutter nicht auf zu weinen, und das Kind fragte sie: »Warum weinest du? Ich kam ja zu dir, wie ich nur deine Stimme hörte.«

»Wie sollte ich nicht weinen?«, sagte die Mutter. »Ich glaubte, du seist für mich verloren.«

Sie gingen aus der Stadt, und die Dunkelheit brach an, und noch immer weinte die Mutter.

»Warum weinst du?«, sagte das Kind. »Ich wusste nichts davon, dass der Tag verstrichen war. Ich glaubte, es sei noch Morgen, und ich kam zu dir, wie ich nur deine Stimme hörte.«

»Wie sollte ich nicht weinen?«, sagte die Mutter. »Ich habe dich den ganzen Tag gesucht. Ich glaubte, du seist für mich verloren.«

Sie wanderten die ganze Nacht, und immer weinte die Mutter.

Da der Morgen zu grauen begann, sagte das Kind: »Warum weinst du? Ich habe nicht nach eignem Ruhm getrachtet, aber Gott hat mich das Wunder vollbringen lassen, weil er diesen drei armen Menschen helfen wollte. Und wie ich nur deine Stimme hörte, kam ich wieder zu dir.«

»Mein Sohn«, antwortete die Mutter, »ich weine, weil du gleichwohl für mich verloren bist. Du wirst mir nie mehr angehören. Von Stund an wird deines Daseins Streben Gerechtigkeit sein, und deine Sehnsucht das Paradies, und deine Liebe wird alle die armen Menschen umfassen, die die Erde erfüllen.«

Das Schweißtuch der heiligen Veronika

I

In einem der letzten Jahre der Regierung des Kaisers Tiberius begab es sich, dass ein armer Winzer und sein Weib sich in einer einsamen Hütte hoch oben in den Sabiner Bergen niederließen. Sie waren Fremdlinge und lebten in der größten Einsamkeit, ohne je den Besuch eines Menschen zu empfangen. Aber eines Morgens, als der Arbeiter seine Tür öffnete, fand er zu seinem Staunen, dass eine alte Frau zusammengekauert auf der Schwelle saß. Sie war in einen schlichten, grauen Mantel gehüllt und sah aus, als wäre sie sehr arm. Und dennoch erschien sie ihm, als sie sich erhob und ihm entgegentrat, so Ehrfurcht gebietend, dass er daran denken musste, was die Sagen von Göttinnen erzählen, die in der Gestalt einer alten Frau die Menschen heimsuchen.

»Mein Freund«, sagte die Alte zu dem Winzer, »wundere dich nicht darüber, dass ich heute Nacht auf deiner Schwelle geschlafen habe. Meine Eltern haben in dieser Hütte gewohnt, und hier wurde ich vor fast neunzig Jahren geboren. Ich hatte erwartet, sie leer und verlassen zu finden. Ich wusste nicht, dass aufs Neue Menschen Besitz davon ergriffen hatten.«

»Ich wundre mich nicht, dass du glaubst, dass eine Hütte, die so hoch zwischen diesen einsamen Felsen liegt, leer und verlassen stehen würde«, sagte der Winzer. »Aber ich und mein Weib, wir sind aus einem fernen Land, und wir armen Fremdlinge haben keine bessere Wohnstätte finden können. Und dir, die nach der langen

Wanderung, die du in deinem hohen Alter unternommen hast, müde und hungrig sein muss, dürfte es willkommener sein, dass die Hütte von Menschen bewohnt ist, anstatt von den Wölfen der Sabiner Berge. Du findest jetzt doch ein Bett drinnen, um darauf zu ruhen, sowie eine Schale Ziegenmilch und einen Laib Brot, wenn du damit vorliebnehmen willst.«

Die Alte lächelte ein wenig, aber dieses Lächeln war so flüchtig, dass es den Ausdruck schweren Kummers nicht zu zerstreuen vermochte, der auf ihrem Gesicht ruhte. »Ich habe meine ganze Jugend hier oben in den Bergen verlebt«, sagte sie. »Ich habe die Kunst noch nicht verlernt, einen Wolf aus seiner Höhle zu vertreiben.«

Und sie sah wirklich so stark und kräftig aus, dass der Arbeiter nicht daran zweifelte, dass sie trotz ihres hohen Alters noch Stärke genug besäße, um es mit den wilden Tieren des Waldes aufzunehmen. Er wiederholte jedoch sein Anerbieten, und die Alte trat in die Hütte ein. Sie ließ sich zu der Mahlzeit der armen Leute nieder und nahm ohne Zögern daran teil. Aber obgleich sie sehr zufrieden damit schien, grobes in Milch aufgeweichtes Brot essen zu dürfen, dachten doch der Mann und die Frau: Woher kann diese alte Wandererin kommen? Sie hat gewiss öfter Fasane von Silberschüsseln gespeist, als Ziegenmilch aus irdnen Schalen getrunken.

Zuweilen erhob sie die Augen vom Tisch und sah sich um, als wolle sie versuchen, sich wieder in der Hütte zurechtzufinden. Die dürftige Behausung mit den nackten Lehmwänden und dem gestampften Boden war sicherlich nicht sehr verändert. Sie zeigte sogar ihren Wirtsleuten, dass an der Wand noch ein paar Spuren von Hunden und Hirschen sichtbar waren, die ihr Vater dorthin gezeichnet hatte, um seinen kleinen Kindern eine Freude zu machen. Und hoch oben auf einem Brett glaubte sie die Scherben eines Tongefäßes zu sehen, in das sie selbst einst Milch zu melken pflegte.

Aber der Mann und sein Weib dachten bei sich selbst: Es mag freilich wahr sein, dass sie in dieser Hütte geboren ist, aber sie hat doch im Leben so manches andere zu bestellen gehabt als Ziegen melken und Butter und Käse bereiten.

Sie merkten auch, dass sie oft mit ihren Gedanken weit weg war und dass sie jedes Mal, wenn sie wieder zu sich selbst zurückkam, schwer und kummervoll seufzte.

Endlich erhob sie sich von der Mahlzeit. Sie dankte freundlich für die Gastfreundschaft, die sie genossen hatte, und ging auf die Tür zu.

Aber da deuchte sie den Winzer so beklagenswert einsam und arm, dass er ausrief: »Wenn ich mich nicht irre, war es keineswegs deine Absicht, als du gestern Nacht heraufstiegst, diese Hütte so bald zu verlassen. Wenn du wirklich arm bist, wie es den Anschein hat, dann wird es wohl deine Meinung gewesen sein, alle die Jahre, die du noch zu leben hast, hierzubleiben. Aber jetzt willst du gehen, weil wir, mein Weib und ich, schon von der Hütte Besitz genommen haben.«

Die Alte leugnete nicht, dass er richtig geraten hatte.

»Aber diese Hütte, die so viele Jahre verlassen gestanden hat, gehört dir ebenso gut wie mir«, sagte sie. »Ich habe kein Recht, dich von hier zu vertreiben.«

»Es ist aber doch deiner Eltern Hütte«, sagte der Winzer, »und du hast sicherlich mehr Anspruch darauf als ich. Wir sind überdies jung, und du bist alt. Darum sollst du bleiben, und wir werden gehen.«

Als die Alte diese Worte hörte, war sie ganz erstaunt. Sie wendete sich auf der Schwelle um und starrte den Mann an, als wenn sie nicht verstünde, was er mit seinen Worten meinte:

Aber nun mischte sich das junge Weib ins Gespräch.

»Wenn ich mitzureden hätte«, sagte sie zu dem Mann, »würde ich dich bitten, diese alte Frau zu fragen, ob sie uns nicht als ihre Kinder ansehen und uns erlauben will, bei ihr zu bleiben und sie zu pflegen. Welchen Nutzen hätte sie davon, wenn wir ihr diese elende Hütte schenkten und sie dann allein ließen? Es wäre furchtbar für sie, einsam in der Wildnis zu hausen. Und wovon sollte sie leben? Es wäre dasselbe, als wollten wir sie dem Hungertod preisgeben.«

Aber die Alte trat auf den Mann und die Frau zu und betrachtete sie prüfend. »Warum sprecht ihr so?«, fragte sie. »Warum beweist ihr mir Barmherzigkeit? Ihr seid doch Fremde.«

Da antwortete ihr die junge Frau: »Darum, weil uns selbst einmal die große Barmherzigkeit begegnet ist.«

2

So kam es, dass die alte Frau in der Hütte des Winzers wohnte, und sie fasste große Freundschaft für die jungen Menschen. Aber dennoch sagte sie ihnen niemals, woher sie kam oder wer sie war, und sie begriffen, dass sie es nicht gut aufgenommen hätte, wenn sie sie danach gefragt hätten.

Aber eines Abends, als die Arbeit getan war und sie alle drei auf der großen, flachen Felsplatte saßen, die vor dem Eingang lag, und ihr Abendbrot verzehrten, erblickten sie einen alten Mann, der den Pfad heranstieg.

Es war ein hoher, kräftig gebauter Mann mit so breiten Schultern wie ein Ringer. Sein Gesicht trug einen düstern, herben Ausdruck. Die Stirn ragte über den tief liegenden Augen vor, und die Linien des Mundes drückten Bitterkeit und Verachtung aus. Er ging in gerader Haltung und mit raschen Bewegungen.

Der Mann trug ein schlichtes Gewand, und der Winzer dachte, sobald er ihn erblickt hatte: Das ist ein alter Legionär, einer, der seinen Abschied aus dem Dienst bekommen hat und nun auf der Wanderung nach seiner Heimat begriffen ist.

Als der Fremde an die Essenden herangekommen war, blieb er wie unschlüssig stehen. Der Arbeiter, der wusste, dass der Weg ein kleines Stück oberhalb der Hütte ein Ende hatte, legte den Löffel nieder und rief ihm zu: »Hast du dich verirrt, Fremdling, dass du hierher zu dieser Hütte kommst? Niemand pflegt sich die Mühe zu machen, hier heraufzuklettern, es sei denn, er hätte eine Botschaft an einen von uns, die wir hier wohnen.«

Während er so fragte, trat der Fremdling näher. »Ja, es ist so, wie du sagst«, antwortete er, »ich habe den Weg verloren, und jetzt weiß ich nicht, wohin ich meine Schritte lenken soll. Wenn du mich hier ein Weilchen ruhen lässt und mir dann sagst, welchen

Weg ich gehen muss, um zu einem Landgut zu kommen, will ich dir dankbar sein.«

Mit diesen Worten ließ er sich auf einem der Steine nieder, die vor der Hütte lagen. Die junge Frau fragte ihn, ob er nicht an ihrer Mahlzeit teilnehmen wolle, doch dies lehnte er mit einem Lächeln ab. Hingegen zeigte es sich, dass er sehr geneigt war, mit ihnen zu plaudern, indes sie aßen. Er fragte die jungen Menschen nach ihrer Lebensweise und ihrer Arbeit, und sie antworteten ihm fröhlich und rückhaltlos.

Aber auf einmal wendete sich der Arbeiter an den Fremden und begann ihn auszufragen: »Du siehst, wie abgeschieden und einsam wir leben«, sagte er. »Es ist wohl schon ein Jahr her, seit ich mit andern als Hirten und Winzern gesprochen habe. Kannst du, der ja wohl aus irgendeinem Feldlager kommt, uns nicht ein wenig von Rom und vom Kaiser erzählen?«

Kaum hatte der Mann dies gesagt, als die junge Frau merkte, wie die Alte ihm einen warnenden Blick zuwarf und mit der Hand das Zeichen machte, das bedeutet, man möge wohl auf seiner Hut sein mit dem, was man sage.

Der Fremdling antwortete dann aber ganz freundlich: »Ich sehe, dass du mich für einen Legionär hältst, und du hast wirklich nicht so ganz unrecht, obgleich ich schon vor langer Zeit den Dienst verlassen habe. Unter der Regierung des Tiberius hat es nicht viel Arbeit für uns Kriegsleute gegeben. Und er war doch einmal ein großer Feldherr. Das war die Zeit seines Glücks. Jetzt hat er nichts anderes im Sinn, als sich vor Verschwörungen zu hüten. In Rom sprechen alle Menschen davon, dass er vorige Woche, nur auf den allerleisesten Verdacht hin, den Senator Titus greifen und hinrichten ließ.«

»Der arme Kaiser, er weiß nicht mehr, was er tut«, rief die junge Frau. Sie rang die Hände und schüttelte bedauernd und staunend das Haupt.

»Du hast wirklich recht«, sagte der Fremdling, während ein Zug tiefster Düsterkeit über sein Gesicht ging. »Tiberius weiß, dass alle Menschen ihn hassen, und dies treibt ihn noch zum Wahnsinn.«

»Was sagst du da?«, rief die Frau. »Warum sollten wir ihn hassen? Wir beklagen ja nur, dass er nicht mehr ein so großer Kaiser ist wie am Anfang seiner Regierung.«

»Du irrst dich«, sagte der Fremde. »Alle Menschen verachten und hassen Tiberius. Warum sollten sie es nicht? Er ist ja nur ein grausamer, schonungsloser Tyrann. Und in Rom glaubt man, dass er in Zukunft noch unverbesserlicher sein wird als bisher.«

»Hat sich denn etwas ereignet, was ihn zu einem noch ärgern Ungeheuer machen könnte, als er schon ist?«, fragte der Mann.

Als er dies sagte, merkte die Frau, dass die Alte ihm abermals ein warnendes Zeichen machte, aber so verstohlen, dass er es nicht sehen konnte.

Der Fremdling antwortete freundlich, aber gleichzeitig huschte ein eigentümliches Lächeln um seine Lippen.

»Du hast vielleicht gehört, dass Tiberius bis jetzt in seiner Umgebung einen Freund gehabt hatte, dem er vertrauen konnte und der ihm immer die Wahrheit sagte. Alle andern, die an seinem Hof leben, sind Glücksjäger und Heuchler, die seine bösen und hinterlistigen Handlungen ebenso preisen wie seine guten und vortrefflichen. Es hat aber doch, wie gesagt, ein Wesen gegeben, das niemals fürchtete, ihn wissen zu lassen, was seine Handlungen wert waren. Dieser Mensch, der mutiger war als Senatoren und Feldherrn, war des Kaisers alte Amme, Faustina.«

»Jawohl, ich habe von ihr reden hören«, sagte der Arbeiter. »Man sagte mir, dass der Kaiser ihr immer große Freundschaft bewiesen habe.«

»Ja, Tiberius wusste ihre Ergebenheit und Treue zu schätzen. Er hat diese arme Bäuerin, die einst aus einer elenden Hütte in den Sabiner Bergen kam, wie seine zweite Mutter behandelt. Solange er selbst in Rom weilte, ließ er sie in einem Haus auf dem Palatin wohnen, um sie immer in seiner Nähe zu haben. Keiner von Roms vornehmen Matronen ist es besser ergangen als ihr. Sie wurde in einer Sänfte über die Straße getragen, und ihre Kleidung war die einer Kaiserin. Als der Kaiser nach Capreae übersiedelte, musste sie ihn begleiten, und er ließ ihr dort ein Landhaus voll Sklaven und kostbaren Hausrat kaufen.«

»Sie hat es wahrlich gut gehabt«, sagte der Mann.

Er war es nun, der das Gespräch mit dem Fremden allein weiterführte. Die Frau saß stumm und beobachtete staunend die Veränderung, die mit der Alten vorgegangen war. Seit dem Kommen des Fremden hatte sie kein Wort gesprochen. Sie hatte ihr sanftes und freundliches Aussehen ganz verloren. Die Schüssel hatte sie von sich geschoben und saß jetzt starr und aufrecht, an den Türpfosten gelehnt und blickte mit strengem, versteinertem Gesicht gerade vor sich hin.

»Es ist des Kaisers Wille gewesen, dass sie ein glückliches Leben genieße«, sagte der Fremdling. »Aber trotz aller seiner Wohltaten hat nun auch sie ihn verlassen.«

Die alte Frau zuckte bei diesen Worten zusammen, doch die Junge legte beschwichtigend die Hand auf ihren Arm. Dann begann sie mit ihrer warmen, milden Stimme zu sprechen. »Ich kann doch nicht glauben, dass die alte Faustina am Hof so glücklich gewesen ist, wie du sagst«, sagte sie, indessen sie sich an den Fremdling wendete. »Ich bin gewiss, dass sie Tiberius so geliebt hat, als wenn er ihr eigner Sohn wäre. Ich kann mir denken, wie stolz sie auf seine edle Jugend gewesen ist, und ich kann auch begreifen, welch ein Kummer es für sie war, dass er sich in seinem Alter dem Misstrauen und der Grausamkeit überließ. Sie hat ihn sicherlich jeden Tag ermahnt und gewarnt. Es ist furchtbar für sie gewesen, immer vergeblich zu bitten. Schließlich hat sie es nicht mehr ertragen können, ihn immer tiefer und tiefer sinken zu sehen.«

Der Fremdling beugte sich überrascht ein wenig vor, als er diese Worte vernahm. Aber das junge Weib sah nicht zu ihm auf. Sie hielt die Augen niedergeschlagen und sprach sehr leise und demütig.

»Du hast vielleicht recht mit dem, was du von der alten Frau sagst«, antwortete er. »Faustina ist am Hof wirklich nicht glücklich gewesen. Aber es scheint doch seltsam, dass sie den Kaiser in seinem hohen Alter verließ, nachdem sie ein ganzes Menschenleben bei ihm ausgeharrt hatte.«

»Was sagst du da?«, rief der Mann. »Hat die alte Faustina den Kaiser verlassen?«

»Sie hat sich, ohne dass jemand darum wusste, von Capreae weggeschlichen«, sagte der Fremde. »Sie ist ebenso arm gegangen, wie sie gekommen war. Sie hat nichts von allen ihren Schätzen mitgenommen.«

»Und weiß der Kaiser wirklich nicht, wohin sie gegangen ist?«, fragte die junge Frau mit ihrer sanften Stimme.

»Nein, niemand weiß mit Bestimmtheit, welchen Weg die Alte eingeschlagen hat. Man hält es jedoch für wahrscheinlich, dass sie ihre Zuflucht in ihren heimatlichen Bergen gesucht habe.«

»Und der Kaiser weiß auch nicht, warum sie von ihm fortgegangen ist?«, fragte die junge Frau.

»Nein, der Kaiser weiß nichts darüber. Er kann doch nicht glauben, dass sie ihn verlassen hat, weil er einmal zu ihr sagte, sie diene ihm, um Lohn und Gaben zu empfangen, sie, wie alle andern. Sie weiß doch, dass er niemals an ihrer Uneigennützigkeit gezweifelt hat. Er hoffte immer noch, dass sie freiwillig zu ihm zurückkehren würde, denn niemand weiß besser als sie, dass er jetzt ganz ohne Freunde ist.«

»Ich kenne sie nicht«, sagte das junge Weib, »aber ich glaube doch, dass ich dir sagen kann, warum sie den Kaiser verlassen hat. Diese alte Frau ist hier in diesen Bergen zu Einfachheit und Frömmigkeit erzogen worden, und sie hat sich immer hierher zurückgesehnt. Sicherlich hätte sie dennoch den Kaiser nie verlassen, wenn er sie nicht beleidigt hätte. Aber ich begreife, dass sie nun hiernach, da ihres Lebens Tage bald zu Ende gehen müssen, das Recht zu haben meinte, an sich selbst zu denken. Wenn ich eine arme Frau aus den Bergen wäre, hätte ich vermutlich ebenso gehandelt wie sie. Ich hätte mir gedacht, dass ich genug getan hätte, wenn ich meinem Herrn ein ganzes Leben lang gedient habe. Ich wäre schließlich von Wohlleben und Kaisergunst fortgegangen, um meine Seele Ehre und Gerechtigkeit kosten zu lassen, ehe sie sich von mir scheidet, um die lange Fahrt anzutreten.«

Der Fremdling blickte die junge Frau trüb und schwermütig an. »Du bedenkst nicht, dass des Kaisers Treiben jetzt schrecklicher werden wird denn je. Jetzt gibt es keinen mehr, der ihn beruhigen könnte, wenn Misstrauen und Menschenverachtung sich seiner bemächtigen. Denke dir dies«, fuhr er fort und bohrte seine düstern Blicke tief in die des jungen Weibes, »in der ganzen Welt gibt es jetzt keinen, den er nicht hasste, keinen, den er nicht verachtete, keinen.«

Als er diese Worte bitterer Verzweiflung aussprach, machte die Alte eine hastige Bewegung und wendete sich ihm zu, aber die Junge sah ihm fest in die Augen und antwortete: »Tiberius weiß, dass Faustina wieder zu ihm kommt, wann immer er es wünscht. Aber zuerst muss sie wissen, dass ihre alten Augen nicht mehr Laster und Schändlichkeit an seinem Hof schauen müssen.«

Sie hatten sich bei diesen Worten alle erhoben, aber der Winzer und seine Frau stellten sich vor die Alte, gleichsam um sie zu schützen.

Der Fremdling sprach keine Silbe mehr, aber er betrachtete die Alte mit fragenden Blicken. Ist das auch dein letztes Wort?, schien er sagen zu wollen. Die Lippen der Alten zitterten, und die Worte wollten sich nicht von ihnen lösen.

»Wenn der Kaiser seine alte Dienerin geliebt hat, so möge er ihr auch die Ruhe ihrer letzten Tage gönnen«, sagte die junge Frau.

Der Fremde zögerte noch, aber plötzlich erhellte sich sein düsteres Gesicht. »Meine Freunde«, sagte er, »was man auch von Tiberius sagen mag, es gibt doch eines, was er besser gelernt hat, als andere, und das ist: verzichten. Ich habe euch nur noch eines zu sagen: Wenn diese alte Frau, von der wir gesprochen haben, diese Hütte aufsuchen sollte, so nehmet sie gut auf! Des Kaisers Gunst ruht über jedem, der ihr beisteht.«

Er hüllte sich in seinen Mantel und entfernte sich auf demselben Weg, den er gekommen war.

3

Nach diesem Vorfall sprachen der Winzer und sein Weib nie mehr mit der alten Frau vom Kaiser. Untereinander wunderten sie sich darüber, dass sie in ihrem hohen Alter die Kraft gehabt hatte, allem dem Reichtum und der Macht zu entsagen, an die sie gewohnt war. Ob sie nicht doch bald zu Tiberius zurückkehren wird?, fragten sie sich. Sie liebt ihn sicherlich noch. In der Hoffnung, dass dies ihn zur Besinnung bringen und ihn bewegen werde, sich von seiner bösen Handlungsweise zu bekehren, hat sie ihn verlassen.

»Ein so alter Mann wie der Kaiser wird niemals mehr ein neues Leben beginnen«, sagte der Arbeiter. »Wie willst du seine große Verachtung der Menschen von ihm nehmen? Wer könnte vor ihn hintreten und ihn lehren, sie zu lieben? Bevor dies geschieht, kann er nicht von seinem Argwohn und seiner Grausamkeit geheilt werden.«

»Du weißt, dass es einen gibt, der dies in Wahrheit vermöchte«, sagte die Frau. »Ich denke oft daran, wie es wäre, wenn diese beiden sich begegneten. Aber Gottes Wege sind nicht unsre Wege.«

Die alte Frau schien ihr früheres Leben gar nicht zu entbehren. Nach einiger Zeit gebar das junge Weib ein Kind, und als die Alte nun dieses zu pflegen hatte, schien sie so zufrieden zu sein, dass man glauben konnte, sie hätte alle ihre Sorgen vergessen.

Jedes halbe Jahr einmal pflegte sie sich in den langen grauen Mantel zu hüllen und nach Rom hinunterzuwandern. Aber dort suchte sie keine Menschenseele auf, sondern ging geradewegs zum Forum. Hier blieb sie vor einem kleinen Tempel stehen, der sich auf der einen Seite des herrlich geschmückten Platzes erhob.

Dieser Tempel bestand eigentlich nur aus einem außergewöhnlich großen Altar, der unter offnem Himmel auf einem marmorgepflasterten Hof stand. Auf der Höhe des Altars thronte Fortuna, die Göttin des Glücks, und an seinem Fuß sah man eine Bildsäule des Tiberius. Rund um den Hof erhoben sich Gebäude für die Priester, Vorratskammern für Brennholz und Ställe für die Opfertiere.

Die Wanderung der alten Faustina erstreckte sich niemals weiter als bis zu diesem Tempel, den die aufzusuchen pflegten, die um Glück für Tiberius beten wollten. Wenn sie einen Blick hineingeworfen und gesehen hatte, dass die Göttin und die Kaiserstatue mit Blumen bekränzt waren, dass das Opferfeuer loderte und Scharen ehrfürchtiger Anbeter vor dem Altar versammelt waren, und wenn sie vernommen hatte, dass die leisen Hymnen der Priester ringsumher erklangen, dann kehrte sie um und begab sich wieder in die Berge.

So erfuhr sie, ohne einen Menschen fragen zu müssen, dass Tiberius noch unter den Lebenden weilte und dass es ihm wohl erging.

Als sie diese Wanderung zum dritten Mal antrat, harrte ihrer eine Überraschung. Als sie sich dem kleinen Tempel näherte, fand sie ihn verödet und leer. Kein Feuer flammte vor dem Bild, und kein einziger Anbeter war davor zu sehen. Ein paar trockne Kränze hingen noch an der einen Seite des Altars, aber dies war alles, was von seiner früheren Herrlichkeit zeugte. Die Priester waren verschwunden, und die Kaiserstatue, die ohne Hüter dastand, war beschädigt und mit Schmutz beworfen.

Die alte Frau wendete sich an den ersten Besten, der vorüberging. »Was hat dies zu bedeuten?«, fragte sie. »Ist Tiberius tot? Haben wir einen andern Kaiser?«

»Nein«, antwortete der Römer, »Tiberius ist noch Kaiser, aber wir haben aufgehört, für ihn zu beten. Unsere Gebete können ihm nicht mehr frommen.«

»Mein Freund«, sagte die Alte, »ich wohne weit von hier in den Bergen, wo man nichts davon erfährt, was sich draußen in der Welt zuträgt. Willst du mir nicht sagen, welches Unglück den Kaiser getroffen hat?«

»Das furchtbarste Unglück«, erwidert der Mann. »Er ist von einer Krankheit befallen worden, die bisher in Italien unbekannt war, die aber im Morgenland häufig sein soll. Seit diese Seuche über den Kaiser gekommen ist, hat sich sein Gesicht verwandelt, seine Stimme ist wie die Stimme eines grunzenden Tiers, und seine Zehen und Finger werden zerfressen, und gegen diese Krankheit soll es kein Mittel geben. Man glaubt, dass er in ein paar Wochen tot sein wird, wenn er aber nicht stirbt, so muss man ihn absetzen, denn ein so kranker, elender Mann kann nicht weiter regieren. Du begreifst also, dass sein Schicksal besiegelt ist. Es nützt nichts, die Götter um Glück für ihn anzuflehen. Und es lohnt sich auch nicht«, fügte er mit leisem Lächeln hinzu. »Niemand hat von ihm noch etwas zu fürchten oder zu hoffen. Warum sollten wir uns also um seinetwillen Mühe machen?«

Er grüßte und ging, doch die Alte blieb wie betäubt stehen.

Zum ersten Mal in ihrem Leben brach sie zusammen und sah aus wie eine, die das Alter besiegt hat. Sie stand mit gebeugtem Rücken und zitterndem Kopf da, und mit Händen, die kraftlos in der Luft tasteten.

Sie sehnte sich, von dieser Stelle fortzukommen, aber sie hob die Füße nur langsam und bewegte sich strauchelnd vorwärts. Sie sah sich um, um etwas zu finden, was sie als Stab gebrauchen könnte.

Nach einigen Augenblicken gelang es ihr doch, mit ungeheurer Willensanstrengung die Mattigkeit zurückzudrängen. Sie richtete sich wieder empor und zwang sich, mit festen Schritten durch die menschenerfüllten Gassen zu gehen.

4

Eine Woche später wanderte die alte Faustina die steilen Abhänge der Insel Capreae hinan. Es war ein heißer Tag, und das furchtbare Gefühl des Alters und der Mattigkeit überkam sie wieder, während sie die geschlängelten Pfade und die in die Felsen gehauenen Stufen erklomm, die zu der Villa des Tiberius führten.

Dieses Gefühl steigerte sich noch, als sie zu merken anfing, wie sehr sich alles während der Zeit, die sie fern gewesen war, verändert hatte. Früher waren immer große Scharen von Menschen diese Treppen hinauf- und heruntergeeilt. Es hatte hier von Senatoren gewimmelt, die sich von riesigen Libyern tragen ließen; von Sendboten aus den Provinzen, die von langen Sklavenzügen geleitet ankamen; von Stellensuchenden und von vornehmen Männern, die eingeladen waren, an den Festen des Kaisers teilzunehmen.

Aber heute waren diese Treppen und Gänge ganz verödet. Die graugrünen Eidechsen waren die einzigen lebenden Wesen, die die alte Frau auf ihrem Weg bemerkte.

Sie staunte, dass alles bereits zu verfallen schien. Die Krankheit des Kaisers konnte höchstens ein paar Monate gedauert haben, und doch war schon Unkraut in den Spalten zwischen den Marmorfliesen emporgewuchert. Edle Gewächse in schönen Vasen waren schon vertrocknet, und mutwillige Zerstörer, denen niemand Einhalt getan hatte, hatten an ein paar Stellen die Balustrade niedergebrochen.

Aber am Allerseltsamsten deuchte sie doch die völlige Menschenleere. Wenn es auch Fremdlingen verboten war, sich auf der Insel sehen zu lassen, so mussten sie doch wohl noch da sein, diese unendlichen Scharen von Kriegsknechten und Sklaven, von Tänzerinnen und Musikanten, von Köchen und Tafeldeckern, von Palastwachen und Gartenarbeitern, die zum Haushalt des Kaisers gehörten.

Erst als Faustina die oberste Terrasse erreichte, erblickte sie ein paar alte Sklaven, die auf den Treppenstufen vor der Villa saßen. Als sie sich ihnen näherte, erhoben sie sich und neigten sich vor ihr.

»Sei gegrüßt, Faustina«, sagte der eine. »Ein Gott schickt dich, um unser Unglück zu lindern.«

»Was ist dies, Milo?«, fragte Faustina. »Warum ist es hier so öde? Man hat mir doch gesagt, dass Tiberius noch auf Capreae weile?«

»Der Kaiser hat alle seine Sklaven vertrieben, weil er den Verdacht hegt, einer von uns habe ihm vergifteten Wein zu trinken gegeben, und dies habe die Krankheit hervorgerufen. Er hätte auch mich und Tito fortgejagt, wenn wir uns nicht geweigert hätten, ihm zu gehorchen. Und du weißt doch, dass wir unser ganzes Leben lang dem Kaiser und seiner Mutter gedient haben.«

»Ich frage nicht nur nach Sklaven«, sagte Faustina. »Wo sind die Senatoren und Feldherrn? Wo sind des Kaisers Vertraute und alle schmeichelnden Speichellecker?«

»Tiberius will sich nicht mehr vor Fremden zeigen«, sagte der Sklave. »Der Senator Lucius und Marco, der Anführer der Leibwache, kommen jeden Tag her und nehmen seine Befehle entgegen. Sonst darf sich ihm niemand nahen.«

Faustina hatte die Treppe erstiegen, um in das Landhaus einzutreten. Der Sklave schritt ihr voran, und im Gehen fragte sie ihn:

»Was sagen die Ärzte über Tiberii Krankheit?«

»Keiner von ihnen versteht diese Krankheit zu behandeln. Sie wissen nicht einmal, ob sie rasch oder langsam tötet. Aber eins kann ich dir sagen, Faustina, dass Tiberius sterben muss, wenn er sich weiter weigert, Nahrung zu sich zu nehmen, aus Furcht, dass sie vergiftet sein könnte. Und ich weiß, dass ein kranker Mann es nicht aushalten kann, Tag und Nacht zu wachen, wie der Kaiser tut, aus Angst, im Schlaf ermordet zu werden. Wenn er dir vertrauen will wie in früheren Tagen, wird es dir vielleicht gelingen, ihn zum Essen und Schlafen zu bewegen. Damit kannst du sein Leben um viele Tage verlängern.«

Der Sklave führte Faustina durch mehrere Gänge und Höfe zu einer Terrasse, auf der Tiberius sich aufzuhalten pflegte, um die Aussicht über die schönen Meeresbuchten und den stolzen Vesuv zu genießen.

Als Faustina die Terrasse betrat, sah sie dort ein grausiges Wesen mit aufgeschwollenem Gesicht und tierischen Zügen. Seine Hände und Füße waren mit weißen Binden umwickelt, aber aus den Binden kamen halb abgefressene Finger und Zehen hervor. Und die Kleider dieses Menschen waren staubig und besudelt. Man sah, dass er nicht imstande war, aufrecht zu gehen, sondern über die Terrasse hatte kriechen müssen. Er lag mit geschlossenen Augen am äußersten Ende der Balustrade und regte sich nicht, als der Sklave und Faustina herankamen. Doch Faustina flüsterte dem Sklaven, der ihr voranschritt, zu: »Aber, Milo, wie kann sich ein solcher Mensch hier auf der Kaiserterrasse aufhalten? Eile dich, ihn von hier fortzuschaffen!«

Aber kaum hatte sie dies gesagt, als sie sah, wie der Sklave sich vor dem liegenden, elenden Menschen tief zur Erde neigte.

»Cäsar Tiberius«, sagte er, »endlich habe ich dir frohe Kunde zu bringen.«

Zugleich wendete sich der Sklave an Faustina, prallte aber betroffen zurück und konnte kein Wort mehr hervorbringen.

Er sah nicht mehr die stolze Matrone, die so stark ausgesehen hatte, dass man erwarten konnte, ihr Alter werde dem einer Sibylle gleichkommen. In diesem Augenblick war sie in kraftloser Greisenhaftigkeit zusammengesunken, und der Sklave sah ein gebeugtes Mütterchen mit trübem Blick und tastenden Händen vor sich.

Denn wohl hatte man Faustina gesagt, dass der Kaiser furchtbar verändert sei, aber sie hatte doch keinen Augenblick aufgehört, sich ihn als den kräftigen Mann zu denken, der er gewesen war, als sie ihn das letzte Mal gesehen hatte. Sie hatte auch jemand sagen hören, dass diese Krankheit langsam wirke, und dass sie Jahre brauche, um einen Menschen zu verwandeln. Aber hier war sie mit solcher Heftigkeit vorgeschritten, dass sie den Kaiser in wenigen Monden schon unkenntlich gemacht hatte.

Sie wankte auf den Kaiser zu. Sie vermochte nicht zu sprechen, sondern stand stumm neben ihm und weinte. »Bist du endlich gekommen, Faustina?«, sagte er, ohne die Augen zu öffnen. »Ich lag da und wähnte, du stündest hier und weintest über mich. Ich wage nicht aufzublicken, aus Furcht, dass dies nur ein Trugbild gewesen sein könnte.«

Da setzte sich die Alte neben ihn. Sie hob seinen Kopf empor und bettete ihn in ihren Schoß.

Aber Tiberius blieb still liegen, ohne sie anzusehen. Ein Gefühl süßen Friedens erfüllte ihn, und im nächsten Augenblick versank er in ruhigen Schlummer.

5

Einige Wochen später wanderte einer der Sklaven des Kaisers der einsamen Hütte in den Sabiner Bergen zu. Der Abend brach an, und der Winzer und seine Frau standen in ihrer Tür und sahen die

Sonne im fernen Westen sinken. Der Sklave bog vom Weg ab und kam heran und grüßte sie. Dann zog er einen schweren Beutel hervor, der ihm im Gürtel stak und legte ihn dem Mann in die Hand.

»Dieses schickt dir Faustina, die alte Frau, der du Barmherzigkeit erwiesen hast«, sagte der Sklave. »Sie lässt dir sagen, du mögest dir für dieses Geld einen eignen Weinberg kaufen und dir eine Wohnung erbauen, die nicht so hoch oben in den Lüften liegt, wie die Horste der Adler.«

»Die alte Faustina lebt also wirklich noch?«, sagte der Mann. »Wir haben sie in Klüften und Sümpfen gesucht. Als sie nicht zu uns zurückkehrte, glaubte ich, sie hätte in diesen elenden Bergen den Tod gefunden.«

»Erinnerst du dich nicht«, fiel die Frau ein, »dass ich nicht glauben wollte, dass sie tot sei? Habe ich dir nicht gesagt, sie würde zum Kaiser zurückgekehrt sein?«

»Ja«, gab der Mann zu, »so sagtest du wirklich, und ich freue mich, dass du recht behalten hast, nicht nur, weil Faustina dadurch reich genug geworden ist, um uns aus unsrer Armut zu retten, sondern auch um des armen Kaisers willen.«

Der Sklave wollte nun sogleich Abschied nehmen, um bewohnte Gegenden zu erreichen, bevor die Dunkelheit anbräche, aber dies ließen die beiden Eheleute nicht zu. »Du musst bis zum Morgen bei uns bleiben«, sagten sie, »wir können dich nicht ziehen lassen, ehe du uns alles erzählt hast, was Faustina widerfahren ist. Warum ist sie zum Kaiser zurückgekehrt? Wie war ihre Begegnung? Sind sie nun glücklich, dass sie wieder vereint sind?«

Der Sklave gab ihren Bitten nach. Er trat mit ihnen in die Hütte, und beim Abendbrot erzählte er von der Krankheit des Kaisers und Faustinas Rückkehr.

Als der Sklave seine Erzählung beendet hatte, sah er, wie der Mann und die Frau regungslos und staunend sitzen blieben. Ihre Blicke waren zu Boden geschlagen, gleichsam, um die Erregung nicht zu verraten, die sich ihrer bemächtigt hatte.

Endlich sah der Mann auf und sagte zu seinem Weib: »Glaubst du nicht, dass dies eine Fügung Gottes ist?«

»Ja«, sagte die Frau, »sicherlich hat uns der Herr um dessentwillen über das Meer in diese Hütte gesendet. Gewiss war dies seine Absicht, als er die alte Frau an unsre Tür führte.«

Sowie die Frau diese Worte gesprochen hatte, wendete sich der Winzer wieder an den Sklaven.

»Freund«, sagte er zu ihm. »Du sollst Faustina eine Botschaft von mir bringen! Sag ihr dies, Wort für Wort! Solches kündet dir dein Freund, der Winzer aus den Sabiner Bergen. Du hast die junge Frau gesehen, die mein Weib ist. Schien sie dir nicht hold in Schönheit und blühend in Gesundheit? Und doch hat diese junge Frau einmal an derselben Krankheit gelitten, die nun Tiberius befallen hat.«

Der Sklave machte eine Bewegung des Staunens, aber der Winzer fuhr mit immer größerem Nachdruck fort.

»Wenn Faustina sich weigert, meinen Worten Glauben zu schenken, so sag ihr, dass meine Frau und ich aus Palästina in Asien stammen, einem Land, wo diese Krankheit häufig vorkommt. Und dort ist ein Gesetz, dass die Aussätzigen aus Städten und Dörfern vertrieben werden und auf öden Plätzen wohnen und ihre Zuflucht in Gräbern und Felsenhöhlen suchen müssen. Sage Faustina, dass mein Weib von kranken Eltern stammt und in einer Felsenhöhle geboren wurde. Und solange sie noch ein Kind war, war sie gesund, aber als sie zur Jungfrau heranwuchs, wurde sie von der Krankheit befallen.«

Als der Winzer dies gesagt hatte, neigte der Sklave freundlich lächelnd das Haupt und sagte zu ihm: »Wie willst du, dass Faustina dies glaube? Sie hat ja deine Frau in ihrer Gesundheit und Blüte gesehen? Und sie weiß ja, dass es kein Heilmittel gegen diese Krankheit gibt.«

Doch der Mann erwiderte: »Es wäre das Beste für sie, wenn sie mir glauben wollte. Aber ich bin auch nicht ohne Zeugen. Sie möge Kundschafter hinüber nach Nazareth in Galiläa senden. Da wird jeder Mensch meine Aussage bestätigen!«

»Ist deine Frau vielleicht durch das Wunderwerk irgendeines Gottes geheilt worden?«, fragte der Sklave. »Ja«, antwortete der Arbeiter, »wie du sagst, so ist es. Eines Tages verbreitete sich ein

Gerücht unter den Kranken, die in der Wildnis wohnten: ›Sehet, es ist ein großer Prophet erstanden, in der Stadt Nazareth in Galiläa. Er ist voll der Kraft von Gottes Geist, und er kann eure Krankheit heilen, wenn er nur seine Hand auf eure Stirn legt.‹ Aber die Kranken, die in ihrem Elend lagen, wollten nicht glauben, dass dieses Gerücht Wahrheit sei. ›Uns kann niemand heilen‹, sagten sie. ›Seit den Tagen der großen Propheten hat niemand einen von uns aus seinem Unglück retten können.‹

Aber es war eine unter ihnen, die glaubte, und diese eine war eine Jungfrau. Sie ging von den andern fort, um den Weg in die Stadt Nazareth zu suchen, wo der Prophet weilte. Und eines Tages, als sie über weite Ebnen wanderte, begegnete sie einem Mann, der hochgewachsen war und ein bleiches Gesicht hatte, und dessen Haar in blanken, schwarzen Locken lag. Seine dunkeln Augen leuchteten gleich Sternen und zogen sie zu ihm hin. Aber bevor sie sich noch begegneten, rief sie ihm zu: ›Komm mir nicht nahe, denn ich bin eine Unreine, aber sage mir, wo kann ich den Propheten aus Nazareth finden?‹ Aber der Mann fuhr fort, ihr entgegenzugehen, und als er dicht vor ihr stand, sagte er: ›Warum suchest du den Propheten aus Nazareth?‹ – ›Ich suche ihn, auf dass er seine Hand auf meine Stirn lege und mich von meiner Krankheit heile.‹ Da trat der Mann heran und legte seine Hand auf ihre Stirn. – Aber sie sprach zu ihm: ›Was frommt es mir, dass du deine Hand auf meine Stirn legst? Du bist doch kein Prophet?‹ – Da lächelte er ihr zu und sagte: ›Gehe jetzt zur Stadt, die dort auf dem Bergesabhang liegt und zeige dich den Priestern.‹

Die Kranke dachte bei sich selbst: Er treibt seinen Spott mit mir, weil ich glaube, dass ich geheilt werden kann. Von ihm kann ich nicht erfahren, was ich wissen will. Und sie ging weiter. Gleich darauf sah sie einen Mann, der zur Jagd auszog, über das weite Feld reiten. Als er ihr so nah gekommen war, dass er sie hören konnte, rief sie ihm zu: ›Komme nicht zu mir her, denn ich bin eine Unreine, aber sage mir, wo ich den Propheten aus Nazareth finden kann?‹ – ›Was willst du von dem Propheten?‹, fragte sie der Mann und ritt langsam auf sie zu. – ›Ich will nur, dass er seine Hand auf meine Stirn lege und mich gesund mache von meiner Krankheit!‹ – Aber der Mann ritt noch näher. – ›Von welcher Krankheit willst du geheilt werden?‹, sagte er. ›Du bedarfst doch keines Arztes.‹ – ›Siehst du nicht, dass ich eine Unreine bin?‹, sagte sie. ›Ich stamme von kranken Eltern und bin in einer Felsenhöhle geboren.‹ Aber der Mann ließ sich nicht abhalten, auf sie zuzureiten, denn sie war hold und lieblich, wie eine eben erblühte Blume. ›Du bist die schönste Jungfrau im Lande Juda‹, rief er. – ›Treibe nicht auch du deinen Spott mit mir‹, sagte sie. ›Ich weiß, dass meine Züge zerfressen sind und meine Stimme wie das Heulen eines wilden Tieres klingt.‹ Aber er sah ihr tief in die Augen und sprach zu ihr: ›Deine Stimme ist klingend wie die Stimme des Frühlingsbächleins, wenn es über Kieselsteine rieselt, und dein Gesicht ist glatt wie ein Tuch aus weicher Seide.‹

Zugleich ritt er so nahe an sie heran, dass sie ihr Gesicht in den blanken Beschlägen sehen konnte, die seinen Sattel zierten. ›Du sollst dich hier spiegeln‹, sagte er. Sie tat es, und sie sah ein Gesicht, das zart und weich war, wie ein eben entfalteter Schmetterlingsflügel. – ›Was ist dies, was ich sehe?‹, sagte sie. ›Das ist nicht mein Gesicht.‹ ›Doch, es ist dein Gesicht‹, sagte der Reiter. – ›Aber meine Stimme, klingt sie nicht röchelnd? Klingt sie nicht, wie wenn Wagen über einen steinigen Weg gezogen werden?‹ – ›Nein, sie klingt wie die süßesten Weisen eines Harfenspielers‹, sagte der Reiter.

Sie wendete sich und wies über den Weg. ›Weißt du, wer der Mann ist, der eben jetzt zwischen den zwei Eichen verschwindet?‹, fragte sie den Reiter. ›Er ist es, nach dem du vorhin fragtest, der Prophet aus Nazareth‹, sagte der Mann. Da schlug sie staunend die Hände zusammen, und ihre Augen füllten sich mit Tränen. ›Oh, du Heiliger! Oh, du Träger von Gottes Macht!‹, rief sie. ›Du hast mich geheilt!‹

Aber der Reiter hob sie in den Sattel und führte sie zu der Stadt auf dem Bergesabhang und ging mit ihr zu den Ältesten und Priestern und berichtete ihnen, wie er sie gefunden hatte. Sie befragten ihn genau nach allem, aber als sie hörten, dass die Jungfrau in der Wildnis von kranken Eltern geboren war, da wollten sie nicht glauben, dass sie geheilt sei. ›Gehe dorthin zurück, von wannen du gekommen bist‹, sagten sie. ›Wenn du krank warst, musst du es dein ganzes Leben lang bleiben. Du sollst nicht hierher in die Stadt kommen, um uns andere mit deiner Krankheit anzustecken!‹

Sie sagte zu ihnen: ›Ich weiß, dass ich gesund bin, denn der Prophet aus Nazareth hat seine Hand auf meine Stirn gelegt.‹

Als sie dies hörten, riefen sie: ›Wer ist er, dass er die Unreinen rein machen könnte? Alles dies ist ein Blendwerk böser Geister. Kehre zurück zu den Deinen, auf dass du nicht uns alle ins Verderben stürzest!‹

Sie wollten sie nicht für geheilt erklären, und sie verboten ihr, in der Stadt zu verweilen. Sie verordneten, dass jeglicher, der ihr Schutz gewähre, gleichfalls als unrein erklärt werde.

Als die Priester dieses Urteil gefällt hatten, sagte die junge Jungfrau zu dem Mann, der sie draußen auf dem Feld gefunden hatte: ›Wohin soll ich mich wenden? Muss ich zurück in die Wildnis zu den Kranken gehen?‹

Aber der Mann hob sie wieder auf sein Pferd und sprach zu ihr: ›Nein wahrlich, du sollst nicht zu den Kranken in ihre Felshöhlen gehen, sondern wir beide wollen fortziehen, über das Meer in ein anderes Land, wo es nicht Gesetze gibt für Reine und Unreine.‹ Und sie – –«

Aber als der Winzer in seiner Erzählung so weit gekommen war, erhob sich der Sklave und fiel ihm in die Rede. »Du brauchst mir nichts mehr zu erzählen«, sagte er. »Stehe lieber auf und führe mich ein Stück Weges, du, der die Berge kennt, damit ich noch in dieser Nacht meine Heimfahrt antreten kann und nicht bis zum Morgen zu warten brauche. Der Kaiser und Faustina können deine Nachrichten nicht einen Augenblick zu früh erfahren.«

Als der Winzer dem Sklaven das Geleit gegeben hatte und wieder in die Hütte heimkam, fand er seine Frau noch wach.

»Ich kann nicht schlafen«, sagte sie, »ich denke daran, dass diese beiden sich begegnen werden. Er, der alle Menschen liebt, und er, der sie hasst. Es ist, als müsste diese Begegnung die Welt aus ihrer Bahn schleudern.«

6

Die alte Faustina war in dem fernen Palästina, auf dem Weg nach Jerusalem. Sie hatte nicht gewollt, dass der Auftrag, den Propheten zu suchen und ihn zum Kaiser zu führen, einem andern als ihr anvertraut werde. Sicherlich hatte sie bei sich selbst gedacht: Was wir von diesem fremden Mann verlangen, ist etwas, was wir ihm weder durch Gewalt noch durch Gaben entlocken können. Aber vielleicht gewährt er es uns, wenn jemand ihm zu Füßen fällt und ihm sagt, in welcher Not sich der Kaiser befindet. Und wer kann die rechte Fürbitte für Tiberius tun, wenn nicht die, die unter seinem Unglück ebenso schwer leidet wie er selbst!

Die Hoffnung, Tiberius vielleicht retten zu können, hatte die alte Frau verjüngt. Ohne Schwierigkeit hatte sie die lange Seereise nach Joppe überstanden, und auf der Fahrt nach Jerusalem bediente sie sich nicht eines Tragsessels, sondern sie ritt. Sie schien die beschwerliche Reise ebenso leicht zu ertragen, wie die edlen Römer, die Krieger und die Sklaven, die ihr Gefolge bildeten.

Diese Fahrt von Joppe nach Jerusalem erfüllte das Herz der alten Frau mit Freude und lichter Hoffnung. Es war die Zeit des Frühlings, und die Ebne von Saron, die sie auf der ersten Tagesreise durchritten hatten, war ein einziger leuchtender Blumenteppich gewesen. Auch auf der Fahrt des zweiten Tages, als sie in die Berge von Judäa eindrangen, verließen die Blumen sie nicht. Alle die vielförmigen Hügel, zwischen denen der Weg sich durchschlängelte, waren mit Obstbäumen bepflanzt, die in reichster Blüte standen. Und wenn die Reisenden es müde wurden, die weißrosigen Blüten der Aprikosen und Pfirsichbäume zu betrachten, konnten sie ihre Augen erquicken, indem sie sie auf dem jungen Weinlaub ruhen ließen, das aus den schwarzbraunen Reben hervorquoll und dessen Wachstum so rasch war, dass man es mit den Augen verfolgen zu können meinte.

Aber nicht nur Blumen und Frühlingsgrün machten die Wanderung lieblich. Der größte Reiz wurde ihr von allen den Menschenscharen verliehen, die an diesem Morgen auf dem Weg nach Jerusalem waren. Von allen Wegen und Stegen, von einsamen Höhen und aus den fernsten Winkeln der Ebene kamen Wanderer. Wenn sie die Straße nach Jerusalem erreicht hatten, schlossen sich die einzelnen Reisenden zu großen Scharen zusammen und zogen unter frohem Jubel dahin. Rings um einen alten Mann, der auf einem schaukelnden Kamel ritt, gingen seine Söhne und Töchter, seine Eidame und Schwiegertöchter, und alle seine Enkelkinder. Es war ein so großes Geschlecht, dass es ein ganzes kleines Heer bildete. Eine alte Mutter, die zu schwach war, um zu gehen, hatten die Söhne auf ihre Arme gehoben, und sie ließ sich stolz durch die ehrfürchtig zur Seite weichenden Scharen tragen.

Das war in Wahrheit ein Morgen, der selbst den Betrübtesten mit Freude erfüllen konnte. Der Himmel war freilich nicht klar, sondern mit einer dünnen weißgrauen Wolkenschicht überzogen, aber keinem der Wanderer kam es in den Sinn, sich zu beklagen, dass der harte Glanz der Sonne gedämpft war. Unter diesem verschleierten Himmel strömten die Wohlgerüche der blühenden Bäume und des jungen Laubes nicht so rasch wie sonst in den weiten Raum, sondern sie verweilten über Wegen und Fluren. Und dieser schöne Tag, der mit seinem schwachen Licht und seinen reglosen Winden an die Ruhe und den Frieden der Nacht gemahnte, schien allen den vorwärtseilenden Menschenscharen etwas von seinem Wesen mitzuteilen, so dass sie fröhlich, aber doch weihevoll weiterzogen, mit gedämpfter Stimme uralte Hymnen singend, oder auf seltsamen, altertümlichen Instrumenten spielend, aus denen Töne kamen, die gleich dem Summen der Mücken oder dem Zirpen der Heimchen waren.

Wie die alte Faustina zwischen allen diesen Menschen dahinritt, wurde auch sie von ihrem Eifer und ihrer Freude mitgerissen. Sie trieb ihren Zelter zu größerer Eile, während sie zu einem jungen Römer, der sich an ihrer Seite hielt, sagte: »Mir träumte heute Nacht, dass ich Tiberius sähe und er mich bäte, die Reise ja nicht aufzuschieben, sondern gerade heute nach Jerusalem zu ziehen. Mich dünkt, die Götter wollten mir eine Mahnung schicken, es nicht zu verabsäumen, an diesem schönen Morgen hinzuwandern.«

Als sie diese Worte sprach, hatten sie gerade die höchste Höhe eines lang gestreckten Bergrückens erreicht, und dort hielt sie unwillkürlich an. Vor ihr lag ein großer, tiefer Talkessel, von schönen Anhöhen umkränzt, und aus der dunkeln, schattigen Tiefe dieses Tales hob sich der gewaltige Fels, der auf seinem Gipfel die Stadt Jerusalem trug.

Aber das enge Bergstädtchen, das mit seinen Mauern und Türmen einem krönenden Geschmeide gleich auf der flachen Höhe des Felsens lag, war an diesem Tag tausendfältig vergrößert. Alle die rings um das Tal ansteigenden Höhen waren von bunten Zelten und einem Gewühl von Menschen bedeckt.

Es wurde Faustina klar, dass die ganze Bevölkerung des Landes sich in Jerusalem sammelte, um irgendein großes Fest zu feiern. Die entfernter Wohnenden waren schon angelangt und hatten ihre Zelte aufgeschlagen. Die hingegen in der Nachbarschaft der Stadt wohnten, waren noch im Anzug. Alle die lichten Bergeshöhen hinunter sah man sie kommen, gleich einem ununterbrochenen Strom von weißen Gewändern, Gesängen und Festesfreude.

Lange überschaute die alte Frau diese heranströmenden Menschenmengen und die langen Zeltreihen. Dann sagte sie zu dem jungen Römer, der an ihrer Seite ritt:

»Wahrlich, Sulpicius, das ganze Volk muss nach Jerusalem gekommen sein.«

»Es ist in Wirklichkeit so«, antwortete der Römer, der von Tiberius ausersehen worden war, Faustina zu geleiten, weil er mehrere Jahre lang in Judäa gelebt hatte. »Sie feiern jetzt das große Frühlingsfest, und da ziehen alle Menschen, Jung und Alt, nach Jerusalem.«

Faustina besann sich einen Augenblick. »Ich freue mich, dass wir an dem Tag in diese Stadt gekommen sind, wo das Volk seinen

Feiertag begeht«, sagte sie. »Dies kann nichts anderes bedeuten, als dass die Götter unsere Fahrt beschützen. Hältst du es nicht für wahrscheinlich, dass er, den wir suchen, der Prophet aus Nazareth, auch nach Jerusalem gekommen ist, um an dem Fest teilzunehmen?«

»Du hast wirklich recht, Faustina«, sagte der Römer. »Er ist vermutlich hier in Jerusalem. Dies ist in Wahrheit eine Fügung der Götter. So stark und kräftig du auch bist, du kannst dich doch glücklich preisen, wenn du nicht die lange, beschwerliche Reise nach Galiläa hinauf machen musst.«

Er ritt sogleich auf ein paar Wanderer zu, die eben vorbeizogen und fragte sie, ob sie glaubten, dass der Prophet aus Nazareth sich in Jerusalem befinde.

»Wir haben ihn jedes Jahr um diese Zeit dort gesehen«, antwortete einer der Wandersleute. »Sicherlich ist er auch dieses Jahr gekommen, denn er ist ein frommer und gerechter Mann.«

Eine Frau streckte die Hand aus und wies auf eine Höhe, die östlich von der Stadt lag. »Siehst du diesen Bergabhang, der mit Olivenbäumen bewachsen ist?«, sagte sie. »Dort pflegen die Galiläer ihre Zelte aufzuschlagen, und da erhältst du die sichersten Nachrichten über den, den du suchst.«

Sie zogen weiter, einen geschlängelten Pfad bis in die Tiefe des Tales hinunter und begannen dann, den Berg Zion emporzureiten, um die Stadt auf seinem Gipfel zu erreichen.

Der steil ansteigende Weg war hier von niedrigen Mauern umsäumt, und auf ihnen saßen und lagen eine unzählige Menge Bettler und Krüppel, die die Barmherzigkeit der Reisenden anriefen.

Während der langsamen Fahrt kam eine der jüdischen Frauen auf Faustina zu. »Sieh dort«, sagte sie und wies auf einen Bettler, der auf der Mauer saß, »dies ist ein galiläischer Mann. Ich erinnere mich, ihn unter den Jüngern des Propheten gesehen zu haben. Er kann dir sagen, wo der zu finden ist, den du suchst.«

Faustina ritt mit Sulpicius auf den Mann zu, den man ihr gezeigt hatte. Es war ein armer alter Mann mit großem, graugesprenkeltem Bart. Sein Gesicht war von Hitze und Sonnenschein gebräunt, und seine Hände waren schwielig von der Arbeit. Er begehrte keine Almosen, sondern schien im Gegenteil so tief in kummervolle Gedanken versunken zu sein, dass er nicht einmal zu den Vorüberziehenden aufsah.

Er hörte auch nicht, dass Sulpicius ihn ansprach, sondern dieser musste seine Frage ein paarmal wiederholen.

»Mein Freund, man hat mir gesagt, dass du ein Galiläer seist. Ich bitte dich, sage mir, wo kann ich den Propheten aus Nazareth finden?«

Der Galiläer fuhr heftig zusammen und sah sich verwirrt um. Aber als er endlich begriff, was man von ihm verlangte, geriet er in einen Zorn, in den sich Entsetzen mischte. »Was sagst du da?«, brach er los. »Warum fragst du mich nach dem Mann? Ich weiß nichts von ihm. Ich bin kein Galiläer.«

Die jüdische Frau mischte sich jetzt ins Gespräch. »Ich habe dich doch mit ihm gesehen«, fiel sie ein. »Hege keine Furcht, sondern sage dieser vornehmen Römerin, die die Freundin des Kaisers ist, wo sie ihn schnell finden kann.«

Aber der erschrockene Jünger wurde immer erbitterter. »Sind heute alle Menschen wahnsinnig geworden?«, rief er. »Sind sie von einem bösen Geist besessen, da sie einer um den andern kommen und mich nach diesem Mann fragen? Warum will mir niemand glauben, wenn ich sage, dass ich den Propheten nicht kenne? Ich bin nicht aus seinem Land gekommen. Ich habe ihn niemals gesehen.«

Seine Heftigkeit zog die Aufmerksamkeit auf ihn, und ein paar Bettler, die neben ihm auf der Mauer saßen, begannen gleichfalls seine Worte zu bestreiten.

»Freilich hast du zu seinen Jüngern gehört«, sagten sie. »Wir wissen alle, dass du mit ihm aus Galiläa gekommen bist.«

Aber der Mann streckte beide Arme zum Himmel empor und rief: »Ich habe es heute in Jerusalem nicht aushalten können um dieses Mannes willen, und jetzt lassen sie mich nicht einmal hier draußen unter den Bettlern in Frieden. Warum wollt ihr mir nicht glauben, wenn ich euch sage, dass ich ihn nie gesehen habe?«

Faustina wendete sich mit einem Achselzucken ab. »Lass uns weiterziehen«, sagte sie. »Dieser Mann ist ja wahnsinnig. Von ihm können wir nichts erfahren.«

Sie zogen weiter, den Bergeshang hinauf. Faustina war nicht mehr als zwei Schritte vom Stadttor entfernt, als die israelitische Frau, die ihr hatte helfen wollen, den Propheten zu finden, ihr zurief, sie solle sich in Acht nehmen. Sie zog die Zügel an und sah, dass dicht vor den Füßen der Pferde ein Mann auf dem Weg lag. Wie er da im Staub ausgestreckt lag, gerade da, wo das Gedränge am lebhaftesten wogte, musste man es ein Wunder nennen, dass er nicht schon von Tieren oder Menschen niedergetreten war.

Der Mann lag auf dem Rücken und starrte mit erloschenen, glanzlosen Blicken empor. Er regte sich nicht, obgleich die Kamele ihre schweren Füße dicht neben ihm niedersetzten. Er war ärmlich gekleidet und überdies mit Staub und Erde besudelt. Ja, er hatte so viel Sand über sich geschüttet, dass es aussah, als suche er sich zu verbergen, um leichter überritten oder niedergetreten zu werden.

»Was ist dies? Warum liegt dieser Mann hier auf dem Weg?«, fragte Faustina.

In demselben Augenblick begann der Liegende die Vorübergehenden anzurufen. »Bei eurer Barmherzigkeit, Brüder und Schwestern, führet eure Pferde und Lasttiere über mich hin! Weichet mir nicht aus! Zertretet mich zu Staub! Ich habe unschuldig Blut verraten. Zertretet mich zu Staub!«

Sulpicius fasste Faustinas Pferd am Zügel und führte es zur Seite. »Das ist ein Sünder, der Buße tun will«, sagte er. »Lasse dich dadurch nicht aufhalten. Diese Leute sind wunderlich, und man muss sie ihre eignen Wege gehen lassen.«

Der Mann auf dem Weg fuhr fort zu rufen: »Setzet eure Fersen auf mein Herz! Lasset die Kamele meine Brust zertreten und den Esel seine Hufe in meine Augen versenken!«

Aber Faustina brachte es nicht über sich, an diesem Elenden vorbeizureiten, ohne zu versuchen, ob sie ihn nicht bewegen könnte, aufzustehen. Sie hielt noch immer neben ihm.

Die israelitische Frau, die ihr schon einmal hatte dienen wollen, drängte sich jetzt wieder an sie heran. »Dieser Mann hat auch zu den Jüngern des Propheten gehört«, sagte sie. »Willst du, dass ich ihn nach seinem Meister frage?«

Faustina nickte, und die Frau beugte sich über den Liegenden. »Was habt ihr Galiläer an diesem Tag mit eurem Meister gemacht?«, fragte sie. »Ich treffe euch zerstreut auf Wegen und Stegen, aber ihn sehe ich nirgends.«

Aber als sie so fragte, richtete sich der Mann, der im Straßenstaub lag, auf seine Knie empor. »Was für ein böser Geist hat dir eingegeben, mich nach ihm zu fragen?«, sagte er mit einer Stimme, die voll Verzweiflung war. »Du siehst ja, dass ich mich in den Straßenstaub geworfen habe, um zertreten zu werden. Ist dir das nicht genug? Musst du noch kommen und mich fragen, was ich mit ihm angefangen habe?«

»Ich verstehe nicht, was du mir vorwirfst«, sagte die Frau. »Ich wollte ja nur wissen, wo dein Meister ist.«

Als sie die Frage wiederholte, sprang der Mann auf und steckte beide Zeigefinger in die Ohren.

»Wehe dir, dass du mich nicht in Frieden sterben lassen kannst«, rief er. Er bahnte sich einen Weg durch das Volk, das sich vor dem Tor drängte, und stürzte, vor Entsetzen brüllend, von dannen, während seine zerfetzten Kleider ihn gleich dunkeln Flügeln umflatterten.

»Es will mich bedünken, dass wir zu einem Volk von Narren gekommen sind«, sagte Faustina, als sie den Mann fliehen sah. Sie war durch den Anblick der Schüler des Propheten ganz niedergeschlagen. Konnte ein Mann, der solche Tollhäusler zu seinen Begleitern zählte, imstande sein, etwas für den Kaiser zu tun?

Auch die israelitische Frau schaute betrübt drein, und sie sprach mit großem Ernst zu Faustina: »Herrscherin, zögere nicht, den aufzusuchen, den du finden willst. Ich fürchte, es ist ihm etwas Böses zugestoßen, da seine Jünger so von Sinnen sind und es nicht ertragen, von ihm reden zu hören.«

Faustina und ihr Gefolge ritten endlich durch die Torwölbung und kamen in enge, dunkle Gassen, die von Menschen wimmelten.

Es erschien beinahe unmöglich, durch die Stadt zu kommen. Ein Mal ums andere mussten die Reiter haltmachen. Vergebens suchten Sklaven und Kriegsknechte einen Weg zu bahnen. Die Menschen hörten nicht auf, sich in einem dichten und unaufhaltsamen Strom vorbeizuwälzen.

»Wahrlich«, sagte die alte Frau zu Sulpicius, »Roms Straßen sind stille Lustgärten im Vergleich zu diesen Gassen.«

Sulpicius sah bald, dass fast unübersteigliche Schwierigkeiten ihrer harrten.

»In diesen überfüllten Gassen ist es beinahe leichter zu gehen als zu reiten«, sagte er. »Wenn du nicht allzu müde bist, würde ich dir raten, zu Fuß zum Palast des Landpflegers zu gehen. Er liegt freilich weit weg, aber wenn wir hinreiten wollen, kommen wir sicherlich nicht vor Mitternacht ans Ziel.«

Faustina ging sogleich auf den Vorschlag ein. Sie stieg vom Pferd und überließ es der Obhut eines Sklaven. Dann begannen die reisenden Römer die Stadt zu Fuß zu durchwandern.

Dies gelang ihnen weit besser. Sie drangen ziemlich rasch bis zum Herzen der Stadt vor, und Sulpicius zeigte Faustina gerade eine halbwegs breite Straße, die sie bald erreichen mussten.

»Sieh dort, Faustina«, sagte er, »wenn wir erst in dieser Straße sind, sind wir bald am Ziel. Sie führt uns geradeswegs zu unserer Herberge.«

Aber als sie eben in diese Straße einbiegen wollten, begegnete ihnen das größte Hindernis.

Es begab sich, dass in demselben Augenblick, wo Faustina die Straße erreichte, die sich vom Palast des Landpflegers zur Pforte der Gerechtigkeit und nach Golgatha erstreckte, ein Gefangener vorbeigeführt wurde, der gekreuzigt werden sollte.

Ihm voran eilte eine Schar junger, wilder Menschen, die die Hinrichtung mit ansehen wollten. Sie jagten in ungestümem Lauf durch die Straße, streckten die Arme verzückt in die Höhe und stießen ein unverständliches Geheul aus, in ihrer Freude, etwas zu schauen, was sie nicht alle Tage zu sehen bekamen.

Nach ihnen kamen Scharen von Menschen in schleppenden Gewändern, die zu den Ersten und Vornehmsten der Stadt zu gehören schienen. Hinter denen wanderten Frauen, von denen viele tränenüberströmte Gesichter hatten. Eine Anzahl Arme und Krüppel schritten vorbei und stießen Schreie aus, die in den Ohren gellten. »O Gott«, riefen sie, »rette ihn! Sende deinen Engel und rette ihn! Schicke einen Helfer in seiner äußersten Not!«

Endlich kamen ein paar römische Kriegsknechte auf großen Pferden. Sie wachten darüber, dass niemand aus dem Volk zu dem Gefangenen hinstürze oder ihn zu befreien versuche.

Gleich hinter ihnen schritten die Henkersknechte, die den Mann, der gekreuzigt werden sollte, zu führen hatten. Sie hatten ihm ein großes, schweres Kreuz aus Holz über die Schulter gelegt, aber er war zu schwach für diese Bürde. Sie drückte ihn, dass sein Körper ganz zu Boden gebeugt wurde. Er hielt den Kopf so tief gesenkt, dass niemand sein Gesicht sehen konnte.

Faustina stand in der Mündung des kleinen Nebengässchens und sah die schwere Wanderung des Todgeweihten an. Mit Staunen gewahrte sie, dass er einen Purpurmantel trug und dass eine Dornenkrone auf sein Haupt gedrückt war.

»Wer ist dieser Mann?«, fragte sie.

Einer der Umstehenden erwiderte: »Das ist einer, der sich zum Kaiser machen wollte.«

»Dann muss er den Tod um einer Sache willen leiden, die wenig erstrebenswert ist«, sagte die alte Frau wehmütig.

Der Verurteilte wankte unter dem Kreuz. Immer langsamer schritt er vorwärts. Die Henkersknechte hatten einen Strick um seinen Leib geschlungen, und sie begannen daran zu ziehen, um ihn zu größerer Eile anzutreiben. Aber als sie an dem Strick zogen, fiel der Mann hin und blieb mit dem Kreuz über sich liegen.

Da entstand ein großer Aufruhr. Die römischen Reiter hatten die größte Mühe, das Volk zurückzuhalten. Sie zückten ihre Schwerter gegen ein paar Frauen, die herbeieilten und den Gefallenen aufzurichten bemüht waren. Die Henkersknechte suchten ihn durch Schläge und Stöße zu zwingen, dass er aufstehe, allein er vermochte es nicht wegen des Kreuzes. Endlich ergriffen ein paar von ihnen das Kreuz, um es fortzuheben.

Da richtete er das Haupt empor, und die alte Faustina konnte sein Gesicht sehen. Die Wangen trugen Striemen von Schlägen, und von seiner Stirn, die die Dornenkrone verwundet hatte, perlten ein paar Blutstropfen. Das Haar hing in wirren Büscheln, klebrig von Schweiß und Blut. Sein Mund war hart geschlossen, aber seine Lippen zitterten, als kämpften sie, um einen Schrei zurückzudrängen. Die Augen starrten tränenvoll und beinahe erloschen vor Qual und Mattigkeit.

Aber hinter dem Gesicht dieses halb toten Menschen sah die Alte gleichsam in einer Vision ein schönes und bleiches Gesicht mit herrlichen, majestätischen Augen und milden Zügen, und sie ward plötzlich von Trauer und Rührung über das Unglück und die Erniedrigung dieses fremden Mannes ergriffen.

»O du armer Mensch, was hat man dir getan?«, rief sie und trat ihm einen Schritt entgegen, während ihre Augen sich mit Tränen füllten. Sie vergaß ihre eigene Sorge und Unruhe über dieses gequälten Menschen Not. Ihr war, als müsste ihr Herz vor Mitleid zerspringen. Sie wollte gleich den andern Frauen hineilen, um ihn den Schergen zu entreißen.

Der Gefangene sah, wie sie auf ihn zukam, und er kroch näher an sie heran. Es war, als erwarte er bei ihr Schutz gegen alle zu finden, die ihn verfolgten und quälten. Er umfasste ihre Knie. Er schmiegte sich an sie wie ein Kind, das sich zu seiner Mutter rettet.

Die Alte beugte sich über ihn, und während ihre Tränen strömten, fühlte sie die seligste Freude darüber, dass er gekommen war und bei ihr Schutz gesucht hatte. Sie legte ihren einen Arm um seinen Hals, und so wie eine Mutter zu allererst die Tränen aus den Augen des Kindes trocknet, so legte sie ihr Schweißtuch aus kühlem, feinem Linnen auf sein Gesicht, um die Tränen und das Blut fortzuwischen.

Aber in diesem Augenblick waren die Henkersknechte mit dem Heben des Kreuzes fertig. Sie kamen und rissen den Gefangenen mit sich. Ungeduldig wegen des Aufenthalts, schleppten sie ihn in wilder Hast fort. Der Todgeweihte stöhnte auf, als er von der Freistatt fortgeführt wurde, die er gefunden hatte; aber er leistete keinen Widerstand.

Jedoch Faustina umklammerte ihn, um ihn zurückzuhalten, und als ihre schwachen, alten Hände nichts vermochten und sie ihn fortführen sah, war es ihr, als hätte ihr jemand ihr eignes Kind entrissen, und sie rief: »Nein, nein! Nehmt ihn mir nicht! Er darf nicht sterben! Er darf nicht!«

Sie empfand den furchtbarsten Schmerz und Groll, weil man ihn fortführte. Sie wollte ihm nacheilen. Sie wollte mit den Schergen kämpfen und ihn ihnen entreißen.

Aber bei dem ersten Schritt, den sie machte, wurde sie von Schwindel und Ohnmacht befallen. Sulpicius beeilte sich, seinen Arm um sie zu legen, um sie vor dem Fallen zu bewahren.

Auf der einen Seite der Gasse sah er einen kleinen, dunkeln Laden, und dort hinein trug er sie. Da war weder Stuhl noch Bank, aber der Kaufmann war ein barmherziger Mann. Er schleppte eine Matte herbei und bereitete der Alten ein Lager auf dem Steinboden.

Sie war nicht besinnungslos, aber ein so starker Schwindel hatte sie befallen, dass sie sich nicht aufrecht halten konnte, sondern sich niederlegen musste.

»Sie hat heute eine lange Wanderung hinter sich, und der Lärm und das Gedränge in der Stadt sind ihr zu viel geworden«, sagte Sulpicius zu dem Kaufmann. »Sie ist sehr alt, und keiner ist so stark, dass das Alter ihn nicht schließlich niederwerfen könnte.«

»Dies ist auch für jemand, der nicht alt ist, ein schwerer Tag«, sagte der Kaufmann. »Die Luft ist fast zu drückend beim Atmen. Es sollte mich nicht wundernehmen, wenn wir ein schweres Unwetter bekämen.«

Sulpicius beugte sich über die Alte. Sie war eingeschlummert und schlief, mit ruhigen, regelmäßigen Atemzügen nach der Ermüdung und der Gemütsbewegung.

Er ging und stellte sich in die Ladentür, um die Volksmenge zu beobachten, während er auf ihr Erwachen wartete.

7

Der römische Landpfleger in Jerusalem hatte eine junge Frau, und in der Nacht vor dem Tag, an dem Faustina in die Stadt einzog, lag die und träumte.

Sie träumte, dass sie auf dem Dach ihres Hauses stünde und auf den großen, schönen Hofplan niedersähe, der nach der Sitte des Morgenlandes mit Marmor ausgelegt und mit edeln Gewächsen bepflanzt war.

Aber auf dem Hof sah sie alle Kranken und Blinden und Lahmen versammelt, die es auf der Welt gab. Sie sah die Pestkranken vor sich, mit beulengeschwollenen Körpern, die Aussätzigen mit zerfressenen Gesichtern, die Lahmen, die sich nicht zu rühren vermochten, sondern hilflos auf der Erde lagen, und alle Elenden, die sich in Qualen und Schmerzen krümmten.

Und sie drängten sich alle zum Eingang, um in das Haus zu kommen, und einige der Vordersten klopften mit harten Schlägen an die Tür des Palastes.

Endlich sah sie, dass ein Sklave die Tür öffnete und auf die Schwelle trat, und sie hörte, wie er fragte, was sie wollten.

Da antworteten sie ihm und sprachen: »Wir suchen den großen Propheten, den Gott auf die Erde gesandt hat. Wo ist der Prophet aus Nazareth, er, der aller Qualen Herr ist? Wo ist er, der uns von allen unsern Leiden erlösen kann?«

Da antwortete der Sklave in stolzem, gleichgültigem Ton, so wie Palastdiener zu tun pflegen, wenn sie arme Fremdlinge abweisen.

»Es hilft euch nichts, nach dem großen Propheten zu suchen. Pilatus hat ihn getötet.«

Da erhob sich unter allen den Kranken ein Trauern und Jammern und Zähneknirschen, so dass sie nicht ertragen konnte, es zu hören. Ihr Herz wurde von Mitleid zerrissen, und Tränen strömten aus ihren Augen. Aber wie sie so zu weinen anfing, war sie erwacht.

Wieder war sie eingeschlummert, und wieder träumte sie, dass sie auf dem Dach ihres Hauses stünde und auf den großen Hof hinabsähe, der so weit war wie ein Marktplatz.

Und siehe da, der Hof war voll von allen Menschen, die wahnsinnig und toll waren und von bösen Geistern besessen. Und sie sah solche, die nackt waren und solche, die sich in ihr langes Haar hüllten, und solche, die sich Kronen aus Stroh geflochten hatten und Mäntel aus Gras, und sich für Könige hielten, und solche, die auf dem Boden krochen und Tiere zu sein wähnten, und solche, die beständig über einen Kummer weinten, den sie nicht zu nennen vermochten, und solche, die schwere Steine heranschleppten, die sie für Gold ausgaben, und solche, die glaubten, dass die bösen Dämonen aus ihrem Mund sprächen.

Sie sah, wie alle diese Leute sich zum Tor des Palastes drängten; und die zuvorderst standen, klopften und pochten, um Einlass zu finden.

Endlich tat sich die Tür auf, und ein Sklave trat auf die Schwelle und fragte sie: »Was ist euer Begehr?«

Da begannen sie alle zu rufen und zu sagen: »Wo ist der große Prophet aus Nazareth, er, der von Gott gesandt ist und der uns unsre Seele und unsre Vernunft wiedergeben soll?«

Sie hörte, wie der Sklave ihnen im gleichgültigsten Ton antwortete:

»Es führt zu nichts, dass ihr nach dem großen Propheten sucht. Pilatus hat ihn getötet.«

Als dies Wort gesprochen war, stießen alle die Wahnsinnigen einen Schrei aus, der dem Brüllen wilder Tiere gleich war, und in ihrer Verzweiflung begannen sie, sich selbst zu zerfleischen, dass das Blut auf die Steine floss. Und da sie, die träumte, all ihr Elend sah, begann sie die Hände zu ringen und zu jammern. Und ihr eigener Jammer hatte sie aufgeweckt.

Aber wieder war sie eingeschlummert, und wieder befand sie sich im Traum auf dem Dach ihres Hauses. Und rings um sie her saßen ihre Sklavinnen, die ihr auf der Cymbel und der Laute vorspielten, und die Mandelbäume streuten ihre weißen Blütenblätter über sie hin, und die Blüten der Kletterrosen dufteten.

Während sie da saß, sprach eine Stimme zu ihr: »Geh zu der Balustrade, die dein Dach umgibt, und sieh hinunter auf deinen Hof.«

Aber im Traum weigerte sie sich und sagte: »Ich will nicht noch mehr von jenen sehen, die sich heute Nacht auf meinem Hof drängen.«

In demselben Augenblick hörte sie von dort ein Rasseln von Ketten und ein Pochen schwerer Hämmer und ein Klopfen von Holz, das gegen Holz schlug. Ihre Sklavinnen hörten zu singen und zu spielen auf und eilten zum Dachgeländer und sahen hinab. Und auch sie konnte nicht still sitzen bleiben, sondern sie ging hin und sah auf den Hof hinunter.

Da sah sie, dass der Hof ihres Hauses von allen armen Gefangenen erfüllt war, die es auf der Welt gab. Sie sah die Leute, die sonst in dunkeln Kerkerlöchern mit schweren Eisenketten gefesselt lagen. Sie sah die Leute, die in den dunkeln Gruben arbeiteten, ihre Hämmer schleppend, herankommen, und die, die Ruderer auf den Kriegsfahrzeugen waren, kamen mit ihren schweren, eisengeschmiedeten Rudern. Und die, die verurteilt waren, gekreuzigt zu werden, kamen und schleppten ihre Kreuze, und die, die geköpft werden sollten, kamen mit ihren Beilen. Sie sah die, die als Sklaven nach fremden Ländern geführt worden waren und deren Augen vor Heimweh brannten. Sie sah alle elenden Sklaven, die gleich Lasttieren arbeiten mussten und deren Rücken blutig waren von Geißelhieben.

Alle diese unglücklichen Menschen riefen wie aus einem einzigen Munde und sprachen: »Öffne, öffne!«

Da trat der Sklave, der den Eingang bewachte, zur Tür hinaus, und er fragte sie: »Was ist euer Begehr?«

Und sie antworteten wie die andern: »Wir suchen den großen Propheten aus Nazareth, der auf die Erde gekommen ist, um den Gefangenen ihre Freiheit und den Sklaven ihr Glück wiederzugeben.«

Der Sklave antwortete ihnen in müdem und gleichgültigem Ton: »Ihr könnt ihn hier nicht finden. Pilatus hat ihn getötet.«

Als dies Wort gesprochen war, deuchte es sie, die träumte, dass sich unter allen diesen Unglücklichen ein solcher Ausbruch der Lästerung und des Hohnes erhebe, dass sie vernahm, wie Erde und

Himmel erzitterten. Sie selbst war starr vor Schrecken, und ein solches Beben durchfuhr ihren Körper, dass sie erwachte.

Als sie ganz wach war, setzte sie sich im Bett auf und sagte zu sich selbst: Ich will nicht mehr träumen. Jetzt will ich mich die ganze Nacht wach halten, um nichts mehr von diesem Entsetzlichen sehen zu müssen.

Aber beinahe in demselben Augenblick, wo sie dies gedacht hatte, hatte der Schlummer sie aufs Neue überwältigt, und sie hatte ihren Kopf auf das Kissen gelegt und war eingeschlummert.

Wieder träumte sie, dass sie auf dem Dach ihres Hauses säße, und ihr kleines Söhnlein liefe dort oben auf und ab und spielte Ball. Da hörte sie eine Stimme, die zu ihr sprach: »Geh zur Balustrade, die das Dach umgibt, und sieh, wer die sind, die auf dem Hof stehen und warten.«

Aber sie, die träumte, sagte zu sich selbst: »Ich habe in dieser Nacht genug Elend gesehen. Mehr kann ich nicht ertragen. Ich will bleiben, wo ich bin.«

In demselben Augenblick warf ihr Söhnlein den Ball so, dass er über die Balustrade fiel, und das Kind eilte hin und kletterte auf das Gitterwerk. Da erschrak sie und lief hinzu und erfasste das Kind.

Aber dabei warf sie einen Blick hinunter, und noch einmal sah sie, dass der Hof voller Menschen war.

Aber dort in dem Hof waren alle Menschen der Erde, die im Kriege verwundet worden waren. Sie kamen mit verstümmelten Körpern, mit abgehauenen Gliedern und großen, offenen Wunden, aus denen das Blut strömte, so dass der ganze Hof davon überschwemmt wurde.

Und neben ihnen drängten sich dort alle Menschen der Erde, die ihre Lieben auf dem Schlachtfeld verloren hatten. Es waren die Vaterlosen, die ihre Verteidiger betrauerten, und die jungen Frauen, die nach ihren Geliebten riefen, und die Alten, die nach ihren Söhnen seufzten.

Die Vordersten von ihnen drängten zur Tür, und der Türsteher kam wie früher und öffnete.

Er fragte alle diese Leute, die in Fehden und Kämpfen verwundet worden waren: »Was sucht ihr in diesem Haus?«

Und sie antworteten: »Wir suchen den großen Propheten aus Nazareth, der Krieg und Streit verbieten und Frieden auf Erden bringen wird. Wir suchen ihn, der die Lanzen zu Sensen machen wird und die Schwerter zu Rebenmessern.«

Da antwortete der Sklave ein wenig ungeduldig: »Kommt doch nicht mehr, um mich zu quälen! Ich habe es schon oft genug gesagt. Der große Prophet ist nicht hier. Pilatus hat ihn getötet.«

Damit schloss er das Tor. Aber sie, die träumte, dachte an allen den Jammer, der nun ausbrechen musste. »Ich will ihn nicht hören«, sagte sie und stürzte von der Balustrade fort. In demselben Augenblick war sie erwacht. Und da hatte sie gesehen, dass sie in ihrer Angst aus dem Bett gesprungen war, hinunter auf den kalten Steinboden.

Wieder hatte sie gedacht, dass sie in dieser Nacht nicht mehr träumen wollte, und wieder hatte der Schlummer sie überwältigt, so dass sie die Augen schloss und zu träumen begann.

Noch einmal saß sie auf dem Dach ihres Hauses, und neben ihr stand ihr Mann. Und sie erzählte ihm von ihren Träumen, und er trieb seinen Spott mit ihr. Da hörte sie wieder eine Stimme, die zu ihr sagte: »Geh und sieh die Menschen, die auf deinem Hof warten.«

Aber sie dachte: Ich will sie nicht schauen. Ich habe heute Nacht genug Unglückliche gesehen.

In demselben Augenblick hörte sie drei harte Schläge an das Tor, und ihr Mann ging zur Balustrade, um zu sehen, wer es wäre, der Einlass in sein Haus begehrte.

Aber kaum hatte er sich über des Geländer gebeugt, als er auch schon seiner Frau winkte, sie solle zu ihm kommen.

»Kennst du diesen Mann nicht?«, sagte er und wies hinunter.

Als sie in den Hof hinuntersah, fand sie, dass er von Reitern und Pferden erfüllt war. Sklaven waren damit beschäftigt, Eseln und Kamelen ihre Bürden abzuladen. Es sah aus, als wäre ein vornehmer Reisender angekommen.

An der Eingangstür stand der Fremde. Es war ein hochgewachsener alter Mann mit breiten Schultern und trüber, düstrer Miene.

Die Träumerin erkannte den Fremdling sogleich, und sie flüsterte ihrem Mann zu: »Das ist Cäsar Tiberius, der nach Jerusalem gekommen ist. Es kann kein anderer sein.«

»Auch ich glaube ihn zu erkennen«, sagte ihr Mann und legte gleichzeitig den Finger an den Mund, zum Zeichen, dass sie stillschweigen und darauf horchen solle, was unten auf dem Hof gesprochen würde.

Sie sahen, dass der Türhüter herauskam und den Fremden fragte: »Wer ist es, den du suchst?«

Und der Reisende antwortete: »Ich suche den großen Propheten aus Nazareth, der mit Gottes wundertätiger Kraft begabt ist. Kaiser Tiberius ruft ihn, auf dass er ihn von einer entsetzlichen Krankheit befreie, die kein anderer Arzt zu heilen vermag.«

Als er ausgesprochen hatte, neigte sich der Sklave sehr demütig, und sagte: »Herr, zürne nicht, aber dein Wunsch kann nicht erfüllt werden.«

Da wendete sich der Kaiser an seine Sklaven, die unten im Hof warteten, und gab ihnen einen Befehl.

Da eilten die Sklaven herbei, einige hatten die Hände voll Geschmeide, andere hielten Schalen voll Perlen, wieder andere schleppten Säcke mit Goldmünzen.

Der Kaiser wendete sich an den Sklaven, der die Pforte bewachte und sagte: »Dies alles soll ihm gehören, wenn er Tiberius beisteht. Damit kann er allen Armen der Erde Reichtum schenken.«

Aber der Türhüter neigte sich noch tiefer denn zuvor und sagte: »Herr, zürne deinem Diener nicht, aber dein Verlangen kann nicht erfüllt werden.«

Da winkte der Kaiser noch einmal seinen Sklaven, und ein paar von ihnen eilten mit einem reich bestickten Gewand herbei, auf dem ein Brustschild aus Juwelen erglänzte.

Und der Kaiser sprach zu dem Sklaven: »Sieh hier: Was ich ihm biete, ist die Macht über das Judenland. Er soll sein Volk als der höchste Richter lenken. Möge er mir nur zuerst folgen und Tiberius heilen.«

Aber der Sklave neigte sich noch tiefer zur Erde und sagte: »Herr, es steht nicht in meiner Macht, dir zu helfen!«

Da winkte der Kaiser noch einmal, und seine Sklaven eilten mit einem goldenen Stirnreif und einem Purpurmantel herbei.

»Sieh«, sagte er, »dies ist des Kaisers Wille: Er gelobt, ihn zu seinem Erben zu ernennen und ihm die Herrschaft über die Welt zu geben. Er soll die Macht haben, die ganze Erde nach dem Willen seines Gottes zu regieren. Möge er zuerst nur seine Hand ausstrecken und Tiberius heilen!«

Da warf sich der Sklave vor den Füßen des Kaisers zu Boden und sagte mit wehklagender Stimme: »Herr, es steht nicht in meiner Macht, dir zu gehorchen. Er, den du suchst, ist nicht mehr. Pilatus hat ihn getötet.«

8

Als die junge Frau erwachte, war es schon voller, klarer Tag, und ihre Sklavinnen standen da und warteten, um ihr beim Ankleiden behilflich zu sein.

Sie war sehr schweigsam, während sie sich anziehen ließ, aber endlich fragte sie die Sklavin, die ihr Haar strählte, ob ihr Mann schon aufgestanden sei. Da erfuhr sie, dass er gerufen worden war, um über einen Verbrecher zu Gericht zu sitzen.

»Ich würde gern mit ihm sprechen«, sagte die junge Frau.

»Herrin«, sagte die Sklavin, »dies wird sich mitten in der Untersuchung schwer bewerkstelligen lassen. Wir werden dir Nachricht geben, sowie sie beendigt ist.«

Sie saß nun schweigend, bis sie fertig angekleidet war. Dann fragte sie: »Hat jemand von euch von dem Propheten aus Nazareth sprechen hören?«

»Der Prophet aus Nazareth, das ist ein jüdischer Wundertäter«, antwortete eine der Sklavinnen sogleich.

»Es ist seltsam, Gebieterin, dass du gerade heute nach ihm fragst«, sagte eine andere der Sklavinnen. »Er ist es eben, den die Juden hierher in den Palast geführt haben, damit der Landpfleger ihn verhöre.«

Sie bat sie, allsogleich zu gehen und sich zu erkundigen, wessen er angeklagt werde, und eine der Sklavinnen entfernte sich. Als sie zurückkehrte, sagte sie: »Sie beschuldigen ihn, dass er sich zum König über dieses Land machen wolle, und sie rufen den Landpfleger an, er möge ihn kreuzigen lassen.«

Aber als des Landpflegers Frau dies hörte, erschrak sie gar sehr und sagte: »Ich muss mit meinem Mann sprechen, sonst geschieht heute hier ein furchtbares Unglück.«

Als die Sklavinnen ihr noch einmal sagten, dass dies unmöglich sei, da begann sie zu zittern und zu weinen. Und eine von ihnen wurde gerührt und sagte: »Wenn du dem Landpfleger eine geschriebne Botschaft senden willst, so will ich versuchen, sie zu überbringen.«

Da nahm sie allsogleich einen Stift und schrieb einige Worte auf ein Wachstäfelchen, und dieses wurde dem Pilatus gegeben.

Aber ihn selber traf sie den ganzen Tag über nicht allein, denn als er die Juden fortgeschickt hatte und sie den Verurteilten zum Richtplatz führten, war die Stunde für die Mahlzeit angebrochen, und zu dieser hatte Pilatus einige von den Römern eingeladen, die sich zu dieser Zeit in Jerusalem aufhielten. Es waren der Anführer der Truppen und ein junger Lehrer der Beredsamkeit und noch einige andere.

Dieses Mahl war nicht sehr fröhlich, denn die Frau des Landpflegers saß die ganze Zeit über stumm und niedergeschlagen, ohne an dem Gespräch teilzunehmen.

Als die Tischgäste fragten, ob sie krank oder betrübt sei, erzählte der Landpfleger lachend von der Botschaft, die sie ihm am Morgen gesandt hatte. Und er neckte sie, weil sie geglaubt hatte, ein römischer Landpfleger würde sich in seinen Urteilen von den Träumen eines Weibes lenken lassen.

Sie antwortete still und traurig: »Wahrlich, dies war kein Traum, sondern eine Warnung, die von den Göttern kam. Du hättest den Mann wenigstens diesen einen Tag noch leben lassen sollen.«

Sie sahen, dass sie ernstlich betrübt war. Sie wollte sich nicht trösten lassen, wie sehr sich die Tafelgäste auch bemühten, sie durch ein unterhaltendes Gespräch diese leeren Hirngespinste vergessen zu lassen.

Aber nach einer Weile erhob einer von ihnen den Kopf und sagte: »Was ist dies? Haben wir so lange bei Tisch gesessen, dass der Tag schon zur Neige gegangen ist?«

Alle sahen nun auf, und sie merkten, dass eine schwache Dämmerung sich über die Natur senkte. Es war vor allem seltsam zu sehen, wie das ganze bunte Farbenspiel, das über allen Dingen und Wesen gebreitet liegt, sacht erlosch, so dass alles einfarbig grau erschien.

Gleich allem andern verloren auch ihre eigenen Gesichter die Farbe. »Wir sehen wirklich wie Tote aus«, sagte der junge Schönredner mit einem Schauer. »Unsre Wangen sind ja grau und unsre Lippen schwarz.« Während diese Dunkelheit immer tiefer wurde, nahm auch das Entsetzen der jungen Frau zu. »Ach, mein Freund«, rief sie schließlich, »erkennst du auch jetzt nicht, dass die Unsterblichen dich warnen wollen? Sie zürnen, weil du einen heiligen und unschuldigen Mann zum Tode verurteilt hast. Ich denke mir, wenn er jetzt auch schon ans Kreuz geschlagen sein muss, kann er doch sicherlich noch nicht verblichen sein. Lass ihn vom Kreuz nehmen! Ich will mit meinen eignen Händen seiner Wunden pflegen. Erlaube nur, dass er ins Leben zurückgerufen werde.«

Aber Pilatus antwortete lachend: »Sicherlich hast du recht damit, dass dies ein Zeichen der Götter ist. Aber keineswegs lassen sie die Sonne ihren Schein verlieren, weil ein jüdischer Irrlehrer zum Kreuzestod verurteilt ist. Vielmehr können wir erwarten, dass wichtige Ereignisse eintreten werden, die das ganze Reich betreffen. Wer kann wissen, wie lange der alte Tiberius – – –«

Er vollendete den Satz nicht, denn die Dunkelheit war so tief geworden, dass er nicht einmal den Weinbecher sehen konnte, der vor ihm stand. Er unterbrach sich daher, um den Sklaven zu befehlen, eiligst ein paar Lampen hereinzubringen.

Als es so hell geworden war, dass er die Gesichter seiner Gäste sehen konnte, musste er die Verstimmung bemerken, die sich ihrer bemächtigt hatte.

»Sieh doch«, sagte er ein wenig unmutig zu seiner Gattin, »nun scheint es dir wirklich gelungen zu sein, die Tafelfreude mit deinen Träumen zu verscheuchen. Aber wenn es schon durchaus so sein muss, dass du heute an nichts anderes denken kannst, dann lass uns lieber hören, was du geträumt hast. Erzähl es uns, und wir wollen versuchen, den Sinn zu deuten!«

Dazu war die junge Frau sofort bereit. Und während sie Traumgesicht auf Traumgesicht erzählte, wurden die Gäste immer ernster. Sie hörten auf, ihre Becher zu leeren, und ihre Stirnen zogen sich kraus. Der Einzige, der noch immer lachte und alles einen Wahnwitz nannte, war der Landpfleger selbst.

Als die Erzählung zu Ende war, sagte der junge Rhetor: Wahrlich, dies ist doch mehr als ein Traum, denn ich sah heute zwar nicht den Kaiser, aber seine alte Freundin Faustina in die Stadt einziehen. Es nimmt mich nur wunder, dass sie sich nicht schon im Palast des Landpflegers gezeigt hat.

»Es geht ja wirklich das Gerücht, dass der Kaiser von einer entsetzlichen Krankheit befallen sei«, bemerkte der Anführer der Truppen. »Es scheint auch mir möglich, dass der Traum deiner Gattin eine Warnung von den Göttern sein kann.«

»Es liegt nichts Unglaubliches darin, dass Tiberius einen Boten nach dem Propheten ausgesandt hat, um ihn an sein Krankenlager zu rufen«, stimmte der junge Rhetor ein.

Der Anführer wendete sich mit tiefem Ernst an Pilatus: »Wenn der Kaiser wirklich den Einfall gehabt hat, diesen Wundertäter zu sich rufen zu lassen, dann wäre es besser für dich und für uns alle, wenn er ihn lebend träfe.«

Pilatus antwortete halb zürnend: »Ist es diese Dunkelheit, die euch zu Kindern gemacht hat? Man könnte glauben, ihr wäret alle in Traumdeuter und Propheten verwandelt.«

Aber der Hauptmann ließ nicht ab, in ihn zu dringen: »Es wäre vielleicht nicht so unmöglich, das Leben des Mannes zu retten, wenn du einen eiligen Boten abschicktest.«

»Ihr wollt mich wohl zum Gespött der Leute machen«, antwortete der Landpfleger. »Sagt selbst, was sollte in diesem Land aus

Recht und Ordnung werden, wenn man erführe, dass der Landpfleger einen Verbrecher begnadigt, weil seine Frau einen bösen Traum geträumt hat?«

»Es ist doch Wahrheit und kein Traum, dass ich Faustina in Jerusalem gesehen habe«, sagte der junge Rhetor.

»Ich nehme es auf mich, mein Vergehen vor dem Kaiser zu verantworten«, sagte Pilatus. »Er wird begreifen, dass dieser Schwärmer, der sich widerstandslos von meinen Knechten misshandeln ließ, nicht die Macht gehabt hätte, ihm zu helfen.«

In demselben Augenblick, wo diese Worte ausgesprochen wurden, wurde das Haus von einem Getöse erschüttert, das wie heftig grollender Donner klang, und ein Erdbeben ließ den Boden erzittern. Der Palast des Landpflegers blieb unversehrt stehen, aber unmittelbar nach dem Erdbeben vernahm man von allen Seiten das entsetzeneinflößende Krachen von einstürzenden Häusern und fallenden Säulen.

Sowie eine Menschenstimme sich Gehör verschaffen konnte, rief der Landpfleger einen Sklaven zu sich.

»Eile zum Richtplatz und befiehl in meinem Namen, dass der Prophet aus Nazareth vom Kreuz genommen werde!«

Der Sklave eilte von dannen. Die Tischgesellschaft begab sich vom Speisesaal in das Peristyl, um unter offnem Himmel zu sein, falls das Erdbeben sich wiederholen sollte. Niemand wagte ein Wort zu sagen, während sie der Rückkehr des Sklaven harrten.

Dieser kam sehr bald wieder. Er blieb vor dem Landpfleger stehen.

»Du hast ihn am Leben gefunden?«, fragte dieser.

»Herr, er war verschieden, und in demselben Augenblick, wo er seinen Geist aufgab, geschah das Erdbeben.«

Kaum hatte er dies gesagt, als ein paar harte Schläge am äußeren Tor ertönten. Als sie diese Schläge hörten, zuckten alle zusammen und sprangen empor, als wäre wieder ein Erdbeben losgebrochen.

Gleich darauf erschien ein Sklave.

»Es sind die edle Faustina und Sulpicius, des Kaisers Verwandter. Sie sind gekommen, um dich zu bitten, du mögest ihnen helfen, den Propheten aus Nazareth zu finden.«

Ein leises Gemurmel ging durch das Peristyl, und leichte Schritte wurden hörbar. Als der Landpfleger sich umsah, merkte er, dass seine Freunde von ihm zurückgewichen waren, wie von einem, der dem Unglück verfallen ist.

9

Die alte Faustina war in Capreae ans Land gestiegen und hatte den Kaiser aufgesucht. Sie erzählte ihm ihre Geschichte, und während sie sprach, wagte sie kaum ihn anzusehen. Während ihrer Abwesenheit hatte die Krankheit furchtbare Fortschritte gemacht, und sie dachte bei sich selbst: »Wenn bei den Himmlischen Barmherzigkeit wäre, so hätten sie mich sterben lassen, bevor ich diesem armen, gequälten Menschen sagen musste, dass alle Hoffnung vorüber ist.«

Zu ihrem Staunen hörte ihr Tiberius aber mit der größten Gleichgültigkeit zu. Als sie ihm erzählte, dass der große Wundertäter am selben Tag gekreuzigt worden war, an dem sie in Jerusalem anlangte, und wie nahe sie daran gewesen war, ihn zu retten, da begann sie unter der Schwere ihrer Enttäuschung zu weinen. Aber Tiberius sagte nur: »Du grämst dich also wirklich darüber. Ach, Faustina, ein ganzes Leben in Rom hat dir also den Glauben an Zauberer und Wundertäter nicht benommen, den du in deiner Kindheit in den Sabiner Bergen eingesogen hast.«

Da sah die Alte ein, dass Tiberius nie Hilfe von dem Propheten aus Nazareth erwartet hatte.

»Warum ließest du mich dann diese Fahrt in das ferne Land machen, wenn du sie die ganze Zeit über für fruchtlos hieltest?«

»Du bist mein einziger Freund«, sagte der Kaiser. »Warum sollte ich dir eine Bitte abschlagen, solange es noch in meiner Macht steht, sie zu gewähren?«

Aber die Alte wollte sich nicht darein schicken, dass der Kaiser sie zum Besten gehalten hatte.

»Siehst du, das ist deine alte Hinterlist«, sagte sie aufbrausend. »Das ist es eben, was ich am wenigsten an dir leiden kann.«

»Du hättest nicht zu mir zurückkehren sollen«, sagte Tiberius. »Du hättest in deinen Bergen bleiben müssen.«

Für einen Augenblick sah es aus, als würden die beiden, die so oft aneinandergeraten waren, wieder in ein Wortgefecht geraten, aber der Groll der Alten verflog sogleich. Die Zeiten waren vorüber, wo sie ernstlich mit dem Kaiser hatte hadern können. Sie senkte die Stimme wieder. Doch konnte sie nicht ganz und gar von jedem Versuch, recht zu behalten, abstehen.

»Aber dieser Mann war wirklich ein Prophet«, sagte sie. »Ich habe ihn gesehen. Als seine Augen den meinen begegneten, glaubte ich, er sei ein Gott. Ich war wahnsinnig, dass ich ihn in den Tod gehen ließ.«

»Ich bin froh, dass du ihn sterben ließest«, sagte Tiberius. »Er war ein Majestätsverbrecher und Aufrührer.«

Faustina war wieder nahe daran, in Zorn zu geraten.

»Ich habe mit vielen seiner Freunde in Jerusalem über ihn gesprochen«, sagte sie. »Er hat die Verbrechen nicht begangen, deren er bezichtigt wurde.«

»Wenn er auch nicht gerade diese Verbrechen begangen hat, so war er doch darum gewiss nicht besser als irgendein anderer«, sagte der Kaiser müde. »Wo ist der Mensch, der in seinem Leben nicht tausendmal den Tod verdient hätte?«

Aber diese Worte des Kaisers bestimmten Faustina, etwas zu tun, weswegen sie bis dahin unschlüssig gewesen war. »Ich will dir doch eine Probe seiner Macht geben«, sagte sie. »Ich sagte dir vorhin, dass ich mein Schweißtuch auf sein Gesicht legte. Es ist dasselbe Tuch, das ich jetzt in meiner Hand halte. Willst du es einen Augenblick betrachten?«

Sie breitete das Schweißtuch vor dem Kaiser aus, und er sah darauf den schattenhaften Umriss eines Menschengesichtes abgezeichnet.

Die Stimme der Alten zitterte vor Rührung, als sie fortfuhr: »Dieser Mann sah, dass ich ihn liebte. Ich weiß nicht, durch welche

Macht er imstande war, mir sein Bild zu hinterlassen. Aber meine Augen füllen sich mit Tränen, da ich es sehe.«

Der Kaiser beugte sich vor und betrachtete dieses Bild, das aus Blut und Tränen und den schwarzen Schatten des Schmerzes gemacht schien. So allmählich trat das ganze Gesicht vor ihm hervor, wie es in das Schweißtuch eingedrückt war. Er sah die Blutstropfen auf der Stirn, die stechende Dornenkrone, das Haar, das klebrig von Blut war, und den Mund, dessen Lippen in Leid zu beben schienen.

Er beugte sich immer tiefer zu dem Bild hinunter. Immer klarer trat das Gesicht hervor. Aus den schattenhaften Linien sah er mit einem Male die Augen gleichsam in verborgenem Leben strahlen. Und während sie zu ihm von dem furchtbarsten Leid sprachen, zeigten sie ihm zugleich eine Reinheit und Hoheit, wie er sie nie zuvor geschaut hatte.

Er lag auf seiner Ruhebank und sog dieses Bild mit den Augen ein. »Ist dies ein Mensch?«, fragte er sacht und leise. »Ist dies ein Mensch?«

Wieder lag er still und betrachtete das Bild. Die Tränen begannen über seine Wangen zu strömen. »Ich traure über deinen Tod, du Unbekannter«, flüsterte er.

»Faustina«, rief er endlich, »warum ließest du diesen Mann sterben? Er hätte mich geheilt.«

Und wieder versank er in die Betrachtung des Bildes.

»Du Mensch«, sagte er nach einer Weile. »Wenn ich nicht mein Heil von dir empfangen kann, so kann ich dich doch rächen. Meine Hand wird schwer auf denen ruhen, die dich mir gestohlen haben.«

Wieder lag er lange Zeit schweigend, dann aber ließ er sich zu Boden gleiten und sank vor dem Bild auf die Knie.

»Du bist der Mensch«, sagte er. »Du bist, was ich nie zu sehen gehofft habe.« Und er deutete auf sich selbst, sein zerstörtes Gesicht und seine zerfressenen Hände. »Ich und alle andern, wir sind wilde Tiere und Ungeheuer, aber du bist der Mensch.«

Er neigte den Kopf so tief vor dem Bild, dass er die Erde berührte. »Erbarme dich meiner, du Unbekannter!«, sagte er, und seine Tränen benetzten die Steine.

»Wenn du am Leben geblieben wärest, so hätte dein bloßer Anblick mich geheilt«, sagte er.

Die arme alte Frau erschrak darüber, was sie getan hatte. Es wäre klüger gewesen, dem Kaiser das Bild nicht zu zeigen, dachte sie. Sie hatte von Anfang an gefürchtet, dass sein Schmerz allzu groß sein würde, wenn er es sähe.

Und in ihrer Verzweiflung über den Kummer des Kaisers riss sie das Bild an sich, gleichsam, um es seinem Blick zu entziehen.

Da sah der Kaiser auf. Und siehe da, seine Gesichtszüge waren verwandelt, und er war, wie er vor der Krankheit gewesen war. Es war, als hätte diese ihre Wurzel und Nahrung in dem Hass und der Menschenverachtung gehabt, die in seinem Herzen gewohnt hatten; und sie hatte in demselben Augenblick entfliehen müssen, in dem er Liebe und Mitleid gefühlt hatte.

Aber am nächsten Tag sendete Tiberius drei Boten aus.

Der erste Bote ging nach Rom und befahl, dass der Senat eine Untersuchung anstelle, wie der Landpfleger in Palästina sein Amt verwalte, und ihn bestrafe, wenn es sich erweisen solle, dass er das Volk unterdrücke und Unschuldige zum Tode verurteile.

Der zweite Bote wurde zu dem Winzer und seiner Frau geschickt, um ihnen zu danken und sie für den Rat zu belohnen, den sie dem Kaiser gegeben hatten, und um ihnen zugleich zu sagen, wie alles abgelaufen war. Als sie alles bis zu Ende gehört hatten, weinten sie still, und der Mann sagte: »Ich weiß, dass ich meiner Lebtag darüber nachgrübeln werde, was geschehen wäre, wenn diese beiden sich begegnet wären.« Aber die Frau erwiderte: »Es konnte nicht anders kommen. Es war ein zu großer Gedanke, dass diese beiden sich begegnen sollten. Gott der Herr wusste, dass die Welt ihn nicht zu ertragen vermochte.«

Der dritte Bote ging nach Palästina und brachte von dort einige von Jesu Jüngern nach Capreae, und diese begannen hier die Lehre zu verkünden, die der Gekreuzigte gepredigt hatte.

Als diese Lehrer in Capreae anlangten, lag die alte Faustina auf dem Totenbett. Aber sie konnten sie noch vor ihrem Tod zu der Jüngerin des großen Propheten machen und sie taufen. Und in der Taufe wurde sie Veronika genannt, weil es ihr beschieden gewesen war, den Menschen das wahre Bild des Erlösers zu bringen.

Das Rotkehlchen

Es war zu der Zeit, da unser Herr die Welt erschuf, da er nicht nur Himmel und Erde schuf, sondern auch alle Tiere und Pflanzen, und ihnen zugleich ihre Namen gab.

Es gibt viele Geschichten aus jener Zeit; und wüsste man sie alle, so wüsste man auch die Erklärung für alles in der Welt, was man jetzt nicht verstehen kann.

Damals war es, dass es sich eines Tages begab, als unser Herr im Paradies saß und die Vögel malte, dass die Farbe in unsers Herrn Farbenschalen ausging, so dass der Stieglitz ohne Farbe geblieben wäre, wenn unser Herr nicht alle Pinsel an seinen Federn abgewischt hätte.

Und damals geschah es, dass der Esel seine langen Ohren bekam, weil er sich nicht merkte, welchen Namen er bekommen hatte. Er vergaß es, sowie er nur ein paar Schritte auf den Fluren des Paradieses gemacht hatte, und dreimal kam er zurück und fragte, wie er heiße, bis unser Herr ein klein wenig ungeduldig wurde, ihn bei beiden Ohren nahm und sagte: »Dein Name ist Esel, Esel, Esel.«

Und während er so sprach, zog er seine Ohren lang, damit er ein besseres Gehör bekäme und sich merke, was man ihm sagte.

An demselben Tag geschah es auch, dass die Biene bestraft wurde. Denn als die Biene erschaffen war, begann sie sogleich Honig zu sammeln, und Tiere und Menschen, die merkten, wie süß der Honig duftete, kamen und wollten ihn kosten. Aber die Biene wollte alles für sich behalten und jagte mit ihren giftigen Stichen alle fort, die sich der Honigwabe näherten. Dies sah unser Herr und alsogleich rief er die Biene zu sich und strafte sie. »Ich verlieh dir die Gabe, Honig zu sammeln, der das Süßeste in der Schöpfung ist«, sagte unser Herr, »aber damit gab ich dir nicht das Recht, hart gegen deinen Nächsten zu sein. Merke dir nun, jedes Mal, wenn du jemand stichst, der deinen Honig kosten will, musst du sterben!«

Ach ja, damals geschah es, dass die Grille blind wurde und die Ameise ihre Flügel verlor; es begab sich so viel Wunderliches an diesem Tag.

Unser Herr saß den ganzen Tag groß und mild da und schuf und erweckte zum Leben, und gegen Abend kam es ihm in den Sinn, einen kleinen grauen Vogel zu erschaffen.

»Merke dir, dass dein Name Rotkehlchen ist!«, sagte unser Herr zu dem Vogel, als er fertig war. Und er setzte ihn auf seine flache Hand und ließ ihn fliegen.

Aber als der Vogel ein Weilchen umhergeflogen war und sich die schöne Erde besehen hatte, auf der er leben sollte, bekam er auch Lust, sich selbst zu betrachten. Da sah er, dass er ganz grau war, und seine Kehle war ebenso grau wie alles andere. Das Rotkehlchen wendete und drehte sich und spiegelte sich im Wasser, aber es konnte keine einzige rote Feder entdecken.

Da flog der Vogel zu unserm Herrn zurück.

Unser Herr thronte gut und milde, aus seinen Händen gingen Schmetterlinge hervor, die um sein Haupt flatterten, Tauben gurrten auf seinen Schultern, und aus dem Boden rings um ihn sprossten die Rose, die Lilie und das Tausendschönchen.

Das Herz des kleinen Vogels pochte heftig vor Bangigkeit, aber in leichten Bogen flog er doch immer näher und näher zu unserm Herrn, und schließlich ließ er sich auf seiner Hand nieder.

Da fragte unser Herr, was sein Begehr wäre.

»Ich möchte dich nur um eines fragen«, sagte der kleine Vogel.

»Was willst du denn wissen?«, fragte unser Herr.

»Warum soll ich Rotkehlchen heißen, wenn ich doch ganz grau bin vom Schnabel bis zum Schwanz? Warum werde ich Rotkehlchen genannt, wenn ich keine einzige rote Feder mein Eigen nenne?«

Und der Vogel sah unsern Herrn mit seinen kleinen schwarzen Äuglein flehend an und wendete das Köpfchen. Ringsum sah er Fasanen, ganz rot unter einem leichten Goldstaub, Papageien mit reichen roten Halskragen, Hähne mit roten Kämmen, ganz zu schweigen von den Schmetterlingen, den Goldfischen und den Rosen. Und natürlich dachte er sich, wie wenig vonnöten wäre, nur ein einziger kleiner Tropfen Farbe auf seiner Brust, und er wäre ein schöner Vogel, und sein Name schicke sich für ihn.

»Warum soll ich Rotkehlchen heißen, wenn ich ganz grau bin«, fragte der Vogel abermals und wartete, dass unser Herr sagen würde: »Ach, Freundchen, ich sehe, ich habe ganz vergessen, deine Brustfedern rot zu malen, aber wart nur einen Augenblick, dann wird es geschehen.«

Aber unser Herr lächelte nur still und sagte:

»Ich habe dich Rotkehlchen genannt, und Rotkehlchen sollst du heißen, aber du musst selbst zusehen, dass du dir deine roten Brustfedern verdienst.«

Und damit erhob unser Herr die Hand und ließ den Vogel aufs Neue in die Welt hinausfliegen.

Der Vogel flog sehr nachdenklich ins Paradies hinunter. Was sollte wohl ein kleiner Vogel, wie er, tun können, um sich rote Federn zu verschaffen?

Das Einzige, was ihm einfiel, war, dass er sein Nest in einen Dornenbusch baute. Er nistete zwischen den Stacheln in dem dichten Dornengestrüpp. Es war, als erwarte er, dass ein Rosenblatt an seiner Kehle haften bliebe und ihr seine Farbe gäbe.

Eine unendliche Menge von Jahren war seit diesem Tag verflossen, der der Fröhlichste der Erde war. Seit dieser Zeit hatten sowohl die Tiere als auch die Menschen das Paradies verlassen und sich über die Erde verbreitet. Und die Menschen hatten es so weit gebracht, dass sie gelernt hatten, den Boden zu bebauen und das Meer zu befahren, sie hatten sich Kleider und Zierrat geschaffen, ja, sie hatten längst gelernt, große Tempel und mächtige Städte zu bauen, wie Theben, Rom und Jerusalem.

Da brach ein neuer Tag an, der auch in der Geschichte der Erde lange nicht vergessen werden sollte, und am Morgen dieses Tages saß das Rotkehlchen auf einem kleinen nackten Hügel vor den Mauern Jerusalems und sang seinen Jungen vor, die in dem kleinen Nest in einem niedrigen Dornenbusch lagen.

Das Rotkehlchen erzählte seinen Kleinen von dem wunderbaren Schöpfungstag und von der Namensgebung, wie jedes Rotkehlchen es seinen Kindern erzählt hatte, von dem ersten an, das Gottes Wort gehört hatte und aus Gottes Hand hervorgegangen war.

»Und seht nun«, schloss es betrübt, »so viele Jahre sind seit dem Schöpfungstag verflossen, so viele Rosen haben geblüht, so viele junge Vögel sind aus ihren Eiern gebrochen, so viele, dass keiner sie zählen kann, aber das Rotkehlchen ist noch immer ein kleiner, grauer Vogel, es ist ihm noch nicht gelungen, die roten Brustfedern zu erringen.«

Die kleinen Jungen rissen ihre Schnäbel weit auf und fragten, ob ihre Vorfahren nicht versucht hätten, irgendeine Großtat zu vollbringen, um die unschätzbare rote Farbe zu erringen.

»Wir haben alle getan, was wir konnten«, sagte der kleine Vogel, »aber es ist uns allen misslungen. Schon das erste Rotkehlchen traf einmal einen andern Vogel, der ihm völlig glich, und es begann sogleich, ihn mit so heftiger Liebe zu lieben, dass es seine Brust erglühen fühlte. Ach, dachte es da, nun verstehe ich es: Der liebe Gott will, dass ich so heiß liebe, dass meine Brustfedern sich von der Liebesglut, die in meinem Herzen wohnt, rot färben. Aber es misslang ihm, wie es allen nach ihm misslungen ist, und wie es auch euch misslingen wird.«

Die kleinen Jungen zwitscherten betrübt, sie begannen schon darüber zu trauern, dass die rote Farbe ihre kleine flaumige Kehle nicht schmücken sollte.

»Wir hofften auch auf den Gesang«, sagte der alte Vogel, in lang gezognen Tönen sprechend. »Schon das erste Rotkehlchen sang so, dass seine Brust vor Begeisterung schwoll, und es wagte wieder zu hoffen. Ach, dachte es, die Sangesglut, die in meiner Seele wohnt, wird meine Brustfedern rot färben. Aber es täuschte sich, wie alle nach ihm sich getäuscht haben, und wie auch ihr euch täuschen werdet.«

Wieder hörte man ein trübseliges Piepsen aus den halb nackten Kehlen der Jungen.

»Wir hofften auch auf unsern Mut und unsre Tapferkeit«, sagte der Vogel. »Schon das erste Rotkehlchen kämpfte tapfer mit andern Vögeln, und seine Brust glühte von Kampflust. Ach, dachte es, meine Brustfedern werden sich rot färben von der Kampflust, die in meinem Herzen flammt. Aber es scheiterte, wie alle nach ihm scheiterten, und wie auch ihr scheitern werdet.«

Die winzigen Jungen piepsten mutig, dass sie es doch versuchen wollten, den erstrebten Preis zu gewinnen, aber der alte Vogel antwortete ihnen betrübt, dass dies unmöglich sei. Was könnten sie hoffen, wenn so viele ausgezeichnete Vorfahren das Ziel nicht erreicht hätten? Was könnten sie mehr tun als lieben, singen und kämpfen? Was könnten – – –

Der Vogel hielt mitten im Satz inne, denn aus einem Tor Jerusalems kam eine Menschenmenge gezogen, und die ganze Schar eilte den Hügel hinan, wo der Vogel sein Nest hatte.

Da waren Reiter auf stolzen Rossen, Krieger mit langen Lanzen, Henkersknechte mit Nägeln und Hämmern, da waren würdig einherschreitende Priester und Richter, weinende Frauen, und allen voran eine Menge wildumherlaufendes Volk, ein gräuliches, heulendes Geleit von Landstreichern.

Der kleine graue Vogel saß zitternd auf dem Rand seines Nestes. Er fürchtete jeden Augenblick, dass der kleine Dornenbusch niedergetreten und seine kleinen Jungen getötet werden würden. »Nehmt euch in Acht«, rief er den kleinen schutzlosen Jungen zu, »kriecht dicht zusammen und verhaltet euch still! Hier kommt ein Pferd, das gerade über uns hingeht! Hier kommt ein Krieger mit eisenbeschlagenen Sandalen! Hier kommt die ganze wilde Schar herangestürmt!«

Mit einem Mal hörte der Vogel mit seinen Warnungsrufen auf, er wurde still und stumm. Er vergaß beinahe die Gefahr, in der er schwebte.

Plötzlich hüpfte er in das Nest hinunter und breitete die Flügel über seine Jungen.

»Nein, das ist zu entsetzlich«, sagte er. »Ich will nicht, dass ihr diesen Anblick seht – da sind drei Missetäter, die gekreuzigt werden sollen.«

Und er breitete ängstlich die Flügel aus, so dass die Kleinen nichts sehen konnten. Sie vernahmen nur donnernde Hammerschläge, Klagerufe und das wilde Geschrei des Volkes.

Das Rotkehlchen folgte dem ganzen Schauspiel mit Augen, die sich vor Entsetzen weiteten. Es konnte die Blicke nicht von den drei Unglücklichen wenden.

»Wie grausam die Menschen sind!«, sagte der Vogel nach einem Weilchen. »Es ist ihnen nicht genug, dass sie diese armen Wesen ans Kreuz nageln, nein, auf dem Kopf des einen haben sie noch eine Krone aus stechenden Dornen befestigt.«

»Ich sehe, dass die Dornen seine Stirn verwundet haben und das Blut fließt«, fuhr es fort. »Und dieser Mann ist so schön und sieht mit so milden Blicken um sich, dass jeder ihn lieben müsste. Mir ist, als ginge eine Pfeilspitze durch mein Herz, wenn ich ihn leiden sehe.«

Der kleine Vogel begann ein immer stärkeres Mitleid mit dem Dornengekrönten zu fühlen. »Wenn ich mein Bruder, der Adler, wäre«, dachte er, »würde ich die Nägel aus seinen Händen reißen und mit meinen starken Klauen alle die Leute verscheuchen, die ihn peinigen.«

Es sah, wie das Blut auf die Stirn des Gekreuzigten tropfte, und da vermochte es nicht mehr still in seinem Nest zu bleiben.

»Wenn ich auch nur klein und schwach bin, so muss ich doch etwas für diesen armen Gequälten tun können«, dachte der Vogel, und er verließ sein Nest und flog hinaus in die Luft, weite Kreise um den Gekreuzigten beschreibend.

Er umkreiste ihn mehrere Male, ohne dass er sich näher zu kommen traute, denn er war ein scheuer kleiner Vogel, der es nie gewagt hatte, sich einem Menschen zu nähern. Aber allmählich fasste er Mut, flog ganz nah hinzu und zog mit seinem Schnabel einen Dorn aus, der in die Stirn des Gekreuzigten gedrungen war.

Aber während er dies tat, fiel ein Tropfen von dem Blut des Gekreuzigten auf die Kehle des Vogels. Der verbreitete sich rasch und färbte alle die kleinen zarten Brustfedern.

Wie der Vogel wieder in sein Nest kam, riefen ihm seine kleinen Jungen zu:

»Deine Brust ist rot, deine Brustfedern sind roter als Rosen!«

»Es ist nur ein Blutstropfen von der Stirn des armen Mannes«, sagte der Vogel. »Er verschwindet, sobald ich in einem Bach bade oder in einer klaren Quelle.«

Aber so viel der kleine Vogel auch badete, die rote Farbe verschwand nicht von seiner Kehle, und als seine Kleinen herangewachsen waren, leuchtete die blutrote Farbe auch von ihren Brustfedern, wie sie auf jedes Rotkehlchens Brust und Kehle leuchtet, bis auf den heutigen Tag.

Unser Herr und der heilige Petrus

Es war um die Zeit, als unser Herr und der heilige Petrus eben ins Paradies gekommen waren, nachdem sie während vieler Jahre der Betrübnis auf Erden umhergewandert waren und manches erlitten hatten.

Man kann sich denken, dass dies eine Freude für Sankt Petrus war. Man kann denken, dass es ein ander Ding war, auf dem Berg des Paradieses zu sitzen und über die Welt hinaus zu sehen, denn als Bettler von Tür zu Tür zu wandern. Es war ein ander Ding, in den Lustgärten des Paradieses umherzuschlendern, als auf Erden einherzugehen und nicht zu wissen, ob man in stürmischer Nacht Obdach bekäme, oder ob man genötigt sein würde, draußen auf der Landstraße in Kälte und Dunkel weiterzuwandern.

Man muss nur bedenken, welche Freude es gewesen sein muss, nach solcher Reise endlich an den rechten Ort zu kommen. Er hatte wohl nicht immer so sicher sein können, dass alles ein gutes Ende nehmen würde. Er hatte es nicht lassen können, bisweilen zu zweifeln und unruhig zu sein, denn es war ja für Sankt Petrus, den Armen, beinahe unmöglich gewesen, zu begreifen, wozu es dienen solle, dass sie ein so schweres Dasein hatten, wenn unser Herr und Heiland der Herr der Welt war.

Und nun sollte nie mehr die Sehnsucht kommen und ihn quälen. Man darf wohl glauben, dass er froh darüber war.

Nun konnte er förmlich darüber lachen, wie viel Betrübnis er und unser Herr hatten erdulden und mit wie wenig sie sich hatten begnügen müssen.

Einmal, als es ihnen so übel ergangen war, dass er gemeint hatte, es kaum länger ertragen zu können, hatte unser Herr ihn mit sich genommen und begonnen, einen hohen Berg hinanzusteigen, ohne ihm zu sagen, was sie dort oben zu tun hätten.

Sie waren an den Städten vorübergewandert, die am Fuß des Berges lagen, und an den Schlössern, die höher oben waren. Sie waren über die Bauernhöfe und Sennhütten hinausgekommen, und sie hatten die Steingrotte des letzten Holzhauers hinter sich gelassen.

Sie waren endlich dorthin gekommen, wo der Berg nackt, ohne Pflanzen und Bäume stand, und wo ein Eremit sich eine Hütte erbaut hatte, um in Not geratenen Wandersleuten beispringen zu können.

Dann waren sie über die Schneefelder gegangen, wo die Murmeltiere schlafen, und hinauf zu den wilden, zusammengetürmten Eismassen gelangt, bis zu denen kaum ein Steinbock vordringen kann.

Dort oben hatte unser Herr einen kleinen Vogel mit roter Brust gefunden, der erfroren auf dem Eis lag, und er hatte den kleinen Dompfaffen aufgehoben und eingesteckt. Und Sankt Petrus erinnerte sich, dass er neugierig gewesen war, ob dieser Vogel ihr Mittagbrot sein würde.

Sie waren eine lange Strecke über die schlüpfrigen Eisstücke gewandert, und es wollte Sankt Peter bedünken, als wäre er dem Totenreich nie so nah gewesen, denn ein todeskalter Wind und ein todesdunkler Nebel hüllten sie ein, und weit und breit fand sich nichts Lebendes. Und doch waren sie nicht höher gekommen als bis zur Mitte des Berges. Da hatte er unsern Herrn gebeten, umkehren zu dürfen.

»Noch nicht«, sagte unser Herr, »denn ich will dir etwas weisen, was dir den Mut geben wird, alle Sorgen zu tragen.«

Und sie waren durch Nebel und Kälte weiter gewandert, bis sie eine unendlich hohe Mauer erreicht hatten, die sie nicht weiterkommen ließ.

»Diese Mauer geht rings um den Berg«, sagte unser Herr, »und du kannst sie an keinem Punkt übersteigen. Auch kann kein Mensch etwas von dem erblicken, was dahinter liegt, denn hier ist es, wo das Paradies anfängt, und hier wohnen die seligen Toten den ganzen Berghang hinauf.«

Da hatte der heilige Petrus es nicht lassen können, ein misstrauisches Gesicht zu machen. »Dort drinnen ist nicht Dunkel und Kälte wie hier«, sagte unser Herr, »sondern dort ist grüner Sommer und heller Schein von Sonnen und Sternen.« Aber Sankt Petrus vermochte ihm nicht zu glauben.

Da nahm unser Herr den kleinen Vogel, den er vorhin auf dem Eisfeld gefunden hatte, und bog sich zurück und warf ihn über die Mauer, so dass er ins Paradies hineinfiel.

Und gleich darauf hörte der heilige Petrus ein jubelndes, fröhliches Zwitschern und erkannte den Gesang eines Dompfaffen und verwunderte sich höchlich.

Er wendete sich an unsern Herrn und sagte: »Lass uns wieder auf die Erde hinuntergehen und alles dulden, was erduldet werden muss, denn nun sehe ich, dass du wahr gesprochen hast, und dass es einen Ort gibt, wo das Leben den Tod überwindet.«

Und sie waren den Berg hinuntergestiegen und hatten ihre Wanderung aufs Neue begonnen.

Dann hatte Sankt Petrus lange Jahre nichts mehr vom Paradies gesehen, sondern war nur einhergegangen und hatte sich nach dem Land hinter der Mauer gesehnt. Und jetzt war er endlich dort und brauchte sich nicht mehr zu sehnen, sondern konnte den ganzen Tag mit vollen Händen Freude aus niemals versiegenden Quellen schöpfen.

Aber der heilige Petrus war kaum vierzehn Tage im Paradies, als es geschah, dass ein Engel zu unserm Herrn kam, der auf seinem Stuhl saß, sich siebenmal vor ihm neigte und ihm sagte, es müsse ein schweres Unglück über Sankt Petrus gekommen sein. Er wolle weder essen und trinken, und seine Augen wären rotgerändert, als hätte er seit mehreren Nächten nicht geschlafen.

Sobald unser Herr dies vernahm, erhob er sich und ging und suchte Sankt Petrus auf.

Er fand ihn fern an der äußersten Grenze des Paradieses. Er lag auf dem Boden, als wäre er zu ermattet, um stehen zu können, und hatte seine Kleider zerrissen und Asche auf sein Haupt gestreut.

Als unser Herr ihn so betrübt sah, setzte er sich neben ihm auf den Boden und sprach zu ihm, wie er getan hätte, wenn sie noch in der Betrübnis dieser Welt umhergewandert wären.

»Was ist es, was dich so traurig macht, Sankt Petrus?«, fragte unser Herr. Aber der Schmerz übermannte Sankt Petrus so sehr, dass er nichts zu antworten vermochte.

»Was ist es, was dich so traurig macht, Sankt Petrus?«, fragte unser Herr abermals. Als unser Herr die Frage wiederholte, nahm Sankt Petrus seine Goldkrone vom Kopf und warf sie unserm Herrn zu Füßen, als wollte er sagen, dass er fürderhin keinen Teil mehr haben wolle an seiner Ehre und Herrlichkeit.

Aber unser Herr begriff wohl, dass Sankt Petrus zu verzweifelt war, um zu wissen, was er tat, und so zeigte er ihm keinen Zorn. »Du musst mir doch endlich sagen, was dich quält«, sagte er ebenso sanftmütig wie zuvor und mit noch größerer Liebe in der Stimme.

Jetzt aber sprang Sankt Petrus auf, und da sah unser Herr, dass er nicht nur betrübt war, sondern auch zornig.

»Ich will Urlaub aus deinen Diensten haben«, sagte Sankt Petrus. »Ich kann nicht einen Tag länger im Paradies bleiben.«

Aber unser Her suchte ihn zu beschwichtigen, was er früher oft hatte tun müssen, wenn Sankt Petrus aufgebraust war.

»Ich will dich wahrlich nicht hindern, zu gehen«, sagte er, »aber erst musst du mir sagen, was dir hier nicht gefällt.«

»Ich kann dir sagen, dass ich mir bessern Lohn versprach, als wir beide drunten auf Erden jede Art Elend erduldeten«, sagte Sankt Petrus. Unser Herr sah, dass Sankt Petrus' Seele von Bitterkeit erfüllt war, und er fühlte keinen Groll gegen ihn.

»Ich sage dir, dass du frei bist, zu ziehen, wohin du willst«, sagte er, »wenn du mich nur wissen lässt, was dich betrübt.«

Da endlich erzählte Sankt Petrus, warum er unglücklich war. »Ich hatte eine alte Mutter«, sagte er, »und sie ist vor ein paar Tagen gestorben.«

»Jetzt weiß ich, was dich quält«, sagte unser Herr. »Du leidest, weil deine Mutter nicht hierher ins Paradies gekommen ist.«

»So ist es«, sagte Sankt Petrus, und zugleich überwältigte ihn der Schmerz so sehr, dass er zu jammern und zu schluchzen anfing.

»Ich meine doch, ich hätte es wohl verdient, dass sie herkommen dürfte«, sagte er.

Als aber unser Herr erfahren hatte, was es war, worüber der heilige Petrus trauerte, wurde er gleichfalls betrübt. Denn Sankt Petrus' Mutter war nicht so gewesen, dass sie ins Himmelreich hätte kommen können. Sie hatte nie an etwas anderes gedacht, als Geld zu sammeln; und armen Leuten, die vor ihre Tür gekommen waren, hatte sie niemals auch nur einen Groschen oder einen Bissen Brot gegeben. Aber unser Herr verstand es wohl: Sankt Petrus konnte es unmöglich wünschen, dass seine Mutter so geizig gewesen war, dass sie die Seligkeit nicht genießen konnte.

»Sankt Petrus«, sagte er, »woher weißt du, dass deine Mutter sich bei uns glücklich fühlen würde?«

»Sieh, das sagst du nur, damit du mich nicht zu erhören brauchst«, sagte Sankt Petrus. »Wer sollte sich im Paradies nicht glücklich fühlen?«

»Wer nicht Freude über die Freude anderer fühlt, kann hier nicht glücklich sein«, sagte unser Herr. »Dann sind noch andere hier als meine Mutter, die nicht hereinpassen«, sagte Sankt Petrus, und unser Herr merkte, dass er damit ihn im Sinne hatte.

Und er war tief betrübt, weil Sankt Petrus von einem so schweren Kummer getroffen war, dass er nicht mehr wusste, was er sagte. Er blieb eine Weile stehen und wartete, ob Sankt Petrus nicht bereute und einsähe, dass seine Mutter nicht ins Paradies gehörte, aber der wollte gar nicht zu Vernunft kommen.

Da rief unser Herr einen Engel zu sich und befahl ihm, zur Hölle hinunterzufahren und die Mutter des heiligen Petrus ins Paradies heraufzuholen.

»Lass mich dann auch sehen, wie er sie heraufholt«, sagte Sankt Petrus. Unser Herr nahm Sankt Petrus an der Hand und führte ihn auf einen Felsen hinaus, der auf der einen Seite kerzengerade und jäh abfiel. Und er zeigte ihm, dass er sich nur ein klein wenig über den Rand zu beugen brauchte, um gerade in die Hölle hinunterzusehen.

Als Sankt Petrus hinunterschaute, konnte er im Anfang nicht mehr unterscheiden, als wenn er in einen Brunnen hinabgesehen hätte. Es war, als öffne sich ein unendlicher, schwarzer Schlund unter ihm. Das Erste, was er undeutlich unterschied, war der Engel, der sich schon auf den Weg in den Abgrund gemacht hatte. Er sah, wie er ohne jede Furcht in das große Dunkel hinuntereilte und nur die Flügel ein wenig ausbreitete, um nicht zu heftig zu fallen.

Aber als Sankt Petrus seine Augen ein bisschen daran gewöhnt hatte, fing er an, mehr und immer mehr zu sehen. Er begriff zunächst, dass das Paradies auf einem Ringberg lag, der eine weite Kluft einschloss, und in der Tiefe dieser Kluft hatten die Verdammten ihre Wohnstatt. Er sah, wie der Engel eine lange Weile fiel und fiel, ohne in die Tiefe hinunterzukommen. Er war ganz erschrocken darüber, dass es ein so weiter Weg war.

»Möchte er doch nur wieder mit meiner Mutter heraufkommen können!«, sagte er.

Unser Heiland blickte nur mit großen, traurigen Augen auf Sankt Petrus. »Es gibt keine Last, die mein Engel nicht heben könnte«, sagte er.

Es ging so tief hinein in den Abgrund, dass kein Sonnenstrahl dorthin dringen konnte, sondern schwarze Schatten dort herrschten. Aber nun war es, als hätte der Engel mit seinem Fluge ein wenig Klarheit und Licht hingebracht, so dass es Sankt Petrus möglich wurde, zu unterscheiden, wie es dort unten aussah.

Da war eine unendliche, schwarze Felsenwüste, scharfe, spitzige Klippen deckten den ganzen Grund, und zwischen ihnen blinkten Tümpel von schwarzem Wasser. Kein grünes Hälmchen, kein Baum, kein Zeichen des Lebens fand sich da.

Aber überall auf die scharfen Felsen waren die unseligen Toten hinaufgeklettert. Sie hingen über den Felsenspitzen, die sie in der Hoffnung erklettert hatten, sich aus der Kluft emporschwingen zu können, und als sie gesehen hatten, dass sie nirgend hinzukommen vermochten, waren sie dort oben verblieben, vor Verzweiflung versteinert.

Sankt Petrus sah einige von ihnen sitzen oder liegen, die Arme in ewiger Sehnsucht ausgestreckt, die Augen unverwandt nach oben gerichtet. Andere hatten die Hände vors Gesicht geschlagen, wie um das hoffnungslose Grauen um sich nicht sehen zu müssen. Sie waren alle reglos, keiner von ihnen bewegte sich. Manche lagen, ohne sich zu rühren, in den Wassertümpeln, ohne zu versuchen, herauszukommen.

Das Entsetzlichste war, dass ihrer eine solche Menge waren. Es war, als bestünde der Grund der Kluft aus nichts anderem als aus Leibern und Köpfen.

Und Sankt Petrus ward von einer neuen Unruhe gepackt. »Du wirst sehen, er findet sie nicht«, sagte er zu unserm Herrn.

Unser Herr sah ihn nur mit demselben betrübten Blick an wie zuvor. Er wusste wohl, dass Sankt Petrus sich wegen des Engels nicht zu beunruhigen brauchte.

Aber für Sankt Petrus hatte es noch immer den Anschein, als ob der Engel seine Mutter unter der großen Menge von Unseligen nicht gleich finden könnte. Er breitete die Flügel aus und schwebte über dem Abgrund hin und her, indes er sie suchte.

Auf einmal gewahrte einer der unseligen Verdammten unten im Abgrund den Engel. Und er sprang auf und streckte die Arme zu ihm empor und rief: »Nimm mich mit, nimm mich mit!«

Da kam auf einmal Leben in die ganze Schar. Alle Millionen und Millionen, die unten in der Hölle verschmachteten, sprangen in demselben Augenblick auf und hoben ihre Arme und riefen den Engel an, er möchte sie hinauf zu dem seligen Paradies führen.

Ihre Schreie drangen bis zu unserm Herrn und Sankt Petrus hinauf, und ihre Herzen bebten vor Schmerz, als sie es hörten.

Der Engel hielt sich schwebend hoch über den Verdammten, aber wie er hin und her glitt, um die zu entdecken, die er suchte, stürmten sie alle ihm nach, dass es aussah, als würden sie von einer Windsbraut dahingefegt.

Endlich hatte der Engel die erblickt, die er holen sollte. Er faltete die Flügel auf dem Rücken zusammen und schoss hinab wie ein Pfeil. Und Sankt Petrus schrie in frohem Erstaunen auf, als er ihn den Arm um seine Mutter schlingen und sie emporheben sah.

»Selig seist du, der mir die Mutter zuführt!«, sagte er.

Unser Herr legte seine Hand warnend auf des heiligen Petrus Schultern, als wollte er ihn abhalten sich zu früh der Freude hinzugeben.

Aber Sankt Petrus war nahe daran, vor Glück zu weinen, weil seine Mutter gerettet war, und er konnte nicht verstehen, dass sie noch etwas trennen könnte. Und noch größere Freude bereitete es ihm, zu sehen, dass einige der Verdammten, so hurtig der Engel auch gewesen war, als er seine Mutter emporhob, doch noch behänder waren, so dass sie sich an sie, die erlöst werden sollte, hängten, um zugleich mit ihr ins Paradies geführt zu werden.

Es waren ihrer etwa ein Dutzend, die sich an die alte Frau gehängt hatten, und Sankt Petrus dachte, dass es eine große Ehre für seine Mutter wäre, so vielen Unglücklichen aus der Verdammnis zu helfen.

Der Engel tat auch nichts, um sie zu hindern. Er schien von der Bürde gar nicht beschwert, sondern stieg nur und stieg, und er regte die Schwingen nicht mühsamer, als wenn er ein totes Vögelchen zum Himmel getragen hätte.

Aber da sah Sankt Petrus, wie seine Mutter anfing, die Unseligen von sich loszureißen, die an ihr festhingen. Sie packte ihre Hände und löste deren Griff, so dass einer nach dem andern hinuntertaumelte in die Hölle.

Sankt Petrus konnte hören, wie sie baten und sie anflehten, aber die alte Frau schien es nicht dulden zu wollen, dass ein anderer außer ihr selbst selig werde. Sie machte sich von einem nach dem andern frei und ließ sie hinab ins Elend stürzen. Und wie sie stürzten, wurde der ganze Raum von Wehrufen und Verwünschungen erfüllt.

Da rief Sankt Petrus und bat seine Mutter, sie solle doch Barmherzigkeit zeigen, aber sie wollte nichts hören, sondern fuhr fort, wie sie begonnen hatte.

Und Sankt Petrus sah, wie der Engel immer langsamer und langsamer flog, je leichter seine Bürde wurde, und da wurde Sankt Petrus von solcher Angst gepackt, dass ihm seine Beine den Dienst versagten und er auf die Knie sinken musste.

Endlich war nur eine Einzige übrig, die sich an Sankt Petrus' Mutter festhielt. Es war eine junge Frau, die ihr am Halse hing und dicht an ihrem Ohr flehte und bat, sie möchte sie mit in das gesegnete Paradies lassen. Da war der Engel mit seiner Bürde so weit gekommen, dass Sankt Petrus schon die Arme ausstreckte, um die Mutter zu empfangen. Es deuchte ihn, der Engel brauchte nur noch ein paar Flügelschläge zu machen, um oben auf dem Berg zu sein.

Aber da hielt der Engel auf einmal die Schwingen ganz still, und sein Gesicht wurde düster wie die Nacht.

Denn jetzt streckte die alte Frau die Hände nach rückwärts und ergriff die andere, die an ihrem Hals hing, bei den Armen und riss und zerrte, bis es ihr glückte, die verschlungenen Hände zu trennen, so dass sie auch von der Letzten befreit wurde.

Als die Unselige fiel, sank der Engel mehrere Klafter tiefer, und es sah aus, als vermöchte er nicht mehr die Schwingen zu heben.

Mit tief betrübten Blicken sah er auf die alte Frau hinunter, sein Griff um ihren Leib lockerte sich, und er ließ sie fallen, als sei sie eine allzu schwere Bürde für ihn, jetzt, da sie allein geblieben war.

Dann schwang er sich mit einem einzigen Flügelschlag ins Paradies hinauf.

Aber Sankt Petrus blieb lange auf derselben Stelle liegen und schluchzte, und unser Herr stand still neben ihm.

»Sankt Petrus«, sagte unser Herr endlich, »nimmer hätte ich geglaubt, dass du so weinen würdest, nachdem du ins Paradies gekommen warst.«

Da erhob Gottes alter Diener sein Haupt und antwortete: »Was ist das für ein Paradies, wo ich meiner Liebsten Jammer höre und meiner Mitmenschen Leiden sehe!«

Aber unsres Herrn Angesicht verdüsterte sich in tiefstem Schmerz. »Was wollte ich lieber, als euch allen ein Paradies von eitel hellem Glück bereiten?«, sagte er. »Begreifst du nicht, dass ich um dessentwillen zu den Menschen hinunterging und sie lehrte, ihre Nächsten zu lieben wie sich selbst. Solange sie dies nicht tun, gibt es keine Freistatt, weder im Himmel noch auf Erden, wo Schmerz und Betrübnis sie nicht zu ereilen vermöchten.«

Die Lichtflammer

I

Vor vielen, vielen Jahren, als die Stadt Florenz sich vor ganz kurzer Zeit zur Republik gemacht hatte, lebte dort ein Mann, der Raniero di Ranieri hieß. Er war der Sohn eines Waffenschmieds und hatte seines Vaters Gewerbe erlernt, aber er übte es nicht sonderlich gern aus.

Dieser Raniero war ein sehr starker Mann. Es hieß von ihm, dass er eine schwere Eisenrüstung ebenso leicht trüge wie ein anderer ein Seidenhemd. Er war ein noch junger Mann, aber er hatte schon viele Proben seiner Kraft gezeigt. Einmal war er in einem Haus gewesen, wo sie Korn auf den Dachboden gelegt hatten. Aber es war dort oben zu viel Korn aufgehäuft, und während Raniero sich in dem Haus befand, brach einer der Dachbalken, und das ganze Dach war im Begriff einzustürzen. Da waren alle fortgeeilt bis auf Raniero. Er hatte die Arme emporgereckt und sie gegen das Dach gestemmt, bis die Leute Balken und Pfähle geholt hatten, um es zu stützen.

Es hieß von Raniero auch, dass er der tapferste Mann wäre, den es jemals in Florenz gegeben hätte, und dass er am Kampf niemals genug haben könnte. Sobald er von der Straße irgendeinen Lärm hörte, stürzte er aus der Werkstatt, in der Hoffnung, dass eine Schlägerei entstanden sei, an der er teilnehmen könne. Wenn er nur vom Leder ziehen konnte, kämpfte er ebenso gern mit schlichten Landleuten, wie mit eisengepanzerten Rittern. Er stürzte sich wie ein Rasender in den Kampf, ohne seine Gegner zu zählen.

Nun war Florenz zu dieser Zeit nicht besonders mächtig. Die Bevölkerung bestand zum größten Teil aus Wollspinnern und Tuchwebern, und diese begehrten nichts anderes, als in Frieden ihre Arbeit zu verrichten. Es gab tüchtige Kerle genug, aber sie waren nicht kampflustig, sondern setzten eine Ehre darein, dass in ihrer Stadt bessere Ordnung herrsche als anderswo. Raniero klagte oft darüber, dass er nicht in einem Land geboren war, wo ein König herrschte, der tapfere Männer um sich scharte, und er sagte, dass er in diesem Fall zu hohen Ehren und Würden gekommen wäre.

Raniero war großsprecherisch und laut, grausam gegen Tiere, hart gegen seine Frau; es war nicht gut mit ihm leben. Er wäre ein schöner Mann gewesen, wenn er nicht quer über das Gesicht mehrere tiefe Narben gehabt hätte, die ihn entstellten. Er war rasch von Entschlüssen, und seine Art zu handeln war groß, wenn auch oft gewaltsam.

Raniero war mit Francesca vermählt, die die Tochter Jacopo degli Ubertis war, eines weisen und mächtigen Mannes. Jacopo hatte sich nicht gern dazu verstanden, seine Tochter einem solchen Raufbold wie Raniero zu geben, sondern er hatte sich der Heirat so lange wie möglich widersetzt. Aber Francesca hatte ihn gezwungen, nachzugeben, indem sie sagte, sie würde niemals einen andern heiraten. Als Jacopo endlich seine Einwilligung gab, sagte er zu Raniero: »Ich glaube erfahren zu haben, dass Männer wie du die Liebe einer Frau leichter gewinnen als behalten, darum will ich dir ein Versprechen abnehmen: Wenn meine Tochter bei dir ein so schweres Leben haben sollte, dass sie zu mir zurückkehren will, darfst du sie nicht daran hindern.« Francesca sagte, es sei unnötig, ihm ein solches Versprechen abzunehmen, denn sie habe Raniero so lieb, dass nichts sie von ihm trennen könne. Aber Raniero gab das Versprechen sogleich. »Dessen kannst du sicher sein, Jacopo«, sagte er, »dass ich nicht versuchen werde, ein Weib zurückzuhalten, das mir entfliehen will.«

Francesca zog nun zu Raniero, und alles zwischen ihnen war gut. Als sie ein paar Wochen verheiratet waren, kam es Raniero in den

Sinn, sich im Scheibenschießen zu üben. Er schoss ein paar Tage lang auf eine Tafel, die an einer Mauer hing. Er wurde bald sehr geschickt und traf jedes Mal ins Schwarze. Schließlich wollte er jedoch versuchen, nach einem schwereren Ziel zu schießen. Er sah sich nach etwas Geeignetem um, entdeckte aber nichts außer einer Wachtel, die in einem Bauer über der Hoftür saß. Der Vogel gehörte Francesca, und sie hatte ihn sehr lieb, aber Raniero schickte gleichwohl einen Knecht hin, damit er den Käfig öffne, und schoss die Wachtel, als sie sich in die Luft schwang.

Dies deuchte ihn ein guter Schuss, und er rühmte sich seiner vor jedem, der es hören wollte.

Als Francesca erfuhr, dass Raniero ihren Vogel totgeschossen hatte, erblasste sie und sah ihn groß an. Sie wunderte sich, dass er etwas hatte tun mögen, was ihr Schmerz verursachen musste. Aber sie verzieh ihm sogleich und liebte ihn wie zuvor.

Wieder ging eine Zeit lang alles gut.

Ranieros Schwiegervater Jacopo war Leinenweber. Er hatte eine große Werkstatt, wo es viel zu tun gab. Raniero glaubte herausgefunden zu haben, dass in Jacopos Werkstatt Hanf in den Flachs gemischt werde, und behielt das nicht für sich, sondern sprach hier und dort in der ganzen Stadt davon. Endlich kam dieses Gerede auch Jacopo zu Ohren, und er suchte ihm sogleich ein Ende zu machen. Er ließ von mehreren andern Leinenwebern sein Garn und seine Gewebe untersuchen, und sie fanden, dass alles der feinste Flachs war. Nur in einem Packen, der außerhalb der Stadt Florenz verkauft werden sollte, fanden sie eine kleine Beimischung. Da sagte Jacopo, dass die Betrügerei, ohne sein Wissen und seinen Willen von irgendeinem seiner Gesellen begangen worden sein müsse. Er sah jedoch selber ein, dass es ihm schwerfallen würde, die Leute zu bewegen, dies zu glauben. Er hatte immer im Rufe großer Redlichkeit gestanden und empfand es schwer, dass seine Ehre befleckt worden war.

Raniero hingegen brüstete sich, dass es ihm gelungen war, einen Betrug zu entlarven, und prahlte damit, auch wenn Francesca es hörte.

Sie fühlte großen Kummer und zugleich große Verwunderung, wie damals, als er den Vogel totschoss. Während sie noch daran dachte, war es ihr plötzlich, als sähe sie ihre Liebe vor sich, und sie war wie ein großes Stück leuchtenden Goldstoffes. Sie konnte sehen, wie groß die Liebe war und wie schimmernd. Aber aus der einen Ecke war ein Zipfelchen fortgeschnitten, so dass sie nicht mehr so groß und herrlich war, wie anfangs.

Immerhin war sie noch so wenig beschädigt, dass Francesca dachte: Sie wird schon so lange reichen, wie ich lebe. Sie ist so groß, dass sie nie ein Ende nehmen kann.

Wieder verging eine Zeit, in der sie und Raniero ebenso glücklich waren, wie zu Anfang.

Francesca hatte einen Bruder, der Taddeo hieß. Der war auf einer Geschäftsreise in Venedig gewesen, und dort hatte er sich Kleider aus Samt und Seide gekauft.

Als er heimkam, ging er herum und prahlte damit, aber in Florenz war es nicht der Brauch, kostbar gekleidet zu gehen, so dass ihrer viele waren, die sich darüber lustig machten.

Eines Nachts waren Taddeo und Raniero in einer Weinschenke. Taddeo hatte einen grünen Mantel mit Zobelfutter und ein violettes Wams an. Raniero verlockte ihn nun, so viel Wein zu trinken, dass er einschlief, dann nahm er ihm seinen Mantel ab und hängte ihn einer Vogelscheuche um, die in einem Kohlbeet stand.

Als Francesca dies erfuhr, grollte sie Raniero wieder. Und zu gleicher Zeit sah sie das große Stück Goldstoff vor sich, das ihre Liebe war, und sie vermeinte zu sehen, wie es kleiner wurde, weil Raniero Stück für Stück abschnitt.

Danach wurde es zwischen ihnen wieder für eine Zeit gut, aber Francesca war nicht mehr so glücklich wie zuvor, weil sie immer erwartete, Raniero würde eine Tat begehen, die ihrer Liebe schaden könnte.

Das ließ auch nicht lange auf sich warten, denn Raniero konnte sich nicht lange ruhig verhalten. Er wollte, dass die Menschen immer von ihm sprächen und seinen Mut und seine Unerschrockenheit rühmten.

An der Domkirche, die damals in Florenz stand und die viel kleiner war als die jetzige, hing hoch oben auf dem einen Turm ein großer, schwerer Schild; der war von einem der Vorfahren Francescas dort aufgehängt worden. Es soll der schwerste Schild gewesen sein, den ein Mann in Florenz zu tragen vermochte, und das ganze Geschlecht der Uberti war stolz darauf, dass einer von den ihren es vermocht hatte, den Turm zu erklettern und ihn dort aufzuhängen.

Aber nun klomm Raniero eines Tages zu dem Schild hinauf, hängte ihn sich auf den Rücken und kam damit herunter.

Als Francesca dies vernahm, sprach sie zum ersten Mal mit Raniero darüber, was sie quälte, und bat ihn, er solle nicht versuchen, solchermaßen den Stamm zu demütigen, dem sie angehörte. Raniero, der erwartet hatte, dass sie ihn ob seiner Heldentat rühmen würde, wurde sehr zornig. Er sagte, er merke schon lange, dass sie sich seiner Erfolge nicht freue, sondern nur an ihr eignes Geschlecht denke. – »Ich denke an etwas anderes«, sagte Francesca, »das ist meine Liebe. Ich weiß nicht, wie es ihr ergehen soll, wenn du so fortfährst.«

Von da ab wechselten sie oftmals böse Worte, denn es zeigte sich, dass Raniero fast immer gerade das tat, was Francesca am wenigsten ertragen konnte.

Es gab in Ranieros Werkstatt einen Gesellen, der klein und hinkend war. Dieser Bursche hatte Francesca geliebt, bevor sie sich verheiratete, und er fuhr auch nach ihrer Heirat fort, sie zu lieben. Raniero, der darum wusste, ließ es sich angelegen sein, ihn zu hänseln, zumal wenn sie bei Tisch saßen. Es kam schließlich dazu, dass sich dieser Mann, der es nicht ertragen konnte, in Francescas Gegenwart zum Gespött gemacht zu werden, einmal auf Raniero stürzte und mit ihm kämpfen wollte. Aber Raniero hohnlachte nur und stieß ihn beiseite. Da wollte der Arme nicht länger leben, sondern ging hin und erhängte sich.

Als dies geschah, waren Raniero und Francesca ungefähr ein Jahr verheiratet. Francesca deuchte es noch immer, dass sie ihre Liebe als ein schimmerndes Stück Stoff vor sich sah, aber auf allen Seiten waren große Stücke weggeschnitten, so dass es kaum halb so groß war, als es anfangs gewesen war.

Sie erschrak sehr, als sie dies sah, und dachte: Bleibe ich noch ein Jahr bei Raniero, so wird er meine Liebe zerstört haben. Ich werde ebenso arm sein, wie ich bisher reich gewesen bin.

Da entschloss sie sich, Ranieros Haus zu verlassen und zu ihrem Vater zu gehen und bei ihm zu leben. Auf dass nicht einmal der Tag käme, an dem sie Raniero ebenso sehr hasste, wie sie ihn jetzt liebte!

Jacopo degli Uberti saß an seinem Webstuhl, und alle seine Gesellen arbeiteten um ihn her, als er sie kommen sah. Er sagte, nun sei das eingetroffen, was er schon lange erwartet hätte, und hieß sie willkommen. Er ließ seine Leute sogleich die Arbeit unterbrechen und befahl ihnen, sich zu bewaffnen und das Haus zu verschließen.

Dann begab sich Jacopo zu Raniero. Er traf ihn in der Werkstatt. »Meine Tochter ist heute zu mir zurückgekehrt und hat mich gebeten, wieder unter meinem Dach leben zu dürfen«, sagte er zu seinem Eidam. »Und jetzt erwarte ich, dass du sie nicht zwingst, zu dir zurückzukehren, getreu dem Versprechen, das du mir gegeben hast.«

Raniero schien das nicht sehr ernst zu nehmen, sondern antwortete gleichmütig: »Auch wenn ich dir kein Versprechen gegeben hätte, würde ich nicht verlangen, eine Frau zurückzubekommen, die mir nicht angehören will.«

Er wusste, wie sehr Francesca ihn liebte, und sagte zu sich selbst: Ehe der Abend anbricht, ist sie wieder bei mir.

Sie ließ sich jedoch weder an diesem Tag noch am folgenden blicken.

Am dritten Tag zog Raniero aus und verfolgte ein paar Räuber, die die florentinischen Kaufleute seit lange beunruhigt hatten. Es gelang ihm, sie zu überwinden, und er brachte sie als Gefangene nach Florenz.

Ein paar Tage verhielt er sich still, bis er gewiss sein konnte, dass diese Heldentat in der ganzen Stadt bekannt wäre. Es kam aber nicht so, wie er erwartet hatte, und auch dies führte Francesca nicht zu ihm zurück.

Raniero hätte nun die größte Lust gehabt, sie durch Gesetz und Recht zu zwingen, zu ihm zurückzukehren, aber er glaubte, dass er dies seines Versprechens wegen nicht tun könne. Es deuchte ihn aber unmöglich, in derselben Stadt mit einer Frau zu leben, die ihn verlassen hatte, und er zog von Florenz fort.

Er wurde zuerst Söldner, und gar bald machte er sich zum Anführer einer Freischar. Er war immer im Krieg und diente vielen Herren.

Er gewann viel Ehre als Krieger, wie er von jeher vorausgesagt hatte. Er wurde vom Kaiser zum Ritter geschlagen und wurde zu den mächtigen Männern gezählt.

Bevor er Florenz verließ, hatte er vor einem heiligen Madonnenbild in der Domkirche das Gelöbnis abgelegt, der heiligen Jungfrau das Beste und Vornehmste zu schenken, was er in jedem Kampf erbeuten würde. Vor diesem Bild sah man immer kostbare Gaben, die von Raniero gespendet waren.

Raniero wusste also, dass alle seine Heldentaten in seiner Geburtsstadt bekannt waren. Er wunderte sich sehr, dass Francesca degli Uberti nicht zu ihm zurückkam, obgleich sie alle seine Erfolge kannte.

Um diese Zeit wurde zu einem Kreuzzug zur Befreiung des Heiligen Grabes gepredigt, und Raniero nahm das Kreuz und zog ins Morgenland. Denn einmal erwartete er, dass er dort Schlösser und Land gewinnen würde, um darüber zu regieren, und dann dachte er, dass er dadurch in die Lage käme, so glänzende Heldentaten zu vollbringen, dass sein Weib ihn wieder lieb gewänne und zu ihm zurückkehrte.

2

In der Nacht nach dem Tage, an dem Jerusalem erobert worden war, herrschte in dem Lager der Kreuzfahrer vor der Stadt große

Freude. Fast in jedem Zelt wurden Trinkgelage abgehalten, und das Lachen und Lärmen wurde weit im Umkreis gehört.

Raniero di Ranieri saß mit einigen Kampfgenossen beim Wein, und bei ihm ging es fast noch wilder zu als sonst irgendwo. Die Knappen hatten die Becher kaum gefüllt, als sie auch schon wieder leer waren. Aber Raniero hatte auch die meiste Ursache, ein großes Fest zu feiern, denn er hatte an diesem Tag höhere Ehre gewonnen denn je zuvor. Am Morgen, als die Stadt gestürmt wurde, war er nächst Gottfried von Bouillon der Erste gewesen, der die Mauern bestiegen hatte, und am Abend war er für seine Tapferkeit vor dem ganzen Heer geehrt worden.

Als das Plündern und Morden ein Ende genommen hatte und die Kreuzfahrer in Büßermänteln mit unentzündeten Wachskerzen in den Händen in die heilige Grabeskirche eingezogen waren, war ihm nämlich von Gottfried verkündet worden, dass er der Erste sein solle, der seine Kerze an den heiligen Flammen entzünden dürfe, die vor Christi Grab brennen. Es deuchte Raniero, dass Gottfried ihm damit zeigen wolle, dass er ihn für den Tapfersten im ganzen Heer ansehe; und er freute sich sehr über die Art, wie er für seine Heldentat belohnt worden war.

Bei einbrechender Nacht, als Raniero und seine Gäste in bester Laune waren, kamen ein Narr und ein paar Spielleute, die überall im Lager umhergewandert waren und alle mit ihren Einfällen ergötzt hatten, in Ranieros Zelt, und der Narr bat um die Erlaubnis, ein spaßhaftes Abenteuer erzählen zu dürfen.

Raniero wusste, dass dieser Narr im Rufe großer Lustigkeit stand, und versprach seiner Erzählung Gehör zu schenken.

»Es begab sich einmal«, sagte der Narr, »dass unser Herr und der heilige Petrus einen ganzen Tag auf dem höchsten Turm der Burg des Paradieses gesessen und auf die Erde hinuntergesehen hatten. Sie hatten so viel anzugucken gehabt, dass sie kaum Zeit gefunden hatten, ein Wort miteinander zu wechseln. Unser Herr hatte sich die ganze Zeit still verhalten, aber der heilige Petrus hatte bald vor Freude in die Hände geklatscht und bald wieder den Kopf mit Abscheu abgewendet. Bald hatte er gelächelt und gejubelt, und bald hatte er geweint und gejammert. Endlich, als der Tag zur Neige ging und die Abenddämmerung sich auf das Paradies senkte, wendete sich unser Heiland an den heiligen Petrus und sagte, nun müsse er wohl froh und zufrieden sein. ›Womit sollte ich wohl zufrieden sein?‹, fragte da Sankt Petrus in heftigem Ton. – ›Je nun‹, sagte unser Herr sanftmütig, ›ich glaubte, du würdest mit dem, was du heute gesehen hast, zufrieden sein.‹ – Aber der heilige Petrus wollte sich nicht besänftigen lassen. – ›Es ist ja wahr‹, sagte er, ›dass ich so manches liebe Jahr darüber geklagt habe, dass Jerusalem in der Gewalt der Ungläubigen ist, aber nach allem, was sich heute zugetragen hat, meine ich, dass es ebenso gut hätte bleiben können, wie es war.‹«

Raniero begriff nun, dass der Narr davon sprach, was im Laufe des Tages geschehen war. Er und die andern Ritter begannen nun mit größerer Teilnahme zuzuhören als im Anfang.

»Als der heilige Petrus dies gesagt hatte«, fuhr der Narr fort, indem er einen pfiffigen Blick auf die Ritter warf, »beugte er sich über die Zinnen des Turmes und wies zur Erde hinunter. Er zeigte unserm Herrn eine Stadt, die auf einem großen einsamen Felsen lag, der aus einem Gebirgstal aufragte. ›Siehst du diese Leichenhaufen?‹, sagte er, ›und siehst du das Blut, das über die Straßen strömt, und siehst du die nackten elenden Gefangenen, die in der Nachtkälte jammern, und siehst du alle die rauchenden Brandstätten?‹ Unser Herr schien ihm nichts erwidern zu wollen, und der heilige Petrus fuhr mit seinem Gejammer fort. Er sagte, wohl habe er dieser Stadt oft gezürnt, aber so übel habe er ihr doch nicht gewollt, dass es dort einmal so aussehen solle. Da endlich antwortete unser Herr und versuchte einen Einwand. – ›Du kannst doch nicht leugnen, dass die christlichen Ritter ihr Leben mit der größten Unerschrockenheit gewagt haben‹, sagte er.«

Hier wurde der Narr von Beifallsrufen unterbrochen, aber er beeilte sich fortzufahren.

»Nein, stört mich nicht«, bat er. »Jetzt weiß ich nicht mehr, wo ich geblieben war. Ja, richtig, ich wollte eben sagen, dass der heilige Petrus sich ein paar Tränen wegwischte, die ihm in die Augen getreten waren und ihn am Sehen hinderten. ›Nie hätte ich geglaubt, dass sie solche wilde Tiere sein würden‹, sagte er. ›Sie haben ja den ganzen Tag gemordet und geplündert. Ich verstehe gar nicht, dass du es dir beifallen lassen konntest, dich kreuzigen zu lassen, um dir solche Bekenner zu schaffen.‹«

Die Ritter nahmen den Scherz gut auf. Sie begannen laut und fröhlich zu lachen. »Was, Narr, der heilige Petrus ist wirklich so böse auf uns?«, rief einer von ihnen.

»Sei jetzt still und lass uns hören, ob unser Herr uns nicht in Schutz genommen hat!«, fiel ein anderer ein.

»Nein, unser Herr schwieg fürs Erste still«, sagte der Narr. »Er wusste von alters her: wenn Sankt Petrus so recht in Eifer gekommen war, war es vergebliche Mühe, ihm zu widersprechen. Er eiferte weiter und sagte, unser Herr möge nicht einwenden, dass sie sich schließlich doch erinnert hätten, in welche Stadt sie gekommen waren, und auf bloßen Füßen im Büßergewand in die Kirche gegangen wären. Diese Andacht hätte ja gar nicht so lange gedauert, dass es überhaupt lohnte, davon zu sprechen. Und dann beugte er sich noch einmal über die Brüstung hinaus und wies auf Jerusalem hinunter. Er deutete auf das Lager der Christen davor. ›Siehst du, wie deine Ritter ihren Sieg feiern?‹, fragte er. Und unser Herr sah, dass überall im Lager Trinkgelage gefeiert wurden. Ritter und Knechte saßen da und sahen syrischen Tänzerinnen zu. Gefüllte Becher kreisten, man würfelte um die Kriegsbeute, und – –«

»Man hörte Narren an, die alberne Geschichten erzählten«, fiel Raniero ein. »War das nicht auch eine große Sünde?«

Der Narr lachte und nickte Raniero zu, als wollte er sagen: Na, warte nur, ich zahl dir's schon heim.

»Nein, unterbrecht mich nicht«, bat er abermals, »ein armer Narr vergisst so leicht, was er sagen wollte. Ja, richtig, der heilige Petrus fragte unsern Herrn mit der strengsten Stimme, ob er meine, dass ihm dieses Volk große Ehre mache. Darauf musste unser Herr natürlich antworten, dass er das nicht meine. ›Sie waren Räuber und Mörder, ehe sie von daheim auszogen‹, sagte Sankt Petrus, ›und

Räuber und Mörder sind sie auch heute noch. Dieses Unternehmen hättest du ebenso gut ungeschehen lassen können. Es kommt nichts Gutes dabei heraus.«

»Na, na, Narr!«, sagte Raniero mit warnender Stimme.

Aber der Narr schien eine Ehre darein zu setzen, zu probieren, wie weit er gehen könne, ohne dass jemand aufspränge und ihn hinauswürfe, und er fuhr unerschrocken fort:

»Unser Herr neigte nur den Kopf wie einer, der zugesteht, dass er gerecht gestraft wird. Aber beinahe in demselben Augenblick beugte er sich eifrig vor und sah mit noch größerer Aufmerksamkeit als vorher hinunter. Da guckte Sankt Petrus ebenfalls hin. ›Wonach blickst du denn aus?‹, fragte er.«

Der Narr erzählte dies mit sehr lebhaftem Mienenspiel. Alle Ritter sahen sowohl unsern Herrn als auch Sankt Petrus vor Augen, und sie waren begierig, was es wohl sein mochte, was unser Herr erblickt haben sollte.

»Unser Herr antwortete, es sei nichts besonders«, sagte der Narr, »aber er ließ auf jeden Fall nicht davon ab, hinabzublicken. Sankt Petrus folgte der Richtung der Blicke unsres Herrn, und er konnte nichts anderes finden, als dass unser Herr dasaß und in ein großes Zelt hinuntersah, vor dem ein paar Sarazenenköpfe auf langen Lanzen gespießt waren, und wo eine Menge prächtiger Teppiche, goldner Tischgefäße und kostbarer Waffen, die in der Heiligen Stadt erbeutet waren, aufgestapelt lagen. In diesem Zelt ging es ebenso zu wie sonst überall im Lager. Da saß eine Schar Ritter und leerte die Becher. Der einzige Unterschied mochte sein, dass hier noch mehr gelärmt und gezecht wurde als an irgendeinem andern Ort. Der heilige Petrus konnte nicht verstehen, warum unser Herr, als er dorthin blickte, so vergnügt war, dass ihm die Freude förmlich aus den Augen leuchtete. So viele strenge und furchtbare Gesichter, wie er dort erblickte, glaubte er kaum je um einen Zechtisch versammelt gesehen zu haben. Und der Wirt bei dem Gastmahl, der am obern Tischende saß, war der entsetzlichste von allen. Es war ein etwa fünfunddreißigjähriger Mann, furchtbar groß und grob, mit einem roten Gesicht, das von Narben und Schrammen durchkreuzt war, mit harten Fäusten und einer starken, polternden Stimme.«

Hier hielt der Narr einen Augenblick inne, als fürchte er, weiterzugehen, aber Raniero und den andern machte es Spaß, von sich selbst sprechen zu hören, und sie lachten nur über seine Dreistigkeit.

»Du bist ein kecker Bursche«, sagte Raniero, »lass uns nun sehen, wo du hinaus willst!«

»Endlich«, fuhr der Narr fort, »sagte unser Herr ein paar Worte, aus denen Sankt Petrus erriet, was der Grund seiner Freude war. Er fragte Sankt Petrus, ob er fehl sähe oder ob es wirklich so wäre, dass einer der Ritter ein brennendes Licht neben sich hätte.«

Raniero zuckte bei diesen Worten zusammen. Erst jetzt wurde er böse auf den Narren und streckte die Hand nach einem schweren Trinkhumpen aus, um ihn ihm ins Gesicht zu schleudern, aber er bezwang sich, um zu hören, ob der Bursche zu seiner Ehre oder zu seiner Schande sprechen wollte.

»Sankt Petrus sah nun«, erzählte der Narr, »dass das Zelt im Übrigen zwar mit Fackeln beleuchtet war, dass aber einer der Ritter wirklich eine brennende Wachskerze neben sich stehen hatte. Es war eine große dicke Kerze, eine Kerze, die bestimmt war, einen ganzen Tag und eine ganze Nacht zu brennen. Der Ritter, der keinen Leuchter hatte, worein er sie hätte stecken können, hatte eine ganze Menge Steine ringsherum aufgehäuft, damit das Licht stehen könnte.«

Die Tischgesellschaft brach bei diesen Worten in lautes Gelächter aus. Alle wiesen auf ein Licht, das neben Raniero auf dem Tisch stand und ganz so aussah, wie der Narr es beschrieben hatte. Aber Raniero stieg das Blut zu Kopf, denn dies war das Licht, das er vor ein paar Stunden am Heiligen Grab hatte anzünden dürfen. Er hatte es nicht über sich gebracht, es auszulöschen.

»Als der heilige Petrus dieses Licht sah«, sagte der Narr, »wurde es ihm freilich klar, woran unser Herr seine Freude gehabt hatte, aber zugleich konnte er es nicht lassen, ihn ein wenig zu bemitleiden. ›Ja so‹, sagte er, ›das ist der Ritter, der heute Morgen hinter Herrn Gottfried von Bouillon auf die Mauer sprang und am Abend sein Licht vor allen andern am Heiligen Grab anzünden durfte.‹ –

›Ja, so ist es‹, sagte unser Herr, ›und wie du siehst, hat er sein Licht noch brennen.‹«

Der Narr sprach jetzt sehr rasch, während er ab und zu einen lauernden Blick auf Raniero warf: »Der heilige Petrus konnte es noch immer nicht lassen, unsern Herrn ein ganz klein wenig zu bemitleiden. ›Verstehst du denn nicht, warum er dieses Licht brennen hat?‹, sagte er. ›Du glaubst wohl, dass er an deine Qual und deinen Tod denke, wenn er es sieht. Aber er denkt an nichts anderes, als an den Ruhm, den er errang, als er als der Tapferste im ganzen Heer nach Gottfried von Bouillon anerkannt wurde.‹«

Bei diesen Worten lachten alle Gäste Ranieros. Raniero war sehr zornig, aber er zwang sich, gleichfalls zu lachen. Er wusste, dass alle es lächerlich gefunden hätten, wenn er nicht ein bisschen Spaß vertragen hätte.

»Aber unser Herr widersprach dem heiligen Petrus«, sagte der Narr. »›Siehst du nicht, wie ängstlich er um das Licht besorgt ist?‹, fragte er. ›Er hält die Hand vor die Flamme, sobald jemand das Zelttuch lüftet, aus Furcht, dass die Zugluft es ausblasen könnte. Und er hat vollauf damit zu tun, die Nachtschmetterlinge zu verscheuchen, die herumfliegen und es zu verlöschen drohen.‹«

Es wurde immer herzlicher gelacht, denn was der Narr sagte, war die reine Wahrheit. Raniero fiel es immer schwerer, sich zu beherrschen. Es war ihm, als könne er es nicht ertragen, dass jemand mit der heiligen Lichtflamme seinen Scherz trieb.

»Der heilige Petrus war jedoch misstrauisch«, fuhr der Narr fort. »Er fragte unseren Herrn, ob er diesen Ritter kenne. ›Er ist nicht gerade einer, der häufig zur Messe ginge oder den Betschemel abnützte‹, sagte er. Aber unser Herr ließ sich von seiner Meinung nicht abbringen. ›Sankt Petrus, Sankt Petrus!‹, sagte er feierlich. ›Merke dir, dass der Ritter hier fortan frommer werden wird als Gottfried! Von wo gehen Milde und Frömmigkeit aus, wenn nicht von meinem Grab? Du wirst Raniero di Ranieri Witwen und notleidenden Gefangenen zu Hilfe kommen sehen. Du wirst sehen, wie er Kranke und Betrübte in seine Hut nimmt, so wie er jetzt die heilige Lichtflamme hütet.‹«

Darüber erhob sich ein ungeheures Gelächter. Es deuchte alle, die Ranieros Laune und Leben kannten, sehr spaßhaft. Aber ihm selbst waren der Scherz und das Gelächter ganz unleidlich. Er sprang auf und wollte den Narren zurechtweisen. Dabei stieß er so heftig an den Tisch, der nichts anderes war als eine auf lose Böcke gelegte Tür, dass er wackelte und das Licht umfiel.

Es zeigte sich nun, wie sehr es Raniero am Herzen lag, das Licht brennend zu erhalten. Er dämpfte seinen Groll und nahm sich Zeit, das Licht aufzuheben und die Flamme anzufachen, bevor er sich auf den Narren stürzte. Aber als er mit dem Licht fertig war, war der Narr schon aus dem Zelt geeilt, und Raniero sah ein, dass es nicht der Mühe lohne, ihn im nächtlichen Dunkel zu verfolgen. Ich treffe ihn wohl noch ein andermal, dachte er und setzte sich wieder.

Die Tischgäste hatten inzwischen weidlich gelacht, und einer von ihnen wollte den Spaß fortsetzen und wendete sich an Raniero. »Eins steht aber fest, Raniero, und das ist, dass du diesmal der Madonna in Florenz nicht das Kostbarste schicken kannst, was du im Kampf errungen hast«, sagte er.

Raniero fragte, warum er glaube, dass er diesmal seinem alten Brauch nicht treu bleiben würde.

»Aus keinem anderen Grund«, sagte der Ritter, »als weil das Kostbarste, was du errungen hast, diese Lichtflamme ist, die du angesichts des ganzen Heeres in der heiligen Grabeskirche entzünden durftest. Und die nach Florenz zu schicken, wirst du wohl nicht imstande sein.«

Wieder lachten die anderen Ritter, aber Raniero war jetzt in einer Laune, dass er das Verwegenste unternommen hätte, nur um ihrem Gelächter ein Ende zu machen. Er fasste rasch seinen Entschluss, rief einen alten Waffenträger zu sich und sagte zu ihm: »Mache dich zu langer Fahrt bereit, Giovanni! Morgen sollst du mit dieser heiligen Lichtflamme nach Florenz ziehen.«

Aber der Waffenträger weigerte sich schlankweg, diesen Befehl auszuführen. »Dies ist etwas, was ich nicht auf mich nehmen will«, sagte er. »Wie sollte es möglich sein, mit einer Lichtflamme nach

Florenz zu reiten? Sie würde erlöschen, ehe ich noch das Lager verlasse.«

Raniero fragte einen seiner Mannen nach dem andern. Er erhielt von allen dieselbe Antwort. Sie schienen seinen Befehl kaum ernst zu nehmen.

Natürlich lachten die fremden Ritter, die seine Gäste waren, immer lauter und fröhlicher, je deutlicher es sich zeigte, dass keiner von den Mannen Ranieros Befehl ausführen wollte.

Raniero geriet in immer größere Erregung. Schließlich verlor er die Geduld und rief: »Diese Lichtflamme wird dennoch nach Florenz gebracht werden, und da kein anderer damit hinreiten will, werde ich es selbst tun.«

»Bedenke dich, bevor du so etwas versprichst!«, sagte ein Ritter. »Du reitest von einem Fürstentum fort!«

»Ich schwöre euch, dass ich diese Lichtflamme nach Florenz bringen werde!«, rief Raniero. »Ich werde tun, was kein anderer auf sich nehmen wollte.«

Der alte Waffenträger verteidigte sich: »Herr, für dich ist es ein ander Ding. Du kannst ein großes Gefolge mitnehmen, aber mich wolltest du allein ausschicken.«

Raniero jedoch war ganz außer sich und überlegte seine Worte nicht. »Ich werde auch allein ziehen«, sagte er.

Aber damit hatte Raniero sein Ziel erreicht. Alle im Zelt hatten zu lachen aufgehört. Sie saßen erschrocken da und starrten ihn an.

»Warum lacht ihr nicht mehr?«, fragte Raniero. »Für einen tapfern Mann ist dies Beginnen wohl für nichts mehr zu achten als ein Kinderspiel.«

3

Am nächsten Morgen, bei Tagesgrauen, bestieg Raniero sein Pferd. Er trug die volle Rüstung, aber darüber hatte er einen groben Pilgermantel geworfen, damit das Eisenkleid von den Sonnenstrahlen nicht allzu sehr erhitzt werde. Er war mit einem Schwert und einer

Streitaxt bewaffnet und ritt ein gutes Pferd. Ein brennendes Licht hielt er in der Hand, und am Sattel hatte er ein paar große Bündel langer Wachskerzen befestigt, damit die Flamme nicht aus Mangel an Nahrung sterbe.

Raniero ritt langsam durch die überfüllte Zeltstraße, und so lange ging alles gut. Es war noch so früh, dass die Nebel, die aus den tiefen Tälern rings um Jerusalem aufgestiegen waren, sich nicht zerstreut hatten, und Raniero ritt wie durch eine weiße Nacht. Das ganze Lager schlief, und Raniero kam leicht an den Wachtposten vorbei. Keiner von ihnen rief ihn an, denn durch den dichten Nebel konnten sie ihn nicht sehen, und auf den Wegen lag fußhoher Staub, der die Schritte des Pferdes unhörbar machte.

Raniero war bald aus dem Bereich des Lagers und schlug die Straße ein, die nach Joppe führte. Er hatte nun einen bessern Weg, aber er ritt noch immer ganz langsam, der Lichtflamme wegen. Die brannte schlecht in dem dichten Nebel, mit einem rötlichen, zitternden Schein. Und immer wieder kamen große Insekten, die mit knatternden Flügelschlägen gerade ins Licht stürzten. Raniero hatte vollauf damit zu tun, es zu hüten, aber er war guten Mutes und meinte noch immer, dass die Aufgabe, die er sich gestellt hätte, nicht schwerer wäre, als dass ein Kind sie bewältigen könnte.

Doch das Pferd ermüdete bei dem langsamen Trott und setzte sich in Trab. Da begann die Lichtflamme in der Zugluft zu zucken. Es half nichts, dass Raniero sie mit der Hand und mit dem Mantel zu schützen suchte. Er sah, dass sie ganz nahe daran war, zu erlöschen.

Aber er war durchaus nicht gewillt, sein Vorhaben so bald aufzugeben. Er hielt das Pferd an und saß ein Weilchen still und grübelte. Schließlich sprang er aus dem Sattel und versuchte, sich rücklings daraufzusetzen, so dass er die Flamme mit seinem Körper vor Wind und Zug schützte. So gelang es ihm, sie brennend zu erhalten, aber er merkte jetzt, dass die Reise sich beschwerlicher gestalten würde, als er anfangs geglaubt hatte.

Als er die Berge, die Jerusalem umgeben, hinter sich gelassen hatte, hörte der Nebel auf. Er ritt nun durch die tiefste Einsamkeit.

Es gab weder Menschen noch Häuser noch grüne Bäume oder Pflanzen, nur kahle Höhen.

Hier wurde Raniero von Räubern angefallen. Es war loses Gesindel, das dem Heer ohne Erlaubnis folgte und vom Rauben und Plündern lebte. Sie hatten hinter einem Hügel im Hinterhalt gelegen, und Raniero, der rücklings ritt, sah sie erst, als sie ihn schon umringt hatten und ihre Schwerter gegen ihn zückten.

Es waren etwa zwölf Männer, sie sahen recht jämmerlich aus und ritten auf erbärmlichen Pferden. Raniero sah gleich, dass es ihm nicht schwerfallen konnte, sich einen Weg durch die Schar zu bahnen und von dannen zu reiten. Aber er begriff, dass dies sich nicht tun ließe, ohne dass er das Licht von sich werfe. Und er wollte nach den stolzen Worten, die er heute Nacht gesprochen hatte, nicht so leicht von seinem Vorsatz abstehen.

Er sah daher keinen anderen Ausweg, als mit den Räubern ein Übereinkommen zu schließen. Er sagte, dass es ihnen, da er wohl bewaffnet sei und ein gutes Pferd reite, schwerfallen würde, ihn zu überwinden, wenn er sich verteidige. Aber da er durch ein Gelöbnis gebunden sei, wolle er ihnen keinen Widerstand leisten, sondern sie dürften ohne Kampf alles nehmen, was sie begehrten, wenn sie nur versprächen, sein Licht nicht auszulöschen.

Die Räuber hatten sich auf einen harten Strauß gefasst gemacht. Sie waren über Ranieros Vorschlag sehr erfreut und machten sich sogleich daran, ihn auszuplündern. Sie nahmen ihm Rüstung und Ross, Waffen und Geld. Das Einzige, was sie ihm ließen, waren der grobe Mantel und die beiden Kerzenbändel. Sie hielten auch ehrlich ihr Versprechen, die Lichtflamme nicht zu löschen.

Einer von ihnen hatte sich auf Ranieros Pferd geschwungen. Als er merkte, wie gut es war, schien er ein wenig Mitleid mit dem Ritter zu empfinden. Er rief ihm zu: »Siehst du, wir wollen nicht gar zu hart gegen einen Christenmenschen sein. Du sollst mein altes Pferd haben, um darauf zu reiten.«

Es war eine elende Schindmähre und bewegte sich so starr und steif, als wenn es aus Holz wäre.

Als die Räuber endlich verschwunden waren und Raniero daranging, sich auf den elenden Klepper zu setzen, sagte er zu sich selbst: »Ich muss wohl von dieser Lichtflamme verhext sein. Um ihretwillen reite ich nun wie ein toller Bettler meinen Weg.«

Er sah ein, dass es das Klügste gewesen wäre, umzukehren, weil das Vorhaben wirklich unausführbar war. Aber ein so heftiges Verlangen, es zu vollbringen, war über ihn gekommen, dass er der Lust nicht widerstehen konnte, auszuharren.

Er zog also weiter. Noch immer sah er dieselben kahlen, lichtgelben Höhen um sich. Nach einer Weile ritt er an einem jungen Hirten vorbei, der vier Ziegen hütete. Als Raniero die Tiere auf dem nackten Boden weiden sah, fragte er sich, ob sie wohl Erde äßen.

Dieser Hirte hatte wahrscheinlich früher eine größere Herde besessen, die ihm von den Kreuzfahrern gestohlen worden war. Als er nun einen einsamen Christen heranreiten sah, suchte er ihm alles Böse zu tun, was er nur konnte. Er stürzte auf ihn zu und schlug mit einem Stab nach seinem Licht. Raniero war von der Lichtflamme so gefesselt, dass er sich nicht einmal gegen einen Hirten verteidigen konnte. Er zog nur das Licht an sich, um es zu schützen. Der Hirte schlug noch ein paarmal danach, aber dann blieb er erstaunt stehen und hörte zu schlagen auf. Er sah, dass Ranieros Mantel in Brand geraten war, aber Raniero tat nichts, um das Feuer zu ersticken, so lange die Lichtflamme in Gefahr war. Man sah es dem Hirten an, dass er sich schämte. Er folgte Raniero lange nach, und an einer Stelle, wo der Weg sehr schmal an zwei Abgründen vorüberging, kam er heran und führte sein Pferd.

Raniero lächelte und dachte, dass der Hirte ihn sicherlich für einen heiligen Mann halte, der eine Bußübung vornehme.

Gegen Abend begannen Raniero Menschen entgegenzukommen. Es war nämlich so, dass das Gerücht vom Fall Jerusalems sich schon während der Nacht die Küste entlang verbreitet hatte, und eine Menge Leute hatten sich sogleich bereit gemacht, hinzuziehen. Es waren Pilger, die schon jahrelang auf die Gelegenheit warteten, Jerusalem zu betreten, es waren nachgesendete Truppen, und vor allem waren es Kaufleute, die mit Wagenladungen von Lebensmitteln hineilten.

Als diese Scharen Raniero begegneten, der rücklings mit einem brennenden Licht in der Hand geritten kam, riefen sie: »Ein Toller, ein Toller!« Die meisten waren Italiener, und Raniero hörte, wie sie in seiner eigenen Zunge riefen: pazzo, pazzo! was: ein Toller, ein Toller! bedeutet.

Raniero, der sich den ganzen Tag so wohl im Zaum zu halten verstanden hatte, wurde durch diese sich stets wiederholenden Rufe heftig gereizt. Mit einem Mal sprang er aus dem Sattel und begann mit seinen harten Fäusten die Rufenden zu züchtigen. Als die Leute merkten, wie schwer die Schläge waren, die da fielen, entstand eine allgemeine Flucht, und er stand bald allein auf dem Weg.

Nun kam Raniero wieder zu sich selbst. »Wahrlich, sie hatten recht, als sie dich einen Tollen nannten«, sagte er, indem er sich nach dem Licht umsah, denn er wusste nicht, was er damit angefangen hatte. Endlich sah er, dass es vom Weg in einen Graben gekollert war. Die Flamme war erloschen, aber er sah Feuer in einem trocknen Grasbüschel dicht daneben glimmen und begriff, dass das Glück ihn nicht verlassen hatte, denn das Licht musste das Gras in Brand gesetzt haben, bevor es erloschen war.

»Dies hätte leicht ein trauriges Ende großer Mühsal werden können«, dachte er, während er das Licht entzündete und sich wieder in den Sattel schwang. Er fühlte sich recht gedemütigt. Es kam ihm jetzt nicht sehr wahrscheinlich vor, dass seine Fahrt gelingen würde.

Gegen Abend kam Raniero nach Ramle und ritt dort zu einem Haus, wo Karawanen Herberge für die Nacht zu suchen pflegten. Es war ein großer überbauter Hof. Ringsrum waren kleine Verschläge, wo die Reisenden ihre Pferde einstellen konnten. Es gab keine Stuben, sondern die Menschen schliefen neben den Tieren.

Es war schon eine große Menschenmenge da, aber der Wirt schaffte doch Raum für Raniero und sein Pferd. Er gab auch dem Pferd Futter und dem Reiter Nahrung.

Als Raniero merkte, dass er so gut behandelt wurde, dachte er: Ich fange fast zu glauben an, dass die Räuber mir einen Dienst erwiesen haben, als sie mir meine Rüstung und mein Pferd raubten. Sicherlich komme ich mit meiner Bürde leichter durchs Land, wenn man mich für einen Wahnsinnigen hält.

Als Raniero das Pferd in den Stand geführt hatte, setzte er sich auf ein Bund Stroh und behielt das Licht in den Händen. Es war seine Absicht, nicht zu schlafen, sondern die ganze Nacht wach zu bleiben.

Doch kaum hatte sich Raniero niedergesetzt, als er auch schon einschlummerte. Er war furchtbar müde, er streckte sich im Schlaf aus, so lang er war, und schlief bis zum Morgen.

Als er erwachte, sah er weder die Lichtflamme noch die Kerze. Er suchte im Stroh danach, aber fand sie nirgends.

»Jemand wird sie mir weggenommen und ausgelöscht haben«, sagte er. Und er versuchte zu glauben, dass er sich freue, weil alles aus war und er ein unmögliches Vorhaben nicht zu verfolgen brauchte.

Aber während er so dachte, empfand er zugleich eine innere Leere und Trauer. Es war ihm, als hätte er sich das Gelingen eines Vorsatzes nie sehnlicher gewünscht als eben diesmal.

Er führte das Pferd aus dem Stand, striegelte es und legte den Sattel auf.

Als er fertig war, kam der Wirt, dem die Karawanserei gehörte, mit einem brennenden Lichte auf ihn zu. Er sagte auf fränkisch: »Ich musste dir gestern dein Licht nehmen, als du einschliefst, aber hier hast du es wieder.«

Raniero ließ sich nichts anmerken, sondern sagte ganz gelassen: »Es war klug von dir, dass du es ausgelöscht hast.«

»Ich habe es nicht ausgelöscht«, sagte der Mann. »Ich sah, dass du es brennen hattest, als du kamst, und ich glaubte, es sei von Gewicht für dich, dass es weiter brenne. Wenn du siehst, um wie viel es sich verringert hat, wirst du begreifen, dass es die ganze Nacht gebrannt hat.«

Raniero strahlte vor Freude. Er rühmte den Wirt sehr und ritt in bester Laune weiter.

4

Als Raniero von Jerusalem aufbrach, hatte er den Seeweg von Joppe nach Italien nehmen wollen. Aber er änderte diesen Entschluss, als die Räuber ihn um sein Geld plünderten, und beschloss über Land zu ziehen.

Es war eine lange Reise, Er zog von Joppe nördlich, der Küste Syriens entlang. Dann ging die Fahrt nach Westen, längs der Halbinsel von Kleinasien. Dann wieder nördlich bis hinauf nach Konstantinopel. Und von dort hatte er noch eine ansehnliche Strecke Wegs bis Florenz.

Während dieser ganzen Zeit lebte Raniero von frommen Gaben. Meistens waren es die Pilger, die nun in Massen nach Jerusalem strömten, die ihr Brot mit ihm teilten. Obgleich Raniero fast immer allein ritt, waren seine Tage weder lang noch einförmig. Er hatte allezeit die Lichtflamme zu hüten und konnte sich um ihretwillen niemals ruhig fühlen. Es brauchte nur ein Wind, nur ein Regentropfen zu kommen, und es war um sie geschehen.

Während Raniero einsame Wege ritt und nur daran dachte, die Lichtflamme am Leben zu erhalten, kam es ihm in den Sinn, dass er schon einmal zuvor etwas Ähnliches erlebt hatte. Er hatte schon einmal zuvor einen Menschen über etwas wachen sehen, was ebenso verletzlich war wie eine Lichtflamme.

Dies schwebte ihm anfangs so undeutlich vor, dass er nicht recht wusste, ob es etwas war, was er geträumt hätte.

Aber während er einsam durch das Land zog, kam der Gedanke, dass er schon einmal etwas Ähnliches mit erlebt habe, unablässig wieder.

»Es ist, als hätte ich mein ganzes Leben lang von nichts anderem gehört«, sagte er.

Eines Abends ritt Raniero in eine Stadt ein. Es dunkelte, und die Frauen standen in den Türen und schauten nach ihren Männern aus. Da sah Raniero eine, die hoch und schlank war und ernste Augen hatte. Sie erinnerte ihn an Francesca degli Uberti.

In demselben Augenblick gelangte Raniero zur Klarheit, worüber er nachgegrübelt hatte. Er dachte, dass für Francesca ihre Liebe sicherlich wie eine Lichtflamme gewesen war, die sie immer brennend hatte erhalten wollen, und von der sie stets gefürchtet hatte, dass Raniero sie verlöschen würde. Er wunderte sich über diesen Gedanken, aber immer mehr ward es ihm zur Gewissheit, dass es sich so verhielt. Zum ersten Mal begann er zu verstehen, warum Francesca ihn verlassen hatte und dass er sie nicht durch Waffentaten wiedererobern konnte.

Ranieros Reise wurde sehr langwierig. Und dies nicht zum wenigsten darum, weil er sie nicht fortsetzen konnte, wenn das Wetter ungünstig war. Dann saß er in der Karawanserei und bewachte die Lichtflamme. Das waren sehr harte Tage.

Eines Tages, als Raniero über den Berg Libanon ritt, sah er, dass sich die Wolken zu einem Unwetter zusammenzogen. Er war da hoch oben zwischen furchtbaren Klüften und Abstürzen, fern von allen menschlichen Behausungen. Endlich erblickte er auf einer Felsspitze ein sarazenisches Heiligengrab. Es war ein kleiner viereckiger Steinbau mit gewölbtem Dach. Es deuchte ihn am besten, seine Zuflucht dorthin zu nehmen.

Kaum war Raniero hineingekommen, als ein Schneesturm losbrach, der zwei Tage raste. Zugleich kam eine so furchtbare Kälte, dass er nahe daran war zu erfrieren.

Raniero wusste, dass es draußen auf dem Berg genug Zweige und Reisig gab, so dass es ein Leichtes für ihn gewesen wäre, Brennstoff zu einem Feuer zu sammeln. Allein er hielt die Lichtflamme, die er trug, sehr heilig, und wollte mit ihr nichts anderes entzünden als die Lichter vor dem Altar der Heiligen Jungfrau.

Das Unwetter wurde immer ärger, und schließlich hörte er heftiges Donnern und sah Blitze.

Und ein Blitz schlug auf dem Berg dicht vor dem Grab ein und entzündete einen Baum. Und so hatte Raniero eine Flamme, ohne dass er das heilige Feuer anzutasten brauchte.

Als Raniero durch einen öden Teil der Berggegend von Cilicien ritt, ging sein Licht zur Neige. Die Kerzenbündel, die er von Jerusalem mitgebracht hatte, waren längst aufgebraucht, aber er hatte sich doch weiterhelfen können, weil auf dem ganzen Weg christliche Gemeinden gewesen waren, wo er sich neue Lichter erbetteln konnte.

Aber nun war sein Vorrat zu Ende, und er glaubte, dass dies das Ende seiner Fahrt sein würde.

Als das Licht so tief herabgebrannt war, dass die Flamme seine Hand versengte, sprang er vom Pferd, sammelte Reisig und trockenes Gras und entzündete dies mit dem letzten Überbleibsel der Flamme. Aber auf dem Berg fand sich nicht viel, was brennen konnte, und das Feuer musste bald verlöschen.

Wie Raniero so saß und sich darüber betrübte, dass die heilige Flamme sterben musste, hörte er vom Weg her Gesang, und eine Prozession von Wallfahrern kam mit Kerzen in den Händen den Pfad herangezogen. Sie waren auf dem Weg zu einer Grotte, in der ein heiliger Mann gelebt hatte, und Raniero schloss sich ihnen an. Unter ihnen befand sich auch eine Frau, die alt war und nur schwer gehen konnte, und Raniero half ihr und schleppte sie den Berg hinauf.

Als sie ihm dann dankte, machte er ihr ein Zeichen, dass sie ihm ihre Kerze geben möge. Und sie tat es, und auch mehrere andere schenkten ihm die Kerzen, die sie trugen.

Er löschte die Lichter und eilte den Pfad hinunter und entzündete eines von ihnen an der letzten Glut des Feuers, das von der heiligen Flamme entzündet war.

Einmal um die Mittagstunde war es sehr heiß, und Raniero hatte sich in ein Gebüsch schlafen gelegt. Er schlief tief, und das Licht stand zwischen ein paar Steinen neben ihm. Aber als Raniero ein Weilchen geschlafen hatte, begann es zu regnen, und dies dauerte ziemlich lange an, ohne dass er erwachte. Als er endlich aus dem Schlummer auffuhr, war der Boden rings um ihn nass, und er wagte kaum zu dem Licht hinzusehen, aus Furcht, dass es erloschen sein könnte.

Aber das Licht brannte still und ruhig mitten im Regen, und Raniero sah, dass dies daher kam, dass zwei kleine Vögelchen über der Flamme flogen und flatterten. Sie schnäbelten sich und hielten die Flügel ausgebreitet, und so hatten sie die Lichtflamme vor dem Regen geschützt.

Raniero nahm sogleich seine Kapuze ab und hing sie über das Licht. Dann streckte er die Hand nach den kleinen Vögeln aus, denn er hatte Lust, sie zu liebkosen. Und sieh da, keiner von ihnen flog von ihm fort, sondern er konnte sie einfangen.

Raniero staunte sehr, dass die Vögel keine Angst vor ihm hatten. Aber dachte: das kommt daher, dass sie wissen, dass ich keinen andern Gedanken habe, als das zu schützen, was das Schutzbedürftigste ist, darum fürchten sie mich nicht.

Raniero ritt in der Nähe von Nicäa. Da begegnete er ein paar abendländischen Rittern, die ein Entsatzheer ins Heilige Land führten. In dieser Schar befand sich auch Robert Taillefer, der ein wandernder Ritter und Troubadour war.

Raniero kam in seinem fadenscheinigen Mantel mit dem Licht in der Hand herangeritten, und die Krieger begannen wie gewöhnlich zu rufen: »Ein Toller, ein Toller!« Aber Robert hieß sie schweigen und sprach den Reiter an:

»Bist du lange so gezogen?«, fragte er ihn.

»Ich bin so von Jerusalem hergeritten«, antwortete Raniero.

»Ist dein Licht unterwegs nicht oftmals erloschen?«

»An meiner Kerze brennt noch dieselbe Flamme, wie da ich von Jerusalem auszog«, sagte Raniero.

Da sprach Robert Taillefer zu ihm: »Ich bin auch einer von denen, die eine Flamme tragen, und ich wollte, dass sie ewig brennen könnte. Aber vielleicht kannst du, der du dein Licht brennend von Jerusalem hergebracht hast, mir sagen, was ich tun soll, damit sie nicht erlösche.«

Da erwiderte Raniero: »Herr, das ist ein schweres Beginnen, obgleich es von geringem Gewicht scheint. Ich will Euch wahrlich nicht zu solch einem Vorhaben raten. Denn diese kleine Flamme verlangt von Euch, dass Ihr ganz aufhört, an etwas anderes zu denken. Sie gestattet Euch nicht, eine Liebste zu haben, falls Ihr zu derlei geneigt sein solltet, auch dürft Ihr es um dieser Flamme willen nicht wagen, Euch bei einem Trinkgelage niederzulassen. Ihr dürft nichts anderes im Sinn haben als eben diese Flamme, und keine andere Freude darf Euch eigen sein. Aber warum ich Euch vor allem abrate, dieselbe Fahrt zu tun, die ich nun versucht habe, das ist, weil Ihr Euch keinen Augenblick sicher fühlen könnt. Aus wie vielen Gefahren Ihr auch die Flamme gerettet haben mögt, Ihr dürft Euch doch keinen Augenblick geborgen wähnen, sondern Ihr müsst darauf gefasst sein, dass sie Euch im nächsten Augenblick entrissen werde.«

Aber Robert Taillefer warf den Kopf stolz zurück und sagte: »Was du für deine Lichtflamme getan hast, das werde ich auch für die meine zu tun wissen.«

Raniero war nach Italien gekommen. Er ritt eines Tages auf einsamen Pfaden durch das Gebirge. Da kam ihm eine Frau nachgeeilt und bat ihn um Feuer von seinem Licht. »Bei mir ist das Feuer erloschen«, sagte sie, »meine Kinder hungern. Leihe mir Feuer, damit ich meinen Ofen wärmen und ihnen Brot backen kann!«

Sie streckte die Hand nach dem Licht aus, aber Raniero entzog es ihr, weil er nicht zulassen wollte, dass etwas anderes an dieser Flamme entzündet werde, als die Lichter vor dem Bild der Heiligen Jungfrau.

Da sagte die Frau zu ihm: »Gib mir Feuer, Pilger, denn meiner Kinder Leben ist die Flamme, die brennend zu bewahren mir auferlegt ist!« Und um dieser Worte willen ließ Raniero sie den Docht ihrer Lampe an seiner Flamme entzünden.

Einige Stunden später ritt Raniero in ein Dorf. Es lag hoch oben auf dem Berg, so dass bittre Kälte dort herrschte. Ein junger Bauer stand am Weg und sah den armen Mann, der in seinem fadenscheinigen Rock geritten kam. Rasch nahm er den kurzen Mantel ab, den er trug und warf ihn dem Reiter zu. Aber der Mantel fiel gerade auf das Licht und löschte die Flamme.

Da erinnerte sich Raniero an die Frau, die Feuer von ihm geliehen hatte. Er kehrte zu ihr zurück und entzündete sein Licht wiederum mit heiligem Feuer.

Als er weiterreiten wollte, sagte er zu ihr: »Du sagst, die Lichtflamme, die du zu hüten hast, sei das Leben deiner Kinder. Kannst du mir sagen, welchen Namen die Lichtflamme trägt, die ich so weither bringe?«

»Wo wurde deine Lichtflamme entzündet?«, fragte die Frau.

»Sie wurde an Christi Grab entzündet.«

»Dann kann sie wohl nicht anders heißen als Milde und Menschenliebe«, sagte sie.

Raniero musste über die Antwort lachen. Er deuchte sich ein seltsamer Apostel für solche Tugenden.

Raniero ritt zwischen blauen Hügeln von schöner Gestalt. Er sah, dass er sich in der Nähe von Florenz befand.

Er dachte daran, dass er nun bald von der Lichtflamme befreit sein würde. Er erinnerte sich an sein Zelt in Jerusalem, das er voll Kriegsbeute zurückgelassen hatte, und an die tapferen Krieger, die er noch in Palästina hatte und die sich freuen würden, wenn er das Krieger-Handwerk wieder aufnähme und sie zu Siegen und Eroberungen führte.

Da merkte Raniero, dass er keineswegs Freude empfand, wenn er daran dachte, sondern, dass seine Gedanken lieber eine andere Richtung nahmen.

Raniero sah zum ersten Mal ein, dass er nicht mehr derselbe Mann war, als der er Jerusalem verlassen hatte. Dieser Ritt mit der Lichtflamme hatte ihn gezwungen, sich an allen zu freuen, die friedfertig und klug und barmherzig waren, und die Wilden und Streitsüchtigen zu verabscheuen.

Er wurde jedes Mal froh, wenn er an Menschen dachte, die friedlich in ihrem Heim arbeiteten, und es ging ihm durch den Sinn, dass er gern in seine alte Werkstatt in Florenz einziehen und schöne, kunstreiche Arbeit verfertigen wolle.

»Wahrlich, diese Flamme hat mich umgewandelt«, dachte er. »Ich glaube, sie hat einen andern Menschen aus mir gemacht.«

Es war Ostern, als Raniero in Florenz einritt.

Kaum war er durch das Stadttor gekommen, rücklings rettend, die Kapuze über das Gesicht gezogen und das brennende Licht in der Hand, als auch schon ein Bettler aufsprang und das gewohnte: »Pazzo, pazzo!«, rief.

Auf diesen Ruf stürzte ein Gassenjunge aus einem Torweg, und ein Tagedieb, der die längste Zeit nichts anderes zu tun gehabt hatte, als dazuliegen und den Himmel anzugucken, sprang auf seine Füße. Und beide begannen dasselbe zu rufen: »Pazzo, pazzo!«

Da ihrer nun drei waren, die schrien, so machten sie Lärm genug, um alle Burschen aus der ganzen Straße aufzuscheuchen. Diese kamen aus Ecken und Winkeln herbeigestürzt, und sowie sie Raniero in seinem fadenscheinigen Mantel auf seinem elenden Klepper gewahrten, riefen sie: »Pazzo, pazzo!«

Aber dies war nichts anderes, als woran Raniero schon gewöhnt war. Er ritt still durch die Gasse, ohne die Schreier zu beachten.

Sie begnügten sich jedoch nicht damit, zu rufen, sondern einer von ihnen sprang in die Höhe und versuchte das Licht auszublasen.

Raniero hob das Licht empor. Zugleich versuchte er, das Pferd anzutreiben, um den Jungen zu entkommen.

Doch die hielten gleichen Schritt mit ihm und taten alles, was sie konnten, um das Licht auszulöschen.

Je mehr Raniero sich anstrengte, die Flamme zu behüten, desto eifriger wurden sie. Sie sprangen einander auf den Rücken, sie bliesen die Backen auf und pusteten. Sie warfen ihre Mützen nach dem Licht. Nur weil ihrer so viele waren und sie einander wegdrängten, gelang es ihnen nicht, die Lichtflamme zu töten.

Auf der Gasse herrschte das fröhlichste Treiben. An den Fenstern standen Leute und lachten. Niemand fühlte Mitleid mit dem Verrückten, der seine Lichtflamme verteidigen wollte. Es war Kirchenzeit, und viele Kirchenbesucher waren auf dem Weg zur Messe. Auch sie blieben stehen und lachten über den Spaß.

Aber nun stand Raniero aufrecht im Sattel, um das Licht zu bergen. Er sah wild aus. Die Kapuze war hinabgesunken, und man sah sein Gesicht, das bleich und abgezehrt war wie das eines Märtyrers. Das Licht hielt er erhoben, so hoch er vermochte.

Die ganze Gasse war ein einziges Gewühl. Auch die Ältern begannen an dem Spiel teilzunehmen. Die Frauen wehten mit ihren Kopftüchern, und die Männer schwenkten die Barette. Alle arbeiteten daran, das Licht zu verlöschen.

Raniero ritt nun an einem Haus vorbei, das einen Altan hatte. In diesem stand eine Frau. Sie beugte sich über das Geländer, riss das Licht an sich und eilte damit hinein.

Das ganze Volk brach in schallendes Gelächter und Jubel aus, aber Raniero wankte im Sattel und stürzte auf die Straße.

Aber wie er da ohnmächtig und geschlagen lag, wurde die Straße sogleich menschenleer.

Keiner wollte sich des Gefallenen annehmen. Sein Pferd allein blieb neben ihm stehen.

Sowie die Volksmenge sich von der Straße zurückgezogen hatte, kam Francesca degli Uberti mit einem brennenden Licht in der Hand aus ihrem Haus. Sie war noch schön, ihre Züge waren sanft, und ihre Augen ernst und tief.

Sie ging auf Raniero zu und beugte sich über ihn. Raniero lag bewusstlos, aber in dem Augenblick, in dem der Lichtschein auf sein Antlitz fiel, machte er eine Bewegung und fuhr auf. Es sah aus, als ob die Lichtflamme alle Macht über ihn hätte. Als Francesca sah, dass er zur Besinnung erwacht war, sagte sie: »Hier hast du dein Licht. Ich entriss es dir, weil ich sah, wie sehr es dir am Herzen lag, es brennend zu erhalten. Ich wusste keinen andern Weg, um dir zu helfen.«

Raniero hatte sich beim Fallen übel zugerichtet. Aber nun konnte niemand ihn halten. Er begann sich langsam aufzurichten. Er wollte gehen, schwankte aber und war nahe daran, wieder zu fallen. Da versuchte er sein Pferd zu besteigen. Francesca half ihm. »Wo willst du hin?«, fragte sie, als er wieder im Sattel saß. »Ich will zur Domkirche«, sagte er. »Dann will ich dich geleiten«, sagte sie, »denn ich gehe zur Messe.« Und sie nahm den Zügel und führte sein Pferd.

Francesca hatte Raniero vom ersten Augenblick an erkannt. Aber Raniero sah nicht, wer sie war, denn er gönnte sich nicht die Zeit, sie zu betrachten. Er hielt den Blick nur auf die Lichtflamme geheftet.

Auf dem Weg sprachen sie kein Wort. Raniero dachte nur an die Lichtflamme, daran, sie in diesen letzten Augenblicken wohl zu hüten. Francesca konnte nicht sprechen, weil es sie deuchte, dass sie nicht klaren Bescheid über das haben wolle, was sie fürchtete. Sie konnte nichts anderes glauben, als dass Raniero wahnsinnig heimgekommen wäre. Aber obgleich sie beinahe davon überzeugt war, wollte sie doch lieber nicht mit ihm sprechen, um nicht volle Gewissheit zu erlangen.

Nach einer Weile hörte Raniero, wie jemand neben ihm weinte. Er sah sich um und merkte, dass es Francesca degli Uberti war, die neben ihm ging, und wie sie so ging, weinte sie. Aber Raniero sah sie nur einen Augenblick und sagte nichts zu ihr. Er wollte nur an die Lichtflamme denken.

Raniero ließ sich zur Sakristei führen. Da stieg er vom Pferd. Er dankte Francesca für ihre Hilfe, sah aber noch immer nicht sie an, sondern das Licht. Er ging allein in die Sakristei zu den Geistlichen.

Francesca trat in die Kirche. Es war Karsamstagabend, und alle Lichter in der Kirche standen unentzündet auf ihren Altären, zum Zeichen der Trauer. Francesca deuchte es, dass auch bei ihr jede Flamme der Hoffnung, die einst in ihr gebrannt hatte, erloschen wäre.

In der Kirche ging es sehr feierlich zu. Vor dem Altar standen viele Priester. Zahlreiche Domherren saßen im Chor, und der Bischof zuoberst unter ihnen.

Nach einer Weile merkte Francesca, dass unter den Geistlichen eine Bewegung entstand. Beinahe alle, die nicht bei der Messe anwesend sein mussten, erhoben sich und gingen in die Sakristei. Schließlich ging auch der Bischof.

Als die Messe zu Ende war, betrat ein Geistlicher den Chor und begann zum Volk zu sprechen. Er erzählte, dass Raniero di Ranieri mit heiligem Feuer aus Jerusalem nach Florenz gekommen war. Er erzählte, was der Ritter auf dem Weg geduldet und erlitten hatte. Und er pries ihn über alle Maßen.

Die Menschen saßen staunend da und hörten dies. Francesca hatte nie eine so selige Stunde erlebt. »Oh, Gott«, seufzte sie, »dies ist mehr Glück, als ich tragen kann.« Ihre Tränen strömten, während sie lauschte.

Der Priester sprach lange und beredt. Zum Schluss sagte er mit mächtiger Stimme: »Nun kann es gewisslich eine geringe Sache scheinen, dass eine Lichtflamme hierher nach Florenz gebracht wurde. Aber ich sage euch: Betet zu Gott, dass er Florenz viele Träger des ewigen Feuers schenke, dann wird es eine große Macht werden und gebenedeit unter den Städten.«

Als der Priester zu Ende gesprochen hatte, wurden die Haupttore der Domkirche weit geöffnet, und eine Prozession, so gut sie sich in aller Eile hatte ordnen können, zog herein. Da gingen Domherren und Mönche und Geistliche, und sie zogen durch den Mittelgang zum Altare. Zu allerletzt ging der Bischof und an seiner Seite Raniero in demselben Mantel, den er auf dem ganzen Weg getragen hatte.

Aber als Raniero über die Schwelle der Kirche trat, stand ein alter Mann auf und ging auf ihn zu. Es war Oddo, der Vater eines Gesellen, den Raniero in seiner Werkstatt gehabt hatte, und der sich um seinetwillen erhängt hatte.

Als dieser Mann zum Bischof und zu Raniero gekommen war, neigte er sich vor ihnen. Hierauf sagte er mit so lauter Stimme, dass alle in der Kirche ihn hörten: »Es ist eine große Sache für Florenz, dass Raniero mit heiligem Feuer von Jerusalem gekommen ist. Solches ist nie zuvor vernommen worden. Vielleicht, dass darum auch manche sagen werden, es sei unmöglich. Darum bitte ich, dass man das ganze Volk wissen lasse, welche Beweise und Zeugen Raniero dafür gebracht hat, dass dies wirklich Feuer ist, das in Jerusalem entzündet wurde.«

Als Raniero diese Worte vernahm, sagte er: »Nun helfe mir Gott. Wie könnte ich Zeugen haben? Ich habe den Weg allein gemacht. Wüsten und Wildnisse mögen kommen und für mich zeugen.«

»Raniero ist ein ehrlicher Ritter«, sagte der Bischof, »und wir glauben ihm auf sein Wort.«

»Raniero hätte wohl selbst wissen können, dass hierüber Zweifel entstehen würden«, sagte Oddo. »Er wird wohl nicht ganz allein geritten sein. Seine Knappen können wohl für ihn zeugen.«

Da trat Francesca degli Uberti aus der Volksmenge und eilte auf Raniero zu. »Was braucht es Zeugen?«, rief sie. »Alle Frauen von Florenz wollen einen Eid darauf ablegen, dass Raniero die Wahrheit spricht.«

Da lächelte Raniero, und sein Gesicht erhellte sich für einen Augenblick. Aber dann wendete er seine Blicke und seine Gedanken wieder der Lichtflamme zu.

In der Kirche entstand ein großer Aufruhr. Einige sagten, dass Raniero die Lichter auf dem Altar nicht entzünden dürfe, ehe seine Sache bewiesen war. Zu diesen gesellten sich viele seiner alten Feinde.

Da erhob sich Jacopo degli Uberti und sprach für Ranieros Sache. »Ich denke, dass alle hier wissen, dass zwischen mir und meinem Eidam nicht allzu große Freundschaft geherrscht hat«, sagte er, »aber jetzt wollen sowohl ich wie meine Söhne uns für ihn verbürgen. Wir glauben, dass er die Tat vollbracht hat, und wir wissen, dass der, der es vermocht hat, ein solches Unternehmen auszuführen, ein weiser, behutsamer und edelgesinnter Mann ist, den wir uns freuen, in unsrer Mitte aufzunehmen.«

Aber Oddo und viele andere waren nicht gesonnen, Raniero das Glück, das er erstrebte, zu gönnen. Sie sammelten sich in einem dichten Haufen, und es war leicht zu sehen, dass sie von ihrer Forderung nicht abstehen wollten.

Raniero begriff, dass sie, wenn es nun zum Kampf käme, sie gleich versuchen würden, nach der Lichtflamme zu trachten. Während er die Blicke fest auf seine Widersacher geheftet hielt, hob er das Licht so hoch empor, als er nur konnte.

Er sah todmüde und verzweifelt aus. Man sah ihm an, dass er, wenn er auch so lange wie möglich aushalten wollte, doch nur eine Niederlage erwartete. Was frommte es ihm nun, wenn er die

Flamme entzünden dürfte! Oddos Worte waren ein Todesstreich gewesen. Wenn der Zweifel einmal geweckt war, dann musste er sich verbreiten und wachsen. Es deuchte ihn, dass Oddo schon die Lichtflammer für alle Zeit gelöscht hätte.

Ein kleines Vöglein flatterte durch die großen geöffneten Tore in die Kirche. Es flog geradewegs auf Ranieros Licht zu. Dieser konnte es nicht so rasch zurückziehen, der Vogel stieß daran und löschte die Flamme.

Ranieros Arm sank herunter, und die Tränen traten ihm in die Augen. Aber im ersten Augenblick empfand er dies als eine Erleichterung, Es war besser, als dass Menschen sie getötet hätten.

Das kleine Vöglein setzte seinen Flug in die Kirche fort, verwirrt hin und herflatternd, wie Vögel zu tun pflegen, wenn sie in einen geschlossenen Raum kommen. Da brauste mit einem Mal durch die ganze Kirche der laute Ruf: »Der Vogel brennt! Die heilige Lichtflamme hat seine Flügel entzündet!«

Der kleine Vogel piepste ängstlich. Er flog ein paar Augenblicke wie eine flatternde Flamme unter den hohen Wölbungen des Chors umher. Dann sank er rasch und fiel tot vor dem Altar der Madonna nieder.

Aber in demselben Augenblick, wo der Vogel auf den Altar niederfiel, stand Raniero da. Er hatte sich einen Weg durch die Kirche gebahnt, nichts hatte ihn halten können. Und an den Flammen, die die Schwingen des Vogels verzehrten, entzündete er die Kerzen vor dem Altar der Heiligen Jungfrau.

Da erhob der Bischof seinen Stab und rief: »Gott wollte es! Gott hat für ihn gezeugt!«

Und alles Volk in der Kirche, seine Freunde wie seine Widersacher, hörten auf zu zweifeln und zu staunen. Sie riefen alle, von Gottes Wunder hingerissen:

»Gott wollte es! Gott hat für ihn gezeugt!«

Von Raniero ist noch zu berichten, dass er hinfort seiner Lebtag großes Glück genoss und weise, behutsam und barmherzig war. Aber das Volk von Florenz nannte ihn immer Pazzo di Raniero, zur

Erinnerung daran, dass man ihn für toll gehalten hatte. Und dies ward ein Ehrentitel für ihn. Er gründete ein edles Geschlecht, und dieses nahm den Namen Pazzi an, und so nennt es sich noch heute.

Es mag weiter berichtet werden, dass es in Florenz Sitte wurde, jedes Jahr am Karsamstagabend ein Fest zur Erinnerung an Ranieros Heimkunft mit dem heiligen Feuer zu feiern, und dass man dabei immer einen künstlichen Vogel mit Feuer durch den Dom fliegen lässt. Und so wird dieses Fest wohl auch noch in diesem Jahr begangen worden sein, wenn nicht ganz vor Kurzem eine Änderung eingetreten ist.

Aber ob es wahr ist, wie viele meinen, dass die Träger heiligen Feuers, die in Florenz gelebt und die Stadt zu einer der herrlichsten der Erde gemacht haben, ihr Vorbild in Raniero fanden und dadurch ermutigt wurden, zu opfern, zu leiden und auszuharren, dies mag hier unausgesagt bleiben.

Denn was von dem Licht bewirkt wurde, das in dunkeln Zeiten von Jerusalem ausgegangen ist, lässt sich weder messen noch zählen.

Ein Weihnachtsgast

Einer von denen, die das Kavaliersleben auf Ekeby genossen hatten, war der kleine Rüster, der Noten transponieren und Flöte spielen konnte. Er war von niedriger Herkunft und arm, ohne Heim und ohne Familie. Als die Schar der Kavaliere sich zerstreute, brachen schwere Zeiten für ihn an.

Nun hatte er kein Pferd und keinen Wagen mehr, keinen Pelz und keine rotgestrichene Proviantkiste. Er musste zu Fuß von Gehöft zu Gehöft ziehen und trug seine Habseligkeiten in ein blaukariertes Taschentuch eingebunden. Den Rock knöpfte er bis zum Kinn hinauf zu, sodass niemand sehen konnte, wie es um das Hemd und die Weste bestellt war, und in dessen weiten Taschen verwahrte er seine kostbarsten Besitztümer: die auseinandergeschraubte Flöte, die flache Schnapsflasche und die Notenfeder.

Sein Beruf war, Noten abzuschreiben, und wenn alles gewesen wäre wie in alten Zeiten, so hätte es ihm nicht an Arbeit gefehlt. Aber mit jedem Jahre, das verging, wurde die Musik oben in Värmland weniger gepflegt. Einstweilen wurde er noch als alter Freund auf den Herrenhöfen aufgenommen, aber man jammerte, wenn er kam, und freute sich, wenn er ging. Er roch nach Branntwein, und sobald er ein paar Schnäpse oder einen Toddy bekommen hatte, wurde er wirr und erzählte unerquickliche Geschichten. Er war die Geißel der gastfreien Gutshöfe.

Einmal kam er um die Weihnachtszeit nach Löfdala, wo Liljecrona, der große Violinspieler, daheim war. Liljecrona war auch einer der Ekebykavaliere gewesen, aber nach dem Tode der Majorin zog er auf sein prächtiges Gut Löfdala und blieb dort. Nun kam Rüster in den Tagen vor dem Weihnachtsabend zu ihm, störte die Festvorbereitungen und verlangte Arbeit. Liljecrona gab ihm einige Noten abzuschreiben, um ihn zu beschäftigen.

»Du hättest ihn lieber gleich fortschicken sollen«, sagte seine Frau, »jetzt wird er das so in die Länge ziehen, dass wir ihn über den Heiligen Abend hierbehalten müssen.«

»Irgendwo muss er doch sein«, sagte Liljecrona. Und er bewirtete Rüster mit Toddy und Branntwein, leistete ihm Gesellschaft und sprach die ganze Ekebyer Zeit noch einmal mit ihm durch. Aber er war verstimmt und seiner überdrüssig, er wie alle die andern, obgleich er es nicht merken lassen wollte, denn alte Freundschaft und Gastlichkeit waren ihm heilig. Aber in Liljecronas Haus hatten sie sich nun drei Wochen lang für das Weihnachtsfest gerüstet. Sie hatten in Unbehagen und Hast gelebt, sich die Augen bei Talglichtern und Kienspänen verdorben, im Schuppen beim Fleischeinsalzen und im Bräuhaus beim Bierbrauen gefroren. Doch die Hausfrau wie die Dienstleute hatten sich allem ohne Murren unterzogen.

Wenn alle Verrichtungen beendet waren und der Heilige Abend anbrach, dann würde ein großer Zauber sie gefangen nehmen. Am Weihnachtsfest würde ihnen Scherz und Spaß, Reim und Fröhlichkeit ohne alle Mühe über die Lippen kommen. Alle würden sich mit Lust im Tanze drehen, und aus den dunklen Winkeln der Erinnerung würden die Worte und Melodien der Tanzspiele auftauchen, obgleich man gar nicht glauben konnte, dass sie noch immer da waren. Und dann würden sie alle so gut sein, so gut! Aber als nun Rüster kam, fand der ganze Haushalt von Löfdala, dass Weihnachten verdorben war. Die Hausfrau und die älteren Kinder und treuen Diener waren alle derselben Meinung. Rüster versetzte alle in lähmende Angst. Sie fürchteten überdies, dass, wenn er und Liljecrona anfingen, sich in den alten Erinnerungen zu ergehen, das Künstlerblut in dem großen Violinspieler aufflammen würde und sein Heim ihn verlieren musste. Einst hatte es ihn nie lange daheim gelitten. Es lässt sich nicht beschreiben, wie sie jetzt auf dem Hofe den Hausherrn liebten, seitdem er ein paar Jahre bei ihnen geblieben war. Und was hatte er zu geben, besonders an Weihnachten! Er hatte seinen Platz nicht auf irgendeinem Sofa oder Schaukelstuhl, sondern auf einer hohen, schmalen, glattgescheuerten Holzbank in der Kaminecke. Wenn er dort saß, dann zog er auf Abenteuer aus. Er fuhr rings um die Erde, er stieg zu den Sternen und noch höher empor. Er spielte und sprach abwechselnd, und alle Hausleute versammelten sich um ihn und hörten zu. Das ganze Leben wurde glanzvoll und schön, wenn der Reichtum dieser einzigen Seele es überstrahlte.

Darum liebten sie ihn, so wie sie das Weihnachtsfest, die Freude, die Frühlingssonne liebten. Und als nun der kleine Rüster kam, war ihr Weihnachtsfriede zerstört. Sie hatten vergeblich gearbeitet, wenn dieser kam und den Herrn des Hauses fortlockte. Es war ungerecht, dass dieser Säufer am Weihnachtstisch eines frommen Hauses sitzen und alle Weihnachtsfreude stören sollte.

Am Vormittag des Weihnachtsabends hatte der kleine Rüster seine Noten fertiggeschrieben, und da sprach er von Fortgehen, obgleich es natürlich seine Absicht war, zu bleiben. Liljecrona war von der allgemeinen Verstimmung angesteckt und sagte darum gezwungen und matt, dass es wohl das Beste wäre, wenn Rüster über Weihnachten da bliebe, wo er war.

Der kleine Rüster war stolz und leicht entflammt. Er drehte seinen Schnurrbart auf und schüttelte die schwarze Künstlermähne, die gleich einer dunklen Wolke um seinen Kopf stand. Was meinte Liljecrona eigentlich? Er sollte bleiben, weil er an keinen anderen Ort fahren konnte? Ah, man denke nur, wie sie in den großen Eisenwerken im Broer Kirchspiel standen und auf ihn warteten! Die Gaststube war bereit, der Willkommensbecher gefüllt. Er hatte solche Eile. Er wusste nur nicht, zu wem er zuerst fahren sollte. »Gott bewahre«, sagte Liljecrona, »so fahre doch.« Nach dem Mittagessen lieh sich der kleine Rüster Pferd und Schlitten, Pelz und Decken. Der Knecht von Löfdala sollte ihn zu irgendeinem Gutshof in Bro kutschieren und dann rasch heimfahren, denn es sah nach einem Schneesturm aus. Niemand glaubte, dass er erwartet wurde oder dass es ein einziges Haus in der Umgegend gab, wo er willkommen gewesen wäre. Aber sie wollten ihn so gern loswerden, dass sie sich dies verhehlten und ihn ziehen ließen. »Er hat es selbst gewollt«, sagten sie. Und nun, dachten sie, wollten sie fröhlich sein. Aber als sie sich gegen fünf Uhr im Speisesaal versammelten, um Tee zu trinken und um den Christbaum zu tanzen, schwieg Liljecrona verstimmt. Er setzte sich nicht auf die Märchenbank, er berührte weder Tee noch Punsch, er erinnerte sich an keine Polka, die Violine war ihm verleidet. Wer spielen und tanzen konnte, mochte es ohne ihn tun.

Da wurde die Gattin unruhig, da wurden die Kinder missvergnügt, alles im ganzen Haus ging verkehrt. Es wurde der allertraurigste Weihnachtsabend.

Die Grütze brannte an, die Lichter flackerten, das Holz rauchte, der Wind blies bittere Kälte in die Stuben. Der Knecht, der Rüster kutschiert hatte, kam nicht heim. Die Haushälterin weinte, die Mägde zankten.

Plötzlich erinnerte sich Liljecrona, dass man den Spatzen keine Garbe hinausgehängt hatte, und er beklagte sich laut über alle Frauen rings um ihn, die alte Sitten außer Acht ließen und neumodisch und herzlos waren. Aber sie begriffen wohl, dass ihn Gewissensbisse quälten, weil er den kleinen Rüster am heiligen Weihnachtsabend aus seinem Hause hatte fortgehen lassen.

Und ehe man sich's versah, ging Liljecrona in sein Zimmer, versperrte die Tür und begann zu spielen, wie er nicht gespielt, seit er zu wandern aufgehört hatte. Es war Hass und Hohn, es war Sehnsucht und Sturm. Ihr dachtet mich zu binden, aber ihr müsst eure Fesseln umschmieden. Ihr dachtet mich so kleinmütig zu machen, wie ihr selbst seid. Aber ich ziehe hinaus ins Große, ins Freie. Alltagsmenschen, Haussklaven, fangt mich, wenn es in eurer Macht steht! Als die Gattin diese Töne hörte, sagte sie: »Morgen ist er fort, wenn Gott nicht in dieser Nacht ein Wunder tut. Jetzt hat unsere Ungastlichkeit gerade das hervorgerufen, was wir vermeiden wollten.«

Inzwischen fuhr der kleine Rüster durch das Schneetreiben. Er zog von einem Hause zum andern und fragte, ob es Arbeit für ihn gäbe, aber nirgends wurde er aufgenommen. Sie forderten ihn nicht einmal auf, aus dem Schlitten zu steigen. Einige hatten das Haus voll Besuch, andere wollten am Weihnachtstag über Land fahren. »Versuche es beim nächsten Nachbar«, sagten sie alle.

Er mochte immerhin kommen und das Behagen von ein paar Werktagen stören, nicht aber das des Weihnachtsabends. Das Jahr hatte nur einen Weihnachtsabend, und auf den hatten sich die Kinder den ganzen Herbst über gefreut. Man konnte doch diesen Menschen nicht an einen Weihnachtstisch setzen, wo es Kinder gab. Früher hatten sie ihn gern aufgenommen, aber nicht jetzt, wo er trank. Was sollte man auch mit dem Menschen anfangen? Die Gesindestube war zu schlecht und das Gastzimmer zu fein.

So musste der kleine Rüster von Hof zu Hof ziehen, in dem peitschenden Schneesturm. Der nasse Schnurrbart hing schlaff über den Mund, die Augen waren blutunterlaufen und verschleiert, aber der Branntwein verflüchtigte sich aus seinem Hirn. Rüster begann zu grübeln und zu staunen. War es möglich, war es möglich, dass niemand ihn aufnehmen wollte? Da sah er mit einem Male sich selbst. Er sah, wie jämmerlich und verkommen er war, und er begriff, dass er den Menschen verhasst sein musste. Mit mir ist es aus, dachte er. Es ist aus mit dem Notenschreiben, es ist aus mit der Flöte. Niemand auf Erden braucht mich, niemand hat Barmherzigkeit mit mir. Der Schneesturm pfiff und spielte, er riss die Schneehaufen auf und türmte sie wieder zusammen, er nahm eine Schneesäule in die Arme und tanzte damit übers Feld, er hob eine Flocke himmelhoch und stürzte eine andere in eine Grube. »So ist es, so ist es«, sagte der kleine Rüster, »solange man fährt und tanzt, ist es ein fröhliches Spiel, doch wenn man hinab in die Erde soll, dort eingebettet und verwahrt werden, dann ist es Kummer und Leid.« Doch hinab mussten alle, und jetzt war er an der Reihe. Er war am Ende.

Er fragte nicht mehr danach, wohin der Knecht ihn führte. Er glaubte, dass er in das Reich des Todes fuhr.

Der kleine Rüster verbrannte keine Götter auf dieser Fahrt. Er verfluchte weder das Flötenspiel noch das Kavaliersleben, er dachte nicht, dass es besser für ihn gewesen wäre, wenn er die Erde gepflügt oder Schuhe genäht hätte. Aber darüber klagte er, dass er nun ein ausgespieltes Instrument war, das die Freude nicht mehr gebrauchen konnte. Niemanden klagte er an, denn er wusste, wenn das Waldhorn gesprungen ist und die Gitarre ihre Stimme verloren hat, dann müssen sie fort. Er wurde plötzlich ein sehr demütiger Mensch. Er begriff, dass es mit ihm zu Ende ging, jetzt am Weihnachtsabend. Der Hunger oder die Kälte würden ihn umbringen, denn er verstand nichts, er taugte zu nichts und hatte keine Freunde. Da bleibt der Schlitten stehen, und auf einmal ist es hell um ihn, und er hört freundliche Stimmen, und da ist jemand, der ihn in ein warmes Zimmer führt, und jemand, der ihm heißen Tee bringt. Der Pelz wird ihm abgenommen, und mehrere Menschen rufen, dass er willkommen ist, und warme Hände bringen Leben in seine erstarrten Finger.

Von alledem wurde ihm so wirr im Kopfe, dass er wohl eine Viertelstunde nicht zur Besinnung kam. Er konnte unmöglich begreifen, dass er wieder nach Löfdala gekommen war. Er war sich gar nicht bewusst gewesen, dass der Knecht es satt bekommen hatte, im Schneesturm herumzufahren, und nach Hause umgekehrt war. Ebenso wenig verstand er, warum er jetzt in Liljecronas Haus so freundlich empfangen wurde. Er konnte nicht wissen, dass Liljecronas Gattin begriff, welche schwere Fahrt er an diesem Weihnachtsabend gemacht hatte, wo er an jeder Tür, an die er geklopft hatte, abgewiesen worden war. Sie hatte so großes Mitleid mit ihm bekommen, dass sie ihre eigenen Sorgen vergaß. Liljecrona setzte das wilde Spielen in seinem Zimmer fort. Er wusste nichts davon, dass Rüster gekommen war. Dieser saß indessen mit der Frau und den Kindern im Speisesaal. Die Dienstleute, die am Weihnachtsabend auch da zu sein pflegten, waren vor der Langweile bei der Herrschaft in die Küche geflüchtet.

Die Hausfrau versäumte nicht, Rüster zu beschäftigen. »Sie hören ja, Rüster«, sagte sie, »dass Liljecrona den ganzen Abend nur spielt, und ich muss mich um das Tischdecken und das Essen kümmern. Die Kinder sind ganz verlassen. Sie müssen sich der zwei Kleinsten annehmen, Rüster.«

Kinder, das war ein Menschenschlag, mit dem Rüster am wenigsten in Berührung gekommen war. Er hatte sie weder im Kavaliersflügel noch im Soldatenzelt getroffen, weder in Gasthöfen noch auf Landstraßen. Er scheute sich beinahe vor ihnen und wusste nicht, was er sagen sollte, das fein genug für sie war.

Er nahm die Flöte hervor und lehrte die Kinder, Klappen und Löcher mit den Fingern zu bedienen. Es waren zwei Knaben im Alter von vier und sechs Jahren. Sie bekamen eine Lektion auf der Flöte, und das interessierte sie sehr. »Das ist A«, sagte er, »und das ist C«, und dann griff er die Töne. Da wollten die Kleinen wissen, was das für ein A und was für ein C das war, das gespielt werden sollte.

Da nahm Rüster Notenpapier heraus und zeichnete ein paar Noten.

»Nein«, sagten sie, »das ist nicht richtig.« Und sie eilten fort und holten ein Abc-Buch.

Da fing der kleine Rüster an, ihnen das Alphabet abzuhören. Sie konnten und konnten es nicht. Es sah windig aus mit ihren Kenntnissen. Rüster wurde eifrig, hob die Knirpschen auf seine Knie und begann sie zu unterrichten. Liljecronas Frau ging aus und ein und hörte ganz erstaunt zu. Es klang wie ein Spiel, und die Kinder lachten die ganze Zeit, aber sie lernten dabei, ja, das taten sie.

Rüster fuhr ein Weilchen fort, aber er war nicht recht bei dem, was er tat. Er wälzte die alten Gedanken, die er im Schneesturm gehabt hatte, in seinem Kopf. Hier war es gut und behaglich, aber mit ihm war es doch auf jeden Fall aus. Er war verbraucht. Er würde fortgeworfen werden. Und urplötzlich schlug er die Hände vors Gesicht und begann zu weinen.

Da kam Liljecronas Frau hastig auf ihn zu. »Rüster«, sagte sie, »ich kann verstehen, dass Sie glauben, für Sie sei alles aus. Sie haben kein Glück mit der Musik, und Sie richten sich durch den Branntwein zugrunde. Aber es ist noch nicht aus, Rüster.«

»Doch«, schluchzte der kleine Flötenspieler. »Sehen Sie, so wie heute Abend mit den Kleinen dazusitzen, das wäre etwas für Sie. Wenn Sie die Kinder lesen und schreiben lehren wollten, dann würden Sie wieder überall willkommen sein. Das ist kein geringeres Instrument, um darauf zu spielen, Rüster, als Flöte und Violine. Sehen Sie sie an, Rüster!«

Sie stellte die zwei Kleinen vor ihn hin, und er sah auf, blinzelnd, so, als hätte er in die Sonne gesehen. Es war, als fiele es seinen kleinen trüben Augen schwer, denen der Kinder zu begegnen, die groß und klar und unschuldig waren. »Sehen Sie sie an, Rüster!« ermahnte Liljecronas Frau.

»Ich getraue mich nicht«, sagte Rüster, denn es schien ihm wie ein Fegefeuer, in den Kinderaugen die Schönheit der Unschuld zu schauen. Da lachte Liljecronas Frau hell und froh auf. »Dann sollen Sie sich an sie gewöhnen, Rüster. Sie sollen dieses Jahr als Schulmeister bei uns bleiben.«

Liljecrona hörte seine Frau lachen und kam aus seinem Zimmer.

»Was gibt es?«, sagte er. »Was gibt es?«

»Nichts anderes«, antwortete sie, »als dass Rüster wiedergekommen ist und dass ich ihn zum Schulmeister für unsre kleinen Jungen bestellt habe.«

Liljecrona war ganz verblüfft. »Wagst du das«, sagte er, »wagst du es? Er hat wohl versprochen, nie mehr …«

»Nein«, sagte die Frau, »Rüster hat nichts versprochen. Aber er wird sich vor mancherlei in Acht nehmen müssen, wenn er jeden Tag kleinen Kindern in die Augen sehen soll. Wäre es nicht Weihnachten, hätte ich dies vielleicht nicht gewagt, aber wenn unser Herrgott es wagte, ein kleines Kindlein, das sein eigner Sohn war, unter uns Sünder zu setzen, dann kann ich es wohl auch wagen, meine kleinen Kinder versuchen zu lassen, einen Menschen zu retten.«

Liljecrona konnte gar nicht sprechen, aber es zitterte und zuckte in jeder Falte seines Gesichts, wie immer, wenn er etwas Großes hörte.

Dann küsste er seiner Frau die Hand, so fromm wie ein Kind, das um Verzeihung bittet, und rief laut: »Alle Kinder sollen kommen und Mutter die Hand küssen.«

Das taten sie, und dann hatten sie ein fröhliches Weihnachtsfest in Liljecronas Heim.

Die Legende des Luciatags

Vor vielen hundert Jahren lebte im südlichen Teil von Wermland eine reiche geizige alte Frau, die Frau Rangela geheißen wurde. Sie hatte eine Burg – oder vielleicht sollte man richtiger sagen, einen befestigten Hof – an der schmalen Mündung einer Bucht, die der Vänersee tief ins Land schnitt, und über diese Mündung hatte sie eine Brücke gebaut, die so aufgezogen werden konnte wie die Zugbrücke über einen Burggraben. Hier an der Brücke hielt Frau Rangela eine starke Wache von Knechten, und vor den Wegfahrenden, die sich bequemten, das Brückengeld zu entrichten, das sie verlangte, ließ die Wache also gleich die Brücke herab, aber für die anderen hingegen, die sich ihrer Armut wegen oder aus irgendeinem anderen Grunde weigerten zu bezahlen, blieb sie hochgezogen, und da es keine Fähre gab, blieb diesen nichts anderes übrig, als einen Umweg von mehreren Meilen zu machen, um die Bucht zu umgehen.

Frau Rangelas Beginnen, auf diese Weise Steuern von den Wegfahrenden einzuheben, erregte viel Unmut, und vermutlich hätten die trotzigen Bauern, die sie zu Nachbarn hatte, sie schon längst gezwungen, ihnen freien Durchlass zu gewähren, hätte sie nicht einen mächtigen Freund und Beschützer in Herrn Eskil auf Börtsholm gehabt, dessen Ländereien an Frau Rangelas Grund und Boden grenzten. Dieser Herr Eskil, der eine wirkliche Burg mit Mauern und Türmen bewohnte, der so reich war, dass sein gesamter Grundbesitz einen ganzen Sprengel ausmachte, der, von sechzig gewappneten Dienern gefolgt, durchs Land ritt und obendrein ein wohlgelittener Ratgeber des Königs war, der war nicht nur ein guter Freund Frau Rangelas, sondern es war ihr auch gelungen, ihn zu ihrem Eidam zu machen, und unter solchen Umständen war es nur natürlich, dass niemand es wagte, die geizige Frau in ihrem Tun zu stören.

Jahr für Jahr setzte Frau Rangela unangefochten ihr Treiben fort, als ein Ereignis eintrat, das ihr recht große Unruhe bereitete. Ihre arme Tochter starb ganz unvermutet, und Frau Rangela sagte sich, dass ein Mann wie Herr Eskil mit acht minderjährigen Kindern und einem Hofstaat, der dem eines Königs zu vergleichen war, wohl bald eine neue Ehe eingehen würde, namentlich da er noch durchaus nicht so alt war. Aber wenn die neue Frau etwa Frau Rangela feindselig gesinnt war, konnte dies ihr sehr schädlich werden. Es war für sie fast noch notwendiger, mit der Frau auf Börtsholm auf gutem Fuße zu stehen als mit ihrem Mann. Denn Herr Eskil, der viele große Dinge zu vollbringen hatte, befand sich stets auf Reisen, und unterdessen oblag es seiner Gattin, im Hause und in der Umgegend zu schalten und zu walten.

Frau Rangela erwog die Sache reiflich, und als das Begräbnis vorüber war, ritt sie eines Tages nach Börtsholm hinüber und suchte Herrn Eskil in seinem Gemach auf. Da leitete sie das Gespräch damit ein, dass sie ihn an seine acht Kinder erinnerte und an die Pflege, derer sie bedurften, an seine zahllose Dienerschar, die beaufsichtigt, verköstigt und gekleidet werden musste, an seine großen Gastmähler, zu denen er nicht zögerte, Könige und Königssöhne einzuladen, an den großen Ertrag seiner Herden, seiner Äcker, seiner Jagdreviere, seiner Bienenkörbe, seiner Hopfenpflanzungen, seiner Fischereien, der im Haupthaus verwertet und bearbeitet werden musste, kurzum an alles, was seine Frau zu verwalten gehabt hatte, und rief auf diese Weise ein recht beängstigendes Bild der großen Schwierigkeiten hervor, denen er nach ihrem Hinscheiden entgegenging.

Herr Eskil hörte mit der Ehrerbietung zu, die man einer Schwiegermutter schuldig ist, aber auch mit einem gewissen Bangen. Er fürchtete, all dies hätte zu bedeuten, dass Frau Rangela sich erbötig machen wollte, seine Hausvorsteherin auf Börtsholm zu werden, und er musste sich sagen, dass diese alte Frau mit ihrem Doppelkinn und ihrer Hakennase, ihrer groben Stimme und ihrem bäurischen Gehabe keine erfreuliche Gesellschaft in seinem Hause sein würde.

»Lieber Herr Eskil«, fuhr Frau Rangela fort, die sich möglicherweise der Wirkung ihrer Rede nicht unbewusst war. »Ich weiß, dass sich Euch nun Gelegenheit zu den allervorteilhaftesten Heiraten bietet, aber ich weiß auch, dass Ihr reich genug seid, mehr auf die Wohlfahrt Eurer Kinder zu sehen als auf Brautschatz und Erbe, und darum möchte ich Euch vorschlagen, eine der jungen Basen meiner Tochter zu ihrer Nachfolgerin zu wählen.«

Herrn Eskils Antlitz erhellte sich sichtlich, als er hörte, dass es eine junge Anverwandte war, die seine Schwiegermutter befürwortete, und diese fuhr mit gesteigerter Zuversicht fort, ihn zu überreden, sich mit ihres Bruders Sten Folkessons Tochter Lucia zu vermählen, die diesen Winter, am Luciatage, ihr achtzehntes Jahr vollendete. Sie war bisher bei den Frommen Frauen im Kloster Riseberga erzogen und daselbst nicht nur zu guten Sitten und strenger Gottesfurcht angehalten worden, sondern sie hatte auch in dem großen Klosterhaushalt gelernt, einem herrschaftlichen Hause vorzustehen. »Wenn ihr nicht Jugend und Armut hinderlich sind«, sagte Frau Rangela, »solltet Ihr sie wählen. Ich weiß, dass meine dahingegangene Tochter ihr leichten Herzens die Pflege ihrer Kinder anvertraut hätte. Sie braucht nicht aus dem Grabe zu ihren Kleinen zurückzukehren wie Frau Dyrit auf Oerehus, wenn Ihr ihnen ihre Base zur Stiefmutter gebt.«

Herr Eskil, der niemals Zeit hatte, an seine eigenen Angelegenheiten zu denken, empfand große Dankbarkeit gegen Frau Rangela, die ihm eine so passende Heirat vorschlug. Er erbat sich freilich ein paar Wochen Bedenkzeit, aber schon am zweiten Tage gab er Frau Rangela Vollmacht, für ihn zu unterhandeln. Und sobald es in Hinsicht der Ausrüstung, der Hochzeitsvorbereitungen und des Anstandes tunlich war, wurde die Hochzeit gefeiert, sodass die junge Frau ihren Einzug in Börtsholm zeitig im Vorfrühling hielt, einige Monate nachdem sie ihr achtzehntes Lebensjahr vollendet hatte.

Wenn Frau Rangela bedachte, welche Dankbarkeit diese ihre Bruderstochter ihr schuldig war, weil sie sie zur Frau auf einer so reichen und stattlichen Burg gemacht, kann man wohl sagen, dass sie größere Zuversicht empfand, als da noch ihre eigene Tochter da regierte. In ihrer Freude erhöhte sie die Abgaben an der Brücke noch um einiges und verbot es den Nachbarn strenge, den Wanderern im Boot über den Sund zu helfen, damit nur ja niemand sich der Steuer entzog.

Da geschah es nun an einem schönen Frühlingstag, als Frau Lucia einige Monate auf Börtsholm gewohnt hatte, dass ein Zug kranker Pilger, die auf dem Weg zur heiligen Dreifaltigkeitsquelle im Dorfe Sätra in Westmanland waren, über die Brücke gelassen zu werden verlangten. Diese Menschen, die ausgezogen waren, um ihre Gesundheit wiederzugewinnen, waren es gewohnt, dass die am Wege Wohnenden ihre Wanderung in jeder Weise erleichterten, und es widerfuhr ihnen weit öfter, dass sie Geld erhielten, als dass sie solches auszugeben brauchten.

Frau Rangelas Brückenwächter hatten jedoch strengen Befehl, keinerlei Nachsicht zu zeigen, am allerwenigsten gegen diese Art von Wanderern, die sie im Verdacht hatte, nicht so krank zu sein, als sie sich stellten, und aus reiner Faulheit im Lande herumzuziehen.

Als den Kranken nun die freie Überfahrt verweigert wurde, erhob sich unter ihnen ein Jammern sondergleichen. Die Lahmen und Verkrüppelten wiesen auf ihre verkrümmten Glieder und fragten, wie jemand so hartherzig sein könne, ihre Wanderschaft um einen ganzen Tagesmarsch zu verlängern, die Blinden fielen auf dem Wege auf die Knie und suchten sich zu den Brückenwächtern hinzutasten, um ihnen die Hände zu küssen, während einige der Verwandten und Freunde der Kranken, die ihnen unterwegs beistanden, ihre Taschen und Beutel vor den Augen der Wächter umkehrten, um zu zeigen, dass sie wirklich leer waren.

Aber die Knechte standen ganz ungerührt da, und die Verzweiflung der Armen kannte keine Grenzen, als zu ihrem Glück die

Schlossfrau von Börtsholm in Gesellschaft ihrer Stiefkinder über die Bucht gerudert kam. Als sie den Lärm hörte, eilte sie herbei, und so wie sie erfahren hatte, um was es sich handelte, rief sie: »Nichts leichter, als dieser Sache abzuhelfen. Die Kinder gehen hier ein wenig ans Land und besuchen ihre Großmutter, Frau Rangela, und mittlerweile werde ich diese bresthaften Wanderer in meinem Boot über den Sund bringen.«

Die Wächter sowohl wie die Kinder, die wussten, dass mit Frau Rangela nicht zu spaßen war, wenn es sich um ihr teures Brückengeld handelte, suchten die junge Frau durch Mienen und Zeichen zu warnen, aber sie merkte nichts oder wollte vielleicht nichts merken. Denn diese junge Frau war in allem das Gegenteil ihrer Muhme, Frau Rangela. Schon seit ihrer frühesten Kindheit hatte sie die heiligkeitsgekrönte sizilianische Jungfrau Lucia, die ihre Schutzpatronin war, geliebt und verehrt und sie getreulich in ihrem Herzen getragen als ihr Vorbild. Dafür hatte die Heilige ihr ganzes Wesen mit Licht und Wärme durchdrungen; dies zeigte sich schon in ihrem Äußeren, das von schimmernder Durchsichtigkeit und Feinheit war, sodass man beinahe Angst hatte, daran zu rühren.

Unter vielen freundlichen Worten führte sie nun die Kranken über den Sund, und als der Letzte der Schar an dem ersehnten Ufer gelandet war, verließ sie sie, so überschüttet von Segenswünschen, dass, wenn derlei Gut so schwerwiegend sei, als es wertvoll ist, ihr Nachen auf den Grund gegangen wäre, ehe sie ihn noch über den Sund führen konnte.

Segnungen und gute Wünsche taten ihr auch sehr not, denn von Stund an begann ihre Muhme, Frau Rangela, zu befürchten, dass sie von ihrer Bruderstochter keine Unterstützung erwarten konnte, und sie bereute bitterlich, dass sie sie zu Herrn Eskils Gemahlin gemacht. Sie, die mit solcher Leichtigkeit die arme Jungfrau erhöht hatte, fasste den Entschluss, sie, ehe sie noch weiteren Schaden stiften konnte, aus ihrer hohen Stellung herabzureißen und sie in ihre frühere Unbemerktheit zurückzuversetzen.

Um ihrer Bruderstochter leichter etwas anhaben zu können, verbarg sie jedoch bis auf weiteres ihre bösen Absichten und besuchte sie recht oft in Börtsholm. Da tat sie ihr Bestes, solchen Unfrieden zwischen den Hausgenossen und der jungen Schlossfrau zu stiften, dass diese ihres Amtes vielleicht müde wurde. Aber zu ihrer großen Verwunderung misslang ihr dies vollständig. Dies mochte zum Teil daher kommen, dass Frau Lucia es ungeachtet ihrer Jugend verstand, ihr Haus in trefflicher Ordnung zu halten, aber der eigentliche Grund war wohl der, dass Kinder wie Diener zu merken glaubten, dass die neue Hausfrau unter einer mächtigen himmlischen Schutzmacht stand, die ihre Widersacher strafte und all jenen, die ihr willig und gut dienten, unerwartete Vorteile verschaffte.

Frau Rangela merkte bald, dass sie hier nichts erreichen konnte, aber sie wollte die Hoffnung nicht aufgeben, bevor sie nicht auch einen Versuch mit Herrn Eskil gemacht hatte. Der weilte jedoch diesen Sommer meistens am Königshof, von langen und schwierigen Unterhandlungen festgehalten. Kam er einmal für ein paar Tage heim, so widmete er seine Zeit hauptsächlich den Vögten und Jägern. Den weiblichen Bewohnern von Börtsholm schenkte er nur zerstreute Aufmerksamkeit, und auch wenn Frau Rangela auf Besuch kam, hielt er sich fern, sodass es ihr niemals gelang, ihn unter vier Augen zu sprechen.

An einem schönen Sommertag, als Herr Eskil sich auf Börtsholm befand und gerade in seiner Stube im Gespräch mit seinem Stallvogt saß, widerhallte die Burg von so überlauten Schreien, dass er sein Gespräch mit dem Vogt unterbrach und hinauseilte, um zu sehen, was es gäbe.

Da fand er, dass seine Schwiegermutter, Frau Rangela, vor dem Burgtor zu Pferde saß und ärger kreischte als eine Horneule.

»Ach, Eure armen Kinder, Herr Eskil!« rief sie. »Sie sind in Seenot geraten. Sie kamen heute Morgen an mein Ufer gerudert, aber auf dem Heimweg muss sich ihr Boot mit Wasser gefüllt haben. Ich sah von daheim, wie schlimm es ihnen erging, und bin schnurstracks her geritten, um zu warnen. Ich sage auch, wenn schon Eure

Frau meine eigene Bruderstochter ist, es war schlecht von ihr, die Kinder allein in einem so morschen Boot fortzulassen. Das sieht in Wahrheit nach einem Stiefmutterstreich aus.«

Herr Eskil verschaffte sich mit einigen raschen Fragen Kenntnis, in welcher Richtung sich die Kinder befanden, und eilte dann, vom Vogte gefolgt, zur Bootsstelle hinunter. Aber sie waren noch nicht weit gekommen, als sie Frau Lucia mit der ganzen Kinderschar den steilen Pfad heraufkommen sahen, der vom See nach Börtsholm führte.

Die junge Burgfrau hatte die Kinder diesmal nicht auf ihrer Fahrt begleitet, sondern war daheim ihren Verrichtungen nachgegangen. Aber es war so, als hätte sie eine Warnung der mächtigen himmlischen Helferin erhalten, die über sie wachte, denn ganz plötzlich hatte sie die Burg verlassen, um nach ihnen zu suchen. Da hatte sie gesehen, wie sie durch Winken und Schreien Hilfe vom Ufer herbeizurufen suchten, sie war in ihrem eigenen Boot zu ihnen hinausgeeilt, und es war ihr im letzten Augenblick gelungen, sie aus dem sinkenden Fahrzeug in das ihre hinüberzuretten.

Als nun Frau Lucia und ihre Stiefkinder den Strandweg hinaufwanderten, war sie so darin vertieft, die Kinder auszufragen, wie sie in eine so arge Lage geraten waren, und diese so eifrig zu erzählen, dass sie gar nicht sahen, dass Herr Eskil ihnen entgegenkam. Aber er, der durch Frau Rangelas Worte von einem Stiefmutterstreich etwas nachdenklich geworden war, gab rasch seinem Vogt einen Wink und stellte sich mit ihm hinter einen der Heckenrosensträucher, die, groß und üppig, fast den ganzen Strandhügel bedeckten, auf dem Börtsholm gelegen war.

Da hörte Herr Eskil, wie die Kinder Frau Lucia auseinandersetzten, dass sie in einem guten Boote von daheim fortgefahren seien, aber indes sie bei Frau Rangela zu Gaste waren, war ihr Fahrzeug mit einem alten schlechten vertauscht worden. Sie hatten den Tausch erst bemerkt, als sie schon weit draußen auf dem See waren und das Wasser bereits von allen Seiten hereinzuströmen begann, und sicherlich wären sie umgekommen, wenn ihre liebe Frau Mutter ihnen nicht so schleunig zu Hilfe gekommen wäre.

Es sah aus, als dämmerte Frau Lucia eine Ahnung auf, wie es sich in Wahrheit mit dieser Vertauschung der Boote verhielt, denn sie blieb totenbleich mitten auf dem Abhang stehen, mit tränenden Augen, die Hände ans Herz gedrückt. Die Kinder drängten sich um sie, um sie zu trösten. Sie sagten ihr, dass sie ja der Gefahr heil entronnen waren, aber sie blieb kraftlos und regungslos.

Da legten die zwei ältesten der Stiefkinder, ein paar kräftige junge Knaben von vierzehn und fünfzehn Jahren, ihre Hände zu einer kleinen Bahre zusammen und trugen sie so die Anhöhe hinauf, während die jüngeren lachend und in die Hände klatschend nachfolgten.

Während die kleine Schar so zwischen blühenden Rosen im Triumph nach Börtsholm hinanzog, stand Herr Eskil recht versonnen da und blickte Weib und Kindern nach. Die junge Frau war ihm sehr hold und seltsam strahlend erschienen, als sie an ihm vorbeigetragen ward, und vielleicht wünschte er, dass Alter und Würde ihm gestattet hätten, sie in seine Arme zu nehmen und sie in seine Burg zu tragen. Vielleicht auch, dass Herr Eskil in diesem Augenblick bedachte, wie wenig Glück und wieviel Mühsal er im Dienste der hohen Herrschaften hatte, während vielleicht Friede und Freude seiner hier am eigenen Herde harrte. Diesen Tag schloss er sich wenigstens nicht in seine Kammer ein, sondern verbrachte die Zeit damit, mit seiner Gemahlin zu plaudern und den Spielen der Kinder zuzusehen.

Frau Rangela hingegen sah all dies mit großem Missbehagen und beeilte sich, Börtsholm so rasch zu verlassen, als es anstandshalber ging. Aber da niemand sie ernsthaft zu bezichtigen wagte, das Leben ihrer Enkelkinder aufs Spiel gesetzt zu haben, um Frau Lucia die Ungnade ihres Herrn und Gebieters zuzuziehen, so wurde der freundschaftliche Umgang nicht abgebrochen, und sie konnte sich wie bisher bemühen, die junge Burgfrau ihrer hohen Stellung zu berauben.

Lange genug sah es doch aus, als sollten alle Versuche der alten Frau misslingen, denn Frau Lucias gutes Herz und ihr unantastbares Betragen machten sie im Verein mit der Hilfe ihrer himmlischen Schutzpatronin unverwundbar für alle Angriffe. Aber gegen Herbst ließ sich zu Frau Rangelas großer Freude ihre Bruderstochter auf ein Vorhaben ein, das Herr Eskil kaum umhin konnte zu missbilligen.

Dieses Jahr war die Ernte auf Börtsholm so reichlich ausgefallen, dass sie die des vorigen Jahres, ja aller vorangegangenen Jahre, solange man zurückdenken konnte, bei weitem übertraf. Ebenso hatten sich Jagd und Fischerei mehr als doppelt so einträglich erwiesen als gewöhnlich. Die Bienenkörbe quollen von Honig und Wachs über, und die Hopfengärten strotzten von Hopfen. Die Kühe schenkten Milch im Überfluss, die Wolle der Schafe wurde lang wie Gras, und die Schweine fraßen sich so fett, dass sie sich kaum rühren konnten. Alle, die auf der Burg wohnten, merkten diesen reichen Segen, und sie zögerten nicht, zu sagen, dass er um Frau Lucias willen auf den Hof einströmte. Aber während man nun auf Börtsholm eifrig damit beschäftigt war, alle Erträgnisse des Jahres zu bergen und zu verwerten, zeigte sich da eine große Menge notleidender Menschen, die alle vom östlichen oder nordöstlichen Ufer des großen Vänersees kamen. Sie schilderten mit vielen Tränen und kläglichen Gebärden, wie die ganze Gegend, aus der sie kamen, von einem Feindesheer heimgesucht war, das sengend, plündernd und mordend dahinzog. Die Kriegsknechte hatten solche Niedertracht an den Tag gelegt, dass sie sogar das Korn in Brand gesteckt, das noch ungeerntet auf dem Acker stand, und alle Viehherden mit sich fortgetrieben hatten. Die Menschen, die mit dem Leben davongekommen waren, gingen dem Winter ohne ein Dach über dem Kopf und ohne Lebensmittel entgegen. Einige waren auf den Bettel ausgezogen, andere hielten sich in den Wäldern verborgen, andere wieder wanderten auf den Brandstätten herum, unfähig, irgendeine Arbeit vorzunehmen, nur über alles wehklagend, was sie verloren hatten.

Als Frau Lucia diese Erzählungen hörte, quälte sie der Anblick all der Lebensmittel, die sich nun in Börtsholm anhäuften. Schließlich wurde der Gedanke an die hungernden Menschen auf der andern Seite des Sees in ihr so übermächtig, dass sie kaum einen Bissen Speise an die Lippen führen konnte.

Immerzu dachte sie an Erzählungen, die sie im Kloster gehört, von heiligen Männern und Frauen, die sich bis auf den bloßen Körper ausgeplündert hatten, um den Armen und Elenden zu helfen. Und vor allem erinnerte sie sich, wie ihre eigene Schutzpatronin, die heilige Lucia von Syrakus, in der Barmherzigkeit gegen einen heidnischen Jüngling, der sie um ihrer schönen Augen willen liebte, so weit gegangen war, dass sie ihre Augen aus den Höhlen gerissen und sie ihm blutig und erloschen geschenkt hatte, um ihn dadurch von seiner Liebe zu ihr zu heilen, die eine christliche Jungfrau war und ihm nicht angehören konnte. Die junge Frau quälte und ängstigte sich aufs höchste bei diesen Erinnerungen, und sie empfand große Verachtung vor sich selbst, dass sie von so viel Not hören konnte, ohne einen ernsten Versuch zu machen, ihr zu steuern.

Während sie noch von diesen Gedanken gequält wurde, kam Botschaft von Herrn Eskil, dass er in des Königs Auftrag eine Reise nach Norwegen machen musste und nicht vor Weihnachten daheim erwartet werden konnte. Aber dann würde er nicht nur von seinen eigenen sechzig Mannen begleitet sein, sondern auch von einer großen Schar Verwandter und Freunde, weshalb er Frau Lucia bitten ließ, sich auf ein großes und lang andauerndes Gastmahl gefasst zu machen.

Am selben Tag, an dem Frau Lucia so erfuhr, dass ihr Gatte im Herbst nicht heimkommen werde, ging sie daran, die Angst zu stillen, die sie nun schon so lange quälte. Sie ließ ihren Leuten befehlen, all die Lebensmittel, die in Börtsholm aufgespeichert waren, an den Strand hinunterzubringen. So wurde denn der ganze Wintervorrat der Burg auf Schuten und Kähne verladen, sicherlich zur Verwunderung aller Bewohner der Burg.

Als Keller und Vorratskammer gründlich geleert waren, begab sich Frau Lucia, von ihren Kindern, ihren Dienern und Dienerinnen gefolgt, an Bord eines wohlbemannten Schiffes, und während sie in Börtsholm nur einige alte Wächter zurückließ, denen sie die Obhut über die Burg anvertraute, ließ sie sich mit ihrer ganzen Ladung auf den großen See hinausrudern, der vor ihr lag, uferlos wie ein Meer. Über diese Fahrt Frau Lucias finden sich viele alte Überlieferungen und Aufzeichnungen vor. So wird erzählt, dass der Teil des Vänerufers, an dem der Feind am schlimmsten gehaust hatte, bei ihrer Ankunft von seinen Einwohnern nahezu ganz verlassen war, Frau Lucia war ganz mutlos herangerudert und hatte nach irgendeinem Zeichen von Leben und Bewegung ausgespäht, aber kein Rauch war zum Himmel aufgestiegen, kein Hahn hatte gekräht, keine Kuh hatte gebrüllt.

Hier hauste doch noch in einem Kirchspiel ein alter Pfarrer, der Herr Kolbjörn genannt wurde. Er hatte nicht mit seinen Schäflein ziehen wollen, als diese aus ihren zerstörten Häusern flüchteten, weil er den Pfarrhof und die Kirche voll Kriegsverwundeter hatte. Er war bei diesen geblieben, hatte ihre Wunden verbunden und das Wenige, was er sein eigen nannte, unter sie verteilt, ohne sich selbst Nahrung oder Ruhe zu gönnen. Davon war er so ermattet, dass er sich dem Tode nahe fühlte. So hatte denn an einem der dunkelsten Herbsttage, als schwere Wolken sich über den See türmten, als das Wasser sich mit schwarzen Wogen heranwälzte und die Düsterkeit der Natur all die Hoffnungslosigkeit und Not noch steigerte, der arme Herr Kolbjörn, der keine Messe mehr zu lesen vermochte, versucht, den Strang der Kirchenglocke zu ziehen, um damit Gottes Segen auf seine Krankheit herabzurufen. Und sieh da! Kaum waren die ersten Glockentöne verklungen, als eine kleine Flotte, aus Schiffchen und Prahmen bestehend, ans Land gerudert kam. Und aus einem Schiffe stieg eine schöne junge Frau ans Land, mit einem Antlitz, das von Licht durchschimmert war. Vor ihr gingen acht herrliche Kinder, und hinter ihr kam eine lange Reihe von Dienern, die alle erdenklichen Lebensmittel trugen: ganze gebratene Kälber und Schafe, lange Spieße voll trockener Brotlaibe, Tonnen mit Dünnbier und Säcke voll Mehl. Hilfe war in letzter Stunde gekommen, gleichsam durch ein Wunder.

Nicht weit von Herrn Kolbjörns Kirche, auf einer Landzunge, die scharf in den See hinausschoss und Scherenspitze genannt wurde, hatte seit urdenklichen Zeiten ein alter Bauernhof gestanden. Er war nun niedergebrannt und ausgeplündert, aber der Besitzer, ein siebzigjähriger Mann, hatte solche Liebe zu dem Hof, dass er es nicht übers Herz bringen konnte, ihn zu verlassen. Bei ihm war seine alte Ehefrau geblieben, ein kleiner Enkel und eine Enkelin. Diese hatten eine Zeit lang durch Fischerei ihr Leben gefristet, aber eines Nachts hatte der Sturm ihre Gerätschaften zerstört, und seither saßen sie unter den Trümmern da und warteten auf den Hungertod. Während sie so harrten, musste der Bauer an seinen Hund denken, der mitten unter ihnen lag, geduldig verschmachtend. Er ergriff einen Knüppel, und mit seinen letzten Kräften schlug er nach dem Hunde, um ihn zu vertreiben, denn er wollte nicht, dass das Tier für etwas sterbe, was es gar nichts anging. Aber bei dem Schlage heulte der Hund laut auf und lief davon. Die ganze Nacht strich er unablässig heulend um den Hof herum. Und man hörte ihn weit draußen auf dem See, und ehe noch der Tag anbrach, ruderte Frau Lucia, von dem Gebell geleitet, mit Rettung und Hilfe ans Land.

Noch weiter weg lag ein kleines, von Mauern umfriedetes Haus, wo heilige Frauen wohnten, die Gott gelobt hatten, es niemals zu verlassen. Gegen diese frommen Schwestern hatten die Kriegführenden so viel Rücksicht gezeigt, dass sie sie selbst und ihr Haus verschont hatten, aber ihren ganzen Wintervorrat hatten sie ihnen geraubt. Das einzige, was sie behalten durften, war ein Taubenschlag voll Tauben, und diese hatten sie eine nach der andern geschlachtet, bis nur mehr eine einzige übrig war. Aber diese Taube war sehr zahm, und die frommen Frauen hatten sie so lieb, dass sie ihr Leben nicht dadurch verlängern wollten, sie zu essen, sondern den Taubenschlag öffneten und ihr die Freiheit schenkten. Da stieg die weiße Taube zuerst hoch zum Himmel auf, dann schoss sie herab und setzte sich auf den Dachfirst. Aber als Frau Lucia am Ufer vorbeiruderte, nach jemandem ausspähend, der der Hilfe bedurfte, sah sie die Taube und sagte sich, dass, wo sie war, es auch noch Menschen geben musste. Und sie landete und schenkte den frommen Frauen so viele Nahrungsmittel, als sie brauchten, um den Winter zu durchleben.

Noch weiter südwärts hatte am Vänerstrand ein kleiner Marktflecken gelegen, der ebenfalls eingeäschert und geplündert war. Einzig und allein die langen Pfahlbrücken, an denen die Schiffe in früheren Tagen anzulegen pflegten, standen noch da. Hier unter diesen Brücken hatte sich in den Tagen der Zerstörung ein Mann, der Krämer-Lasse genannt wurde, mit seiner Frau verborgen, und während das Kampfgetümmel über ihnen raste, hatte sie da ein Kind geboren. Aber seither war sie so schwer krank, dass sie nicht fliehen konnte, und der Mann war bei ihr geblieben.

Nun war ihr Elend sehr groß, und tagtäglich bat die Frau den Mann, doch an sich selbst zu denken und sie ihrem Schicksal zu überlassen, aber er konnte sich nicht dazu entschließen, sondern weigerte sich. Da versuchte sie sich eines Nachts aus ihrem Schlupfwinkel zu erheben und sich mit dem Kinde ins Wasser hinabgleiten zu lassen, denn sie dachte, wenn sie einmal tot waren, würde er fliehen und so sein Leben retten. Aber das Kind schrie in dem kalten Wasser laut auf, und der Mann erwachte. Er brachte sie beide wieder ans Land, aber das Kind war so erschrocken, dass es die ganze Nacht hindurch schrie. Und das Geschrei drang übers Wasser und rief die redliche Helferin herbei, die suchend und harrend über den See ruderte.

Solange sie noch Gaben übrig hatte, fuhr Frau Lucia den Vänerstrand entlang, und es war ihr auf dieser Fahrt so froh und leicht ums Herz wie nie zuvor. Denn so wie es nichts Schwereres gibt, als still und untätig zu bleiben, wenn man von fremdem, schwerem Unglück erzählen hört, so bringt es jedem, der ihm auch nur im allergeringsten Maße abzuhelfen versucht, das größte Glück und süßeste Ruhe. Diese Erleichterung und Freude ohne die leiseste Ahnung, dass ihr etwas Böses bevorstehen könnte, empfand sie noch, als sie am Vortage des Luciatages zu recht später Abendstunde nach Börtsholm zurückkehrte. Bei der Abendmahlzeit, die aus nichts anderem bestand als einigen Humpen Milch, sprach sie mit ihren Reisegefährten von der schönen Fahrt, die sie gemacht hatten, und alle waren darin einig, dass sie nie freudvollere Tage erlebt hatten.

»Aber jetzt steht uns eine arbeitsame Zeit bevor«, fuhr sie fort. »Morgen dürfen wir den St. Luciatag nicht mit Essen und Trinken feiern wie in anderen Jahren. Wir müssen jetzt darangehen, ohne Unterlass zu brauen, zu backen und zu schlachten, sodass wir den Weinachtsschmaus zu Herrn Eskils Heimkehr fertig haben.«

Dies sagte die junge Frau ohne die mindeste Angst, denn sie wusste ja, dass ihre Viehställe und Scheuern und Vorratskammern von Gottes guten Gaben voll waren, wenn auch für den Augenblick nichts davon zu menschlicher Nahrung bereitet war.

So glücklich auch die Fahrt gewesen, waren doch alle Teilnehmer recht ermüdet und gingen zeitig zur Ruhe. Aber kaum hatte Frau Lucia ihre Augenlider zum Schlummer geschlossen, als vor der Burg Pferdegetrappel, Waffengeklirr und laute Rufe ertönten. Das Burgtor drehte sich knirschend in seinen Angeln, die Steine des Hofes wurden von eifrigen Füßen getreten. Sie begriff, dass Herr Eskil mit seiner Reiterschar heimgekehrt war. Frau Lucia sprang in aller Eile aus dem Bett, um ihm entgegenzugehen. Nachdem sie ihre Kleidung notdürftig geordnet, eilte sie auf den Altan hinaus, um die Treppe zu erreichen, die in den Burghof hinunterführte. Aber sie kam nicht weiter als bis zur obersten Stufe, denn Herr Eskil stand schon mitten auf der Treppe, auf dem Wege zu ihrer Kammer.

Ein Fackelträger ging ihm voraus, und in dem Lichtschein glaubte Frau Lucia zu sehen, dass Herrn Eskils Antlitz in furchtbarer Weise vom Zorn gezeichnet war. Einen Augenblick hoffte sie, dass nur der rote rauchgeschwärzte Fackelschein sein Gesicht so dunkel und drohend machte, aber als sie sah, wie Kinder und Diener mit kläglichen Mienen und niedergeschlagenen Blicken vor ihm zurückwichen, musste sie sich sagen, dass ihr Mann sehr erzürnt heimgekommen war, bereit, Gericht zu halten und Strafe zu verhängen.

Während Frau Lucia so stand und auf Herrn Eskil hinuntersah, erblickte auch er sie, und mit steigender Angst merkte sie, wie sein Gesicht dabei von einem gezwungenen Lächeln verzerrt wurde. – »Kommt Ihr nun, holde Hausfrau, um mir eine Willkommensmahlzeit zu kredenzen?« höhnte er. »Aber diesmal habt Ihr Euch umsonst gemüht, denn ich und meine Mannen haben unser Abendmahl bei Eurer Muhme, Frau Rangela, eingenommen. Aber morgen«, fügte er hinzu, und hier übermannte ihn der Zorn, sodass er mit der Hand auf das Treppengeländer schlug, »erwarten wir, dass Ihr uns zu Ehren Eurer Schutzheiligen Sancta Lucia mit einem so guten Frühmahl bewirtet, als das Haus es vermag, auch dürft Ihr nicht vergessen, mir beim ersten Hahnenschrei meinen Morgentrunk vorzusetzen.«

Nicht ein Wort vermochte die junge Schlossfrau zu erwidern. Gerade so wie im vorigen Sommer, als sie zum ersten Mal ahnte, dass Frau Rangela Böses gegen sie im Schilde führte, blieb sie stehen, die Hände ans Herz gedrückt, mit tränenvollen Augen. Denn sie musste sich ja sagen, dass es Frau Rangela war, die Herrn Eskil zur Unzeit heimgerufen und ihn gegen sie aufgereizt hatte, indem sie ihm erzählte, wie Frau Lucia mit seinem Hab und Gut umgegangen war.

Aber Herr Eskil ging noch ein paar Schritte die Treppe hinauf, und ohne sich von der Angst seiner Gattin im mindesten rühren zu lassen, beugte er sich zu ihr vor und sagte mit furchtbarer Stimme: »Bei unseres Heilands Kreuz, Frau Lucia, merkt es Euch wohl, wenn dieses Frühmahl mir nicht behagt, so werdet Ihr es all Euer Lebtag bereuen!«

Damit legte er die Hand schwer auf die Schulter seiner Frau und schob sie vor sich in das Schlafgemach.

Auf dieser Wanderung in die Schlafkammer dünkte es Frau Lucia, dass etwas, was ihr bis dahin in seltsamer Weise verborgen gewesen war, ihr mit einem Mal offenbar wurde. Sie erkannte, dass sie eigenmächtig und gedankenlos gehandelt hatte und dass Herr Eskil wohl Grund haben mochte, ihr zu zürnen, dass sie, ohne ihn zu befragen, über sein Eigentum verfügt hatte. Sie versuchte auch jetzt, wo sie allein waren, ihm dies ruhig zu sagen und ihn zu bitten, ihre jugendliche Unbedachtsamkeit zu verzeihen, aber er ließ sie nicht zu Worte kommen. »Legt Euch nun zu Bett, Frau Lucia«, sagte er, »und hütet Euch wohl, vor der gewohnten Stunde aufzustehen! Wenn Euer Morgentrunk und Euer Willkommensmahl nicht zu meiner Zufriedenheit ausfallen, so werdet Ihr einen Weg zu laufen haben, zu dem Ihr alle Eure Kräfte brauchen könnt.«

An dieser Antwort musste sie sich genügen lassen, obwohl sie ihre Furcht nur noch vermehrte, und man kann es wohl verstehen, dass in dieser ganzen Nacht kein Schlummer in ihre Augen kam. Sie lag da und vergegenwärtigte sich, was ihr Gatte gesagt hatte, und je mehr sie seine Worte überdachte, desto klarer wurde es ihr, dass er damit eine harte Drohung gegen sie ausgesprochen hatte. Sicherlich hatte er bei sich bestimmt, dass er sie nicht verurteilen wollte, ehe er nicht selbst erfahren, ob sie so schlecht gehandelt, wie Frau Rangela wohl behauptet hatte. Aber war sie nicht imstande, ihn zu bewirten, wie er es begehrte, dann war es zweifellos, dass eine schreckliche Strafe ihrer harrte. Das Geringste war wohl, dass sie unwürdig erklärt wurde, länger seine Gemahlin zu sein, und zu ihren Eltern heimgeschickt wurde; aber aus den letzten Worten, die er geäußert, glaubte sie zu entnehmen, dass er sie obendrein dazu verurteilen wollte, zwischen seinen Knechten Spießruten zu laufen wie eine gemeine Diebin.

Als sie zu der Überzeugung gelangt war, dass es sich so verhielt, was auch wirklich der Fall war, denn Frau Rangela hatte Herrn Eskil zu wahnsinniger Wut aufgestachelt, begann Frau Lucia zu zittern, ihre Zähne schlugen aufeinander, und sie glaubte sich dem Tode nahe. Sie wusste, dass sie die Stunden der Nacht dazu verwenden musste, Hilfe und Auswege zu finden, aber ihr großes Entsetzen lähmte sie, sodass sie regungslos liegen blieb. Wie sollte es nur möglich sein, bis zum nächsten Morgen meinen Herrn und seine sechzig Mann zu speisen? dachte sie in ihrer Hoffnungslosigkeit. Da kann ich ebenso gut still liegen und warten, bis das Unglück über mich hereinbricht.

Das einzige, was sie zu ihrer Rettung zu tun vermochte, war, Stunde für Stunde brennende Gebete zu Sancta Lucia von Syrakus emporzusenden. »O Sancta Lucia, meine teure Schutzpatronin«, bat sie, »morgen ist der Tag, an dem du den Märtyrertod erlittest und in das himmlische Paradies eingingst. Entsinne dich, wie dunkel und hart und kalt es ist, auf Erden zu leben. Komm zu mir in dieser Nacht und führe mich mit dir von hinnen! Komm und schließe meine Augen im Schlummer des Todes. Du weißt, dass dies mein einziger Ausweg ist, um Entehrung und schimpflicher Strafe zu entrinnen.«

Während sie so die Hilfe der heiligen Lucia anrief, vergingen die Stunden der Nacht, und der gefürchtete Morgen näherte sich. Viel früher, als sie es erwartete, ertönte der erste Hahnenschrei; die Knechte, die das Vieh zu versorgen hatten, wanderten über den Burghof zu ihren Verrichtungen, und die Pferde richteten sich lärmend in ihren Ställen auf.

Jetzt erwacht auch Herr Eskil, dachte sie. Gleich wird er mir befehlen, seinen Morgentrunk zu holen, und dann muss ich eingestehen, dass ich so töricht gehandelt habe, dass ich weder Eier noch Met besitze, den ich ihm wärmen kann.

In diesem Augenblick der höchsten Gefahr für die junge Burgfrau konnte ihre himmlische Freundin, die heilige Lucia, die sich wohl sagen musste, dass ihr Schützling nur aus allzu großer Barmherzigkeit gefehlt hatte, nicht länger ihrer Lust widerstehen, ihr beizuspringen. Der irdische Leib der Heiligen, der Hunderte von Jahren in der engen Grabkammer in Syrakusas Katakomben geruht hatte, erfüllte sich mit einem Male mit lebendigem Geist, nahm seine Schönheit und den Gebrauch seiner Glieder wieder an, hüllte sich in ein Kleid, aus Sternenlicht gewoben, und begab sich wiederum in jene Welt hinaus, wo sie einst gelitten und geliebt hatte. Und nur wenige Augenblicke später sah der verdutzte Wächter im Pförtnerturm zu Börtsholm, wie ein nächtliches Wunder, eine Feuerkugel, ganz weit im Süden auftauchte. Sie durchschnitt die Luft so rasch, dass das Auge dem Fluge nicht folgen konnte, kam gerade auf Börtsholm zu, flog so nahe an dem Wächter vorbei, dass sie ihn fast streifte, und war verschwunden. Aber auf diesem Feuerball, so wollte es zum mindesten den Wächter bedünken, schwebte eine schöne Jungfrau so, dass sie sich mit den Zehenspitzen darauf stützte, während sie die Arme hoch erhoben hielt und sich gleichsam gaukelnd und tanzend des glühenden Nachens bediente.

Nahezu im selben Augenblick sah die in Angst und Beben wachende Frau Lucia einen Schimmer durch einen Türspalt der Schlafkammer dringen. Und als sich gleich darauf die Tür auftat, trat zu ihrer Verwunderung und Freude eine schöne Jungfrau in Gewändern so weiß wie Sternenlicht in das Gemach. Ihr langes schwarzes Haar war mit einer Pflanzenranke gebunden, aber an dieser Ranke saßen nicht gewöhnliche Blätter und Blumen, sondern blinkende Sternlein. Diese Sternlein erhellten die ganze Kammer, und doch dünkte es Frau Lucia, dass sie ein Nichts waren gegen die Augen der holden Fremden, die nicht nur in dem klarsten Glanze schimmerten, sondern auch himmlische Liebe und Barmherzigkeit ausstrahlten.

In der Hand trug die fremde Jungfrau eine große Kupferkanne, aus der ein milder Duft von edlem Traubensaft drang, und mit dieser schwebte sie durch die Kammer zu Herrn Eskil hin, goss von dem Weine in eine kleinere Schale und bot ihm zu trinken.

Herr Eskil, der gut geschlafen hatte, erwachte, als der Lichtschein auf seine Augenlider fiel, und führte die Schale an seine Lippen. In dem halbwachen Zustand, in dem er sich befand, erfasste er kaum mehr von dem Wunder, als dass der Wein, der ihm kredenzt wurde, sehr wohlschmeckend war, und leerte die Schale bis auf den letzten Tropfen.

Aber dieser Wein, der kaum etwas andres sein konnte als der edle Malvasier, der Ruhm des Südens und aller Weine Krone, war so schlafbringend, dass er kaum die Schale niedergestellt hatte, als er schon schlafend in sein Bett zurücksank. Und im selben Augenblick schwebte die schöne heilige Jungfrau aus dem Zimmer, Frau Lucia in einem Zustand bebender Verwunderung und neuerwachter Hoffnung zurücklassend.

Die lichte Helferin begnügte sich aber nicht damit, nur Herrn Eskil zu bewirten. An dem dunklen kalten Wintermorgen durchwanderte sie die düsteren Säle der schwedischen Burg, und jedem der schlummernden Kriegsknechte bot sie eine Schale des freudenbringenden Weins aus dem Süden.

Alle, die ihn tranken, dünkte es, dass sie himmlische Wollust gekostet hatten. Sie säumten auch nicht, sofort in einen Schlummer zu versinken, von Träumen von Gefilden erfüllt, wo ewiger Sommer und ewige Sonne herrschten.

Aber kaum hatte Frau Lucia die holde Erscheinung verschwinden gesehen, als die Angst und die Ohnmacht, die sie die ganze Nacht bedrückt hatten, ganz und gar von ihr wichen. Sie legte rasch ihre Kleider an und rief dann alle Hausgenossen zur Arbeit.

Den langen Wintermorgen waren diese alle damit beschäftigt, Herrn Eskils Willkommensmahl zu bereiten. Junge Kälber, Ferkel, Gänse und Hühner mussten in aller Eile ihr Leben lassen, Teige wurden geknetet, Feuer unter den Bratspießen und in den Backöfen entzündet, Kohl wurde geschmort, Rüben geschält und Honigkuchen zum Nachtisch gebacken.

Die Tische im Bankettsaal wurden mit Tüchern bedeckt, die teuren Wachskerzen aus den tiefen Truhen ausgepackt, und auf die Bänke wurden blaue Federpolster und Gewebe gebreitet. Während all dieser Vorbereitungen schliefen der Burgherr und seine Mannen weiter. Als Herr Eskil endlich erwachte, sah er an dem Stand der Sonne, dass die Mittagsstunde angebrochen war. Er verwunderte sich nicht nur über seinen langen Schlummer, sondern vielleicht noch mehr darüber, dass er den Verdruss verschlafen hatte, der ihn am vorigen Abend gequält. Seine Frau hatte sich ihm in seinen Morgenträumen in großer Sanftmut und Holdseligkeit gezeigt, und er wunderte sich nun über sich selbst, dass er sich versucht gefühlt hatte, sie zu einer harten schimpflichen Strafe zu verurteilen.

Vielleicht steht es doch nicht so schlimm, wie Frau Rangela mir vorgespiegelt hat, dachte er. Freilich kann ich sie nicht als meine Gemahlin behalten, wenn sie mein Hab und Gut vergeudet hat, aber es mag genügen, sie ohne weitere Strafe zu ihren Eltern heimzuschicken.

Als er aus seiner Kammer trat, empfingen ihn seine acht Kinder, die ihn in den Bankettsaal führten. Da saßen seine Mannen schon auf den Bänken und warteten ungeduldig auf sein Erscheinen, um die Mahlzeit in Angriff nehmen zu können. Denn die Tische vor ihnen bogen sich unter allen erdenklichen Speisen.

Frau Lucia setzte sich, ohne irgendwelche Angst zu zeigen, an die Seite ihres Mannes; doch war sie nicht von aller Unruhe befreit, denn wenn sie auch in aller Eile eine Mahlzeit hatte zurüsten können, war sie doch ganz ohne Bier und Met, die sich nicht so rasch herstellen ließen. Und sie war sehr im Zweifel, ob Herr Eskil sich bei einem Frühmahl, bei dem es an Getränken fehlte, wohlverpflegt fühlen würde.

Aber da gewahrte sie auf dem Tisch vor sich die große Kupferkanne, die die heilige Jungfrau getragen hatte. Die stand da, bis an den Rand mit duftendem Wein gefüllt. Wieder fühlte sie innige Freude über den Schutz der barmherzigen Heiligen, und sie bot Herrn Eskil von dem Weine, während sie ihm erzählte, wie er nach Börtsholm gekommen war, was Herr Eskil mit der allergrößten Verwunderung vernahm.

Als Herr Eskil ein paarmal von dem Weine gekostet hatte, der aber diesmal nicht einschläfernd, sondern nur belebend und veredelnd wirkte, fasste Frau Lucia wieder Mut und erzählte ihm von ihrer Fahrt. Anfangs saß Herr Eskil sehr ernst da, aber als sie von dem Pfarrer, Herrn Kolbjörn, zu erzählen anfing, da rief er: »Herr Kolbjörn ist mir ein treuer Freund, Frau Lucia. Ich bin von Herzen froh, dass Ihr ihm beistehen konntet.«

In gleicher Weise stellte es sich heraus, dass der Großbauer auf der Schereninsel Herrn Eskils Kamerad in vielen Feldzügen gewesen, dass unter den frommen Frauen sich eine seiner Basen befunden hatte und dass Krämer-Lasse im Marktflecken ihm Kleider und Waffen aus dem Auslande zu verschaffen pflegte. Ehe noch Frau Lucia zu Ende gesprochen, war Herr Eskil nicht nur bereit, ihr zu verzeihen, sondern er war ihr von Herzen dankbar, weil sie so vielen seiner Freunde geholfen hatte.

Aber die Angst, die Frau Lucia in der Nacht durchgemacht hatte, drang noch einmal auf sie ein, und sie hatte Tränen in der Stimme, als sie endlich sagte: »Nun dünkt es mich selbst, lieber Herr, dass ich sehr übel daran getan, ohne Euch um Erlaubnis zu fragen, Euer

Eigentum zu verschenken. Aber ich bitte Euch, meine große Jugend und Unerfahrenheit zu bedenken und mir um dessentwillen zu vergeben.«

Als Frau Lucia so sprach und Herr Eskil sich nun bewusst wurde, dass seiner Frau so große Frömmigkeit eigen war, dass eine der Bewohnerinnen des Himmels ihre irdische Gestalt wieder angenommen hatte, um ihr zu Hilfe zu eilen, und als er ferner bedachte, wie er, der für einen weisen, weitblickenden Mann gelten wollte, sie verdächtigt hatte und nahe daran gewesen war, seinen Zorn über sie zu ergießen, da empfand er so heftige Scham, dass er die Augen niederschlug und nicht imstande war, ihr mit einer Silbe zu antworten.

Als Frau Lucia ihn stumm mit gesenktem Kopfe sitzen sah, kehrte ihre Angst wieder, und sie wäre am liebsten weinend von ihrem Platz geflüchtet. Aber da kam, ungesehen von allen, die barmherzige heilige Lucia in den Saal, schmiegte sich an die junge Frau und flüsterte ihr ins Ohr, was sie weiter sagen sollte. Und diese Worte waren gerade die, welche Frau Lucia auszusprechen gewünscht hatte, aber ohne die himmlische Ermutigung hätte sie sich in ihrer Schüchternheit wohl nie dazu entschlossen. »Noch um *eines* will ich Euch bitten, mein teurer Herr und Gemahl«, sagte sie, »und das wäre, dass Ihr mehr daheim weilen möget. Dann würde ich nie in die Versuchung kommen, gegen Euren Willen zu handeln, auch könnte ich Euch dann all die Liebe zeigen, die ich für Euch fühle, sodass sich niemand zwischen Euch und mich zu drängen vermöchte.«

Als diese Worte gesagt waren, merkten alle, dass sie höchlich nach Herrn Eskils Sinn waren. Er erhob den Kopf, und die große Freude, die er fühlte, verjagte seine Scham.

Eben wollte er seiner Frau die liebreichste Antwort geben, als einer von Frau Rangelas Vögten in den Bankettsaal gestürzt kam. Er erzählte mit hastigen Worten, dass Frau Rangela zu früher Morgenstunde nach Börtsholm aufgebrochen war, um zu Frau Lucias Bestrafung zurechtzukommen. Aber unterwegs war sie etlichen Bauern begegnet, die sie schon lange des Brückengeldes wegen hassten, und als diese sie in nächtlicher Dunkelheit trafen, von einem einzigen Diener begleitet, hatten sie zuerst diesen in die Flucht gejagt, dann hatten sie Frau Rangela vom Pferde gerissen und sie jämmerlich ermordet.

Nun war Frau Rangelas Vogt auf der Suche nach den Mördern, und er begehrte, dass auch Herr Eskil Mannen aussende, um sich an der Suche zu beteiligen. Aber da erhob sich Herr Eskil und sprach mit strenger lauter Stimme: »Es mag den Anschein haben, als wäre es am schicklichsten, dass ich nun meiner Frau auf ihre Bitten Antwort gäbe, aber ehe ich dies tue, will ich zuerst mit Frau Rangela fertig sein. Und nun sage ich, meinethalben mag sie immerhin ungerächt daliegen, und nimmermehr will ich meine Diener aussenden, um Bluthandwerk um ihretwillen zu üben, denn ich glaube sicherlich, sie ist über ihre Taten gefallen.«

Als dies gesagt war, wandte er sich Frau Lucia zu, und nun war seine Stimme so mild, dass man kaum glauben konnte, dass ein solcher Ton in seiner Kehle wohne.

»Aber meiner lieben Hausfrau will ich nun sagen, dass ich ihr von Herzen gern verzeihe, ebenso wie ich hoffe, dass sie meine Heftigkeit entschuldigen möge. Und da es ihr Wunsch ist, werde ich den König bitten, dass er einen andern als mich zu seinem Ratgeber wählen möge, denn ich will nun in den Dienst zweier edler Damen treten. Die eine davon ist meine Gattin, die andre die heilige Lucia von Syrakus, der ich in all den Kirchen und Kapellen, die ich auf meinen Gütern habe, Altäre errichten will, sie bittend, dass sie bei uns, die wir in der Kälte des Nordens schmachten, jenen Funken und Leitstern der Seele brennend erhalten möge, der da heißt Barmherzigkeit.« Am dreizehnten Dezember zu früher Morgenstunde, wenn Kälte und Finsternis Gewalt über Värmland hatten, kehrte noch in meiner Kindheit die heilige Lucia von Syrakus in allen Häusern ein, die zwischen den Bergen Norwegens und dem Gullspangälf zerstreut lagen. Sie trug noch, wenigstens in den Augen der Kinder, ein Kleid weiß von Sternenlicht, sie hatte im Haar einen grünen Kranz mit brennenden Lichterblumen, und sie weckte stets die Schlummernden mit einem warmen, duftenden Trunk aus ihrer Kupferkanne.

Nie sah ich zu jener Zeit ein herrlicheres Bild, als wenn die Tür sich auftat und sie in das Dunkel der Kammer trat. Und ich wünschte, dass sie nie aufhörte, sich in den Heimstätten Wermlands zu zeigen. Denn sie ist das Licht, das die Dunkelheit bezwingt, sie ist die Legende, die die Vergessenheit überwindet, sie ist die Herzenswärme, die vereiste Gefilde mitten im harten Winter lieblich und sonnig macht.

Die Heilige Nacht

Als ich fünf Jahre alt war, hatte ich einen großen Kummer. Ich weiß kaum, ob ich seitdem einen größeren gehabt habe. Das war, als meine Großmutter starb. Bis dahin hatte sie jeden Tag auf dem Ecksofa in ihrer Stube gesessen und Märchen erzählt. Ich weiß es nicht anders, als dass Großmutter dasaß und erzählte, vom Morgen bis zum Abend, und wir Kinder saßen still neben ihr und hörten zu. Das war ein herrliches Leben. Es gab keine Kinder, denen es so gut ging wie uns.

Ich erinnere mich nicht an sehr viel von meiner Großmutter. Ich erinnere mich, dass sie schönes, kreideweißes Haar hatte und dass sie sehr gebückt ging und dass sie immer dasaß und an einem Strumpf strickte.

Dann erinnere ich mich auch, dass sie, wenn sie ein Märchen erzählt hatte, ihre Hand auf meinen Kopf zu legen pflegte, und dann sagte sie: »Und das alles ist so wahr, wie dass ich dich sehe und du mich siehst.«

Ich entsinne mich auch, dass sie schöne Lieder singen konnte, aber das tat sie nicht alle Tage. Eines dieser Lieder handelte von einem Ritter und einer Meerjungfrau, und es hatte den Kehrreim: »Es weht so kalt, es weht so kalt, wohl über die weite See.«

Dann entsinne ich mich eines kleinen Gebets, das sie mich lehrte, und eines Psalmverses.

Von allen den Geschichten, die sie mir erzählte, habe ich nur eine schwache, unklare Erinnerung. Nur an eine einzige von ihnen erinnere ich mich so gut, dass ich sie erzählen könnte. Es ist eine kleine

Geschichte von Jesu Geburt. Seht, das ist beinahe alles, was ich noch von meiner Großmutter weiß, außer dem, woran ich mich am besten erinnere, nämlich dem großen Schmerz, als sie dahinging.

Ich erinnere mich an den Morgen, an dem das Ecksofa leer stand und es unmöglich war, zu begreifen, wie die Stunden des Tages zu Ende gehen sollten. Daran erinnere ich mich. Das vergesse ich nie.

Und ich erinnere mich, dass wir Kinder hingeführt wurden, um die Hand der Toten zu küssen. Und wir hatten Angst, es zu tun, aber da sagte uns jemand, dass wir nun zum letzten Mal Großmutter für alle die Freude danken könnten, die sie uns gebracht hatte. Und ich erinnere mich, wie Märchen und Lieder vom Hause wegfuhren, in einen langen schwarzen Sarg gepackt, und niemals wiederkamen.

Ich erinnere mich, dass etwas aus dem Leben verschwunden war. Es war, als hätte sich die Tür zu einer ganzen schönen, verzauberten Welt geschlossen, in der wir früher frei aus- und eingehen durften. Und nun gab es niemand mehr, der sich darauf verstand, diese Tür zu öffnen. Und ich erinnere mich, dass wir Kinder so allmählich lernten, mit Spielzeug und Puppen zu spielen und zu leben wie andere Kinder auch, und da konnte es ja den Anschein haben, als vermissten wir Großmutter nicht mehr, als erinnerten wir uns nicht mehr an sie.

Aber noch heute, nach vierzig Jahren, wie ich da sitze und die Legenden über Christus sammle, die ich drüben im Morgenland gehört habe, wacht die kleine Geschichte von Jesu Geburt, die meine Großmutter zu erzählen pflegte, in mir auf.

Und ich bekomme Lust, sie noch einmal zu erzählen und sie auch in meine Sammlung mit aufzunehmen.

Es war an einem Weihnachtstag, alle waren zur Kirche gefahren, außer Großmutter und mir. Ich glaube, wir beide waren im ganzen Hause allein. Wir hatten nicht mitfahren können, weil die eine zu jung und die andere zu alt war. Und alle beide waren wir betrübt, dass wir nicht zum Mettegesang fahren und die Weihnachtslichter sehen konnten.

Aber wie wir so in unserer Einsamkeit saßen, fing Großmutter zu erzählen an.

»Es war einmal ein Mann«, sagte sie, »der in die dunkle Nacht hinausging, um sich Feuer zu leihen. Er ging von Haus zu Haus und klopfte an. ›Ihr lieben Leute, helft mir!‹, sagte er. ›Mein Weib hat eben ein Kindlein geboren, und ich muss Feuer anzünden, um es und den Kleinen zu erwärmen.‹

Aber es war tiefe Nacht, sodass alle Menschen schliefen, und niemand antwortete ihm.

Der Mann ging und ging. Endlich erblickte er in weiter Ferne einen Feuerschein. Da wanderte er dieser Richtung zu und sah, dass das Feuer im Freien brannte. Eine Menge weißer Schafe lag rings um das Feuer und schlief, und ein alter Hirt wachte über der Herde. Als der Mann, der Feuer leihen wollte, zu den Schafen kam, sah er, dass drei große Hunde zu Füßen des Hirten ruhten und schliefen. Sie erwachten alle drei bei seinem Kommen und sperrten ihre weiten Rachen auf, als ob sie bellen wollten, aber man vernahm keinen Laut. Der Mann sah, dass sich die Haare auf ihrem Rücken sträubten, er sah, wie ihre scharfen Zähne funkelnd weiß im Feuerschein leuchteten, und wie sie auf ihn losstürzten. Er fühlte, dass einer nach seiner Hand und dass einer sich an seine Kehle hängte. Aber die Kinnladen und die Zähne, mit denen die Hunde beißen wollten, gehorchten ihnen nicht, und der Mann litt nicht den kleinsten Schaden.

Nun wollte der Mann weitergehen, um das zu finden, was er brauchte. Aber die Schafe lagen so dicht nebeneinander, Rücken an Rücken, dass er nicht vorwärts kommen konnte. Da stieg der Mann auf die Rücken der Tiere und wanderte über sie hin dem Feuer zu. Und keins von den Tieren wachte auf oder regte sich.«

Soweit hatte Großmutter ungestört erzählen können, aber nun konnte ich es nicht lassen, sie zu unterbrechen. »Warum regten sie sich nicht, Großmutter?« fragte ich.

»Das wirst du nach einem Weilchen schon erfahren«, sagte Großmutter und fuhr mit ihrer Geschichte fort. »Als der Mann fast beim Feuer angelangt war, sah der Hirt auf. Es war ein alter, mürrischer

Mann, der unwirsch und hart gegen alle Menschen war. Und als er einen Fremden kommen sah, griff er nach seinem langen, spitzigen Stabe, den er in der Hand zu halten pflegte, wenn er seine Herde hütete, und warf ihn nach ihm. Und der Stab fuhr zischend gerade auf den Mann los, aber ehe er ihn traf, wich er zur Seite und sauste, an ihm vorbei, weit über das Feld.«

Als Großmutter soweit gekommen war, unterbrach ich sie abermals. »Großmutter, warum wollte der Stock den Mann nicht schlagen?« Aber Großmutter ließ es sich nicht einfallen, mir zu antworten, sondern fuhr mit ihrer Erzählung fort.

»Nun kam der Mann zu dem Hirten und sagte zu ihm: ›Guter Freund, hilf mir und leih mir ein wenig Feuer. Mein Weib hat eben ein Kindlein geboren, und ich muss Feuer machen, um es und den Kleinen zu erwärmen.‹ Der Hirt hätte am liebsten nein gesagt, aber als er daran dachte, dass die Hunde dem Manne nicht hatten schaden können, dass die Schafe nicht vor ihm davongelaufen waren und dass sein Stab ihn nicht fällen wollte, da wurde ihm ein wenig bange, und er wagte es nicht, dem Fremden das abzuschlagen, was er begehrte. ›Nimm, so viel du brauchst‹, sagte er zu dem Manne.

Aber das Feuer war beinahe ausgebrannt. Es waren keine Scheite und Zweige mehr übrig, sondern nur ein großer Gluthaufen, und der Fremde hatte weder Schaufel noch Eimer, worin er die roten Kohlen hätte tragen können. Als der Hirt dies sah, sagte er abermals: ›Nimm, so viel du brauchst!‹ Und er freute sich, dass der Mann kein Feuer wegtragen konnte. Aber der Mann beugte sich hinunter, holte die Kohlen mit bloßen Händen aus der Asche und legte sie in seinen Mantel. Und weder versengten die Kohlen seine Hände, als er sie berührte, noch versengten sie seinen Mantel, sondern der Mann trug sie fort, als wenn es Nüsse oder Äpfel gewesen wären.«

Aber hier wurde die Märchenerzählerin zum dritten Mal unterbrochen. »Großmutter, warum wollte die Kohle den Mann nicht brennen?« »Das wirst du schon hören«, sagte Großmutter, und dann erzählte sie weiter.

»Als dieser Hirt, der ein so böser, mürrischer Mann war, dies alles sah, begann er sich bei sich selbst zu wundern: ›Was kann dies für eine Nacht sein, wo die Hunde die Schafe nicht beißen, die Schafe nicht erschrecken, die Lanze nicht tötet und das Feuer nicht brennt?‹ Er rief den Fremden zurück und sagte zu ihm: ›Was ist dies für eine Nacht? Und woher kommt es, dass alle Dinge dir Barmherzigkeit zeigen?‹

Da sagte der Mann: ›Ich kann es dir nicht sagen, wenn du selber es nicht siehst.‹ Und er wollte seiner Wege gehen, um bald ein Feuer anzünden und Weib und Kind wärmen zu können.

Aber da dachte der Hirt, er wolle den Mann nicht ganz aus dem Gesicht verlieren, bevor er erfahren hätte, was dies alles bedeute. Er stand auf und ging ihm nach, bis er dorthin kam, wo der Fremde daheim war. Da sah der Hirt, dass der Mann nicht einmal eine Hütte hatte, um darin zu wohnen, sondern er hatte sein Weib und sein Kind in einer Berggrotte liegen, wo es nichts gab als nackte, kalte Steinwände.

Aber der Hirt dachte, dass das arme unschuldige Kindlein vielleicht dort in der Grotte erfrieren würde, und obgleich er ein harter Mann war, wurde er davon doch ergriffen und beschloss, dem Kinde zu helfen. Und er löste sein Ränzel von der Schulter und nahm daraus ein weiches, weißes Schaffell hervor. Das gab er dem fremden Mann und sagte, er möge das Kind darauf betten.

Aber in demselben Augenblick, in dem er zeigte, dass auch er barmherzig sein konnte, wurden ihm die Augen geöffnet, und er sah, was er vorher nicht hatte sehen, und hörte, was er vorher nicht hatte hören können.

Er sah, dass rund um ihn ein dichter Kreis von kleinen, silberbeflügelten Englein stand. Und jedes von ihnen hielt ein Saitenspiel in der Hand, und alle sangen sie mit lauter Stimme, dass in dieser Nacht der Heiland geboren wäre, der die Welt von ihren Sünden erlösen solle.

Da begriff er, warum in dieser Nacht alle Dinge so froh waren, dass sie niemand etwas zuleide tun wollten. Und nicht nur rings um den Hirten waren Engel, sondern er sah sie überall. Sie saßen in der Grotte, und sie saßen auf dem Berge, und sie flogen unter dem Himmel. Sie kamen in großen Scharen über den Weg gegangen, und wie sie vorbeikamen, blieben sie stehen und warfen einen Blick auf das Kind.

Es herrschte eitel Jubel und Freude und Singen und Spiel, und das alles sah er in der dunklen Nacht, in der er früher nichts zu gewahren vermocht hatte. Und er wurde so froh, dass seine Augen geöffnet waren, dass er auf die Knie fiel und Gott dankte.« Aber als Großmutter soweit gekommen war, seufzte sie und sagte: »Aber was der Hirte sah, das könnten wir auch sehen, denn die Engel fliegen in jeder Weihnachtsnacht unter dem Himmel, wenn wir sie nur zu gewahren vermögen.«

Und dann legte Großmutter ihre Hand auf meinen Kopf und sagte: »Dies sollst du dir merken, denn es ist so wahr, wie dass ich dich sehe und du mich siehst. Nicht auf Lichter und Lampen kommt es an und es liegt nicht an Mond und Sonne, sondern was nottut, ist, dass wir Augen haben, die Gottes Herrlichkeit sehen können.«

Die Vision des Kaisers

Es war zu der Zeit, da Augustus Kaiser in Rom war und Herodes König in Jerusalem.

Da geschah es einmal, dass eine sehr große und heilige Nacht sich auf die Erde herabsenkte. Es war die dunkelste Nacht, die man noch je gesehen hatte; man hätte glauben können, die ganze Erde sei unter ein Kellergewölbe geraten. Es war unmöglich, Wasser von Land zu unterscheiden, und man konnte sich auf dem vertrautesten Wege nicht zurechtfinden. Und dies konnte nicht anders sein, denn vom Himmel kam kein Lichtstrahl. Alle Sterne waren daheim in ihren Häusern geblieben, und der Mond hielt sein Gesicht abgewendet.

Und ebenso tief wie die Dunkelheit waren auch das Schweigen und die Stille. Die Flüsse hatten in ihrem Laufe innegehalten, kein Lüftchen regte sich, und selbst das Espenlaub hatte zu zittern aufgehört. Wäre man dem Meere entlanggegangen, so hätte man gefunden, dass die Welle nicht mehr an den Strand schlug, und wäre man durch die Wüste gewandert, so hätte der Sand nicht unter dem Fuße geknirscht. Alles war versteinert und regungslos, um nicht die Heilige Nacht zu stören. Das Gras vermaß sich nicht zu wachsen, der Tau konnte nicht fallen, und die Blumen wagten nicht, Wohlgeruch auszuhauchen.

In dieser Nacht jagten die Raubtiere nicht, bissen die Schlangen nicht, bellten die Hunde nicht. Und was noch herrlicher war, keins von den leblosen Dingen hätte die Weihe der Nacht dadurch stören wollen, dass es sich zu einer bösen Tat hergab. Kein Dietrich hätte ein Schloss öffnen können, und kein Messer wäre imstande gewesen, Blut zu vergießen.

Eben in dieser Nacht trat in Rom ein kleines Häuflein Menschen aus den kaiserlichen Gemächern auf den Palatin und nahm seinen Weg über das Forum hinauf zum Kapitol. An dem eben zur Neige gegangenen Tage hatten nämlich die Räte den Kaiser gefragt, ob er etwas dagegen einzuwenden habe, dass sie ihm auf Roms heiligem Berge einen Tempel errichteten.

Aber Augustus hatte nicht sogleich seine Zustimmung gegeben. Er wusste nicht, ob es den Göttern wohlgefällig wäre, dass er einen Tempel neben dem ihren besäße, und er hatte geantwortet, dass er erst seinem Schutzgeist ein nächtliches Opfer bringen wolle, um dadurch ihren Willen in dieser Sache zu erforschen. Er war es nun, der, von einigen Vertrauten geleitet, daranging, dieses Opfer darzubringen. Augustus ließ sich in seiner Sänfte tragen, denn er war alt, und die hohen Treppen des Kapitols fielen ihm beschwerlich. Er hielt selbst den Käfig mit den Tauben, die er opfern wollte. Nicht Priester noch Soldaten oder Ratsherren begleiteten ihn, sondern nur seine nächsten Freunde. Fackelträger gingen ihm voran, gleichsam um einen Weg in das nächtliche Dunkel zu bahnen, und ihm folgten Sklaven, die den dreifüßigen Altar trugen, die Kohlen, die Messer, das heilige Feuer und alles andere, was für das Opfer erforderlich war.

Auf dem Wege plauderte der Kaiser fröhlich mit seinen Vertrauten, und darum bemerkte niemand die unsägliche Stille und Verschwiegenheit der Nacht. Erst als sie auf dem obersten Teil des Kapitols den leeren Platz erreicht hatten, der für den neuen Tempel auserkoren war, wurde ihnen offenbar, dass etwas Ungewöhnliches bevorstand.

Dies konnte nicht eine Nacht sein wie alle andern, denn oben auf dem Rande des Felsens sahen sie das wunderbarste Wesen. Zuerst glaubten sie, es sei ein alter, verwitterter Olivenstamm, dann meinten sie, ein uraltes Steinbild vom Jupitertempel sei auf den Felsen hinausgewandert. Endlich gewahrten sie, dass dies niemand sein konnte als die alte Sibylle.

Etwas so Altes, so Wettergebräuntes und so Riesengroßes hatten sie niemals gesehen. Diese alte Frau war schreckenerregend. Wäre der Kaiser nicht gewesen, sie hätten sich alle heim in ihre Betten geflüchtet. »Sie ist es«, flüsterten sie einander zu, »die der Jahre so viele zählt, wie es Sandkörner an der Küste ihres Heimatlandes gibt. Warum ist sie gerade in dieser Nacht aus ihrer Höhle gekommen? Was kündet sie dem Kaiser und dem Reiche, sie, die ihre Prophezeiungen auf die Blätter der Bäume schreibt und weiß, dass der Wind das Orakelwort dem zuträgt, für den es bestimmt ist?«

Sie waren so erschrocken, dass sie alle auf die Knie gesunken wären und mit ihren Stirnen den Boden berührt hätten, wenn die Sibylle nur eine Bewegung gemacht hätte. Aber sie saß so still, als wäre sie leblos. Sie saß auf dem äußersten Rande des Felsens zusammengekauert, und die Augen mit der Hand beschattend, spähte sie hinaus in die Nacht. Sie saß da, als hätte sie den Hügel erstiegen, um etwas, was sich in weiter Ferne zutrug, besser zu sehen. Sie konnte also etwas sehen, sie, in einer solchen Nacht!

In demselben Augenblick merkten der Kaiser und alle in seinem Gefolge, wie tief die Finsternis war. Keiner von ihnen konnte eine Handbreit vor sich sehen. Und welche Stille, welches Schweigen! Nicht einmal das dumpfe Gemurmel des Tiber konnten sie vernehmen. Aber die Luft wollte sie ersticken, der kalte Schweiß trat ihnen auf die Stirn, und ihre Hände waren starr und kraftlos. Sie dachten, es müsse etwas Furchtbares bevorstehen.

Aber niemand wollte zeigen, dass er Angst hatte, sondern alle sagten dem Kaiser, dass dies ein gutes Omen sei: Die ganze Natur hielte den Atem an, um einen neuen Gott zu grüßen.

Sie forderten Augustus auf, an das Opfer zu gehen, und sagten, dass die alte Sibylle wahrscheinlich aus ihrer Höhle gekommen wäre, um seinen Genius zu grüßen.

Aber in Wahrheit war die alte Sibylle von einer Vision so gefesselt, dass sie nicht einmal wusste, dass Augustus auf das Kapitol gekommen war. Sie war im Geiste in ein fernes Land versetzt, und dort meinte sie über eine große Ebene zu wandern. In der Dunkelheit stieß sie mit dem Fuße unablässig an etwas, was sie für Erdhügelchen hielt. Sie bückte sich und tastete mit der Hand. Nein, es waren keine Erdhügelchen, sondern Schafe. Sie wanderte zwischen schlafenden Schafherden.

Nun gewahrte sie das Feuer der Hirten. Es brannte mitten auf dem Felde, und sie tastete sich hin. Die Hirten lagen um das Feuer und schliefen, und neben sich hatten sie lange, spitzige Stäbe, mit denen sie die Herden gegen wilde Tiere zu verteidigen pflegten. Aber die kleinen Tiere mit den funkelnden Augen und den buschigen Schwänzen, die sich zum Feuer schlichen, waren das nicht Schakale? Und doch schleuderten ihnen die Hirten keine Stäbe nach, die Hunde schliefen weiter, die Schafe flohen nicht, und die wilden Tiere legten sich an der Seite der Menschen zur Ruhe. Dies sah die Sibylle, aber sie wusste nichts von dem, was sich hinter ihr auf der Bergeshöhe zutrug. Sie wusste nicht, dass man da einen Altar errichtete, die Kohlen entzündete, das Räucherwerk ausstreute, und dass der Kaiser die eine Taube aus dem Käfig nahm, um sie zu opfern. Aber seine Hände waren so erstarrt, dass er den Vogel nicht zu halten vermochte. Mit einem einzigen Flügelschlag befreite sich die Taube und verschwand, hinauf in das nächtliche Dunkel.

Als dies geschah, blickten die Hofleute misstrauisch zu der alten Sibylle hin. Sie glaubten, dass sie es wäre, die das Unglück verschuldet hätte. Konnten sie wissen, dass die Sibylle noch immer an dem Kohlenfeuer der Hirten zu stehen meinte und dass sie nun einem schwachen Klange lauschte, der zitternd durch die totenstille Nacht drang? Sie hörte ihn lange, ehe sie merkte, dass er nicht von der Erde kam, sondern aus den Wolken. Endlich erhob sie das Haupt, und da sah sie lichte, schimmernde Gestalten durch die Dunkelheit gleiten. Es waren kleine Engelscharen, die gar holdselig singend und gleichsam suchend über der weiten Ebene hin und wider flogen. Während die Sibylle so dem Engelsgesang lauschte, bereitete sich der Kaiser gerade zu einem neuen Opfer. Er wusch seine Hände, reinigte den Altar und ließ sich die zweite Taube reichen. Aber obgleich er sich bis zum äußersten anstrengte, um sie festzuhalten, entglitt der glatte Körper der Taube seiner Hand, und der Vogel schwang sich in die undurchdringliche Nacht empor.

Den Kaiser fasste ein Grauen. Er stürzte vor dem leeren Altar auf die Knie und betete zu seinem Genius. Er rief ihn um Kraft an, das Unheil abzuwenden, das diese Nacht zu künden schien.

Auch davon hatte die Sibylle nichts gehört. Sie lauschte mit ganzer Seele dem Engelsgesang, der immer stärker wurde. Schließlich wurde er so mächtig, dass er die Hirten erweckte. Sie richteten sich auf dem Ellenbogen empor und sahen leuchtende Scharen silberweißer Engel in langen, wogenden Reihen gleich Zugvögeln droben durch das Dunkel schweben. Einige hatten Lauten und Violinen in den Händen, andere hatten Zithern und Harfen, und ihr Gesang klang fröhlich wie Kinderlachen und sorglos wie Lerchenzwitschern. Als die Hirten dieses hörten, machten sie sich auf, um zu dem Bergstädtlein zu gehen, wo sie daheim waren, und von dem Wunder zu erzählen. Sie wanderten über einen schmalen, geschlängelten Pfad, und die alte Sibylle folgte ihnen. Mit einem Male wurde es oben auf dem Berg hell. Ein großer klarer Stern flammte mitten darüber auf, und die Stadt auf dem Bergesgipfel schimmerte wie Silber im Sternenlicht. Alle die umherirrenden Engelscharen eilten unter Jubelrufen hin, und die Hirten beschleunigten ihre Schritte, sodass sie beinahe liefen. Als sie die Stadt erreicht hatten, fanden sie, dass die Engel sich über einem niedrigen Stall in der Nähe des Stadttors gesammelt hatten. Es war ein ärmlicher Bau mit einem Dach aus Stroh und dem nackten Felsen als Rückwand. Darüber stand der Stern, und dahin scharten sich immer mehr und mehr Engel. Einige setzten sich auf das Strohdach oder ließen sich auf der steilen Felswand hinter dem Hause nieder, andere schwebten mit flatternden Flügeln darüber. Hoch, hoch hinauf war die Luft von den strahlenden Schwingen verklärt.

In demselben Augenblick, in dem der Stern über dem Bergstädtchen aufflammte, erwachte die ganze Natur, und die Männer, die auf der Höhe des Kapitols standen, mussten es auch merken. Sie fühlten frische, aber kosende Winde den Raum durchwehen, süße Wohlgerüche strömten rings um sie empor, Bäume rauschten, der Tiber begann zu murmeln, die Sterne strahlten, und der Mond stand mit einem Male hoch am Himmel und erleuchtete die Welt.

Und aus den Wolken schwangen sich zwei Tauben nieder und setzten sich dem Kaiser auf die Schultern.

Als dies Wunder geschah, richtete sich Augustus in stolzer Freude empor, aber seine Freunde und Sklaven stürzten auf die Knie. »Ave Caesar!« riefen sie. »Dein Genius hat dir geantwortet. Du bist der Gott, der auf der Höhe des Kapitols angebetet werden soll.«

Und die Huldigung, die die hingerissenen Männer dem Kaiser zujubelten, war so laut, dass die alte Sibylle sie hörte. Sie wurde davon aus ihren Gesichten erweckt. Sie erhob sich von ihrem Platze auf dem Felsenrand und trat unter die Menschen. Es war, als hätte eine dunkle Wolke sich aus dem Abgrund erhoben, um über die Bergeshöhe hinabzustürzen. Sie war erschreckend in ihrem Alter. Wirres Haar hing in spärlichen Zotteln um ihren Kopf, die Gelenke der Glieder waren vergrößert, und die gedunkelte Haut überzog den Körper hart wie Baumrinde, Runzel an Runzel.

Aber gewaltig und ehrfurchtgebietend schritt sie auf den Kaiser zu. Mit der einen Hand umfasste sie sein Handgelenk, mit der andern wies sie nach dem fernen Osten.

»Sieh!« gebot sie ihm, und der Kaiser schlug die Augen auf und sah. Der Raum tat sich vor seinen Blicken auf, und sie drangen ins ferne Morgenland. Und er sah einen dürftigen Stall unter einer steilen Felswand und in der offenen Tür einige kniende Hirten. Im Stall sah er eine junge Mutter auf den Knien vor einem kleinen Kindlein, das auf einem Strohbündel am Boden lag.

Und die großen knochigen Finger der Sibylle wiesen auf dieses arme Kind.

»Ave Caesar!«, sagte die Sibylle mit einem Hohnlachen. »Da ist der Gott, der auf der Höhe des Kapitols angebetet werden wird!«

Da prallte Augustus vor ihr zurück, wie vor einer Wahnsinnigen.

Aber über die Sibylle kam der mächtige Sehergeist. Ihre trüben Augen begannen zu brennen, ihre Hände reckten sich zum Himmel empor, ihre Stimme verwandelte sich, sodass sie nicht ihre eigene zu sein schien, sondern solchen Klang und solche Kraft hatte, dass man sie über die ganze Welt hin hätte hören können. Und sie sprach Worte, die sie oben in den Sternen zu lesen schien.

»Anbeten wird man auf den Höhen des Kapitols den Welterneuerer, Christ oder Antichrist, doch nicht hinfällige Menschen.«

Als sie dies gesagt hatte, schritt sie durch die Reihen der schreckgelähmten Männer, ging langsam die Bergeshöhe hinunter und verschwand. Aber Augustus ließ am nächsten Tag dem Volk streng verbieten, ihm einen Tempel auf dem Kapitol zu errichten. Anstatt dessen erbaute er dort ein Heiligtum für das neugeborene Gotteskind und nannte es »Des Himmels Altar«, Ara Coeli.

Der Weihnachtsmorgen

Als das kleine Mädchen ein Jahr alt war, nahm sie Jan Andersson am Weihnachtsmorgen mit in die Kirche zur Christmette.

Seine Frau meinte freilich, das Kind sei doch noch zu klein, als dass man es schon in die Kirche mitnehmen könnte, auch fürchtete sie, es könnte sich wieder so ungebärdig anstellen wie damals beim Impfen.

Aber Jan setzte seinen Willen durch, weil es ja nicht gegen die Sitte verstieß, wenn kleine Kinder mit zur Weihnachtsmette genommen wurden.

So machten sich die Leute von Skrolycka mit Klara Gulla am Weihnachtsmorgen schon früh um fünf Uhr auf den Weg. Es war bedeckter Himmel und so finster wie in einem Sack, aber die Luft war nicht kalt, sondern fast mild und dazu vollkommen still, so wie es dort in der Gegend Ende Dezember zu sein pflegt.

Gleich zu Anfang ging es einen engen Pfad zwischen den Äckern und Gehölzen in Askedalarna entlang. Dann mussten die Wanderer dem steilen verschneiten Weg über den Snipahügel folgen, und erst dann kamen sie auf ordentliche Wege.

Das große zweistöckige Wohnhaus auf Falla hatte in allen Fenstern brennende Kerzen; es winkte den Leuten von Skrolycka zu wie ein Leuchtturm, und so konnten sie sich bis zu Börjes Haus hindurchfinden. Dort trafen sie mit ein paar Nachbarn zusammen, die sich am Abend vorher Fackeln zurechtgemacht hatten, mit denen sie sich nun den Weg erhellten; an diese schlossen sich die Leute von Skrolycka an. Jeder Fackelträger ging an der Spitze einer kleinen

Schar. Die meisten schwiegen, aber alle waren frohen Mutes. Sie kamen sich vor wie die Weisen aus dem Morgenland, die beim Schein des Wundersterns dahinwanderten, um den neugeborenen König der Juden zu suchen.

Als die ganze Schar die Waldhöhe erreicht hatte, musste sie an einem großen Steinblock vorbei, den einstmals ein Riese drunten in Frykerud an einem Weihnachtsmorgen nach der Svartsjöer Kirche geschleudert hatte, der aber zum guten Glück über den Kirchturm weggeflogen und hier auf dem Snipahügel liegengeblieben war. Als die Kirchgänger sich jetzt dem Stein näherten, lag er wie gewöhnlich auf der Erde; aber alle wussten, dass er während der Nacht auf zwölf goldene Pfeiler gehoben worden war und dass der Troll darunter gesessen und getrunken und getanzt hatte. Es war wirklich kein Vergnügen am Weihnachtsmorgen, an einem solchen Steinblock vorbeigehen zu müssen, und Jan sah eifrig zu Katrine hinüber, ob sie auch das Kind fest an sich gedrückt hielte. Katrine schritt sicher und ruhig für bass, ganz wie gewöhnlich, und unterhielt sich halblaut mit einer Nachbarin. Sie schien gar nicht daran zu denken, was das für ein gefährlicher Platz war.

Hier auf der Höhe standen uralte wetterfeste Tannen. Wenn man diese so im Fackelschein mit den großen Schneeklumpen auf den Zweigen wahrnehmen konnte, drängte sich einem unwillkürlich der Gedanke auf, dass mehrere von ihnen, die man vorher für Bäume gehalten hatte, nichts anderes waren als Trolle mit stechenden Augen unter den weißen Schneemützen und mit langen, scharfen Krallen, die aus den dicken Schneefäustlingen hervorstachen. Das konnte man ja ertragen, solange sie sich ruhig verhielten, aber wie, wenn einer von ihnen den Arm ausstrecken und einen der Vorübergehenden an sich reißen würde? Für die Erwachsenen und alten Leute war es wohl nicht so gefährlich, aber eines hatte Jan doch immer gehört: die Trolle hatten eine besondere Liebe für winzig kleine Menschenkinder, je kleiner, desto besser!

Es kam ihm vor, als halte Katrine die kleine Klara gar zu sorglos. Ach, für die großen krallenbewaffneten Trollhände war es keine Kunst, ihr das Kind zu entreißen! Hier mitten auf dem gefährlichen

Platz wagte es Jan indes nicht, Katrine das Kind aus den Armen zu nehmen. Gerade dadurch hätte sich das Trollpack am Ende zu rühren angefangen.

Schon fing es von dem einen Trollbaum zum andern an zu raunen und zu rauschen. Es knarrte droben in den Zweigen, wie wenn sie versuchen wollten, sich in Bewegung zu setzen.

Jan wagte die andern nicht zu fragen, ob sie das auch sähen und hörten, was er sah und hörte. Denn das hätte ja gerade die Frage sein können, die das Trollpack zum Leben erweckte.

In dieser Erwartung wusste er nur eins, was er tun könnte: Er stimmte mitten im Wald ein Lied an.

Jan hatte eine schlechte Singstimme und er hatte auch im Beisein anderer noch nie gesungen. Es fiel ihm sehr schwer, den Ton richtig zu treffen, und er wagte deshalb nicht einmal, in der Kirche mitzusingen; aber jetzt musste er singen, mochte es gehen, wie es wollte.

Er sah, dass die Nachbarn sich über ihn wunderten. Die vor ihm gingen, stießen einander an und schauten sich nach ihm um; doch das durfte ihn nicht hindern; er musste weitersingen.

Gleich darauf flüsterte ihm indes eine der Frauen zu: »Wartet ein wenig, Jan, ich werd' Euch helfen!« Und dann stimmte sie mit der richtigen Melodie und mit dem richtigen Ton in das Weihnachtslied ein.

Es klang schön durch die Nacht zwischen den Bäumen. Die andern konnten nun auch nicht Zurückbleiben, sondern stimmten ebenfalls mit ein. »Gruß dir, du schöne Morgenstund', durch der Propheten heil'gen Mund ist sie verkündet worden!«

Da ging es wie ein ängstliches Sausen durch die Trollbäume. Sie zogen die Schneemützen so tief herein, dass man nichts mehr von ihren bösen Trollaugen sah, und auch die ausgestreckten Krallen zogen sie unter Tannennadeln und Schnee zurück. Als der erste Liedvers verklungen war, konnte niemand mehr sehen, dass da oben auf der Waldhöhe etwas anderes zu sehen war, als gewöhnliche, ungefährliche alte Tannenbäume.

Die Fackeln, die den Leuten aus Askedalarna durch den Wald geleuchtet hatten, waren abgebrannt, als die Schar die Landstraße erreichte. Aber von da an ging es dank der erleuchteten Bauernhäuser weiter. Wenn ein Haus aus dem Gesichtskreis entschwand, gleich schimmerte ein anderes in geringer Entfernung auf. Die Leute hatten in alle Fenster Lichter gestellt, um den armen Wanderern den rechten Weg nach der Kirche zu zeigen. Schließlich erreichten die Leute einen Hügel, von dem man die Kirche sehen konnte. Da stand sie vor ihnen: Aus allen Fenstern strömte heller Lichterschein heraus, und sie sah aus wie eine riesengroße Laterne.

Als die Wanderer die Kirche sahen, blieben sie unwillkürlich stehen, der Anblick raubte ihnen den Atem. Nach allen den kleinen Häusern und niederen Fenstern, an denen sie vorbeigepilgert waren, kam ihnen die Kirche überwältigend groß und überirdisch hell vor.

Als Jan die Kirche erblickte, musste er unwillkürlich an ein paar arme Leute in Palästina denken, die eine ganze Nacht unterwegs gewesen waren und ein kleines Kind bei sich hatten, ihren einzigen Trost und ihre einzige Freude. Sie kamen von Bethlehem und wollten nach Jerusalem, weil das Kind im Tempel zu Jerusalem beschnitten werden sollte. Aber sie mussten sich in dunkler Nacht dahinschleichen, weil es so viele gab, die dem Kindlein nach dem Leben trachteten.

Die Leute von Askedalarna waren in aller Frühe von zu Hause weggegangen, um vor denen anzukommen, die zur Kirche fuhren, aber in der Nähe der Kirche wurden sie doch von diesen eingeholt. Sie kamen mit schnaubenden Pferden und klingenden Schellen daher gefahren, jagten in sausendem Galopp dahin und zwangen die armen Fußgänger, sich auf den hohen Schneewall am Wegrand zu retten. Jetzt hatte Jan das Kind auf dem Arm. Unaufhörlich musste er den Fuhrwerken ausweichen. Er kam auf dem finsteren Weg nur sehr schwer vorwärts; aber vor ihm lag ja der strahlende Tempel, und wenn sie nur dorthin gelangen konnten, dann waren sie sicher und geborgen.

Jetzt erhob sich hinter ihnen lautes Schellengeklingel und Pferdegetrappel. Ein großer Schlitten mit zwei Pferden davor kam daher gefahren. Drinnen saß ein junger vornehmer Herr in schwarzem Pelz und hoher Pelzmütze mit seiner jungen Frau an der Seite. Er führte selbst die Zügel, aber hinter ihm stand der Kutscher mit einer lohenden Fackel in der hocherhobenen Hand. Die Flamme flackerte im Luftzug weit zurück und ließ einen langen Schweif von Rauch und sprühenden Funken hinter sich.

Jan stand auf dem Schneewall am Weg mit dem Kind im Arm. Es sah sehr gefährlich aus; sein einer Fuß sank plötzlich tief in den Schnee hinein, und er war am Umfallen. Da zog der kutschierende Herr heftig an den Zügeln und rief Jan, den er vom Wege verjagt hatte, an.

»Gib das Kind her, dann fahre ich es in meinem Schlitten mit nach der Kirche!«, sagte er freundlich. »Wo so viele Fuhrwerke unterwegs sind, ist es gefährlich, wenn man ein kleines Kind zu tragen hat.« Doch Jan antwortete: »Ich dank, schön, aber es geht ganz gut.«

»Wir werden die Kleine hier zwischen uns setzen, Jan«, sagte die junge Frau.

»Ich dank' schön, aber es geht ganz gut.«

»Ach so, du wagst das Kind nicht aus dem Arm zu lassen«, sagte der Herr, und dann fuhr er lachend davon.

Die Wanderer zogen weiter; aber der Weg wurde immer gefährlicher und beschwerlicher. Schlitten folgte auf Schlitten. Im ganzen Kirchspiel gab es kein Pferd, das nicht am Weihnachtsmorgen unterwegs gewesen wäre, um Leute nach der Kirche zu fahren.

»Du hättest das Kind wohl mitnehmen lassen können«, sagte Katrine. »Ich fürchte, du wirst doch noch mit ihm hinfallen.«

»Hätt' ich ihnen das Kind überlassen sollen? Du weißt nicht, was du sagst. Hast du nicht gesehen, wer es war?«

»Was wäre denn für eine Gefahr dabei gewesen, wenn wir's mit den Hüttenbesitzern von Duvnäs hätten fahren lassen?«

Da hielt Jan Andersson von Skrolycka plötzlich an.

»Ist das der Hüttenbesitzer auf Duvnäs mit seiner Frau gewesen?« fragte er, und es sah aus, als sei er eben aus einem Traum erwacht. »Gewiss ist's die Herrschaft vom Hüttenwerk gewesen. Für wen hast du sie denn gehalten?« Ja, wo war Jan mit seinen Gedanken gewesen? Was war das für ein Kind, das er die ganze Zeit über getragen hatte? Wohin stand ihm das Ziel seiner Reise? In welchem Lande war er jetzt eben gewandert?

Er strich sich mit der Hand über die Stirn und sah etwas verlegen aus, als er Katrine antwortete: »Ich hab' geglaubt, es sei der König Herodes vom Lande Juda und Herodias, seine Frau.«

Der Sturm

Am zweiten Weihnachtsfeiertag im Jahre 1800 brauste ein Sturm über den Lövseer Bezirk in Värmland hin, dass es zum Erbarmen war. Man konnte nichts anderes mehr denken, als dass alles, was auf der Erde war, mit Stumpf und Stiel ausgerottet werden sollte.

Kommt nun nicht und sagt, es hätten gewiss früher schon und auch später ebenso heftige Stürme gewütet, und jedenfalls sagt das nicht zu einem alten Bewohner des Lövseer Bezirks, denn die haben von ihrer Kindheit an immer gehört, dass man einen ähnlichen Sturm überhaupt nicht mehr erleben könnte.

Heute noch können sie alle die Zäune aufzählen, die umgeweht, und alle die Strohdächer, die weggefegt wurden, sowie alle die eingestürzten Viehställe, unter deren Dachstühlen dann das Vieh mehrere Tage lang begraben lag. Auch können sie dir alle die Orte zeigen, wo Feuer ausbrach, dessen man in dem Sturm nicht Herr werden konnte, bis das ganze Dorf abgebrannt war. Und sie sind auch auf allen den Höhen und Berggipfeln gewesen, wo Baum an Baum herausgerissen am Boden lag, dass es dort seither gerade wie abrasiert aussieht.

Nun weiß man ja wohl, dass die Leute zu sagen pflegen: Das sei ein böser Wind, der nicht wenigstens irgendjemand etwas Gutes bringe. Aber dass dieses auch von dem Sturm am zweiten Weihnachtsfeiertag gelten könnte, das hätte doch wirklich kein Mensch gedacht, denn er richtete ja nur ein Unglück ums andere an.

Wer aber von allen Menschenkindern am wenigsten glauben wollte, dass dieser Sturm vielleicht auch etwas Gutes bringen könnte, war doch wohl die »Kleine« vom Koltorpet. Nein, sie hätte es nie und nimmer geglaubt, als sie am Morgen des zweiten Weihnachtsfeiertags dort am Waldrand stand und sah, wie Schnee, Asche, Kehricht und alles, was der Wind mit fortriss, über das Tal zu ihren Füßen wie ein Rauch hin wogte.

Niemals, in ihrem ganzen Leben nicht, und sie war doch schon dreizehn Jahre alt und ging ins vierzehnte, war ein solches Missgeschick über die »Kleine« hereingebrochen.

Sonst gelang es ihr eigentlich immer, bei allem, was ihr widerfuhr, mochte es noch so schwer sein, ihre gute Laune aufrechtzuerhalten; dies aber war fast mehr, als sie ertragen konnte.

Ja, wahrhaftig, beinahe wären ihr die Tränen in die großen glänzenden Augen getreten und ihr über das blasse, magere Gesichtchen herabgelaufen!

Das kleine Mädchen war ein wenig vor den Waldessaum herausgetreten, wie um zu probieren, wie stark der Sturm sei; und sofort zerrte er an ihrem Kopftuch, trommelte auf ihrer kurzen, weißen Schafpelzjacke und wirbelte ihr das eigengewobene Röckchen so fest um die Beine, dass sie beinahe umgefallen wäre.

Sie war nicht allein; die Mutter und Bubi waren auch dabei. Alle beide waren genauso gekleidet wie die Kleine, in kurzen Jacken aus weißem Schaffell und in Röcken aus schwarzem steifen Fries. Und anders hätten sie auch gar nicht gekleidet sein können, denn die Kleine erbte alle ihre Kleider von Mutter, und Bubi erbte sie von der Kleinen. Der einzige Unterschied zwischen den dreien war, dass die beiden andern, obgleich sie ebenso warm angezogen waren wie die Kleine, nicht aus dem Wald herausgetreten, sondern im Schutz der Bäume stehengeblieben waren.

Die Mutter und Bubi hatten ebenso magere, abgezehrte Gesichter wie die Kleine und auch ebenso klare kluge Augen, und beide dachten auch dasselbe wie sie: dass dieser Sturm doch ein rechtes Missgeschick sei. Auch waren sie ebenso betrübt und hätten am liebsten gleich zu weinen angefangen.

Aber die beiden drinnen im Walde sahen lange nicht so verzweifelt aus wie das kleine Mädchen.

Dieses stand gerade auf dem Berggipfel, ihr wisst, dort über dem Bäckhof im Broer Kirchspiel, und sie konnte mit den Augen den Weg verfolgen, der sich in großen Windungen bis zur Broer Kirche hinunterschlängelt.

Aber was sah sie da? Die Bauersleute, die schon im Schlitten auf dem Wege nach der Kirche waren, drehten um und fuhren wieder heimwärts. Mehr brauchte die Kleine nicht zu sehen, um zu verstehen, dass Mutter und Bubi die zwei Meilen bis nach dem Nyhof im Svartsjöer Bezirk, wohin sie zum Weihnachtsschmaus eingeladen waren, ganz unmöglich zu Fuß zurücklegen könnten.

Als die Kleine sich das klargemacht hatte, ballte sich ihre Hand in dem Handschuh ganz unwillkürlich zu einer Faust.

Ach, wenn es nur drinnen im Walde, wo sie wohnten, nicht so ruhig und still gewesen wäre! Wenn sie nur hätten ahnen können, was das für ein Wetter war, ehe sie bis hier an den Waldessaum gekommen waren! Dann wären sie überhaupt nicht von zu Hause fortgegangen, und das wäre ihr viel lieber gewesen!

Denn ihr müsst wissen, der Kleinen kam nichts erbärmlicher vor, als wenn sie wieder umdrehen musste und nicht dahin kommen konnte, wohin sie wollte. Wenn sie nur wenigstens nicht das ganze Jahr hindurch immerfort an diesen zweiten Weihnachtsfeiertag, wo sie nach Nyhof gehen durfte, gedacht hätte! Wenn nur nicht gerade in diesem Augenblick die großen dampfenden Kessel, die langen Tische mit den weißen, bis auf den Boden herabhängenden Tischtüchern und den großen Butterbrotbergen darauf vor ihr aufgetaucht wären! Wenn nur nicht sie und Bubi jedes Mal, so oft die Mutter ihnen nichts zu essen geben konnte, zueinander gesagt hätten: »Wenn wir beim Oheim auf dem Nyhof zum Weihnachtsschmaus sind, dann wollen wir uns aber satt essen!«

Ach, ach! Wenn sie daran dachte, dass dort drunten jetzt süße Suppe mit Rosinen gekocht wurde, dass es da Reisbrei und Kuchen gab, und Eingemachtes und Kaffee mit mürbem Backwerk, und dass sie nichts davon bekommen sollte!

Sie war über die Maßen zornig und wünschte geradezu, es möchte jemand in der Nähe sein, an dem sie ihren Zorn auslassen könnte.

Und sie dachte in ihrem Herzen, der Sturm hätte auch mehr Verstand haben können, als gerade an diesem Tage zu kommen. Festtag war es, da brauchten sie nicht die Mühle zu drehen, und Winter war es, da brauchten sie nicht auf dem See zu helfen, sondern waren frei von aller Arbeit. Aber was konnte es nützen, wenn sie es auch dem Sturm zurief? Die Strecke, die sie jetzt vor sich hatten, war die schwierigste vom ganzen Wege. Von hier ging es abwärts an Helgesäter vorbei, dann über die Brobyer Hügel nach dem Lövsee und der Kirche und über die großen Felder des Pfarrhofs, weil dort offenes, unbewaldetes Land war, über das der Weg hinführte. Wenn sie nur erst dort vorbei waren und sich dann die Hedebyhügel hinaufarbeiten konnten, dann hatte es keine Gefahr mehr, denn von da an führte der Weg immer durch Wald.

Die Kleine meinte, es sehe doch gar nicht so furchtbar schlimm aus, und sie müssten wenigstens noch einen Versuch machen. Schlimmer als schlimm könnte es jedenfalls nicht ausfallen.

Sie war sogar ganz befriedigt, solange Mutter dort drüben stand und überlegte. Da war es doch immerhin noch möglich, dass sie sich zum Weitergehen entschloss. Aber oh weh! jetzt eben machte Mutter eine Bewegung, wie um in den Wald zurückzugehen, und Bubi tat selbstverständlich ganz wie die Mutter.

Da ging die Kleine in der entgegengesetzten Richtung den Hügel hinunter. Zuerst ganz langsam, dann aber immer schneller, denn der Wind kam von hinten her und trieb sie eiligst vorwärts, sie musste geradezu laufen. Sie hütete sich wohl, zurückzusehen; denn sie fürchtete, Mutter und Bubi würden ihr dann Zeichen machen, sie solle wieder umdrehen. Ja, sie war fast sicher, dass sie ihr jetzt eben riefen, um sie aufzuhalten. Aber darum brauchte sie sich nicht zu kümmern, denn jetzt, wo sie so recht in den Sturm hineingeraten war, lärmte und donnerte es um sie her, dass sie gar nichts hören konnte.

Es war nicht wahrscheinlich, dass Mutter ihr nachlaufen und sie festhalten würde, denn Mutter musste ja Bubi an der Hand führen, damit er nicht umgeweht wurde, und so kam sie nicht rasch vorwärts.

Deshalb bekam indes das kleine Mädchen durchaus keine Lust, umzudrehen, nein, durchaus nicht; aber sie musste sich jetzt doch gestehen, dass das Wetter viel schlimmer war, als sie geglaubt hatte.

Über ihrem Kopf kamen große schwarze Vögel mit flatternden Schwingen daher gesaust, die der Wind vor sich her jagte und ganz zerfetzte; schließlich hatten sie weder Federn noch Körper mehr. Die Kleine dachte, so etwas Unheimliches habe sie noch nie gesehen, bis sie schließlich zu ihrer Verwunderung erkannte, dass es große Strohbüschel waren, die von irgendeinem Dach losgerissen worden waren.

So oft sie einen Schritt dem Wind entgegen machte, erhob sich dieser vor ihr wie ein sich bäumendes Pferd und wollte sie umwerfen; machte sie aber einen Schritt mit dem Wind, so stieß er sie vorwärts, und sie musste mit krummen Knien und vorgebeugtem Rücken gehen, um ihm einigermaßen Widerstand leisten zu können. Dieses beständige Ankämpfen machte sie schrecklich müde, und schließlich hatte sie das Gefühl, als müsse sie einen vollbepackten Karren ziehen.

Und von Norden her kam der Wind und brachte eine Kälte mit, als hätte er mit Leichen getanzt. Er war überaus scharf und heftig und drang durch ihre Pelzjacke und den Friesrock mit Eiseskälte in ihren Körper hinein. Daraus machte sie sich zwar nicht viel; aber sie fühlte wohl, wie ihr die Zehen in den mit Pechdraht genähten Stiefeln erstarrten, wie ihr die Finger in den wollenen Fausthandschuhen klamm wurden und wie ihr die Ohren unter dem Kopftuch brannten; aber trotzdem ging sie weiter, bis sie den ganzen langen Hügel hinunter gekommen war. Erst als sie in der Talsenkung stand, hielt sie an und wartete auf die beiden anderen.

Und als diese endlich auftauchten, ging sie ihnen entgegen.

»Es wäre wohl am besten, wenn wir wieder heimgingen«, sagte sie. »Denn den Nyhof können wir ja doch nicht erreichen.«

Aber nun war Mutter böse und Bubi auch, und sie sagten sich, dieses kleine Mädchen solle sie nicht nur so regieren und sagen dürfen, wenn sie vorwärts gehen und wenn sie umdrehen sollten. »O nein«, sagte die Mutter, »wir drehen nicht um; nun sollst du jedenfalls zum Weihnachtsschmaus kommen, da du so sehr erpicht darauf bist.«

»Ja, du sollst so viel Wind zu schlucken bekommen, dass du für viele Wochen genug hast«, fügte Bubi hinzu.

Damit ging Mutter mit Bubi weiter, und die Kleine musste ihnen folgen, so gut sie konnte. Als sie den Uvhof erreicht hatten, begegneten ihnen die Wanderlotte und der Betteljon. Und diese beiden, die sich sonntags und werktags in der Gegend herumzutreiben pflegten und an jegliches Wetter gewöhnt waren, hielten die Hände wie eine Trompete vor den Mund und riefen den drei Daherkommenden zu, sie sollten eiligst nach Hause zurückkehren, denn weiter drunten nach dem See zu sei es eisig kalt, sie würden da erfrieren.

Trotzdem gingen Mutter und Bubi weiter. Sie waren noch immer böse auf die Kleine und wollten, sie solle so recht zu schmecken bekommen, was für ein schreckliches Wetter es war. Jetzt kam ihnen das Pferd von Erik auf Falla entgegen. Es zog einen leeren Schlitten hinter sich her, denn der Sturm hatte Erik auf Falla den Hut vom Kopf gerissen; und während er um die Zäune herumlief, über Hofmäuerchen kletterte und in den Gräben herumkroch, um seines Hutes wieder habhaft zu werden, war das Pferd des Stillstehens überdrüssig geworden und hatte sich auf den Heimweg gemacht.

Aber Mutter und Bubi sahen aus, als komme ihnen das gar nicht merkwürdig vor; sie gingen einfach weiter.

Sie hielten auch nicht an, bis sie oben auf den Brobyer Hügeln angekommen waren. Aber da gerieten sie in einen großen Haufen von Menschen, Pferden und Schlitten hinein, die hier hielten und nicht weiter konnten. Denn siehe! die große Brobyer Tanne, die so hoch gewesen war, dass man sie gerade wie den Gurlittagipfel aus weiter Ferne hatte sehen können, war vom Sturm gefällt worden und lag quer über den Weg. In der naheliegenden Brobyer Kirche aber sollten Jan von Gulläsa und Britta von Kringäsa getraut werden. Und der alte Jan Jansa von Gulläsa und die alte Mutter von Kringäsa sowie die Nachbarn und Verwandten und der Spielmann Jöns und die schöne Gunnar von Högsjö und viele andere, die mit im Hochzeitszug gehen sollten, standen nun da und konnten nicht weiter. Sie redeten eifrig durcheinander und erklärten, sie seien schon zweimal von umgewehten Bäumen aufgehalten worden; bisher hätte man sie wegschaffen können, bei dieser Tanne hier aber wüssten sie sich nicht zu helfen.

Der alte Vater von Gulläsa ging umher und bot den Leuten Branntwein an; aber weiter konnten sie deshalb doch nicht. Die Braut war aus dem Schlitten gestiegen und weinte, weil der ganze Weg zur Kirche so voller Hindernisse war; und der Wind riss rote Tüllrosen und grünseidene Blätter aus den Borten ihres Kleides, dass die Leute, die später am Tag dieses Weges durchs Kirchspiel gezogen kamen, nichts anders glaubten, als der Sturm habe einen wilden Rosenbusch in einem Zauberwald ausfindig gemacht, dort die Blumen und Blätter mit fortgerissen und sie über die Hecken und Raine gestreut.

Aber Mutter und Bubi hielten nicht an, weil die Tanne quer über dem Weg lag; sie krochen unten durch und wanderten weiter, denn sie dachten, die Kleine werde noch eine ganze Weile nicht genug vom Sturm haben.

Und sie kamen auch wirklich bis zum Kreuzweg und bis zum Brobyer Gasthaus!

Da erblickten sie die Majorin Samzelius, die mit zwei Pferden in einem bedeckten Schlitten daher gefahren kam. Und erst als sie sahen, dass die Majorin unter Dach saß, begriffen die beiden wohl ganz, wie schrecklich das Wetter tatsächlich war; denn die Majorin gehörte sonst nicht zu denen, die sich vor etwas fürchteten. Als die Majorin aber der beiden ansichtig wurde, streckte sie die geballte Faust unter dem Schutzdach hervor, drohte ihnen und rief ihnen mit einer Stimme, die man noch durch das Brausen des Sturmes hindurch verstehen konnte, zu: »Mach, dass du heimkommst, Marit von Koltorp! Bei so einem Wetter, wo ich sogar im verdeckten Schlitten fahren muss, darfst du nicht mit deinen Kindern draußen sein!«

Aber Mutter und Bubi dachten, für die Kleine werde es ganz gut sein, wenn sie noch eine Weile mit dem Wind kämpfen müsse.

Als sie jetzt die Brücke erreichten, die über den schmalen Sund zwischen dem oberen und dem mittleren Lövsee führte, mussten sie ganz am Brückengeländer hin kriechen. Hier brauste der Sturm schrecklicher als je zuvor, und sie wären gewiss ins offene Wasser hineingetrieben worden, wenn sie aufrecht zu gehen versucht hätten.

Als sie die Brücke glücklich hinter sich hatten, waren sie halbwegs nach dem Nyhof, und nun begann die Kleine zu glauben, dass sie wirklich noch zum Weihnachtsschmaus zurechtkommen würden.

Aber kaum hatte sie das gedacht, als sich auch schon ein neues Hindernis einstellte. Wahrscheinlich war die heftige Kälte auf der Brücke für Bubi zu viel gewesen; der arme Kerl war kalt wie ein Eiszapfen. Er warf sich platt auf den Boden und wollte keinen Schritt mehr weiter. Die Mutter hob ihn auf, schüttelte ihn und lief mit ihm ins nächste beste Haus hinein. Die Kleine erschrak sehr und lief eiligst hinter der Mutter her. Sie wusste nicht mehr, was sie tun sollte; denn wenn Bubi jetzt erfroren war, dann war sie schuld daran. Wenn sie nicht gewesen wäre, würden Mutter und Bubi sicher umgekehrt und nach Hause zurückgegangen sein.

Sie waren indes in ein Haus gekommen, wo unglaublich gute Leute wohnten, die sogleich sagten, ehe der Sturm sich gelegt habe, dürften die Gäste nicht vors Haus hinaus, es könne gar keine Rede davon sein. Ja, und sie sagten auch, es sei ein wahres Glück, dass sie bei ihnen eingekehrt seien; wenn sie ihren Weg noch bis zur Propstei fortgesetzt hätten, wären sie sicher alle miteinander erfroren.

Es sah aus, als sei Mutter recht froh, dass sie nun unter Dach und Fach waren. Sie saß so befriedigt da, als wisse sie ganz und gar nichts davon, dass drunten auf dem Nyhof jetzt die Bratspieße gedreht und das Fett von den großen Fleischkesseln abgeschöpft wurde. Nachdem die Hausbewohner ihnen so recht nach Herzenslust gesagt hatten, wie gut es sei, dass die Wanderer bei ihnen eingekehrt waren, fiel es ihnen ein, zu fragen, warum sie sich denn eigentlich in dem Sturm hinausgewagt hätten, und ob sie vielleicht auf dem Weg zur Kirche gewesen seien?

Da erzählte ihnen die Mutter, warum sie unterwegs waren. Sie sagte, sie hätten zu Per Jansa auf Nyhof gewollt; der sei ihr Schwager, obgleich er ebenso reich sei, wie ihr Mann arm gewesen sei. Am zweiten Weihnachtsfeiertag halte er immer einen großen Weihnachtsschmaus, und zu diesem sei sie als Schwägerin selbstverständlich eingeladen. Sie habe allerdings von Anfang an das Wetter für recht schlecht gehalten, aber es sei ja das einzige Festmahl im Jahre, bei dem sie dabei sein dürften.

Als die guten Hausbewohner das hörten, fingen sie wieder zu jammern an und sagten, die Mutter tue ihnen schrecklich leid, weil sie nun nicht zum Festmahl bei Per Jansa kommen könnte, denn dort gehe es sicher recht hoch her; aber in diesem Sturm noch einmal einen Versuch zu machen, das sei unmöglich, sie würde geradezu ihr Leben aufs Spiel setzen.

Die Mutter stimmte mit ihnen überein, und sie sah aus, als sei es gar keine Kunst für sie, hier bei diesen armen Leuten ganz ruhig sitzen zu bleiben, während es doch so viel Gutes gab, das auf sie wartete.

»Wenn Ihr die Kinder nicht bei Euch hättet, könntet Ihr Euch vielleicht schon bis zum Nyhof durcharbeiten«, setzten die Hausbewohner hinzu.

Auch darin stimmte die Mutter mit den Leuten überein. Ja, sie könnte schon noch zum Festmahl kommen, sagte sie, wenn sie die Kinder nicht bei sich hätte; diese aber wage sie bei diesem Wetter nicht mehr mit hinauszunehmen. Nein, nein, es war nichts zu machen; darin waren alle ganz einig, aber die Mutter tat den Leuten eben doch schrecklich leid. Man sah ihnen ordentlich an, wie bekümmert sie darüber waren.

Da kam der Frau plötzlich ein guter Gedanke, über den sie sehr froh wurde.

»Ei der Tausend!«, sagte sie. »Wenn Ihr selbst Lust zum Gehen hättet, könntet Ihr ja die Kinder hier bei uns lassen.«

Alle beide, die Frau und der Mann, waren ganz beglückt über diesen Einfall, und sie konnten gar nicht begreifen, warum sie nicht früher darauf gekommen waren.

Die Mutter machte zuerst etwas Umstände, gab aber bald nach. Und dann wurde ausgemacht, die Kinder sollten den Tag über und auch die Nacht da bleiben, wo sie waren, und die Mutter würde dann am nächsten Tag wiederkommen und sie abholen.

Darauf ging die Mutter, und da saß nun das kleine Mädchen.

Jetzt war also alle Hoffnung zu Ende, sie kam nicht zum Weihnachtsschmaus, das sah sie wohl ein. Aber was hätte es helfen können, wenn sie auch gesagt hätte, sie wollte mit der Mutter gehen? Diese herzensguten Leute, bei denen sie Unterkunft gefunden hatten, hätten sie doch nicht fortgelassen, auch hätte man ja Bubi nicht ganz allein zurücklassen können.

Die Hausbewohner versuchten, die Kleine zu unterhalten und sie ein bisschen aufzumuntern; aber sie brachte kein Wort heraus, ja sie drehte ihnen den Rücken zu, stellte sich ans Fenster und richtete ihren Blick auf zwei große Birken, die da draußen im Sturm hin und her schwankten.

Gar viele Wünsche stiegen in ihrem Herzen auf, während sie da am Fenster stand. Unter anderem wünschte sie, der Sturm sollte mit aller Gewalt auf das Haus losfahren, damit es einfiele und sie herauskommen könnte.

Aber, aber – das sah doch merkwürdig aus!

Während sie so dastand und die Birken betrachtete, schienen diese mit jedem Augenblick weniger heftig hin und her zu schwanken, und zugleich war es auch, als nehme der Lärm und das Getöse ab, das mit dem Sturm daherkam, und als fliege jetzt nichts mehr, weder Stecken noch Stroh, in der Luft umher.

Die Kleine wusste kaum, ob sie ihren Augen trauen dürfte; aber jetzt war es wahrhaftig draußen so ruhig, dass die lang herabhängenden Birkenzweige nur gerade noch ein wenig bebten.

Die Hausbewohner schäkerten mit Bubi und merkten nichts, bis die Kleine zu ihnen sagte, jetzt sei der Sturm vorüber. Sie waren über die Maßen erstaunt und sagten sogleich, es sei schade, dass er sich nicht ein wenig früher gelegt hätte, dann hätten die Kinder ja auch noch zum Weihnachtsschmaus kommen können. Wenn sie den ganzen Tag hier bei ihnen sitzen müssten, so sei das kein Vergnügen, das wüssten sie wohl.

Da sagte die Kleine, wenn man es ihr erlaubte, könnte sie sich jetzt gut mit Bubi auf den Weg nach Nyhof machen. Es gehe ja immer auf der Landstraße geradeaus, da könne sie durchaus nicht fehl gehen, und so mitten am Tag werde ihnen ja sicher auch nichts Böses zustoßen. Diese Leute waren doch wirklich von Herzen gut. Sie wollten keinem Menschen die Freude verderben, und so ließen sie die beiden Kinder miteinander abziehen.

Jetzt war alles gut. Das Wetter war still und schön; es ging sich gar leicht, und es war niemand da, der der Kleinen befohlen hätte, im Zimmer zu sitzen oder umzukehren, wenn sie weiter wollte.

Aber etwas beunruhigte die Kleine doch. Es kam ihr vor, als sinke die Sonne gar so schnell dort auf der Südseite gegen den Himmelsrand herunter. Sie wusste nicht, wieviel Uhr es war; aber wie, wenn es nun schon so spät wäre, dass man auf dem Nyhof schon bei Tisch saß! Und sie hatten noch eine ganze Meile zu gehen. Wie, wenn sie nun nicht früher hinkam, als bis es nur noch leere Schüsseln und abgenagte Knochen gab?

Bubi war erst sieben Jahre alt und konnte nicht sehr schnell marschieren. Auch war er nach allem, was er an diesem Tag schon durchgemacht hatte, mutlos und verzagt. Als die Kinder in der Talmulde am Fuße des Hedebyhügels standen, hielt die Kleine an und sah nach dem Lövsee hin, der frisch gefroren, mit blankem Eis bedeckt, vor ihr lag.

Sie fragte Bubi, an welchem Abend es doch gewesen sei, wo Mutter heimgekommen war und gesagt hatte, der Lövsee sei zugefroren. Mutter sei sehr überrascht gewesen, dass der See schon vor Weihnachten zugefroren war, und sie habe den ganzen Abend davon gesprochen.

»Ja, das ist am Tag vor dem Heiligen Abend gewesen«, sagte Bubi. »Ich weiß es ganz gewiss.« »Dann ist der See ja schon seit vier Tagen gefroren«, entgegnete die Kleine, »da ist das Eis gewiss stark genug, uns zu tragen.«

Ha, nun kam neues Leben in den Jungen, sobald er begriffen hatte, dass die Schwester den Weg über den See nehmen wollte!

»Ja, ja, komm, wir schlittern bis zum Nyhof über den See!« rief er vergnügt.

»Ja, es ist am einfachsten, wenn wir diesen Weg nehmen, da der Nyhof am See liegt«, sagte die Kleine. Sie war indes doch etwas bedenklich; aber jetzt war Bubi der, der darauf drang. Vom Weitergehen auf der Landstraße wollte er gar nichts mehr wissen. Nein, nein, die Schwester sollte sofort mit an den See hinunter!

»Dann musst du zu Mutter sagen, du habest es gewollt, denn über dich wird sie nicht böse«, sagte die Kleine.

Es war nicht weit zum See, und die beiden Kinder standen bald draußen auf dem Eis, das glatt wie ein Aal und spiegelblank war, es hätte gar nicht blanker sein können. Die Kinder fassten einander bei der Hand und schlitterten nun quer über den See. Ei, das war besser als das Gehen auf der Landstraße! Auf diese Weise kamen sie sicher nach Nyhof, ehe das Festmahl zu Ende war.

Aber dann hörte die Kleine plötzlich ein Brausen und ein Donnern hinter sich, das sie nur zu leicht wiedererkannte. Sie brauchte sich gar nicht erst umzudrehen, um zu sehen, was es war, sie fühlte es schon im Nacken. Der Sturm war es, der sich wieder aufgemacht hatte.

Es war gerade, als hätte er sich ruhig verhalten, nur um die Kinder aufs Eis hinaus zu locken; jetzt aber brauste er daher, fuhr auf sie los und warf sie um.

Nein, es war unmöglich, sie konnten auf dem Eise nicht weiter; seit der Sturm wieder losgebrochen war, konnten sie sich nicht mehr aufrecht auf den Füßen halten, und so blieb ihnen nichts anderes übrig, als ans Ufer zurück zu kriechen.

Jetzt hätte man eigentlich glauben sollen, der Kleinen wäre aller Mut vergangen; sie war ja mit dem Brüderchen in einer verzweifelten Lage. Wie sollten sie nur wieder zu Menschen gelangen? Auf dem See konnten sie nicht weiter, und da, wo sie jetzt an Land kamen, fand sich nur ein steiler Berg und dichter Wald, aber kein Weg.

Ach! Und Bubi war so müde und verdrießlich über alles, er weinte nur noch.

Die Kleine blieb eine Weile am Ufer stehen und sah ganz ratlos aus.

Aber plötzlich fiel ihr ein, wie sie und Bubi daheim oben von ihrem Berg herunterzufahren pflegten, wenn er ganz mit Eis bedeckt war, und sofort begann sie Tannenzweige abzubrechen und sie auf zwei Haufen zu schichten. Dann setzte sie Bubi auf den einen, ließ sich selbst auf die Knie nieder und schob nun Bubi mitsamt den beiden Haufen aufs Eis hinaus.

Als sie da draußen so recht im stärksten Blasewind drinnen waren, setzte sie sich auf den anderen Tannenzweighaufen, jedes von den Kindern nahm einen großen Tannenzweig in die Hand und hielt ihn gegen den Wind.

Und hui! sagte der Sturm, und hei! sagte der Sturm. Er schüttelte sie und stieß sie auf die Seite, wie wenn er probieren wollte, was er mit ihnen anfangen könnte.

Dann fasste er hart zu, und sie fuhren davon. Und es ging, es ging! Ja, hurtig wie der Wind ging es, und nun fühlten die Kinder den Sturm gar nicht mehr. Wenn nicht die Ufer an ihnen vorbeigeflogen wären, hätten sie fast glauben können, sie säßen ganz still.

Bubi schrie aus vollem Halse vor lauter Vergnügen; aber die Kleine saß auf ihrem Haufen mit fest zusammengepressten Lippen und spähte eifrig umher, ob nicht ein neues Hindernis daherkomme, das sich zwischen sie und den Weihnachtsschmaus stellen wollte.

Das war die schnellste Fahrt, die die Kinder je in ihrem Leben gemacht hatten. Es dauerte nicht viele Minuten, da hatten sie die Landspitze vor sich, wo die großen Gebäude des Nyhofs aufragten.

Auf dem Hofe wollte man sich eben zu Tische setzen, als die Kinder auf dem Eis draußen auftauchten. Da liefen alle eiligst hinaus, um zu sehen, was denn da Merkwürdiges über den gefrorenen See daher gefahren kam.

Und man kann sich wohl denken, wie sehr sich alle verwunderten, als sie die Kinder erkannten. Ja, alle miteinander, Per Jansa und

Per Jansas Frau und der Pfarrer und alle anderen Gäste verwunderten sich über die Maßen. Die einzige, die nicht gar so sehr überrascht aussah, war die Mutter.

»Dieses Mädchen gibt nicht nach, bis es so geht, wie sie es haben will«, sagte sie. »Ich hatte eigentlich schon die ganze Zeit erwartet, sie auf einem Besenstiel durch die Luft daher reiten zu sehen.«

Aber von wem die Leute den ganzen Abend sprachen, und wen sie lobten, und zu wem sie sagten, es werde einmal eine tüchtige Hausfrau aus ihr werden, das war die Kleine.

Der Traumpfannkuchen

Am Silvesterabend ging die Pfarrerstochter ganz spät die Anhöhe hinunter, die zum Brauhaus führte, wo die Großmutter, Frau Beata Spaak, seit vielen Jahren wohnte. Maja Lisa führte die Kleine an der Hand, und man konnte schon von Weitem hören, dass sie unterwegs waren, denn so oft sie den Weg verfehlten und in den Schneewall einsanken, schrien sie laut auf. Es war neblig und stockdunkel, und am Himmel leuchtete weder Mond noch Stern. Hätte es nicht hinter der Großmutter Fensterläden hell hervorgeschimmert, dann hätten sich die beiden wohl kaum bis zum Brauhaus zurechtfinden können.

In dieser Weihnachtszeit wurden unbeschreiblich viele Gesellschaften gegeben, sowohl bei den Bauern als bei den Herrschaften, so viele, dass die Tage fast nicht ausreichten, und so war den Pfarrleuten schließlich nichts anderes übriggeblieben, als auch am Silvesterabend fortzufahren. Aber Mamsell Maja Lisa war wie gewöhnlich zu Hause gelassen worden. Es hieß, sie müsse daheim bleiben und dafür sorgen, dass das Gesinde eine ordentliche Mahlzeit mit Fisch und Grütze ganz wie am Heiligen Abend bekomme. Als ob die alte Haushälterin das nicht ebenso gut hätte besorgen können!

Aber die Pfarrerstochter war deshalb doch in ausgezeichneter Laune. Am Vormittag hatte sie der Kleinen Märchen erzählt und Lieder vorgesungen, und die Kleine war sicherlich noch niemals so vergnügt gewesen.

Nach dem Abendbrot hatte Mamsell Maja Lisa erklärt, sie habe noch ganz und gar keine Lust, schlafen zu gehen; heute am Silvesterabend wolle sie wenigstens, ehe sie zu Bett gehe, einen Versuch machen, etwas von der Zukunft zu erfahren. Und dann hatte sie die Kleine gefragt, ob sie einen Traumpfannenkuchen mit ihr backen wolle.

Die Kleine wusste absolut nicht, was ein Traumpfannenkuchen war, hatte aber sofort ja gesagt; und sie würde selbstverständlich auch ja gesagt haben, wenn Mamsell Maja Lisa gefragt hätte, ob sie eine Suppe aus Kreuzottern mit ihr kochen wolle.

»Aber du darfst die ganze Zeit über, während wir den Traumpfannenkuchen machen, weder lachen noch sprechen«, sagte die Pfarrerstochter. »Und du darfst auch nicht das kleinste bisschen davon auf den Boden fallen lassen, weder vom Wasser noch vom Mehl, noch vom Salz.« Ach, wenn das alles sei, meinte die Kleine, sie könne schweigen und ernsthaft sein, so lange man es verlange.

Dann aber waren sie in großer Not gewesen. Denn der Traumpfannenkuchen musste von drei Personen gemacht werden, sonst war es nichts, und die Pfarrerstochter wusste nicht, wo sie eine dritte Person dazu herbekommen sollte.

Sie gingen in die Küche und fragten, ob eine von den Mägden einen Traumpfannenkuchen mit ihnen backen wolle. Aber die Mägde schlugen nur die Hände über dem Kopf zusammen und sagten rundweg nein, sobald sie hörten, um was es sich handelte. Dieses Zeug hätten sie früher schon probiert; aber wenn man diesen Pfannenkuchen gegessen habe, könne man weder schlafen noch träumen; niemand solle sie verführen, ein solches Gericht je wieder zu versuchen.

Die Pfarrerstochter überlegte eine Weile, dann sagte sie:

»Wir müssen zu Großmutter hinüber und sie bitten, uns zu helfen.«

Und aus diesem Anlass waren die beiden in der finsteren Neujahrsnacht draußen und suchten den durch die Schneewehen geschaufelten Weg zu finden.

Die Pfarrerstochter meinte, diese Nacht sei gerade so, wie sie sein solle; eine Neujahrsnacht müsse dunkel und unergründlich sein, sie sei wie die Zukunft, in die man auch nicht hineinsehen könne.

Großmutter wohnte in einer Giebelstube oben im Brauhaus. Das schwierigste für die beiden war, sich die Treppe hinauf zu tasten, die mit schmalen, ausgetretenen, dicht beschneiten Stufen in Absätzen außen an der Mauer hinaufführte; es war fast lebensgefährlich.

Aber auf Lövdala musste man sich an das Gehen in der Dunkelheit gewöhnen; ausgenommen für Stall und Scheune durften für Laternen keine Kerzen von der Pfarrfrau gefordert werden.

Großmutter musste indes die Gäste gehört haben; denn als diese die Treppe halb droben waren, kam sie heraus und machte die Tür auf. Und drinnen brannte der dreiarmige Leuchter auf dem Tisch vor dem Sofa, und im Ofen flackerte ein lustiges Feuer.

Die Großmutter war groß und mager und sah gebrechlich aus. Die Pfarrerstochter sah ihr gar nicht ähnlich, und das war auch nicht möglich, denn Großmutter war nur die Stiefmutter von Maja Lisas verstorbener Mutter; aber sie hätte die Pfarrerstochter nicht lieber haben können, wenn sie ihr eigenes Fleisch und Blut gewesen wäre.

Es war, als verstehe sich Frau Beata auf ganz besondere Künste, denn wie es auch anderswo sein mochte, hier in ihrem Zimmer war es immer warm und behaglich und immer wie ausgeblasen. Sie hatte nur ein Zimmer, in dem sie schlief und auch kochte; aber ihr Bett mit dem weißen Vorhang, der von einer vergoldeten Stange herunterhing, war nur ein weiterer Schmuck für das Zimmer, und dasselbe konnte man auch von ihren glänzenden Kupferkasserollen und Porzellantellern auf dem Geschirrbord sagen.

Und sie selbst sah auch zierlich und vornehm aus; aber ihre Hände hatte die Gicht arg mitgenommen, die Finger waren gekrümmt, und sie konnte sie nicht biegen. Wenn man ihr die Hand reichte, war das eine schwierige Sache, und man wusste nicht recht, wie man ihre Hand ergreifen sollte.

Als die Pfarrerstochter ihr Anliegen vorbrachte, lachte die Großmutter sie ein wenig aus, sagte aber doch gleich ja, sie wolle mittun, sie warte allerdings immer auf jemand und möchte wohl wissen, ob er in diesem neuen Jahre komme.

Da war es natürlich am besten, sie blieben gleich bei der Großmutter und backten da den Traumpfannenkuchen.

Zuerst nahmen sie von dem kleinen Bord hinter dem Herd eine Schüssel herunter; alle drei hielten die Schüssel am Rand fest und stellten sie so auf den kleinen Küchentisch. Dann mussten sie einen hölzernen Löffel haben; und alle drei gingen miteinander an das Eckschränkchen, das Großmutter als Speisekammer diente, um den Löffel zu holen. Und alle drei hielten den Löffelstiel fest, als sie ihn zum Tisch hintrugen und auf die Schüssel legten. Dann gossen sie drei Löffel Wasser in die Schüssel; und alle drei holten das Wasser aus Großmutters Kupfergelte, und keines sprach ein Wort, keines lachte, während sie das taten. Als dies getan war, schütteten sie drei Löffel voll Mehl in das Wasser; dabei hielten alle drei den Löffel und steckten ihn miteinander in die Mehltonne, alle drei hoben das Mehl heraus und schütteten es auch in das Wasser. Keines ließ den Löffel los, keines sprach, keines lachte und keines ließ auch nur das kleinste Stäubchen Mehl auf den Boden fallen.

Dann schöpften sie drei Löffel voll Salz hinein. Und auch jetzt sprach keines ein Wort, keines lachte und keines verstreute auch nur das kleinste Körnchen Salz.

Aber ist es zu glauben? Als sie so weit gekommen waren, fragte Großmutter, ob man Schmalz in die Pfanne tun solle.

Im selben Augenblick jedoch, wo sie das sagte, schleuderte die Pfarrerstochter den Löffel weg, warf sich auf einen Stuhl und brach in lautes Lachen aus. Die Kleine hielt zwar den Löffel fest, bekam aber einen so fürchterlichen Lachkrampf, dass sie nicht mehr stehen konnte, sondern sich auf dem Boden kugelte und gar nicht wieder zu lachen aufhören konnte.

Großmutter verzog nur den Mund ein wenig. Sie hätte sich vielleicht nicht zu versprechen brauchen; aber sie dachte an alte Zeiten und wusste, wenn beim Backen des Traumpfannenkuchens nicht irgendein kleines Missgeschick passierte, dann war kein Spaß dabei.

Ach, und es war ihr so lieb, wenn die Pfarrerstochter ihren Kummer vergaß und ein wenig lachte.

Als die beiden sich endlich gefasst hatten, beschlossen sie, wieder von vorn anzufangen; denn jetzt taugte das, was bisher geschehen war, nichts mehr, und sie mussten alles ganz von vorn an noch einmal machen.

Aber jetzt war es nicht mehr so leicht, denn nun waren sie schon in lächerlicher Laune.

Zuerst gossen sie drei Löffel Wasser in die Schüssel.

Weiter kamen sie nicht, schon mussten sie wieder lachen. Und die Pfarrerstochter war am schlimmsten; bei der Kleinen war es lange nicht so gefährlich wie bei Maja Lisa.

Gute fünf Minuten lang konnte sie sich gar nicht wieder fassen.

Doch dann sagte die Pfarrerstochter, jetzt müssten sie aber ordentlich sein, sonst würden sie mit dem Pfannenkuchen vor Mitternacht nicht fertig. »Oh, es würde ganz gut gehen, wenn nur du ernsthaft sein könntest«, sagte die Großmutter. Zuerst gossen sie das Wasser hinein, dann das Mehl, dann das Salz, und dann rührten sie alles gut durcheinander. Und alle drei hielten den Löffel, als sie alles umrührten, und keines lachte, keines sprach ein Wort, keines verschüttete das kleinste bisschen auf den Boden.

Als nun der Teig gut verschafft war, legten sie ihn in die Bratpfanne. Aber der Pfannenkuchen sah nicht appetitlicher aus als der Mischmasch, den man den Hühnern und Schweinen zusammenrührt. Überdies war er ganz steif und hart und glitzerte von dem vielen Salz, das darinnen war.

Nun stellten sie die Pfanne aufs Feuer und ließen den Pfannenkuchen auf der einen Seite backen, dann wurde er umgedreht. Und immer hielten alle miteinander den Löffel, alle drei halfen den Kuchen umdrehen, und keines ließ den Löffel fallen.

Dann war der Traumpfannenkuchen fertig und sollte gegessen werden.

Jetzt waren die Pfarrerstochter und die Kleine im höchsten Eifer, und es war keine Gefahr mehr, dass sie losplatzen würden. Sie dachten nur noch daran, dass sie vielleicht in die Zukunft sehen durften, und diese große Gelegenheit wollten sie gewiss nicht verscherzen.

Der Traumpfannenkuchen glänzte vor lauter Salz, und es gehörte ordentlich Mut dazu, hineinzubeißen. Aber sie teilten ihn in drei Teile, und dann aßen sie, so gut es eben ging.

Die Kleine aß ihren Teil auf, weil sie begriff, dass es sein musste, und sie alle Vorschriften genau befolgen wollte. Großmutter nahm nur ein ganz kleines Stückchen, und es ist nicht sicher, ob sie selbst dieses hinunterwürgte. Die Pfarrerstochter aß einen Mund voll. Aber so gerne sie auch in die Zukunft sehen wollte, sie war nicht imstande, noch einen einzigen Bissen hinunterzubringen.

Die beiden jungen Menschenkinder waren wie ein wenig enttäuscht von dem Traumpfannenkuchen, aber jedenfalls sprach keines ein Wort. Sie winkten der Großmutter nur gute Nacht zu, und diese stand schweigend oben an der Tür und leuchtete ihnen die Treppe hinunter.

Die paar Schritte über den Hof liefen sie, so rasch sie konnten, denn jetzt war es, als sei die Nacht gar nicht mehr so dunkel und unergründlich. Sie war bereit, ihren Vorhang wegzuziehen und ihnen ihre Geheimnisse zu zeigen; aber sie wagten nicht, stehenzubleiben, um zu sehen.

Als die beiden sich durch die Küche schlichen, waren die Mägde schon zu Bett; aber selbstverständlich riefen ihnen alle miteinander zu, wie es gegangen sei: Ob sie schon geträumt hätten, und wer ihnen im Traum erschienen sei? Aber sie brachten kein Wort aus ihnen heraus, weder aus Mamsell Maja Lisa, noch aus der Kleinen.

Die Kleine schlief ein, sobald sie den Kopf aufs Kissen legte, und schlief bis zum nächsten Morgen. Als sie erwachte, hatte sie einen scharfen Geschmack im Munde; aber so große Mühe sie sich auch gab, sie konnte sich doch nicht erinnern, ob sie etwas geträumt hatte.

Großmutter hatte die ganze Nacht nicht geschlafen, war aber dann das ganze Neujahrsfest hindurch still und schweigsam und wie in einem Traum befangen; es war, als habe jedenfalls sie etwas erfahren.

Die Pfarrerstochter konnte lange nicht einschlafen, weil sie brennenden Durst litt; aber etwas trinken, ehe man geschlafen hatte, das durfte man doch beileibe nicht, sonst war alles umsonst gewesen.

Als sie am Morgen erwachte, konnte sie sich zuerst nicht klar darüber werden, ob sie etwas geträumt hatte.

Aber später am Tage ging sie zufällig einmal durch den Flur und trat auf die Freitreppe hinaus.

Und da hielt sie plötzlich an; denn nun fiel ihr ein, dass sie in der Nacht im Traum ganz auf demselben Platz gestanden hatte. Und da waren in ihrem Traum zwei Fremde, ein junger und ein alter, auf dem Sandweg dahergekommen. Und der Alte hatte gesagt, er sei der Propst Liljecrona und komme mit seinem Sohn, um sie zu fragen, ob sie durstig sei und gerne einen Trunk Wasser wolle.

Und sofort war der junge Mann mit einem Glas hellem frischen Wasser in der Hand vorgetreten und hatte es ihr angeboten.

Als aber die Pfarrerstochter sich daran erinnerte, erschrak sie, und sie zitterte am ganzen Leib.

Denn das ist sicher und gewiss: Wer einem, nachdem man einen Traumpfannenkuchen gebacken hat, im Traum ein Glas Wasser anbietet, den heiratet man.

Der Brunnen der weisen Männer

In dem alten Land Juda zog die Dürre umher, hohläugig und herb wanderte sie über gelbes Gras und verschrumpfte Disteln.

Es war Sommerzeit. Die Sonne brannte auf schattenlose Bergrücken, und der leiseste Wind wirbelte dichte Wolken von Kalkstaub aus dem weißgrauen Boden, die Herden standen in den Tälern um die versiegten Bäche geschart.

Die Dürre ging umher und prüfte die Wasservorräte. Sie wanderte zu Salomons Teichen und sah seufzend, dass ihre felsigen Ufer noch eine Menge Wasser umschlossen. Dann ging sie hinunter zu dem berühmten Davidsbrunnen bei Bethlehem und fand auch dort Wasser. Hierauf wanderte sie mit schleppenden Schritten über die große Heerstraße, die von Bethlehem nach Jerusalem führt.

Als sie ungefähr auf halbem Wege war, sah sie den Brunnen der weisen Männer, der dicht am Wegsaume liegt, und sie merkte sogleich, dass er nahe am Versiegen war. Die Dürre setzte sich auf die Brunnenschale, die aus einem einzigen großen ausgehöhlten Stein besteht, und sah in den Brunnen hinunter. Der blanke Wasserspiegel, der sonst ganz nahe der Öffnung sichtbar zu werden pflegte, war tief hinabgesunken, und Schlamm und Morast vom Grund machten ihn unrein und trübe. Als der Brunnen das braungebrannte Gesicht der Dürre sich auf seinem matten Spiegel malen sah, ließ er ein Plätschern der Angst hören.

»Ich möchte wohl wissen, wann es mit dir zu Ende gehen wird«, sagte die Dürre, »du kannst wohl dort unten in der Tiefe keine Wasserader finden, die käme und dir neues Leben gäbe. Und von

Regen kann, Gott sei Dank, vor zwei, drei Monaten keine Rede sein.«

»Du magst ruhig sein«, seufzte der Brunnen. »Nichts kann mir helfen. Da wäre zum mindesten ein Quell vom Paradiese vonnöten.« »Dann will ich dich nicht verlassen, bevor alles aus ist«, sagte die Dürre. Sie sah, dass der alte Brunnen in den letzten Zügen lag, und nun wollte sie die Freude haben, ihn Tropfen für Tropfen sterben zu sehen.

Sie setzte sich wohlgemut auf dem Brunnenrande zurecht und freute sich zu hören, wie der Brunnen in der Tiefe seufzte. Sie hatte auch großes Wohlgefallen daran, durstige Wanderer herankommen zu sehen, zu sehen, wie sie den Eimer hinuntersenkten und ihn mit nur wenigen Tropfen schlammvermengten Wassers aus dem Grund heraufzogen. So verging der ganze Tag, und als die Dunkelheit anbrach, sah die Dürre wieder in den Brunnen hinunter. Es blinkte noch ein wenig Wasser dort unten. »Ich bleibe hier, die ganze Nacht über«, rief sie, »spute dich nur nicht. Wenn es so hell ist, dass ich wieder in dich hinabsehen kann, ist es sicherlich zu Ende mit dir.«

Die Dürre kauerte sich auf dem Brunnendache zusammen, während die heiße Nacht, die noch grausamer und qualvoller war als der Tag, sich auf das Land Juda herniedersenkte. Hunde und Schakale heulten ohne Unterlass, und durstige Kühe und Esel antworteten ihnen aus ihren heißen Ställen. Wenn sich zuweilen der Wind regte, brachte er keine Kühlung, sondern war heiß und schwül wie die keuchenden Atemzüge eines großen schlafenden Ungeheuers.

Aber die Sterne leuchteten im allerholdesten Glanz, und ein kleiner, flimmernder Neumond warf ein schönes grünblaues Licht über die grauen Hügel. Und in diesem Schein sah die Dürre eine große Karawane zum Hügel heraufziehen, auf dem der Brunnen der weisen Männer lag.

Die Dürre saß und blickte auf den langen Zug und frohlockte aufs Neue bei dem Gedanken an all den Durst, der zum Brunnen heraufzog und keinen Tropfen Wasser finden würde, um gelöscht zu werden. Da kamen so viele Tiere und Führer, dass sie den Brunnen hätten leeren können, selbst wenn er ganz voll gewesen wäre. Plötzlich wollte es sie bedünken, dass es etwas Ungewöhnliches, etwas Gespenstisches um diese Karawane wäre, die durch die Nacht daher zog. Alle Kamele kamen erst auf einem Hügel zum Vorschein, der gerade hinauf zum Horizonte ragte; es war, als wären sie vom Himmel herniedergestiegen. Sie sahen im Mondlicht größer aus als gewöhnliche Kamele und trugen allzu leicht die ungeheuren Bürden, die auf ihnen lasteten.

Aber sie konnte doch nichts anderes glauben, als dass sie ganz wirklich wären, denn sie sah sie ja ganz deutlich. Sie konnte sogar unterscheiden, dass die drei vordersten Tiere Dromedare waren, Dromedare mit grauem, glänzendem Fell, und dass sie reich gezäumt, mit befransten Schabracken gesattelt waren und schöne, vornehme Reiter trugen.

Der ganze Zug machte beim Brunnen halt, die Dromedare legten sich mit dreimaligem scharfen Einknicken auf den Boden, und ihre Reiter stiegen ab. Die Packkamele blieben stehen, und wie sich ihrer immer mehr versammelten, schienen sie eine unübersehbare Wirrnis von hohen Hälsen und Buckeln und wunderlich aufgestapelten Bepackungen zu bilden.

Die drei Dromedarreiter kamen sogleich auf die Dürre zu und begrüßten sie, indem sie die Hand an Stirn und Brust legten. Sie sah, dass sie blendend weiße Gewänder und ungeheure Turbane trugen, an deren oberem Rand ein klar funkelnder Stern befestigt war, der leuchtete, als sei er geradewegs vom Himmel genommen.

»Wir kommen aus einem fernen Land«, sagte der eine der Fremdlinge, »und wir bitten dich, sag uns, ob dies wirklich der Brunnen der weisen Männer ist.«

»Er wird heute so genannt«, sagte die Dürre, »aber morgen gibt es hier keinen Brunnen mehr. Er wird heute Nacht sterben.«

»Das leuchtet mir wohl ein, da ich dich hier sehe«, sagte der Mann. »Aber ist dies denn nicht einer der heiligen Brunnen, die niemals versiegen? Oder woher hat er sonst seinen Namen?«

»Ich weiß, dass er heilig ist«, sagte die Dürre, »aber was kann das helfen? Die drei Weisen sind im Paradies.«

Die drei Wanderer sahen einander an. »Kennst du wirklich die Geschichte des alten Brunnens?« fragten sie.

»Ich kenne die Geschichte aller Brunnen und Flüsse und Bäche und Quellen«, sagte die Dürre stolz. »Mach uns doch die Freude und erzähl sie uns«, baten die Fremdlinge. Sie setzten sich um die alte Feindin alles Wachsenden und lauschten.

Die Dürre räusperte sich und rückte sich auf dem Brunnenrande zurecht wie ein Märchenerzähler auf seinem Hochsitz; dann begann sie zu erzählen.

»In Gabes in Medien, einer Stadt, die dicht am Rande der Wüste liegt und die mir daher oft eine liebe Zuflucht war, lebten vor vielen Jahren drei Männer, die ob ihrer Weisheit berühmt waren. Sie waren auch sehr arm, und das war etwas sehr Ungewöhnliches, denn in Gabes wurde das Wissen hoch in Ehren gehalten und reichlich bezahlt.

Aber diesen drei Männern konnte es kaum anders gehen, denn der eine von ihnen war über die Maßen alt, einer war mit dem Aussatz behaftet, und der dritte war von schwarzer Hautfarbe mit wulstigen Lippen. Die Menschen hielten den ersten für zu alt, um sie etwas lehren zu können, dem zweiten wichen sie aus Furcht vor Ansteckung aus, und dem dritten wollten sie nicht zuhören, weil sie zu wissen glaubten, dass noch niemals Weisheit aus Äthiopien gekommen wäre.

Die drei Weisen schlossen sich jedoch in ihrem Unglück aneinander. Sie bettelten tagsüber an derselben Tempelpforte und schliefen nachts auf demselben Dache. Auf diese Weise konnten sie sich wenigstens dadurch die Zeit verkürzen, dass sie gemeinsam über alles Wunderbare nachgrübelten, das sie an Dingen und Menschen bemerkten.

Eines Nachts, als sie Seite an Seite auf dem Dache schliefen, das dicht mit rotem, betäubendem Mohn bewachsen war, erwachte der älteste von ihnen, und kaum hatte er einen Blick um sich geworfen, als er auch die beiden andern weckte.

›Gepriesen sei unsere Armut, die uns nötigt, im Freien zu schläfern‹, sprach er zu ihnen. ›Wacht auf und erhebt eure Blicke zum Himmel.‹

Nun wohl«, sagte die Dürre mit etwas milderer Stimme, »dies war eine Nacht, die keiner, der sie gesehen hat, vergessen kann. Der Raum war so hell, dass der Himmel, der zumeist doch einem festen Gewölbe gleicht, nun tief und durchsichtig erschien und mit Wogen erfüllt wie ein Meer. Das Licht wallte droben auf und nieder, und die Sterne schienen in verschiedenen Tiefen zu schwimmen, einzelne mitten in den Lichtwellen, andere auf deren Oberfläche.

Aber ganz fern, hoch oben sahen die drei Männer ein schwaches Dunkel auftauchen. Und dieses Dunkel durcheilte den Raum wie ein Ball und kam immer näher, und wie es so herankam, begann es sich zu erhellen, aber es erhellte sich so wie Rosen – möge Gott sie alle welken lassen wenn sie aus der Knospe springen. Es wurde immer größer, und die dunkle Hülle darum ward nach und nach gesprengt, und das Licht strahlte in vier klaren Blättern zu seinen Seiten aus. Endlich, als es so tief herniedergekommen war wie der nächste der Sterne, machte es halt. Da bogen sich die dunklen Enden ganz zur Seite, und Blatt um Blatt entfaltete sich schönes, rosenfarbenes Licht, bis es gleich einem Stern unter Sternen strahlte.

Als die armen Männer dies sahen, sagte ihnen ihre Weisheit, dass in dieser Stunde auf Erden ein mächtiger König geboren würde, einer, dessen Macht höher steigen sollte als die Cyrus' oder Alexanders. Und sie sagten zueinander: ›Lasset uns zu den Eltern des Neugeborenen gehen und ihnen sagen, was wir gesehen haben. Vielleicht lohnen sie es uns mit einem Beutel Münzen oder einem Armband aus Gold.‹

Sie ergriffen ihre langen Wanderstäbe und machten sich auf den Weg. Sie wanderten durch die Stadt und hinaus zum Stadttor, aber da standen sie einen Augenblick unschlüssig, denn jetzt breitete sich vor ihnen die große Wüste aus, die die Menschen verabscheuen. Da sahen sie, wie der neue Stern einen schmalen Lichtstreifen über den Wüstensand warf, und sie wanderten voll Zuversicht weiter mit dem Stern als Wegweiser.

Sie gingen die ganze Nacht über das weite Sandfeld, und auf ihrer Wanderung sprachen sie von dem jungen neugeborenen König, den sie in einer Wiege aus Gold schlafend finden würden, mit Edelsteinen spielend. Sie kürzten die Stunden der Nacht, indem sie davon sprachen, wie sie vor seinen Vater, den König, und seine Mutter, die Königin, treten würden und ihnen sagen, dass der Himmel ihrem Sohn Macht und Stärke, Schönheit und Glück verheiße, größer als Salomons Glück.

Sie brüsteten sich damit, dass Gott sie erkoren hatte, den Stern zu sehen. Sie sagten sich, dass die Eltern des Neugeborenen sie nicht mit weniger als zwanzig Beuteln Gold entlohnen könnten, vielleicht würden sie ihnen sogar so viel geben, dass sie niemals mehr die Qualen der Armut zu fühlen brauchten.

Ich lag wie der Löwe in der Wüste auf der Lauer«, fuhr die Dürre fort, »um mich mit allen Qualen des Durstes auf diese Wanderer zu stürzen; aber sie entkamen mir, die ganze Nacht führte der Stern sie, und am Morgen, als der Himmel sich erhellte und die andern Sterne verblichen, blieb dieser beharrlich und leuchtete über der Wüste, bis er sie zu einer Oase geführt hatte, wo sie eine Quelle und Dattelbäume fanden. Da ruhten sie den ganzen Tag, und erst mit sinkender Nacht, als sie den Sternenstrahl wieder den Wüstensand umranden sahen, gingen sie dann weiter.

Nach Menschenweise zu sehen«, fuhr die Dürre fort, »war es eine schöne Wanderung. Der Stern geleitete sie, dass sie weder zu hungern noch zu dürsten brauchten. Er führte sie an den scharfen Disteln vorbei, er vermied den tiefen, losen Flugsand, sie entgingen dem grellen Sonnenschein und den heißen Wüstenstürmen. Die drei Weisen sagten beständig zueinander: ›Gott schützt uns und segnet unsere Wanderung. Wir sind seine Sendboten.‹

Aber so allmählich gewann ich doch Macht über sie«, erzählte die Dürre weiter, »und in einigen Tagen waren die Herzen dieser Sternenwanderer in eine Wüste verwandelt, ebenso trocken wie die, durch die sie wanderten. Sie waren mit unfruchtbarem Stolz und versengender Gier erfüllt.

›Wir sind Gottes Sendboten‹, wiederholten die drei Weisen, ›der Vater des neugeborenen Königs belohnt uns nicht zu hoch, wenn er uns eine mit Gold beladene Karawane schenkte.‹ Endlich führte der Stern sie über den vielgerühmten Jordanfluss und hinauf zu den

Hügeln des Landes Juda. Und eines Nachts blieb er über der kleinen Stadt Bethlehem stehen, die unter grünen Olivenbäumen auf einem felsigen Hügel hervorschimmert.

Die drei Weisen sahen sich nach Schlössern und befestigten Türmen und Mauern und allem dem andern um, was zu einer Königsstadt gehört, aber davon sahen sie nichts. Und was noch schlimmer war, das Sternenlicht leitete sie nicht einmal in die Stadt hinein, sondern blieb bei einer Grotte am Wegsaum stehen. Da glitt das milde Licht durch die Öffnung hinein und zeigte den drei Wanderern ein kleines Kind, das im Schoße seiner Mutter lag und in Schlaf gesungen wurde.

Aber ob auch die drei Weisen nun sahen, dass das Licht gleich einer Krone das Haupt des Kindes umschloss, blieben sie vor der Grotte stehen. Sie traten nicht ein, um dem Kleinen Ruhm und Königreiche zu prophezeien. Sie wendeten sich, ohne ihre Gegenwart zu verraten, flohen sie vor dem Kinde und gingen wieder den Hügel hinan.

›Sind wir zu Bettlern ausgezogen, die ebenso arm und gering sind wie wir selber?‹, sagten sie. ›Hat Gott uns hierher geführt, damit wir unseren Scherz treiben und dem Sohn eines Schafhirten alle Ehre weissagen? Dieses Kind wird nie etwas andres erreichen, als hier im Tale seine Herden zu hüten.‹«

Die Dürre hielt inne und nickte ihren Zuhörern bekräftigend zu. Hab' ich nicht Recht? schien sie sagen zu wollen. Es gibt mancherlei, was dürrer ist als der Wüstensand. Aber nichts ist unfruchtbarer als das Menschenherz.

»Die drei Weisen waren nicht lange gegangen, als es ihnen einfiel, dass sie sich wohl verirrt hätten, dem Sterne nicht richtig gefolgt wären«, fuhr die Dürre fort, »und sie hoben ihre Augen empor, um den Stern und den rechten Weg wiederzufinden. Aber da war der Stern, dem sie vom Morgenland her gefolgt waren, vom Himmel verschwunden.«

Die drei Fremdlinge machten eine heftige Bewegung, ihre Gesichter drückten tiefes Leiden aus. »Was sich nun begab«, begann die Sprecherin von neuem, »ist, nach Menschenart zu urteilen, vielleicht etwas Erfreuliches. Gewiss ist, dass die drei Männer, als sie den Stern nicht mehr sahen, sogleich begriffen, dass sie gegen Gott gesündigt hatten. Und es geschah mit ihnen«, fuhr die Dürre schauernd fort, »was mit dem Boden im Herbste geschieht, wenn die Regenzeit beginnt. Sie zitterten vor Schrecken wie die Erde vor Blitz und Donner, ihr Wesen erweichte sich, die Demut spross wie grünes Gras in ihren Sinnen empor.

Drei Tage und drei Nächte wanderten sie im Land umher, um das Kind zu finden, das sie anbeten sollten. Aber der Stern zeigte sich ihnen nicht, sie verirrten sich immer mehr und fühlten die größte Trauer und Betrübnis. In der dritten Nacht langten sie bei diesem Brunnen an, um zu trinken. Und da hatte Gott ihnen ihre Sünde verziehen, sodass sie, als sie sich über das Wasser beugten, dort tief unten das Spiegelbild des Sternes sahen, der sie aus dem Morgenland geführt hatte. Sogleich gewahrten sie ihn auch am Himmelszelt, und er führte sie aufs Neue zur Grotte in Bethlehem, und sie fielen vor dem Kind auf die Knie und sagten: ›Wir bringen dir Goldschalen voll Räucherwerk und köstlicher Gewürze. Du wirst der größte König werden, der auf Erden gelebt hat und leben wird von ihrer Erschaffung bis zu ihrem Untergang.‹ Da legte das Kind seine Hand auf ihre gesenkten Köpfe, und als sie sich erhoben – siehe, da hatte es ihnen Gaben gegeben, größer, als ein König sie hätte schenken können. Denn der alte Bettler war jung geworden, und der Aussätzige gesund, und der Schwarze war ein schöner, weißer Mann. Und man sagt, sie waren so herrlich, dass sie von dannen zogen und Könige wurden, jeder in seinem Reich.«

Die Dürre hielt in ihrer Erzählung inne, und die drei Fremdlinge priesen sie. »Du hast gut erzählt«, sagten sie. »Aber es wundert mich, dass die drei Weisen nichts für den Brunnen tun, der ihnen den Stern zeigte. Sollten sie eine solche Wohltat ganz vergessen haben?«

»Muss nicht dieser Brunnen immer da sein«, sagte der zweite Fremdling, »um die Menschen daran zu erinnern, dass sich das Glück, das auf den Höhen des Stolzes entschwindet, in den Tiefen der Demut wiederfinden lässt?« – »Sind die Dahingeschiedenen schlechter als die Lebenden?«, sagte der dritte. »Stirbt die Dankbarkeit bei denen, die im Paradiese leben?«

Aber als sie dieses sagten, fuhr die Dürre mit einem Schrei empor. Sie hatte die Fremdlinge erkannt, sie sah, wer die Wanderer waren. Und sie entfloh wie eine Rasende, um nicht sehen zu müssen, wie die weisen Männer ihre Diener riefen und ihre Kamele, die alle mit Wassersäcken beladen waren, herbeiführten und den armen sterbenden Brunnen mit Wasser füllten, das sie aus dem Paradies gebracht hatten.

Quellenverzeichnis

Die Erzählungen dieses Bandes sind folgenden Publikationen entnommen.

Die schönsten Geschichten der Lagerlöf. Aus dem Schwedischen von Marie Franzos. München (1953)
Der Luftballon; Reors Geschichte; Das Mädchen vom Moorhof; Die Prinzessin von Babylonien; Waldemar Atterdag brandschatzt Visby; Unter den Kletterrosen; Ein Stück Lebensgeschichte

Selma Lagerlöf: *Sagen und Legenden.* Aus dem Schwedischen von Marie Franzos. München (1964)
Die sieben Todsünden; Die Königinnen von Kungahälla; Die Legende vom Vogelnest; Das Heinzelmännchen von Töreby; Der Wechselbalg; Die Legende von der Christrose

Die schönsten Geschichten der Lagerlöf. Neue Folge. Aus dem Schwedischen von Marie Franzos und Pauline Klaiber-Gottschau. München (1963)
Das Flaumvögelchen; Der Hochzeitsmarsch; Die Vogelfreien; Der Roman einer Fischersfrau; Der Fuhrmann des Todes [übersetzt von Pauline Klaiber-Gottschau]

Selma Lagerlöf: *Trolle und Menschen.* Aus dem Schwedischen von Marie Franzos. München (1915, hier 8. bis 10. Tausend 1923)
Eine Geschichte aus Halland; Der dienstbare Geist; Eine alte Almgeschichte; Das Wasser in der Kirchenbucht; Der Weg zwischen Himmel und Erde; Der Stein im See

Selma Lagerlöf: *Liljecronas Heimat.* Aus dem Schwedischen von Pauline Klaiber. München (1911)
Der Sturm, Der Traumpfannkuchen

Die schönsten Geschichten der Lagerlöf. Aus dem Schwedischen von Marie Franzos. München (1953)
Ein Weihnachtsgast

Selma Lagerlöf: *Jans Heimkehr.* Aus dem Schwedischen von Pauline Klaiber-Gottschau. München (1961)
Der Weihnachtsmorgen

Selma Lagerlöf: *Geschichten zur Weihnachtszeit.* Aus dem Schwedischen von Marie Franzos, Pauline Klaiber-Gottschau, Anni Carlson und Ilsemarie Landgraf. München (1967)
Die Legende des Luciatags [übersetzt von Marie Franzos]

Die Texte wurden behutsam modernisiert. Orthografie und Interpunktion wurden den Regeln der neuen deutschen Rechtschreibung angepasst.